吕叔湘先生百年诞辰纪念文集

《吕叔湘先生百年诞辰纪念文集》编辑组　编

商务印书馆
2010年·北京

图书在版编目(CIP)数据

吕叔湘先生百年诞辰纪念文集/《吕叔湘先生百年诞辰纪念文集》编辑组编．—北京：商务印书馆，2010
ISBN 978-7-100-06622-8

Ⅰ.吕… Ⅱ.吕… Ⅲ.①吕叔湘(1904~1998)—纪念文集②汉语—语言学—文集 Ⅳ.K825.5-53 H1-53

中国版本图书馆 CIP 数据核字(2009)第 040843 号

所有权利保留。
未经许可，不得以任何方式使用。

吕叔湘先生百年诞辰纪念文集
《吕叔湘先生百年诞辰纪念文集》编辑组　编

商　务　印　书　馆　出　版
（北京王府井大街36号　邮政编码 100710）
商　务　印　书　馆　发　行
北京瑞古冠中印刷厂印刷
ISBN 978-7-100-06622-8

| 2010年2月第1版 | 开本 787×1092 1/16 |
| 2010年2月北京第1次印刷 | 印张 26¼ |

定价：45.00 元

目　录

人民的语言学家永在——纪念吕叔湘先生百年诞辰 …………………………… 江蓝生 1
一代宗师,学界楷模——深切怀念吕叔湘先生的教诲:严谨,谦逊,与人为善 …… 胡明扬 4
怀念吕先生 …………………………………………………………………………… 唐作藩 8
重温吕先生"处理好四个关系"的教诲——纪念吕叔湘先生百年诞辰 ………… 郭锡良 10
吕叔湘先生与当代中国的语言规划 ………………………………………………… 陈章太 15
指路灯——读《〈现代汉语词典〉编写细则》 ………………………………………… 曹先擢 22
吕叔湘先生辩证的汉语语法观 ……………………………………………………… 田小琳 28
试论吕叔湘先生对我国语言对比研究的贡献——纪念吕叔湘先生百年诞辰 …… 王菊泉 37
缅怀吕老 ……………………………………………………………………………… 王　锳 51
怀念恩师吕叔湘先生 ………………………………………………………………… 王海棻 55
吕叔湘先生和《论衡索引》 …………………………………………………………… 程湘清 61
吕叔湘先生与中国语文现代化 ……………………………………………………… 苏培成 64
认真推行《简化字总表》——学习吕先生《字形规范问题答客问》的思考 ……… 高更生 72
吕叔湘先生在清华——纪念吕叔湘先生百年诞辰 ………………………… 黄国营、于照洲 77
吕叔湘先生在苏州中学 ……………………………………………………………… 胡铁军 80
深切的怀念——纪念吕叔湘先生诞辰100周年 …………………………………… 李鸿简 87
一代宗师　春风化雨——纪念吕叔湘先生百年诞辰 ……………………………… 袁正守 89

试论动宾式动词 ……………………………………………………………………… 张　斌 92
语法研究的目标——预测还是解释? ……………………………………………… 沈家煊 97
汉语双项名词句与话题-陈述结构 ………………………………………………… 陈　平 108
从"他的老师当得好"谈起 …………………………………………………………… 黄正德 126
重视动名关系研究——吕叔湘"语法分析论"学习札记 …………………………… 吴为章 144
话题、协同化及话题性 ………………………………………………………………… 史有为 153
从subject的功能分析看汉语句子的主语概念——语言学方法散论 …………… 杨成凯 183
层次和核心问题再探讨 ……………………………………………………………… 陆丙甫 195
存现句里的专有名词宾语 …………………………………………………………… 张伯江 207
北京话里新生的语法手段 …………………………………………………………… 方　梅 211

说《法伟堂经典释文校记遗稿》……………………………………邵荣芬 227
近代汉语和晚唐五代官话……………………………………………梅祖麟 241
关于连动式的历史及发展的几点考虑…………………贝罗贝、熊慧如 249
古代汉语中的"日中"和"中日"……………………………………高嶋谦一 259
动词"吃(噢)"的来源………………………………………………平山久雄 267
从助动词"解"、"会"、"识"的形成看语义的演变…………………蒋绍愚 275
再谈中古汉语处置式……………………………………曹广顺、龙国富 286
从反复问句的使用情况看《元曲选》宾白的明代语言成分…………李崇兴 301
马王堆汉墓帛书祝由方中的"由"…………………………………李家浩 308
从"善"等谈上古的句法与词义分析………………………………李佐丰 315
清代三种漳州十五音韵书比较研究——《汇集雅俗通十五音》、《增补汇音》和
　《渡江书十五音》三种韵书比较研究……………………………马重奇 335
谈"破"——汉语某些动词的类型转变………………………………徐　丹 348
蒙古时期的一道白话碑………………………………………………杨耐思 357
论语气助词"啊"的历史渊源…………………………………………钟兆华 360

《汉语语法分析问题》解决了汉语语音韵律分析的难题……………吴宗济 372
从语音合成看汉语的重音结构………………………………………曹剑芬 377
论量词的功能与演变——汉语、景颇语量词比较………戴庆厦、蒋　颖 387
辞书编写的借鉴和提高——纪念吕叔湘先生百年诞辰………………刘庆隆 398
词语翻译与语言规范化——几个用例的分析………………………黄长著 404

后记………………………………………………………………………413

人民的语言学家永在
——纪念吕叔湘先生百年诞辰

中国社会科学院　江蓝生

　　吕叔湘先生辞世已经六年，今年是先生百岁诞辰，中国社会科学院语言研究所举行国际学术讨论会隆重纪念，来自澳大利亚、日本、美国、加拿大、法国、瑞典和我国内地及港、澳、台等地的海内外二百多位学者聚集一堂，共同怀念这位为中国语言学事业作出卓越贡献的一代宗师。商务印书馆出版了由语言所编辑的《吕叔湘》画传，让更多的人了解了这位语言学大师的生活道路和学术历程。

　　在我的印象中，吕先生平时言谈中很少直接涉及政治，但凡是对他有所了解的人，都能够清晰地感受到他内心对民族对国家的忧患意识和强烈的社会责任感。像许多与先生同时代的知识分子一样，吕先生深受"五四"精神的影响，科学救国、文化救国的志向根深蒂固。他亲见旧中国积贫积弱、黑暗腐败的现实，亲历战乱中妻离子散、颠沛流离之苦，这些都使他的思想感情与人民大众息息相通，因而他发自内心地拥护新社会，珍惜新生活，以"越活越年轻"的心态和对祖国美好未来的憧憬，热情投身于社会主义文化事业的建设之中。著名社会学家费孝通先生在总结中国老一代知识分子的精神特点时曾说：中国上一代知识分子的内心有个"志"，这是其人生的着落；"匹夫不可夺志"，其志就是爱国、学术，学术的根子是爱国。这些话真是说到了根子上，可以作为对吕先生思想的最简约而深刻的诠释。

　　吕先生自幼受到良好的教育，打下了古典文献和西学的功底；在后来的学术实践中，又能贯彻"中学为体，西学为用"的原则，既借鉴西方语言学的理论和方法，又立足于汉语的实际，坚持求真务实的学风，所以能够始终站在学术潮流的前面，取得一系列既有理论建树又有方法创新的成果，成为我国现代语言学的开创者之一。

　　改革开放以后，当代语言学开始在我国传布流行，有很多学者都惊奇地发现，吕先生早年的学术研究、学术观点有不少跟当代语言学尤其是功能语法学说的要义不谋而合。上个世纪50年代，结构主义思潮在国内盛行，语法学界鉴于按意义划分词类容易导致词无定类的结局，因而主张用语法标准划分词类。吕先生的可贵之处在于，他一方面积极推动按语法标准划分词类，仔细研究各类标准的可行性和操作性；另一方面，他又在几乎人人强调语法标准的时候，提醒大家注意词类的语法差异背后的语义基础，并把是否符合语义作为判别词类划分好坏的标准。基于对大量语言事实的深入调查，吕先生看到类别之间经常存在难以判然划分的界限,他从不主张把那些边缘性的单位说一不二地归入某个类别,而是把界限模糊看做语言学中分类学的常态,认为界限模糊也不影响类别存在的客观性。吕先生对词类背后的语义基础的认识,对类别边界模糊的认识,都是功能语法后来引为基本共识的观念。

出版于20世纪40年代的《中国文法要略》是吕先生的成名之作,书中分"词句论"和"表达论"两部分,首创以表达范畴为纲论述汉语语法系统的先例。当学界盛赞"表达论"的创新价值时,吕先生却坦言,这本书的写作受到法国学者Ferdinand Brunot《思想和语言》一书的启发,"如果说我的书里有什么创造,那也只是在个别章节的细节上,至于全书的布局,我是不敢掠美的"(《吕叔湘全集》十九卷《致郭绍虞》)。吕先生的这番话,表现了一位真正的学者所具有的谦逊与诚实的品德;但不可否认的是,吕先生心有灵犀,认识到从意义出发的路子更适合没有多少形态变化的汉语,并把这种认识创造性地付诸实践,表现了他在学术上的敏锐和独具慧眼。过去的评论多从语言教学和应用的角度称赞"表达论"的价值,而现在,人们从当代语言学的角度,进一步认识到"表达论"在理论和方法上的创新意义。当代具有功能语言学倾向的历史语言学、类型学、语法化研究等领域,都很重视从语义表达范畴出发进行研究,因为语义范畴往往比形式范畴更具有语言的普遍性,更便于进行古今比较、历史演变研究和跨语言、跨方言的考察。在结构主义主导的时代,语法单位和语法结构是语法研究的唯一出发点,而在当代语言学研究中,围绕语义范畴进行的研究已经成为语法研究的重要组成部分,并且获得了丰硕的成果。吕先生实为汉语语义表达范畴研究的先行者和奠基人。回顾中国语言学所走过的历程,我们不得不佩服吕先生深邃的学术思想和独特的学术视角,不得不为他的学术研究中所蕴涵的当代语言学精神而赞叹。

吕先生不是那种只埋头于书斋进行个人研究的学者,也不是那种把自己划定在一个狭小研究领域的学者,他的研究涉及古今中外的许多领域,把通和专、理论和实践、基础研究和应用研究、文献研究和活的语言研究等很好地结合在了一起。吕先生学术实践的一个显著特点是他十分关注社会的语文生活,关注语言学怎样为普及基础教育、提高全民族文化素质发挥作用。他一生中直接参与并开始关注国家语言文字政策的制定,不辞辛劳地为推进现代汉语语音、语法、词汇的规范化做了大量的基础性工作。他和丁声树先生主编的《现代汉语词典》迄今发行4000多万册,不仅对我国的文化教育事业贡献巨大,而且还在世界上具有广泛的影响,跟他主编的另一部著作《现代汉语八百词》一起,成为各国人民学习汉语、研究汉语的最重要的工具书。他热心普及语文教育,以极其认真负责的态度参与中小学语文教材的编写和教学改革工作,77岁高龄时还认真准备了近万字的讲稿《怎样为中学生讲语法》。他几乎有求必应,认真回复中小学教师的来信,被称为中小学教师的挚友。他关心青年学者的成长,对他们寄予厚望,不仅当面传授治学经验,而且还亲自为许多认识的和不认识的人修改文章,有的,还给予经济上的长期资助。他既是严师,又像慈父,他在后辈学子身上花费的心血根本无法计量。像他这样的大学者,能这样自觉地以学术为社会的文明与进步服务,能这样不惜花费自己大量的时间、精力用于普及语文教育和培养人才的工作,能这样谦虚、亲切地跟人民群众沟通、交流,这是怎样一种精神境界啊!每当回忆起这些事迹,都令人肃然起敬。六年前,我曾经写过一篇纪念吕先生的文章,题目是后加的,叫做《人民的语言学家》,我觉得,吕先生是当得起"人民的语言学家"这一崇高称号的。

说起吕先生事业的成功,不得不提起吕师母和他们的家庭。吕先生家家风敦厚朴实,夫妻相敬,兄弟友于,尊长慈爱,子女孝顺,既有中国传统特色,又有现代民主精神。吕先生捐款设立青年语言学家奖金、资助生活有困难的学者,都得到了家人们的理解和支持。在吕先生家,吕师母是最有凝聚力的人物,七十多年中她与先生同甘共苦,悉心照料先生的生活起居,是先生事业的坚强后盾。吕师母比吕先生仅小半岁,今年百岁初度,仍能生活自理,真是大德大福之人。在纪念吕先生百年诞辰之际,我们也要为吕师母祝福,祝吕师母身体康健、福寿齐天。

吕先生虽然已经离开我们了,但他其实仍旧和我们在一起。打开各种语言学期刊和一本本新出的语言学著作,在参考文献中吕先生的论著总是赫然在目,先生的学术思想、学术观点依然在启迪着、影响着后来的学者,成为后人学术创新不得不参考的重要成果。可以告慰先生的是,这些年我国的语言学研究势头良好,新的研究基地陆续建立,研究领域不断拓宽,研究队伍不断壮大,新人层出不穷,创新性的研究成果也为数不少。总之,我国语言学事业后继有人,我国语言学事业大有希望,吕先生,您就放心吧!

回想二十六年前,我和杨成凯、李崇兴、王菊泉、周流溪、黄国营、陈平等六位师兄弟有幸成为先生的关门入室弟子,亲聆教诲,沐浴春风,度过了一生中最值得留恋的幸福时光,师恩如山,终生难忘。现在六位师兄弟都学有所成,聊可慰藉先生于九泉。六年来,我经常想起吕先生,每当我计划写一篇文章而思路理不清时,就想起吕先生,要是先生还在,跟他谈谈一定能得到启发;每当自己研究偶有心得时,也想起吕先生,要是先生还在,让他也分享我的愉快,庶几可稍减他老人家对我这些年未能专心于学问的失望……

六年前,吕先生的骨灰埋在香山一处山坡上,没有任何记号,陪伴吕先生的是山峦翠柏,是阵阵松风。"智者乐水,仁者乐山",愿辛劳了一生的吕先生在大自然的怀抱里安息吧。

吕叔湘先生,我们永远怀念您!
人民的语言学家吕叔湘不朽!

一代宗师,学界楷模

——深切怀念吕叔湘先生的教诲:严谨,谦逊,与人为善

中国人民大学　胡明扬

吕叔湘先生离开我们已经六年了,但是他永远活在我们心中。每逢过年过节,我还常常想到该去看看吕先生了,可是又突然意识到他已经离开我们而去了,不禁愕然,又不禁眼睛酸酸的。我无缘得列先生门墙,但是一直在内心认为自己是吕先生的学生。实际上在50年代中期到60年代初,我几乎每个星期六或星期天都要进城去看吕先生,而吕先生也总热情接见我,跟我畅谈国内外语言学界的动态和近期的热点问题,谆谆教导,诲人不倦,往往谈到晚饭时分就留我吃饭。我这个学生,没缴半分学费,也从来不给先生送礼,倒经常在先生家吃饭,的确未尽弟子之礼;可是吕先生对我多方教导,大力提携,完全把我当入门弟子看待,这是我永远不会忘怀的。有些情景一直历历在目:先生在弥留之际,已经不认识人了;我到协和医院病房去看他,他认识我,还跟我说了半天话,让值班护士十分惊讶,我临走她把我拦住,问我是谁,让我留下姓名地址,她说吕先生已经好几天什么人都不认识了,怎么还认识你?吕先生当时的神情音容就一直留在我的记忆中,因此我常常以为先生还在,过年过节应该去看看。

吕先生在学术上的贡献是大家公认的,他开创了近代汉语研究,他在现代汉语语法研究领域的成就,特别是他对语法现象细致深入的描写分析和深入浅出的阐说,至今无人能超越。我国开展对外汉语教学以后,教师常常苦于没有可以参考的著作,而吕先生的《中国文法要略》仍然是唯一一部可以参考的书,其中关于量词前数词"一"的省略的用法迄今没有更细致的描写。以吕先生的观点和思路为主的《语法修辞讲话》在中国语法学史上永远是一部影响深远的著作,而署名丁声树等的《现代汉语语法讲话》也可以明显地看到吕先生的影响和手笔。他的《现代汉语语法分析问题》实际上是一部学术价值极高的"现代汉语语法学史"或"现代汉语语法理论研究"。吕先生以他一贯的严谨务实的态度一一分析了各家语法的长处和不足之处,探索解决的方案,而不轻易褒贬,绝不像后出的一些语法学史那样,对待同样是引进和借鉴的西方语言理论和方法,却动不动要贬他人为"模仿",吹自己为"创新"。除了在学术上作出无可争议的重大贡献以外,作为中国语言学界的一代宗师,吕先生在团结、领导、组织全国语言学工作者共同为促进中国的语言学事业的发展而努力工作方面也作出了重要贡献。

但是在当今学术规范严重失衡、学术道德日益沦丧的历史时刻，吕先生堪为学界楷模的学术风范和道德人品就更值得后学继承发扬了。

我在1955年发表的第一篇语言学理论文章实际上是一篇大批判文章，批了高名凯先生，也批了吕叔湘先生和丁声树先生，可是我和吕先生的交往却就是从发表这篇大批判文章开始的。吕先生不但不计较我对他的无理批判，而且还收留了我这个跟他没有任何关系的语言学的门外汉，从读什么书、什么问题该请教哪位前辈教起，把着手热情教导、点拨，这几乎令人难以置信，可是这是事实！他对于我那篇大批判文章没有直接批评，只是说了一句"做人写文章要与人为善"，告诉我高先生为此很难过。不是吕先生教导我，我很可能会误入歧途，但吕先生挽救了我。那么是不是吕先生根本就忘了我当时对他的大批判呢？不是，事隔近二十年以后，吕先生一次在北京语言学院的学术会议上谈"动补"关系的复杂性的时候，提到了他过去说"动宾关系非常复杂，是说也说不完的"，他说"当时胡某人批判说这是资产阶级的不可知论，实际上就是太复杂了，一时谁也说不清楚"。我当时在座，脸上直发烧。不过我也意识到吕先生不是没注意或是忘了，而是吕先生的确对年轻人非常宽容，即使我批了他，他也完全不计较，处处与人为善。可是有的人不要说对批评他的人绝不宽容，就是跟他的学术观点稍有不同的人也绝不放过，直到干预这个人在本单位的职称评审工作。这样来比较，吕先生的学者风范和长者风范就更加突出了。有一位否定一切而只承认一切从自己开始的年轻人多次无中生有地批判吕先生，但是吕先生还是宽容了他，还特意指定破例邀请他参加全国性的会议，可是这位年轻人事后反而指摘吕先生压制他，不让他参加学术会议，但是吕先生没有反击，一笑了之。吕先生对人一贯宽容，对年轻人则更加宽容，这是我们每一个人，不论年纪大小都应该好好学习的。

吕先生的宽容不等于无原则的迁就和纵容，或对错误的观点保持沉默。吕先生非常讲究方式方法，这不是一个技巧问题，而是他总是与人为善，不愿意伤害他人，即使这个人在某个方面有错误有缺点。1981年在哈尔滨语法和语法教学讨论会的闭幕式上他发言说，"现在有人常常喜欢说自己的观点是唯一正确的，别人的观点是极端荒谬的。可是他没有想一想，如果还有另外一个人也认为自己的观点是唯一正确的，那么他就不是'唯一'的了"。当时多数人明白吕先生批评的是哪位先生，可是吕先生没有点名，而且话说得那么婉转，那么语重心长，那么以理服人，受批评的人如果不是冥顽不灵，对于长者善意的提醒就肯定会考虑考虑的。又如吕先生不太同意不加条件制约的句式转换，他在《语文杂谈》中有一篇短文《句式变化》，列举实例说明同样的句式，有些动词的相关句式能变换，可是换了一个动词就不能变换了。吕先生只是正面阐说自己的观点，没有批评持自由转换的人，真正做到了对事不对人，没有提名道姓，更没有说别人"以偏概全"等等，这样的讨论方式不伤人，因为像吕先生这样的学术地位，他要是提名道姓地公开批评某人的某种观点，谁都受不了，也就无法平心静气地相互进行学术探讨了。非常遗憾的是语言学界没有推广和继承吕先生这种处处与人为善的优良学风，所以至今仍缺乏一种轻松的自由探讨的学风，仍然不是吹捧就是批判，很难开展不同观点之间的友好善意的讨论和切磋。

吕叔湘先生治学严谨是众所周知的。自从我结识吕先生以后,他一再教导我做学问要严谨,首先要分清自己的和别人的,是别人的一定要注明详细出处,要注明书名、篇名、出版社、版本、页码,如果是译本,最好查对原文,因为译文可能有错;还特别叮嘱,即使是口头听来的别人有价值的观点,也必须注明是听哪位先生说的,千万不能窃为己有。吕先生不仅这么说,而且他自己就这么做。他就公开承认"在我写《要略》的时候,我开始研究汉语语法还不久,胸中并无成竹,处处遇到困难。因为词类活用问题不好处理,认为叶氏的词级说可以渡过难关,就拿来用上"(1956,修订本序二)。吕先生公开承认他接受了叶斯伯森的理论,不仅并不影响他在汉语语法研究领域的巨大贡献和崇高的学术地位,而且还充分显示了他的学者风范和严谨谦逊的优良作风。可是现在不少人急功近利,急于求成,甚至抄袭他人成果,特别是欺侮别人不懂外文,把外国学者的创见和成果稍加包装调整,或者一字不改地译成中文,作为自己的成果来发表,以此欺世盗名。更令人遗憾和忧虑的是不仅年轻人这么干,一些已经著名的年长者也这么干,上行下效,学风败坏,真令人寒心。吕先生不仅写文章很严谨,而且私下谈话也同样非常严谨,实事求是。70年代有一年春节我去看望吕先生,谈到汉语句子的核心是动词的时候,我说"说汉语句子的核心是动词,这是您的观点"。吕先生立刻纠正我说,"最早提出这种观点来的是俞敏,不是我"。这是一次关起门来的私下谈话,不是公开发表文章,但是吕先生也不用沉默来表示默认,而是立即加以纠正,从这次谈话更能看到吕先生的为人。

吕先生还教导我要知之为知之,不知为不知,特别不要强不知以为知。60年代初,吕先生集中时间和精力研究《老乞大》、《朴通事》两部朝鲜近代的汉语教材的汉语口语文本,准备创建一个新的以吕先生自己提出来的句段理论为基础的中国化的语法体系,让我跟他一起干。他说,"语音我不在行,你先把语音部分搞一搞"。吕先生的专长是语法,但是绝不是不懂语音,他晚年写了丹阳方言语音方面的文章说明他只是专长不在语音而已,说"不在行"是实事求是的,当然也是谦逊。我关于谚文对音的文章写完了给他看,他又说,"语音我不行,我得请我的老师陆先生看",然后就把我带到后院陆志韦先生那里请陆先生审读。吕先生早年在东南大学听过陆先生的心理学课程,一直对陆先生执弟子礼,这也是值得我们好好学习的。现在流行一种风气,有用的才是老师,没用的就不是老师,只听过一门课,谁还认谁是老师!

吕先生还教导:"写文章,下结论要留有余地,话千万不要说死,语言现象太复杂了。"吕先生的文章就是这样写的,处处留有余地,因为他看到的、知道的实在太多了,非常全面,不像半瓶醋那样的人敢于处处说一不二,斩钉截铁地下结论,只有自己的观点才是唯一科学唯一正确的。可是不少年轻人不太喜欢吕先生这种严谨谦逊的学风,我的一些研究生就向我反映,他们不太喜欢读吕先生的著作,说吕先生总是说张三的观点有一定道理,可是不全面,这个问题解决得不完善,李四解决得比较妥善,可是李四在另一个问题上不如张三,这么绕来绕去,似乎各种观点都有一定道理,可是又都不是绝对正确,而且还不知道吕先生自己的观点是什么,这怎么让人去教学生?他们喜欢说话绝对的先生,这是唯一正确唯一科学的,其他观点都是极端荒谬的,那样很明确,好教学生。其实,吕先生不是故意卖关子,故意模棱两可,而是他知道得太多了,明白语言现象的复杂性,知道说一不二往往会误导年轻人,而且往往事后会证明说一不二的说法是错误的,而留有余地的说法倒永远是正确的。因此,可以说要挑吕先生著作的毛病很难,因为他从来不说没根据没把握的话,即使是有根据有把握的话也不说死,总留有余地,错了,也很容易修正。不像有的先生就是说一不二,斩钉截铁,明明错了还要死辩,结果只能越描越黑。吕先生的严谨学风在语言学界是大家公认的,非常值得大力提倡和继承发扬。现在剽窃抄袭和信口开河、缺乏最起码的语言学常识的胡说八道等不良学风闹得沸沸扬扬,提倡严谨、提倡吕先生一贯倡导的在务实基础上的创新应该是一剂对症的良药。

我和吕先生本来毫无关系,可是吕先生花那么多的时间和精力来教育、培养我这么一个门外弟子,他图个什么?我还从来不给吕先生送礼,倒是经常在他家吃白饭。据我所知,吕先生也非常关心所里的年轻人在学术上的成长,常常给年轻人出主意该研究点什么,可是由于50年代以来我们的大学教学太偏太专了,年轻人要完成吕先生交下来的研究任务有困难,而这又不是公事,是私事,所以没有想方设法去钻研,结果就没有下文了。所里有的年轻同志经济上有困难,吕先生甚至拿自己的工资去帮助这些同志。他是所长,完全可以用公款来补助这些同志,那也是做了好事,可是他不那样做,而是用自己的工资来帮助别人,从这一点上来看,吕先生不仅做学问十分严谨,而且做人也非常严谨,所以人们常常说做学问就是做人,道德文章是分不开的,文章好首先是因为道德高尚,吕先生之所以成为学界楷模正因为道德文章都足为后学楷模。作为一个无缘得列门墙的编外弟子永远不能忘记吕先生的教诲,至于怎样来报答吕先生的恩情,我只能永远谨记先生的教诲,尽可能按先生的教诲去做人做学问,在自己的工作岗位上作出应有的贡献,以此回报先生的教诲,至于能不能做到,那只能说:高山仰止,景行行止,虽不能至,然心永远向往之。

怀念吕先生

北京大学　唐作藩

五十年前即1954年8月下旬我们中山大学语言学系师生从广州调来北大。9月初中国科学院语言所所长罗常培先生在翠花楼宴请从中大来的王力先生、岑麒祥先生、周达夫先生和黄伯荣讲师；我这个小助教亦荣附骥尾。这是我第一次见到罗先生，同时也是第一次见到了吕叔湘先生和陆志韦先生、丁声树先生。王力先生和吕先生也是第一次见面，虽然他们已有多年的通讯联系，并曾互赠语法著作。记得那次相聚大家特别高兴，气氛非常热烈。

我第二次见到吕先生，是在两年之后，王力先生派我和许绍早兄去听取吕先生对《汉语史讲义》("语法发展史部分")的意见。那时吕先生住在中关村中国科学院宿舍12号楼二层一套三居室里。吕先生对王先生送给他的讲义油印本看得很认真、仔细，跟我们逐章逐节地谈了他的意见，我们在带去的讲义上一一作了记录，回去向王先生汇报。王先生要我们在修订《汉语史稿》（中册）时，认真考虑吸取吕先生的意见。吕先生与王先生的诚挚友情和谦虚、严谨的学风给我们留下了非常深刻的印象。是年秋季开学时王先生又请吕先生来北大讲授"《马氏文通》研读"。不仅本科高年级学生选修这门课，而且我们汉语教研室的研究生和青年教师也都去听课了，受益匪浅。由吕先生开创的这门"《马氏文通》研读"后来成为我们北大汉语史研究生的必修课程之一。

自上世纪50年代末我开始为汉语专业本科三年级讲授"汉语史"，在备课时也试着作点语法史的研究。60年代中我写了一篇短文《第三人称代词"他"的起源时代》，投寄给《中国语文》。编辑部请主编吕先生审稿。有一天吕先生把我叫到他家里（那时他住在端王府附近），指点我这篇小文的不足，让我再作些修改。但不久"文化大革命"开始了。此文修改后直到1980年才发表在"文革"后复刊的《语言学论丛》（第六辑）上，但我并未忘却吕先生的教诲。

此后虽然也不时见到吕先生，但往往是在各种会议上。由于他很忙，找他的人又多，我只是到他面前问问安就走开了。1980年王力先生八十华诞，倪海曙先生约请叶圣陶先生、胡愈之先生、吕叔湘先生等发起筹备祝寿活动，除了当年8月20日在全国政协礼堂举行隆重庆祝会，还要编辑出版纪念论文集。吕先生与王力先生交情笃厚，不仅写了学术论文（《〈马氏文通〉语法体系中的几个问题》），而且发表了热情洋溢的祝词。王力先生1986年5月3日病逝后，吕先生翌日晚即写了悼念文章，发表在《人民日报》（5月16日）上。1990年

8月10—12日北京大学举行纪念王力先生九十诞辰语言学研讨会。吕先生收到了出席8月10日纪念会开幕式的邀请信之后,在8月1日写给我的信中说:"本月十日王先生的诞辰纪念会我是要争取参加的。只是近来的天气湿闷,气压低,我很不舒服,百事俱废。我希望到时候天气不再是这样。"结果终因身体不适未能与会,但他还是寄来了书面讲话。文字不长,但情真意切。他特别称赞王先生做学问"专一"与珍惜时间的精神。他说王先生"把所有可用的时间都用在治学上。王先生也有社会活动,也有其他干扰,但他不让这些事情打乱他的工作",吕先生说:"很多人常常遇到一些干扰,也许半天,也许只一两个小时,可是心收不回来,随随便便就把一天报销了。而王先生不是这样,事情一过,他又回到他的书桌上去了。"作为老朋友,吕先生是很了解王先生的。其实吕先生与王先生一样,都是做学问很专一的,他们那种"从不浪费一分钟的精神"永远值得我们学习。

吕先生还非常关心《王力文集》的出版工作,他曾给我写过两次信询问《文集》的编辑出版情况。1992年二十卷《王力文集》全部出齐,吕先生在来信中说:"王先生的集子出齐了,值得庆贺。我承蒙逐册惠赠,非常感谢。"

吕先生清正谦逊,宽厚待人,所以能健康长寿,活到九十四岁。晚年身体比较虚弱,住进协和医院疗养。大约是1997年秋天,王师母夏蔚霞先生让我陪同去医院探视吕先生。正好我也有这个想法。那天天气比较好,缉志师弟也正好有空,开车送我们到王府井协和医院。吕先生住在一间高干病房里,他让我们坐在外间客厅里,他虽然瘦弱一点,但精神还不错,还从冰箱里拿出荔枝来让我们吃。我剥了几个递给吕先生,他笑着吃了。这是吕先生留给我的最后的印象,永远难忘。

重温吕先生"处理好四个关系"的教诲
——纪念吕叔湘先生百年诞辰

北京大学　郭锡良

1980年10月在武汉召开中国语言学会成立大会,吕叔湘先生在会上作了一个《把我国语言科学推向前进》的学术报告,发表在《中国语文》1981年第1期。报告讨论了推动我国语言科学前进需要处理好的四个关系,即"中和外的关系,虚和实的关系,动和静的关系,通和专的关系"。

在报告中吕先生说:"第一个问题是中和外的关系,也就是中西结合问题。""从明朝末年天主教教士用拉丁字母拼写汉字开始","语言学上的中西结合有一定成绩"。但是"有两种偏向":"一种偏向是谨守中国语言学的旧传统埋头苦干,旧传统里没有的东西一概不闻不问","另一种偏向是空讲语言学,不结合中国实际,有时引些中国事例,也不怎么恰当"。吕先生指出:这两种偏向必须克服,中西必须结合,"重要的是学习西方学者研究语言的方法,而不是套用他们的研究成果"。第二个问题是"虚和实的关系,也就是理论和事例的关系"。吕先生在四个关系中为这个问题花的笔墨最多,他讨论了"理论从哪里来"、"如何对待前人的理论"、"理论和事实"、"哪一个更重要"以及如何进行"观察、调查、实验"等多方面的问题。吕先生肯定了"理论从事例中来"(也可以说是"材料决定理论");肯定了"科学成果是积累起来的","前人的理论是我们的财富";辩证地论述了"理论和事实"的关系,举了一个"散钱"和"钱串子"的故事,肯定了"散钱"的用处;最后强调了"观察、调查、实验"的重要性。第三个问题是"动和静的关系,指的是应用科学和纯粹科学的关系"。吕先生指出:"静态研究很重要,是根本";而"语言的动态研究"的三个方面——社会语言学、语言教学、数理语言学——同样重要,应该互相尊重、互相帮助、互相促进。第四个问题是"通和专的关系",这是从培养语言研究队伍来讨论问题的。吕先生批评了新中国成立后高校的教学体制,对"分工越来越细"的情况提出了严厉批评。他指出:"在外国大学里边,教师一般要能教四五门课";"我们这里则是以一人一门为常"。"我教古代,你教现代,他教理论;我教语音,你教语法,他教方言。"这样"画地为牢不是好办法,目光局限,思路狭窄,不利于进步"。

吕先生的报告是把我国老一代语言学家对西学东渐以来学科如何发展所积累的共识作了一个总结。我们知道:新中国成立后王力先生写过两篇有关我国语言科学发展的重要论文《中国语言学的现况及其存在的问题》和《中国语言学的继承和发展》,分别发表在《中国语文》1957年3月号和1962年10月号上。王力先生在两篇文章中都提倡融会中西,贯通古今;吕先生报告中所谈到的前三个关系,这两篇文章也都涉及了,后一个"通与专的关系"王力先生在《谈汉语的学习和研究》中也有论述。他说:"'博'是指有广博的知识,'专'是指在小范围内深入。研究要专,学习要博,博是专的基础。"(《王力文集》二十卷,318页)对比两位先生的观点,他们是多么一致或相近啊！在这些关系的处理上,不但王吕观点相近,还有罗常培先生、丁声树先生、季羨林先生、朱德熙先生、李荣先生等一大批前辈学者,他们也都是看法相近的。正因为如此,所以我们说,吕先生的报告代表了不少老一代语言学家的共识,也可以说它是上个世纪以来中国语言学学科发展所遵循的指导思想。

如何看待这一指导思想呢？学术界并不完全一致。我们知道:有的人把上个世纪我国引进西方描写语言学、结构主义、历史比较语言学看做少数人的事,甚至把成绩记在自己的账上;同时斥责章黄学派及其"旁支别流",扬言这个不懂历史比较法,那个也不懂历史比较法,乃至抹杀半个世纪以来内地整个语言学研究的成绩。这是出自西方中心论的偏见,可是国内却仍有人甘做这种论调的应声虫。季羨林先生说:"倘若再从中西文化碰撞这个角度来看,西方文化,包括精华和糟粕,有的甚至于算不上文化,都如汹涌的怒涛一般,冲入中国,一往无前,势不可挡。中国仿佛成了一片空虚,哪里还谈到什么碰撞！中国一部分人又犯了一窝蜂的老毛病,凡外皆佳,是华必劣,对西方文化顶礼膜拜,其虔诚胜于朝山进香。鲁迅是主张'拿来主义'的,如果他能活到今天,看到这种'拿来'的情况,一定会痛心疾首,而又无可奈何。反观西方,一般人仍以'天之骄子'自命,对中国文化一无所知。多少年来,我张皇'送去主义',我自认是有道理的。"(《20世纪中国学术大典·序》14页)季先生这段话难道不值得我们深思吗？因此,如何对待吕先生说的四个关系,这是必须分辨清楚的大问题。

吕先生说得好,"中国和西方有各自的语言学传统","中和外的关系"只能是中西结合,照搬西方的一套,"依样画葫芦是没有多大用处的"。大家知道:马建忠的《马氏文通》"是把王(王引之)俞(俞樾)之学融会贯通之后,仿欧人的文法书把语词详密分类组织而成的"(梁启超《中国近三百年学术史》)。这是中西结合的;高本汉的古音构拟是在清代古音学家研究的基础上用音标来说明古音的系统,这也是中西结合的。在理论和材料(事例)的关系上,吕先生强调"理论从事例中来",散钱比钱串子有用,容易被人误会是轻视理论,其实不然;吕先生肯定了"前人的理论是我们的财富",要综合参考这些理论来观察语言现象,进而"摆事实,讲道理",得出新的结论,从而也可以上升为新理论。吕先生反对的是空谈理论而不愿意进行观察和实验的学风,不赞同"喜欢搞理论"而不积极探索具体语言的系统及其变化规律。在"动和静的关系"上吕先生提出语言的应用研究和语言的本体研究同样重要,应该互相尊重、互相促进。由于能正确对待这三个关系,也就是说,我们语言学科所遵循的指导思想是正确的;因此,20世纪中国语言学的发展是明显的,取得了长足的进步,半个多世纪以来内地语言学研究的成绩是巨大的,不容抹杀。

中国现代语言学在19世纪末就已孕育,切音字运动冲击着传统文字、音韵、训诂的藩篱,《马氏文通》的出版开创了中国现代语言学的先河。甲骨文出土为"古文字学"新学科提供了物质条件。"五四"白话文运动催生了现代汉语语法学,20世纪二三十年代留学欧美的学生带回了西方语言学理论和方法,催动了三四十年代汉语语法学、汉语音韵学、汉语方言学的发展,也为少数民族语言研究开拓了道路。

新中国成立后,《汉语拼音方案》《汉字简化方案》的制定和推广为清末以来的切音字运动作了总结,它对普及文化起了积极作用,对全国人民的文化生活影响巨大,虽不无可议之处,但是首先无疑应该给予肯定。还应该看到,上世纪五六十年代中国语言学研究虽然也受到了"左"的影响,但是由于它跟政治离得较远,留有一定的活动空间,因此取得的成绩也较多。下面作个粗略的回顾:王力先生《汉语史稿》的出版标志着我国历时语言学的研究登上了一个新台阶。丁声树先生等的《现代汉语语法讲话》和陆志韦先生等的《汉语的构词法》的出版以及汉语词类问题、汉语主语宾语问题、汉语单句复句问题的讨论,大大推动了汉语语法研究工作,为后来汉语语法研究打下了坚实基础,也显示了美国描写语言学派的思想方法受到了中国语言学家的重视。在袁家骅先生指导下由北京大学中文系语言教研室编辑出版的《汉语方音字汇》、《汉语方言词汇》是对全国方言普查成果的小结;丁声树先生、李荣先生等执笔的《昌黎方言志》是在全面、深入调查基础上具有创新、提高性质的方言志样板。

这些都是我国语言学工作者把西方描写语言学、结构主义、历史比较语言学理论同我国的语言实际相结合的成果。我不知道,那些抹杀内地语言学研究成绩的人是闭目塞听呢,还是盲目无知?居然认为内地学人对西方语言学一无所知。其实,当时中国虽然由于外遭封锁、内存闭塞,使我们对西方语言学的新进展所知甚少,但是我们对引进西方语言学理论的信念却没有动摇。上世纪60年代初全国文科教材会议,议定了四部西方语言学名著作为语言学理论课程的主要参考书,它们是:索绪尔的《普通语言学教程》、房德里耶斯的《语言论》、萨丕尔的《语言论》、布龙菲尔德的《语言论》。提议并参与决定的主要学者就是王力、丁声树、吕叔湘三位先生。萨丕尔的《语言论》已经有人翻译,1964年出版;其他三部著作我们落实了翻译力量,1965年翻译初稿都已完成,由于"文革"动乱的爆发,80年代才得以出版。

十年动乱结束后,中国语言学迎来了全面繁荣时期。多方面的成绩,我们用不着一一缕述,只需择要作一说明。先说语法,上世纪80年代以来,语法研究的广度、深度都有较大进展。这里只举两点:一是现代汉语的句法分析方法已形成了百花齐放的局面:有层次分析法、变换分析法、语义特征分析法、配价分析法、语义指向分析法。二是汉语语法的历时研究蓬勃开展了专题语法研究、专书语法研究、断代语法研究。这些方面的专著都不少,论文恐怕更是以千计。再说词汇,词汇研究的广度、深度也是有进展的。义素分析法被广泛引入词义分析中,同义词、同源词的研究受到了重视。王力先生的《同源字典》是这方面受人注目的成果。吕叔湘先生、丁声树先生先后任主编的《现代汉语词典》是我国辞书史上的一座里程碑,它摆脱了训诂式的释义方式,体现出现代语言学理论方法的精神,是20世纪我国科学性最强、质量最高的辞书。徐中舒任主编的《汉语大字典》收字五万四千多,注意字形、字音的历史演变,重视字义的完备,是迄今收字最多、阐述形、音、义资料最完备的汉语大型字典。罗竹风任主编的《汉语大词典》是一部大型的历史性汉语语文词典,它力图从语词的历史演变过程加以全面阐述,是对汉语词汇系统的一次较为全面的小结。谈到音韵,这里只提王力先生的《汉语语音史》,它是王先生研究语音史的一次新探索,给我们提供了一个语音史的新模式。至于方言研究、少数民族语言研究更是发展迅速、成绩显著的分支学科,这里只举几项重大成果来作个说明:(一)中国社会科学院和澳大利亚人文科学院合作编著的《中国语言地图集》绘制了中国这样一个幅员广阔、民族众多、语言情况极其复杂的国家的语言分布图。试问:没有成千上万语言研究者数十年的艰苦努力,怎能完成这么重大的文化工程?(二)李荣主编的《现代汉语方言大词典》。一共出版了各地分卷41种,两千多万字。这部词典涵盖面广,内容丰富,材料可靠,反映了汉语方言词汇研究的新的巨大进展。(三)《中国少数民族语言简志丛书》。一共出版了57本,包括59种少数民族语言。它比较全面、深入地介绍了各个语言的结构特点,包括语音系统、词汇系统、语法系统和方言差异等,标志着我国少数民族语言的描写研究达到了一个新的高度。

总之,上世纪80年代以来是中国语言学欣欣向荣的时期,研究队伍迅速扩大,在长期压抑下积聚的研究成果也如雨后春笋一样冒出土来。这是有目共睹的。1991年年初我在美国同一位国际知名学者讨论世界汉语研究的现状时,他毫不犹豫地对我说:"无论是从数量还是从质量来说,当然是大陆领先。"这是掌握全局的认知,也表现了真学者的风度。可是,也有人却只看到他们自己那一点点东西,轻视别人,抹杀内地半个多世纪以来的研究成果。这真是"一叶蔽日,不见泰山"。

下面回过来讨论吕先生提出的"通和专的关系",这个问题是否解决了呢? 看来,并没有解决。吕先生意味深长地只谈了语言学工作者知识面窄、能力单薄的各种表现;朱德熙先生进而指出了造成这种现象的原因。他在《纪念王力先生九十诞辰文集序》中说:"先生之学,证古论今,融会贯通,博大与精微兼而有之,所以能够蔚为大家。回过来看50年代以来培养的学生,其中虽然也不乏杰出者,但总的看来,失之于陋。这恐怕与大学里教学机构的设置有直接关系。教研室是以课程为单位组织起来的。每人各报一门课程作为自己的专业,穷年累月地浸淫其中。教研室之间鸡犬之声相闻,而在学术上则老死不相往来。教现代汉语的,不但认为古代汉语是隔行,连方言学也与自己不相干。这种画地为牢的作法无异于自杀。"因此他提出:"要从根本上扭转这种偏向,还须在教学指导思想、课程设置和教学组织上进行改革才能奏效。"朱先生的分析是正确的,造成现在这种情况是同上世纪50年代以来的教学体制相关的。新中国成立初是"一边倒,学苏联",完全割断了原有的教育传统;60年代文科教材会议制订了一个新教学计划,对极"左"的做法有所批评、调整;"文革"过后,80年代制订的中文系新教学计划比50年代的还"左",教学指导思想和教学组织都一仍其旧。在这样的情况下,"通和专的关系"自然不可能得到真正解决。好在大形势变了,中青年比我们老的自觉,情况在向好的方向发展,希望这个关系能早日完全摆正,不远的将来语言学界,能多出像王力先生、吕叔湘先生等那样的博古通今、融汇中西的学者。

纪念吕叔湘先生百年诞辰,重温吕先生"处理好四个关系"的教诲,我深感吕先生作为中国语言学界多年的领导,舵是把得稳的。尽管路怎样走,并不完全能由他做主,这是大家都明白的;但是有了他的参与,中国语言学研究工作的弯路就少走很多,成绩就可以积累得多一些。今天我们仍要牢记吕先生的教诲,处理好四个关系。

2004 年 6 月 19 日于北京海淀蓝旗营小区

吕叔湘先生与当代中国的语言规划

教育部国家语委语言文字应用研究所 陈章太

　　吕叔湘先生是享誉国内外的语言学大师,是我国现代语言学的开拓者与奠基人之一,也是当代中国语言规划的积极参与者与领导者之一。在近半个世纪里,他以对国家、人民负责的态度,将语言研究与语言应用紧密结合起来,十分关注我国社会语言生活和语言规划工作。他具有科学的语言规范观,积极投入语言规划实践,参加各个时期的语言规划活动,在语言本体规划和语言地位规划方面做了大量工作。他还重视语言规划科学研究和语文知识普及,发表了相当数量的有关论著,并且重视专业人才培养和专业队伍建设,从学术和人才等方面支持我国的语言规划工作。作为著名学者、社会名人和学术机构、学术团体的领导人,他还与国家语言规划的职能部门中国文字改革委员会以及后来的国家语言文字工作委员会密切协作,在语言规划工作中充分发挥作用,对当代中国的语言规划作出了重大的贡献。

一

　　语言规划是一项庞杂、艰巨的系统工程,吕叔湘先生深知这项工程关系到国家、社会乃至子孙后代的利益,应当认真做好。而要切实做好这一意义和难度同样很大的工程,需要有正确的语言规范观作指导。从他的论著、随笔、散论、谈话等有关语言规划的论述中,可以看出吕先生在语言规划方面,具有科学的语言规范观。这些语言规范观表现在:认为语言必须规范,语言规范要有明确的标准。这是吕先生语言规范观中最主要的观点。他认为语言作为人类社会的交际工具,必须满足社会交际的需要,同时它在社会交际中又会发生变化与变异,这就使得对语言及其应用必须进行一定的规范。吕先生与罗常培先生合作的《现代汉语规范问题》这篇重要论文是现代汉语规范问题学术会议的主题报告,其中指出:"语言是人们用来交流思想的工具,必须有一个共同的标准,才能使人们正确地互相了解。……我们所需要的是一种高度发展的语言,我们所需要的是一个统一的、普及的、无论在它的书面形式或是口头形式上都具有明确的规范的汉民族共同语。……"此文还指出:"正如一切自由都有限制一样,语言的使用也不可能有绝对的自由。写文章和说话可以有种种自由,可是不能有'不通'的自由,这是语言作为人类社会交际工具不可避免地要产生的限制。"又说:"语言是发展的,所以语言的规范也不可能一成不变。"在《普通话基础方言基本词汇集》序言里吕先生说:"一个民族或一个统一的社会,必须有一种共同的语言,才便于相互交际,促使社会的进步和发展。这个事实,在我们建立社会主义市场经济和信息时代到来的今天,显得更加重要和突出。因此,研究如何更好地建设高度规范的共同语,就是语言工作者责无旁贷的任务。给语言建立明确的科学规范,并将这种'规范'努力推广,就是促进语言健康发展和高度统一最重要的手段。"(陈章太、李行健,1996)吕先生的这一观点,在他其他的著述中也有所表达,可见他对语言必须规范的重视。

主张语言规范要求实、稳妥。翻开《吕叔湘全集》,在有关语言规范的论著中,吕先生一再强调,语言规范是一项复杂、艰巨的任务,它涉及社会生活和语言生活诸多因素,对语言及其应用进行规范,必须坚持实事求是和积极稳妥的态度,才能取得实效,达到规范的目的。《现代汉语规范问题》一文强调指出:"我们认为规范化只是把语言里没有用处的东西淘汰掉,一切有差别的语言形式,不论是在词汇方面还是在语法方面,不论是在基本意义方面还是在修辞色彩方面,都必须保存下来。语言规范化与文体多样化是不矛盾的,和个人风格也是不矛盾的。"同文还说:"拿汉语规范化这个问题来说,就是一个内容十分丰富的问题,包含很多可以讨论的题目。语言能否进行规范化,是曾经有人怀疑过的,现在这种怀疑是基本上消除了。虽然如此,对于规范化各方面的工作,哪些该作,哪些能作,以及怎样作,恐怕也未必意见都一致,完全可以展开讨论。"而在《四方谈异》中,吕先生更是明确地指出:"普通话为全民族服务,方言为一个地区的人服务,这种情况还会继续很长一个时期。在不需要用普通话的场合,没有必要排斥方言,事实上也行不通。甚至'只会说普通话'的人,也要学点各地方言,才能深入各个方言区的劳动群众(这句话引自周恩来《当前文字改革的任务》一文)但是这不等于提倡用方言。比如用方言写小说,演话剧,偶一为之也无所谓,可不必大加推崇,广为赞扬,认为只有用方言才'够味儿'。普通话也挺够味儿的。""我们现在不能再满足于'蓝青官话',而要求有明确标准的'普通话',不能再满足于这种普通话只在某一阶层的人中间通行,而要求它在全民中间逐步推广,这都是我们的时代和我们社会的性质决定的。"对待汉字简化,吕先生也认为要求实、稳妥。他在《文字改革》一文中较早就指出:"有些同志对汉字简化有一种片面的想法,认为简化的字越多越好,笔画越少越好,不但是十笔以上的字全得简成十笔以下,就是原来已在十笔以下的字也要减它一笔两笔。这种想法之所以是片面的,是因为只看到文字需要简易,忘了文字也需要清晰,还需要稳定。"

认为语言规范需要大众参与和坚持不懈。在长期从事语文工作和参与语言规划活动的过程中,吕叔湘先生深深感受到,语言规范关系到社会各行各业,是政府行为与社会行为相结合的重要工作,不是少数人所能做好的,而需要社会大众积极参与,并长期坚持不懈地付诸行动才能完成。1985 年我们在起草全国语言文字工作会议的主题报告时,多次向吕先生请教并讨论有关的问题。在谈到 20 世纪 50—60 年代的语文工作时,吕先生说:当时的汉语规范化、文字改革和推广普通话等之所以取得那么大的成绩,除了中央的正确领导、支持,重要的一条是广大群众的积极参加和坚持不懈地工作,这要很好总结。我们听取了吕先生这个意见,并写进了主题报告中。在《社会主义建设和语文工作》一文中,吕先生说:"标准语的规范化工作和推行工作是社会主义建设中有重要意义的一环,是我们文化生活中一件大事,而且是一个长期的工作。在这里边,每一个使用汉语的人,尤其是知识分子,都有一份工作可做,也都有一份责任要尽,我们必须群策群力地把这项工作做起来。"在1990年举行的"普通话与方言问题学术讨论会"的发言中,吕先生说:"拨乱反正以后,恢复推普工作,采取稳扎稳打的方针,我想是对的。推广普通话是一项艰巨而细致的工作,不是搞运动的方针所能见效的。……普通话的普及是一种渐变的过程,不可能是一种突变的过程。"在《错字小议》一文中提出:"天天看书看报,天天看见错字。……让所有写稿子的、编稿子的、排字的、校对的,乃至于广大读者,联合起来,向错字宣战!并且把号召变成行动!"

认为语言规范要在科学研究和认真讨论的基础上进行,这是做好语言规范的重要基础,应当认真做好这些工作,促进语言规范化工作不断向前发展。在《现代汉语规范问题》中吕先生说:"有人说,'应该从发展上看问题'。是应该从发展上看,但是要结合汉语发展的整个方向来看,不能孤立地看每一个'发展'。不是每一个变动都是发展。……兼收并蓄既不合于规范化原则,就不得不要求他们钻研汉语发展的内部规律,用来做权衡取舍的根据。所有关心祖国语言的健康发展的人也都应该参加这类问题的研究和讨论,这对于规范的确定是会有帮助的。"这篇论文还说:"语言规范是人们在实践中逐渐形成的,规范的模糊或分歧不是出于偶然,因而规范的整理也不能草率从事。武断和教条是不能解决问题的,需要的是虚心和谨慎,勤恳的调查,耐心的研究。要能够从语言实际中找出信而有征的规律,人们才会乐于接受。"此外,吕先生还认为语言规范要重视调查,要发挥人们的主观能动作用。吕叔湘先生的上述语言规范观无疑是科学、正确的,是合乎我国的语言及语言生活实际的,对指导当代中国的语言规划工作有重要意义。

二

从20世纪50年代初开始,吕叔湘先生即积极投入当代中国语言规划的实践之中。他担任同语言规划有关的多种重要职务,参与研究、制定国家语言政策和重要的语言文字规范标准,参加各个时期的语言规划活动,与国家语言规划的职能部门中国文字改革委员会及以后的国家语言文字工作委员会密切协作,做了大量的实际工作,在当代中国的语言规划中发挥了重要作用,作出了重大贡献。

从20世纪50年代到90年代,吕叔湘先生先后担任同语言规划有关的多种重要职务,积极促进了我国语言规划的健康发展。吕先生担任的这方面的职务主要有:1954年3月任《宪法》起草委员会语文顾问,7月任中国科学院语言研究所副所长,同年兼任人民教育出版社副总编辑;1954年11月任中国文字改革委员会委员,11月任语言研究所代所长;1955年

1月任中国文字改革委员会词汇研究部主任,3月任《中国语文》杂志常务编委,5月任中国文字改革委员会《中国大辞典》编纂处副主任,10月任中国科学院词典计划委员会委员;1956年1月任中央推广普通话工作委员会委员,3月任词典计划委员会词典编辑室主任兼《现代汉语词典》主编;1957年任中国文字改革委员会汉语拼音方案委员会委员;1962年9月任中国文字改革委员会《汉字简化方案》修订小组成员;1963年10月任语言研究所所长;1978年1月任复刊后的《中国语文》主编;1979年6月任全国人大法制委员会委员,12月任全国中学语文教学研究会第一任会长;1980年3月任新组建的中国文字改革委员会副主任,6月任语文出版社社长,10月任新成立的中国语言学会会长;1982年12月任语言研究所名誉所长;1983年任全国注音识字、提前读写研究小组组长;1984年8月任中国文字改革委员会顾问;1986年1月任国家语言文字工作委员会委员;1988年任《现代汉语大词典》编辑委员会委员,又任中国少数民族双语教学研究会名誉理事长;1992年10月任中国辞书学会顾问,12月任中国语文报刊协会顾问。凡是跟吕先生共事的人都知道,吕先生担任这些职务认真负责,为我国语言规划的进行与发展尽心尽力!这使我想起了1983年上级调我到中国文字改革委员会工作时,吕先生对我说:"文改工作很重要很实际,你去到那里以后,不管担任什么职务做什么工作,都要认真做好,尽自己最大的热情和力量去工作。"他还告诫我:凡事要谨慎,多找人商量,多动脑筋想办法,不要急于求成,一步一个脚印把工作做扎实。

  在语言规划实践方面,吕叔湘先生还参与国家语言政策和语言文字规范标准的研究与制定。20世纪50年代,吕先生多次参加中央或有关部门召开的关于加强汉语规范化、进行文字改革、推广普通话和民族语文工作的会议,参与这方面政策的研究与制定。最重要的是参加1955年由教育部和文改会联合召开的"全国文字改革会议"的筹备,和同年由中国科学院召开的"现代汉语规范问题学术会议"的筹备与组织,参与文字改革和现代汉语规范化方针政策的制定。20世纪80年代多次参加新时期语言文字工作方针政策的讨论与制定。在这两个时期语言政策问题讨论中,吕先生都发表了很好的意见,被当时制定的语言政策所吸收。如在现代汉语规范化中,吕先生提出要明确文学语言的规范标准,要重视词汇、语法规范,要编纂规范性词典,要正确处理语言规范化与语言发展及个人风格的关系;要认真纠正报刊语言文字的错误,要重视中小学语文教学等。在推广普通话问题上,吕先生提出要促成标准语的确立和普及,要重视学校推普,发挥中小学和各级师范学校的推普作用,要重视并发挥电台广播员、电影和话剧演员的作用,要开展普通话审音工作等。关于推广普通话,1984年时任中央领导的胡乔木同志曾告诉我:1982年在起草新《宪法》的时候,一些人士曾提议将推广普通话作为基本国策写入《宪法》,提议人也有吕叔湘先生,这一提议被起草委员会接受,正式写入1982年的新《宪法》。在制定新时期语言文字工作方针政策时,吕先生提出要认真总结过去语文工作的经验教训,要加强语言信息处理的研制与管理,要重视并加强语言应用与语文规范的科学研究工作等。吕先生的上述重要意见,对50年代和80年代两个时期制定语言政策和语文工作方针政策产生了积极的影响,有的被有关的文件直接吸收。

从50年代到90年代,吕叔湘先生还参与了重要的语言文字规范标准的制定。如《第一次汉字简化方案》、《第一批异体字整理表》、《简化字总表》、《汉语拼音方案》、《汉语拼音正词法基本规则》、《标点符号用法》、《普通话异读词审音表》等,其他有些语言文字规范标准,吕先生也间接参加了制定。

参加某些重要文件稿本的语文修正工作。如1954年3月被《宪法》起草委员会聘请为语文顾问,从3月初开始,与叶圣陶、钟敬文等每天开会研究,专注修正宪法初稿、草稿的文字,提出详细意见,提交以邓小平为主任的《宪法》起草委员会讨论,并参加《宪法》草案的最后修改及关于《宪法》起草报告的修改,中央主要领导人经常听取意见并参加讨论,直至9月14日才告完成。后来还参加新《宪法》及其修正案的文字修正工作,还参加了其他一些重要文件的修改,如1958年周恩来在全国政协会议上所作的报告《当前文字改革的任务》、1956年国务院《关于推广普通话的指示》、1955年召开的"现代汉语规范问题学术会议"、"全国文字改革会议"和1986年召开的"全国语言文字工作会议"的一些主要报告和文件,及《人民日报》重要社论《正确地使用祖国的语言,为语言的纯洁和健康而斗争!》(1951)、《为促进文字改革、推广普通话、实现汉语规范化而努力》(1955)等,在语言规划的实践和语言规范化方面作出了贡献。

经常参加与语言规划有关的各种工作会议和学术会议。如关于汉语规范化、推广普通话、文字改革、汉语拼音化、语言信息处理、语文教学和对外汉语教学、术语规范、翻译问题、语文现代化、语言文字工作、民族语文问题和民族语文工作等会议,广泛讨论、研究语言规划问题,积极推进语言规划工作。

三

吕叔湘先生十分重视语言规划的科学研究,并发表了相当数量的相关论著,同时他非常重视普及语文知识和培养专业人才,在这些方面倾注了许多心血,做了大量的工作,从学术和人才等方面支持我国语言规划工作。

对当代中国语言规划的一些重要问题,吕叔湘先生都认真进行研究,并发表重要论著。在现代汉语规范方面,他的论著主要有:《语法修辞讲话》(与朱德熙合作)、《现代汉语八百词》(主编)、《现代汉语词典》(前期主编)、《现代汉语规范问题》(合著)、《谈谈现代汉语规范化工作》、《汉语规范化问题大可争鸣》等,还有一批评论语言应用和纠正语言使用混乱的短小精悍的文章,如《语文常谈》和《未晚斋语文漫谈》中的一些文章。《语法修辞讲话》连载于1951年的《人民日报》,1952年出版单行本。书中全面、系统地讲解了现代汉语语法修辞知识,并联系语言应用实际,从语法、修辞、逻辑等角度分析语言应用中普遍存在的病句,说明哪些格式是正确的、好的,哪些格式是不正确的、不好的。这本书内容充实,写法深入浅出,对当时及以后的社会语言应用和语言规范影响很大。在《人民日报》开始连载这部著作的同时,发表了题为《正确地使用祖国的语言,为语言的纯洁和健康而斗争!》的重要社论,在全国掀起了学习语法修辞、重视语言规范的热潮。这部著作对现代汉语规范化作出了重大贡献。《现代汉语词典》是1955年"现代汉语规范问题学术会议"确定编写的任务,它以词汇规范为目的。吕先生是这部词典的前期主编,从组建编纂机构、建构全书框架、草拟发凡体例、全面搜集资料,到拟定词条、具体编写,他都认真组织并亲自动手,胜利完成了《现代汉语词典》初稿的编写。词典主编后来由丁声树先生接任,经过多年的精心编写、反复修改和细细打磨,直到1977年才告完成。这部词典已经发行4000多万册,影响了上亿人的语言学习与使用,成为现代汉语词典的范本,对汉语规范化的影响深远。《现代汉语词典》经过时间和读者的检验,其历史地位和实际作用应当充分肯定。但是语言在变化,社会在发展,读者的要求在提高,词典需要修订得更好,并且编辑、出版《现代汉语大词典》,以满足广大读者的需要,并完成吕先生的心愿!《现代汉语规范问题》一文集中论述了现代汉语规范化的意义、对象、标准、做法以及民族共同语的形成,语言规范化与语言发展、个人风格,语言规范化与语言学家的责任等问题,内容实际,论述深刻,是一篇学术性和实用性都很强的现代汉语规范化的纲领性的文章,对语言规范化有重要的理论意义和指导作用。吕先生还悉心、具体地指导《暂拟汉语教学语法体系》的研制,这个语法体系经教育部批准在全国使用,对中学语法教学和现代汉语语法规范影响颇大。吕先生主编的我国第一部语法词典《现代汉语八百词》,在现代汉语规范化中也发挥了良好的作用。

在推广普通话、文字改革、制定推行汉语拼音方案方面,吕叔湘先生发表了《认真推广普通话》、《在普通话与方言问题学术讨论会上的发言》、《文字改革》、《字形规范问题答客问》、《在汉字问题讨论会上的发言》、《汉字和汉语拼音的比较》、《汉语拼音方案浅说》、《〈汉语拼音方案〉是最佳方案》、《拼音字母有哪些用处?》、《"注音识字,提前读写"实验的重大意义》等。这些文章对推广普通话、文字改革、推行汉语拼音等的意义、做法、应当注意的问题,以及其他相关的问题,进行了认真分析与论述,深入浅出地把问题说得很透彻,在语言规划中发挥了积极作用。

吕叔湘先生经常关注社会用语用字,十分重视普及语文知识和培养语文专业人才,在这些方面花费了许多心血。他平时读书、看报,很自然地注意书报上对词语、文字的使用,发现问题随手记下,并写成文章分析、纠正。他还写了大量普及性文章,结合语文生活实际,从正面简明扼要地介绍语文知识,帮助读者提高语文水平。这两类文章、读物,主要收在《吕叔湘语文论集》、《语言和文字》、《语文常谈》、《语文杂记》、《未晚斋语文漫谈》、《语文散论》几个专集里。这些文章大多短小精悍,分析细致入微,论述十分精当,对读者尤其是青年读者学习、掌握语文知识和正确使用语言很有指导意义,在语言规范化中收到了较大的实效。

在培养语言专门人才和语言规划专业干部方面,吕叔湘先生也做了大量工作。1954年2月,吕先生就同当时任中国文字改革研究委员会委员兼语言研究所副所长的叶籁士"讨论语言工作干部的培养问题","拟分下列项目订计划:(1)十年内的语言工作干部;(2)需要干部人数和规格;(3)现有基础;(4)如何培养——机构、师资、教材等",“此后,多次与有关同志讨论干部培养问题"。(《吕叔湘全集》十九卷《吕叔湘生平事略》)1956年教育部和中国科学院语言研究所共同创办普通话语音研究班,为推广普通话和普查汉语方言培训专业人才。从1956年到1960年共举办9期(1959年以后中国文字改革委员会参加合办),共培养语言规划专业干部1666名。在创办普通话语音班过程中,吕先生付出了很多精力,起到了至关重要的作用。吕先生亲自到研究班讲授汉语语法知识与语法研究,扩大了学员的视野。吕先生还到处呼吁并大力支持地方举办普通话培训班,在有条件的大学设置语言专业,开设语言文字课程,培养语言专业和语言规划人才。正由于从20世纪50年代开始就重视对语言与语言规划专业人才的培养,才在我国较早建立了一支有一定素养的语言规划专业队伍,为当代中国语言规划的进行创造了最基本的条件。

吕叔湘先生对当代中国语言规划的贡献是杰出的,留给我们的宝贵财富是丰富的,我们应当认真学习吕先生对我国语言规划的那种科学、求实和锲而不舍的精神,将我国语言规划工作继续推向前进。

参考文献

陈章太、李行健 1996 《普通话基础方言基本词汇集》,语文出版社。
费锦昌主编 1997 《中国语文现代化百年记事》,语文出版社。
罗常培、吕叔湘 1955 《现代汉语规范问题》,见现代汉语规范问题学术会议秘书处编《现代汉语规范问题学术会议文件汇编》,科学出版社。
吕叔湘 2002 《吕叔湘全集》,辽宁教育出版社。
全国文字改革会议秘书处 1956 《全国文字改革会议文件汇编》。
全国语言文字工作会议秘书处编 1987 《新时期的语言文字工作——全国语言文字工作会议文件汇编》,语文出版社。

指　路　灯
——读《〈现代汉语词典〉编写细则》

教育部国家语委语言文字应用研究所　曹先擢

　　吕叔湘先生是《现代汉语词典》的前期主编(1958—1960),他撰写了《〈现代汉语词典〉编写细则》,共180条,4万余字。在吕先生生前没有正式发表,只是内部以"试用稿"、"修订稿"的形式流传。我上世纪80年代托人得到一份复印件,如获至宝,凡是跟我谈辞书编纂的,我就要向他们推荐《细则》;我还多次复印送给朋友。现在《细则》已收入《吕叔湘全集》,真是大好事,这对推进我国辞书事业的发展是有积极意义的。

　　《细则》是专供指导《现代汉语词典》的编写工作而拟定的,共分8个部分:总则;语汇;条目;字形、词形;注音;释义;举例;标志、标点、其他格式。把词典编写中的各方面问题都包罗无遗,对每个方面的问题条分缕析,具有很强的针对性和可操作性。《细则》的拟定距今近半个世纪,但是其中所体现的辞书编纂的原则和方法,仍具有指导意义。它像一盏明灯,指引我们沿着正确的方向前进,少走弯路,把工作做好。下面谈谈自己的学习体会。

　　(一)定位问题。《细则》第一条开宗明义提出:"本词典的任务是为推广普通话、促进现代汉语规范化服务。"我们知道词典的基本任务是注音、释义,在什么范围内以什么标准注音、释义,《细则》的上述规定就把收词、注音、释义的范围、标准,从根本上解决了:这就是在普通话的范围内收词,按照北京语音为标准的要求注音,按照普通话的要求释义。因为定位正确,《现代汉语词典》成了我国第一部记录现代汉语的词汇的规范性的词典,是引导几亿、十几亿说汉语的人去学习和正确使用本民族共同语的词典。

　　不同的词典有不同的定位。例如《王力古汉语字典》所收字和注音释义,都是古汉语的,就单字说,用它和《现代汉语词典》比较,古今的不同,泾渭分明。例如"刀"字,前者收了古钱币名和小船义,后者没有;后者收了形状像刀的东西(冰刀)和计算纸张的单位的量词义,前者没有。二者共有的义项是:兵器,泛指切、割、砍、铡的工具。而《现汉》在"兵器"前加了"古代"二字,同中有异。如果是古今兼收的历时词典,那就要反映词的历史的变化。吕先生是《汉语大词典》的首席学术顾问,他认为大词典是古往今来汉语词汇的档案库,"比方说有那么50万个词,每个词有个档案,它是什么时候产生的,原来是什么意思,它后来意义有变化,不出现了,不用了,或者只用这个意思,不用那个意思了。每个词写个档案袋,放在这个库里头,放在《汉语大词典》里头。《汉语大词典》就是这么个东西"(《吕叔湘全集》十三卷,117

页)。《汉语大词典》体现一个"大"字,这个定位是大家能想到的,但是要分析词的发展变化,许多人不一定能想到,而要做到就更难了。像"时间"的二字组合,汉代已有。"时",指time;"间",指 space。胡适说:"余尝以为 time 当译为'时',space 当译为'间'。《墨子·经上》云'有间,中也。间,不及旁也'。今人以时间两字合用,非也。"(胡适《时与间有别》)其实到汉代"时、间"二字已经连用,但不是一个词,《史记·张耳列传》"将军毋失时,时间不容息","时"指时间、时机,"间"呢,指间隔,已经由指空间,转指时间上的间隔了。今日"时间"作为一个词,最早用于佛经的翻译,《大悲经》卷三:"若于善逝修慈者,若昼若夜少时间。"一部词典的定位很重要。《现代汉语词典》在修订中,是遵照《细则》的要求进行的,个别欠妥的地方,则是偏离了《细则》的定位,例如"爊",增加了一个义项:"〈方〉烹调方法,用多种香料加工某种食品",这个字的这种用法,连《汉语方言大词典》都没有收录。又如补了一个"猰"这样一个怪字,《汉语大字典》没有收,是一个完全无用例的僻字。这些《现代汉语词典》以前是有意不收,绝非失收,补进是不合适的。《细则》的原则也管后续的修订工作。

(二)收词和立条。词典的性质和任务决定收词的原则和范围。《细则》"语汇"一节用 6个小节,对收词(包括单字。我们下面所谈不涉及单字)作出说明,包括 3 个方面:①要收的,是"普通语汇"(属普通话的核心语汇)以及"口语语汇";②要有选择收的是北京语汇和方言语汇、现代书刊中出现的文言词、成语、专科语汇、简称;③不收的是俚语以及生造词。《现代汉语词典》是为促进现代汉语规范化服务的词典,在收词上自然要坚持规范化原则,这个道理是不言而喻的,问题是如何体现这个原则,解决起来难度很大。《细则》的规定和说明值得我们认真学习。例如对文言词分为三类:1. 做普通语汇处理的,如"败绩、斑斓、斑白、暴虐、奔驰、比附"。2. 标"〈文〉"的,如"白丁、白皙、班师、版筑(板筑)、暴戾、不韪"。3. 不收的,如"偃蹇、步趋、豹变、博洽、苞苴"。这里已经涉及词的语用功能了,这三类词的语用功能有差别:即可以自由用,已成为普通语汇的;可以用,带文言色彩的;一般不用的。分别对待就体现词典的规范性。对成语从规范性考虑,只收"现代常用的";有用字差别的,收"最通用的一式",必须照顾的,立副条,如"揠苗助长"为主条,"拔苗助长"为副条。《细则》分"普通语汇"和"口语语汇",是极有见地的,最能体现语用功能的不同。例如"爸爸"、"妈妈"是口语词,"父亲"、"母亲"是普通词,意义完全相同,语用功能则有差异,"父亲节"是不能说"爸爸节"的。口语词标"〈口〉",在 1996 年修订时把"〈口〉"这一类删了,读者有意见,现已恢复。收词问题还涉及词语的结构问题,《细则》在"关于重叠形式和四字格"小节中指出,例如全部重叠式要收为条目的有 3 类:1. 单字不能单说,必须重叠的,如"往往、悄悄"等。2. 重叠后与单字意义有别的,如"谢谢、嚷嚷"等。3. 重叠式不能在同类字中自由推广的,如"偏偏"与"偏","痒痒"与"痒","偷偷"与"偷"等。不收的是重叠式可以自由推广的,如"吃吃、逛逛、家家儿、慢慢儿"等。能提出这样的问题,并能作出如此精辟的分析,可见收词问题和学术研究分不开。从词语结构来考虑收词问题,拓宽了我们的思路。例如"名+名"有多种语义关系。"牛刀"指宰牛的刀,"六畜"包括马牛羊鸡犬豕,《现代汉语词典》收了"牛刀",没有收"羊刀、鸡刀、犬

(狗)刀、猪刀",为什么? 因为"牛刀"特殊,有"杀鸡焉用牛刀"、"牛刀小试"等语汇,为什么又收了"马刀"? 因为其语义关系特殊,"马刀"不是宰马的刀,是指骑马时用的刀,也叫战刀,是骑兵冲锋时的武器。在马的字头下收的"马表"因"最初用于赛马计时,因而得名";"马裤"是"特为骑马方便而做的一种裤子,膝部以上肥大,以下极瘦";"马灯"是"一种手提的能防风雨的煤油灯,骑马夜行时能挂在马身上"。学习《细则》应注意学习吕先生研究问题的方法。从词语结构来考察收词,有相当多的问题需要我们去探讨。

词选收工作完成后,下一步是在词典中怎么表现,这就是"立条"问题。这一部分内容很丰富。例如同一个"和",分"和1"、"和2"、"和3",分立三个字头,都读 hé,形、音相同,而意思不同,"和1"指平和等意义,"和2"指介词等义,"和3"指日本。这样的字称"同形的字头"。外语称"同形同音异义词"(homonym),如英语的 see1、see2。以前的中文辞书不见有这样做的。文字学著作将它们称作"同形字"。《细则》第 4 节"字形、词形",谈的也属于"立条"问题。立条问题实际是对字词,从语言学、词典学出发以规范为目的所作的一种处理,有助于提高词典的科学性和规范性。我们现在讲的异形词问题,《细则》称之为"合成词和成语中互用的同音字","互用的同音字,如果是第一字,应有副条"。(如"厉害"为正条,"利害"为副条)如果是"多音词"而有异体,则采取"[阑干](栏杆)"的形式。比起目前异形词的处理,我认为更科学。例如"鬼哭狼嚎"现为推荐词形,"鬼哭狼嗥"为非推荐词形,那么,"狼嗥"一词怎么办? 在去年《新华字典》的修订中,"嗥"下有例词"狼嗥",删了这个例词,"嗥"下无例词可举。按《细则》所说的是成语中同音字的问题,可以选"嚎",便不涉及整个成语,更不涉及"狼嗥",这既方便,又不引起别的问题。裘锡圭先生认为"异形词"这个名称是不科学的,他的意见是正确的。这个问题我要作自我批评,开始我认识不足,存怀疑,学了《细则》才感到吕先生称互用字最为科学和合理。

(三)注音释义和举例。这是词典的核心。注音问题主要有两点:1.按北京语音来注音,情况非常复杂,难度极大。以轻声为例,参看《现代汉语词典》凡例的说明:"看见"注作 kàn//·jiàn,"起来"注作 qǐ//·lái,表示在"看见""起来"中,"见"字"来"字轻读,在"看得见、看不见"、"起得来、起不来"中,"见"字"来"字重读。北京话中的轻声很多,要有选择,例如"百灵"只注本调,读轻声的,则认为属俗读,不照顾。"中堂",读轻声的是一个词,不读轻声的是另一个词。轻声还与词汇有关,收得太多会影响普通话词汇的规范性。2.异读词问题。《细则》规定"有异读的字,读音取舍根据普通话审音委员会的决定,但个别异读在一般人口语中极普遍的,酌予保留,在又音的音节加副条"。我们知道"以北京语音为标准音的问题",在 20 世纪初开始讨论,可以说是争论,花了十几年时间,到 30 年代,得以解决,但是普通话内部的异读问题这怎么办? 到 50 年代这个问题被提出来。1955 年的"现代汉语规范问题学术会议"提出"组成普通话审音委员会,研究并确定普通话常用词汇的语音"。审音所审定的音,要靠辞书去推行,《细则》的规定十分必要。现在异读大大减少,《现代汉语词典》等工具书,功不可没。但是审音在个别地方也有不正确的,怎么办? 这个问题现在还存在争论。《细则》所讲的"酌予保留"反映了一种科学的态度。我讲得远一点,举一个难办的例子。《普通话异读词审音表》规定"厕"字统读 cè。"厕所"一词以前有读 cèsuǒ 的,也有读 cìsuǒ 的,现在规定读 cèsuǒ,正确,因为此读音使用比较普遍。但是规定为"统读"则不合适,因为"茅厕"不可能读 cè。所谓异读词,顾名思义,有两个或两个以上的读音,审音选取其中的一个,"茅厕"一直读 máosi,没有读 máocè 的,现在"统读",管到"茅厕",这既无必要,也没有推行的可能。从历史上讲也是站不住的。"厕"有两个来源:"厕 1",本作(广十则),指厕所,初吏切,读 sì;"厕 2"阻力切,读 cè,清代钱大昕认为是"侧"字的变体,至确。"厕所"一词,读 cè,而"茅厕"读 sì 初吏切,这个音在方言和北京话里都存在,不应该也不可能被废除。《细则》处处体现了严格的科学精神,是最值得我们学习的。

注释和举例。词典的水平,很大程度上取决于释义的好坏,而释义要做到准确、妥帖,难度极大。词汇的量大,五花八门,注释必须既要有总的要求,又要针对不同类别的词,提出更细的要求。《细则》对释义的规定,先有"一般原则",共 10 条,都是至关重要的,例如:"作注解时必须参考已有的字典、词典";"分析词义,以现代汉语为标准";"分析词义要适当运用概括的原则,避免两极端";"分析义项的详略与能否单用有关";"注解词义要有正确的观点";"注解行文要求明确、通顺、简洁,应该避免用方言、文言、生造词、翻译腔";"注解词义必须贴切"等。这些,今天对我们仍有很强的指导意义。例如"支那"一词,是对中国的蔑称,《日本语大辞典》注解中说,在大正年以后是对中国的蔑称,二战结束不再用。而我们中国人自己编的词典却注解为"古代印度、希腊和罗马以及近代日本都曾称中国为支那"。奇怪,"支那"是个汉字词,印度、希腊怎么用它称中国?要说用近似"支那"的音是可以的,那得用相应的字母来表示,而不是用汉字;用汉字,只有使用汉字的国家,即我国和日本等。我国古代文献有用"支那"的,不必扯到古代去,具体说,就像《日本语大辞典》那样注解,就可以了。注解"要有正确的观点",就"支那"条说,就是要有唯物的观点,要尊重历史事实。除"一般原则"外,《细则》用很大的篇幅,分门别类讲了各种词语的注释要求,包括同义词、反义词、词的比喻用法、成套词、专类词等等,内容极为丰富,都是必须注意和遵循的,稍一不慎,就会出问题。例如有一本词典注解春夏秋冬,加起来不是 12 个月,而是 13 个月。又如标注词性问题,《细则》说"本词典暂不标词类,但虚词如不利用词类名称,会给注解造成困难,可以把词类名称用作注解的一部分",这是何等深刻的见解。现在我们许多词典开始标注词类了,但是如何跟释义结合,探讨得不够,有的还有与释义不相匹配的。《细则》还提出单字可以独立用的是词,义项前用"○"表示,不能独立用的只用来构词的,是语素,义项前用"□"表示。这条规定《现代汉语词典》编纂中没有采用,但是有的词典,如顾士熙主编的《现代汉语常用词用法词典》就按《细则》的要求,把词和语素分开,我在为这本词典写的序里说"在给单字标词类的时候,增加语素这个层次,便配套了。标明语素有助于揭示字的语用功能,也有助于区别字古今义的差异",这段话,既是我学习《细则》的心得,也是我多年从事汉语教学的体会。

《细则》对举例要求的说明,言简旨深,如"举例的作用是补释义之不足"、"用举例来阐明

词语的用法,包括跟别的词语的搭配关系"等。《现代汉语词典》的举例,有许多可以说是"经典式"的,如"很":"副词,表示程度相当高:～快|～不坏|～喜欢|～能办事|好得～|大家的意见～接近|我～知道他的脾气"。副词"很"的用法很复杂,上面7个例子把"很"的不同用法基本上包罗了,而且其先后的次序大致也不可调换。作为表示程度的副词"很",首先介绍它用在形容词前,由"很快"可以类推出"很长、很冷"等。"很"一般不能修饰动词,但是可以修饰某些表示心理活动,表示情态、状态的动词,如"很喜欢、很感激、很接近"等。有些动词带了宾语,可以用"很"修饰,例如不可说"很知道",但是可以说"我很知道他的为人"。"很"还可以修饰助动词。把上述例子完全掌握了,也就基本掌握了"很"的语法功能。

(四)词典的标点格式和各种标志。《细则》专门用一章的篇幅作了详细的规定和说明。例如153节"括号……括号用于",列了10项用法,有的通过举例,再作细分,其中第7项为:注解后补充说明意义色彩,如:"[布匹]……(总称):例","[王八]……(骂人的话)","[老头子]……(含厌恶意):例","[特殊]……(跟"一般"相对):例"。用8节篇幅说明"另见、见、参考"的用法。吕先生是一位善于概括的圣手,词典所用的各种符号,多而复杂,吕先生能通过概括而使其井井有条。这些规定看似技术性的,实际上蕴涵了很深的内容,浅学者难以窥其堂奥。例如:"外国人名、地名。——……自称和通称不一致的二者兼注,先自称,后通称,都加语别,如〔匈牙利〕。……〔匈 magyar,英 hungary〕。"这些规定体现了语言与文化的关系,更体现了一种严谨的学风。不同的词典,格式符号会有不同,但是用严谨的态度来对待这个问题,则是共同的。

(五)《细则》所体现的基本精神。我的体会是"一个坚持,两个结合"。"一个坚持"就是坚持语文革新的方向。20世纪开始的语文革新运动,主要是言文一致的白话文运动和国语统一的国语运动,编纂现代汉语词典,和两个运动关系至为密切。国语运动的成果是最终确定了以北京语音为标准音,在当时的词典里反映为《国语词典》用标准音来注音,这是一个历史性的进步。但是这部词典收词是文言、古白话、现代的混合型的,注解用语是浅近的文言,也就是说白话文运动的精神未能在词典中得到完全体现,《细则》明确要求收词"以普通语汇为主体","分析词义,以现代汉语为标准","注解行文一概不用文言词语",《现代汉语词典》正是这样做的,也就是说按照现代白话文的要求收词、释义、行文,这样,在词典里,国语运动和白话文运动胜利会合了。正因为如此,《现代汉语词典》成为我国第一部民族共同语即普通话的词典,在辞书史、文化史上树立了一块丰碑。"两个结合"是指规范性和科学性相结合,语言本体的分析和词典应用的要求相结合,上面介绍"很"的释义和例子,就体现了这种结合。有些词典,语言本体分析不到位,用一个"甚"来解释"很",也没有例证;有的词典又详细介绍"很"的各种用法,偏离了便于读者理解、应用的要求。

学习《细则》应该"三结合":结合《现代汉语词典》,结合吕先生的著作文章,结合自己的工作。例如,【喤喤】(huáng huáng)《现代汉语词典》:"〈书〉拟声。①形容大而和谐的钟鼓声:钟鼓喤喤。②形容小儿洪亮的啼哭声。"小儿的哭声和钟鼓声有 huáng huáng 的吗?原来"喤喤"是古人用来记录小孩哭声和钟鼓声的拟声词。古人怎么读"喤喤"的？没有记录下来，只好靠拟测。郭锡良《汉字古音手册》"喤"字拟为[ɣoaŋ]；今日 huang，用国际音标表示为[xuaŋ]，[h]是[x]的浊音；介音[u]，古为[o]。按照[ɣoaŋ]读，庶几反映小儿哭与钟鼓之音了。《细则》规定了在什么情况下标"〈文〉"，当我们联系象声词"喤喤"时，引发了这么多思考，从而进一步体会到了《细则》的严密性。我学习《细则》有很多年了，限于水平，上面讲的如有不当之处，欢迎批评指正。

吕叔湘先生辩证的汉语语法观

香港岭南大学　田小琳

吕叔湘先生在20世纪带领中国的现代汉语语法研究队伍,为建立和发展现代汉语语法学创造了辉煌的历史。在现代汉语诸多学科的发展中,语法学可溯源的历史最短,但研究的气氛却最活跃,发展得最快,几代人不断地研讨革新,理论语法著作繁多,且两次制定教学语法体系;曾因社会动荡变革研究偶有间断,影响到学科发展,但接班梯队还是层出不穷,吕先生在世时,就已形成四代同堂的盛世局面。

现代汉语语法研究自1898年《马氏文通》发表始,在20世纪有长足进步。在合理吸收西方理论、建造有汉语自身特点的语法学上,可以说上了一个新的台阶、新的层次。只有当20世纪的历史车轮过去,尘埃落定,我们在新的世纪回望时,才能更清楚地发现,学科带头人对发展一门学科的重要。吕叔湘先生从20世纪30—40年代到70—80年代,不停地为现代汉语语法学搭框架,建理论,摆问题,作描写。他身体力行,亲力亲为,著书立说,培养人才;引导带领语法研究工作者,全方位、多角度观察和分析汉语语法问题,使汉语语法研究在广度、深度上都有很大的进展,带来了汉语语法学在20世纪的繁荣。

诚然,我们的前辈不止有吕先生,从马建忠算起,还有陈承泽、金兆梓、黎锦熙、赵元任、杨树达、陈望道、何容、王力、高名凯、丁声树、周法高以及朱德熙、胡裕树、张斌、张志公等等大师大家,这里不能尽列。他们在理论的建树上各有所长,吕先生正是他们这个群体的代表人物。吕先生的研究,涉及面很广,他最着力的还是汉语语法学研究,半个多世纪以来,他承上启下,老当益壮,是当之无愧的学科带头人。

吕叔湘先生在研究汉语语法学方面,所以能取得卓著的成就,有学科带头人的地位,主要是他不断探索科学的研究方法,在汉语语法学科上,提出了许多正确的问题,指出了正确的研究方向,在多种问题的研讨磨合中,具有辩证的观点。这辩证的观点,贯彻在他研究问题的方方面面,本文只从三个方面来说明。包括中西合璧、古今合璧、理论与实践合璧等。

（一）　中西合璧——既借鉴西方语言学的理论,又重视汉语语法自身的特点

吕先生是学英语教英语出身的。1926年毕业于东南大学外国语文系,1936年至1938年赴英国留学,先后在牛津大学、伦敦大学就学。1947年曾出版了《中国人学英语》一书。他在著作中,借鉴西方语言学关于语法的理论是得心应手的事。他在《中国文法要略》修订本序(1956)中说:"我第一次看到叶氏的著作是二十年前在中学教英语的时候。那时候叶氏

的《英语语法要义》新出版,偶然看到,觉得比《纳氏文法》之类的书高明得多,于是不但用来做教学上的参考,并且费了不少时间把它译出来交给书店出版。"对于采用叶氏的一些学说,特别是"词品说",当时有人批评过,吕先生自己也曾作过多次检讨和总结。对此,朱德熙先生在《汉语语法丛书》序中作了公允的评论:

> 《中国文法要略》和《中国现代语法》两书都曾因采用叶斯丕孙(Otto Jespersen)的"词品说"受到批评。其实叶氏的"词品说"并不见得比当时流行于汉语语法界的词类通转说和词无定类说更坏。……总之,吕王二氏的书只不过是用词品说代替了旧有的并不见得比词品说高明的词类理论。这两部书的价值和词品说的得失,并没有多大关系。

其实,《中国文法要略》并非想生搬硬套叶氏的学说,只是在词句论的有关"词级"的学说上,参考了叶氏的理论;此外,还参考了法国语言学家布律诺的一些理论。相反,这部书恰恰是吕先生 20 世纪 40 年代力图摆脱外来束缚、探索汉语自身规律的力作。这部书偏重于汉语语法现象的细致描写,以大量的语料来探讨汉语的特点。比如,"词句论"里的句子和词组变换的关系,这种句法结构变换关系的分析,对后世的研究方法有很大的影响。又比如,胡明扬先生指出的,《中国文法要略》中提出来的"动词中心观"和有关动词"向"的理论,对中国以至世界的语法理论都有重大贡献。还有,书中下卷"表达论"中建立的对汉语句法进行全面语义分析的体系,建立在逻辑概念基础上,体现了汉语语法由于形态少而和逻辑发生紧密关系这一特点。在当时和后来,表达论的分类都是很标新立异的写法。

如果说《中国文法要略》中借鉴西方语言学理论还属于不够成熟的时期的话,也不足为怪,吕先生曾说:"在我写《要略》的时候,我开始研究汉语语法还不久,胸中并无成竹,处处遇到困难。因为词类活用问题不好处理,认为叶氏的词级说可以渡过难关,就拿来用上。"(1956年版之序言)那么,到了写《汉语语法分析问题》(1979)的时候,吕先生对于西方理论的借鉴则到了一个成熟的时期。在这本书中,很多地方将传统语法、结构主义语法、转换生成语法的分析方法拿来作比,以分析句子的结构为例,讲到近百年"句法"取得中心地位的来由,由古代的希腊语法、拉丁语法谈起,讲到西方的层次分析、转换生成语法学派对中国的影响等,再谈到我国语法学界目前比较通行的分析法,实际上是层次分析法和句子成分分析法的结合,即按层次分析,但是不抛弃句子成分。特别指出要联系结构关系来划分句子成分,边述边评,点到要害。此外,我们还注意到,书中的序言说,"为了让读者能够痛痛快快地读下去,我把一些补充的材料,一些枝节的话,都写在附注里,并且放在全书之后"。我们切不可小看了这个"附注","附注"里多引用了外国语言学家的理论和描述,提到的有关作者、著作或论述以及译作,包括:

O. Jespersen《语法哲学》

Gabelentz《汉语语法》

Roman Jakobson 的名言：Language without meaning is meaningless.

J. Marouzeau《语言学名词词典》(1951 年增订三版)

M. Vendryes《语言论》(英译本，1925)

苏联科学院出版的三卷本《俄语语法》(1953)

Charles Bally《一般语言学和法语学》

M. A. K. Halliday 等三人合著《语言科学和语言教学》(1964)

R. Quirk 等四人合著《当代英语语法》(1972)

古代希腊著名的语法学家 Dionysius(公元前 2 世纪)

古代罗马著名的语法学家 Varro(公元前 116—前 27)

R. H. Robins《古代和中世纪欧洲语法理论》

瑞典语言学家 A. Noreen《我们的语言》(1903—1918)

RudolfMagnusson《词类理论的研究》

L. Bloomfield《语言论》

L. Hjelmslev《语言理论序论》

Reed-Kellog 图解法

F. W. Householder《句法理论甲集》(1972)

Stephen W. Chark《实用语法》(1847)

D. Lattimore《英文典大全》(1923)

Jespersen《分析语法》(1937)

明末李之藻译《名理探》(1631)

清末严复译《穆勒名学》(1905)

严复《英文汉语》

L. Tesnière《结构句法原理》(1959)

龙果夫(A. A. Dragunor)《现代汉语语法研究》

赵元任《中国话的文法》

Ralph B. Long《句子和它的各部分》(1961)

以上总计有近 30 位语言学家之多，还不计在"附注"行文中笼统提到的"外国汉学家"、"传统学派的语法学家"、"结构主义学派"、"转换生成语法学者"、"英美传统语法"、"西方的传统语法"等等。可见，在写《汉语语法分析问题》时，吕先生参考了多少外国的重要语法论著。很多外国语言学家的语法理论是他几十年积累于胸中，不断琢磨体会，用来和汉语语法比较的。其目的都是在摆问题时，引导研究者去合理吸收西方语言学结论，建立汉语语法分析体系,去创造合乎汉语特点的语法理论架构。

关于学习西方学者,吕先生的看法也影响到了后学。怎样从对语言事实的描写中提炼出理论,陆俭明、郭锐提出,"在这一点上,我们有必要向西方学习。西方学者有西方学者治学上的弱点,但有一点值得我们注意,那就是他们比较注重针对问题作研究,比较善于从事实(哪怕是有限的事实)中提炼出观点和理论,而这正是中国学者所欠缺的,正是中国学者所要学习的"。因而要建立合乎汉语特点的语法理论架构,也要学习、吸收或者借用西方语法学理论的成果。能像吕叔湘先生一样,将重要语言学家的所长融会贯通,加以评论,加以比较,不留一点斧凿痕,那不是一蹴而就的。目前,我国的语言学研究者,特别是中青年语言学者中有一批人具有直接吸收西方语言学理论的学术条件和语言条件,这为21世纪汉语语法学向前发展,提供了重要的良好的条件。

借鉴西方的语法理论,但又不能硬套,主要是汉语和西方语言不同,因而吕叔湘先生自涉足语法研究以来,就为建立汉语语法体系而努力,直到《汉语语法分析问题》一书出版,吕先生以摆问题的方式,直接谈到汉语语法分析问题的许多症结。吕先生指出,"一般地说,有两个半东西可以做语法分析的依据:形态和功能是两个,意义是半个,——遇到三者不一致的时候,或者结论可此可彼的时候,以形态为准。重要的是末了这句话"。这里强调了形态的重要。但是吕先生又指出,"汉语缺少了严格意义的形态变化","要说有,也是既不全面也不地道的玩意儿,在分析上发挥不了太大的作用"。如果按一般的语法分析,以两个半原则尤以形态为准,那就给汉语语法分析带来麻烦。所以汉语语法想硬套西方的理论也是办不到的。

以此作为讨论的前提,吕先生提出分析汉语语法问题时要注意的思维方法,简要概括地说,一是汉语的语法现象许多是渐变的,分析时会遇到各种"中间状态",划分起来,不要处处"一刀切"。二是分析时要综合几方面的标准,标准分主次、先后,结论可能不同,不要绝对化。三是在语法分析上,意义不能作为主要的依据,更不能作为唯一的依据,但是不失为重要的参考项。

吕先生的这些思维方式、研究方法贯彻在《汉语语法分析问题》全书中,对于我们科学地看待问题很有指导作用。在书中许多地方,吕先生特别指出了汉语语法的特点。比如分析单位时说到:"讲西方语言语法,词和句子是主要的单位,语素、短语、小句是次要的。讲汉语的语法,由于历史的原因,语素和短语重要性不亚于词,小句的重要性不亚于句子。"(8节)"用小句而不用句子做基本单位,较能适应汉语的情况,因为汉语口语里特多流水句,一个小句接一个小句,很多地方可断可连。"(30节)在分类部分谈到用什么作划分词类的依据问题时说:"汉语没有严格意义的形态变化,就不能不主要依靠句法功能(广义的,包括与特定的词的接触)。在有形态变化的语言里,词性的转变或活用也在形态上表示出来,而汉语则没有这种标志,因而在处理词性转变问题上常常会出现不同的意见。"(36节)在结构部分特别指出短语的重要,"把短语定为词(或者语素)和句子之间的中间站,对于汉语好像特别合适","汉语里语法范畴主要依靠大小语言单位互相结合的次序和层次来表达。从语素到句子,如果说有一个中间站,那决不是一般所说的词,而是一般所说的短语"(74节)。以上这些例子说明吕先生在语法分析时如何重视汉语自身的特点。

《汉语语法分析问题》于1979年出版问世,这本看起来不厚、只有百来页的书,却在语法学界引起巨大反响,人人都感到了这本书的分量。可以说,这本书把近百年来汉语语法研究的种种问题,中外古今,横竖比较,阐发得淋漓尽致。邵敬敏在《80到90年代的现代汉语语法研究》一文中评价说:"它是一部兼顾历史和现状、普及和提高,理论密切联系实际,大胆提出问题,深入分析矛盾,探索解决途径,引人深思的语法著作。"他认为吕先生的学术思想,对中青年语法学家的影响是极为深远的。这个概括是符合事实的。

吕先生在说明大原则时,善用比喻,为什么遇到汉语语法分析的中间状态时,不能"一刀切",他用中高纬度地方昼夜交替、有较长的黄昏和黎明来作比喻,那里的昼和夜是有分别的,但又无法说出是在哪个"顷刻之间"天变黑了或天变亮了,难于"一刀切"。这个形象贴切的比喻饱含着辩证法。吕先生写语法的文笔也给了我们很多启示。

(二)古今合璧——既分析汉语语法古代的源流,又注重汉语语法现代的描述

吕叔湘先生这一代语言学家常常让我们感到可望而不可即的地方是,他们不仅融会中外,还贯通古今。他们古汉语的底子是从童年时代就打下的,他们运用古代汉语如同运用现代汉语一样娴熟。比如,1979年发表在《中国语文》第1、2期上的《〈通鉴〉标点琐议》,是1972年吕先生根据校订标点本《资治通鉴》写的札记,选取132例,分30类,对原稿标点的讹误及原因逐条解释说明,例如,"当断不断之例"、"不当断而断之例"、"点断错误以至张冠李戴之例"、"因不明词义而误之例"等等,吕先生说"这些例子很能说明标点古书是一件不很简单的工作"。其实是一件很不简单的工作,由此可见吕先生古文功底之深。这功夫也不是可以一蹴而就的。

1944年开明书店出版的《文言虚字》又是一例,这本书详解虚字20多个,用例丰富,并和现代汉语作比较。在该书1954年三版的《开明文言读本》导言里,解释虚字198条。1965年又与徐仲华合著《文言虚词例释》(北京出版社)。这些对文言虚字的描写,可以看做是《现代汉语八百词》的上篇。无论是古代汉语语法还是现代汉语语法,对虚词的描写都是最能反映汉语语法特点的,而且古今虚词变化很大,不加以比较,难以贯通。吕先生还认为,虚词的学习可以带动句式的学习,他说:"一个句子格式又常常跟一个或几个虚词分不开,因此比较详细地学习虚词的用法也就连带着把很多句子格式学会了。"

关于古今语法的研究,吕先生十分注重对比研究的方法,《通过对比研究语法》一文中,论及现代汉语和古代汉语对比,提出以下的问题:"古汉语疑问代词在句子里的位置,否定句里边代词的位置,现代汉语里各种类型复合动词的形成,以及多数虚词的古今更替。"这种研究使现代汉语法的分析得以追本溯源,不会是无源之水、无本之木,而是和古代汉语有密切的渊源关系。

吕先生在给龚千炎《中国语法学史稿》写的序中亦谈到了现代汉语语法和古代汉语语法的关系,他说:"一种语言随着时间在变化,这种变化是渐进的,语音如此,语汇如此,语法也应该如此。可是汉语的历史有它的特殊的一面,就是有很长的一段时间,少说也有一千几百年吧,书面语即文言是脱离口语即方言而在原地踏步的。这样,现代汉语语法的面貌跟古代汉语语法的面貌就有相当大的差异,以致用现代汉语语法的架子,不管是哪一家的,去套古代汉语语法,都不那么合拍。就在古代汉语语法内部,时代的差异也没有受到应有的注意。"

除了涉及古代汉语语法,吕先生又开创了近代汉语语法研究,就是注意到他所说的古汉语语法内部的时代差异。诚如刘坚所说,"吕叔湘先生是我国近代汉语研究的拓荒者和奠基人"。吕先生很早就注意到了汉语语言发展变化的事实,他在《开明文言读本》导言中谈到文言的性质,他认为正统文言,也就是古代汉语,应该"就是见之于晚周两汉的哲学家和历史家的著作以及唐宋以来模仿他们的所谓古文家的文章"。除了正统文言,又有比它后起的,"或多或少地容纳口语成分的通俗文言,如一部分书信、官文书、笔记小说、翻译文章之类。唐朝以后又渐渐地有更接近口语的文体出现,如有些诗和词,许多和尚和道学家的语录。到了宋朝的平话小说,那简直就是语体了"。据江蓝生在《试述吕叔湘先生对近代汉语研究的贡献》一文中所述,吕先生编定了一份近代汉语基本资料的书目,收录的文献近200种。根据大量的文献资料,吕先生建议"把近代汉语的开始定在晚唐五代即第9世纪"。吕先生写了大量近代汉语语法研究的文章,把现代语言学的理论用于其中。追随吕先生研究近代汉语的有刘坚、项楚、郭在贻、王锳、蒋绍愚、江蓝生等学者,他们不负吕先生之望,已有很多研究成果,将吕先生开辟的近代汉语语法研究园地拓宽发展。

目前,研究现代汉语语法多注重吸收西方的语言学理论,对于与近代汉语、古代汉语语法的对比研究,没有像学西方那么在意。这方面我们要向吕先生学习,向老一辈语言学家学习。王力先生和吕先生一起成为现代汉语语法的奠基人,在古汉语语法方面也有精到的研究。我们注意到,近年来,研究现代汉语词汇学的学者和研究训诂学的接上了头,这使得现代汉语词汇学有了更广的研究范围,底蕴更深厚了,古今词汇学从历时上得以相接续,而不是各管一摊儿。语法学也该如此。记得朱德熙先生也说过,他在30年研究"的"字的过程中觉察到,长期以来对方言语法研究、历史语法研究和标准语语法研究三者之间的密切联系缺乏清醒的认识,希望今后的语法研究工作能注意这方面的问题。邢福义先生近年提出"大三角"理论,指的是"普-方-古"三角,他在《汉语语法三百问》里解释说:"研究现代汉语共同语法事实,为了作出更加令人信服的解释,有时可以以'普'为基角,撑开'方'角、'古'角,从而形成分析验证的一个'大三角'。"这里的"古角"包括近代汉语、古代汉语。朱先生、邢先生的这些想法和吕先生是一脉相承的。

(三)理论与实践合璧——既重视建构理论语法体系,又重视理论在实践中的应用

我在庆祝吕叔湘先生九十华诞纪念会上发表的文章中曾说,"吕叔湘的成就在于:他是理论家,他的理论建树使他成为学科的带头人;同时,他又是实践家,他的实践使语言研究对

全社会作出了贡献"。

吕先生向来重视建构汉语语法的理论体系,但他不是把已取得的理论成果束之高阁,供奉在象牙塔里,而是将理论拿来指导实践。很多理论的总结又是从实践中来,是为实际需要不断创出新观点、新理论,是有着深厚的实践土壤的。这种将理论和实践结合的观点贯穿在他一生的研究之中。

吕先生的理论与实践合璧的辩证观,体现在很多方面,本文只重点谈谈吕先生如何以理论语法指导教学语法实践。

张斌先生说,"自从马氏文通以来,我们的语法研究和语文教学是密切联系的"。的确是这样,教学是吕先生重要的实践园地。在《中国文法要略》重印题记(1982)中说:"这本书是受当时的四川省教育科学馆的嘱托,作为中学语文教师的参考书来写的。"在为《现代汉语八百词》(以下简称《八百词》)日译本序里这样说明《八百词》编写的宗旨:"《八百词》讲汉语语法,但不是系统地讲语法,而是讲虚词以及少数实词的用法。把汉语语法落实到虚词的用法上,这是教学的需要。"又说"联系到汉语作为第二语言教学,既不能抹杀汉语本身的特点,迁就学生的母语的语法,以致学生学不到地道的汉语,可是也不能同教汉族学生一样,忽略了非汉族学生的需要,他们常常在汉族学生毫无问题的地方感觉极大的困难"。因而在编写《八百词》时考虑不同教学对象,行文十分周到,颇费思量。

特别要提到的是,20世纪50年代和80年代两次教学语法体系的制定,吕先生都参与其事。只说80年代《中学教学语法系统提要》的制定,从1980年至1984年,在吕先生亲自倡议下先是于1981年召开了"全国语法和语法教学讨论会"(哈尔滨),会上吕先生发表了两篇谈话:《协调、周到、简单、贴切——理想的语法体系的几个条件》、《语法体系·语法研究·语法教学》,从理论的高度指导教学语法体系的制定。会后,由张志公先生主持工作,人民教育出版社中语室负责起草定稿,后六易其稿,多次送交吕先生审阅。1984年1月公布的《中学教学语法系统提要》,吸收了半个多世纪以来,包括当时最新的理论语法研究的主要成果。吕先生在《汉语语法分析问题》中谈到的一些重要问题,这个"新提要"都努力去体现。比如,语法单位划分为五级:语素、词、短语、句子、句群,大大提高了短语的地位,从结构和功能两个方面给短语分类;在句子成分分析上,既保留了句子成分分析法的优点,又吸收了层次分析法的长处;等等。这些我曾在《吕叔湘先生和教学语法》一文中谈到过,这里不再赘述。

吕先生之所以同意在教学语法系统里将语法单位扩大到句群一级,是有一定想法的,我认为这是考虑到语法教学的目的,最终是要提高学生的读写能力。而无论是读还是写,都不可能在一个句子中解决问题。他在多篇文章(包括《汉语语法分析问题》一书)里都说到过大于句子的单位。在与王海棻合写的《〈马氏文通〉评述》中说:

还有一点值得一提的是《文通》在讲句读的末了提到段落的起句和结句。这是语法和修辞、作文交界的问题。《文通》发表的以后几十年中,讲汉语语法的著作都不谈这个问题,直到最近才有语法的研究不应以句子为极限的议论。这就不能不说《文通》的作者有远见了。

这篇文章发表于《中国语文》1984年第1、2期,正是《中学教学语法系统提要》制定的时候,80年代有过一段"句群热",我曾收集了50多篇文章,编了一本《句群和句群教学论文集》(天津新蕾出版社,1986年),反映了当时句群讨论的情况。吕先生上文说的"不应以句子为极限的议论",大概指的就是当时这个情况。吕先生还不止一次说到句群,在北京市语言学会主办的教学语法系列讲座和山西省社会科学院举办的座谈会上,论及语法研究的对象时说:

> 语法研究首先研究什么?我的回答是,首先研究的是在语言实践中出现的一个个句子,是在说话中间、文章中间出现的一个个句子——要按最新的说法,还包括由语法手段连成一串的句子群——研究什么样的句子能说,有人说,什么样的句子不能说,没有人说。这种研究对于说话的人,对于写文章的人,有帮助。这种研究是从实践中来,又回到语言实践中去。(引自《语法研究的对象》一文,见《语文研究》1986年第4期,亦收入吕叔湘《语文近著》第172—176页,上海教育出版社,1987年)

我和吴为章合写的《汉语句群》(商务印书馆,2000年)一书,在分析上虽不够完善,但我们是按照吕先生说的"对于说话的人,对于写文章的人,有帮助"这个目标努力去做的。句群研究似乎近期又有些停顿,希望在新世纪语法研究中将这个话题研究得透彻和全面。

由于吕先生提倡理论和实践的结合,提倡务实,提倡从深入挖掘和揭示汉语语法事实出发建立理论,并反复强调这一思想,因而,长期以来,在语法学界形成了一个好的研究风气、好的学习风气。很少有人轻举妄动,不理语言事实奢谈理论的。这也显示了学科带头人的巨大威信。

参考文献

胡明扬　1995　《吕叔湘先生在语法理论上的重大贡献》,见《吕叔湘先生九十华诞纪念文集》,商务印书馆。
江蓝生　1995　《试述吕叔湘先生对近代汉语研究的贡献》,出处同上。
刘　坚　1995　《吕叔湘先生对我国语文事业的贡献》,出处同上。
陆俭明、郭　锐　2000　《现代汉语语法研究所面临的挑战》,见《面临新世纪挑战的现代汉语语法研究》,山东教育出版社。
吕必松　1981　《吕叔湘》,见《中国现代语言学家》,河北人民出版社。
吕叔湘　1959　《文言虚字》,上海教育出版社。
吕叔湘　1979a　《语法修辞讲话》,中国青年出版社。
吕叔湘　1979b　《汉语语法分析问题》,商务印书馆。

吕叔湘主编　1999[1980]　《现代汉语八百词》(增订本),商务印书馆。
吕叔湘　1982　《中国文法要略》,商务印书馆。
吕叔湘　1984　《语文杂记》,上海教育出版社。
吕叔湘　1987　《语文近著》,上海教育出版社。
吕叔湘　1999　《汉语语法论文集》(增订本),商务印书馆。
吕叔湘等著,马庆株编　2000　《语法研究入门》,商务印书馆。
邵敬敏　2000　《80到90年代的现代汉语语法研究》,见《面临新世纪挑战的现代汉语语法研究》,山东教育出版社。
田小琳　1995　《吕叔湘先生的语言研究对社会的贡献》,见《吕叔湘先生九十华诞纪念文集》,商务印书馆。
田小琳　1997　《吕叔湘先生和教学语法》,见田小琳著《香港中文教学和普通话教学论集》,人民教育出版社。
王海棻　1995　《跟从吕先生编〈马氏文通读本〉》,见《吕叔湘先生九十华诞纪念文集》,商务印书馆。
邢福义　1995　《治学之道　学风先导》,出处同上。
邢福义　2001　《邢福义选集》,东北师范大学出版社。
邢福义　2002　《汉语语法三百问》,商务印书馆。
杨成凯　1995　《吕叔湘先生的语法学思想》,见《吕叔湘先生九十华诞纪念文集》,商务印书馆。
张　斌　1998　《汉语语法学》,上海教育出版社。

试论吕叔湘先生对我国语言对比研究的贡献
——纪念吕叔湘先生百年诞辰

上海海运学院　王菊泉

吕叔湘先生作为我国语言学界的一代宗师,同时也对我国的语言对比研究作出了巨大贡献。本文试图从五个方面来论述吕叔湘先生对我国语言对比研究的主要贡献。

一　比较方法论的积极倡导者

吕叔湘先生首先是比较方法论的积极倡导者。

提到我国的语言对比研究,谁都不能不提及比较方法论的积极倡导者吕叔湘先生,谁都会大段引用他的有关语言比较法的精辟论述。

纵观吕先生的整个学术生涯,不难看出比较方法论是他的重要的学术思想之一。在这一思想的指导下,他一生各个阶段都积极倡导语言比较法,并发表过不少影响深广的论述。

早在1942年,他就在《中国文法要略》(以下简称《要略》)上卷中指出:

> 要明白一种语文的文法,只有应用比较的方法。拿文言词句和文言词句比较,拿白话词句和白话词句比较,这是一种比较。文言里一句话,白话里怎么说;白话里一句话,文言里怎么说,这又是一种比较。一句中国话,翻成英语怎么说;一句英语,中国话里如何表达,这又是一种比较。只有比较才能看出各种语文表现法的共同之点和特殊之点。假如能时时应用这个比较方法,不看文法书也不妨;假如不应用比较的方法,看了文法书也是徒然。谨以此语献于读者。(吕叔湘,1982,上卷初版例言)

这段话作为"例言",不仅向读者说明了全书应用的是比较的方法,更重要的是向读者表明了他的学术思想,即只有通过比较,而且是"时时应用这个比较方法",才能了解一种语文的文法,才能了解各种语文表现法的异同。尤其值得注意的是,在这段话的末尾,他还特地加上"谨以此语献于读者",可见这段话在他心目中的地位何等重要。而从此后半个多世纪的实际情况来看,吕先生的这段话也确实给几代读者留下了深刻的印象,引导了不知多少人在语言教学和研究的实践中自觉地应用比较的方法。

1962年,他又在《中国人学英语》新1版"修订本序"中专门谈到中国学生在学习英语中应用比较方法的必要性,认为:

> 我相信,对于中国学生最有用的帮助是让他认识英语和汉语的差别,在每一个具体问题——词形、词义、语法范畴、句子结构上,都尽可能用汉语的情况来跟英语作比较,让他通过这种比较得到更深刻的领会。(吕叔湘,1980)

这段话虽然简短,但其中起码包含了这么几层意思:(1)中国学生学英语,应该应用比较的方法;(2)通过比较,重在让他认识英语和汉语的差别;(3)这是对他学习英语"最有用"的帮助;(4)比较应在语言的各个层面上展开,就每一个具体问题"都尽可能用汉语的情况来跟英语作比较"。由此可见,吕先生对于中国学生学习英语中应用比较方法的必要性是非常强调的。值得指出的是,吕先生在谈及写作该书的用意时说:

> 中国学校里教英语,着实有好几十年的历史了,然而学通了的人,比例地说,不算太多。汉语和英语的差别相当大,中国人学英语(或是别种欧洲语言),总是比较吃力的。……往往学了几年之后陷入一种尴尬的局面:似乎通了又似乎未通,单词认了不少,规则背得一些,可是书是读不下,话是说不来,写更不用说。(同上)

联系我国目前英语教学的状况,虽然已经有了不少的进步,但吕先生所描述的那种现象其实还未得到根本的改观。而要使这种现象得到根本转变,除了改革教育体制和教学方法,以及改善学习条件之外,上引吕先生有关中国人应该如何学习英语的论述恐怕也还值得我们深思。

在吕先生一生中所有有关倡导比较方法论的论述中,影响最大的莫过于1977年5月5日他在北京语言学院发表的那次著名演讲了。在这次题为《通过对比研究语法》的演讲中,他开宗明义地指出:

> 一种事物的特点,要跟别的事物比较才显出来。比如人类的特点——直立行走,制造工具,使用语言等等,都是跟别的动物比较才认出来的。语言也是这样。要认识汉语的特点,就要跟非汉语比较;要认识现代汉语的特点,就要跟古代汉语比较;要认识普通话的特点,就要跟方言比较。无论语音、语汇、语法,都可以通过对比来研究。(吕叔湘,1983:137)

假若说此前吕先生还只是通过作序撰文之类的方式一般论述和倡导语言比较法的话,这次论述则是通过专题演讲的方式,正式倡导语言比较法了。这次演讲,由于是专门论述语言的对比研究,而又是发表在我国改革开放的前夕,国内外大环境已越来越有利于汉外对比研究尤其是英汉对比研究的开展,所以影响就更为深广,大大胜过他以前各次有关的论述,影响所及,不仅包括汉语界,而且还包括外语界等多个领域。正是吕先生的这次著名演讲,促成了我国对比语言学学科的诞生,"为新时期的对比研究吹响了号角"(潘文国,2002)。

二 比较方法论的杰出实践者

吕叔湘先生不仅一贯倡导语言比较法,而且终生身体力行,亲自实践,是比较方法论的杰出实践者。

吕先生早年毕业于前国立东南大学外国语文系,曾赴英留学两年。归国后毕生从事语言研究,以汉语语法研究为主,而同时深入钻研一般语言学理论、汉语方言、语文教学(包括对外汉语教学)、文字改革、英语语法、汉外对比,以及词典编纂等相关学问,成果丰硕,影响深广,为我国的语言研究和语文教学作出了杰出的贡献,成为了我国语言学界公认的、受人敬仰的一代宗师。

吕叔湘先生之所以能在语言研究,尤其是汉语研究方面取得远胜常人的巨大成就,除了他自身素质等方面的原因外,笔者认为与他毕生遵循并努力实践他所一贯倡导的比较方法论是分不开的。

从广义上讲,他一生发表过的所有有关语言教学和研究方面的著述(包括翻译作品),都可以看做是他从不同程度上实践比较方法论而取得的成果。即使狭义地理解"比较"二字,我们也仍能把他的不少著述看成是他实践比较方法论的直接成果。下面仅以上面提到的他的两本专著为例加以说明。

《要略》是吕先生的主要学术论著之一,初版至今已逾半个世纪。正如"上卷初版例言"所表明的那样,该书采用的是比较的方法,或者说是对比较方法论的实践。首先,该书虽未直接冠以"古今汉语比较语法"之类的名字,但实际上"兼及古今,比勘同异"(吕叔湘,1982,六版题记),"采用了文言和白话对照的形式,可以说是一部古今比较语法"(吕必松,1981)。不仅如此,《要略》还在必要时把汉语同印欧语进行比较,使读者通过比较,能够深刻领悟汉语和印欧语的重大差别,从而加深对汉语本身特点的理解。这方面的例子有不少,例如在谈到汉语词的分类时就指出:

……比如一般欧洲语言的词通常分成八类或九类。汉语里的词没有他们那么容易分类,因为他们的词往往可以从形式上分辨,可是汉语的词从形式上无从分辨。(吕叔湘,1982:16)

又如在讨论汉语的"外位"句法时,书中是这样描述的:

> 我们很可以说:作者先把他心中认为最重要的一个词提出来做句子的主语,然后把其余的部分照原来的次序说出来做句子的谓语(笔者按:例如"这些人你可别跟他往来了","一部《水浒传》,他一天就看了半部");……西洋语言里不大容许这种句法,他们仿佛觉得除了被动式外,只有动词的起词才有资格当句子的主语,我们似乎没有这种成见。(同上,123—124页)

这里所讨论的,其实就是我们今天已经较为熟知的"话题说"的有关内容。笔者以为,要追溯"话题说"的历史,恐怕不能忘记《要略》早在半个多世纪以前就作出的这段触及"话题说"本质的描述。再如在讲汉语中假设和推论关系的表达时,也同印欧语作了如下比较:

> 总之,汉语的语句结构,不像西文非处处用关系词连络不可。有时不妨重复,用了"以"字还可以用"故"字,有了"虽然"再来个"但是";在不会发生误会的时候却又会全不用关系词,让听的人去理会。(同上,429页)

诸如此类画龙点睛式的汉外比较,全书还有多处,不能一一列举。

更为重要的是,书中除了这些明的汉外比较外,还有可以说是贯穿全书的暗的汉外比较。这里仅以书中提出的"动词中心观"以及动词的"向"的理论为例加以说明。所谓"动词中心观",指的是语言中最常用的叙事句(如"猫捉老鼠")中,"句子的中心是一个动词"(同上,28页),"我们在句法上把动作的起点称为'起词',如'猫',把动作的止点称为'止词',如'老鼠'。这两个名称都是跟着动词来的,没有动作,就无所谓起止"(同上)。在提出"动词中心观"之后,书中接着对句中动词有无起词和止词的情况进行了描述;在谈到动词有无止词的时候,认为许多动词只有起词没有止词"是因为许多动作只和一个人或物发生关系……例如水的流,花的开和谢,以及行、止、坐、卧、来、去等等动作,都是只有一个方向,没有两个方向的……"(同上,32页),这就是有关动词"向"的表述。吕先生的"动词中心观"以及有关动词"向"的表述,以今天的眼光来看,或许会觉得没有什么新鲜,但只消回顾一下语言研究史,了解到《要略》提出这一观点"比西方语言学界提出'动词中心论'和动词的'价'的理论整整早了十七年"(胡明扬,1995),或者联系《要略》成书"20多年后美国学者C.J. Fillmore所倡导的语义格分析"(杨成凯,1995)的时候,就不能不为吕先生对语言现象的先知先觉和分析综合能力所折服。而吕先生之所以能够在半个多世纪以前就提出这样的理论构想,笔者认为,除了他本身的语言天赋之外,与他在语言研究中努力奉行实践比较方法论,从而能够发现把握汉语的特点是分不开的。众所周知,汉语和印欧语言相去甚远。在以英语为主要成员的印欧语言中,由于具有显性形态特征,主语和谓语存在一致关系,主语不可或缺,主、谓、宾、补、状等句子成分分析起来一般都说一不二,而汉语缺少严格意义的形态标志,分析句子按西方语言的一套就很容易产生分歧。我们完全有理由相信,正是在分析对比汉语和西方语言的这一本质差异以后,《要略》才提出了"动词中心观"以及动词的"向"的理论构想的,虽然这一构想还比较朴素,不那么系统和完备。吕先生后来在《从主语、宾语的分别谈国语句子的分析》一文中曾明确地指出:

> ……要尽可能地给每句句子找一个主语,这可以称为'主脑主义的'或'主语主义的'分析法。这显然是受了印欧语语法学者的主语谓语两分法的影响。(吕叔湘,1984:466)
>
> 从主语谓语两分法的立场来看,宾语只是谓语的一部分,不能和主语相提并论。如果取动词中心观(动句里可以这样看),宾语和主语是对立的,都是限制动词的。(同上,478页注②)

这便进一步印证了《要略》所提出的"动词中心观"以及有关动词"向"的理论构想,是吕先生身体力行比较方法论,对比汉语和印欧语以后的产物。

假如说《要略》从表面层次上看还主要是"一部古今比较语法"(吕必松,1981)的话,那《中国人学英语》则完全是一本英汉对比研究方面的著作,是吕先生在英汉对比研究领域进行的一次重要而全面的实践。该书先是从中国人学英语的角度出发,一般论述了英语学习的原理和方法,其中特别提到学习者"不知不觉的把英语当作和汉语差不多的东西看待,不知不觉的在那儿比附",因而提醒学习者"学习英语非彻底觉悟把它当作和汉语不同的新的东西来学习不可"(吕叔湘,1980:2—3)。在这里,吕先生实际上是讲了汉语作为母语对于英语学习的不可避免的干扰作用,学习英语必须自觉克服这种干扰,通过比较而不是比附,了解英语和汉语的不同之处。接着,该书依次讲解了英语在语音、拼法、词义、词类、词形变化、动词时态、非限定动词、词序以及析句等方面的种种情况,而且始终着眼于以汉语为母语的中国人,重点讲解他们学习英语的种种困难。这些讲解不仅对中国学生学习英语有着一般的英语教学难以替代的帮助,而且本身就是一种深入浅出的英汉对比,因而对于英汉对比研究而言也有着重要的参考价值。例如第二章谈语音,指出英语"辅音分清浊",而"汉语只有少数方言有浊辅音,普通话里边只有清辅音,但是有送气不送气的分别"。(同上,17页)这是英汉语音系统的一个重大差别,无论对于英语教学或对外汉语教学,还是对于英汉对比研究本身都是很值得注意的一个语言事实。又如第四章有一节专门讨论汉英词义的差别,分别列举了名词、形容词和动词方面的例子,说明英语和汉语作为两个文化历史相去甚远的民族的语言,在词汇的对应关系方面存在着种种复杂的情况,并因此告诫英语学习者,对于那些构成同义词的英语词和汉语词,一定要把各自的意蕴分辨清楚,"……绝不能捉对儿相配"(同上,51页)。这不仅是对英语学习者的告诫,而且也是对英语教学者,对英汉翻译、双语词典编纂,以及英汉词汇对比研究的人的一种告诫。至于在语法方面,作为该书讨论的重点,作者则更是尽可能紧扣英汉差异之处,为中国学生指明学习英语语法的重点和难点所在。例如第五章谈词类,指出汉语缺少英语那样的标示和限制,因而"中国人学英语,必须注意词类的分别"(同上,60页);第六章谈性、数、格、人称等形态变化,强调这类变化是汉语所无,学习者必须"作心理适应",而不能"怀持着甲种语言心理(本国语的)去观察乙种语言习惯(外国语的)"。(同上,80页)又如第七章讨论"动词时态",非但对英语时态、语态作了简明扼要的归纳,而且指明了中国学生学习英语时态、语态和假设语气时特别容易出错或不易掌握的地方,如完成式和进行式。再如最后一章讨论析句时,特别指出,在动词省略方面,"汉英习惯大不相同。不但是有时候英语能省,汉语不能,尤其是英语里留助动词,用 do,用 so,这些都是他们极常用的句法,而汉语里头完全没有这一套,能省就完全省,又往往不能省"(同上,171页)。尤其值得注意的是,作者在讨论英语语法项目的时候,非常强调那些英语和汉语之间同中有异之处。例如第七章谈到英语完成式跟汉语在动词后加"了"字大致相当,但同时又指出,"有许多地方汉语可用'了',英语不用完成式",而且,"也有英语用完成式而汉语不用'了'的"。(同上,104页)又如在第九章谈词序时谈到,尽管"汉语英语词序大体相同"(同上,142页),但仍有不少值得注意的相异之处,如双方在疑问句以及定语和状语的词序上就存在着很大的差异;而且即就"大同"的几条来说,"汉英双方也都各有变例"(同上,143页),学习者应该特别注意。全书以通俗的对话体形式撰写,语言形象生动,论述深入浅出,讲解抽象枯燥的语言学概念完全如谈家常,读来通俗易懂,既不乏情趣,而又不失科学的严谨,是一本雅俗共赏的佳作,在日见增多的英汉对比著作中独树一帜,起着难以替代的作用。该书于1947年初版,1962年出新1版,至1980年10月修订2版第9次印刷,印数已达8万余册。尤其令人惊讶的是,薄薄的不足200页的一本小书,几十年来却始终像磁石一样深深地吸引着广大读者,即使在各种英语书籍多如牛毛,学习条件与过去相比已有天壤之别的今天,也是如此。据国家图书馆2002年3月"热点中文图书排行榜",该书当月借阅人次进入前10名,名列第五(www.nlc.gov.cn/newpages/book/rmsk/zwts20023.htm-101k)足见该书影响之广大和持久,足见吕先生倡导的比较方法论是如何深入人心。

除了以上两本著作外,吕先生的其他著述还有不少也可以看成是他对比方法论的直接实践,如上面提到的1977年他在北京语言学院的那次演讲,还有论文《从主语、宾语的分别谈国语句子的分析》(1946/1984)和《"把"字用法的研究》(1948/1984),以及《中诗英译比录》(1948/1980)和《汉语语法分析问题》(1979)等著作,限于篇幅,就不一一论述了。

三 对比语言学学科的创始人

吕叔湘先生不仅一贯身体力行,亲自实践语言比较法,而且还是我国对比语言学学科的创始人。

刘重德先生(1996)在论及我国汉外对比研究史时指出：

> 我国的对比研究可分如下三个时期。第一时期应从马建忠的《马氏文通》和严复的《英文汉诂》算起，到40年代末。……1949—1976年这个时期，我国的对比研究基本上处于停滞状态。第三个时期是从1977年5月吕叔湘先生发表《通过对比研究语法》开始的。

在这方面，潘文国(2002)持类似观点，只是考虑到刘说的第二时期，尤其是10年"文革"期间我国的对比研究基本上处于停滞状态，因而主张以1977年吕叔湘先生发表《通过对比研究语法》为界，把我国汉外对比研究史分为"以对比实践为主的时期"和"有自觉学科意识的时期"两个阶段。笔者认为，两人的划分并无原则分歧，即都同意以1977年吕叔湘先生发表《通过对比研究语法》作为我国对比语言学学科形成的标志，但为论述方便起见，这里采用潘文国的两分说。

在潘说的两个历史时期中，应该承认，在第一个时期中，包括吕叔湘先生本人在内的一大批学贯中西的学者如马建忠、严复、黎锦熙、赵元任、王力、高名凯等在汉外对比研究方面进行了艰苦的实践，作出了很大的贡献；事实上，他们在汉语语法研究方面所取得的成就本身在很大程度上就是进行汉外对比的结果。但是，正如潘文国(2002)所指出的那样，"他们的如椽之笔主要在于从总体上构建汉语语言学，并没有以对比研究或构建对比语言学作为根本追求，因此他们的对比思想、对比理论，乃至对比实践，往往掩藏在对汉语的具体分析之中"，也就是说，对比语言学作为一门学科在我国还不具备产生的基础。

1976年"四人帮"倒台以后，随着我国改革开放的局面的逐步形成，我国的外语教学(尤其是英语教学)、对外汉语教学以及汉外互译活动开始出现了前所未有的兴旺局面，汉语研究、外语研究、语言学研究以及汉外对比研究本身也日趋活跃，对比语言学作为一门学科，终于有了诞生的土壤和条件。正是在这样的历史背景下，吕叔湘先生于1977年5月应邀来到北京语言学院作了题为《通过对比研究语法》的那次著名演讲。这次演讲为我国的对比语言学学科的诞生作了舆论准备，起了催生的作用，同时也为我国今后的语言对比研究，尤其是应用对比研究交代了方法、明确了重点、指明了方向。(详见下文)正是在吕叔湘先生这次演讲的指引之下，我国的对比语言学学科才迅速地建立和发展了起来。以下主要以英汉对比研究学科的情况为例加以说明：

1978年10月，随着我国招收研究生制度的恢复，吕先生创建了我国有史以来的第一个英汉对比语法专业，并亲自担任导师，招收了3名硕士生。此后26年来，在他的带动下，不仅不少高校先后开设了面向本科生和研究生的英汉语言文化对比课程，而且还先后开始招收英汉对比研究方向的硕士生和博士生；到目前为止，仅博士点层面，包括北外、上外、华东师大、厦门大学和河南大学在内，全国起码已有5个博士点开设了英汉对比或对比语言学研究方向,招收和培养了一批英汉对比研究以及对比语言学方面的高级专门人才。

1990年,由杨自俭、李瑞华主编的我国第一部英汉对比研究论文集《英汉对比研究论文集》出版,吕叔湘先生接受请求,欣然为论文集题词(下文还要论述)。论文集的出版包括吕先生的题词在内,不仅为广大研究者提供了理论指导和宝贵的参考资料,而且还起到了引领学科发展、组织凝聚队伍的作用,"正是本书的出版,才使在此之前各自在英汉对比领域孤军奋战的研究者找到了同道和知音"(潘文国,2002)。以后李瑞华(1996)续编了同样性质的论文集,并增加了文化对比的内容,也起到了很好的作用。

同道和知音需要学术交流,学会组织应运而生。20世纪90年代初先是成立了中外语言文化比较研究会,1994年底又成立了中国英汉语比较研究会(前身为1990年成立的英汉比译学会),吕叔湘先生一直担任后者的名誉会长,直至去世。这两个全国性学会组织尤其是后者凝聚了一大批国内英汉对比和翻译研究领域的骨干力量,10年来在英汉对比与翻译研究领域辛勤耕耘,著书立说,为我国对比语言学学科的发展和理论建设作出了巨大的贡献。

26年来,我国的英汉对比研究作为对比语言学的一门分支学科,经历了从拓荒草创到逐步发展的阶段,发展至今天已经是颇具规模,相当兴旺了。仅以研究成果为例,据潘文国(2002)的统计资料,自1898年《马氏文通》出版算起至1977年的近80年间,国内发表的英汉对比研究方面的论文仅21篇,出版专著仅10部;而1977年至今的26年间,据我们的粗略统计,这方面的论文已达3000篇左右,专著和论文集已超过120部。前后两个时期相比,不可同日而语。种种迹象表明,我国的英汉对比研究方兴未艾,正在成为外语界、汉语界、对外汉语界、翻译界以及理论语言学界学术研究的一个热点。可以预料,随着我国改革开放的进一步扩大以及国际地位的进一步提高,我国的英汉对比研究必将更加兴旺,并将成为新世纪的一门热门学科。

简要回顾1977年吕先生发表《通过对比研究语法》前后我国汉外对比研究的历史,"讲我国的对比语言学学科形成以这篇文章为标志,是可以为全体研究者接受的结论"(潘文国,2002)。同样,我们尊吕叔湘先生为我国对比语言学学科以及英汉对比研究学科的创始人也是理所当然的事。

饮水思源,我们深深怀念学科的创始人吕叔湘先生。

四　培育人才的辛勤园丁

吕叔湘先生作为我国对比语言学学科的创始人,同时又是培养学科人才的辛勤园丁。

吕先生对学科人才的培养主要体现在他一手创建了我国有史以来的第一个英汉对比语法专业,并亲自担任导师,招收培养了3名硕士生上面。

1978年,十年动乱刚结束不久,国家百废待兴,急需用人,而各行各业又是人才寥落、青黄不接。为了培育语言教学与研究人才,先生不顾年事已高,也不顾行政事务繁忙、学术活动频繁,一下承担了指导3个研究方向7名硕士生(其中包括由他直接指导的英汉对比语法方向的3名)的重担。吕先生对于研究生的培养可谓呕心沥血,对于英汉对比语法方向的3名学生就更是如此。3年中他自始至终都以对学生高度负责、一丝不苟的精神履行着导师的职责,从言传身教为人之道和治学方法,到亲自主持每周一次、持续一个学期之久的讨论班(seminar),以及经常布置批改各类作业,一直到最后的指导毕业论文等,研究生阶段各个环节的指导工作,无不体现着他严谨的治学态度和高度负责的精神,无不浸透着他大量的心血和汗水。

吕先生对研究生的指导,特别重视学风的培养和治学方法的传授。由于英汉对比语法专业的3名学生都是学外语出身,他多次告诫他们要处理好中和外的关系以及虚和实的关系,提醒他们在向西方学习的同时,一定不要忘了结合中国语言实际;在学习借鉴国外语言学理论的同时,一定得重视发掘、研究语言事实,切忌摭拾新奇、游谈无根。由于吕先生的言传身教,他的几名学生都逐步养成了务实的学风,有的还在中西结合和虚实结合方面做出了显著的成绩,如陈平就是其中较为突出者,因此还受到了吕先生的赞扬:"在介绍西方语言学方面,他能够做到融会贯通。在论述汉语和英语方面,也能够从新的视角出发,使读者有耳目一新的感觉。……陈平同志在中西结合方面已经有相当的收获。"(吕叔湘,1991)

在治学方法方面,吕先生特别强调两点,一是要学会独立思考,不要人云亦云,二是要善于观察语言现象,善于发现语言事实。他说,作为研究生,主要靠自学,要多读书,但光读书,不动脑筋不行;所以,他总是要求学生在读书中开动脑筋,发现问题,并特地叮嘱他们在每次与他见面之前就把问题准备好,到时提出讨论。为培养他们的独立思考能力,他所开设的现代汉语课程还特地采用了讨论班的形式,由他亲自主持,事先布置讨论题目,然后分头准备,到时不分导师学生,一起讨论,各抒己见。事实证明,这种形式上课,非常有利于培养学生的独立思考能力,而且,通过讨论切磋,相互启发,也会加深对问题的理解。在如何观察语言现象、发掘语言事实方面,吕先生曾多次强调,对各种语言现象,无论是书面的,还是口头的,一定要用心观察,努力培养自己对语言形式的敏感性(sense of form),而且要做到手勤,及时把看到和听到的各种用例制成卡片积累起来,以备将来使用;结合英汉对比,他还特别提倡对照阅读优秀作品及其优秀译文,阅读时注意英汉差异,并注意搜集例证。在他的教导下,他的学生都认识到了"悟性、记性、眼明、手勤、心细"这几项他平时经常强调的治学方法的重要性。

吕先生严谨的治学态度和对学生高度负责的精神也让他们终生难忘。对于平时布置的作业,大至结构布局和具体内容,小至标点符号和错字别字,他都是认真批改,或者提出修改意见,从不马虎。对于毕业论文,则更是严格要求,从撰写提纲到最后定稿,每个环节都是严格把关,一丝不苟,不符要求,甚至不惜让你推倒重来,绝不姑息。所有这些,通过言传身教,潜移默化,都让学生于不知不觉之中学到了他严谨的治学态度和认真负责的工作态度。

吕先生不仅在学生在学期间认真培养他们,而且在他们毕业之后,也始终关心着他们的工作和学习,并尽可能提供帮助和指导。作为他的学生之一,笔者在这方面有着更深刻的体会。自1981年笔者毕业直至先生于1998年4月去世的17年间,笔者自始至终都得到了他的关爱和帮助,包括提供进修条件、指导制订进修计划、多次审阅修改文稿,以及为出国进修介绍指导教师等。他的这种关心和指导,可以说一直延续到他生命的最后一刻。1998年初,本文原稿完成后,因不知先生已卧病在床,还曾寄给先生请求指导,而先生却并未因病推辞,仍让女儿吕霞女士在病榻前把主要内容念给他听。凡此种种先生对学生的关爱和栽培,除了用呕心沥血、死而后已来形容,不知世间还有什么更为合适的词语可以表达。

而吕先生对本学科人才的培养绝不仅限于几名学生。事实上,国内语言学界的不少著名学者也都曾接受过他在这方面的直接指导。例如赵世开先生就提到,"我自己也是于70年代在吕叔湘先生的指导下才开始做这项研究的"(赵世开,1990)。又如沈家煊先生,他在谈到吕先生对他的帮助和指导时,曾深情地回忆说:

> 中学时代读吕叔湘先生的《中国人学英语》,那种拿英语跟汉语作比较和客问主答的写法对我学英语帮助很大,想不到很多年后,又经过"文化大革命",我研究生毕业留在语言研究所工作,写的第一篇论文就是《英汉介词对比》。这篇论文的主要观点其实都是吕先生的,他听说我想搞英汉语法对比研究,给我很大的鼓励,建议我先做这个题目,把要点都给我一一列出,我写完后他就给推荐到《外语教学与研究》杂志发表了。……我后来没有把主要精力继续放在英汉语法比较上,不过受吕先生的启迪,我做汉语语法和语义研究的时候总是习惯于拿汉语跟英语或其他外语作比较,另外也能较自觉地借鉴国外的理论和方法。(沈家煊,2002:285)

沈家煊是国内语言学界公认的中西结合得较好因而在汉语研究方面做出显著成就的学者之一。他的这段话不仅表明了吕先生对他在开展英汉对比研究方面所给予的具体指导,也间接向我们表明了吕先生所终生倡导的比较方法论对于开展语言研究的重要性。

五 理论和方法上的独特贡献

吕叔湘先生不仅一贯倡导并亲自实践比较方法论,而且还在理论和方法上为对比语言学、为我国语言对比研究的开展作出了独特的贡献。下面主要分三方面进行论述。

(一)主张应用性对比研究应以求异为重点

纵观吕先生一生最为典型的几次对比实践,他有一个观点是贯穿始终的,那就是,应用性对比研究应以发现描述语言差异为重点。其中最集中体现他这一观点的要算他1977年的那次演讲了。其中在谈到汉外对比时,吕先生指出:

英语的语法跟汉语的语法比较,有很多地方不一样。当然,相同的地方也不少,不过那些地方不用特别注意,因为不会出问题,要注意的是不同的地方。(吕叔湘,1983:137页)

拿一种语言跟另一种语言比较,就会发现有三种情况:一种情况是彼此不同,第二种情况是此一彼多或者此多彼一,还有一种情况是此有彼无或者此无彼有。(同上,138页)

要特别注意的是表面上好像一样,而仔细检查还是有分别的。……这种相同而又不完全相同的情况,最需要注意。(同上,140—141)

吕先生的上述观点,以后在他对笔者(1982)文章初稿所列的修改提纲中又有所表述:

为实用的目的,应该是比较事实,比较有选择的若干项目……大概说来有三种情况:(1)英语汉语基本相同,可以不说或一笔带过。(2)同中有异的,要比较。(3)一方有一方没有的,看情况处理。

此外,吕先生在《中国人学英语》中也表达了类似的观点,如在第九章谈到英汉词序大同小异时就提醒读者:

用客观的眼光来看,这些"大同"是比那些"小异"更重要,因为这几条恰是语句组织的大纲。可是从学习者的立场说,那些"小异"比这些"大同"重要得多:道理很明显,相同则无需特别学习,相异就不得不特别注意。(1980:143)

为了证明自己的观点,吕先生在提出自己观点的同时,都尽可能举出一些典型精当的实例来加以说明。例如他的那次演讲主要就是通过举例说明来展开论述的。整篇演讲稿所援引的42个实例,无一不是经过精心挑选的,而结合实例所作的异同描述或提出的问题,也无一不切中要旨且涉及根本,无一不给人以极大的启发,无论从方法到内容,都很值得我们在具体开展对比研究时借鉴参考。例如第一部分讲汉外对比时一开头举的那个例子,引的是毛泽东在《别了,司徒雷登》里的两句话及其英译,就是一个极好的例子。短短两句话不到30个字,吕先生就归纳出了8点很值得注意的英汉差异,看了之后,谁都会承认例子选得典型精当,谁都会佩服吕先生观察语言现象的细致入微,并从中得到极大的启发。

与主张应用对比重在求异紧密相关,吕先生还强调区分比较与比附。例如他在《中国人学英语》中就提到学习者明明知道"英语不是汉语",却:

还是不知不觉的把英语当作和汉语差不多的东西看待,不知不觉的在那儿比附。……比较是比较,比附是比附。……比较是要注意英语和汉语不同之处,让学习者在这些地方特别小心,这是极应该的。而且,英语在咱们是外国语,汉语是咱们的本族语,要是我们不帮着学习者去比较,他自己(除非有特殊的学习环境)会无意之中在那儿比较,而只见其同不见其异,那就是我们所说的"比附"了。(1980:2)

联系我国汉外对比研究的历史,其实不仅是学习者会进行比附,研究者和教学者如果缺乏警觉,缺乏必要的知识结构,不善于对语言现象作深入细致的观察,也往往会把比附当做比较,以致轻则多走弯路,重则误人子弟。

吕先生提倡语言比较法,在相当长的一段时间内都使用"比较"二字。或许正是因为主张语言比较尤其是应用性比较应重在求异,才从1977年开始改用"对比"二字,包括他首创的硕士点研究方向也叫做"英汉对比语法"。不管是否如此,他有关应用对比应重在求异以及应该区分比较和比附的论述,对于语言对比研究都不仅是一种方法论的具体指导,在理论上也有值得深入探讨的价值。

(二)为从概念出发进行语言对比提供了启示和参照

吕叔湘先生在理论和方法上对于语言对比研究的贡献不仅仅局限于应用对比,而且足以扩大到包括理论对比在内的整个对比研究领域。

众所周知,吕先生的《要略》下卷"表达论"是以语义为纲,即从概念范畴和事理关系出发来描写汉语句法的,而且取得了巨大的成功,被认为是"提出了一个在内部蕴含有机联系的表达论体系,这也是迄今为止汉语研究中的最完整的一个表达论体系"(胡明扬,1995)。《要略》的这种写法对于语言对比研究特别是理论性对比研究的理论意义在于,它使研究者从中得到启发:对比研究不仅仅可以循着"从外到内"即从形式到意义的路子进行,就是从甲语言的语法形式出发,寻找在乙语言中相应的形式进行比较,看它们在表达意义方面有何异同,或者相反,也完全可以循着"从内到外"即从意义到形式的路子进行,亦即从所比语言共有的概念范畴和事理关系出发,如数量、指称、时间、空间、正反、比较以及各种事理关系等,就这些范畴或关系在两种语言中的表达形式进行比较;而且,在我们选定按后一种方法即从意义到形式的路子进行语言对比时,就可以选用《要略》中提供的范畴或关系做共同的出发点,而汉语一方就完全可以拿《要略》所提供的体系作主要参考。在这方面,由赵世开先生主编的《汉英对比语法论集》(1999)进行了成功的尝试。该书走的就是从概念和关系出发进行英汉对比的路子,不但选用了《要略》中提供的范畴或关系做共同的出发点,而且在汉语方面就是以《要略》提供的"表达论"体系为主要参考的。

吕先生由于一贯重视通过比较了解"各种语文表现法的共同之点和不同之点"(吕叔湘,1982,上卷初版例言),自然也就在方法论上比较重视从概念和关系出发进行语言对比。这一点可以从他在为重印林语堂《开明英文文法》写的序中清楚地看出:

此书下仅解释了英语在表达相同概念时与汉语有什么不同,还深入指出了说两种语言的人对概念的理解本身就不同,从而引导学生去了解自己不熟悉的英语的思维方式。人们早就感到有必要进行英汉语法的比较或对比实用研究,这本书可说是最早最认真的尝试之一。(转引自潘文国,2002)

此外,在他给笔者(1982)文章初稿所列的修改提纲中也曾对从概念和关系出发进行语言对比表示过相当具体的看法:

> 还可以……就某一范畴比较英语和汉语的表达形式。英语语法书里也有不按词法加句法那种老格式安排的,早些的例如 Jespersen 的 *Essentials of English Grammar*,近些的如 Leech & Svartvik 的 *A Communicative Grammar of English* 的第三部分。Jespersen 的书的划分比较粗,Leech 和 Svartvik 的这一部分划分成 40 个题目,很可以用来做比较的出发点。

今借此机会引述于此,与读者共享。

(三)提出对比研究的最终目的在于解释异同

上文提到,杨自俭、李瑞华于 1990 年主编出版了我国有史以来第一本英汉对比研究论文集。出版前夕,向吕先生征求题词,先生在了解情况后欣然同意,写下了以下这段至理名言:

> 指明事物的异同所在不难,追究它们何以有此异同就不那么容易了。而这恰恰是对比研究的最终目的。

这段题词后来被我国对比语言学界作为经典广为引用,影响极其深广。题词虽然短短不足 50 个字,内涵却十分丰富。它通过对一般意义上的对比研究的高度概括的论述,为语言的对比研究明确了最终目的,那就是,语言对比不但要发现指明所比语言之间存在的异同,而且还要追究何以会产生这样的异同,也就是说要对产生异同的原因作出科学的、合乎理性的解释。联系语言研究由传统的规定主义发展到以后的描写主义,继而发展到今天的不仅要客观描写,更重要的还在于对语言事实作出科学的解释这一发展过程,我们认为,吕叔湘先生的这段题词,正是站在当代语言学发展的最前沿,高瞻远瞩地为语言的对比研究指明了努力方向和终极目标,因而是很值得我们语言对比研究者以至所有语言研究者认真学习、深刻领会,并在实践中努力遵循和追求的。

以上我们从五个方面论述了吕叔湘先生对我国语言对比研究的贡献。论述难免不够全面或缺乏深度,有些地方还可能有值得商榷之处,诚恳希望读者批评指正,并希望有心人就本论题继续撰文展开讨论,以最大限度地真实反映吕叔湘先生对我国语言对比研究的贡献,借以进一步推动我国对比语言学学科以及整个语言学学科的发展。

参考文献

胡明扬　1995　《吕叔湘先生在语法理论上的重大贡献》,见《纪念文集》编辑组编《吕叔湘先生九十华诞纪念文集》,商务印书馆。

李瑞华主编　1996　《英汉语言文化对比研究》,上海外语教育出版社。

刘重德　1996　《英汉语言文化对比研究》序,见李瑞华主编《英汉语言文化对比研究》,上海外语教育出版社。

吕必松　1981　《吕叔湘》,见《中国语言学家》编写组编《中国现代语言学家》,河北人民出版社。

吕叔湘　1946/1984　《从主语、宾语的分别谈国语句子的分析》,见吕叔湘著《汉语语法论文集》(增订本),商务印书馆。

吕叔湘　1948a/1980　《中诗英译比录》序,见吕叔湘编《中诗英译比录》,上海外语教育出版社。

吕叔湘　1948b/1984　《"把"字用法的研究》,见吕叔湘著《汉语语法论文集》(增订本),商务印书馆。

吕叔湘　1977/1983　《通过对比研究语法》,见吕叔湘著《吕叔湘语文论集》,商务印书馆。

吕叔湘　1979　《汉语语法分析问题》,商务印书馆。

吕叔湘　1962　《中国人学英语》,商务印书馆。

吕叔湘　1982　《中国文法要略》(新1版),商务印书馆。

吕叔湘　1991　《现代语言学研究——理论·方法与事实》序,见陈平著《现代语言学研究——理论·方法与事实》,重庆出版社。

潘文国　2002　《汉英对比研究一百年》,《世界汉语教学》第1期。

钱冠连　2002　《论外语学者对母语研究的建树——再论两张皮》,杨自俭主编《英汉语比较与翻译》(4),上海外语教育出版社。

沈家煊　2002　《著名中年语言学家自选集:沈家煊卷》跋,见《著名中年语言学家自选集:沈家煊卷》,安徽教育出版社。

王菊泉　1982　《关于英汉语法比较的几个问题》,《外语教学与研究》第4期。

王菊泉　1995　《为人治学,永远以先生为榜样》,见《纪念文集》编辑组编《吕叔湘先生九十华诞纪念文集》,商务印书馆。

王菊泉　1998　《吕叔湘先生与我国的英汉对比研究——纪念〈通过对比研究语法〉发表二十周年》,见萧立明主编《英汉语比较研究》,湖南人民出版社。

徐通锵　2001　《对比和汉语语法研究的方法论》,《语言研究》第4期。

杨成凯　1995　《吕叔湘先生的语法学思想》,见《纪念文集》编辑组编《吕叔湘先生九十华诞纪念文集》,商务印书馆。

杨自俭、李瑞华编　1990　《英汉对比研究论文集》,上海外语教育出版社。

赵世开　1990　《英汉对比研究论文集》序,见杨自俭、李瑞华编《英汉对比研究论文集》,上海外语教育出版社。

赵世开　1996　《英汉语言文化对比研究》序,见李瑞华主编《英汉语言文化对比研究》,上海外语教育出版社。

赵世开主编　1999　《汉英对比语法论集》,上海外语教育出版社。

朱德熙　1982　《汉语语法丛书》序,见吕叔湘著《中国文法要略》(新1版),商务印书馆。

Fisiak, J.　1981　Some introductory notes concerning contrastive linguistics. In: J. Fisiak (ed.) *Contrastive Linguistics and the Language Teacher*. Oxford: Pergamon Press.

James, C.　1980　*Contrastive Analysis*. Harlow Essex: Longman.

缅怀吕老*

贵州大学　王　锳

吕叔湘先生于 1998 年 4 月 19 日辞世,离开我们已经将近六年了。

吕老一生都在语言学这块园地里辛勤耕耘,著作等身,有专著译著二十余种,论文六百多篇。《吕叔湘文集》六卷已由商务印书馆出版,《吕叔湘全集》十九卷已由辽宁教育出版社出版。内容涉及语言学理论、汉语研究、文字改革、语文教学、写作和文风、词典编纂、古籍整理等广泛领域。

吕老以他学术研究的杰出成就、严谨的治学态度和务实的学风,不遗余力地关心扶持中青年一代的成长,成为我国语言学界一致公认的学术泰斗和一代宗师。

关于吕老的生平和学术成就,已有多人多篇文章作了介绍和评述,这里无须赘缕。下面只想根据自己的见闻和亲身经历,谈谈吕老对中青年一代的关怀、奖掖和扶持。这只是吕老为人治学的一个侧面,但已完全可以看出吕老作为学术泰斗和一代宗师的大家风范。

1986 年 7 月 7 日《光明日报》1 版曾以《吕叔湘二三事》为栏目,刊登了一篇题为《扶植后学,尽心竭力》的文章。篇首的编者按说:"著名语言学家吕叔湘是我国语言学界的领袖人物之一。他扶植后学的饱满热情,认真负责的工作态度,务实与严谨的学风,孜孜不倦的开拓精神等等,集中反映了老一辈科学家的思想风貌和高贵品质,为中青年知识分子树立了学习的榜样。本报自今日起连续刊登通讯,介绍吕叔湘的事迹。"这篇文章主要介绍了吕老关心、扶植语言所内中青年学者的情况。摘抄其中一例如下:

吕叔湘的一位助手,给我讲了这样一件事。

她是六十年代后期北京大学中文系语言专门化的毕业生,粉碎"四人帮"以后考取了吕叔湘的研究生,1981 年毕业后留在语言研究所,给吕先生当助手。

在当研究生的时候,吕老就对她说,他在四十年代就写过一本《近代汉语指代词》的初稿,将来要请她帮着整理。可是,到她当了助手以后,吕老就不再提这件事了。不久,吕老找她谈话,给她一篇《些和点》的草稿,要她整理修改成一篇论文。这篇论文刚刚脱

---

* 这是在贵州省语言学会 1999 年年会上的发言,会后曾在一家内部刊物刊出,此次提交纪念吕老百年诞辰国际学术研讨会(北京,2004 年 6 月)时又略有修改。

稿,吕老又给她出了个题目,叫她写一篇关于汉语史研究方法的论文,特别提醒要看一些日本学者的文章。为了写这篇论文,这位助手整整花了三个多月的时间。看了初稿以后,吕老比较满意,但是不同意拿出去发表。他说:"你是把别人的话概括了一下,自己懂了就行,不一定要发表。"这时候,吕老才把《近代汉语指代词》的初稿交给她,让她整理。

  这位助手说,吕老为了让我整理好他的旧著,花多大精力训练我!他对我的要求真是很严格啊!

  文章没有指名,其实语言学圈子里的人都知道,文中提到的"这位助手",就是后来在近代汉语研究方面做出了显著成绩,一度担任语言所所长,又升任中国社会科学院副院长的江蓝生同志。

  其实,在语言所内受到吕老这种谆谆教导和严格要求的,又何止江蓝生一人!前不久因病不幸去世的刘坚同志在江之前担任所长,也是近代汉语研究的著名学者之一。他在50年代中期分配到语言所,吕老发现他对宋元白话研究有兴趣,就鼓励他在这方面努力并且帮助他熟悉这方面的材料。刘坚在吕老的悉心指导下进步很快,眼看研究将获得成果,不料在"文革"动乱期间,资料损失一空,使他对科研心灰意懒。"文革"后,在一次闲谈中,吕老得知这一情况,便以著名生物学家秉志的事迹来鼓励他,使他重整旗鼓,终于在近代汉语研究方面取得显著成绩。所内不少中青年学者的处女作,都是经过吕老细心批改后,才得以问世的。施关淦同志在一篇文章中回忆说,他于1980年在《中国语文》上发表的两篇文章,一篇是讲歧义现象的,吕老阅后认为不够精练,亲自删改并批注说:"一勺糖加半杯水,甜津津的,好喝;加一杯水,就淡而无味了。"另一篇讲句式的分化问题,吕老认为有一处例句太少,批注说:"多举几个好。"就这样,他在写作中啰唆和苟简两种偏向都得到了吕老的纠正。从上世纪的60年代至80年代,吕老以耄耋之年还为所内年轻同志开英语课,亲自选定教材,亲自授课。

  以上是笔者所知的语言所内部的一些情况。如果说,作为所长和长辈,关心所内青年人的成长还有一份责任的话,那么,关心、奖掖和扶持所外广大中青年学者,就完全是出于对整个中国语言学界全局和未来的宏观思考和殷切期望。在这方面,吕老的联系面更广,付出的精力更多,影响和作用也更大。

  还是引《光明日报》一篇文章为例。该文刊于1986年7月10日,题为《相知何必曾相识》。文章谈到当时北京语言学院的一位教师,在教学中发现外国留学生不会正确使用可能补语。为了探求汉语可能补语应用的范围和规律,她写了一篇文章投寄给了《中国语文》。

  当时,她是无名的。她既不把自己看作千里马,也不敢想像会碰到伯乐。一天,她收到《中国语文》编辑部的一封信,信里说:"你的论文我们准备发表。这篇稿子经吕叔湘先生看过,他在统计表方面提了点意见,希望参照修改。"她没料到吕老百忙中会对她的稿子提意见,大为感动。后来她这篇文章经修改以后,终于刊登在《中国语文》杂志上。1982年下半年,她写出第二篇论文《动词重叠的表达功能及可重叠动词范围》之后,亲自登门送给吕老审阅。过了不几天,吕叔湘又一次给她的论文写了修改提纲,还附上了一封短信,指出她的毛病,说:"我觉得原先标的节次有点乱,给你调整了。又,例句的编号最好全篇一贯到底,便于前后称说。这要在文字段落调整之后才能着手。你写文章的毛病主要有两点。一是眉目不够疏朗(组织工作薄弱),二是欠明净(有些地方字句啰唆)。希望你在调整段落之后,再从头到尾把文字修改一遍。"

这位北京语言学院的教师便是后来在对外汉语教学方面做出了很大成绩的刘月华同志。她这篇文章按照吕老的意见修改后,刊登在1983年的《中国语文》上。事后她深有感慨地说:"我和吕先生素昧平生,可吕先生扶持我就像对待他的学生一样。"类似的例子还举不胜举。河南一位副教授的第一篇论文是吕老帮助修改的,天津一位副教授的处女作也是吕老帮助修改的。为了扩大指导面,吕老还针对来稿来信中带有普遍性的问题,写成文章,在有关刊物上发表。如《给一位青年同志的信》、《关于语法图解的用途及其局限性——给一位中学语文教师的信》等。

我本人也是在语言所之外,受到吕老关心、扶持的后学之一。1958年,我还在北京大学中文系念二年级,曾和另外两个同学作为学生代表,去到吕老家请他为全年级作一次学术报告。吕老很爽快地答应了这一请求,并问到我们的生活和学习情况、课外读什么书等等。后来报告的内容已记不清了,但吕老亲切平易的长者风度,却一直记忆犹新。1980年初,我的《诗词曲语辞例释》由中华书局出版。它是在吕老的一些文章的启示之下写成的,因此寄给吕老一册请教。不久便收到吕老两封回信。7月24日的信中说:"我来青岛疗养已有一个多月,早几天收到家里转来的你七月八日给我的信。承惠赠《诗词曲语辞例释》,非常感谢。只是家里没有把书寄来,只有等下月返京拜读了。近代汉语的词汇是汉语词汇史的薄弱环节,直到现在在这方面努力的人还是不多,很需要提倡提倡。不知您除作具体考订外,还能写些通论性文章否?"遵照吕老的指示,我后来写了《试论古代白话词汇研究的意义和作用》一篇长文,刊登在中华书局《文史》第二十五辑上。不过说来惭愧,由于主观努力和水平不够,加上客观条件的限制,这类通论性的文章写得是太少了,有负吕老的殷切期望。12月14日的来信说:"你送我的大作,我一直没有工夫看,最近才挤出点时间看了看,探微发隐,甚见功力。因此想到你现在遵义,用书困难,教课也未能与研究工作挂钩,终非长局。……我还想多了解一些关于你的情况,如亲属、籍贯,除北京外还有哪些地方愿意迁居,除研究工作外还愿意从事何项工作,等等。如果你没有什么不便,请随便写点。"我同吕老虽不是"素昧平生",但也只有一面之缘。仅仅因为在近代汉语词汇研究方面做了一星半点工作,便得到吕老这样无微不至的关切和扶持。这是我终生难忘的!后来当我碰到一些比我年轻的同志需要帮助时,我宁愿放下手边的工作,也要及时将送来的书稿或文章读完,并尽可能提出一些修改意见。这就是受到吕老伟大人格感召的结果。1985年,我调到贵州民族学院后,着手编辑一部学术资料汇编《诗词曲语辞集释》。这也是在吕老的启示下并结合自己切身体会萌发的念头。因为吕老曾经在不止一篇文章中强调加强近代汉语研究的资料建设,而我自己的研究工作过去都是在资料极端困难的条件下进行的。编出这样一部资料,可以给像我过去一样身处僻远但又不甘寂寞想做点研究的人提供方便。我事先拟订了十条凡例,寄呈吕老请教,也是很快便收到回信,就其中第三、六、八条提出修正意见,而且吕老还以语文出版社名誉社长的身份,与有关同志具体商定了出版事宜。后来此书所附《张相〈诗词曲语辞汇释〉等十种著作笔画索引》,就是遵照吕老的意见增补的。1987年,我所在的贵州民族学院开展教师职称评定工作,可能是由于中文系主任李华年学长(毕业于北大中文系文学专业56级)的提议,学院人事部门将我的职称评定材料径直寄给了吕老。后来才了解到,吕老不仅在百忙中仔细审阅了材料,而且给予了热情的肯定,评语说:"王锳同志对汉语词汇的研究,历有年所,功力深厚,尤其古白话词汇方面,是当今少数专家学者之一,应当评为正教授。"这是我能由一个待批讲师破格升为教授的决定性因素。在80年代,吕老前后给我的信件有十多封。只是后来考虑到他老人家年事已高,工作繁重,所以不好再去打搅。但只要有因公赴京的机会,总是要到永安南里去看看他老人家。吕老的家庭布置十分简朴,但他却以多年积蓄的六万元设置了"中国社会科学院青年语言学家奖"。1987年,吕老的力作《汉语语法论文集》获首届"吴玉章奖金语言文字学特等奖",他又当场将这部分奖金转到了青年语言学家奖的户头上。

　　吕老虽然离开我们了,但他卓越的学术成就和一代宗师的风范将永远留在我们的记忆中,成为鼓舞我们前进的动力!

怀念恩师吕叔湘先生

中国社会科学院语言研究所　王海棻

当我接到要为吕先生百年华诞写纪念文章的通知时,二十多年来的生活经历,迅速在脑海中闪现,我感到吕先生对我的影响是那样深刻、那样无所不在,由这种感觉产生的激情和冲动,让我立即提起笔来,想要写出这一切。但究竟从何下笔呢？思之再三,还是先谈做人,后说治学吧,从这两方面谈谈先生对我的教诲与影响。

先生的家庭生活和谐而温馨,这几乎是人所共知的。师母对人和蔼可亲,对先生的照顾更是无微不至。我每到先生家,总是由师母把我让进屋里,然后细声慢语地告诉正在里间伏案工作的先生。师母走路的声音几乎是听不到的,她唯恐惊扰了先生。师母说,先生的胃曾动过手术,须少吃多餐,每晚十一点,总是让深夜工作的先生加次夜餐。家里虽雇有保姆,但照顾先生,师母一定是亲历亲为的。在一次庆贺先生八十大寿的宴席上,我恰与先生、师母同桌,我问先生:"在您的贡献与成就里,应有师母的一半儿吧?"先生愉快地说:"那当然。"先生动过不止一次大手术,却能健康地工作到九十多岁,成为一代语言学大师,不能不说与幸福温馨的家庭生活密切相关。先生对师母同样关爱有加。记得一次去先生家,先生很亲切地给我切了一块儿奶油蛋糕,说:"吃一块儿蛋糕,你也会活到我们这个岁数。"原来那天是师母的生日。我将自己在先生家里看到的这一切,拿来与自己的家庭对比,往往会引起一些自省,从而化解了一些家庭矛盾和摩擦,增加了一份温馨与和谐,连续多年被居民大院评为"五好家庭"。

到先生家,常会看见一位比师母还要年长的耄耋老人,那是师母的姐姐。老人家受社会变迁的影响,别无依靠而长住先生、师母家。当时我想,要是统计家庭常住人口的平均年龄,先生家在北京市可能都是首屈一指的。这又使我看到了一种家庭之外的、亲友间的、恒久的、默默的关怀与亲情。我的精神再次得到升华。

先生的一生,使我懂得了什么是奉献。先生对现代汉语、近代汉语、古代汉语、语文教学、中学教育、语文普及等方面都奉献了自己高超的智慧和高深的学识。他奉献的历程长达半个多世纪。直到病重住院,先生仍关心着语言研究工作和语言学界的学风建设,关心着全所同事。先生把一生节省下来的数万元拿来奖励优秀的中青年语言学工作者。足见先生在身后仍割舍不下对语言科学的眷念。拿先生的精神比照自己,常有汗颜无地之感。工作环境和条件优于先生当年百倍而成就却不及先生之万一姑且不说,在精神和工作态度上也差之甚远。自己在研究工作中遇到困难(比如写作困难或出版困难),便常作冉有之"画"(孔子批评他的弟子冉有常在自己面前画出一条界限,止步不前)。记得二十多年前,我参与编写的《马氏文通读本》(以下简称《读本》)部分初稿被吕先生多次打回重做时,我曾情绪沮丧地问过先生:"吕先生!《读本》还编吗?"当时我的确打算知难而退了。是先生语气惊讶的一句反问"为什么不编?"才使工作继续了下来,并使《读本》最终得以完成。此外,近几年出版学术著作,往往要个人拿出数量可观的"出版费",我感到难以承受,便发誓不再写书。这种心态,从个人的角度检讨,是一种缺乏学术责任感的表现。尽管我不时会有如此的不良表现,但吕叔湘精神仍是鞭策我在学术研究道路上不断前进的原动力。二十多年来,我在相当艰苦的条件下(如老少三代五口人长期住在一间十五平米的房子里)写了几百万字的东西,即使从工作岗位上退下来以后,仍不敢懈怠,把原有的几本书进行了增补与修订,目的是让读者得到更完备、更科学的相关知识和信息。此外,在对外汉语教学方面也做了些力所能及的工作,为外国留学研究生编写了古代汉语教材《古代汉语简明读本》。如果有人问我何以如此笔耕不辍?我内心深处最真诚的回答是"谁让咱是吕先生的学生呢?咱虽不能给他的大名添彩,但也决不能给它抹黑吧"。

多年来,我从先生那里得到了无言的关怀和深沉的爱。1978年以前,我先后在故宫博物院金石组和宫廷历史组做保管与陈列工作。而我的研究生专业是古代汉语,我渴望专业回归。但由于不得其门径,事情在一年之内竟毫无进展。后来,是我的老师李何林先生给吕先生写了一封信,吕先生接信后,当即写信给我的研究生导师马汉麟先生和我的老师张清常先生了解我的为人和业务情况,并看了我的研究生毕业论文《〈公羊传〉语法研究》(油印稿)。两个月后,我接到了语言所的调令。可以说,没有先生的关照,这一生说不定我就得与我所钟爱的语言学事业分手了。到语言研究所后不久,先生让当时任古汉语室主任的王显先生问我,愿不愿跟他一起编写《读本》。当时已年逾不惑而业务上还一无建树的我,能在举世闻名的吕先生指导下从事科研工作,我岂止是愿意?简直是喜出望外!我把这件事视为此生的最大幸事,我感谢命运对我的垂青。

《读本》编写之时,正是先生身兼数要职、各种会议一个接着一个开的时候。为了尽快审阅我交上去的书稿,先生有时不得不把稿子带到人民大会堂去看。即使如此,先生仍怕"耽误"我,除了嘱我在他审稿期间先做《马氏文通》代字章和句读论两个专题外,还又给我出了两个论文题目:《先秦疑问代词"谁"与"孰"的比较》以及《"何"与"奚"的异同》。几篇文章写好后,先生给予热情鼓励,并将其中两篇亲自交给由他任总编的《中国语文》发表。此外,先生还亲临古汉语室全体会议,明确宣布要我参加室内集体项目《古代汉语虚词通释》的编写工作。先生在作这些安排时,并没对我说什么,但我心里再清楚不过,先生是为了让我尽快出点成果。他老人家是为我想的,当时连我自己都未曾想到。

在《读本》即将由上海教育出版社出版时,吕先生给责编写信,嘱她把稿酬的60%寄给我,因为我花的时间精力比他多,因为我比他更需要钱。责编征求我的意见,我当然不能同意这样处理,因为我知道,没有先生,便没有《读本》;再者,很多人都有这样的体会,修改基础不好的稿子,有时比亲自写稿还要费时费力。何况有的段落完全是先生重新写过的呢。最后,是责编调解了这个矛盾:二一添做五。

先生不光关心我,同样关心我的家人。平日聊天,先生得知我母亲患有白内障,一次,先生托人转给我一张纸条儿,上面是先生从《参考消息》上抄下的治疗白内障的医疗信息。看后,我眼里溢满泪水。

接下来谈谈在治学方面先生对我的教诲与影响。

跟吕先生编写《读本》历时五年。虽说中间也掺杂了一些别的工作,那也不少于三四年时间。在这段不短的时间里,先生真是耳提面命,手把手地教。大到此项工作的意义、宗旨,小到标点符号、行款,都交代得一清二楚。先生把全书所用标点符号写了满满一张纸。如:

(1)鱼尾括　　用于节次编号
(2)六角括　　用于例句编号
(3)园括　　　用于注释性质的话……(见先生手迹原件)

先生这种工作作风和工作方法本身,就使我深受教育和感动。

先生告诉我说,早在十年动乱之前,他就有意编撰《读本》,只因诸事烦扰,未能动手。先生迫切想编《读本》的原因,首先是他充分估计了《马氏文通》(以下简称《文通》)在中国语法学史上的价值,《文通》的不少见解至今仍无可替代,或至今仍未能逾越。关于这一点,先生多有论述。如,在《助词说略》中说:"当马建忠模仿西欧的葛郎玛写他的《文通》的时候,他发现汉语里的'焉、哉、乎、也'是不能归入欧洲传统词类的任何一类的,于是立助字一类,也是助词第一次作为语法术语即词类名称之一被提出来。马氏并且说助词是'华文所独',这句话显然是个错误,可是必得在名、代、动、静、状、介、连、叹之外另立一类来收容汉语里的某些个词,他这个认识是正确的。"(《汉语语法论文集》,277页)在《汉语语法分析问题》中谈到代词分类时说:"较早的语法书把这些词分属于代名词(人称、指示、疑问)、形容词(指示、疑问)、副词(指示、疑问)三类。这个分法在逻辑上有缺点,既然把指示形容词(副词)和疑问形容词(副词)纳入形容词(副词)之内,为什么又把人称代名词等等提在名词之外,单独成为一类呢?现在比较通行的办法是把这些词归为一类,只分人称、指示、疑问,不分代名词、形容词、副词。这是继承《马氏文通》的传统,至少在逻辑上较为一贯。"因此,先生在给我的一封信中说:"《马氏文通》是研究古汉语语法的人必须读的书。"

先生编撰《读本》的另一个重要原因是《文通》充分暴露了汉语语法研究中的矛盾和问题。先生在《重印〈马氏文通〉序》中说:"这些例句里边有不少,作者没有作出令人满意的分析,就是现在也仍然缺乏令人满意的分析。但是《文通》把它们摆了出来,而后出的书,包括我自己的,却把它们藏起来了……这种做法显然是不足取的。"先生在《汉语语法分析问题》中说,汉语语法研究"一方面要广泛地调查实际用例,一方面要不断地把问题拿出来理一理……这样可以开拓思想,有利于寻求解决问题的途径……问题提得对路,解决起来就比较容易。"先生的话,甚有道理。其实,科学发展的过程,就是不断解决问题(尤其是重大问题、关键问题)的过程。与自己的这种观点一脉相承,先生写了《汉语语法分析问题》。正是这本书,正是这些"问题",使许多语言学工作者从中找到了研究课题和研究方向,从而有力地推动了语言学的发展。先生的这一观点,也始终指导着《读本》的编写工作。在导言、按语和注解中都注重揭露《文通》的矛盾,疏通疑滞,提出问题,启迪思考。

在跟先生编写《读本》之前,我并未受到过严格的科研工作训练,也没有写过多少学术论文。只在研究生毕业前夕,用了五个月时间赶写了一篇毕业论文《〈公羊传〉语法研究》,但严格说来,那只是一个"急就章"。后来写《读本》导言时,我用了一年时间,共写了七万余字,先生阅后说"拿不出去",并做了如下批语:

> 本文写得极为详细,并能就全书内容前后钩稽参照,足见用力甚勤。但是,作为一部书的导言,也有不足之处。作为导言,放在原书头上,复述内容,宜于大处落墨,撮举要点,不需要过分详尽。提出问题讨论,应以疏通疑滞为首要任务。要尽量体会马氏本意,不以词害意,要使看似难于理解之处成为不难理解。评论部分要抓住几个要害,不要巨细无遗。并且宜于就《文通》论《文通》,指出它本身的缺点,不要用近今理论去压作者,后来居上,理有固然。对《文通》的总的评价要能持平,要努力发现它的优点,不可仅仅许以开创之功。《文通》引例广泛,尽管有的例句的说明不全恰当,总比挑挑拣拣,避难就易的好。有些地方马氏的分析相当精到,且能阐明规律,又常常联系修辞立论,这些也都是值得称道的。行文也要讲究锤炼,不可随想随写。要力求要言不烦,以少许胜人多许。总之,复述原书太多则嫌繁琐,大小问题胪列则嫌枝蔓,行文如讲话则嫌散漫,这样就使文章减色。希望改写后能除去这些缺点。

我之所以再次(已在《跟从吕先生编〈马氏文通读本〉》一文中抄录)把它全文照录,是因为我觉得这实在是一篇极好的批评文章,它不仅有力地指导我很好地修改并完成了《读本》导言,而且指导着我尔后二十余年的科研工作。且不说如何客观评价前人成果,写导论性质的文章如何从大处落墨、撮举要点等,只说"行文要讲究锤炼"、"力求要言不烦,以少许胜人多许"一点,就指导我初步学会了写学术文章。我不仅将《导言》由七万多字精简为三万多字,删去大半;而且写其他文章时也注意反复修改,删去每一个可有可无的字眼儿,力求要言不烦。后来我为管燮初先生的《〈左传〉句法研究》写了一篇名为《一部专书语法研究的重要著作》的书评(《语文研究》1996.1),管先生看后称赞说"写得精练,一字不多,一字不少"。记得在一次闲聊中,吕先生还说过,如果文章的内容相同,它的字数与效果恰成反比。近年来,研究生们的硕士论文和博士论文大有愈写愈长的势头,似乎学问和字数成了正比。愚以为在寸金寸光阴的今天,文章是应该提倡简练的。吕先生的短文同样是十分精彩的。

这里我想顺便说说先生关于文风问题对我的一次批评。先生看了我写的导言部分初稿后,曾写了一封信给我,其中有这样几句话:"行文要力求干净利落,避免文白夹杂,避免报章体套语如'鉴于'、'基于'等。"这几句话,二十多年来我也未曾忘怀,写文章时更知"足戒"。

跟吕先生编撰《读本》,涉及汉语语法的方方面面,没有哪个问题是可以避而不谈的,这就使我不得不去全面掌握和熟悉语法知识;为了探求《文通》对后世语法研究的影响,我又不得不去阅读《文通》以后所有的(凡能找到的)语法著作。这些知识积累,对尔后我的科研工作和不时担任的教学工作都极有帮助。几年后,在这些积累的基础上,我写了《〈马氏文通〉与中国语法学》(安徽教育出版社,1991)。目前,不少高校中文系开设《马氏文通》专题课或语法学史课,总是以《读本》和这本书作为必读参考书的。

这里,我想再说几句《读本》出版的意义,以此说明吕先生殚精竭虑在耄耋之年做此项工作的非凡价值。编写《读本》这个课题一经提出,便被中国社会科学院确定为院内的重点科研项目。《读本》出版后,受到学界普遍好评。著名语言学家张清常先生评论说:"从此《马氏文通》这部语文专书有了令人满意的可读之本,便于翻查检索之本。""堪称是个飞跃。"他还称《读本》是"一部既方便读者,又指导、启发读者的传世之作"。2001年,《读本》因"经时间检验确属学术精品"而被上海世纪出版集团重出"世纪文库"本。还有的语法学史著作把《读本》的出版列入汉语语法学史大事记中。可以说《读本》是吕先生在晚年完成的留给语言学界和广大读者的重要财富和珍贵礼物。

在《读本》编写过程中,吕先生把材料与理论的关系形象地比作钱与钱串子的关系,旨在强调充分掌握语言材料的重要性(而不是否定理论的重要)。我非常推崇先生的这一理念,并以此指导自己的研究工作。不论写书还是写文章,也不论写大文章还是小文章,都要搜集充足的书证作为依据。凡是我投到出版社或杂志社的书稿或文稿,一般都能得到"资料丰富、内容扎实、有新义"一类的评语。拙著《古代疑问词语用法词典》被日本著名汉学家太田辰夫先生称赞为"内容充实精确","是一件巨大的开辟工作"。语言所也曾嘉奖此书,重要原因之一我想也是它提供了大量的第一手材料。我觉得,重视材料,绝不意味着轻视理论或方法,而且,我认为任何一项科研成果都必然受一定理论的指导,并通过一定的方法才能产生出来。

要说吕先生对我科研工作的指引,可以远溯到上个世纪60年代。那时,我在导师马汉麟先生指导下写完了研究生毕业论文《〈公羊传〉语法研究》。《公羊传》是用问答体解释《春秋》经的,其中的疑问词语十分丰富,因此,对它们的分析研究也就占了论文的近半篇幅。此时重读了吕先生的《中国文法要略》,其"表达论"中提出若干"范畴",其中有一个"传疑"(疑问)范畴,引起了我的关注与思考,使我想把对疑问词语的考察研究从《公羊传》扩大到整个先秦典籍,也就是想进行古汉语疑问范畴的探索与研究。但不久十年动乱开始,研究工作便无从谈起。1978年调到语言所后,在其他工作的间隙里,陆续搜集资料逾百万字。直到2001年《古汉语疑问范畴词典》出版,这项工作才算基本完成。接下来又研究吕先生提出的另一个范畴——时间范畴。作为其成果,《古汉语时间范畴词典》已于2004年年初由安徽教育出版社出版。我想把这两部书作为姐妹编献给读者,并告慰先生。目前,从事范畴研究的古汉语工作者尚不多见。而我觉得,此项研究工作的意义和价值是不在专书语法研究之下的,其所需要付出的精力和时间可能更多。在疑问范畴研究的阶段性成果《古汉语疑问词语用法词典》出版后,著名语言学家张永言先生阅后说:"此书虽以'词典'为名,实为一部功力深邃的研究著作,与《近代汉语指代词》、《现代汉语八百词》同条共贯……体现了现代语言学的精神,是一个很好的正确的导向。"张先生的这段评语,既说明了范畴研究的意义,又说明了我的研究工作是在吕先生的指引下进行的,是"同条共贯"的,是步吕先生之后尘的。

在写这篇纪念性文章时,我除了对先生的深深感激之情外,还对先生怀有一份歉疚。1987年,先生曾致我一封信,全文如下:

海棻同志:
　　《简编》(指《马氏文通》的简编本)是值得做的,可惜我现在已无精力做这种繁琐工作,姑且写几句要点,供你参考。
　　有一点要注意。如果《简编》是在《读本》的基础上进行,似应先征求上海教育出版社意见,如果他们不感兴趣,再跟别的出版社联系。这样较好。
　　即祝
近好!

叔湘
12.18

　　《马氏文通》是研究古汉语语法的人必须读的书,可是现在的大学生读起来还是有一定的困难。首先是内部有矛盾:有时同一名称在不同的地方所指不同;有时同一组词在不同的地方归入不同的词类。其次是例句多而杂:有些例句与正文不合;有些例句一处用了,另一处又用;有时候,三五个乃至七八个例句已经够了,引上十来句,甚至二三十句。行文也有晦涩难懂的情况。因此,如果能下点功夫编一《简编》,把矛盾理顺,去繁存简,再把难懂的文句(非例句)适当用白话加注,把整个篇幅压缩一半(约二十五万字),对于现代读者一定大有帮助。

吕叔湘
1987.12.18

　　接信后,我便就此事与上海教育出版社联系,他们表示有困难;其他几个出版社态度也都相差无多。把这个情况向先生汇报后,先生表示仍可以搞,而不必"急功近利"。但在一个"急功近利"的大环境里,我仍未能脱俗,最终未能完成先生交给我的这个任务。

我把先生的这封信和有关意见公布于此,一方面表示我的歉疚之情,另一方面希望有志于此的年轻学人能使先生的这一遗愿得以实现。而我已年近古稀,多病缠身,心有余而力不足了。

2004.6.12

吕叔湘先生和《论衡索引》

全国人大常委会办公厅　程湘清

共计1572页、400多万字的《论衡索引》,终于在1994年4月由中华书局出版了。王力先生生前写的最后一篇文章就是为这部书作的序,他在序里说这部书有四个特点,称它"是一部相当有用的工具书"[1]。我作为编纂者之一深知,这部书的问世得力于许多专家学者的关心和支持,其中令我记忆犹新的就是著名语言学家吕叔湘先生的指导和帮助。

《论衡索引》是全国语言学"六五"规划重点研究项目——"汉语史专书研究"的阶段性成果之一。1983年3月下旬,全国哲学社会科学规划小组语言组在山西太原召开"六五"语言学规划会议。我当时任山东社会科学院语言文学研究所所长,应邀参加这次盛会。会议在讨论汉语史研究项目时,吕叔湘先生和我的老师王力、周祖谟、朱德熙先生以及与会专家学者都指出,汉语史的研究,过去已经取得了不少成绩,但是基础工作做得很不够;要在汉语史研究方面取得新的重大进展,必须对历史上的许多重要著作从语言角度作比较详尽的研究,写出专书词典或专书语法。有的书需要先做逐字索引或语汇集成。对汉语史研究的这一基本估计和思路,我是完全赞成的。从1980年开始,我就同何乐士、王绍新、杨克定、冯春田、张鸿魁等同志有计划、有分工地进行汉语史断代专书研究。到这次会议召开,我们已先后出版了《先秦汉语研究》、《两汉汉语研究》等断代专书研究著作。其中我分工写出55000多字的《先秦双音词研究》和53000多字的《〈论衡〉复音词研究》。在这次会议上我和张普分别代表山东社科院语言组和武汉大学语言自动处理组同规划小组主持人李荣、朱德熙先生签署了作为汉语史专书研究第一阶段工作之一的编纂《论衡索引》项目书。按照协议,由山东社科院语言组承担《论衡》原文校勘和索引编写任务,由武汉大学方面负责计算机处理。

鉴于我们编写的索引是研究汉语词汇的工具书,划好复音词就成为一项特别重要也特别棘手的工作。划词标准过严过宽都不妥。在太原会议上我曾提出过这个难题。吕叔湘先生非常明确地告诉我:"你不必过分考虑划词标准的问题。汉语词汇发展是个漫长的过程。在演变过程中,有些原来是短语,后世是词;有些可能又像短语,又像词。作为辞典和索引这类工具书,划词标准可以考虑从宽。"王力先生也对我说过:"依中国习惯,词组也可以收入词典去的。"这些意见,对我们的编写工作起到了重要指导作用。经过研究、辨析,我们除把联合式、偏正式、附加式等形式的大量复音词列为词条外,还把下列结构列为词条:一是同语素、异字序结构,如"遭逢"、"逢遭"、"战斗"、"斗战"、"燔烧"、"烧燔"、"触犯"、"犯触"、"变更"、"更变"、"言谈"、"谈言"、"名声"、"声名"、"壳皮"、"皮壳"、"祸殃"、"殃祸"、"根本"、"本根"、"平安"、"安平"、"强壮"、"壮强"等;二是动补结构,如"击折"、"枯死"、"流失"、"殴伤"、"割断"、"生起"、"证定"、"钓得"、"封为"、"走出"、"流入"等;三是成语结构,如"华而不实"、"后来者居上"、"睹微见著"、"耳闻目见"、"温故知新"、"视死如归"、"土崩瓦解"、"小心翼翼"、"兴师动军"、"后生可畏"、"赴汤趋锋"、"富国强兵"、"吐故纳新"等;四是重叠结构,如"一一"、"济济"、"明明"、"昭昭"、"端(团)端(团)"、"郁郁葱葱"、"区区惓惓"、"洒洒纷纷"、"汲汲忙忙"、"万万千千"等;五是数词系位结构,如"四气"、"八术"、"十二月"、"百两篇"、"二尺四寸"、"二十八宿"、"六十四卦"等;六是虽明显为短语但却具有特定含义的结构,如"法律之家"、"说易之家"、"说论文家"、"五经之家"、"五行之家"、"太阳之气"、"太岁之神"、"鸡鸣之客"、"金滕之书"、"六情风家"等。吕叔湘先生在《汉语语法分析问题》中曾提出一个"短语词"的概念,给我很大启示。我在研究汉语复音词时经常运用这一概念。[2]语言发展是渐变的,存在许多过渡现象。如从汉语词汇史考察,由词组逐渐凝固成词必然存在过渡状态。研究语言发展中的过渡形态和规律,应是语言学的一个重要课题。

经过两年半的艰苦奋斗(尤其是杨克定、冯春田、杨健霑三位同志不避寒暑,夜以继日,付出心血最巨),《论衡索引》于1985年底定稿。但到1994年中华书局正式出书却经过了九个春秋。这期间吕叔湘先生和《论衡索引》有关的两件事情,给我留下了深刻印象。一件是吕先生是第一位把这本工具书用于汉语词汇史研究的学者。记得《论衡索引》打字本刚出来,吕先生就给我写了一封信:

湘清同志:

有一件小事奉恳。我正在写一短文,谈"物"字做"世人、外界"乃至"众人、人"讲,如"物议"、"恃才傲物"等等。这一意义在魏晋以后多见。我想了解一下两汉有无此项用法。听何乐士说,《论衡索引》的稿子还没交出版社,不知道你有没有时间查一下"物"字各条之中有无这样用的例子。琐事相求,甚用不安。谢谢。

即颂

日安!

吕叔湘启
1986.8.16

吕先生信中说是"小事",我却感到意义非常。当时我的第一感觉就是这本书还没出版就派上了用场,而且是我国语言学大师要用它,令人鼓舞。我很快查了书稿,发现"物"字在先秦古籍中虽罕有作"人"讲的,但在《论衡》中单独出现多达400多次,却没有明显作"众人"、"人"讲的。我给吕先生写了信,还抄了部分例句。后来,吕先生在他晚年的著作《未晚斋语文漫谈·十二"物"作"人"讲》中,曾谈及此事。[3]

第二件事情就是吕叔湘先生亲自关心并鼎力帮助《论衡索引》早日出版。中华书局哲编室早就决定接受出版这部书。为了编审这部书稿哲编室梁运华先生等付出了辛勤劳动。但当时"学术著作出书难"已成社会普遍问题。为此,1986年10月我给吕叔湘先生写信请求帮助。很快我就收到了吕先生的回信。他在信中说:"你10月4日的信和附件,昨天到我手中。赔本的书,出版社要求补贴,近年时有所闻,中华亦非特殊。因念《论衡索引》曾列入'六五'规划,现已完成,似可向'七五'规划申请出版补贴。'七五'规划(小组)本月二十九日起开会约一星期,地点在京西宾馆。你的申请书可送京西宾馆全国社会科学'七五'规划办公室转语言组。"正是在吕叔湘先生直接帮助下我们顺利获得了出版补贴,从而保证了这部书得以及时送厂付印。

吕叔湘先生曾说过:"词典工作大有可为,夸大一点说,是不朽的事业。"[4]编写《论衡索引》的初衷,是编纂《论衡词典》。由于工作变动,我没能继续做这项工作,每每想起,深感遗憾。令人高兴的是近些年来汉语史专书索引和词典不断问世。我们相信,有志于这项"不朽的事业"的人,定能把一部高质量的《论衡词典》编纂出来。

附　注

[1] 程湘清、杨克定、冯春田、张鸿魁、张普、杨健霄、卢元孝《论衡索引》序,中华书局,1994,1页。
[2] 程湘清《汉语史专书复音词研究》,商务印书馆,2003,102页。
[3] 吕叔湘《吕叔湘文集》,商务印书馆,1993,328页。
[4] 吕叔湘《吕叔湘文集》,商务印书馆,1992,222页。

(作者为全国人大常委会研究室原主任)

吕叔湘先生与中国语文现代化

北京大学　苏培成

吕叔湘先生是当代中国的语言学大师,他对中国语言学的贡献是多方面的。"不惑之年的吕叔湘,在他的教学和著述中显示了一个成熟学者的风范。不仅在专门研究上辛勤笔耕,独步当时,而且热心于社会语文生活的方方面面。这个时期,他很多的笔触是面向大众的,既有文言的助读性专书,又有英语学习的由浅入深的导论,还有大量英美文学译作,以及讨论汉字改革问题的通俗性文章。"[1]这种精神贯彻于吕先生的一生,他的笔触始终是面向大众的。他对中国语文改革,也就是我们说的中国语文现代化,可以说是情有独钟,倾注了大量心血。为了推动中国的语文改革,他不但参与了大量的实际工作,而且还写出了许多重要的著作。我们在纪念吕叔湘先生百岁诞辰的时候,在继承吕先生留下的学术遗产的时候,不应该忘记这个方面。

一　中国语文改革以人民大众的利益为指归

吕先生作为热爱人民、关心祖国的知识分子,对旧中国语文生活的落后面貌感受很深,对语文改革取得的成绩十分兴奋。他说:"六十年前,当我还是个小学生的时候,我国人民使用语言文字的情况跟现在是很不相同的。那时候,一个人从小学会了说本地话,六岁上学读文言书——《论语》、《孟子》或者《国文教科书》,看你进的是哪路学堂,——也学着写文言文。说话和读书各管一方,有些联系,但是很不协调。比如你学了许多汉字,可那只能用来写文言,要用它写本地话就有许多字眼写不出。""这种情况,我小时候是这样,我父亲、我祖父的时候也是这样,大概千百年来都是这样。大家习惯了,以为是理所当然,想不到这里边会有什么问题,也想不出会有什么跟这不一样的情况。""可是有人看到了另外一种情况,并且拿来跟上面的情况做比较,引起了种种疑问,提出了种种建议。""到了清朝末年,中国人接触外国事物更多了,于是兴起了一种切音字运动","他们的成就是很有限的。这主要是因为受当时政治形势的限制:像这种以人民大众的利益为指归的语文改革,在人民自己取得政权以前是很难完全实现的"。"从那时候到现在,半个多世纪过去了。这期间的变化可大了。白话文已经取得全面的胜利,普通话的使用范围已经大大地扩大了,汉语拼音方案的公布也已经给拼音文字打下了可靠的基础,虽然直到目前为止,它的主要任务还是给汉字注音。"[2]

中国的语文改革既然取得了这么大的进步,是不是就到此为止了呢?不是的,中国社会在发展,语文生活也在发展,语文改革也在向新的目标前进。1983年邓小平同志发表了"教育要面向现代化,面向世界,面向未来"的题词后,吕先生用这个思想来思考语文改革问题。他认为,中国语文也要做到三个面向。首先要面向现代化。什么是现代化?简单点说就是高效率。怎样取得高效率?一是要有高速度,二是要有高精密度。面向世界的重要内容就是语言文字要有利于中外文化交流。面向未来就是要更进一步现代化,更进一步国际化,而绝不是相反。这就是新世纪语文改革所面临的重要任务。[3]当前我们国家在中国共产党领导下,正在全面推进小康社会建设,实现中华民族的全面复兴。中国语文改革要自觉地服务于这个伟大的目标。我们要继承并且发扬吕先生说的语文改革要"以人民大众的利益为指归"的思想,积极推进21世纪的语文改革,为中国的和平崛起贡献力量。

二 中国语文改革的内容以及各部分之间的关系

吕先生说:"语文改革实际上包含三个内容:用白话文代替文言文,用拼音字代替汉字,推行一种普通话。三者互相关联,而彼此倚赖的情况不尽相同。改用白话文,不一定要用拼音字,也不需要拿普通话的普及做前提,因为有流传的白话作品做范本。推行普通话必须有拼音的工具,但是不一定要推翻文言,可以容许言文不一致的情况继续存在。惟有改用拼音字这件事,却非同时推行普通话和采用白话文不可。否则拼写的是地区性的话,一种著作得有多种版本;另一方面,如果不动摇文言的统治地位,则拼音文字始终只能派低级用场,例如让不识汉字的人写写家信,记记零用账。这样,拼音字对于汉字就不能取而代之,而只能做注音的工具。"[4]吕先生又说:"汉字、文言、方言是互相配合,相辅相成的一套工具,拼音字、白话文、普通话也是互相配合,相辅相成的一套工具。前者在中国人民的历史上有过丰功伟绩,这是不容埋没的,但是事物有发展,形势有变化,既然后者更能适应当前的需要,让前者功成身退有什么不好呢?"[5]

吕先生的这些意见对我们很有启发,也有值得认真研讨的地方。他认为"汉字、文言、方言是互相配合,相辅相成的一套工具,拼音字、白话文、普通话也是互相配合,相辅相成的一套工具"。这种理论与近50年的中国语文改革的实践不完全相合。我们知道吕先生的这个意见不是随便说的,是经过长期考虑的。在1946年发表的《汉字和拼音字的比较》这篇文章里,已经提出了类似的看法。在那篇文章里,吕先生说:"汉字的优点和文言分不开,语体文的长处也必须用拼音字才能充分发挥。汉字配文言,拼音字配语体,这是天造地设的形势。""汉字加文言,配合封建社会加官僚政治,拼音字加语体文配合工业化社会加民主政治——这是现代化的两个方面。"[6]新中国建立后,在语文改革方面继承五四时期提出来的"言文一致"、"国语统一"的传统,用白话文代替文言文,用普通话代替方言,但是并没有用拼音字代替汉字。今天我们语文生活的特点是:汉字、白话文、普通话互相配合,构成相辅相成的工具。这一套语文工具能够比较好地为我们的交际服务。汉字是记录汉语的工具,汉语书面语包括文言文和白话文两套系统。汉字用来记录古代汉语,写成文言文,有两千多年的传统;用来记录近代汉语,写成古代白话文,如果从北宋算起也有一千年;自清末、五四以来又被用来记录现代汉语,写成现代白话文,也有了一百年。在过去的两千多年中,汉字和汉语基本相适应,没有遇到严重的障碍。汉字作为交际工具,并不需要,事实上也没有随着社会制度的改变而改变。工业化社会加民主政治需要语体文,但是并不排斥汉字。从目前语文生活的实际说,汉字的地位十分稳固,看不到把汉字改为拼音字的前景。

新中国的语文改革工作分为两个部分。一部分是着眼于现实的需要,就是上个世纪50年代提出来的文字改革三项任务:简化汉字、推广普通话、制定并且推行汉语拼音方案。这一部分演变为现行语文政策的核心。另一部分是汉语拼音化。1951年毛泽东主席指出:"文字必须改革,要走世界文字共同的拼音方向。"1958年,周恩来总理在《当前文字改革的任务》的报告里指出:汉字的前途究属如何,"这个问题我们现在还不忙作出结论"。"这不属于当前文字改革任务的范围。"1986年全国语言文字工作会议重申1958年周恩来总理的意见:"汉字的前途到底如何,我国能不能实现汉语拼音文字,什么时候实现,怎样实现,那是将来的事情,不属于当前文字改革的任务,现在有不同的意见,可以讨论,并且进行更多的科学研究。但是仍然不宜匆忙作出结论。"要不要实现汉语拼音化,在目前属于学术研究的问题,而不是语文政策的问题。不宜匆忙作出结论,这既指肯定的结论,也指否定的结论。把我们的语文改革工作分为这两个部分完全必要,完全符合语文生活的实际,否则会带来许多困惑,给工作造成损失。

三　推行汉语拼音方案

20世纪50年代,中央提出来的当前文字改革三项任务,是简化汉字、推广普通话、制定并且推行汉语拼音方案。吕先生积极参与并且推动这三项任务的贯彻落实,下面只说说吕先生与汉语拼音方案的推行。

1954年12月16日,国务院任命吕先生为中国文字改革委员会委员。1955年2月文改会成立拼音方案委员会,吕先生是这个委员会的委员,参加了汉语拼音方案的制订。1958年2月全国人大一届五次会议批准汉语拼音方案前后,吕先生发表了《汉语拼音方案浅说》、《拼音字母有哪些用处》等文章,向社会积极宣传汉语拼音。

吕先生十分重视扩大汉语拼音的应用范围。1960年4月,他在全国政协三届二次会议上发言,题目是《发挥汉语拼音方案的巨大力量　在语文教学上实现多快好省》。他充分肯定山西万荣利用拼音改进语文教学的经验。吕先生特别指出:"在阅读教学的初期是'先识字,后读书',到了后期就是'先读书,后识字','以熟带生,越带越熟','以多带少,越带越多'。学员由被动转为主动,可以自己逐步提高,不受限制。这是个宝贵的经验,但是如果不利用汉语拼音字母,就无法办到。"[7]万荣的成功实验,成为1982年秋季开始的黑龙江省"注音识字,提前读写"小学语文教学改革的先河。

1983年在汉语拼音方案公布25周年的时候,吕先生发表《汉语拼音方案是最佳方案》的论文,有力地回答了社会上某些人贬低、否定汉语拼音方案的言论。吕先生指出:"评论一种拼音方案的优劣,主要应当考虑下面这几个因素:(1)字母数目多还是少?(2)字母是不是容易辨别?(3)是不是国际上比较通行?(4)在一般字母之外,有没有加符号或者改笔形的字母?(5)有没有一个字母在不同场合代表不同的音的情况?(6)有没有两个或三个字母代表一个音的情况?"在文章里吕先生特别强调拉丁字母便于国际文化交流,他说:"拉丁字母是世界上通行范围最广的字母。现在国际文化交流越来越频繁,科学技术的国际标准化范围越来越扩大,拉丁字母的作用也越来越重要。《汉语拼音方案》采用拉丁字母是合乎时宜的。如果采用别种字母,在这方面将要忍受极大的不方便。平心而论,注音字母从其他几个方面来衡量,不比《汉语拼音方案》差多少,但是我们不得不放弃它而采用拉丁字母,主要就是考虑到国际交流的需要。"最后,他指出:"把各方面的因素综合起来考虑,《汉语拼音方案》的的确确是最佳方案。"[8]吕先生的这个论断现在已经为人们普遍接受。

为了使汉语拼音方案进一步完善,便于用来拼写现代汉语,还必须制定较为完善的汉语拼音正词法。吕先生积极支持汉语拼音正词法的研制,发表了《一致 易学 醒目》的论文,提出了重要的意见。他说:"我觉得一种正词法要取得群众的欢迎,须要满足三个条件:一是一致,二是易学,三是醒目。"关于正词法制定的约定俗成问题,吕先生说:"由一个机构出来拟定几条试行的规则还是需要的。定得不合适的,在实践中必然会被抛弃或者修改;定得合适的将要被接受。这样,正词法就会由不完善逐渐趋向完善。"[9]

重温吕先生关于汉语拼音的论述,可以加深我们对汉语拼音的认识,提高我们贯彻拼音的自觉性,更好地发挥汉语拼音的作用。

四 关于汉语拼音化的研究

汉语拼音化问题十分复杂,争论很多。吕先生对这个问题专门作过研究,提出了自己的看法。1946年吕先生发表了长篇论文《汉字和拼音字的比较》,全面地分析了汉语拼音化问题。文章提出了赞成改用拼音字的四个理由:一、因为要中国文字容易学习;二、因为要中国文字能胜任现代的高速度的文化工作;三、因为要中国的语言文字更容易接受国际文化;四、因为要充实中国口语,解放中国语体文。在文章里,他还批评了赞成汉字、反对拼音字的五个理由:一、拼音字有时间性,汉字是超时间的;二、拼音字是地区性的,汉字是超地区的,拼音字会助长方言的分裂;三、汉字细密,拼音字粗疏;四、汉字简便,拼音字繁重;五、汉字美观。吕先生这篇文章的论点十分明确,就是:改革汉字,采用拼音字。1983年3月6日吕先生对30多年前写的这篇论文写了补记,说:"如果现在来写这个题目,论点不会有大改变,但是措词会两样些。"[10]1964年吕先生应《文字改革》杂志的邀请,写了八篇讨论语文问题的文章,1980年编为《语文常谈》一书,其中最后一篇就是"文字改革"。这篇文章的论点与1946年的文章主要的方面是相同的。在这篇文章里,吕先生指出"拼音文字的优点超过缺点",主要理由是:一、汉字难学(难认,难写,容易写错),拼音字好学(好认,好写,不容易写错)。二、汉字不跟实际语言保持固定的语音联系。三、在使用效率上,汉字不如拼音文字。拼音文字的单位是字母,数目少,有固定次序,容易机械化;汉字的单位是字,数目多,没有固定的次序,难于机械化。四、现在世界上各种文字都是拼音的,只有汉字是例外,因而在我国和外国的文化交流上是一个不大不小的障碍。结论是:"拼音文字的优点(也就是汉字的缺点)大大超过它的缺点(也就是汉字的优点),而这些缺点是有法子补救的。如果由于改用拼音文字而能把中小学的学制缩短一年,或者把学生的水平提高一级,如果由于改用拼音文字而能把文字工作的效率提高一倍到三倍——这些都是很保守的估计——那么,光凭这两项就很值得了。"既然拼音字比汉字优越,为什么不能立即实现拼音化?吕先生说"因为有些条件还没有具备:拼音的习惯还没有普及,普通话通行的范围还不够广大,拼音文字的正字法还有些问题没有解决,如此等等。这些都是要经过一段时间的努力才能够解决的。另一方面,大家的认识还没有完全一致,这也是事实"。因此,吕先生提出来"为拼音化积极准备条件"[11]。

今天,如何来看待吕先生关于汉语拼音化的这些观点?我认为吕先生对汉字和拼音字的比较是有价值的,可以澄清许多流行的模糊认识。例如,关于汉字的超时空性问题,有人认为这是汉字最大的优点。吕先生对这个问题作了具体分析,他说:"咱们这一辈人能够马马虎虎看一点古书,不尽是汉字的功劳,主要还是因为咱们从小就学习文言文的缘故。""近代欧洲的分裂自有种种原因,如民族、宗教、交通等等,你要把这个罪名一古脑儿加在拼音文字身上,未免有点冤哉枉也。""助长方言的势力的是汉字不是拼音字,拼音字倒能促进国语的普及。"[12]可是汉语拼音化涉及的问题很多,有些方面还需要深入探讨。吕先生说:"我们现在用的汉字是不是适应现代汉语的情况,能不能满足我们对文字的要求,要不要改革,怎样改革,这是摆在我们面前的问题。"[13]这个问题非常重要。从当前的情况说,我认为答案应该是肯定的:汉字基本适应现代汉语的情况,基本满足我们对文字的要求。我只是说"基本适应""基本满足",事实上完全适应语言情况、完全满足使用者的要求的文字可以说并不存在。这不是说汉字没有缺点,像吕先生指出的汉字的那些缺点都是实际存在的,可是还要看到汉字有许多优点,还要看到汉字文化在汉人心目中的深远影响。在应用汉字遇到的困难没有达到非改不可的时候,在汉字应用"基本适应""基本满足"的前提下,人们宁可使用有许多缺点的汉字,也不赞成使用拼音字来代替汉字。这不能简单地说成是保守思想作祟。在中国这样的国家,采用拼音字也有许多实际困难。改换像汉字这样有悠久历史的文字体系绝不像脱掉单衣换上夹衣那么容易。汉字问题一定要慎重,经不起失败带来的后果。

目前汉字在学习和应用中确实比较繁难,在信息处理与国际交往中也确有不便之处。这些对我们的社会主义建设不利,对实现三个面向也不利。权衡利弊,当前我们可以在保留汉字体系不变的前提下,设法缓解矛盾。就目前来说,主要的办法有两条:一是实现汉字规范化,实现定量、定形、定音、定序的四定,特别是要适当控制汉字的字数,以减轻学习和使用的不便;二是积极发挥汉语拼音的作用,在汉字不便使用或不能使用的地方发挥拼音的作用。情况在发展,我们要密切关注语文生活里的新变化。

五 积极推进汉语规范化

　　汉语规范化虽然不在严格意义的语文改革的范围之内,可它确实是语文生活里十分重要的方面。从19世纪下半叶算起直到新中国建立,不管是清政府还是民国政府,在汉语规范化方面都没有做多少事情,而新中国一成立,汉语规范化工作就提到了日程上来。这一方面是由于新中国对文化教育的重视,另一方面也是因为五四以来产生了一批典范的现代白话文著作,研究汉语规范化的时机已经成熟。

　　1951年6月6日,《人民日报》发表了著名的社论《正确地使用祖国的语言,为语言的纯洁和健康而斗争!》。社论指出:"语言的使用是社会经济政治文化生活的重要条件,是每人每天所离不了的。""检查目前的报纸、杂志、书籍上的文字以及党和政府机关的文件,就可以发现我们在语言方面存在着许多不能容忍的混乱状况。""每一个人都有责任纠正这种现象,以建立正确地运用语言的严肃的文风。"在社论发表的同时,《人民日报》开始连载吕叔湘与朱德熙先生合写的《语法修辞讲话》。这部著作把语法修辞研究紧密结合社会语文应用的实践,匡谬正俗,开语法修辞研究的一代新风,在当时和其后都产生了重大的影响。《人民日报》社论和《语法修辞讲话》的发表,掀起了全社会学习语法修辞的高潮。这是吕叔湘先生对汉语规范化作出的重要贡献。

　　为了推动新中国的汉语规范化工作,1955年10月中国科学院哲学社会科学学部在北京召开了"现代汉语规范问题学术会议",会议的主报告是罗常培、吕叔湘所作的《现代汉语规范问题》。这篇报告为新中国的汉语规范化工作奠定了理论基础。半个多世纪过去了,汉语规范化的理论有了很大的发展,但是这篇报告仍旧是我们研究汉语规范化问题的重要文献。这篇报告分为三个部分,谈了三个重要问题,就是:(1)为什么要在这个时候提出现代汉语的规范问题?(2)关于现代汉语的规范化有些什么原则性的问题需要解决?(3)怎样进行规范化的工作?这篇报告"第一次把语言规范问题提到语言学理论的高度加以研究;第一次给汉民族共同语——普通话做出明确的界定,并对普通话形成的历史渊源做出科学的论证;第一次阐述了语言规范化对发展科学、繁荣文学、普及教育等等方面的重大意义;第一次系统地说明了关于语言规范化的理论原则问题"[14]。在这次会议之后,汉语规范化工作在全国逐步展开。

　　《现代汉语规范问题学术会议决议》提出:"建议中国科学院会同有关部门聘请专家五人至七人,组成词典计划委员会。""拟订《现代汉语词典》的详细编纂计划。"1956年2月6日,国务院发出《关于推广普通话的指示》,指示的第九项是:"为了帮助普通话的教学,中国科学院语言研究所应该在1956年编好以确定语音规范为目的的普通话正音词典,在1958年编好以确定词汇规范为目的的中型的现代汉语词典。"根据这个指示,语言研究所成立了词典编辑室,吕叔湘先生担任室主任和《现代汉语词典》的第一任主编,亲自擘画、领导《现代汉语词典》的编写工作。他亲自制定《〈现代汉语词典〉编写细则》,夜以继日地审订词条,在编写《现代汉语词典》的过程中,吕先生牢牢把握住"规范"这个核心。在《〈现代汉语词典〉编写细则》的"总则"里,吕先生写道:"本词典的任务是为推广普通话、促进现代汉语规范化服务。这个方针必须贯彻到整个编写工作的各个方面,不容忽视。"接着在下面列举出五点要求:(1)选录语汇应以普通语汇为主体;(2)在字形、词形上,本词典应该起规范作用;(3)注音根据普通话审音委员会的决定;(4)释义要力求明确、周密,力避含混、疏漏;(5)举例要注意思想内容,语言生动活泼,并且多样化。正是他的创造性的工作,为《现代汉语词典》的成功打下了基础。

吕先生不但从事汉语规范化理论建设,而且时刻密切关注社会语文生活的实践,探讨解决汉语规范化的各种实际问题。吕先生撰写的有关汉语规范化的文章,有的选入了中学语文课本,如《错字小议》,在社会上产生了重要影响。吕先生直到晚年仍在为汉语规范化工作操心。1991年他在《剪不断,理还乱》一文里告诫我们说:"汉字里边的乱写混用,汉文里边的食古不化、食洋不化,是当前叫人头痛的两个问题。""听说汉字和汉文将要在二十一世纪走出华人圈子,到广大世界去闯荡江湖,发挥威力,这真是叫人高兴可庆可贺的事情。不过我总希望在这二十世纪剩下的十年之内有人把它们二位的毛病给治治好再领它们出门。这样,我们留在家里的人也放心些。"[15]

学术事业的发展,总是薪尽火传,也总是与时俱进。我们要继承吕叔湘先生关于中国语文现代化的思想,同时要结合社会的发展和语文工作的实际进行创造性的研究,充分发挥理论研究的积极作用。

附 注

[1]《吕叔湘——纪念吕叔湘先生百年诞辰》,商务印书馆,2004,47页。
[2]《语文常谈》,三联书店,1980,102—106。
[3]《汉语文的特点和当前的语文问题》,见《语文近著》,上海教育出版社,1987,150—154。
[4]《语文常谈》,106页。
[5]《语文常谈》,110页。
[6]《汉字和拼音字的比较》,见《吕叔湘语文论集》,商务印书馆,1983,106、108页。
[7]《发挥汉语拼音方案的巨大力量 在语文教学上实现多快好省》,见《语文近著》,上海教育出版社,1987,157页。
[8]《语文杂记》,上海教育出版社,1984,129—131页。
[9]《一致 易学 醒目》,《文字改革》1984年第1期。
[10]《汉字和拼音字的比较》,见《吕叔湘语文论集》,111页。

[11]《语文常谈》,107、111—112页。

[12]《汉字和拼音字的比较》,见《吕叔湘语文论集》,96、100页。

[13]《语文常谈》,102页。

[14]吕冀平、戴昭铭《对汉语规范化的总体认识》,见《现代汉语通论参考文献精选》,上海教育出版社,2002,25页。

[15]《剪不断,理还乱》,见《未晚斋语文漫谈》,语文出版社,1992,87页。

认真推行《简化字总表》
——学习吕先生《字形规范问题答客问》的思考

山东师范大学 高更生

吕先生在《字形规范问题答客问》中重点论述了推行简化字、不随便写繁体字和自造简体字的字形规范问题。近20年过去了,当前繁体字和自造简体字的运用依然异常泛滥,而且建议修改《简化字总表》(以下简称《总表》)的观点意见不一,直接影响了现行汉字规范化的实现。正确认识《总表》的价值、认真推行《总表》,对当前制订《规范汉字表》并进一步实现汉字规范化具有重要的意义。

这里重点讨论滥用繁体字和修改《总表》问题。

一 滥用繁体字

在文章中,吕先生严肃地责问:"明明有规定的简体字,他偏要写繁体,明明没有规定的简体字,他偏要自己简化,这不是制造混乱吗?"吕先生近20年前的责问,完全符合2000年10月31日全国人大常委会通过发布的《中华人民共和国国家通用语言文字法》关于"推行规范汉字"的要求。以简化字为标志的规范汉字,早已成为联合国规定统一使用的6种文字之一(另外5种是英文、俄文、法文、阿拉伯文、西班牙文)。我国特别重视运用简化字:天安门城楼上的标语"中华人民共和国万岁!全世界人民大团结万岁!"其中的繁体字1964年全部改用简化字;人民币上的"中国人民银行"中的繁体字,1978年版开始全改用简化字;以对外宣传为主要任务的《人民日报》海外版,原来用繁体字,1992年7月1日开始也全部采用简化字。简化字特别引起了国际友人的重视。例如,法国重修凯旋门,需要用5种文字书写名字,其中的中文是用简化字还是用繁体字,产生了争论,最后法国总理决定采用以简化字为标准的规范汉字,原因是要尊重中华人民共和国的语言文字政策。新加坡报业控股华文报集团汪惠迪在《语文建设》1995年第10期发表文章《滥用繁体字成笑柄》,其中讲到中国某地把"歌后"滥用繁体误作"歌後","干将莫邪"滥用繁体误作"幹将莫邪",在新加坡、中国台湾引起了不良反应,并且指出:"某些人滥用繁体字简直已经走火入魔了。我想即使非用繁体字不可,也得把字写对啊。想当然地乱写一通,以致成为……报章的花边新闻,不是太丢脸了吗?"

当前滥用繁体字的现象主要集中在广告、解说词和跟内地有关的港台杂志两个方面。

（一）广告、解说词

吕先生正确指出："写字不是个人的事儿。字是写给别人看的……比如商店的广告、产品的说明书，等等，你就不得不按规定的字体写。你总不愿意你的顾客有些字不认识，因而影响你的广告和说明书的效用吧？"这实际上是说，除特殊情况外都应当使用以简化字为标志的规范汉字。

在现实生活中，的确到处可以看到滥用繁体字的情况，这里不必列举。令人不可理解的是，这些人经常把繁体字写错。例如，在电视的屏幕上，经常可以看到把"凤凰岭"写作繁体的广告，而且把繁体"从鳥凡声"的"鳳"中的"凡"误作"几"。至于在大学的校园里，一些大学生制作的摄影展览之类的广告，更不乏繁体的错别字，例如把"紧"的繁体"緊"右上部的"又"误作"竹"字头的一半。更有甚者，有的竟然自造错字充当繁体，例如，"影视"的"影"受繁体"視"的影响误作左"景"右繁体"見"的写法。吕先生在文章中曾经批判那种"繁体字雅致，简体字俗气"的错误观点，这种写错繁体字和滥造繁体字的现象，更进一步说明一些繁体字的嗜好者实际上是粗俗不堪的。

（二）有关的杂志

跟内地有关的研究现代汉语的港台杂志，也存在着滥用繁体字的现象，这是值得注意的。

有的是内地学者和香港学者担任主编合办的杂志。例如有一份研究现代汉语的刊物，由香港和内地两位学者分任主编、副主编，共发表论文9篇，其中台湾和香港的作者写的两篇，用繁体字，其余内地和日本的作者写的7篇，用简化字。这说明是尊重作者的用字意向的，这是应当肯定的。但是杂志的封面、目录、后记和征稿启事却用繁体字，这又说明主编者的意图是主张运用繁体字，这是值得研究的。早在1996年，香港就决定在学校设立学习简化字的课程；同时，拨款近80万元，制作了两套不同形式的简化字教材（文字教材和电脑软件系统），准备推行以简化字为标志的规范汉字。香港基本上是实行"繁简由之"的政策的，如果纯粹是香港主办的刊物，采用繁体字是无可非议的。内地学者和香港学者共同主编的研究现代汉语的刊物，仍倾向于使用繁体字，这就令人难以理解了。

有的是大陆学者和台湾学者合作编辑的刊物。例如一份研究中国语言文学的期刊，编委会共26人，其中20位是大陆的学者，只有6位是台湾的学者，也就是说大陆的编者占绝大多数，但是整个杂志基本上全用繁体字。所谓"基本上"，是指有些地方也夹杂着用简化字，例如有的文章正文用繁体字，而内部小标题却用简化字，这可能是一时的疏忽。台湾是采用繁体字的，因而如果是台湾学者办的刊物，完全采用繁体字，也是可以理解的。但是也不完全是这样。例如我曾经参加过台湾主办的世界华语文国际研讨会，会后出的论文集，还是尊重作者的意向：作者采用简化字，论文集里就用简化字；作者采用繁体字，论文集里就用繁体字。由此看来，这份刊物似乎也应当尽量多运用简化字，这是我们所盼望的。

二　修改《总表》问题

近几年有一些修改《总表》的意见。对待国家正式发布的字表，应当采取稳定性和科学性相结合的原则。稳定性，是约定俗成的原则，既然《总表》已经作为国家的规定在全国实施近半个世纪了，在亿万群众中已经形成了习惯，如果再改动，就会造成新的混乱，因而一般不应当修改。科学性，是符合客观真理的原则，如果是缺点，就应当纠正。按照二者密切结合的原则来审视，应当说，有些修改意见，不很恰当，最好不改；有些修改意见，是有道理的，可以在制订《规范汉字表》时加以修改；有些修改意见值得讨论，应当慎重对待。

（一）不宜修改的问题

不宜修改的问题主要是恢复部分《第二次汉字简化方案（草案）》（以下简称《二简》）字、增加部分字的系统性的问题。

由王力、叶籁士等11人修订的《第二次汉字简化方案修订草案（征求意见表）》收简化字111个，其中不作偏旁类推的91个，例如"藏（芷）、量（昺）"等，可以作偏旁类推的20个，例如"解（鲜）、卒（卆）"等。虽然这111个字简化得比较合理，而且通用字范围内仍然有一大批笔画繁多的字，但是为了保持汉字的稳定，还是不应当恢复《二简》中的这些简化得合理的简化字。

部分字简化得缺乏系统性，仍然应当保持现状。例如，《总表》第一表中的简化字"芦、炉、庐、驴"和第二表类推简化的"颅、垆、轳、栌、泸、胪、鸬、舻"等，同是繁体中的部件"盧"，前者简化为"户"，而后者却简化为"卢"；第一表中简化字"疖"和第二表类推简化的"栉"，同是繁体中的部件"節"，前者简化为"卩"，而后者却简化为"节"。显然是缺乏系统性的。但是，第一表的简化字基本上是历史上已经通行的简体字，例如刘复、李家瑞《宋元以来俗字谱》、徐则敏的《550俗字表》、1935年民国政府教育部发布的《第一批简体字表》等已经有上面列举的相关简体字。而且，在群众中已经习惯了，不应当重新调整。

（二）应当修改的问题

主要是简化的系统性、偏旁类推和个别异体字改为繁体字的问题。

有些汉字结构相同或类似，有的简化，有的不简化或简化的结果不同，不容易记忆，可以考虑进行系统化调整。例如，"挽、馋、谗"中的"㑒"已经简化作"免"，相同情况的"巉、镵、瀺、嚵、欃"中的"㑒"也应当简化作"免"。实际上"㑒"充当偏旁类推简化，在刘复、李家瑞《宋元以来俗字谱》中已经运用。从人们的记忆来说，不统一简化，一般人很难分辨，统一简化以后就可以减少学习的负担。类似情况的还有，"脑、恼"中的"甾"简化作"囟"，"堖、碯"《现代汉语词典》和《新华字典》右部是"囟"和"凶"，而"瑙"仍然不简化，造成记忆的麻烦。另外，"烂、拦、栏"中的"阑"简化作"兰"，"谰、澜、斓、镧"中的"阑"也应当简化作"兰"。

按照《总表》说明，"未收入第三表的字，凡用第二表的简化字或简化偏旁作为偏旁的，一般应同样简化"。按照这个规定,会出现两个问题。一个是如果无限类推,比如在《汉语大字典》54678个收字的范围内,那就可能再出现上万个简化字,这是没有必要的。另一个是会出现一些同音或近音、同形、异义字,在通用字中已经出现"芸、蕓"语义不同的问题。在有的论文中已提到在非通用字中出现"沄澐"、"枟櫄"等相关字。因此,应当修改"未收入第三表的字""一般应同样简化"的规定,比如改为在《规范汉字表》收字范围内"应同样简化",可能比较切合实际。属于这类问题,应当对非通用字中的偏旁类推字进行全面调查,如果确实存在混淆问题,应当在《规范汉字表》中加以调整。

《第一批异体字整理表》(以下简称《异体字表》)中的字"厕(廁)、厩(廄)、痴(癡)、床(牀)、杰(傑)、泪(淚)、脉(脈)、栖(棲)、弃(棄)、岩(巖)、异(異)"等,正字都简化,异体字都复杂,跟《总表》的简化字、繁体字类似。同时其中的异体是古代的正字,正字是古代的俗字,如果是需要使用繁体字的场合,当然要使用《异体字表》中规定的正字,实际上是使用了古代的俗字,这会同古代实际用字情况不符。从这个角度来说,如果把这些正、异关系的字改为简、繁关系的字,就不存在这些问题了。

(三)值得讨论的问题

这方面的意见主要是把简繁字中的"一对多"修改成"一对一"。

据我们的调查,在《总表》中简繁字属于"一对多"的有两种情况。一种是由于一个新简化字代替几个不同意义的繁体字产生的,例如"获(獲穫)huò、发(發 fā、髮 fà)"等,共18个。另一种是用本来存在的笔画少的字代替繁体字产生的,内部可以区分为同音代替字、异音代替字、特殊代替字3类,各类内部又区分为代替1个繁体字和几个繁体字两类。同音代替字,例如代替1个繁体字的"板(闆)bǎn"等,共38个;代替几个繁体字的"胡(鬍衚)hú"等,共3个,合计41。异音代替字有代替1个繁体字的"几 jī(幾 jǐ)"等23个;代替几个繁体字的有"台 tāi~州、tái 姓~(臺檯颱)"1个,合计24个。特殊代替字,有各种特殊情况,代替1个繁体字的有"曲 qǔ 歌~、qū 姓~(麯)"等12个;代替几个繁体字的有"干 gān 天~(乾 gān、幹 gàn),另乾 qián(不简化)"等3个,合计15个。三项合计代替1个繁体字的共73个,代替几个繁体字的7个,总计80个。总起来看,所有"一对多"简化字是98个。

把"一对多"改成"一对一"的主要理由是:过去简化汉字,是在"纸、笔"为主要书写工具的时代,"一对多"还关系不大;现在是"中文电脑化、电脑中文化"的时代,"纸、笔"退居次要地位,"一对多"不能相互转换,不利于世界华人的交流。

从当前电脑的实际情况看,的确存在这样的问题。例如,用我的电脑对上面举的例字来试验,采用宋体简化字和汉仪报宋繁两种字体,简繁、繁简完全可以直接相互转换的应当说没有。例如"获得"和"獲得"可以相互转换,但是"收获"和"收穫"却不能相互转换;"几个"和"幾個"可以相互转换,但是"茶几"会错误地转换成繁体的"茶幾"。

主张简繁不一定改为"一对一"的重要理由是:第一,调整近100个简化字的有关繁体字,肯定会引起社会用字的混乱。这是有道理的,1986年《总表》重新发表时仅仅调整了

"象、像"等几个字,就引起了社会对这些调整字运用的混乱,至今未能彻底解决。第二,不利于跟有关国家的交流。联合国采用的规范汉字,需要跟着改变;新加坡、马来西亚等基本运用我国简化字的国家,也会受到影响;世界上所有在我国学习过简化汉字的外国人,同样会感到不方便,需要重新学习。第三,更重要的是,既然现在已经是电脑时代,那么研制个软件解决简繁字的"一对多"的问题,应当是不成问题的。这三条理由都有道理,特别是第三条理由,更有说服力,真能研制解决"一对多"的软件,那不是什么问题都解决了吗?

这个问题到底应当怎样处理,有待各界朋友特别是电脑界的朋友进一步研究确定。

参考文献

蔡雪雯　2004　《试论繁简字之调整》,《语文建设通讯》第 77 期。
高更生　2002　《现行汉字规范问题》,商务印书馆。
《规范汉字表》课题组(张书岩执笔)　2002　《研制〈规范汉字表〉的设想》,《语言文字应用》第 2 期;另见《〈规范汉字表〉研制报告》,油印本,2003。
赖国容　2004　《解决繁简字自动转换——具体建议与方案》,《语文建设通讯》第 77 期。
吕叔湘　1985　《字形规范问题答客问》,《文字改革》第 1 期。
戚桐欣　2003　《从文字学看两岸中文》,《中文》第 1 卷第 1 期。
苏培成　2004　《〈规范汉字表〉的研制》,《语言文字应用》第 2 期。
汪惠迪　1995　《滥用繁体字成笑柄》,《语文建设》第 10 期。
王铁琨　2004　《关于〈规范汉字表〉的研制》,《语言文字应用》第 2 期。
语文出版社编　1997　《语言文字规范手册》,语文出版社。

吕叔湘先生在清华
——纪念吕叔湘先生百年诞辰

清华大学　黄国营　于照洲

吕叔湘先生是著名的语言学家、语文教育家,他研究的领域涉及汉语语法、汉语史、对外汉语教学、语文教学、文字改革、语言规范、写作和文风、辞典编纂等方方面面,先生一生论著丰硕,这些论著极大地推动了我国的语言研究和语言教学工作。

墙壁上爬满常春藤的清华大学档案馆里,珍藏着一张聘书,记载了吕叔湘先生于民国38年8月1日至民国39年7月31日被聘为清华大学中文系教授。1949年到1952年期间,吕叔湘先生在清华大学中国文学系任教。

当时的中国文学系主要有三个教学组织:中国文学史教研组、语文教研组和大一国文教研组。中国文学系开设的课程有中国文学史、中国语文、文艺学、写作实习、中国文学名著、世界文学史等。吕叔湘先生当时在系内教授中国语法和世界文学史。

在清华大学中文系任教期间,吕叔湘先生还担任了一定的校内职务。清华的校史记录,1950年9月18日校务会议任命吕叔湘先生为"编译计划委员会"主席,当时编译委员会的任务是:(1)联系及计划本校人员编著及翻译工作;(2)联系校内编译工作与校外各出版机构;(3)介绍及协助著述之出版。由校委会聘定13—15人组织之,校委会指定一人为主席。同时推举"外籍学生指导委员会"委员,吕叔湘先生为主席。

吕叔湘先生在清华的教学和工作主要包括下面三个方面:

一　对外汉语教学

清华的对外汉语教学可上溯到20世纪50年代初。1950年9月11日,清华大学第15次校务工作会议记录:教育部通知,东欧新民主主义国家派遣学生35名来华学习,由教育部委托清华负责第一学年的语文训练事宜。由当时在清华任教的吕叔湘教授主其事。

这个留学生班叫做"清华大学东欧学生中国语文专修班",其学习年限为两年。第一年以基本语文训练为主,辅以时事学习,第二年除继续语文学习外,还增加政治及文化科目。专修班有明确的教学任务,并有科学的、系统的教学计划。在清华大学的校史档案里记录着当时专修班的一些学习情况。

第一学年的学习任务:(1)建立良好的发音基础;(2)掌握 1500 字左右的常用字汇;(3)了解并运用基本的语法;(4)能写清晰、正确的汉字;(5)能以口语应付日常生活;(6)能用浅显文字表情达意;(7)略能使用字典;(8)能阅读简易书报。开设的课程有读本及语法、口语、造句及作文、书法练习 4 课。其中读本及语法和口语为 6 个学时,造句及作文 3 个学时,书法练习 5 个学时,每门课程都有明确的教学方法和科学的指导原则;另外,还有单授课程,主要由教师帮助个别学员,解决其在学习上的各种困难,着重照顾程度较差的学员。

第二学年的任务是:(1)加学 2000 字左右的常用字汇;(2)进一步掌握中国语法;(3)能写通顺的文字;(4)能作简单的口头报告及演讲;(5)能使用字典、词典等,并能阅读一般书报。其课程配置与比重为语文课程(60%),主要有现代文选、文法与修辞、作文与演讲;政治与文化课程(40%),主要有新民主主义革命运动简史、中国史地概要、专题报告等。

这是新中国对外汉语教学的开始,对以后对外汉语教学事业起了一定的指导和借鉴作用。自此以后,吕叔湘先生一直没有停止对对外汉语教学事业的关心,亲自做了大量的工作,为国内外汉语教学的发展在理论和实践上都作出了宝贵的贡献。

二 中国文学系的教学和研究

吕叔湘先生在清华中文系任课期间,不仅"在教学态度上是决心要求把功课教好的,而且总在不断地改进自己的教材与教法"。《光明日报》(1951 年 4 月 22 日)登载了一篇文章《清华大学中文系的课改经验》,介绍了清华中文系在教改过程中的一些重要的经验。

文中提到"教材的缺乏是全国高等学校普遍感到的重要问题。清华中文系为了解决这个问题,教师们都在努力地编写"。"吕叔湘先生再编写了一份《世界文学史年表》,并着手修改他的《中国文法要略》。"《中国文法要略》原成书于 20 世纪 40 年代,最初是吕叔湘先生在云南大学任教时的讲义,后来应四川省教育科学馆之约,扩充改写而成,是中国文法革新运动后出现的一部汉语语法学力作。

文章还提到,清华中文系上课贯彻"理论与实际一致的原则",吕叔湘先生教授的中国语法,就是力求从学生作文中发现问题并给予讲解的。

吕叔湘先生一直非常重视语言的规范问题以及汉语知识的普及。1950 年 5 月吕先生在《人民日报》发表《读书札记》,首先注意到报刊语言的误用现象并示例评改,很有影响。1951 年 3 月 4 日,胡乔木会见吕叔湘,请他写文章谈语法问题。此后,吕先生暂停教学工作,开始集中精力与朱德熙合作《语法修辞讲话》。据吕师母回忆,当时家里桌上床上到处摆满了卡片的情景,给她留下了深刻印象。1951 年 6 月 6 日,《人民日报》发表《正确地使用祖国的语言,为语言的纯洁和健康而斗争!》的社论,同时《语法修辞讲话》也开始在《人民日报》连载,这是新中国第一次卓有成效的现代汉语书面语规范化工作,具体的规范工作是通过吕叔湘、朱德熙两位先生的"讲话"进行的。《语法修辞讲话》1952 年结集出版,全书 27 万字。这本书举例精要,是人们学习汉语规范的教科书,给语文教师提供了重要而丰富的教学资料。两位先生说,他们的工作比较倾向于"匡谬正俗",他们所做规范化工作的第一项内容是讲解正确用例,普及汉语知识,批评错误用例,"帮助学习写文章的人解决一些实际问题"。

在清华任职期间,吕叔湘先生还出版了《吕教授语言论文集》,并发表了论文《翻译工作和杂学》、《修饰和补充》、《一个句子的分析》、《由简单到复杂》、《指示和替代》、《种种关系》、《种种语气》等。

三 关注中学语文

新中国成立初期,国家急需大量文教干部(特别是中学教员)和文艺干部,清华大学中国文学系积极培养这样的人才,曾开设了中学语文教学法,要求学生到中学去参观,联系实际教学。

吕叔湘先生于东南大学外文系毕业后,出国之前,曾先后在丹阳县立中学和苏州中学任教,有很好的中学教学经验,后来也一直十分关心中小学语文教育。20世纪40年代他曾与叶圣陶、朱自清合编《开明新编高级国文读本》和《开明文言读本》。50年代以后,虽然主要致力于现代汉语语法研究,但仍然十分关注中文基础教育,特别是如何将理论语法的成果,融入到教学语法之中。在清华工作期间,应中央人民政府出版总署约,吕叔湘先生审读了《初级中学语文课本》。同年,他的《开明文言读本导言》和《中国字》出版。

1951年,受《开明少年》的嘱托,吕先生还与周振甫先生合写了《习作评改》,选取了11篇习作,仔细琢磨评改,用来指导中学的语文教学。这本书至今仍然是学习修改文章的很好的范例。

1949—1952年,是中国社会、文化、教育十分重要的转型时期。吕叔湘先生在清华任职不长的时间内,却做了远远超出我们想象的许多工作,对清华中文系的语言文字教学进行了充分而有效的指导,在对外汉语教学方面做出了奠基性的工作,同时他自己也在语言的规范、语文知识的普及、语法的研究等方面取得了丰富的研究成果。1952年,教育部进行全国高等学校院系调整,清华大学的文科并入北京大学,吕叔湘先生也由中国科学院语言研究所和人民教育出版社合聘,在两处同时任职。

吕叔湘先生在苏州中学

苏州中学　胡铁军

吕叔湘先生1926年从前国立东南大学外国文学系毕业后，回到故乡江苏丹阳工作，就任丹阳县立初级中学的教职，教英语。1927年暑假，县立初中的陈兆蘅校长被任命为江苏省立徐州中学校长，带了一些教师跟他去了徐州。吕叔湘先生没有去，1928年初，经同学介绍，到苏州中学教党义（三民主义）。半年之后，就是1928年暑假，丹阳县教育局准备把在杭州安定中学教书的何其宽请回来当县中校长，何其宽就提出要吕叔湘先生回丹阳给他当教导主任。吕叔湘先生因觉教党义没意思，也就欣然同意，于是回到丹阳县中。谁知，由于地方势力捣乱，学校局面一片纷乱，一个学期之后，何其宽辞职不干，吕叔湘先生也跟着辞职。随后就去安徽第五中学任教，一个学期只上了五十多天的课，学校闹风潮，提前放暑假。吕叔湘先生只好回到丹阳家里，此时苏州中学又来信了，这一回是请他去教英语，于是1929年暑假之后吕叔湘先生第二次到苏州中学，一直待到去英国留学，共六年半（1929年暑假到1935年寒假），连1928年那个半年，先生在苏州中学整整执教七年。

吕叔湘先生晚年忆及在苏州中学的这七年生活，动情地说过这样一段话："总觉得在苏州这几年是我们（按：指吕叔湘先生夫妇）生活中最愉快的时光。那时候我们都还年轻，生活宽裕，小孩有人带，我的工作又顺心。我教书相当忙，但是精力旺盛，不觉得累。"（1986年9月6日给大年、晓燕的信）

吕叔湘先生在苏中的英语课受到学生们的热烈欢迎，他当年的学生、后来成为上海化工学院教授的严秉淳是这样回忆的：

> 我班高中三年的英文课，始终是叔湘先生讲授的。他学贯中西，博览群书，讲课认真负责，生动活泼，为全班同学所爱戴。讲单词发音时，结合江浙各地方言的特征，指出各地学生在英语发音上可能碰到的困难。讲句法分析时，经常把英文原句与中文翻译句相对照，说明中外语言"习惯"的不同。反复强调：英译汉，应避免外国式中文，关键在不受英文句法框框的束缚；汉译英，应避免中国式英文，关键在熟悉英语语法的习惯。叔湘先生在讲台上既授英文文法，又讲中文句法，头头是道，娓娓动听。我们在下面闻所未闻，听得出神。热天下午第一节上英文课，从来没有人打瞌睡的。

> 大约是高中三年级开始做英文作文。说来可怜，词汇有限，文法生疏，不可能畅所

欲言，言之有物。只能就已经掌握的词汇，东拉西凑，一句一句生硬地写出来。文法不通者有之，前后脱节者有之，中国式英语更有之。叔湘先生仔细批改，只见他删几个词或加几个词，原句顿时改观，文法通顺了，前后连贯了，像英语句子了。真是妙手回春，点铁成金。别轻视这几个词，这是叔湘先生辛勤劳动再三斟酌的心血。

那时，高中英语课缺少中国人自己编的课本，于是苏中的几位英语教师组织起"苏州中学教员英文研究会"，大家合作编英语教材，定名为《高中英文选》，自1928年秋季至1931年初由上海中华书局出齐三册。关于这段编《高中英文选》的经历，吕叔湘先生在1979年11月13日写给苏中的信《回忆〈高中英文选〉》中有生动的描述：

> 编辑工作并不繁重，主要是选定篇目和注释词语。但在这两件事上是很认真的，有时也会各有主张，相持不下，但是从来没有闹到面红耳赤的地步。五人（按：指苏中教师沈问梅、胡达人、汪毓周、沈同洽和吕叔湘先生五人）之中沈问梅年纪最大，资格最老，还是圣约翰大学的前身的一个中学毕业的。他从来不把岁数告诉我们，据我估计至少比我大二十五岁，其次是胡汪二位，都比我大十多岁，沈同洽和我那时都是二十五六岁的青年。因为沈问梅的年纪最大，我们推他当事实上的组长，虽然没有这个名义。还有一个原因，他在中华书局担任过编辑，《高中英文选》由他介绍在中华书局出版。我们分篇目担任注释，每两个星期碰头一次，讨论定稿。碰头的地点轮流在各人家里，在谁家谁请吃饭，有时候也上馆子。我们最高兴在沈问梅家碰头，因为他的住房宽畅，有个小花园，家里很"洋气"，请我们喝咖啡都是现炒现轧，特别香。一次碰头会有三四小时，讨论课文注释涉及英语里的词义、语法，往往由此及彼，渐渐与课文无关，一扯能扯得很远，真有点"奇文共欣赏，疑义相与析"的味道，很叫人怀念。

《高中英文选》出版以后，反响强烈，江南地区乃至全国的许多所学校都把这套书定为教材，一时之间风靡全国。当时的苏中校长、著名教育家汪懋祖在《高中英文选》序中说："余喜其内容，于精神技能两端，兼顾并进，而又深浅合度，附以句解、问答、作者小传，以便自修，较桑戴克为美国中学所编之本，尤为适用，亟劝付印，以饷学子。惟此书纂集之动机，在引起各校教师之研究，以期将来有更善之本出现。"因此，可以说《高中英文选》开现代高中英语教材编写和教学研究的先河，既满足了当时各校英语教学的急需，同时又积极倡导教学研究的开展，真可谓是有识之举，一举两得。

吕叔湘先生有一个时期还兼苏州中学图书馆主任，把学校原有的一个旧式藏书楼改造成了一个新式的图书馆，很受学生欢迎。为了向师生推介书刊报纸，吕叔湘先生在公开出版发行的《苏中校刊》上不定期地发表《图书馆书报介绍》，据统计共计在《苏中校刊》第七一、七三、七七、七八、八一、八二、八四期刊出七篇书评，介绍新书八十八种，短的数十字，长的五六百字,有的只简述内容,有的还兼有评论,其中不乏精辟见解。到了晚年,吕叔湘先生眼见当年所写的这几篇文字,"已经全不记得了,今天看起来,那些评价也还中肯,那时候我还不满三十岁,也算可以了"(1986 年 9 月 6 日给大年、晓燕的信),颇多得意之色。

下面,介绍其中精彩的几篇。

评胡仲持译《世界文学史讲话》:

这是近来颇受人称道的一本书。著者美国人 John Macy 氏,是当过大学教授的,可是这本书决没有一般大学教授的著作的令人头痛的派头。读这本书像读房龙的《人类的故事》一样,清言娓娓,不觉终卷。(可惜译文颇生涩,没有能传出原来的明爽的笔调。)倘若一定要吹毛求疵,也未尝不能指出一个缺点,那就是讲英国文学的部分太多,几及全书三分之一,同时波兰、匈牙利等东欧小国的文学竟不能占一席地,这不能不说是比例不当。

评《梁遇春君译著》:

小品文是中国新文学运动以来最有收获的田地。周氏兄弟不必说,继起的作家中卓然有以自立的少说也有一打,这里面有一位是梁遇春君。他是北大英文系出身,平时已深受 Lamb Hazlitt 等人的陶融,以后在《语丝》上发表作品,渐渐养成他的委婉而清丽的风格。可惜今年春间在北京病故。他的作品不多,大部已收入《春醪集》,译品除小说及诗歌外在散文方面成书的有《近代论坛》及开明、北新两种英文小品文选译。后面这两种本馆已有,《春醪集》及《近代论坛》是本期入藏的。《近代论坛》为英人 G. L. Dickinson 所著,纵谈近世思潮,行文亦极曼妙,译文又能曲曲传出。书由春潮书局印行,坊间亦不易觅得矣。

评朱光潜《给青年的十二封信》:

谈哲理而能不离实际生活,进忠言而能不使读者废书而起,这是不容易的,所以这本书的作者是成功的了。这十二封信的题目是《谈读书》《谈动》《谈静》《谈中学生与社会运动》《谈十字街头》《谈多元宇宙》《谈升学与选课》《谈作文》《谈情与理》《谈摆脱》《谈在露浮尔宫所得的一个感想》《谈人生与我》。无一篇不是向青年说教,却无一篇不是感人的文章。这本薄薄的一百页左右的书,是值得一读再读的。

评李俚人译《中国社会发展史》:

此书著者是俄人沙发诺夫,用唯物观的眼光来看中国史,不失一读之价值。可惜译人太不尽职,使读者感觉极大的不便。第一是地名的对音,译者连大夏、安息等常见的字都不知道,于是满纸的奇里古怪的译名,略举一二:

224 页　佛尔干＝大宛

227 页　巴克吐利＝大夏

228 页　巴尔齐＝安息

230 页　库溪（库车）＝龟兹

同页　卡拉畷儿（喀喇　沙尔）＝焉耆

同页　荷唐（和田）＝于田

同页　卡奚加利亚（喀什噶尔）＝疏勒

最荒谬的是把吴王濞认做汉武帝，硬要叫他和父亲对垒。其他小误尚多，读者须十分留意。

评柯昌颐编《王安石评传》：

　　前人评论一人之事业功罪，多云"盖棺论定"，其实盖棺自盖棺，论定则谈何容易？近年来中国历史上的人物成了翻案文章的题目的便颇不少，如王莽，如洪秀全（以及和他作对的曾胡左李），如秦桧（尤其是这位秦忠献公，能力排众议而主和，在过去一年多似乎更应该值得表扬）。但是王安石，情形两样些，对于他的评价似乎已经趋向一致。普通人心目中的王安石是"世皆称孟尝君能得士"的作者，也就是苏老泉所骂的那个囚首丧面而谈诗书的奸人，因为这两篇文字都刻在《古文观止》里，而《古文观止》者自吴玉帅以至某大学教授一致推为文章圭臬者也。这位介甫老先生就此含羞忍辱了几百年。虽有陆九渊的《荆公祠堂记》，有蔡上翔的《荆公年谱考略》，有杨希闵的《熙丰知遇录》，然而王安石之为奸人如故也。直到梁任公、胡适之出来说话，潮流才转了过来。现在我们又有这本比较详细的评传，由商务印书馆来传布，想来荆公可以大大的吐口气了。

　　大凡政治家之异于政客，在一则以个人之权势为标的，一则以国家民族为前提；而大政治家之所以为大，则在不徒审度时势，因应咸宜，而在能极目千百年后，为国计民生作长久的打算。王安石的新法的实用价值容或尚可讨论，至于他的抱负，我们不能不承认是大政治家的抱负。王安石的新法，结果不免于失败，以成败论人本来是不对的，可是我们不妨，并且应该，追问其所以失败的原因。这一点，本书的著者没有明显的解答。我们想大胆给他补充一句——由于社会改革与官僚政治的矛盾性。

评一部《英文法》[O. Jespersen: *A Modern English Grammar* (Vols 1—4)]

　　当学生时心理，读外国语最怕两本书，一是字典，一是文法，非必要时绝不翻检。后来居然有人说，字典可作旅行良伴（林语堂），又有人说，文法可于良辰美景伴爱人共读（岂明老人），这两位真是会做翻案文章，也可见字典、文法之类也并非天生讨厌。林氏意指《袖珍牛津字典》，这在我们学校里已经很普通，可是还没有人报告过旅行作伴的经验。岂明介绍的是一本《家庭大学丛书》里论英语的书，那自然是一本好书，但不是一本文法。现在我们介绍一部文法书,虽不能和爱人共读,但窗明几净独坐萧斋时,偶一披览,也会趣味盎然。著者是丹麦人,精究英语,颇为英美人所钦折。这部文法已出四本,第一本论语音,第二本至第四本全论缀法(syntax),其中颇多独到之处。为篇幅所限,姑举一例。在"He has found the key you lost yesterday"这一类句子里,普通都说是省略一个"that",他引许多例来证明这是古已有之的句法,非常自然。倘若以"省略"来说明,则读者会以为不省略更对些,而这是错误的。著者特为立名曰"Contact clause"。这部书的第一本印于一九零九年,第四本前年才出,前后已历二十二年,第五卷还无消息。

评王稚庵编《中国儿童史》:

分"智"、"仁"、"勇"三编,辑录古今有名儿童故事一千多则,用力不可谓不勤。但如果照卷首题字的张先生的话,叫小朋友们自己去玩味,则此书不见得可以成功。第一,这本书的白话不是天足,是解放了的金莲,小朋友不爱读;第二,所录各条都照史传,只是一个故事的轮廓而不是一个故事,小朋友不感觉兴趣。倘若用作教师参考,倒很合适。最好能有热心儿童读物的人,在这里面挑一些来重行编写,多加入一点想像的分子,使它有声有色,那就真可以送给小朋友做礼物——但不能没有插图,还得要好的。

评废名《莫须有先生传》:

废名君是个不求popularity的作家,这本书恐怕更不免"难懂"二字之评吧。和茅盾君的作品一比照,令人起异样的感想。恭维他"超时代"的未必有人,讥诮他"落伍"也大可不必。不错,废名君是不大理会他的(也就是我们的)时代的,但在某意义上他仍然是属于这个时代的,正如《桃花源记》的作者属于他的时代一样。

评周作人《看云集》:

"行到水穷处,坐看云起时。"以此名集,不图老人意兴阑珊至此。然读"哑吧"、"麻醉"二赞,亦时复见牢骚。

评蒙文通《古史甄微》:

现在中国研究古史的人显分三派:(一)信古派,差不多完全置信于古书上的传说,这一派虽无显著之代表,但潜势力仍然很大;(二)疑古派,对于三代以上的传统历史完全怀疑,《古史辨》是他们的代表著作;(三)考古学派,努力于古代遗文遗物的研究,希望从金文、甲骨文、陶片等等恢复出古代的信史。前两派的人,无论其为信为疑,大都是在故纸堆中寻出路,信古者固然动辄曰某书云云,某书云云,疑古者也只是在古书中找漏洞,拿这本书来驳那本书,结果是破坏有余而建设不足。如果中国古代的信史将来有建立之一日,大概要推那些掘地皮的学者得首功。可是古书之中就完全不能供给一部分材料吗?这又不然。第一,十口相传的传说不一定全是向壁虚造,甲骨文里面整理出来的商朝世系和《史记》所载大致相合,这便是一证。其次,古书所记史迹容许为后人伪造,但造的人造得出,听的人听得进,则此史迹在心理上有发生之可能(至少在记载者的时代),也就具有一种史的价值。所以倘若有人,或限于机缘,或囿于积习,仍然要摩挲那些故纸,也还有两件事可做。他可以用存疑的态度排比古书上的传说,别其异同,明其系统(时代的与地域的——因为我们相信秦汉以前的中国不独在政治方面即在文化方面也没有统一过),以待考古的结果来证验。他也可以利用古书上的传说,撇开它的票面价值,给它一个市价,仍然可以当作很有价值的史料;尤其是在思想史、宗教史、风俗史等方面不妨充分应用这个方法。

《古史甄微》似乎是打算做上述第一种工作的。作者分别古史的传说为三派:儒家六经,邹鲁所传;诸子杂说,出于三晋;《山经》《天问》,楚人之言。著者别有《经学抉原》《天问本事》二书,推明鲁楚之学,此《古史甄微》则旨在阐述三晋史闻(具见"自序")。惟此种工作所重,端在搜罗排比,即有附论,宜极小心,而作者颇勇于造说,转驱使材料以为己用。立论虽新奇可喜,终嫌立脚不牢。例如"海岱=泰族=渔猎,江汉=炎族=农稼,河洛=黄族=游牧"这个中国上古民族三分的公式(这是本书的骨干),在先史考古正在创始的今日,殊不易得充分之佐证。作者又谓"以五岳与王都言之,惟见我华族之自东而西,安见所谓自西而东者耶?"(页二五)如此处所称华族包括上述之三民族,则江汉、河洛二民族应皆起自海滨,溯河而上,其兴应在海岱民族之先。然书中屡谓海岱民族为最古之土著,江汉、河洛二族后入中国,如五三页谓"风姓之族先于炎黄二族居于中国,当即为中国旧来土著之民。及其后世,炎族起于西南,黄族起于西北,而风姓之国夷灭殆尽。"然则此炎黄二族果来自何方?整个的华族是否自东而西?作者亦有以自圆其说乎?即此可见立论而轶出事实之所许(在古史研究之现在情况,此所许之范围固极有限),终不免凿空,不免徒劳。

以上我们用大量篇幅介绍吕叔湘先生早年的精彩书评,一则因为《苏中校刊》现已几成海内孤本,一般人难以看到,从而无处可以读到吕叔湘先生的原作;二则因为以上书评在初次发表时均未明确署上作者姓名,只是在后来的《苏中校刊》第八四、八五期合刊号(1933年6月出版)所载《苏中校刊》总目录"上才明确署名作者"吕叔湘先生",因此世人大多不知这些书评出自吕叔湘先生之手,以上所引书评文字已成珍贵历史资料;更重要的是,书评文章难写,最见作者学问功力、读书眼光。尽管时光流逝,转瞬已过大半个世纪,但我们相信青年吕叔湘先生笔下流淌的灼灼才华足以使后人佩服、倾倒。

1934年,江苏省教育厅设立久任教员留学名额,规定在一校任教五年的有资格应考。每年派送两名,一文一理,期限两年,可延长一年。1935年是第二批,苏州中学同事竭力鼓励吕叔湘先生报名,而先生却犹豫不决,同事们就替他报了名。到时候去南京应试,还是一位苏中同事陪他去的。考试的科目是三门:国文、英文、历史。吕叔湘先生顺利通过考试,于 1936 年 2 月从上海动身,乘坐意大利凡尔第侯爵号万吨客轮前往伦敦,踏上了漫漫求学英伦之路。

1937 年,吕叔湘先生从英国写了一封充满感情的信给苏中同事张贡粟,述说对祖国的思念之情以及对苏中生活的依恋。此信疑为先生佚稿,特录出以备查考。

粟兄转

诸公均鉴:音问渐疏,相思无极。迩来佳况可得闻欤?岁末可云多事,旬日之间,西有包老之逼宫,东有张郎之劫驾。而一则完璧以归,一则绝裾而去。东西文化及其哲学信乎其不同也。

自入冬以来,旅况枯寂,非可言喻。岛国虽无严寒,而烟雾迷漫,羲和匿迹,阴森气象,感外动中。斗室短檠,冻蝇缩脚,缅怀故国,寤寐思服。耶诞胜节,旧有所闻,比及躬亲,乃知淡薄。大率时序迁流,影响农事为最深,故岁时伏腊,亦唯农村社会视之为最重。英伦农业,衰颓已久,古风渐灭,亦即无足诧耳。献岁之庆,更无可言,作息游观,不殊平日。

友人黄君,携眷旅居。悯流人之孤苦,折束为一日之欢。客逾二十,立而啖饮。座有画师,谓可写作《岁朝流民图》,有快口客直谓是盂兰胜会也。

洽兄初来气锐,绝不思家,近顷晤谈,亦诉愁恼。大概游学之徒,初到异国,有三月新鲜,过此即为乡思所困,岁月渐深,渐变麻木。渠正在一二期之交耳。

洛漫兄论文已呈进,唯候定期口试,试毕拟赴法。法兰西花头多,法郎贬值,更属合算。

……

怀想万千,捉笔都逝。恭维

迪吉,不尽依依。

弟湘拜启
一月八日

深切的怀念
——纪念吕叔湘先生诞辰100周年

中国大百科全书出版社　李鸿简

吕叔湘先生离开我们已经六年了。他的音容仍时常出现在我脑海中。今年是他的百岁冥寿，在这值得纪念的日子里，我不禁回想起领受吕先生的关怀、教诲与帮助的许多往事。

我第一次见到吕叔湘先生是在上个世纪的50年代中期。那时我在武汉大学任教，吕先生来武汉讲学，在当时的中南民族学院讲汉语语法，我和同事一起去聆听。吕先生衣着朴素、表情平和，初次见面，从他身上感觉到一种素养、一种气度、一种朴素外表掩饰不住的学者的高贵。他的演讲通俗易懂、幽默风趣，实例丰富，深深地吸引着听众。

1979年我被调到中国大百科全书出版社，参与《中国大百科全书》（以下简称《全书》）中的"天文学"卷和"外国文学"卷的编辑工作。在"外国文学"卷的工作结束以后，总编辑姜椿芳令我筹组"语言文字"卷编委会，并着手编辑工作。吕叔湘先生是《全书》总编辑委员会的委员，又是"语言文字"卷的筹备组负责人，我当即前往语言研究所拜访吕先生。当时语言所"寄居"在地质学院，只有几间简陋的办公室，吕先生热情地接待了我。他显然早已成竹在胸，具体、细致地告诉我，"语言文字"卷应该设立哪些分支学科，邀请哪些语言学家担任各分支学科的主编和编委，他们既要有渊博的学识，同时又要重视这一工作，愿意踏实做事。他不无遗憾地对我说："你早两三年来找我就好了。"我明白他话中的含意，一是他年近80，即将卸去所长的职务，不在其位，工作起来会有一些困难；二是他的身体不如以前，未免有力不从心之感。临走时，他要我搭他的车回城，并一直把我送到出版社门口。这是我第二次见到吕先生，但是是第一次上门请教，得到他的教诲和指导。他待人诚恳，又乐于助人，给我留下了深刻的印象。

我原来只是武汉大学的俄语教师，与语言学界交往不多。在建立"语言文字"卷各分支学科的编写机构时，吕先生常常亲自出面邀请专家学者参与工作。他曾经多次给外地的学者写信，对于居住在北京的朋友，甚至亲自登门相求。在工作逐步开展，进入撰写条目阶段时，他又亲自写信约请撰稿人。吕先生并不认为这些琐事不应该由他来做，他总是从取得最好的结果来考虑，由编辑出面，有时不如由吕先生出面更好。在编写过程中，曾遇到不少棘手的问题，但在吕先生的帮助下，都能得到顺利解决；而看似一些无关紧要的问题，例如书中涉及的世界各国的名称，吕先生交代在发稿前应商请外交部方面予以审定，以免有误，可见吕先生考虑的周密。

　　编辑部工作中最困难的是审稿这一环节,特别是大百科全书有它的特殊的体例,既不能把条目的内容写成论文,也不能敷衍成讲义。虽然有试写的样条,但多数撰稿人并不习惯;或者一时兴起,下笔成文,未加约束,不合要求。1985年秋我们在烟台召开编委审稿会议,时年81岁的吕先生刚在上海开完一个会,立即赶到烟台,不顾劳累,便投入了紧张的工作。会上发现许国璋先生撰写的"语法学"一条的写法不完全符合百科全书的体例,经过商议,吕先生恳请许先生进行修改;"汉语"一条原为王力先生执笔,却被"民族"卷先行挪用,吕先生委托朱德熙先生重写一条;类似的事例不少。吕先生本人撰写的开卷第一条"语言与语言研究"费了许多工夫,言简意赅、朴实无华、内容广泛,而字数却只有八千,成为《全书》中的典范之作。"语言文字"卷的审稿会开过多次,气氛始终是良好的,大家都能互相尊重,团结合作。正因为如此,编辑工作进行得十分顺利,全卷150万字,从筹备到出版,只用了四年时间。吕先生在筹备之初曾经鼓励大家说:"我们这卷书不但现在有能力编,而且还要争取早日出版。"事实证明吕先生的话是正确的。

　　吕先生奋不顾身地为"语言文字"卷披荆斩棘,却婉言辞谢了此书的主编之职。1983年秋,在"语言文字"卷的编委会成立之前,总编辑姜椿芳希望他担任主编的工作,参与筹备的语言学家们也都表示,吕先生出任主编是众望所归,但吕先生考虑到他已年过80,精力有所不济,唯恐照顾不周,贻误工作,辞谢了大家的好意。他曾对季羡林和朱德熙二位先生说,如果由他担任主编,那么每一篇稿子他必须都看,涉及的材料也必须加以核实,但他的精力已不允许他这样做了,徒有主编之名而不能履行主编的职责,他是会睡不着觉的。他愿意充当顾问或者编辑委员,责任可以减轻一些,只要看一部分稿子就行了。假如三年前开始编写这卷书,情况完全不一样,他的精力也许可以应付。这是吕先生的肺腑之言,大家深为感动,也就不勉强他了。

　　作为《全书》总编委委员,除"语言文字"卷的工作之外,吕先生对《全书》的编辑方针等问题也发表了不少精辟的见解。他提出,《全书》内容应相当于高级科普著作的水平,深入浅出,使高中文化程度以上的读者能够看懂;《全书》在文体方面应有统一的风格,写法上不是各抒己见,而要统一为一家之言;行文要去掉古味、洋味;等等。他始终关注《全书》的进展情况,即使在住院治病期间,见我去探望,也总要询问我《全书》已出了多少卷,还有哪些卷没有发稿,什么时候能出齐,以及姜老的身体好吗,等等,听我回答以后总有一种欣慰的表情。

　　在与吕先生相识的16年中,我从他身上学到的不仅是语言知识,他的高尚品格更是我做人的典范。他是一位值得敬重、爱戴和称颂的长者。

2004年5月于北京

一代宗师　春风化雨
——纪念吕叔湘先生百年诞辰

上海教育出版社　袁正守

今年正逢吕叔湘先生百年诞辰,社科院语言所举办了国际学术研讨会,中外学界人士怀着崇敬的心情聚首北京,共同缅怀先生的高风亮节,学习、研究先生的学术思想和学术成果。先生为一代宗师,百年楷模,这次盛大而隆重的纪念活动,在中国现代语言学史、语文教育史上将产生重要的影响,留下光辉的一页。我们有幸被邀参加了这次盛会,非常高兴并表示感谢。

吕先生是著名的语言学家、语文教育家,德高望重,学贯中西,闻名海内外,是语言学界的泰斗,也是出版界最优秀的作者。国内一些有名的出版社出版了他的著作。吕先生和我们上海教育出版社也有密切的关系。

在上海,我社有出版语言文字著作的光荣传统。从建社开始,我们就出版了陈望道的《修辞学发凡》、王力的《汉语诗律学》、高名凯的《普通语言学》以及朱德熙、周有光的著作。还出版了《汉语知识讲话》,包括总论、语音、文字、词汇、语法、修辞六大部分共四十册。当时不少语言学界的精英都是这套丛书的作者,今天在座的各位中还有这套丛书的作者。由于吕先生的信任和支持,从1984年起到1991年止,吕先生交给上海教育出版社的著作有:《文言虚字》《语文近著》《文言读本》(与朱自清、叶圣陶合作)《文言读本续编》(与张中行合作)《语文札记》《马氏文通读本》(与王海棻编)《吕叔湘自选集》《语文常谈及其他》等八种,平均每年一至两种,成为当时出版吕先生著作最为集中的出版社。

吕先生十分重视读者对象,上述著作各有其独特的读者。如专著《〈马氏文通〉读本》是为学习和研究《马氏文通》的读者编写的。过去《马氏文通》有过几种版本,但都不便阅读和翻查。《〈马氏文通〉读本》除了介绍《马氏文通》的语法体系,写了详细的导言并酌加评论外,还在版式上作了必要的调整,对《马氏文通》的引例不当或解说错误,逐章逐节加了按语和注释,使读者大有裨益。

吕先生写作时"谨守一个原则":"尽量让读者容易看懂,愿意看下去。"他说,"一个人多费点劲可以省去许多人的费劲,在题目性质允许的条件下要把文章写得生动些","不让读者感到沉闷"。吕先生不仅是这么说的,还是这么做的。读过吕先生著作的人都会感到他说理透彻、举例精到、针砭时弊、鞭辟入里、语言生动、雅俗共赏,把一般人觉得枯燥乏味的语言现象和问题,写得幽默风趣,具有极强的说服力和可读性。

吕先生的著作不仅体现了他高超的学术水平和深厚的语文功底,而且来稿字迹工整、勾勒清晰,无论引文的格式、标点符号的位置、排版体例的统一,都细致周到,也体现了他认真踏实、一丝不苟的优良作风,堪称来稿的典范。这也充分说明他是非常尊重读者、尊重编辑、尊重印刷工人的。所以我社编辑审阅先生的稿件时无不击节叹赏,觉得是一次很好的学习机会,也是一种艺术享受。吕先生的著作受到不同层次的读者的喜爱和欢迎,是一件理所当然的事情。

我们对语言文字著作的编辑出版尤其是吕先生的作品非常重视,不管是编辑加工、排版校对、装帧设计、付型后的印刷周期都是认真对待,不敢大意。吕先生曾向一位日本朋友说上海教育出版社是一家出书又快又好的出版社。我们深受鼓舞。

正因为上述原因,1992年2月,《吕叔湘自选集》与其他三本书《邓小平同志论教育》《吴玉章教育文集》《叶圣陶教育文集》,同时获得全国优秀教育图书的特等奖。我们感到非常光荣。

此外,吕先生还十分关心语文教育和语言文字规范化的工作。1978年,先生在《人民日报》发表文章,说语文教育存在的"费时最多,收效甚微"的咄咄怪事,呼吁改革语文教育,产生了广泛的影响。同时,吕先生对我社的《语文学习》杂志倍加关注,几乎每年都在《语文学习》上发表关注语文教育的重要文章。如1985年一年,先生连发了六篇文章。值得一提的是,有些文章他是以普通投稿者的身份主动邮寄给我社的。

吕先生非常重视我社的《汉语拼音小报》(现名为《语言文字周报》,以下简称《小报》),先后在《小报》上发表了多篇文章。《汉语拼音小报》的报名原为陈望道题写,报名中的"汉"和"语",在陈题写报名时还未简化。《简化字总表》公布后,《小报》编辑部请吕先生重新书写刊名,吕先生欣然命笔,而且还一式写了几份,由编辑部挑选。1983年,是《汉语拼音方案》公布25周年,当时由吕先生主编的《中国语文》向《小报》编辑部组稿。这篇由我社编辑撰写的长达8000字的文章,经过吕先生亲自审定,刊登为《中国语文》特刊的第一篇。《小报》编辑部的文章在国内第一流的语文刊物上刊出,而且是"头条",可见《小报》在吕先生心目中的地位。《语文学习》和《小报》逢百期时,他每次都写纪念文章。

吕先生还很关心和支持我社的工作和编辑的成长。1985年,我社在浙江千岛湖作家楼举行《中学生文库》出版规划会议,邀请吕先生出席,时当九月,暑气未消,吕先生与师母以81岁高龄,三易交通工具(飞机、火车、汽车),风尘仆仆地来到千岛湖参加会议。在会上他出谋划策,提出了许多建议。事后还把自己的著作《语文常谈及其他》也列入了《中学生文库》丛书。返京途中,他来我社向全体编辑作报告,讲述编辑工作的重要性、必要性和基本功。还为我社成立三十周年题词,他时时关心我社的出版规划、出书情况和有关人事。他和我社编辑保持着密切的关系,对我社的工作既有赞许、表扬,也有批评、建议,使人如沐春风、得益匪浅,受到我社编辑的敬爱。吕先生生前,我社的许多编辑到北京出差组稿,必去吕先生家,向先生当面请教,也都会受到吕先生和师母的热情接待。我社的中老年编辑至今记忆犹新。

在吕先生的推荐和影响下,语言学界的不少专家学者都为我社写稿,特别是语言所的历任领导——李荣、刘坚、江蓝生以及侯精一、沈家煊、蔡文兰等人都把一些重要著作交由我社出版,和我们一直保持密切的联系,使我社的作者队伍日渐壮大,书稿质量和出版声誉也随之提高。

如今先生已经离我们而去时有六年。在今天先生百年诞辰国际学术研讨会上,怀念吕先生对语言文字这门学科的伟大贡献和作用时,我们一定要以"先进文化"为指针,"与时俱进",克服困难,更多更快地继续做好语言文字学专著及其他读物的出版工作,出版优秀图书,为推进社会科学的发展和培养学科接班人贡献我们的力量,以此作为对吕先生的永远怀念。

试论动宾式动词

上海师范大学　张　斌

一

汉语的动词主要是单音节和双音节的。三音节动词古汉语里没有，现代汉语里只有"来得及"、"来不及"、"靠得住"、"靠不住"、"对得起"、"对不起"等极少数。这些词当中的"得"和"不"并非中缀，因为我们的语言中没有"来及"、"靠住"、"对起"之类的说法。[1]

单音节动词主要表示具体的动作行为。现代汉语里常用的动词大都是单音节的，来源于古代。双音节动词古今都有，数量是与时俱增的。这是因为：第一，随着社会的发展，许多抽象思维须有词语表示，于是单音节语素合成新词。第二，人与人的交际关系日趋复杂，许多交际行为也须用新词表示，新的双音节的合成词由此产生。第三，把多义的单音词加以分化，产生了若干双音词，于是产生许多动宾式动词。反过来看，现代汉语的动宾式动词如果译成古汉语，只需用一个单音节词表示。例如：

洗澡——浴　　　　开车——驾
吃饭——食　　　　写字——书

有趣的是，这些词译成英语也只需用单个词表示，如 bathe、drive、eat、write。

现代汉语里有些动宾式动词，虽说是两个语素合成的，但其中有一个语素只不过起衬托作用。例如"走路"，"走"已经包含了"路"这个义素。类似的如"游水"、"跑腿"、"种地"等。又如"跳舞"，"舞"已经包含了"跳"的义素。类似的如"演习"、"做媒"、"造谣"之类。总之，它们表达的是一个概念。

诸如此类的动宾结构，如果实行拼写，宜当做连写的单位，也就是说，把它们当做词。什么是词，向来有许多争议。其实，一般西方的词的概念并不是从定义中得来的，而是从书面语的分词连写的习惯中获得的。我们的书面语是分语素（字）连写的，人们心目中的语素概念比较明确，而词的概念十分模糊。英国人依据书面语辨识词，认为 classroom 是一个词。可是早些年分写成 class room，他们就认为是两个词。类似的还有 earthquake、blackboard 等，原来是分写的，如今都连写了。这样看来，与其说先确定什么是词然后才实行分词连写，不如说认定什么是该连写的单位，然后才分辨词与非词。辨识词与短语通常用扩展法（隔开法)区分,这适用于偏正结构。动宾式动词大部分能扩展,不能因此否定了它们作为词的资格。当然,已经扩展了的动宾结构,自然是短语了。

二

动宾式动词的语义功能和句法功能与一般动词并不完全相同,仔细辨别起来,有下列各种类型。

1. 主语是施事,无宾语。例如:

散步　观光　放哨　避难　吹牛　复员　超龄　发福

2. 主语是施事,宾语是受事。例如:

动员　抱怨　得罪　起草　同意　当心　提议　忍痛　称霸　插手　迎战

这些词的宾语在一定的语境中可以省略。所带的宾语,有的是名词性的,如"动员他"、"起草文件"。有的是非名词性的,如"提议去游泳"。有的属两可,如"当心汽车"、"当心路滑"。

3. 主语是受事,无宾语。例如:

遭殃　见报　开拍　落难

4. 主语可以是施事或受事。主语是施事,带的宾语是受事。主语是受事,不带宾语。例如:

出口　进口　出版　复辟　出台

5. 主语是施事,受事用介词引进,做状语。状语不能省略。例如:

为敌　作对　论罪　致敬　争光　挑战　攀亲　求情　分类

6. 用法与上列第5类相同,但在一定的语境中,状语能省略。例如:

道喜　拜年　道歉　敬礼　送行　鞠躬

7. 用法与上列第5类相同。如果主语是复数形式,则不能出现上述的状语。例如:

结婚　建交　会面　比赛　接吻

8. 主语表施事,受事指的是人,用"他"或用其他名词性词语表示。在动词当中插入"他的"、"XX的"之类。常见的动词有:

a. 上当　吃亏　挨打　受罚

b. 撤职　出丑　造谣　告状

a 类动词的主语是受损害的一方,如"我上当了"。"我上了他的当","他"是使"我"受损害的一方。b 类动词当中插入"他的"之类,"他"是受损害的一方,如"我撤了他的职"、"我造他的谣"。如果单用主语,"我撤职了","我"是受事;"我造谣了","我"是施事。

9. 有些动宾式动词,语义上涉及施事与受事。如果主语代表施事或受事,相对的另外一方未出现,可能产生歧义。这类动词如:

看病　上课　照相　理发　修鞋

"我去看病",与"我"相对的是别人,句中未出现。其中的"我"可能是生病的人(也就是受事),也可能是医生(即施事)。当然,句子如果出现在特定的语境之中,歧义就可以消除。主语(施事)如果与受事同现,受事有两种位置。例如"看病":

a. 我给他看病。(焦点在"看病")

b. 我看他的病。(焦点在"他")

受事有两种位置的动词,并不限于"看病"之类。例如"生气":

a. 他对我生气。(焦点在"生气")

b. 他生我的气。(焦点在"我")

又如"帮忙":

a. 他替我帮忙。(焦点在"帮忙")

b. 他帮我的忙。(焦点在"我")

三

上边分析了现代汉语的动宾式动词的使用情况。从句法上看,有的能带宾语,有的不能。从语义上看,受事名词不一定出现在主语或宾语位置上,有的以定语的形式出现。如果从汉语发展的历史来考察,动宾式动词在古汉语中并不多,带宾语的更属罕见。近代汉语里多一些。[2] 现代汉语特别是当代的书面语确是常见的了。据向熹的统计,《诗经》里"复合词中以偏正式的为最多,联合式和附加式次之,动宾式很少,主谓式、动补式还完全没有"。《诗经》的动宾式复合词有13个,其中9个是名词,动词只有4个。举例如下:

(1) 甘心　《诗经·卫风·伯兮》:"愿言思伯,甘心首疾。"

(2) 从事　《诗经·小雅·十月之交》:"黾勉从事,不敢告劳"。

(3) 得罪　《诗经·小雅·雨无正》:"云不可使,得罪于天子。"

(4) 稽首　《诗经·大雅·江汉》:"虎拜稽首,对扬王休。"

(1)中的"甘心"表示情愿,含有"宁可"的意味,"首疾"指"头疼"。"甘心首疾"属动宾结构。这大概是最早的动宾式动词带宾语的例子了。然而我们看到上古典籍中的动宾式动词,大都接上"于",然后再带上名词。如上边的"得罪于天子"。汉代以后,这个"于"常常被省略。《马氏文通》举了这方面的例证。

(5) 大破秦军于东阿。(《史记·项羽本纪》)

(6) 大破秦军东阿。(《汉书·项籍传》)

(7) 乃即皇帝位汜水之阳。(《史记·高祖本纪》)

(8) 汉王即皇帝位于汜水之阳。(《汉书·高帝纪》)

动宾短语后边的"于"可以省略,动宾式动词后边省略"于"也就顺理成章了。只要翻翻近代小说的章回目录,就可以找到许多例证。如《三国演义》的目录：

第十六回　吕奉先射戟辕门　曹孟德败师淯水

第一百一十六回　钟会分兵汉中道　武侯显圣定军山

至于今天的书报中出现的例子就更多了。例如：

献身(于)　　嫁祸(于)

归咎(于)　　跻身(于)

有益(于)　　有赖(于)

当然,并非所有用于动宾式动词后边的"于"都可以省略。例如"于"后边是单音节名词,如"嫁祸于人"、"问道于盲"时,其中的"于"不能省。"于"用于表示被动、来源、原因等意义时也不能省。例如：

(9)晏子见疑于景公。(《晏子春秋·内篇杂上》)

(10)受地于先王,愿终守之。(《战国策·魏策》)

(11)始得名于文章,终得罪于文章。(《白氏长庆集·与元九书》)

四

当前的书面语中出现了大量的动宾式动词带宾语的情况。究其原因,恐怕与报纸上的标题节省字数有关。比如"向巴塞罗那进军"有七个字,"进军巴塞罗那"就只有六个字了。报纸上的大号字的标题,往往须控制字数。看来,动宾式动词带宾语的现象日渐增多是有客观的需要的,问题在于合不合规范。语言是不断发展的,规范并非永久不变。不过,我们在等候时间来筛选用法的同时,也应该提出一些看法,促使语言健康发展。先考察一下人们乐于接受的一些新出现的表达形式。

新出现的动宾式动词带宾语的用法,人们比较容易认可的,有两个特点。一是宾语大都表示处所或某些领域,二是可以把宾语改写为介词的后置成分,用作状语,或者可以在动词后边添上"于"。例如：

进军中国市场——向中国市场进军

亮相京剧舞台——在京剧舞台亮相

出战巴塞罗那——到巴塞罗那出战

称雄世界乒坛——称雄于世界乒坛

驻军越南金兰湾——驻军于越南金兰湾

造福人类——造福于人类

下边两种用法是不符合我们的语言习惯的。

第一,汉语里的互相动词(mutual verbs)即前边列举的5、6、7类动词,是不能带宾语的。外国学生把"结婚"译成marry,于是造出"他结婚了叶莲娜"这样的句子。又把"致敬"

译成 salute,于是写出"我致敬勇敢的人们"之类。殊不知英语的 marry、salute 可以带宾语,而汉语的"结婚"、"致敬"都不能。这样的错误也不一定出自外国人。我们的报纸上曾出现"致谢你们的关怀"、"签约唱片公司",问题也一样,应该说成"向你们的关怀致谢"、"与唱片公司签约"才对。附带说一下,"答谢"不是动宾式动词,能带宾语。

第二,前边列举的第 8 类动词,如果用上施事主语,受事只能出现在动宾之间。主语如果是受事,施事也只能插入动宾之间。例如"打岔",可以说"你别打岔",也可以说"你别打我的岔",但不能说"你别打岔我"。又如"受累",可以说"我受累了",也可以说"我受他的累",但不能说"我受累他"。总之,这类动词的后边不能出现宾语。

附 注

[1]"吹牛皮"、"打边鼓"、"唱高调"之类是固定短语,不是词。
[2]《水浒传》当中出现了许多动宾式动词,如:"拜茶、帮闲、藏拙、趁钱、吃嘴、出场、出名、出手、出首、撮药、当牢、发话、立地、纳命、盘话、欠身、牵头、入钹、入港、随喜"。带宾语的有"结果"、"落草"等。

参考文献

郭锡良　1997　《介词"于"的起源和发展》,《中国语文》第 2 期。
李临定　1990　《单音节动词和双音节动词》,见《现代汉语动词》,中国社会科学出版社。
李英哲　1978　The verb-object relationship and its historical development in Chinese,见《中国语言学会议论集》,台湾学生书局
刘大为　1998　《关于动宾带宾现象的一些思考》,《语文建设》第 1、3 期。
马建忠　　　《马氏文通》虚字卷之七。
向　熹　1980　《〈诗经〉里的复音词》,《语言学论丛》第六辑,商务印书馆。
邢公畹　1997　《一种似乎要流行开来的可疑句式》,《语文建设》第 4 期

语法研究的目标*
——预测还是解释？

中国社会科学院语言研究所　沈家煊

一　"的"字结构的转指现象

修饰 NP 中心语的"的"字结构"VP 的"，有的能用来转指 NP 中心语（严格地说是转指整个偏正结构），有的则不能，例如：

(1)　开车的（人）　　*开车的（技术）
　　　新买的（车）　　*说话的（声音）
　　　裁纸的（刀）　　*到站的（时间）
　　　他讲的（故事）　*爆炸的（原因）
　　　他给我的（信）　*打架的（事情）

朱德熙（1978）先将句子中与谓语动词联系的名词性成分划分为"潜在句法论元"和"非潜在句法论元"两类，然后提出句法成分的"提取"规则，目的是要解释和预测"的"字结构的这种转指现象。这样的规则可以归纳如下：

1）每个动词 V 有 n 个潜在句法论元（n 为 1 至 3 个）；
2）"VP 的"只能转指由"的"提取的潜在句法论元；
3）"VP 的"转指的歧义指数 p 的计算公式为：
　　$p=n-m$。（m 为"VP 的"里显现的句法论元数，且 $m<n$）

(1)的右列不成立显然是因为违背规则 2，括号里的名词不是动词的潜在句法论元。下面是这组规则作出解释和预测的其他一些例子：

(2)　先咳嗽的是你。（n=1,m=0,p=1）
　　　反对的是他。（n=2,m=0,p=2）
　　　我反对的是他。（n=2,m=1,p=1）
　　　我教他的是物理。（n=3,m=2,p=1）

---

* 本文原是国际中国语言学会第十三届年会（天津,2004）上的发言稿，发表前作了修改。

我教的是他/物理。(n=3,m=1,p=2)

然而,袁毓林(1994)指出,当"的"字结构包含"一价名词"时,上述规则不适用。例如:

(3) 价格便宜的(毛料)

体形苗条的(姑娘)

折了腿儿的(桌子)

抽屉坏了的(衣柜)(以上 n=1,m=1,但 p=1)

(4) 儿子上大学的(家长)

爱人在农村的(战士)(以上 n=2,m=2,但 p=1)

"价格""体形""抽屉""儿子""爱人"这类名词属于"一价名词",它们会"激活"一个与之有依存关系、在语义上受它们支配的名词性成分(是这类名词的一个"配价"论元)。袁文用认知上"激活性扩散"(spreading activation)的概念来解释上述现象,但是仍然想通过规则来作出预测,因此他先对"一价名词"NP_a作出明确的界定:

$NP_a \rightarrow NP_b$

即 NP_a 在语义上支配跟它有依存关系的名词 NP_b,这种语义上的依存关系被界定为分属以下三类:亲属关系(儿子→家长,爱人→战士);事物-属性关系(价格→毛料,体形→姑娘);整体-部件关系(腿儿→桌子,抽屉→衣柜)。朱先生的解释和预测规则被修正如下:

1) 每个动词 V 潜在的句法论元(1至3个)及其配价论元的总数为 n;

2) "VP 的"只能转指由"的"提取的潜在句法论元或它们的配价论元;

3) "VP 的"转指的歧义指数 p 的计算公式为:

p=n−m。(m 为"VP 的"里显现的句法论元及其配价论元数,且 m<n)

引入"一价名词"的范畴后扩大了解释和预测的范围,包括"NP 的"这类"的"字结构的转指情形:如果一个中心语名词属于一价名词,修饰语"NP 的"中的 NP 是它的一个配价论元,那么"NP 的"不能用来转指中心语。例如(5)的右列不成立就是因为要转指的中心语是一价名词:

(5) 小王的(书包)　　*小王的(爸爸)

塑料的(拖鞋)　　*塑料的(弹性)

兔子的(窝儿)　　*兔子的(尾巴)

爷爷的(拐棍)　　*爷爷的(脾气)

但是,仍然有不少实例超出了解释和预测的范围,例如:

(6) "你在技校都学会了哪些技术?""开车的、修车的,多着呢。"

袁毓林(1995)指出,在有特殊语境或上下文的条件下"开车的"也能转指开车的技术。如果主张句法的自主独立,也许可以把这种需要特殊语境的情形排除出去,不把它们作为解释和预测的对象。但是我们还会遇到如下的实例:

(7) 毒蛇咬的(伤口)不容易治好。

蚊子叮的(包)有点发红。

这样的句子不需要特殊的语境也完全合乎语法,然而"伤口"和"包"并不是动词"咬"和"叮"的潜在论元("毒蛇咬伤口"和"蚊子叮包"虽然可以说,但不是毒蛇咬出一个伤口和蚊子叮出一个包的意思),而"毒蛇"和"蚊子"显然又不属于袁文界定的"一价名词",按照上述规则,"毒蛇咬的"和"蚊子叮的"不能转指"伤口"和"包"。又例如:

(8) 玩的就是心跳。(王朔小说名)

花的就是舒心。

这里"玩的"转指玩的目的,"花的"转指花钱的目的,目的成分并不是动词"玩"和"花"的潜在论元,但是句子成立而且不需要特殊的语境,因为这样的句子已经半熟语化了。又例如:

(9) 两个人合住一间的(客房)

九十块钱一桌的(酒席)

百年难遇一次的(地震)

这里潜在论元都已经在"的"字结构里显现,而"客房""酒席""地震"等又不属于袁文界定的"一价名词"的配价,但是却可以成为转指的对象,从而也违背上述规则。总之,事实表明,用"分类加规则"的办法既做不到完全的预测也做不到完全的解释。

沈家煊(1999a)参照 Lakoff(1987)把转指看做"转喻"(metonymy)这种一般的认知机制的一部分,认为"一价名词"的认知基础是"认知框架"。"伤口"虽然不是动词"咬"的一个配价论元,也不是名词"毒蛇"的一个配价论元,但是"毒蛇"和"伤口"两者同在"毒蛇咬而形成伤口"这样一个"动作-结果"认知框架内。(8)这种半熟语化的句子表明"玩"和"心跳"已经纳入"动作-意图"的认知框架内。至于(9)各例,涉及的是"复合认知框架",由两个子框架构成,一个是"数量分配"(两人一间)的子框架,一个是"事物-数量"(客房一间)的子框架。我们提出的"转喻/转指的认知模型"如下:

1) 在某个语境中,为了某种目的,需要指称一个"目标"概念B。

2) 概念 A 指代 B,A 和 B 须同在一个"认知框架"内。

3) 在同一"认知框架"内,A 和 B 密切相关,由于 A 的激活,B(一般只有 B)会被附带激活。

4) A 要附带激活 B,A 在认知上的"显著度"必须高于 B。

5) 转喻的认知模型是 A 和 B 在某一"认知框架"内相关联的模型,这种关联可叫做从 A 到 B 的函数关系。

以"壶开了"为例,用壶(概念 A)转喻/转指水(目标概念 B),壶和水同在"容器-内容"这个认知框架内,两者密切相关,概念壶的激活会附带激活概念水。壶在认知上比水显著:壶是看得见的,水在里面看不见,水开时我们看到的是壶嘴直冒气、壶盖砰砰跳。可见的比不可见的显著,这是一般的认知规律。

引入"认知框架"和"概念显著度"后,进一步扩大了解释的范围,同时我们也指出,对

"的"字结构转指中心语的现象我们虽然能做到充分的解释,但是只能做到不充分的预测。具体说,语境能影响概念的"显著度",影响力的大小有一个总的倾向:两个概念的距离越近,一个对另一个的影响力就越大。看以下例子(引自黄国营,1982:104):

(10) a. *我的眼睛大,她的不大。
  b. 我的眼睛比她的大。

(11) a. *瑞宣的手很热,她的冰凉。
  b. 瑞宣的手碰着了她的,冰凉。

(12) a. *开车的时间变了,到站的也变了。
  b. 到站的和开车的时间都变了。

a 和 b 虽然都是比较对照,但是两个成分处在一个单句或一个短语中要比分处两个小句或两个短语的距离近(指实际距离和心理距离)。这里体现的是语言的"距离象似"(distance iconicity)原则。例如(10)a 句里"我的"和"她的"分处两个小句,前者对后者的影响力就较小;b 句里"我的"和"她的"同处一个句子里,前者对后者的影响力就大,结果是增加了后者"她的"的显著度。

(13) a. *我毁了他的生命,但他又毁了你的。
  b. 我毁了他的生命,但他又毁了我的。

(14) a. *我知道你的弱点,我也知道他的。
  b. 我知道你的弱点,你也知道我的。

互相作用的两个概念比不是互相作用的两个概念距离近。例如(13)b 句,"他"和"我"互相毁了对方的生命,所以"他的"和"我的"的概念距离近,前者对后者的影响力就大,结果是增强了"我的"的显著度。而 a 句不存在这样的互相作用。

(15) a. *老王的意见明天去,我的今天去。
  b. 老王的意见你已经知道了,我的你也该听听。

概念上 b 句的"意见"和谓词"听/知道"之间的联系较紧密,而 a 句"意见"和谓语"明天去"的联系很松散。这里的规律是,概念 A 和概念 B 与概念 C 有相同性质的联系,这种联系越紧密,则 A 对 B 的影响力就越大。

因此,我们虽然不能绝对预测语境影响概念显著度的力度是否达到允许转指的程度,但是我们可以作出较弱的预测,即:对(10)—(15)诸例而言,如果 a 这样的句式允许转指,那么 b 这样的句式一定也允许转指,反之则不然。

"两个概念的距离越近,互相的作用力就越大。"这种认知定式在语法上体现出来(称作"语法化"),在现代汉语里就是(10)—(15)各例 a 和 b 句的对立。在各种不同的语言或方言里,在一种语言的不同发展阶段,或在不同的说话人身上,这种语法化的程度是不一样的,对此我们无法作出确切的预测。像(8)这种半熟语化的句式,它们具有一定的能产性(semi-productive),其成员通过类推而扩散开来,但仍受一定的限制,具体扩散到什么范围我们也无法作出确切的预测。"玩的就是心跳"和"花的就是舒心"似乎是仿照"图的就是发财"这种说法加以类推的产物，但是还不大能说或很少听说"吃的就是刺激"或"看的就是痛快"。

二 "偷"和"抢"的句法和语义

英语的一对近义动词 steal 和 rob，一个用介词 from 引导"偷"的对象，一个用介词 of 引导"抢"的财物，如果倒过来就不合语法：

(1) Tom stole 50 dollars from Mary.   * Tom robbed 50 dollars from Mary.
    * Tom stole Mary of 50 dollars.   Tom robbed Mary of 50 dollars.

这种对立在汉语普通话里似乎不存在，动词"偷"和"抢"用双宾语句和用"从……那儿"引导偷抢对象，句子都合格，而光用介词"从"引导句子都不合格：

(2) 张三偷了李四 50 块钱。   张三抢了李四 50 块钱。
    张三从李四那儿偷了 50 块钱。   张三从李四那儿抢了 50 块钱。
    * 张三从李四偷了 50 块钱。   * 张三从李四抢了 50 块钱。

有的英语地域方言或个人方言跟(1)不同，呈现的是如下的"四缺一"格局：

(3) Tom stole 50 dollars from Mary.   Tom robbed 50 dollars from Mary.
    * Tom stole Mary of 50 dollars.   Tom robbed Mary of 50 dollars.

这种"四缺一"的格局在汉语普通话里也存在，例如：

(4) 张三偷了 50 块钱。   张三抢了 50 块钱。
    * 张三偷了李四了。   张三抢了李四了。

与(4)对应的英语句子倒不是"四缺一"的格局：

(5) They've stolen my watch.   * They've robbed my watch.
    * They've stolen the boy.   They've robbed the boy.

从形式上看，(1)—(3)的例子涉及的是两个宾语离动词的远近问题：是偷抢的对象充当近宾语还是偷抢的财物充当近宾语？(4)(5)的例子涉及的是两个宾语的隐现问题：是偷抢的对象可以隐而不现还是偷抢的财物可以隐而不现？如果认为"偷"和"抢"两个概念代表意义上的区别，那么，有时候意义 A、B 和形式甲、乙之间呈现的是"对应关系"，如(1)(5)和(2)，有时候呈现的是"扭曲关系"，如(3)和(4)。两种关系图示如下：

```
    对应关系              扭曲关系
   A  B      A  B        A  B
甲  +  −   甲  +  +     甲  +  +
乙  −  +   乙  −  −     乙  −  +
```

对应关系有两种情形,一种是意义 A 对应于形式甲,意义 B 对应于形式乙,例如(1)和(5);另一种是意义 A 和 B 都对应于形式甲,都不对应于形式乙,例如(2),这种关系也可以称作"无对应关系"。扭曲关系是一种部分对应关系,意义 A 对应于形式甲,意义 B 既可以是形式甲也可以是形式乙;前者是一个意义对应于一个形式,后者是一个意义对应于两个形式(从形式出发看,是一个形式对应于两个意义)。

沈家煊(2000)借鉴 Goldberg(1995)用认知上的"概念凸显"对上述现象作出统一的解释,具体说就是:

"偷" [**偷窃者**　遭偷者　**失窃物**]

"抢" [**抢劫者**　**遭抢者**　被劫物]

"偷"和"抢"都联系三个概念上的角色,但它们凸显的情形不一样,黑体代表凸显的概念角色。对偷窃事件而言,失窃物是注意的中心,是凸显概念。一个人在公共汽车上被偷了钱包,人们首先问他丢了多少钱。对抢劫事件而言,遭抢者是注意的中心,是凸显概念。一个人在马路上遭到抢劫,人们首先关心的是他的人身安全。可以说"他偷走我一分钱",但不大会说"他抢走我一分钱",因为失去一分钱不像是遭抢者的重大损失,而"他抢走了我最后一分钱"就可以说了。

概念角色指派给句法成分主语、近宾语、远宾语的规律如下(偷窃者和抢劫者为施事,遭偷者和遭抢者为夺事,失窃物和被劫物为受事):

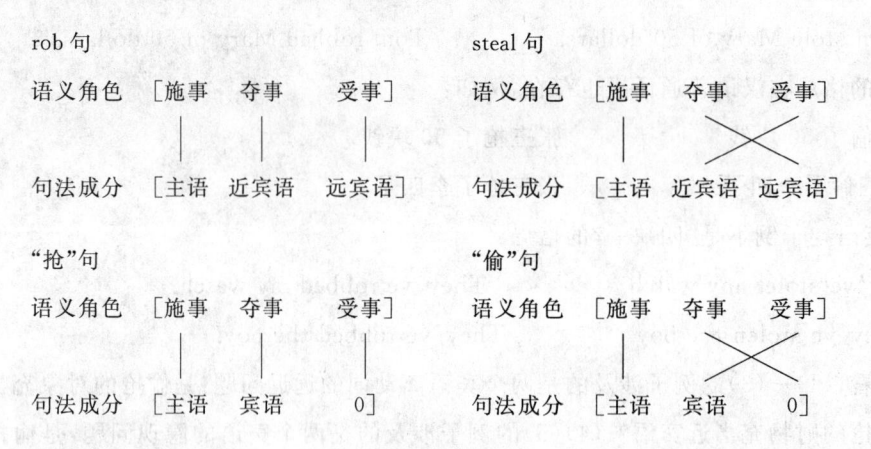

rob 句

语义角色　[施事　夺事　受事]

句法成分　[主语　近宾语　远宾语]

steal 句

语义角色　[施事　夺事　受事]

句法成分　[主语　近宾语　远宾语]

"抢"句

语义角色　[施事　夺事　受事]

句法成分　[主语　宾语　0]

"偷"句

语义角色　[施事　夺事　受事]

句法成分　[主语　宾语　0]

我们曾指出,依靠一个单向蕴涵式可以对角色的指派作出充分解释和弱预测,这个单向蕴涵式就是:

X→Y

这个式子的含义是:"如果 X 为真,那么 Y 也为真,反之则不然。"(参看 Croft,1990,3.2)就这里讨论的问题而言,这个式子表现为:

凸显角色→非凸显角色

这个单向蕴涵式具体有两个含义:

含义 1:一种语言的句子中,如果凸显角色可以做远宾语,那么非凸显角色也可以做远宾语,反之则不然。(或者:如果非凸显角色可以做近宾语,那么凸显角色也可以做近宾语,反之则不然)认知上的理据是:近的东西比远的东西显著;两样东西挨得越近,关系就越密切。

不仅英语(1)没有违背这个蕴涵式,汉语(2)和英语方言(3)也没有违背这个蕴涵式,因为"反之则不然"是说"如果非凸显角色可以做远宾语,凸显角色不一定可以做远宾语"。这个蕴涵式排除的只是下面(6)或(7)这样的格局,即凸显角色可以做远宾语而非凸显角色却不能做远宾语:

(6) Tom stole Mary of 50 dollars.

　　＊Tom stole 50 dollars from Mary.

(7) Tom robbed 50 dollars from Mary.

　　＊Tom robbed Mary of 50 dollars.

而呈现这种格局的语言或方言,据我们所知不存在。

　　含义 2:一种语言的句子中,如果凸显角色可以隐去,那么非凸显角色也可以隐去,反之则不然。(或者:如果非凸显角色必须显现,那么凸显角色也必须显现,反之则不然)认知上的理据是:看得见的东西比看不见的显著。

不仅英语(5)没有违背这个蕴涵式,汉语(4)也没有违背这个蕴涵式,因为"反之则不然"是说"如果非凸显角色可以隐去,凸显角色不一定可以隐去"。这个蕴涵式只排除下面(8)或(9)这样的格局,即凸显角色可以隐去而非凸显角色却不能隐去:

(8)　张三偷了李四了。

　　＊张三抢了李四了。

(9)　＊张三偷了50块钱。

　　张三抢了50块钱。

而呈现这种格局的语言或方言,据我们所知也不存在。

　　现在的问题是,为什么我们能对上述语法现象做到这种不完全的预测,而且只能做到这种"弱预测"？假定总是存在以下的对应关系:

凸显角色	非凸显角色
近宾语	远宾语
不可隐去	可以隐去

概念角色如果是凸显的,在句法形式上总是充当近宾语,总是不可以隐去;概念角色如果是非凸显的,在句法形式上总是充当远宾语,总是可以隐去。这种形式和意义一一对应的关系是一种完全的"象似"关系:一种意义对应于一种形式。如果真的存在这样的象似关系,我们就可以达到"预测"的目标:有什么样的意义就有什么样的形式,有什么样的形式就有什么样的意义。

　　反过来,如果存在的全都是以下的"无对应关系":

凸显角色	非凸显角色
近 宾 语	近 宾 语
远宾语 a	远宾语 a
*远宾语 b	*远宾语 b

这是上面例(2)呈现的格局("远宾语 a"是用"从……那儿"引导的,"远宾语 b"是光用"从"引导的)。如果全都是这样的格局,我们就根本无法作出任何预测。然而形式和意义之间既不全是前面那种一一对应的关系,也不全是后面这种毫无对应的关系,而往往是前面说明的那种扭曲关系(赵元任,1968:11)。沈家煊(1999b)一文还说明,造成这种扭曲关系的原因之一是语言演变,即形式和意义演变的"不同步":形式的演变滞后于意义的演变,形式发生演变之后旧有的意义还会部分保留。语言的演变永不停息,形式和意义之间的扭曲对应就是常态。既然形式和意义之间往往是部分的、不完全的对应,那么我们也就能而且只能对语法现象作出部分的、不完全的预测。

三　动结式"追累"的句法和语义

(1) 张三追累了李四了。

  a. 张三追李四,李四累了。(有使成义)

  b. 张三追李四,张三累了。(无使成义)

  c. *李四追张三,张三累了。

  d. 李四追张三,李四累了。(有使成义)

这句话的释义,谁追谁,谁累,逻辑上有四种可能,但是实际只有三种成立,排除的是(1)c 的释义。也就是说,句子(1)表达(1)c 的意义时不合语法。(1)a 还有使成义,张三"使得"李四累,(1)d 也有使成义,张三"使得"李四追和累;(1)b 没有使成义。

李亚非(Li,1995)在"管辖与约束理论"(GB 理论)的框架内试图用"分类加规则"的办法来解释和预测上述语法语义现象。

题元准则

  每个论元都必须被指派题元。

题元指派规则(→表示"指派给")

  施事→主语

  受事→宾语

使役角色指派规则

  使事→主语

  役事→宾语

使役角色指派条件

　　i. 只有当主语不从补词接受题元时,主语才能接受动结式的使事角色;

　　ii. 如果宾语至少从补词接受一个题元,宾语就能接受动结式的役事角色。

规则操作次序

　　　使役角色的指派优先于题元角色的指派。

按照这些规则和条件,(1)的语法语义现象倒是得到了解释,但是只要把动结式的考察范围稍微扩大,问题就暴露出来了。例如:

(2) a. *艰苦的工作病倒了李四了。

　　b. 艰苦的工作累病了李四了。

这两句都满足使役角色指派条件,(2)a 不合格是因为违背"题元准则",即主语未从动词"病"获得题元("艰苦的工作很累"成立,"*艰苦的工作很病"不成立)。但是试将主语换成有生名词:

(3) a. *这小宝宝病倒了李四了。

　　b. 这小宝宝累病了李四了。

(3)b 也违背题元准则[虽然"这小宝宝很累"成立,但是表达的不是(3)b 的意思],句子却合格。如果转而把(3)a 不合格归因于主语未从动词"病"获得使事角色,即(3)b"累"能给"小宝宝"指派使事("这小宝宝很累人"成立),而(3)a"病"不能("*这小宝宝很病人"不成立),但这却与"使役角色指派条件"相矛盾,因为这两句的主语都符合使事角色指派条件。

(3)a 和(3)b 的对立表明词汇的"选择限制"(selectional restriction)在这儿起作用,题元指派对有生名词和无生名词作出了不同的选择:"工作很累人"也可以说成"工作很累",而"小宝宝很累人"却不能说成"小宝宝很累"。其实还存在更加严格的词汇选择限制:

(4) a. *训练员跑累了李四了。

　　b. 训练员跑累了那匹马了。

"李四"和"那匹马"都是有生名词,但是生命度的高低不一样,受役使的程度不一样。对于这种细微的词汇选择限制,光用李文提出的那些规则、条件和准则是无法完全作出解释和预测的。

我们按照 Talmy(2000)"认知语义学"的理论框架,从"概念结构"和"认知框架"出发,对"追累"这种动结式的句法和语义作出充分的解释,但仍然发现我们只能作到不充分的弱预测。(沈家煊,2004)(4)a 和(4)b 的对立可以这样来解释:我们关于"驱使跑"事件的"认知框架"告诉我们,马经常是人驱使跑的对象,而人不是。这样的认识在现代汉语里已经"语法化",即在语法上表现出来,有"跑一跑那匹马"而没有"*跑一跑那个人"的说法。但是要指出的是,这种语法化是不充分的。如果(4)a 改说成"训管员跑累了犯人了",可接受的程度就大大提高了,这显然是因为我们认识到犯人经常是驱使跑的对象,而这样的认识还没有语法化,不管是教练驱使运动员跑还是训管员驱使犯人跑,一般都不说"*跑一跑那个人"。再看以下的例子:

(5) a. 那首歌唱烦了李四了。
    b. *无休止的排练唱烦了李四了。
    c. ?歌剧团无休止的排练唱烦了李四了。
    d. 无休止的练唱唱烦了李四了。

跟合格的(5)a对立的(5)b,如果像(5)c那样加上限定语"歌剧团",句子可接受的程度就大大提高了,如果像(5)d那样将"排练"改为"练唱",句子就完全合格了。这是因为我们关于排练事件的"认知框架"告诉我们:歌是要唱的,练唱是排练,而排练不一定是练唱,歌剧团的排练多半是练唱。这样的认识已经部分地语法化,即有一部分在语法上表现出来,"唱那首歌"成立而"*唱排练"不成立,"那首歌"是"唱"的题元,"排练"不是。但是这样的认识也没有充分语法化,因为"*唱排练"和"*唱练唱"都不成立,"练唱"和"排练"一样不是"唱"的题元。

回到前面(2)和(3)那两对例子,关于艰苦工作(包括照看婴儿)造成后果的"认知框架"告诉我们,艰苦的工作使人累的可能性大大高于使人生病的可能性。这种认识在现代汉语里已经语法化,有"这个孩子真累人"而没有"*这个孩子真病人"的说法。在动词"累"和"病"具备使动用法这个问题上,如果只能在两个动词中选择一个,我们可以预测一定是选择"累"而不是"病"(用单向蕴涵式来表达就是"累→病")。但是认识上的区别是否一定在语法上加以区别,我们却无法预测。就那两对例子而言,艰苦的工作一定使人累,而照看婴儿不一定使人累,这种认识上的差别汉语语法并没加以区分,(2)b和(3)b都是合格的句子。总之,"概念结构"的语法化,对其一般的倾向我们可以作出预测,越是接近"认知框架"的具体事件,其概念结构越容易语法化,但是具体哪些概念结构会语法化,哪些概念结构不会,对此我们无法作出预测。这方面的详细论证还可参看宋文辉(2003)。

四 结语:探求规约背后的理据

有人会问,如果你不能对事情作出预测,那你又怎么能说你所从事的是科学呢?语言学家曾经决意要使语言学成为像物理学那么"科学"的学科,这意味着,所有的语言现象都可以用数学的方法作出预测。但是物理学并不是唯一的科学。达尔文不能预测物种在今后百万年中将如何演化,地质学家不能精确地预测下一次地震会发生在哪里,气象学家不能对一周以上的气候作出准确的预报,天文学家不能精确地预测哪一颗新星将会在哪一个方向出现,然而没有人否认他们所从事的是"科学"。能够预测固然很好,如果能做到的话;但是科学的实质在于解释,在于揭示大自然和人类社会最基本的运转机制。(参看Waldrop,1995,中译本,356页)

语言学这门学科研究对象的性质决定了语言学和进化科学、地质学、气象学、天文学一样,能对事情作出充分的解释,但不能作到完全的预测。凡是复杂和开放的系统都无法作到充分的预测。语言是一个复杂系统,是许许多多的方面和因素互相作用和综合的结果。这种情形有如千百个蛋白、脂肪和细胞核酸的相互化学作用组成了活细胞,几十亿万个相互关联的神经细胞连通成网络组成了大脑,成千上万个相互依存的个人组成了人类社会。例如,影响动结式句法和语义表现的因素包括动词词项的特征、补语词项的特征、主语词项的特征、宾语词项的特征等等,以及它们之间的互相选择、互相联系、互相限制。这些因素的综合结果要大于部分的相加之和(沈家煊,2003),因此动结式的句法和语义是无法从其组成成分即动词和补语的特征完全推导出来的。复杂系统永远也不可能达到均衡的状态,它总是处在不断展开、不断转变之中。如果这个系统确实达到了均衡状态或稳定状态,它就变成了一个死的系统。语言也是一个开放系统,处于不断的演变之中,语言的形式和意义之间因此是一种扭曲关系而不是一一对应的关系(沈家煊,1999b),概念和认识的"语法化"总归是一个程度问题。

对于语言现象我们虽然不能作到完全的预测,但是可以作到不完全的弱预测,这种预测往往可以用一个单向蕴涵式来表达,预测的是一种倾向性。作到弱预测,这本身已经是一件十分有意义有价值的工作了。

我们的结论是,语法研究的目标介于解释和预测之间,那就是探求规约背后的理据。语法有规约(conventionalized)的一面,即不可完全预测的一面;但是这种规约又是有理可据的(motivated),受倾向性原则的支配。找出规约背后的理据并对规约作出充分的解释,这也就是作到了"弱预测"。

参考文献

沈家煊　1999a　《转指和转喻》,《当代语言学》第1期。
沈家煊　1999b　《语法化和形义间的扭曲关系》,见《中国语言学的新拓展》,香港城市大学出版社。
沈家煊　2000　《说"偷"和"抢"》,《语言教学与研究》第1期。
沈家煊　2003　《从"分析"和"综合"看〈马氏文通〉以来的汉语语法研究》,见《〈马氏文通〉与中国语言学史》,外语教学与研究出版社,2003年,30—46。
沈家煊　2004　《动结式"追累"的句法和语义》,中国语言学会第12届年会(银川)论文。
宋文辉　2003　《现代汉语动结式配价的认知研究》,中国社会科学院研究生院语言系博士论文。
袁毓林　1994　《一价名词的认知研究》,《中国语文》第4期。
袁毓林　1995　《谓词隐含及其句法后果》,《中国语文》第4期。
赵元任　1968/1979　《汉语口语法》,吕叔湘译,商务印书馆。
朱德熙　1978　《"的"字结构和判断句》,《中国语文》第1、2期。
Croft, W.　1990　*Typology and Universals*. Cambridge: Cambridge University Press.
Goldberg, A. E.　1995　*Constructions: a Construction Grammar Approach to Argument Structure*. Chicago: The University of Chicago Press.
Lakoff, G.　1987　*Women, Fire, and Dangerous Things*. Chicago: The University Chicago Press.
Li, Yafei　1995　The thematic hierarchy and causativity. *Natural Language and Linguistic Theory* 13: 255—282.
Talmy, L.　2000　*Toward a Cognitive Semantics*. Vol. 1 & 2. Cambridge, Massachusetts: MIT Press.
Waldrop, M.　1995　*Complexity*. SDX Joint Publishing Co.. (中译本《复杂》,三联书店,1997)

汉语双项名词句与话题-陈述结构*

澳大利亚昆士兰大学语言与比较文化研究学院　陈　平

一　话题-陈述结构

　　句子的形式和意义可以从许多不同的角度进行分析,除了句法结构、语义结构、韵律结构等以外,所谓信息结构(information structure)也是句子组织的一个重要方面。发话人话语中涉及的有关事物以及同它们相关的内容,受话人一方是否了解,熟悉程度如何,是否是对方目前的关注焦点,在这些问题上,发话人都得有自己的估量,并以此为根据,决定自己采用的语言形式,以便与上下文顺畅相连,使受话人容易理解,取得最佳的语言交际效果。信息结构所表现的就是具体语境中发话人在这些问题上的判断、预设及意向。语言信息结构方面的内容一般表现在两个主要方面,一是事物的指称形式,二是句子的语法组织形式。同一个事物,可以用不同的语言形式指称,如各种名词短语、代词,或者零形式等;同一个命题,可以用不同的句式表现出来,如主动句和被动句等。话题-陈述结构是句子信息结构的一个重要方面,另一个重要方面是所谓的焦点结构。句子可以执行描写、叙述、判断等功能,其描写、叙述、判断的对象称作话题,其他部分则为陈述。句中哪个成分用作话题,哪些部分用作陈述,是发话人选用语言表现形式时重要的考虑因素,并且有时会影响到句子命题的真值条件。[1]

　　现代理论语言学发展史上,在话题-陈述结构的研究方面最有影响的语言学家主要有19世纪德国语言学家 Georg von der Gabelentz,以及深受德国哲学和语言学界影响的布拉格学派、Charles Hockett、赵元任、Michael A. K. Halliday、Charles Li、Sandra A. Thompson,以及 Jeanette Gundel。Gabelentz(1901)提出心理主语和心理谓语的概念,开启句子信息结构研究的先河。布拉格学派创立功能句子观点理论,使句子信息结构的研究系统化、理论化。Hockett(1958)和赵元任(1968)主张,主谓结构的普遍特征就是话题与陈述,主语通常是话题,谓语是陈述,汉语如此,英语和欧洲其他主要语言一般也是如此。Halliday(1967)深化了对信息结构的系统研究,尤其注重韵律和词序的表达作用。Li & Thompson

---

* 本文初稿承蒙方梅教授与陆丙甫教授提出修改意见,谨致谢忱。

(1976)将主语突出和话题突出作为两个对立的参项引进语言类型学研究,并且分析了两类语言各自的特点。Gundel 1974 年以语言理论中的话题与陈述为题完成了博士论文,在随后的 30 年里,主要研究兴趣始终集中在话题与焦点等课题上,发表了许多有影响的著作。值得注意的是,前面几位理论语言学家同时都是汉语语言学家。这恐怕不是巧合,国际语言学界在话题-陈述结构的研究中常见的一些理论概念和观点,在一定程度上都是用汉语的眼光看世界的结果。

话题-陈述结构本质上属于话语和语用范畴,同句子的话语功能和使用语境密切相关。可以把话题和陈述看做连续语流中的一问一答,话题相当于"×××怎么啦?"这类问话中的"××",而陈述则提供有关该成分的新的信息。赵元任(1968)指出,汉语正好有一个说明这种观点的现成例子。语气词"啊"、"呢"、"吗"等都是一词而兼两任,既可以是疑问词,也可以是提顿词,标明前面的句子成分是句子的话题,见下面的例子(引自 Chao,1968:82):

(1) Q:饭啊？　　A:还没得呢。

(1′) 饭啊,还没得呢。

(1″) 饭还没得呢。

(2) Q:饭呢？　　A:都吃完了。

(2′) 饭呢,都吃完了。

(2″) 饭都吃完了。

作为话语和语用概念,话题-陈述结构存在于所有语言之中。但是,这种话语语用概念的表现形式,在不同的语言中却可以有很大差别。虽然话题经常表现为主语,陈述经常表现为谓语,但这与施事做主语、受事做宾语一样,只是一种倾向,两者并不对应的情况经常出现。话题可以不是主语,例如:

(3) Q:那三位客人呢？　　A:我刚才看见那三位客人了,在逛街呢。

主语也不一定是话题。主语为无定或无指名词成分时,不能作为一般的话题看待,例如:[2]

(4) 一个大孩子带着弟弟妹妹出来玩,正好路过那儿。

(5) 谁来啦？

(6) 谁也没想到会下雨。

(7) 人人都抱着个大西瓜。

即使主语是有定成分,SVO 这种句式一般也可以用来表现几种不同的信息结构,这在文献中有广泛而深入的报道。

许多语言都有一些特殊的语法手段,其主要功能就是指示句子的各种信息结构。这些语法手段中,有的是语法助词,如日语中的 wa,许多人认为它的主要功能就是表示前面的成分是话题。更常见的语法手段是特殊的句法结构。Gundel(1988)调查了在谱系和地理分布上具有一定代表性的三十种语言,研究它们主要使用哪些特殊语法手段来表现话题-陈述结构。她先将这些语言中主要用来指示话题-陈述结构的特殊句法结构分成两大类,一类是用作话题的语言成分先于用作陈述的句子部分,另一类顺序正好相反。这两类句法结构都称为句法话题结构(syntactic-topic construction),位于结构最左边或者最右边的语言成分则称为句法话题(syntactic topic)。

句法话题位于左边的句法话题结构又可分为两类,一是左向移位句(left dislocation,简称 LD),其特点是句法话题后接一个完整的句子,句中带有一个语言成分(通常是代词)复指该句法话题,例如:

(8) 那套房子,老王后来还是把它买了下来。

(9) 王小刚,他不简单啊。

第二类是所谓的话题化结构(topicalization,简称 TOP),句法话题后接的句子在结构上是个不完整的句子,有一个句法成分在位置上是空缺的,在语义上复指句法话题。在一些理论语法模式中,该空缺被看成是句法话题的原位,TOP 由 SVO 句派生而来。下面是一个 TOP 的例子:

(10) 那套房子老王后来卖了。

SVO 是英语中的常态句式(canonical construction),信息结构上的特点之一是可以与多种信息结构相容。与 SVO 句式相比,LD 和 TOP 是非常态句式(non-canonical construction),在语法上受到较大的使用限制,在信息结构上相对而言比较专一。例如,Gundel(1988:223)认为,句法话题结构中的句法话题毫无例外都用作语用话题。

必须看到,句法结构同信息结构的关系相当复杂,不是上面的简单结论所能概括的。Gundel 自己指出,表层句法结构特征与 TOP 一样的句式中,句首成分可以不是语用话题而是与上文中某个疑问词相对应的信息焦点(Gundel & Fretheim,2004)。虽然这两种不同的用法在英语中可以靠韵律特征区别开来,但在其他一些语言中,如芬兰语和挪威语,表现两种不同信息结构的却可以是相同的句法和韵律形式,也就是说,这些语法结构在这些语言中是同形异义结构。另外,大家从实际语料中发现,充任句法话题的名词性成分固然以定指和通指性成分为多,但有时也可以是无定甚至无指成分,无法将它们解释为一般意义上的语用话题。

Gundel(1988)发现,她调查的这些语言中还有另外一种句法话题结构,形式上也是句法话题后接一个句子。它的特点是句法话题不是谓语动词的论元(argument),与谓语动词不发生直接的语法关系。句法话题在句中没有复指成分,也不可能挪回到谓语中去。她给出的英语例子是:

(11) My work, I'am going crazy.

这种句法话题又称作"悬置话题"(hanging topic)。也有人很可能是受 Hockett 和赵元任等人汉语研究的启发,把这类句法话题结构称为双主语结构(double-subject construction)。Chafe(1976:50)则将这种句式中的句法话题称作"汉语式话题"。下面是文献中经常引用的汉语例子：

(12) 那场大火，幸亏消防队来的早。(转引自 Chao,1968:102)

(13) 那些树木树身大。(转引自 Chafe,1976:50)

(14) 象鼻子长。(转引自 Li & Thompson,1976:480)

LD 和 TOP 是英语和其他主要欧洲语言中的常见结构，而(11)—(14)这类句式则一般限用于非常随便的口语，书面语或正式口语中很少出现。Gundel(1988:224)认为，这类句式代表的正是"最典型的话题-陈述结构"(topic-comment structures par excellence)。这句话的意思是说，在这种句式中句法话题应该一定是语用话题，句子的其余部分为陈述。Li & Thompson(1976)则将这种双项名词句作为话题突出性语言的一个重要特征。汉语是话题突出性语言的主要代表，这类句子既然是区别汉语与英语等主语突出性语言的一个主要特征，自然成为汉语语法学中的重要研究对象。

二　汉语双项名词句

本文所用的"双项名词句"这个术语，是个比较中性的称呼。句首的名词性成分可以只有一个，也可以不止两个，为了避免将问题过分复杂化，本文的讨论范围限于小句谓语前有两个名词性成分出现的句子，以下面的例句为代表。我们按照 NP1 的语义角色，把它们大致分成七类。

1. NP1 为施事

(1) 有的人，他活着别人就不能活。(转引自吕叔湘,1986:534)

2. NP1 为受事

(2) 这套房子他们已经买下了。

(3) 什么话老王都敢说，什么事老张都敢做。

(4) 这几本书你读得很仔细。

(5) 这些话我们还说它干吗!

3. NP1 为对象

(6) 这件衣服他并不是十分喜欢。

(7) 那几个人我见到了。

4. NP1 为工具

(8) 这把刀我切萝卜。

(9) 这笔钱你交学费。

5. NP1 为地点(时间或处所)

(10) 下午我们开个会。

(11) 那个角落我想放一盏灯。

6. NP1 为系事

（12）这事老高有意见。

（13）啤酒你忘了付钱了。

7. NP1 与 NP2 有隶属关系，或者是整体与部分的关系，另一连带特点是 NP1 与谓语没有直接的语义或语法关系

（14）小赵胆子大极了。

（15）十只黄猫九只雄。

可以根据 NP1 是否与 NP2 后面的谓语成分有语法上的选择关系，将上面的句子分为两大类，1—4 为一类，5—7 为另一类。在少数情况下，NP1 在句子中有回指代词，或者可以挪到动词后面。但是，这类与英语中的 LD 和 TOP 相似的句子，在汉语里无论是从句子类型来看，还是从实际话语中的出现频率来看，都只占少数。英语中 LD 和 TOP 是非常态句式，同一个常态的 SVO 句相对应，使用非常态句式会产生语用隐含效果，而上面这些汉语双项名词句在大多数情况下没有一个对应的 SVO 句。

值得注意的是，在绝大多数情况下，句首两个名词的顺序可以互换，例如：

（1′）*他有的人活着别人就不能活。

（2′）他们这套房子已经买下了。

（3′）老王什么话都敢说，老张什么事都敢做。

（4′）你这几本书读得很仔细。

（5′）我们这些话还说它干吗！

（6′）他这件衣服并不是十分喜欢。

（7′）我那几个人见到了。

（8′）我这把刀切萝卜。

（9′）你这笔钱交学费。

（10′）我们下午开个会。

（11′）我那个角落想放一盏灯。

（12′）?老高这事有意见。

（13′）你啤酒忘了付钱了。

（14′）胆子小赵大极了。

（15′）*九只十只黄猫雄。

以上面的例句为代表的双项名词句在汉语里是否属于同一类句法结构，是一个大有争议的问题。以丁声树等（1961）、Chao（1968）以及朱德熙（1982）为代表的结构主义论著将所有这些句子统称为主谓谓语句，根据 NP1 和 NP2 的语序，将它们分别称为大小主语，既不考虑它们的语义属性，也不考虑是否可以挪回到动词后面，或者是否有代词复指，对（1）—（15）和（2′）—（14′）不加任何区别。[3] 此外，Gundel（1988）、陈平（1994、1996）以及 Gundel &

Fretheim(2004)等论著将(1)—(15)归为一类,统称为句法话题结构,其中又可细分出LD、TOP和悬置话题结构,将 NP1 称为句法话题,相当于结构主义语法论著中所说的大主语。从这个角度出发,有不少问题仍然有待回答,其中包括(2′)—(14′)是否也可归入这一类,在语法和信息结构等方面(2)—(14)与(2′)—(14′)之间是否存在系统差异,等等,这也是本文要探讨的问题。当然,也有许多学者采取不同的分析方法。对于(14)—(15),大家意见比较统一,一般都认为它们是主谓谓语句,但在其他句子的分析上意见分歧很大。许多学者既考虑词序,也考虑语义和其他因素。例如,胡裕树(1979)和吕叔湘(1979、1986)都承认(2)—(7)为主谓谓语句,但是对于(2′)—(7′),前者主张将它们看做宾语前置句,后者则主张结合上下文的语法格局作通盘考虑,有的可以看成宾语前置句,有的最好还是看成主谓谓语句。另外,许多传统语法学家,如黎锦熙等,完全从语义出发,将(2)—(7)以及(2′)—(7′)这样的句子都看成是宾语倒装句,按照这种观点,它们自然与(8)—(14)以及(8′)—(14′)分属完全不同的句子类型。所有这些观点在后来的语法著作中都有所反映。当代许多分属不同学派的语法论著,如 Sun & Givón(1985)、Ernest & Wang(1995)、沈家煊(1999)、Zhang(2000)等将(2)—(7)分析为 OSV,或同时称之为 TOP 结构,将(2′)—(7′)分析为 SOV,把它们看做宾语倒装句。当然,许多著作里的所谓 OSV、SOV、TOP 结构、宾语倒装等只是一种方便的说法,但在另外一些著作里,这些用语却具有很强的理论含义。在基本语序为 SVO 的语言中,将这些句子看做 OSV、SOV、TOP 结构或宾语倒装,往往意味着研究者认为存在一个相应的 SVO 句。这在英语中确实如此,除了悬置话题句以外,所有句法话题结构都有一个对应的、属于基本句式的 SVO 句,在早期的转换生成语法模式中,前者由后者转换而来。汉语的情况则要复杂得多。上面所举的双项名词句中,只有少数有对应的 SVO 句,例如:

(2″) 他们已经买下了这套房子。

(5″) 我们还说这些话干吗!

(6″) 他并不是十分喜欢这件衣服。

(7″) 我见到那几个人了。

在大多数情况下,谓语前的名词性成分无法挪回到动词后面去。可以用"增字解经"的办法为这些句子设定对应的 SVO 结构,例如:

(4″) 你读(这几本)书读得很仔细。

(8″) 我用这把刀切萝卜。

(13″) 小赵的胆子大极了。

是不是采取类似的处理方法,一般取决于研究者的理论取向。哪些双项名词句能这么处理、如何避免这种处理方法的任意性、哪些句子由基础部分生成、哪些由转换派生、如何生成或派生,等等,都是国际语言学界在 20 世纪 60 年代至 80 年代初热烈争辩的问题。同语法研究中其他许多问题一样,这些问题只有在特定的语法理论框架中才有研究价值。随着主流形式语法理论模式的变化,这些具体问题的理论意义大都逐渐消失了。

各种语法理论模式的技术细节及其发展变化固然值得我们研究,但更值得我们认真思索的是引出有关争论的核心问题。现代语言学的发展日新月异,经常有新的理论模式出现,老的不断更新,或者渐渐湮没无闻。透过汗牛充栋的文献资料,我们可以看到,始终存在着一些核心问题,常常在不同的时代、不同的理论背景下,以不同的方式成为语言学家的研究课题。我们认为,具体语言中哪些结构属于该语言的基本句式,就是上述争论的一个核心问题。作为语法研究中具有根本意义和全局性影响的课题之一,人们对它有持久的兴趣,尽管在表现形式和侧重方面有所不同。本文开头提到的常态句式和非常态句式的区别,在某种意义上可以理解为语言中基本句式和非基本句式的区别,或者是无标记句式和有标记句式的区别。(参见 Lambrecht, 1994; Birner & Ward, 1998; 沈家煊, 1999; Aikhenvald et al., 2001)在语言信息结构的研究中,这种区别具有十分重要的意义。

如前所述,英语中的句法话题句是非常态句式,除了极少数的例外情况,它们总是对应于一个常态的 SVO 句。也正是因为英语语言系统中存在这种聚合关系上的对立(paradigmatic contrast),使用者可以用非常态句式表现特殊的信息结构。英语中的所谓分裂句式也是属于同一种情况。那么,汉语中常态句式和非常态句式主要是通过哪些手段表现出来的呢?我们认为,在这个"没有严格意义的形态变化"、"常常省略虚词"(吕叔湘,1984:466—467)的语言里,各种语义成分在句子中的前后顺序,是区别常态句式和非常态句式的最重要的语法手段。正是基于这种认识,陈平(1994)提出两条语义角色优先序列,试图用以概括各种语义角色和句子中主要语法成分的配位原则。在其他条件相似的情况下,符合该配位原则的是汉语中的常态句式,否则是非常态句式,或者是不合语法的句子。这只是一个初步的尝试,无论在原理上还是细节上都有需要进一步探讨的地方。

许多语法学家认为,相对于 SVO 而言,OSV 和 SOV 在汉语里是有标记语序,在语义和句法上受到更多的限制(参见沈家煊,1999,第 9 章),我原则上赞成这个观点,但同时想从另外一个角度来看这个问题。如果把上面所列(2)—(7)看成 OSV,(2′)—(7′)则为 SOV,(2″)和(5″)—(7″)则为 SVO。值得我们注意的是,如果我们采取结构主义语法学家的做法,比照(2)—(7),将所有(2)—(14)中的 S,即 NP2,都看做主语,同时,将与小句谓语不发生直接联系的句子成分在语义上都看做系事成分,那么我们可以认为,(2)—(14)与(2′)—(14′)的区别在于,前者 NP2 和 NP1 的顺序符合陈平(1994)提出的下面这条优先序列,而后者则违反了这条优先序列:

(16)施事>感事>工具>系事>地点>对象>受事

我们可以将 OSV 重新解释为在 NP2 的选择上符合这条优先序列的句子,而 SOV 则是不符合这条优先序列的句子。我们同时认为,汉语语法组织中在聚合关系上呈对立状态的,可以是 SVO 与 OSV/SOV,即(2″)、(5″)—(7″)与(2/2′)、(5/5′)—(7/7′)的对立,但在很多情况下是 OSV 与 SOV,即(2)—(14)与(2′)—(14′)的对立。理由如上所述,所有(2)—(14)都有对立的(2′)—(14′),而只有少数才有对立的 SVO 结构。这就是说,大多数结构主义语法学家所说的汉语主谓谓语句,即本文所说的双项名词句,在其他条件相同的情况下,可以根据其语义角色排列是否遵照(16)这条优先序列而分成两大类别。相对而言(2)—(14)是汉语里的常态结构,而(2′)—(14′)是非常态结构。方梅(1995:235)注意到下面这个句子:

(17) 你我接管了。

单从词汇意义上看,"你"和"我"理解为"接管"的施事或受事的可能性几乎不分高低,但是,"人们一般把NP1'你'理解为受事,把NP2'我'理解为施事,颠倒过来的可能性几乎没有"。这证明,在NP2的选择问题上,同违反(16)优先序列的"施事+受事+VP"相比,"受事+施事+VP"是常态句式。

我们在下面会看到,(2)—(14)与(2′)—(14′)在信息结构上分别有自己的系统性特点。

三 汉语双项名词句的话题-陈述结构

我们现在来分析汉语双项名词句的话题-陈述结构。句子信息结构的分析一般至少从两个方面进行:一是研究有关名词性成分的指称属性,二是研究句子成分在句子的话题-陈述结构、焦点-预设结构中所处的位置及其相互关系,以及它们与上下文中其他成分的联系。前面讲过,我们将汉语双项名词句(2)—(14)称作句法话题结构,与英语LD、TOP和悬置式话题结构同属一类。本文同时考察(2′)—(14′)的相关特征,目的是找出两类句子在话题-陈述结构方面的异同。为了方便起见,我们将两类句子中的NP1统称为句法话题。

3.1 句法话题由定指或通指成分担任

我们先看句法话题由定指或通指成分担任的句子。绝大多数研究者都认为,一个名词性成分要用作语用话题,一个先决条件是它得是个定指或通指成分,这是由话题-陈述结构的话语语用特征所决定的。(参见 Strawson,1964;Gundel,1976、1988;Reinhart,1981; Schlobinski & Schtze-Coburn,1992;Lambrecht,1994;Jocobs,2001;Chen,2003、2004;Gundel & Fretheim,2004)通指成分并不表示确定的个体事物,但就表现一类事物的指称属性而言,它与定指成分有某种相同之处,前者表示言谈双方都能确认的某个事物,后者则表示双方都能确认的某类事物。当然,并不是句子中所有的定指和通指成分都能理解为话题。套用吕叔湘先生讲动词宾语与主语关系时所说的话,句中的定指和通指成分有的做话题的机会多,有的机会少,有的老轮不上。虽然无论是在SVO句中,还是在双项名词句中,句法成分与语用话题不存在一一对应的关系,但在其他条件相似的情况下,句中某些位置上的名词性成分做话题的机会要高于其他位置上的成分。[4] 我们发现,在这方面(2)—(14)与(2′)—(14′)表现出不同的特征。先看(2)—(14)。这类句子的句法话题可以做语用话题,句子其他部分为陈述部分,例如:

(1) Q:这套房子怎么啦? A:这套房子他们已经买下了。

NP2也可以单独做话题,例如:

(2) Q:他们怎么啦？　　A:这套房子他们已经买下了。

(2)—(14)中其他句子的信息结构都有同样的特点,例如：

(3) Q:这事怎么啦？　　A:这事老高有意见。
(4) Q:老高怎么啦？　　A:这事老高有意见。
(5) Q:说到小赵嘛,　　A:小赵胆子大极了。
(6) Q:说到胆子嘛,　　A:小赵胆子大极了。

(2′)—(14′)在话题-说明结构上则受到较多限制。句子中的NP1可以单独用作话题,例如：

(7) Q:他们怎么啦？　　A:他们这套房子已经买下了。
(8) Q:说到胆子嘛,　　A:胆子小赵大极了。

但是,这种用法的句子有时显得不太自然,例如,在(9)中,A2和A3比A1更自然一些：

(9) Q:老高呢？
　　A1:?老高这事有意见。
　　A2:老高对这事有意见。
　　A3:老高这事有意见,其他事没意见。

与(2)—(14)不同,(2′)—(14′)中的NP2要么不能用作话题,例如：

(10) Q:小赵呢？　　A:*胆子小赵大极了。

要么带有对比的意思,也就是说,它可以用作对比性的话题,例如：

(11) Q:这套房子呢？
　　A1:?我这套房子不怎么喜欢。
　　A2:我这套房子不怎么喜欢,那套250平米的倒想再看一看。
　　A3:这套房子我不怎么喜欢。

当然,这种句子中的NP2常常不是对比话题而是新信息焦点。这种现象最早是吕叔湘先生(1946:499—452)指出来的。吕先生注意到,句中受事为对比性成分或其他信息焦点成分时,采用"受事+施事+VP"词序的[即本文(2)—(7)]多,"而单提一事则相反"。另参见范继淹(1984)、陈平(1994)及方梅(1995)。下面再给两个例子：

(12) Q:抽烟吗？
　　A1:?*我烟不抽。
　　A2:我烟不抽,酒可以喝两杯。
　　A3:烟我不抽。

(13) 我不能像你,相干的也问,不相干的也问,问得的也问,问不得的也问。(转引自吕叔湘,1946:449)

值得我们注意的是,这种对比意义并不限于文献中所讨论的窄义的"施事+受事+VP"句式。对比下面的句子：

(14) a.象鼻子长。　　b.*鼻子象长。　　c.鼻子象最长。

(14)b 不能说,(14)c 能说,两句的区别仅在于(14)c 的 NP2 带有对比意义。由此可见,(14)与(11)—(13)在 NP2 的信息结构属性方面具有一定的共性。同样,"胆子小赵大极了"不能用在(10)的语境中,而用在(8)的语境中,以"胆子"为语用话题则十分自然。在(8)中,"小赵"虽然不是话题而是新的信息焦点,但同样隐含着同其他人对比的意思。与此相对照的是"小赵胆子大极了",在这句话中,无论是语义角色完全一样的"小赵"还是同在 NP2 位置上的"胆子",都没有附带这样的对比意义。从这些现象中我们可以得出三条结论:第一,(2)—(14)中的句法话题和 NP2 都可以做语用话题,(2′)—(14′)中的句法话题可以做话题,NP2 一般不能做话题,除非带有对比意义。第二,(2′)—(14′)这种格式的双项名词句有一个共同的特点,NP2 或明或暗地都带有对比的意思或者是其他类型的新信息焦点。第三,以前讨论的主要是同小句谓语动词有语法选择关系的成分,如(11)的"这套房子"和(12)的"烟"。我们从上面的例子中可以看到,同谓语在语法上不发生直接联系的系事成分,如(8)的"小赵"、(9)的"这事",以及(14)的"象",也表现出完全相同的信息结构特征。这些现象表明,在信息结构方面,(2′)—(14′)属于同一类句式,与(2)—(14)相对立,在 NP1 为定指或通指成分的情况下,两类句式各有自己的系统性特点。这两类句式的区别性特征在于 NP1 和 NP2 在第二节(16)这条语义角色优先序列中的相对顺序,(2)—(14)中 NP1 的施事性比 NP2 弱,而(2′)—(14′)中 NP1 的施事性比 NP2 强。由此可见,这条语义角色优先序列为概括两类句式之间的区别提供了简洁而有效的判断标准。

3.2 句法话题由无定或无指成分担任

在汉语中,至少有三种情况句法话题可以由无定(indefinite)或者无指(nonreferential)成分担任,在这种情况下,该名词性成分一般不能理解为话题,或者不能理解为普通意义上的话题。值得我们注意的是,在这个问题上,(2)—(14)同(2′)—(14′)也有很显著的区别。

首先,NP1 可以是无定成分,例如:

(15) 许多问题我们只能慢慢解决。

(16) 两件事咱们得小心,一是饮食卫生,二是交通安全。

(17) 我楼里的一个小伙子,胆子大极了。

SVO 句中,无定名词做主语的例子不少,在汉语和英语中都是如此。英语句法话题句中句法话题由无定成分担任的例子在文献中也有过报道,但相对而言比较罕见,而且受到较大的限制。(参见 Gundel,1976;Reinhart,1981;Prince,1998;Gundel & Fretheim,2004 等)上面(15)—(17)这样的汉语双项名词句,同范继淹(1985)讨论的无定 NP 主语句一样,语感上十分自然,只是在实际用法上出现频率更低一些。从信息结构的角度来分析,我们认为可以将这些句子看做一种混合结构。NP1 形式上是名词性成分,但在信息结构上可以理解为一个全句焦点(sentence focus)的存现句,前面隐含着一个存现句的典型标记"有"。自 NP2 开始的其他句子部分为陈述部分,以 NP1 引进的话题为陈述对象。整个句子同时起着将新事物引进语境并以它为话题对它加以陈述的作用。

其次,在有些双项名词句中,疑问词可以出现在 NP1 或 NP2 的位置上。一般来讲,比较常见的是疑问词出现在 NP2 位置上,(2)—(14)和(2′)—(14′)两大类句子都可以有这种用法,例如:

(18) a. 这几个字谁写得最好?
　　　a′. 他哪几个字写得最好?
(19) a. 那部电影谁看过了?
　　　a′. 你哪部电影没看过?
(20) a. 这事谁有意见?
　　　a′. 老高什么事有意见?
(21) a. 这门课谁得了满分?
　　　a′. 他们哪门课得了满分?
(22) a. 东京什么最贵?
　　　a′. 物价哪个城市最贵?

疑问词也可以在句法话题的位置上出现,例如:

(23) Q:谁胆子最大?　　　A:小赵胆子最大。
(24) Q:哪棵树叶子有毒?　　　A:这棵树叶子有毒。

但这种用法受到很大的限制,一般情况下,只有 NP1 和 NP2 有隶属关系的双项名词句才可以有这种用法。当然,隶属关系的理解可宽可严,上面两个句子中的隶属关系较紧,下面则显然偏松:

(25) Q:哪个城市物价最贵?　　　A:东京物价最贵。
(26) Q:谁法文说得最好?　　　A:小王法文说得最好。

带疑问词的句子成分显然不能理解为语用话题。

第三种情况是,双项名词句的句法话题和 NP2 可以由无指成分担任,其中最常见的是所谓的周遍成分。陆俭明(1986)讨论了可以用作主语的三类周遍性成分:

(27) 1. 含有表示任指的疑问代词的名词性成分。
　　　2. 含有数词"一"的数量短语。
　　　3. 含有量词重叠形式的名词性成分。

这三类周遍成分都能在双项名词句中充任 NP1 和 NP2,例如:

(28) a. 什么话他都敢说,什么事他都敢做,什么时候他都有空,什么地方他都敢去。
　　　a′. 他什么话都敢说,什么事都敢做,什么时候都有空,什么地方都敢去。
(29) a. 一篇像样的文章他都写不出来。
　　　a′. 他一篇像样的文章都写不出来。
(30) a. 家家户户我们都得放在自己的心上。
　　　a′. 我们家家户户都得放在自己的心上。

除此之外,充任 NP1 和 NP2 的还可以是含有诸如"一切"、"所有"、"任何"、"大多数"等限定词的名词性成分,例如:

(31) a. 一切/所有/任何办法我们都想过了。
    a′. 我们一切/所有/任何办法都想过了。
(32) a. 大多数工伤事故我们都让保险公司处理。
    a′. 我们大多数工伤事故都让保险公司处理。

从指称属性上来看,所有带有这些周遍性成分和限定词的名词性成分都具有一个共同特点,它们都是无指成分(参见 Milsark,1977;Fodor & Sag,1982;Chierchia & McConnell Ginet,2000)。与带无定成分的汉语双项名词句和英语句法话题句不同,这种带无指成分的双项名词句在汉语里十分常见,是一种很普通的用法。下面,我们着重研究句法话题和 NP2 由周遍性成分充任的句子。

我们注意到,一般说来,周遍性成分在所有的情况下都可以出现在 NP2 位置上,但并不是总能充任句法话题,有时能用,有时不能用。其中的规律是什么呢?请看下面四句一组的句子,注意 NP1 和 NP2 的语义属性以及它们的词序:

(33) a. 这句话谁都说不好。   (受事>施事)
    b. 什么话他都说不好。
    a′. 他什么话都说不好。   (施事>受事)
    b′.?* 谁这句话都说不好。
(34) a. 这条狗谁都喜欢。   (对象>感事)
    b. 什么狗他都喜欢。
    a′. 他什么狗都喜欢。   (感事>对象)
    b′. * 谁这条狗都喜欢。
(35) a. 这把锁什么钥匙都能开。   (对象>工具)
    b. 什么锁这把钥匙都能开。
    a′. 这把钥匙什么锁都能开。   (工具>对象)
    b′. * 什么钥匙这把锁都能开。
(36) a. 腊八粥什么米都能熬。(小米能熬腊八粥) (受事>对象)
    b. 什么粥这种米都能熬。
    a′. 这种米什么粥都能熬。   (对象>受事)
    b′. * 什么米腊八粥都能熬。
(37) a. 这个地方谁都能睡觉。   (地点>施事)
    b. 什么地方他都能睡觉。
    a′. 他什么地方都能睡觉。   (施事>地点)
    b′. * 谁这个地方都能睡觉。

(38) a. 这事什么人都有意见。 （系事＞施事）
　　 b. 什么事老高都有意见。
　　 a′. 老高什么事都有意见。 （施事＞系事）
　　 b′. *什么人这事都有意见。

(39) a. 这门功课人人都得了满分。 （系事＞施事）
　　 b. 门门功课他都得了满分。
　　 a′. 他门门功课都得了满分。 （施事＞系事）
　　 b′. ?*人人这门功课都得了满分。

(40) a. 东京什么都太贵。（东京物价太贵） （系事＞施事）
　　 b. 哪儿物价都太贵。
　　 a′. 物价哪儿都太贵。 （施事＞系事）
　　 b′. *什么东京都太贵。

(41) a. 这棵树什么都小。（这棵树叶子小） （系事＞施事）
　　 b. 哪棵树叶子都小。
　　 a′. 叶子哪棵树都小。 （施事＞系事）
　　 b′. *什么这棵树都小。

如果我们的语感不错的话，可以根据上面这些句子总结出周遍性成分在双项名词句中的出现规律。如(33)—(41)a 和 a′句所显示，NP2 都可以由周遍性成分充任，不受 NP1 和 NP2 语义角色区别的影响。而另一方面，(33)—(41)b 和 b′句则表明，在其他条件相同的情况下，NP1 能否由周遍性成分充任，取决于两个名词性成分在本文第二节(16)这条语义角色优先序列中的顺序，如果 NP1 的语义角色在 NP2 的后面，NP1 可以由周遍性成分充任；如果它的语义角色在 NP2 的前面，周遍性成分则不能在 NP1 的位置上出现。换句话说，如下表所示，两个名词性成分中，只有相对而言施事性较弱的那一个才能以周遍性成分的形式出现在 NP1 上，即句法话题的位置上。

周遍性成分在双项名词句中的出现规律

NP1 施事性是否弱于 NP2？	NP1	NP2
是 (33)—(41)a & b	可用	可用
否 (33)—(41)a′ & b′	不可用	可用

(16)这条优先序列原本是用来描写和解释汉语中另外一些语法现象的。上面的分析表明，同一条序列也能用来概括周遍性成分在双项名词句中 NP1 和 NP2 位置上的出现规律。这可能不是偶然现象。但是，对于这种现象，我们目前还没有找到一个满意的解释。或许可以认为，如果存在一个逻辑语义上基本对应的 SVO 句，其中的宾语由一个带周遍性成分的

NP 充任,那么这个 NP 可以充任双项名词句的 NP1,否则 NP1 则不能由周遍性名词充任。这种解释可以说明下面这样的情况:

(42) a. 这把钥匙能开任何锁。 → 什么/任何锁这把钥匙都能开。
　　 a′. *这把锁能开任何钥匙。 → *什么钥匙这把锁都能开。

(43) a. 这种米能熬任何粥。 → 什么粥这种米都能熬。
　　 a′. *这种粥能熬任何米。 → *什么米这种粥都能熬。

这似乎是告诉我们,双项名词句中由周遍性成分充任的句法话题,实际上是前置宾语,对于周遍性成分来说,这种前置是强制性的。但是,这种分析适用于上面一些句子,但却无法解释其他的例子。如前所述,汉语双项名词句大多数都没有相应的 SVO 句,例如:

(44) 什么地方他都能睡觉。
　　 什么事老高都有意见。
　　 门门功课他都得了满分。
　　 哪儿物价都太贵。
　　 哪棵树叶子都小。

这些句子与(33)—(41)中的其他句子在许多方面表现出同样的特征,最好作为同一类句子处理。周遍性成分能否出现在双项名词句 NP1 这个位置上,起决定作用的是句首两个名词性成分的语义角色和排列顺序。在这方面,符合与违反语义角色优先序列的句子分成相当整齐的两大类,这再次证明,本文上一节和这一节的(2)—(14)/(33)—(41)a & b 与(2′)—(14′)/(33)—(41)a′ & b′之间是系统性的区别。句子是否有相应的 SVO 句,有关名词性成分与小句谓语有无语法选择关系,基本上与这两大类句子之间的对立无关。

在这方面,其他无指成分在双项名词句中的表现与周遍性成分相同,例如:

(45) a.这面盾牌任何长矛都无法将它刺透。　　　(对象＞工具)
　　 b.任何盾牌这把长矛都能将它刺透。
　　 a′.这把长矛任何盾牌都能将它刺透。　　　(工具＞对象)
　　 b′.*任何长矛这面盾牌都无法将它刺透。

由无指成分充任 NP1 或 NP2 的双项名词句,它的话题-陈述结构不同于其他类型的双项名词句。NP2 由无指成分充任时,一般都是由句法话题做语用话题,例如:

(46) Q:这段话怎么啦?　　A:这段话谁都看不懂。
(47) Q:老高怎么啦?　　A:老高什么事都不管。

句法话题由无指成分充任的双项名词句具有比较特殊的话题-陈述结构。首先,这儿的 NP2 虽然是定指或通指成分,却不能理解为话题,例如:

(48) Q:老高怎么啦?
　　 A1:*什么话老高都说不出来。
　　 A2:*老高什么话都说不出来。

那么,这种句法话题句还有没有语用话题呢?我们认为,可以参考 Gundel(1976)及 Gundel & Fretheim(2004)的做法,将这类句子的 NP1 中表示无指属性的成分与 NP 的其他意义剥离开来分别处理。形式上,整个名词性成分是无指成分,但在信息结构分析上可以把剥离了无指属性的名词性成分理解为话题,例如:

(49) 大多数工伤事故我们都让保险公司处理。

可以认为,(49)的语用话题是"工伤事故",是个通指成分,陈述部分是"我们大多数都让保险公司处理"。因为这个句子有可能具有这种信息结构,所以在话语中能用它来应答下面这样的问题:

(50) Q1:工伤事故呢?

Q2:说到/至于工伤事故嘛,

A:大多数工伤事故我们都让保险公司处理。

其他由无指成分修饰名词充任句法话题的双项名词句也可以作类似的理解,例如(51)A 可以出现在下面的语境里:

(51) Q:说到/至于锁嘛,　　A:什么锁这把钥匙都能开。

也就是说,(51)A 可以理解为以通指成分"锁"为语用话题,陈述部分是"这把钥匙什么锁都能开",也可以用在下面的话语环境中:

(52) 什么锁这把钥匙都能开,铜的、铁的、明的、暗的、新式的、老式的,都没问题。

无指成分充任句法话题或 NP2 的双项名词句也可以有其他种类的信息结构。它可以是一个论元焦点(argument focus)或非谓语焦点句,以无指成分充任的句法话题或 NP2 为信息焦点,回答上文中一个相应的问题,例如:

(53) Q:小王都试过哪些办法?

A1:一切办法小王都试过了。

A2:小王一切办法都试过了。

(54) Q:这把钥匙能开哪些锁?

A1:什么锁这把钥匙都能开。

A2:这把钥匙什么锁都能开。

(55) Q:他们哪门课得了满分?

A1:门门课他们都得了满分。

A2:他们门门课都得了满分。

(56) Q:谁胆子大?　　A:人人胆子都大。

它们还可以是句子焦点结构,用在下面这样的语境中:

(57) Q:怎么啦?　　A:他们门门功课都得了满分。

限于篇幅,我们将另文详细讨论汉语句子的焦点结构问题。

由上面的讨论中可以得出结论,同 SVO 句中的主语一样,汉语双项名词句中的 NP1 虽然一般是定指或通指成分,但无定或无指成分也可以在这个位置上出现,其中周遍性成分尤为常见。周遍性成分能否在 NP1 位置上出现,取决于 NP1 和 NP2 的语义角色排列顺序。同 SVO 句一样,汉语双项名词句并没有固定的信息结构。NP1 经常用作语用话题,但也有不少时候它不能用作话题,或者不能用作普通意义上的话题。

四 结论

至少有一部分汉语双项名词句被看做最典型的话题-陈述句式。但是,我们发现,即使是在汉语这个话题突出性语言中,所谓最典型的话题-陈述句式表现的也并不总是典型的话题-陈述信息结构。汉语双项名词句可以表现多种类型的信息结构,语法形式与话语语用功能两者之间不存在严整的一一对应关系。句法话题一般可以用作语用话题,但也有不少时候,担任句法话题的可以是无定或无指成分,不能理解为一般意义上的语用话题。即使是有定和通指成分做句法话题,也并不意味着一定得解释为语用话题。

汉语双项名词句可以从不同的角度分为许多类别。从信息结构研究的角度来看,最重要的分类之一是根据句首两个名词性成分施事属性的相对强弱将它们分成两类。一类 NP1 的施事性弱于 NP2,另一类则相反。这两类双项名词句在表现话题-陈述结构和其他信息结构上有各自的系统性特点。在后一类双项名词句中,NP2 一般得是对比性成分或其他的新信息成分,NP1 不能由周遍性成分担任,而前一类双项名词句则不受这种限制。对于造成这种现象的原因,我们目前还没有找到一个满意的解释。

附 注

[1]英国剑桥大学的罗素(Bertrand Russell)与牛津大学的 Peter Strawson 曾就有关指称问题进行过几次辩论,在哲学、逻辑学与语言学界影响很大。(参见 Russell,1905;Strawson,1950、1964)Strawson(1964)认为,句子成分在该句题-陈述结构中的位置会对句子命题的真值条件产生影响。这个观点得到大多数研究者的赞同。

[2]汉语句子主语一般由定指成分担任,但是,正如范继淹(1985:328)所说,无定 NP 做主语的句子在汉语中"并不罕见,也不特殊",Chen(2004)也得出了类似的结论。汉语如此,英语也是如此。据 Hopper & Martin(1987:300)统计,现代英语中带不定冠词 a(n)的名词短语有 27% 左右,在句子中用作主语。

[3]有一些主谓谓语句并不是双项名词句,如下面这两个例子(转引自吕叔湘,1986:532、539):
(1)这椅子坐着很不舒服。　　(2)这孩子说话早。

[4]这儿讲的其他条件中,最重要的条件之一是有关成分在当前语境中的"激活状态"(activation state)[又称突出性(saliency)]、话语新/老信息(discourse new/old)、注意焦点(focus of attention)、心理焦点(psychological focus)等。相关研究成果在西文文献中有许多报道,汉语文献可参看徐烈炯、刘丹青(1998)和王红旗(2001)。

参考文献

陈 平 1994 《试论汉语中三种句子成分与语义成分的配位原则》,《中国语文》第 3 期。

丁声树等　1961　《现代汉语语法讲话》,商务印书馆。
范继淹　1984　《多项 NP 句》,《中国语文》第 1 期。
范继淹　1985　《无定 NP 主语句》,《中国语文》第 5 期。
方　梅　1995　《汉语对比焦点的句法表现手段》,《中国语文》第 4 期。
胡裕树　1979　《现代汉语》(第 2 版),上海教育出版社。
陆俭明　1986　《周遍性主语句及其他》,《中国语文》第 3 期。
吕叔湘　1946/1990　《从主语、宾语的分别谈国语句子的分析》,见《吕叔湘文集》第二卷,商务印书馆,445—480。
吕叔湘　1979　《汉语语法分析问题》,见《吕叔湘文集》第二卷,481—571。
吕叔湘　1984/1990　《现代汉语语法要点》,见《吕叔湘文集》第三卷,商务印书馆,466—509。
吕叔湘　1986　《主谓谓语句举例》,见《吕叔湘文集》第二卷,531—544。
沈家煊　1999　《不对称和标记论》,江西教育出版社。
王红旗　2001　《指称论》,南开大学博士论文。
徐烈炯、刘丹青　1998　《话题的结构与功能》,上海教育出版社。
朱德熙　1982　《语法讲义》,商务印书馆。

Aikhenvald, Alexandre Y. , R M. W. Dixon & Masayuki Onishi 2001 *Non-Canonical Marking of Subjects and Objects*. Amsterdam: John Benjamins Publishing Company.

Birner, Betty & Gregory Ward 1998 *Information Status and Noncanonical Word Order in English*. Amsterdam: John Benjamins Publishing Company.

Chafe, Wallace L. 1976 Givenness, contrastiveness, definiteness, subjects, topics, and point of view. In: Charles N. Li(ed.) *Subject and Topic*. New York: Academic Press. 25—55.

Chao, Yuen Ren 1968 *A Grammar of Spoken Chinese*. University of California Press.

Chen, Ping 1996 Pragmatic interpretation of structural topics and relativization in Chinese. *Journal of Pragmatics* 26: 389—406.

Chen, Ping 2003 Indefinite determiner introducing definite referent: a special use of "yi ' one' +classifier" in Chinese. *Lingua* 113: 1169—1184.

Chen, Ping 2004 Identifiability and definiteness in Chinese. *Linguistics* 42(6). 1117—1172.

Chierchia, Gennaro & Sally McConnell. Ginet 2000 *Meaning and Grammar: an Introduction to Semantics*. 2nd edition. The MIT Press.

Ernest, Thomas & Chengchi Wang 1995 Object proposing in Mandarin Chinese. *Journal of East Asian Linguistics* 4: 235—260.

Fodor, Janet Dean & Ivan Sag 1982 Referential and quantificational indefinites. *Linguistics and Philosophy* 9(3): 427—473.

Gabelentz, Georg von der 1901 *Die Sprachwissenschaft: Ihre Aufgaben, Methoden, und bisherigen Ergebnisse*. Tbingen: Gunter Narr Verlag.

Gundel, Jeanette K. 1976 *The Role of Topic and Comment in Linguistic Theory*. Indiana University Linguistics Club.

Gundel, Jeanette K. 1988 Universals of topic-comment structure. In: Michael Hammond et al. (eds.) *Studies in Syntactic Typology*. Amsterdam: John Benjamins Publishing Company. 209—239.

Gundel, Jeanette K. & Thorstein Fretheim 2004 Topic and focus. In: Laurence R. Horn & Gregory Ward (eds.) *The Handbook of Pragmatics*. Oxford: Blackwell Publishing. 175—196.

Halliday, Michael A. K. 1967 Notes on transitivity and theme in English. Part I & Part II. *Journal of Linguistics* 3: 37—81, 177—274.

Hockett, Charles F. 1958 *A Course in Modern Linguistics*. New York: Macmillan.

Hopper, Paul & Janice Martin 1987 Structuralism and diachrony: the development of the indefinite article in English. In: Anna G. Ramat et al. (eds.) *Papers from the Seventh International Conference on Historical Linguistics*. Amsterdam: John Benjamins Publishing Company. 295—304.

Jacobs, Joachim 2001 The dimensions of topic-comment. *Linguistics* 39(4):641—681.

Lambrecht, Knud 1994 *Information Structure and Sentenco Form: a Theory of Topic, Ocus and the Mental Representation of Discourse Referents*. Cambridge University Press.

Li, Charles N. & Sandra A. Thompson 1976 Subject and topic: a new typology of languages. In: Charles N. Li(ed.) *Subject and Topic*. New York: Academic Press. 457—489.

Milsark, Gary L. 1977 Toward an explanation of certain peculiarities in the existential construction in English. *Linguistic Analysis* 3:1—30.

Prince, Ellen 1998 On the limits of syntax, with reference to left-dislocation and topicalization. In: Pater W. Culicover & Louise McNally(eds.) *The Limits of Syntax. Syntax and Semantics*. Volume 29. San Diego: Academic Press. 281—302.

Reinhart, Tanya 1981 Pragmatics and linguistics: an analysis of sentence topic. *Philosophica* 27.

Russell Bertrand 1905 On denoting. *Mind* 14. Reprinted in. Herbert Feigl & Wilfrid Sellars(eds.) *Readings in Philosophical Analysis*. New York: Appleton Century Crofts, Inc.. 103—115.

Schlobinski, Peter & Stephan Schtze-Coburn 1992 On the topic of topic and topic continuity. *Linguistics* 30: 89—121.

Strawson, Peter F. 1950 On referring. *Mind* 59:320—344.

Strawson, Peter F. 1964 Identifying reference and truth value. *Theoria* 30:96—118. Reprinted in: Farhang Zabeeh et al. (eds.)*Readings in Semantics*. University of Illinois Press. 1974. 193—216.

Sun, Chaofen & Talmy Givón 1985 On the so-called SOV word order in Mandarin Chinese: a quantified text study and its implications. *Language* 61(2):329—351.

Zhang, Ning 2000 Object shift in Mandarin Chinese. *Journal of Chinese Linguistics* 28:201—246.

从"他的老师当得好"谈起*

哈佛大学语言学系　黄正德

一　真定语和伪定语

吕叔湘先生早年有篇短文,指出"他的老师"在例句(1)、(2)中有重要的语义差别,值得我们注意:

(1) 他的老师教得好。　　(2) 他的老师当得好。

例(1)的"他的老师"是一般的意义(表领属),但例(2)的"他的老师"不指他的老师,而是说他当老师这件事。类似例(2)的句子还有(3)a—d 等:

(3) a.他的篮球打得好。　　b.你的象棋下得过他?
　　c.她的媒人没做成。　　d.你的牛吹得太过分了。

下面的句子有歧义:

(4) a.他的头发理得不错。　　b.她的鞋做得好看。　　c.他的马骑得很累。

(4)a 的"他"可以是头发的主人,也可以是给别人理发的理发师,前者是"他的头发"的一般意义,后者是与(2)、(3)相当的特殊意义。吕先生特别指出,[NP 的 N]单说时只能有一般的领属意义,只有放在(2)—(4)这种句式中时,才有这种特殊的意义。

(2)—(4)这种句式对一般的语义诠释理论构成了难题,因此有学者曾经主张这种句式应是由"他当老师当得好、他理头发理得不错"等深层结构,经过若干变换手续而得来的表层结构。梅广(1978)认为例(2)应源自(5)a,先经过动词删略得到(5)b,再施以"的"字插入而得到(5)c:

(5) a.他当老师当得好。　　　　(深层结构)

---

* 《"他的老师教得好"和"他的老师当得好"》,收录于《语文杂记》(1984);又重印于《吕叔湘全集》(2002),辽宁教育出版社出版。吕先生所提出的问题,笔者从学习语言学之初,就极感兴趣,认为这是汉语句法最有意思的现象之一。屡次碰到相关的问题都难免想起吕先生这篇文章。本文主旨内容除在吕先生百岁诞辰纪念会上宣读之外,部分内容也曾于 2002 年李方桂先生百岁纪念会上作过口头报告。第四至第六节的部分讨论曾在 Huang(1994,1997)文中述及,此次就当时没想到的问题作了若干增补,在此就教于中文读者。完稿之前曾听取梅广、丁邦新、冯胜利、吴福祥诸先生的意见,并于上海师大东方语言学网站上与黄锦章、金立鑫、陆丙甫、邢欣、Yanshi 和 Niina Zhang 等学者作过有益的讨论,在此一并致谢。

  b. 他老师当得好。　　　　　（删除了第一个动词"当"）

  c. 他的老师当得好。　　　　（插入了"的"字）

笔者(Huang,1982)也以类似的方法来衍推(4)a：

 （6）a. 他理头发得不错。[1]　　（深层结构）

  b. 他头发理得不错。　　　（宾语"头发"提前）

  c. 他的头发理得不错。　　（"的"字插入）

(5)、(6)所代表的分析法都假设：当主语"他"紧接宾语"老师、头发"之时，两个并排的 NP 在结构上引起了重新分析（或重新组合）而形成一个名词短语，从而导致"的"字的插入：

 （7）$NP_1\ NP_2 \to [_{NP}\ NP_1\ NP_2] \to [_{NP}\ NP_1\ 的\ NP_2]$

NP_1 原来是主语，NP_2 是宾语，经过结构重组后 NP_1 变成了 NP_2 的定语。因为重新分析与"的"字插入都是表面的句法现象，不能改变句子的概念语义，所以"他的老师"虽在表面上有领属短语的句法，却没有领属结构的语义。但是，如果"他的老师、我的头发、你的牛"等不经过如此衍生，而是一开始就以名词短语置入句中，其意义便只限于一般的领属意义了。换句话说，[NP 的 NP]单说或置入例(1)时，[NP 的]是个一般的"真定语"。在例(2)—(4)里，[NP 的]则是一种"伪定语"（或"准定语"）。

二　结构重析与"的"字插入

  上述的分析把吕先生对两种定语语义的区别赋予了句法上的解释。这样的分析可算是由描述向理论迈出了第一步。

  或许有人认为语法分析不必如此大费周章，只要把定语分为真定语和伪定语，并指出(2)—(4)里的[NP 的]都是伪定语不就行了？问题是，这种看法只不过是给两种语义贴个标签，结果仍是在描述的境界里原地踏步。"伪定语"的内涵是什么？NP_1 和 NP_2 之间为什么是主宾关系，而不是宾主，更不是领属关系？在什么语境下可以有"伪定语"？为何单说时就得不到"伪定语"？贴标签对这些问题没有答案。但梅广(1978)或笔者(Huang,1982)的分析对这些问题都有相当清楚的交代。

  不过这种分析也引出了若干问题。首先，结构重析与"的"字插入无法解释为什么类似例(8)c 与(9)c 等的句子不能成立。

 （8）a. 他最喜欢数学。　　　　　（9）a. 我送了一本书给李四。

  b. 他数学最喜欢。　　　　　　　b. 我送了李四一本书。

  c. *他的数学最喜欢。　　　　　　c. *我送了李四的一本书。

例(8)a 可以经过宾语提前而得(8)b，例(9)a 也可以因间接宾语提前而形成双宾结构(9)b。二者都包含一段 $NP_1 - NP_2$ 的格局，理应可以继之施以结构重析与"的"字插入来衍生(8)c 与(9)c。但这样的句子显然不能成立。

另一方面,汉语里还有一种常见的句式,也应视为"伪定语"结构的一种,却也无法经由结构重析与"的"字插入来衍生:[2]

(10) a. 他念他的书,我睡我的觉。
　　 b. 你走你的阳关道,我过我的独木桥。
　　 c. 你好好教你的英文吧。
　　 d. 你静你的坐,他示他的威。
　　 e. 你批你的林,我尚我的孔。
　　 f. 我们同意分道扬镳,他去他的北京,我回我的上海。

(11) a. 他哭他的,我笑我的。
　　 b. 快快走你的吧!
　　 c. 你们吃你们的,别等我。
　　 d. 去你的!

例(10)里所有的[NP_1 的 NP_2]都不指领属。"你的阳关道"不指你的阳关道而是说你走阳关道,"他的北京"不指他坐拥北京城而是说他到北京去,其余类推。"你的坐、他的威、你的林、我的孔"单说时简直是不知所云。NP_1 和 NP_2 之间的关系不是物主之于物件,而是主语之于宾语的关系。[3] 这一点和(2)—(6)中"他的老师、他的头发"等是完全一致的。例(11)里的"他的、我的、你们的"等也一样,所不同的是这里使用的是单元述词,所以只有主语 NP_1,没有宾语 NP_2。总之,(10)、(11)和(2)—(6)一样,都牵涉到了所谓的"伪定语"。

结构重析与"的"字插入的分析法或许能处理(2)—(6),却与(10)、(11)扯不上关系。换句话说,以结构重析与"的"字插入来衍生所谓的"伪定语",其结果是既有过之又有不及:若干不该衍生的句子衍生了,而一些该衍生的句子反而无法衍生。这样的理论显然有待改善。

除了上面两项经验事实上的缺失之外,我们还可以想到两项理论上的不足。第一,我们所观察到的"伪定语"现象似乎只见于汉语,却不见于他种语言。果真如此,这项语类差异应该有所解释,但从结构重析与"的"字插入的分析着眼却很难看出"伪定语"现象和汉语的语言类型有什么关系。第二,假设句子结构可以重新组合而不改变语义,在理论上是一种负荷,除非有大量的独立证据与动机,否则不应轻易为之。在讲求理论精简的科学方法下,缺乏独立证据的假设应尽量避免。[4]

三　词义分解与核心词移位

基于上述各种理由,结构重析与"的"字插入的理论显然已站不住脚而应予放弃。本文提议采用词义分解(lexical decomposition)和核心词移位(head movement)的理论来分析上面各种"伪定语"结构。通过这种分析,上文所提到的几个经验与理论的问题都能获得解决。

所谓词义分解,是说一般认定为单词的词项,在理论上可以"因式分解"成为两个或更多个基本词根的结合(就如数字12可以分解为2×2×3一样)。例如英文动词 kill 传统上是一个单词素的词,但依词义分解理论,可以说它是"cause+die"的结合,而 die 又可进一步分解为"become+dead"的结合。提出这种看法的语言学者早年以 McCawley(1969)、Dowty(1979)为代表。Larson(1988、1991)研究英语的三元述词,认为 give、persuade、put 等都应分解为两个部分。依 Larson 的看法,"John gave the student a book"的分析如下页(12)所示:

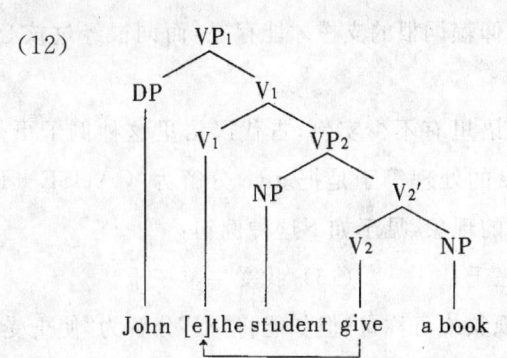

(12)
```
           VP₁
          /    \
        DP      V₁'
         |     /   \
              V₁    VP₂
                   /    \
                  NP     V₂'
                        /   \
                       V₂    NP
        John  [e] the student give  a book
```

例(12)的结构包含 VP₁ 与 VP₂ 两层谓语,下层 VP₂ 是上层 VP₁ 的补语。下层谓语以 V₂ 为其核心,而上层谓语的核心(V₁)则是一个不带语音成分的"轻动词"。[5]少了语音成分,V₁ 不能独立成词,于是 V₂ 经过核心词移位补入 V₁ 的位置,结果就得到"John gave the student a book"的表面结构。因此,表面句子听到的双宾动词 give 其实是轻动词([e])与单宾动词词根 give 合并的结果。

在 Larson(1988)的同时,Huang(1988、1992)也曾提出类似的结构来分析汉语的若干复式谓语句(包括动补结构与"保留宾语"句式等)。[6]

Larson(1988、1991)与 Huang(1988、1992)之后,词义分解理论又受到重视,包括 Hale & Keyser(1993、2002)、Chomsky(1995)与 Huang(1994、1997)等都相继采用。所谓轻动词,在语义的层次上是指内涵单纯并为许多动词所共有的"因子"语义。依据动词的种类,轻动词的语义可以归纳为 CAUSE、BECOME 和 DO 三类。[7]一般致动式动词可以分解为[CAUSE+经验(experiential)、起始(inchoative)或非宾格(unaccusative)动词],而经验、起始或非宾格动词又可以分解为[BECOME+状态词(stative)词根]。因此,英文动词 thin 的三种意义可以分解如下:

(13) a. The soup is thin.　　　　　　[thin](状态词词根)
     b. The soup thinned.　　　　　　[BECOME[thin]]
     c. Please thin the soup.　　　　[CAUSE[BECOME[thin]]]

"丰富"的三种用法也是如此:

(14) a. 他的常识很丰富。　　　　　　[丰富](状态词词根)
     b. 他的常识丰富了。　　　　　　[BECOME[丰富]]
     c. 此行丰富了他的常识。　　　　[CAUSE[BECOME[丰富]]]

至于非作格(unergative)或动作(activity)动词,词义上都属一种活动的进行或任务的执行,其轻动词所代表的语义是"DO":[DO[哭]]、[DO[打篮球]],等等。根据 Hale & Keyser(1993、2002)的理论,这类轻动词应该是以名词性结构为其宾语,如 cry 等于"do a cry, make a cry, etc."。一般与 DO 同义的实词(进行、做、执行)也都以名词性结构为其宾语。

轻动词的语义如此,语法上的表现则像一种虚词(功能范畴,functional category),与一般以 VP 为补语的助动词类似。在语音方面,轻动词或只有词缀的地位或根本没有语音成分,不能独立成词,必须仰赖词根的支撑才能存在,而词根经过核心词上移就造就了句子的表面词序。

动词移位在现代汉语里有不少实例,古代汉语里这种例子更是不胜枚举。(详见冯胜利,2005)Larson 对 give 的处理等于是把 give 分解为"CAUSE+HAVE"的组合。古汉语有大量所谓"施受同词"的现象,见于如下这种例句:

(15) 王授我牛羊三千。　　(16) 我受牛羊三千。

若不作词义分解,这种现象或可称奇,但如能将"授"分解为"使+受",施受同词便不足为怪。施动与受动的分别,只在于前者比后者多了一个表示 CAUSE 的轻动词成分,如下图所示:

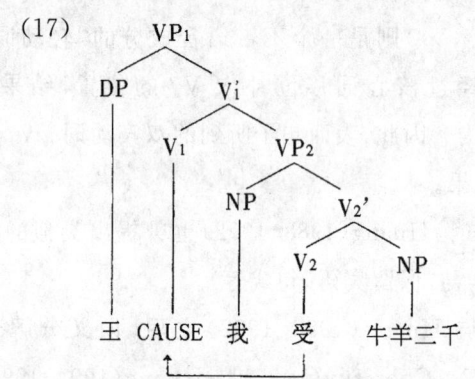

(17)

```
            VP₁
          /    \
        DP      V₁'
                /    \
              V₁      VP₂
                      /    \
                    NP      V₂'
                            /    \
                          V₂      NP
        王    CAUSE    我    受    牛羊三千
```

(17)经过动词核心移位就得到(15)。句子结构如少了轻动词成分 VP₁ 而只有下层 VP₂,结果就得到(16)。按照这个分析,轻动词 CAUSE 在例句(15)中的表现等于是一个词缀,虽然这个词缀不一定具有语音成分。我们可以说,施受同词的现象的确为词义分解与核心移位理论提供了一项有力的证据。[8]

比起古代汉语,现代汉语的施受同词比较少见,这是因为自汉魏六朝以来,汉语已经丧失了大部分的合成(synthetic)特质,而演变成一个高度的解析性(analytic)语言了。高度解析性语言的特质之一是每一个语义单位都以独立的词项来表达。轻动词不再是空语类或词缀,而是像"使、弄、搞、做、打"等的实词。因为核心词不能移入轻动词位置,所以就没有施受同词的情况。

现代汉语的高度解析性使得核心词移位在构词的层次上几乎无用武之地。但在句法层次上,核心词移位仍然相当活跃。我们认为"伪定语"结构的形成,主要是核心词移位在句法层次上操作所得到的结果。

四　核心词移位与伪定语结构

首先考虑例(10)之类的句子。依据词义分解的办法,我们假设例(10)c 里"你教你的英文"源自下面的深层结构:

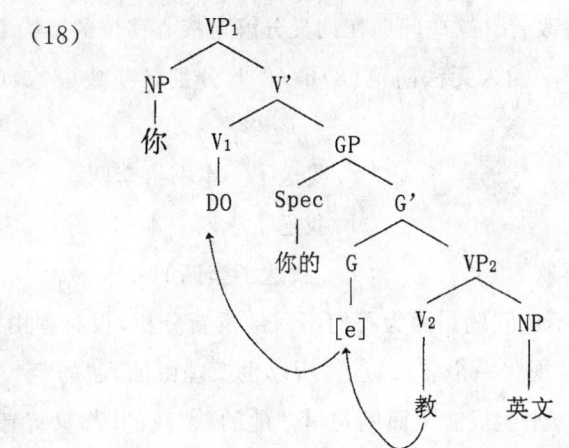

(18)
```
              VP₁
             /   \
            NP    V'
            |    /  \
            你  V₁   GP
                |   /  \
                DO Spec G'
                   |   /  \
                   你的 G   VP₂
                       |  /  \
                       [e] V₂  NP
                           |   |
                           教  英文
```

依(18)所示,谓语"教英文"(=VP₂)首先经过动名化,因此其主语作为动名短语 GP (gerundive phrase)的定语,以"你的"形式出现,得到"你的教英文"。动名短语上面还有个轻动词,其语义属"执行、进行、做、搞、弄"之类,是个双元述词(以"你"为其主语,指涉事件的 GP 为其宾语)。因为缺乏语音成分,我们以 DO 来标示它。因此,依照(18)的分析,"你教你的英文"在深层结构里相当于"你执行(做、搞、弄)你的教英文(的事)",所不同的是核心词 V_1 和 G 都不含语音成分。因为没有语音成分不能独立成词,必须将下面的 V_2 一步一步移上来补位,于是造成了"你教你的英文"这种表面结构。[9]

例(11)里的句子也都可用同样的方式来生成。(11)与(10)相似,主要的分别在于动词是否带有宾语。"他哭他的"可以分析如下:

(19) a. 他   DO   他的   哭。   (深层结构)

　　 b. 他   哭ᵢ   他的 t_i。   (动词核心移位)

　　 c. 他哭他的。   (表面结构)

解决了(10)、(11)等句子,让我们回到吕先生那句"他的老师当得好"与(3)、(4)等相关句式。不难发现,这些句式也都牵涉到动名短语与核心词移位。例(2)的生成过程可如下述:

(20) a. 他   DO   他的   当   老师   (得好)。   (深层结构)

　　 b. 他   当ᵢ   他的 t_i 老师   (得好)。   (动词核心移位)

　　 c. [e]   当ᵢ   他的 t_i 老师   (得好)。   (受事主语句步骤一:主语删略)

　　 d. [他的 t 老师]ⱼ   当 t_j (得好)。   (受事主语句步骤二:宾语提前)

　　 e. 他的老师当得好。   (表面结构)

(20)a、b 的转换与(18)、(19)所示无异:"他 DO 他的当老师"转换成"他当他的老师"。这个结果经过主语删略与宾语提前成为一个受事主语句(与"手帕弄湿了"、"衣服还没洗好"等同类),加上情状补语,就得到整句的表面结构。[10]

换句话说,(2)—(4)所有的句子首先都得像(10)、(11)一样经过核心词移位把动词词根移入轻动词的位置,然后再进一步转换成受事主语句。这样的分析显然比"重新分析与'的'字插入"的办法更为恰当。上文指出,"重新分析与'的'字插入"在经验事实上有过与不及的缺点,在理论层次上也亟待改善。这些问题在词义分解与核心移位的架构下,都不成问题。

首先,重新分析与"的"字插入无法防范(8)b、(9)b 分别转换成(8)c、(9)c。这是它的"过"处:

(8) a. 他最喜欢数学。　　　　(9) a. 我送了一本书给李四。
　　b. 他数学最喜欢。　　　　　　b. 我送了李四一本书。
　　c. *他的数学最喜欢。　　　　　c. *我送了李四的一本书。

根据本文理论,(8)c、(9)c 不成问题。因为我们不采纳重新分析,没有理由把(9)b 的"李四一本书"或(8)b 的"他数学"视为一个名词短语,所以也没理由插入"的"字。另外(8)c 也不可能借词义分解与核心移位来生成。下面例句里,"他的"、"我的"都只有真定语,没有伪定语的解释:

(21)他喜欢他的书包,我喜欢我的笔筒。

与(10)、(11)等伪定语句式不同之处是,(21)里"他的书包"指他所拥有的书包,不是说他喜欢书包。[11] (21)的表面结构与(10)、(11)大致一样,但使用的动词不属同类:(10)、(11)的"念书、睡觉、走阳关道、过独木桥、哭、笑"等谓语描述的是一种动作,(21)的"喜欢"则指涉一种状态(类似的动词还有"讨厌、了解、认识"等)。动作谓语句可以形成伪定语结构,但状态谓语句不能,为什么呢?按照本文所提的理论,答案很简单。大多数词义分解论者都主张,动作动词可以分解为[DO+动词或名词词根],但状态动词已经是词根了,因此不需(也不能)进一步分解。换句话说,状态动词不附属于任何轻动词之下,因此没有机会通过核心移位来形成任何伪定语结构。

其次,重新分析与"的"字插入不能把(2)—(4)与(10)、(11)统一处理,这是它的"不及"之处。即使重新分析与"的"字插入可以正确生成(2)—(4),同样的机制却与(10)、(11)完全无关。相反,依照本文的理论,这些句式引起的问题[连同(8)c 和(21)引起的问题]都能以词义分解与核心移位来一次解决。

再次,依照本文的分析,所谓的伪定语其实都不是伪定语,而是一般常见的真定语。众所周知,动名短语的定语一般都可指涉其主语,如"他的跋扈"、"你的坚持"、"人民的期待改革"、"政府的无能与连续漠视人权",等等。我们的分析就是把(2)—(4)与(10)、(11)分别看成动名短语句式来处理,不需要巧立名目,更不需要重新分析。上文指出,重新分析是说句子结构可以改变而语义不变,这在理论上是一种负荷,不应轻易为之。就理论的精简度而言,我们的分析显然也略胜一筹。

最后,从普遍语法和语类学的观点来看,"伪定语"现象似乎只见于现代汉语,却不见于他种语言或古代汉语,这是一个需要解释的问题。从结构重析与"的"字插入的分析着眼很难看出"伪定语"现象和汉语的语言类型有什么关系,似乎只能看成一种偶然的巧合。或许,词义分解与核心移位能提供一项初步的解释。我们知道现代汉语与古汉语、英语的一大区别在于前者的高解析性质。比较起来,古汉语与英语的构词性(合成性)比现代汉语高,解析性比现代汉语低。[12]因此古汉语许多词语兼类、多义的例子在现代汉语里已很少见。一般说来,合成性语言的词汇部门比较活络、旺盛,许多语言现象都可视为词汇规律运作的结果;解析性语言的句法部门比较旺盛,大多数的现象都是句法运作的表现。依据 Hale & Keyser(1993)与若干当代学者的看法,语言有两种句法:词汇部门的句法(L-Syntax＝Lexical Syntax)与句法部门的句法(S-Syntax＝Syntactic Syntax)。上文第二节已经提到一些英语与古汉语词义分解与核心移位的实例,现在应该说这些有关的分解与移位都属于 L-Syntax 部门。现代汉语的词汇部门自两汉以来早已式微,所以类似的例子比较少见。但是"伪定语"结构如何产生呢? 那是因为词义分解与核心移位在现代汉语还是属于 S-Syntax 的部门。本文认为相关的句式是因核心动词移入动名短语的核心词位置后,再继续移至轻动词 DO 的结果。这种运作牵涉到动名短语,必然受到 S-Syntax 的管辖,因为动名短语是一种功能范畴,而词汇部门专司词汇范畴(lexical category)的生成运作。换句话说,现代汉语"伪定语"结构的现象可以归因于它的高度解析性。解析性低的语言其 S-Syntax 相对比较受限,因此无法发展出这种结构。

五 轻动词补位与熟语分布

除了上述优点之外,词义分解与核心移位还有若干直接或间接的独立证据。首先,以下例句显示轻动词也可以具有语音成分[(22)a],但当轻动词没有语音成分时[(22)b],词根的核心便得移上去补位[(22)c]:

(22) a.他搞他的革新,你搞你的复古。　　　(轻动词＝搞)
　　　b.*他__他的革新,你__你的复古。　　(轻动词无语音成分)
　　　c.他革他的新,你复你的古。　　　　　(词根补入轻动词位置)

另外,核心移位还可以解释若干熟语分布的"异常"现象。我们知道,熟语与一般短语有一项重大的不同,在于熟语的成分不能有所指涉。因此英语熟语 take advantage of 中的 advantage 不能与定冠词合用,不能作特指问,也不能加以主题化:

(23) a. John took advantage of Bill.　　　b.*John took this advantage of Bill.
　　　c.*Which advantage did John take of Bill?　d.*Advantage, John took of Bill.

"幽默、吹牛"算是汉语常见的熟语例子。"默"和"牛"在这里都没有自己的指涉能力,离开了熟语就只能恢复它原来的词汇意义。有趣的是这些成分都可以与"这、那"合用,也可以出现在句首做全句的主题:

(24) a.你怎么老是跟他幽这个默?　　b.你这个默幽得真不是时候。
　　　c.牛,他倒是不吹的。　　　　　d.这个牛,我觉得你是吹得太过火了。

为什么无所指涉的"默、牛"可以加上指示代词,也可以主题化呢? 原因很简单。根据核心移位的分析,(24)a 的"幽这个默"其实是"DO 这个幽默"经过核心词移位而得来的。因此"这个默"是说"这个幽默(的行为、动作)"。同理,(24)c 其实是说"吹牛(的行为),他倒是不做的"。行为与动作都属一种事件,当然有所指涉,也可以主题化。请比较:"这个牛,我不能吹"可以成立,但"*这头牛,我不能吹"则不能成立。这也证明量词"个"所修饰的是"吹牛"这个动作或事件,不是在表面结构中紧跟其后的"牛"。这种形义失称的问题经过核心移位的分析就不再是问题了。

汉英两语言所见于(23)、(24)的不同,一样可以视为解析性与合成性语言之区别的一个体现。解析性语言可以在句法层次(S-Syntax)执行核心移位把动词移入动名短语,再从动名短语中移入上层的轻动词位置。合成性语言的词汇句法 L-Syntax 比较旺盛,一般核心词移位都在构词层次上执行,所以没有类似(24)这种疑似熟语成分有所指或主题化的现象。

最后,汉语名词短语还有一个异常现象,与数量结构有关,也可以从词义分解与核心移位获得解释。以下另辟一节说明。

六 名量与动量

汉语语法研究传统上有个重要的看法,认为所有的主要词汇范畴都可以受到数量词的修饰,即名词有名量、动词有动量、形容词有形量:[13]

(25) a. 一个人、两支笔、三台计算机

　　b. 一杯水、两袋米、三斤五花肉

(26) a. 吃了一次、睡了两回、跑上海跑了四五趟

　　b. 睡了一天、等了两年、静坐了四五个钟头

(27) a. 八尺高、长六丈

　　b. 两个人高、三根棍子(那么)长

当代学者一般都认识到名词数量结构可以依名词的可数与否分成类目词(classifier)与度量词(measure word)两种:前者如"个、枝、台、枚"等,或称个体量词;后者如"杯、袋、斤、碗"等。两者的区别表现在:度量词能与"的"字合用,本身也可以受到修饰,但类目词不能:[14]

(28) a. *两支的笔、*一大个人、*三个的学生

　　b. 一大杯(的)水、两小袋的米、一大班的学生

动量词也可以分成可数、不可数两种:回数补语"一次、两回"是计数事件的次数,而期间补语"一天、两个钟头"可说是度量事件的大小。

一般说来,名量词与名词合用,处于定语的位置;动量词与动词合用,处于状语的位置。有时候动量词也能出现于定语的位置,例如:

(29) 我们无法忍受他们的多次骚扰。(30) 经过三年的刻苦耐劳,家境终于好了起来。

这种情况没有问题,因为"骚扰、刻苦耐劳"显然已经名物化了。虽然其语义指涉属于动作类,但句法体现则是一个名词短语,因此"多次、三年"做定语是理所当然的。

有趣的是，动量词也可以与指涉人或物的个体名词合用，似乎也处于定语位置：

(31) 他看了三天书。　　　(32) 他唱了两次歌。

(31)里的"三天书"也可以说成"三天的书"，但(32)的"两次歌"却不能说成"两次的歌"：

(33) 他看了三天的书。　　(34)?* 他唱了两次的歌。

(33)、(34)的分别似与(28)a、(28)b两相对称：即度量词可以加"的"，但类目词不能。

现在我们要问的问题是：(i)"三天书、两次歌、三天的书"等词串是不是短语？(ii)若是短语，是哪一类短语？我们的答案是：这些词串都可以构成短语，"三天的书"应是名词短语，而"三天书、两次歌"可以是名词性短语，也可以是动词性的短语。初步的证据如下。首先，因为有了定语标记"的"，"三天的书"视为名词性短语应是无可置疑的。这也可以从并列与移动等测试法则得到佐证：

(35) 他连一分钟的书都没看过。　　　(36) 他们批了两年的林、三年的孔。

(37) 他两年的英文跟三年的数学都教得很愉快。

一般句法学教科书都指出，只有构成一个句法单位的词串才能移位或与其他词串并列。因此(35)—(37)里的"一分钟的书、两年的林、三年的数学"等都应自成短语。同理，"两次钢琴、两年北京、三次上海"等词串在下列的例句中也应视为短语：

(38) 我昨天弹了两次钢琴、三次吉他。　　(39) 他连一次北京都没去过。

(40) 他住了两年北京、三年上海。　　(41) 他两次北京和三次上海都去了很久。

这些短语属于哪一个词类呢？这个问题比较复杂，下文将进一步讨论。但至少例(41)里的"两次北京、三次上海"因为借着连词"和"形成并列结构，应可判断为名词性的短语。

既然(35)-(41)的[动量＋名词]都是短语，(31)-(33)的"三天书、两次歌、三天的书"也都有可能自成短语。如此一来，原来的状语却成了个体名词的定语，动量却成了名量了。当然，就语义而言，我们都晓得"三天、两次"还是指涉动量，只不过在句法上处于定语、名量的位置罢了。换句话说，这些定语、名量其实都是伪定语、伪名量，与上文所讨论的伪定语结构相似。[15]

在词义分解与核心移位的分析之下，这些结构都是核心动词上移所得到的表面结构。以(33)为例，我们的分析如下：

(42)
```
            VP
           /  \
         NP    V'
         他   /  \
             V    GP
             DO  /  \
               Spec  G'
              三天的 / \
                   G   VP
                  [e] / \
                     V   NP
                     看   书
```

谓语"看书"因为动名化置于动名短语 GP 之下,因此动量词"三天的"处于定语位置。动词词根经过核心移位就得到了(33)的表面语序。依此分析,(42)的原意是说他进行了三天的看书(的事),"三天的"是动名短语的真定语,不是伪定语;虽然在句法上以名量的形式出现,在语义上仍是描述动名短语的动量。

(31)、(32)与(33)的不同之处是没有定语标记"的"。我们认为"三天书、两次歌"应该有两种分析法。第一种与(33)相同,以"三天、两次"作为动名短语的定语。上文已指出名词的数量词可以分为类目词与度量词,其中类目词不能加"的"。动量词亦同,表示次数的"三次"不能加"的",表示度量的"三天"可以。因此,把"三天、两次"当做动名短语的定语并无不可。事实上,当"三天书、两次歌"被移置于句首之时,如例(39)、(41),或与名词性的连词合用之时,如例(41),这种动名结构的分析法也是不能避免的。

但我们也得承认(31)、(32)还有另一个结构。这里我们沿用 Kung(1993)、Tang(1990)的说法,将(31)、(32)分析如下:

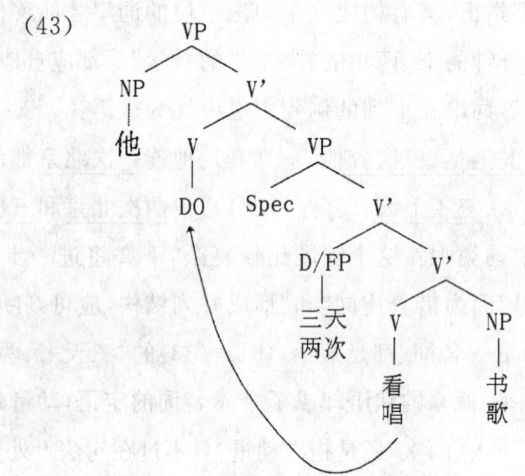

(43)
```
              VP
             /  \
           NP    V'
           |    /  \
           他   V    VP
               |   /  \
               DO Spec  V'
                      /  \
                   D/FP   V'
                    |    /  \
                   三天   V   NP
                   两次   |    |
                        看   书
                        唱   歌
```

(43)与(42)不同之处在于少了动名短语 GP,只保留了上下两层 VP,与 Larson 的"VP 壳"结构(12)相似。期间与回数短语"三天、两次"作为下层 VP 的状语,加接于 V' 之上。[16] 词根经过核心移位就得到了(31)、(32)的表面结构。

或许有人要问,既然已经有证据可以把"三天书、两次歌"视为名词性的 GP 短语,又何必说它们也可能是动词性的 V' 短语?这岂不是违反了方法论上的经济原则吗?我们认为(43)之所以有必要,主要是基于理论与经验两方面的考量。在理论上,我们所知的一切语法通则与运作程序都不能排除这个结构。既然不违法,就是合法。若要专立条款来排除(43),反而会使得整个理论更为复杂。从经验事实方面,也有证据显示(43)与(42)的结构都不能避免。请考虑下面的例子:[17]

(44) a. 他已经看了三天那本书了。　　　b. 她一共唱了两次那首歌。

　　　c. 她送给了张三两次那些照片。

这些例句与(31)、(32)的主要不同在于动量词后面名词短语的复杂度。"三天书、两次歌"里的名词是个光杆名词(bare NP),但例(44)里,动量词后面却有个完整的名词短语(包含自己的指示代词、名量词等)。现代句法理论认为包含指示词、冠词、数量词等的名词短语应是一种"限定词短语"(determiner phrase,简称 DP),而光杆名词才是名词短语(NP)本身,属于 DP 结构的一个成分。也就是说,(31)—(32)里面的动后成分是[动量+NP],(44)的动后成分则是[动量+DP]。这两种结构另有两项区别。

第一,[动量+NP]可以提前,但[动量+DP]都不能提前:

(45) a. 她一天书都没念过。　　　　(46) a. *他一天那本书都没看过。
　　 b. 他两次歌都没唱成功。　　　　　　 b. *他两次那首歌都唱得很精彩。
　　 c. 他三次美国都住了很久。　　　　　 c. *她一次那些照片都没送给我过。
　　 d. 他五趟上海都去得很辛苦。

第二,只有[动量+NP]可以插入定语标记"的":

(47) a. 她看了两个钟头的书。　　　 (48) a. *他看了两个钟头的那本书。[18]
　　 b. 他一共住了五年的上海。　　　　　 b. *他一共住了五年的那个大都市。

为什么[动量+NP]与[动量+DP]有这两项区别?我们认为关键在于(42)与(43)的分别以及移位理论上的一条重要规定:只有最大投射(maximal projection,XP)的短语与最小投射的核心词(X^0)能移位,中间投射的短语(X')不能移位:

(49) α 可移位,唯若 α=XP 或 X^0。

换句话说,只有 XP-movement 与 X^0-movement,没有 X'-movement。虽然所有的短语都可以并列,但并非所有的短语都可移位。[19]

先考虑(42)与(43)。根据(42),"三天的书"构成动名短语 GP,属最大投射。这是因为 GP 之上属于 VP 范畴,GP 已无法继续往上扩充。但根据(43),"三天书、两次歌"只构成了下层的 V'或 VP,但 VP 可继续往上投射至上层的 VP 壳,所以下层 VP 不算是个最大投射的短语。因此,依照(49)的规定,虽然"三天书、两次歌"都可以进入(42)的格局作为 GP,也可以进入(43)的格局作为下层的 V'或 VP,但是只有当它们处于(42)格局中时,这些[动量+NP]的短语才能前移。换句话说,例(45)各句的[动量+NP]都是动名短语结构 GP。

现在来考虑[动量+NP]与[动量+DP]的两项区别。我们认为这两项区别可以归于一句话:[动量+NP]可以当做动名短语,[动量+DP]不能。也就是说:

(50) GP→[动量+VP_x],唯若 VP_x→[V+NP]。

依(50)的规定,若要以[动量+VP]构成动名短语,VP 必须以 NP 为其宾语,不能以 DP 为其宾语。当动词移出[动量+VP]之后,剩下来的部分必须是[动量+NP],不是[动量+DP]。

现在我们来推导(45)—(48)所显示的两项区别。首先,因为"一天书、两次歌"等是[动量+NP],根据(50)可以是动词移出后所剩的动名结构(GP)。既是 GP,根据(49)就可以移位,因此(45)各句都合语法。其次,"一天那本书、两次那首歌"等属[动量+DP],不可能构成 GP,也不能提前,所以(46)各句都无法接受。同理,(47)属[动量＋NP]类,可以形成名词性的 GP,所以也可以插入"的"字。(48)属[动量＋DP]类,不能形成动名短语,所以也无法插入"的"字。

现在再回到(44)。这些句子都属于[动量＋DP]类,而且都是合法的。这说明虽然"三天那本书、两次那首歌、两次那些照片"这类词串不能造成动名短语,不能提前,也不能插入"的"字,但却可以置于动词之后。原因无他:这些短语虽然不能进入(42)的格局,但还是可以进入(43)的格局。这就证明了(43)所示的结构不只是一种可能,而且是不能避免的。

上述论证如果正确的话,也同时证明了"一天书、两次歌、三次美国、五年上海"等在动词之前都应视为名词性短语。本文也认为这些词串在动词之后也可以自成短语,虽然不一定是名词性的短语。

在结束本文之前,还有三点有疑虑之处必须交代。[20]第一点,有人觉得(51)的"一天上海"不须视为短语:

(51) 他连一天上海都没住过。

这是因为"一天"与"上海"都能个别提前:

(52) 他连一天都没住过上海。　　(53) 他连上海都没住过一天(,更何况是国外)。

假如"一天"与"上海"可以分别加接到动词之前来构成(51),就没有理由说"一天上海"一定是个短语。首先我们必须澄清的是,本文的各项论点不需要说"一天上海"一定非属短语不可。如果有可能分别提前得到(51),那么"一天上海"不成短语,就没有动量当做名量的问题,也就不属本文的讨论范围。但是即使有这个可能,也并不能说"一天上海"就一定不可能是个短语。上文已经从并列与连词"和"的使用证明"一天上海"自成短语是有可能的,如例(41)。既有可能,就有了表面上动量当做名量的问题需要处理。其次,我们也怀疑(51)有可能是由"一天"与"上海"分别提前得到的结果。分别提前有可能造成下列句式,但"上海"必须置于"一天"之前:

(54) 上海他连一天都没住过。　　(55) 他上海连一天都没住过。
(56) *连一天他上海都没住过。　　(57) *一天他连上海都没住过。

这是因为"(连)一天"是句子的焦点,"上海"是主题。当主题和焦点都前置时,应该是主题在前焦点在后,这是一般标准的看法。因此(51)不可能由"一天"与"上海"分别提前所得。但如果"一天上海"自成短语,作为(51)的焦点则不违背主题在前焦点在后的大原则。

另外,也有人指出,在"他去了两次纽约"中的"两次纽约"也不一定非看成短语不可,因为这个例子可以断句如下:

(58) 他去了两次,纽约。

在实际交谈的情况下,"纽约"可能是说完了"他去了两次"后再补上去的。[21]此外即使不如此断句,或许也能把"纽约"分析为复式述语"去了两次"的宾语。这两种情况都不无可能。但这些情况都不造成动量当做名量的问题,所以也不是本文的旨趣所在。重要的是,有时候"两次纽约"也不免自成短语：

(59) 他去了两次纽约，三次台北。　　(60) 他两次纽约跟三次台北都去了很久。

既然"两次纽约"在(59)、(60)里可以自成短语，在单句"他去了两次纽约"里自成短语也是在所难免的。

最后，也有人提议(59)、(60)或许是省略的结果。例如(59)或可由"他去了两次纽约，去了三次台北"省略而来。(60)或许也能以省略或其他手续来衍生，虽然这仍很难否认"两次纽约跟三次台北"是由两个名词性短语并列而成此一事实。原则上我们不反对省略之说，事实上这与本文的理论精神是一致的。本文的主要观点是说，若干表面上看似含有伪定语、伪名量的名词短语，其实都是因为核心词移位所造成的假象。"他的老师、你这个默、三天的坐、两次纽约"各个短语其实都至少包含了一个空语类："他的[e]老师、你这个[e]默、三天的[e]坐、两次[e]纽约"。本文从词义分解与核心移位的角度切入，认为空语类[e]应该是个移出点(痕迹，trace)。依省略之说，空语类[e]是个省略点。原则上两种说法在精神上并无二致。但省略说是否站得住脚，则须看它是否有一套整体的语法体系、省略理论与判断准则来支持它。

七　结语

综合以上所述，本文所讨论的现象都可以归纳为一种句法和语义互映不对称的问题。原来指称个体(individual)的名词短语在句法表面上受到定语或指示语的修饰，但这些定语和指示语在语义上却不修饰名词短语所指称的个体，而是修饰跟该个体有关的事件(event)。我们的理论就是为这个问题提出一个句法上的解释。针对以前的分析，我们指出四大优点与三项独立证据来支持本文的理论，并澄清了若干疑点。从上文已可看出，"伪定语结构"的产生受到句法结构的约束(如相关动词的种类、轻动词是否带语音成分、相关动词与名词应成动宾关系等)，因此以句法手段来解决此问题是合理的。或许有人认为这个问题也可以从语义的角度来解决。一个说法是把名词短语的语义细分为外延与内涵两种。外延即名词短语所指涉的个体，内涵则是与之有关的事件。[22]"他的老师"可以指他的老师(这个人)，也可以指他的当老师(此一事件)。这样的说法基本上是把吕叔湘先生的话重说了一遍，还是没有解决问题。我们知道"他的老师"的个体指涉(individual reference)意义是很单纯的，但其事件指涉(event reference)则相当复杂。可以说，假如汉语有两千个动作动词，"老师"就有两千零一个指涉意义(一个外延、两千个内涵)。词语的外延显然是词汇语义学(lexical semantics)的工作，但这里所谓的内涵则绝对不是词汇语义学所能处理的，因为"老师"的内涵是什么，是全看上面的动作动词来决定的。换句话说，这是组构语义学(compositional semantics)的工作，仍然需要依赖正确的句法结构才能演算出正确的语义。更重要的是，纵使语义演算部门可以增加一些转类(type-shifting)规则等来补强其功能从而规避若干句法规则,最后还是得面对一个语类差异上的大问题:为什么"伪定语"结构只见于汉语这种高解析性的语言?或说,为什么只有汉语的名词短语除了外延语义之外,还有指涉事件的所谓内涵语义?

本文从句法学的观点提出了词义分解与核心移位的理论来尝试回答一些"为什么"的问题,希望能从许多老在原地踏步的描述园地里迈出一小步。

附　注

[1]如果不经过宾语提前,则(6)a必须经过动词重复得到"他理头发理得不错"。另一说以"他理头发理得不错"为基底结构,宾语提前得到"他头发理理得不错"后,两个动词"理"合并为一,成为(6)b。

[2]这种句式见于吕叔湘先生的另一篇语文札记《代词领格的一项特殊用法》。不过吕先生没有把这种句子和第一节(2)—(6)句放在一起讨论。下文将说明这些句式都可以视为同类一并处理。

[3]原是偏正结构的"静坐"显然已经因结构类推,而以动宾结构置入(10)d。

[4]即所谓的"欧卡姆剃刀"(Occam's Razor),理论选择,取其精者,若非必要,应悉剔除。

[5]学界把这种结构称为"Larson氏的VP壳结构"(Larsonian VP shell)。

[6]为了保持行文的流畅,这里不作详细的重述。Huang(1988、1992)研究汉语的谓语结构,指出下列(i)—(iii)句式都牵涉到了动词的移位:(i)这件事激动得李四流出了眼泪;(ii)张三哭得李四很伤心;(iii)张三打了李四一个耳光。以(iii)为例,其深层结构应如(iv)所示:(iv)张三-李四[打了一个耳光]。"打了一个耳光"是个复式述语,以"李四"为其宾语。宾语和主语之间有个轻动词的空位,主要动词"打了"移入补位之后就得到(iii)。同样地,(i)、(ii)中的"李四"也是动补复式述语的宾语,动词前移之后得到了表面的词序。

[7]还可以另增一类:BE或HOLD。(参看Parsons,1990)这四类轻动词分别与Vendler(1967)的四类动词平行,可以视为协助构成Accomplishment、Achievement、Activity、State等谓语的助动词,也可以看成给动词分类的类目词(classifier)。从这个观点来说,轻动词之于动词,可以说是和名量词"个、本、枚"等之于名词相称的。高明凯、赵元任先生(如Chao,1948)即将classifier另名为"助名词"。以此类推,名量词也可称为"轻名词"了。这个看法不只在观念上说得通,从语类学和历史语法的角度来看也站得住脚。一般使用助名词的语言,也大量使用(有语音成分的)轻动词。就历史发展来说,汉语的助名词与轻动词"打、弄"等也是历经中古至近代平行演变的产物。见Huang(2005)与相关引文。

[8]除了表示"赠与、租借、买卖"等意义的三元述词之外,一切兼指使役与经验,或使役与起始的兼类动词也都属施受同词的例子。事实上,被动式与经验式、起始式一样,都属作格式(ergative construction)的一种,因此以一个单词兼指使役与被动的现象也是一种施受同词的体现。现代被字句的"被"在上古时期就有使役与蒙受两种用法,如"天被尔禄"(《诗经·大雅·既醉》),与"尝被君之渥洽"(宋玉《九辩》)等。(见Zhang,1994)有些学者认为汉语以一个单词兼指使役与被动的能力是借自阿尔泰语系语言的此种用法,这个看法已经为江蓝生(1999)所推翻。事实上使役与被动就是施与受(日本学者称被动为受动)。施受同词不只是自古有之,也可见于现代各地方言(如台湾闽南语以一词兼表使役、被动和赠与)与各类语种(如英文的get:John got Bill killed是使役,John got killed则是被动;法文的faire也有类似的兼类用法)。借自阿尔泰语系之说,算是舍近求远了。

[9]依(18)所示,动词词组首先受到动名化,作为GP的一个成分。如此可以表达:对内而言"教"仍是个动词(可以有直接宾语并赋予宾格),但对外而言整个VP与其主语则构成一个名词性短语(而以领属格短语做其定语)。这里所假定的动名短语,我们为简化讨论直接以GP来命名。但实际上我们认为GP仍是一个主谓结构,只不过其中心语具有名词性成分[−V,+N]。也就是说,GP属一种IP/TP。这种看法允许我们以两个词类属性[V,N]来描述英语的四种主谓结构句式。限定子句中心语时制词素-ed等为

动词性[＋V,－N],动名结构中心语-ing 为名词性[－V,＋N],分词结构(participles)中心语-ing 或-en 为形容词性[＋V,＋N],不定词结构中心语 to 为介词性[－V,－N]。这种看法与 Abney(1987)的假定略有不同。Abney 将动名词词缀置于限定词 D 之下,把整个动名结构视为 DP,本文则视动名结构为一种具有名词性的句子。两种看法互见长短,因其区别不影响本文主旨,在此不进一步讨论。依本文之见,GP 就是"主之谓"结构。古汉语的"主之谓"结构非常普遍,如"孤之事君在今日,不得事君亦在今日"《国语·吴语》与"寡人之有五子,犹心之有四支"(《晏子春秋·内篇谏上》)等。但有趣的是,相应的现代汉语句"你的教英文"却不能成立。古今汉语这点区别或许是因为古代的动名短语/动名化词素(GP/G)内容比较丰富,而现代汉语的 GP/G 内容较为贫乏。下文将提到现代汉语比古代汉语更具解析性,我们认为"主之谓"的消失可以视为其表现之一。

[10](20)b 若不转换成受事主语句,可经动词重复得到"他当他的老师当得好"。为了方便说明我们假定"得"在句法上是个补语连词,与"好"构成补语,但在语音层次上是个依附成分(clitic),必须紧紧依附于动词之后。如果动词与"得"不相邻接,可以将动词重复于"得"之前来满足其依附的需求。

[11]有人认为句(21)也可以有伪定语的解释。我们赞成,特别是受到"尽管"修饰时:"你尽管喜欢你的书包吧",但这里"喜欢"已经当做一种动态动词来使用了。如果用"非常"来确定"喜欢"指涉状态,则绝无伪定语的解释:"他非常喜欢他的书包,我非常喜欢我的笔筒。"

[12]当然,比起许多形态语言(意大利语、法语、拉丁语等),英语的解析性还算是很高的。

[13]自然语言有许多类似的跨类通则,这是 Chomsky 早年(Chomsky 1970)揭示"X 标杠"理论时特意指出来的。不过对于数量结构的跨类现象,传统汉语研究早已有此看法。

[14]请参 Cheng & Sybesma(1999)与 Li(1999),及其相关引文。最近汉语名量结构在语法理论界引起了相当热烈的讨论,主要归因于 Chierchia(1998)所提出的语义对应参数假设。

[15]常见的例子还有"他幽了我一默、他小了十分钟的便、一天内出了五次恭"等。邢欣女士还提供了最近报刊上的实例:"上了十三年访"(有一位母亲儿子被打死,提着儿子人头上访十三年,于今年有了上访结果)。见 2004 年 7 月 10 日上海师大东方语言学网站(网址为 http://www.eastling.org)。

[16]状语加接于单杠结构 V'之上,是 X-标杠理论的标准看法。传统汉语语法把回数、期间、结果和情状短语都视为补语,其实不很妥当。结果补语和情状补语都是补语,因为它们有补足谓语语义的功能,但回数与期间短语只是修饰,不是补足。传统的看法,是因为回数、期间短语与结果、情状短语一样都出现在动词之后,但这忽略了一点:回数、期间短语有时候也能出现在动词之前(而结果、情状短语则不能):"他两次没考上大学,她已经三年没见到儿子了。"根据本文所采纳的分析,我们认为所有的动量短语都属状语,其常见的动后位置都是动词前移之后的表面结果:

(i)　a. 她 DO 三次哭。(深层结构)　　　　b. 她哭三次。(核心移位)
(ii)　a. 她 DO 两次打张三。(深层结构)　　b. 她打了两次张三。(核心移位)
(iii) a. 她 DO 两次打张三。(深层结构)　　b. 她 DO 张三两次打。(宾语提前)
　　 c. 她打了张三两次。(核心移位)

但动量短语仍得跟传统上的状语有所区别,因为指涉时间、地点、方式、情态与原因等的状语都只能置于动词之前。这两种状语可以在 VP 壳结构上如此区别:动量短语是下层 VP 的状语,加接于下层 V'之前,而传统状语修饰整个 VP,必须加接于上层 V'之上。因此,核心移位可以越过动量短语,却不能越过传统上的状语。

[17]根据许多人的语感,(44)a—c 并不很自然,但与(46)和(48)比较之下,则显得较能接受。下文的讨论假设这个可接受度上的区别确实存在。若有人完全无法接受(44)a—c 或作此区别,则这一部分的讨论与之无关。我们认为(44)a—c 所以不很自然是因为不符信息结构的一般原则,但(46)与(48)则是因为违反句法而完全不能成立。

[18](48)a、b 也可以看成包含关系子句的名词短语(如"她看了两个钟头的那本书很便宜"等),但这与现在的论点无关。又,下面的例句也不能成立:

(i) a. *她看了三次的那本书。　　　b. *她去了五趟的那个大城市。

但回数动量词本来就不能加"的",如例(34),因此(i)不能算是独立的证据。同理,(ii)也不是新的事实:

　　(ii) a. *她一分钟的那本书都没看过。　　b. *她一天的那个大城市都没住过。

因为即使"一分钟的那本书"不予提前,句子也已不能成立。因此(i)、(ii)的事实都不能鱼目混珠地渗入本文的论证当做额外的证据。

　　[19]这个必要条件其实也是句法学教科书里常谈到的。例如 the short men 和 short men 都是短语,因为两者都可以并列[(i)、(ii)],但只有属最大投射的整个名词短语可以提前[(iii)、(iv)]:

　　(i) I like the short men and the tall women.　　(ii) I like the short men and tall women.
　　(iii) The short men, I like.　　　　　　　　　(iv) *Short men, I like the.

　　[20]以下是针对在本文作口头报告之后所听到,以及后来在网上所看到的意见所作的澄清,希望有助于今后的进一步讨论。

　　[21]但"他们静了两天,坐"与"示了三天,威"似乎都很难接受。

　　[22]当然词语的内涵意义不止这些。任何语言的名词短语都有其外延与内涵,不管是不是有指涉事件的意义。

参考文献

冯胜利　2005　《轻动词移位与古今汉语的动宾关系》,《语言科学》第 1 期,3—16。
江蓝生　1999　《汉语使役与被动兼用探源》,In:Peyraube A. et al. (eds.) *In Honor of Mei Tsu-Lin*. 57—72. Paris:Centre Reserches Linguistiques sur l'Asie Orientale, C. N. R. S. 。
吕叔湘　1984　《"他的老师教得好"和"他的老师当得好"》,见《语文杂记》;另见《吕叔湘全集》,辽宁教育出版社,2002。
梅　　广　1978　《国语语法中的动词组补语》,见《屈万里先生七秩荣庆论文集》,联经出版社。
Abney S.　1987　*The English Noun Phrase in Its Sentential Aspect*. Doctoral Dissertation, MIT.
Chao Y. R.　1948　*Mandarin Primer*. Cambridge, MA:Harvard University Press.
Cheng L. & Sybesma R.　1999　Bare and not-so-bare nouns and the structure of NP. *Linguistic Inquiry* 30:509—542.
Chierchia G.　1998　Plurality of mass nouns and the notion of "semantic parameter". In:Rothstein S. (ed.) *Event and Grammar*. 53—103. Dordrecht:Kluwer Academic Press.
Chomsky N.　1970　Remarks on nominalization. In:Jacobs, Roderick & Peter S. R. (eds.) *Readings in English Transformational Grammar*. 184—221. Waltham, MA:Ginn.
Chomsky N.　1981　*Lectures on Government and Binding*. Dordrecht:Foris Publications.
Chomsky N.　1995　*The Minimalist Program*. Cambridge, MA:MIT Press.
Dowty D.　1979　*Word Meaning and Montague Grammar*. Dordrecht:Kluwer Academic Press.
Hale K. & Keyser S. J.　1993　On argument structure and the lexical expression of syntactic relations. In:Hale K. & Keyser S. J. (eds.) *The View from Building 20:Essays in Linguistics in Honor of Sylvain Bromberger*. 53—109. Cambridge, MA:MIT Press.
Hale K. & Keyser S. J.　2002　*Prolegomenon to a Theory of Argument Structure*. Cambridge, MA:MIT Press.
Huang C. T. J.　1982　*Logical Relations in Chinese and the Theory of Grammar*. Doctoral Dissertation, MIT.
Huang C. T. J.　1988　*Wo pao de kuai* and Chinese phrase structure. *Language* 64:274—311.
Huang C. T. J.　1992　Complex predicates in control. In:Larson R., Lahiri U., Latridou S. & Higginbothamed J. (eds.) *Control and Grammar*. 109—147. Dordrecht:Kluwer Academic Publishers.

Huang C. T. J. 1994 Verb movement and some syntax-semantics mismatches in Chinese. *Chinese Languages and Linguistics* 2:587—613.

Huang C. T. J. 1997 On lexical structure and syntactic projection. *Chinese Languages and Linguistics* 3:45—89.

Huang C. T. J. 1998 *Logical Relations in Chinese and the Theory of Grammar*. New York: Garland Publishers.

Huang C. T. J. 2005 Syntactic analyticity and the other end of the parameter (lecture notes). Harvard University.

Huang C. T. J. ,Li. Y. H. A. & Li Y. F. 2008 *The Syntax of Chinese*. Cambridge:Cambridge University Press.

Kung, Hui-I. 1993 *The Mapping Hypothesis and Postverbal Structures in Mandarin Chinese*. Doctoral Dissertation,University of Wisconsin,Madison,Wisconsin.

Larson R. 1988 On the double object construction. *Linguistic Inquiry* 19. 335—392.

Larson R. 1991 Promise and the theory of control. *Linguistic Inquiry* 22. 103—139.

Li Y. F. 1990 X^0-binding and verb incorporation. *Linguistic Inquiry* 21. 399—426.

Li Y. H. A. 1999 Plurality in a classifier language. *Journal of East Asian Linguistics* 8. 75—99.

Massam D. 2001 Pseudo-incorporation in Niuean. *Natural Language and Linguistic Theory* 19. 153—197.

McCawley J. D. 1969 Lexical insertion in a transformational grammar without deep structure. The 4th Regional Meeting of the Chicago Linguistic Society.

Parsons T. 1990 *Events in the Semantics of English :a Study in Subatomic Semantics*. Cambridge,MA: MIT Press.

Tang C. J. 1990 *Chinese Phrase Structure and the Extended X'-Theory*. Doctoral Dissertation,Cornell University.

Vendler Z. 1967 *Linguistics in Philosophy*. Ithaca,New York:Cornell University Press.

Zhang H. M. 1994 The grammaticalization of *bei* in Chinese. *Chinese Languages and Linguistics* 2:321—360.

重视动名关系研究

——吕叔湘"语法分析论"学习札记

中国传媒大学 吴为章

吕叔湘先生认为:"比起西方语言来,汉语的语法分析引起意义分歧的地方特别多,为什么?根本原因是汉语缺少严格意义的形态变化。"[1]因此,他提出在讨论汉语语法分析时,先要牢记两件事。一是,承认在语法分析上存在有各种"中间状态",划分起来难于"一刀切",但是,这不等于说一切都是浑然一体,前后左右全然分不清;因此,要留心种种语言现象,随时注意语料的积累。积累多少个"大同小异"就会形成一个"大不一样"。二是,由于汉语缺少严格意义的形态变化,因而在作出一个决定的时候常常要综合几方面的标准,要综合运用几方面的标准,就有哪个为主哪个为次、哪个为先哪个为后的问题,这也就可能得出不同的结论;而不同结论之间,可能有这个较好那个较差的分别,很难说哪个绝对地是或绝对地非。吕先生说的这两件事,一是要我们勤于积累,注意观察和比较语言中的"小异";二是倡导分析方法的多元化和不同结论间的取长补短。在谈及语法分析的依据时,吕先生也提醒我们:意义不能作为主要的依据,更不能作为唯一的依据,但是不失为重要的参考项;要妥善利用和控制意义,既不能回避,也不能滥用。吕先生的这些教导,是进行语法分析的大前提。

吕叔湘先生言传身教。他1979年出版的《汉语语法分析问题》(以下简称《问题》),全面地检讨了中国语法学创建80年来研究中存在的问题,同时也提出了"有问题就得求解决"(《问题》,6页)的意见:"一方面要广泛地调查实际用例,一方面也要不断地把问题拿出来理一理,看看这个问题是不是有可能或者有必要从一个新的角度或者更深入一层去考察,看看一个问题的探讨是不是牵动另一个问题。这样可以开拓思路,有利于寻求解决问题的途径。"(《问题》,7页)在这部继往开来、指导性很强的语法理论力作中,为了促使读者进行观察和思考,吕先生就语法体系的方方面面摆明了许多问题并提出了极富启迪性的意见。可以说,20世纪70年代以后,我国汉语语法研究的迅速发展:收获成果的丰硕、挖掘事实的深入、分析方法的多样、理论建树的成效,都与吕先生的理论指导分不开。今天,在纪念先生百年诞辰的日子里,重温他博大精深的语法理论和方法论,我认为在对种种语言实际用例的分析中,有一个核心思想,即重视结构关系研究,贯穿其间。吕先生说,"结构就是由较小的片段组合成较大的片段的方式"(《问题》,14页),而能够组合成为一个较大片段的几个较小片段之间必定有某种结构(句法的和语义的)关系,任何结构都是一个句法语义统一体;"对语言进行语法分析,就是分析各种语言片段的结构"(《问题》,14页),就是分析各种结构及其成分之间的句法语义关系。吕先生的这些思想,可以概括为"语法分析论",它是观察和分析各种语言单位的方法论。

一 "语法分析论"的核心思想

我国的传统语法学,在句子结构分析方面,经历了一个和国外语法学相似的从重视词法(形态)到重视句法的阶段。在检阅和检讨这一阶段的成果时,通过不同语言系统的对比、不同语法体系的比较,吕叔湘先生提出了两个重要的建议:一是"句子成分分析法有必要吸收层次分析法的长处,借以丰富自己"(《问题》,62页);二是建立"短语为中间站"的分析方法。关于后者,吕先生说:"汉语里语法范畴主要依靠大小语言单位互相结合的次序和层次来表达。从语素到句子,如果说有一个中间站,那决不是一般所说的词,而是一般所说的短语。"(《问题》,65页)这一建议,既符合人类语言句子组合的共性,即一个句子成分常常是,甚至可以说更多的是短语这个事实;又体现了汉语句子组合的个性,即主要依靠大小语言单位互相结合的次序和层次来表达。在汉语中,句子里大小语言单位互相结合的次序和(/或)层次的不同或变化都可能引起结构关系的不同或变化,生成不同的句型和(/或)句式,这正是语法分析的重心。对此,吕先生指示说:"句子成分和句子成分之间有一定的结构关系……。不联系结构关系来研究,光划分句子成分,问题还比较简单;进一步研究结构关系,就大有文章可做。语法研究要取得进展,这应该是重要的方面之一。"(《问题》67页)

重视结构关系研究是"语法分析论"的核心,指导着各级语法单位的分析。不过,吕先生着重探讨和示范的是动词谓语句的分析。这是因为动词谓语句在句子中不仅是最大的家族,而且是最常见、最常用、最复杂、最多变的一种,对它的研究和分析可以带动各类句子的研究和分析。可以说,动词谓语句的研究和分析是一个富有全局性、指导性的问题。早在《中国文法要略》(1942,以下简称《要略》)中,吕先生就认为"中心是一个动词"[2]的叙事句是"最常用的一种"(《要略》,54页),因此,句子分析的重点是叙事句;并指出在句子分析中,动词谓语句里动名关系的研究是最主要的,是"语法分析论"核心(结构关系)的核心(动名关系);这是汉语语法体系里极为重要的中心问题。为了构建和推广这一理论和方法论,从《要略》开始的将近五十年里,吕先生亲自或指导作了大量实际用例的调查,写了一系列影响深远的论著。

下面,扼要介绍吕叔湘先生关于动词谓语句分析的主要观点:

(一)"补词"或"补语"说

《要略》认为:叙述事情的叙事句,它的中心是一个动词,但是要把一件事情说清楚,必须说明这个动作起于何方,止于何方。在句法上,把动作的起点称为"起词",动作的止点称为"止词";这样,这类句子的格局是"起词-动词-止词",是一个"三成分"句。这类句子

"动词是一定要有的,但起词和止词可以有一个缺一个;缺了的那个成分,或根本没有(内动词,无属动词)或虽有而以种种原因被省略"(《要略》,39页),因此,在实际用例中,句子成分就有缺省,如省略起词的、无起词的、省略止词的、无止词的;此外,还有变动次序的,如"起词-止词-动词"、"止词-起词-动词"、"起词-(把)止词-动词"、"止词-(被)起词-动词"。而"一件事情(一个动作)往往牵涉到多方面,所以一个动词除起词止词外,还可以有各种补词代表与此事有关的人或物。补词里最重要的一种是'受事补词',简单些称为'受词',如'我姑姑前天送一支钢笔给我'"(《要略》,42页)中的"我"。此外,还有"关切补词(代表与一事有利害关系的人物;不过,物件极少见)"、"交与补词(代表和起词共同动作的人物)"、"凭借补词(代表赖以完成动作的事物,最具体最容易明了的如工具之类)",以及方所补词、方面补词、时间补词、原因补词、目的补词、比较补词等等。关于什么是补词?《要略》说:"拿叙事句来说,既是叙述一件事情,句子的重心就在那个动词上,此外凡动词之所由起,所于止,以及所关涉的各方面,都是补充这个动词把句子的意义说明白,都可以称为'补词'。所以起词也可以称为'起事补词',止词也可以称为'止事补词',受词也可以称为'受事补词'。可是所有的补词和动词的关系并非同样密切,起词和动词的关系最密切,止词次之,其他补词又次之,如时间补词及方所补词和动词的关系就疏得很,有他不嫌多,无他不嫌少。但是如果没有起词,那个动词就悬在半空,代表很抽象的概念,不成一个具体的动作了。止词有时候也有同样的重要,所以,我们才把他们另外提出来,不和其余补词一律看待。"(《要略》,53页)

《问题》则提出:"既然宾语不跟主语相对,有没有必要还管它叫宾语?是不是换个名字好些?……那么,不叫'宾语'叫什么呢?如果没有更好的名称,似乎不妨叫做'补语'。补语这个名称比宾语好,不但是不跟主语配对,而且可以包括某些不便叫做宾语的成分。至于现在通行叫做'补语'的东西怎么办,可以再研究。不管是叫做宾语还是叫做补语,总之是品种相当多,活动能力相当强,是最值得研究的一种句子成分。"(《问题》,74—75)

上述关于补词的说法,或把通行的宾语改叫补语的主张,实际上是根据与谓语动词的密切程度,把传统的主语和宾语的地位扯平;这是在句法分析上进一步重视了动名关系;可以依据动词和补词(或"补语")密切关系的情况确定基本句型和非基本句型。

(二) 动词的"系"分类

《要略》在分析又有止词又有受词的句子的各种格局和变化时就已经谈到:不是每句都可以任意变化的,"不同的动词有不同的用法,可以根据这个再分小类"(《要略》,45页)。这里已经透露了在动名关系中进行动词再分类的想法。随后,《从主语、宾语的分别谈国语句子的分析》(1946,以下简称《分析》)在详尽分析了基本句型"三成分"句和"二成分"句之后写道:"可是细想起来,'施'和'受'本是对待之词,严格说,无'受'也就无'施',只有'系'。一个具体的行为必须系属于事物,或是只系属于一个事物,或是同时系属于两个或三个事物。系属于两个或三个事物的时候,通常有施和受的分别;只系属于一个事物的时候,我们只觉得这么一个动作和这么一个事物有关系,施和受的分别根本就不大清楚。"[3]鉴于这种状况,《分析》认为可以把主语解释为:"唯一的重要实体词,为动词所系属的,或几个重要实体词之中的最先的一个,为动词所主要地系属的。"[4]紧接在这段文字后面有一个注释③,全文如下:"照这个看法,动词的'及物、不及物','自动、他动','内动、外动'等名称皆不甚妥当,因为都含有'只有受事的一头有有无之分,凡动词皆有施事'这个观念。照这个看法,动词可分'双系'与'单系',双系的是积极性动词(active verb),单系的是中性动词(neuter verb)。"[5]可见,动词的"系"决定于一个具体的动作行为系属于多少个事物,换句话说,就是一个动词可以支配多少个必有的名词(即为动词所主要地系属的重要实体词——本文作者注)。因此,可以说,动词的"系"分类是以动名关系研究为理论和方法论的,是在动名结构关系中对动词进行再分类的初次实践。到《问题》出版时,吕先生又进一步强调了动词再分类,特别是及物动词的再分类的必要性,他说"动词就很有细分的需要,这也是推进语法研究的途径之一"(《问题》,35页)。1985年的《句型和动词学术讨论会开幕词》(以下简称《开幕词》)就阐明了采用在动名关系中进行动词再分类方法的必然性和操作程序:"研究句子里的动词,不能不同时研究在它的前前后后、跟它直接间接相联系的名词。动词的性质决定它可以跟哪种名词联系,不能跟哪种名词联系,可以或者不能让哪个名词出现在它的前边,可以或者不能让哪个名词出现在它的后边,如此等等。反过来,这种联系的可能与不可能又帮助我们给动词分类。"[6]

在1992年出版的《吕叔湘文集》第三卷第589页的注释④中,吕先生又明确指出:1946年《分析》所说的"单系"和"双系"就相当于1978年以来由国外引进的"单向(argument、place或"价"valence)"和"双向"。可以认为:近年来国内语言学界普遍提出和广泛接受动词"向"(或"价")分类学说,正是重视动名关系研究的理论和方法论深入人心的结果;而国外语言学界居于依存(dependency)关系的配价语法就更是建立在动名关系研究成果之上的了。

(三)主语的二重性

提出主语的二重性是为了解决主语和宾语的纠缠问题,并不等于主语的语法地位不重要,或者可以干脆不要主语。《要略》在讨论两种特殊的"二成分"句(一是,只有起词和动词而起词在后的,如"东隔壁店里午后走了一帮客";二是,只有动词和止词的,如"每个船上点了一个小灯笼")时写道:"这个时候我们就要在起词和止词以外另找一个观念来应用,这就是'主语'。我们可以说这两类句子的动词后成分对于动词虽有起词和止词的分别,对于句子则同为主语,这就是我们的同一类型之感的由来。到了不以动作为中心的句子里,这主语的观念就更重要了。"(《要略》,40—41)《分析》专门讨论了如何解决确定主语的标准和处理"三成分"句里主语和宾语的纠缠问题,把客观地认识主语的性质、给主语以科学的定位和分析提到了研究日程上。可以认为,上述论著实际上已经有了"主语二重性"的暗示,因此,到了《问题》出版时,吕先生就旗帜鲜明地提出了这样的观点:"主语只是动词的几个宾语之中提出来放在主题位置上的一个。好比一个委员会里几个委员各有职务,开会的时候可以轮流当主席,不过当主席的次数有人多有人少,有人老轮不上罢了。可以说,凡是动词谓语句里的主语都具有这样的二重性"(《问题》,73页),并试图用它来解决"三成分"句里主语宾语的纠缠问题和贯彻"补语"说的主张。

主语二重性的依据是:首先,大量实际用例表明,主施宾受的理论完全站不住脚。不但宾语可以分别为施事、受事、当事、工具等等,主语也可以分别为施事、受事、当事、工具等等。在一定程度上,宾语和主语可以互相转化。其次,主语和宾语不是互相对待的两种成分。主语是对谓语而言,是主语和谓语直接相对,是被说明和说明的关系;宾语是对动词而言,是主语和宾语围绕动词相对,是施动和受动等等的关系。因此,主语和宾语不相对立,不相排斥。这表明句子组成成分出现的次序(体现为位置的先后)和出现的层次(体现为层面的不同)是汉语语法范畴重要的表达手段。看来,主语二重性的观点可以化解动词谓语句里主语和宾语的分析是着眼于位置还是着眼于施受的矛盾,做到既考虑整个句子的格局,又注重结构关系,真正把句法(次序、层次)分析和语义(及物关系,或称为"格"关系)分析统一了起来。这一分析法是重视动名结构关系研究的重要成果。

在《问题》之后,吕先生还就汉语语法的某些疑点难点、复杂现象和特殊用法,发表了不少论文,为我们树立了运用结构(以动名关系为主)分析、解决实际问题的榜样。其中,最富于理论启发性和方法论价值的如:《歧义类例》(1984)、《汉语句法的灵活性》(1986)、《主谓谓语句举例》(1986)、《说"胜"和"败"》(1987)等等。

二 "语法分析论"的深远影响

重视结构关系,这是汉语"语法分析论"的核心,也是一条适用于大多数语言的语法分析的普遍原则,它的重要作用已经成为越来越多人的共识。这里主要谈两个问题:

(一)动词中心说的方法论

如果仅就动词谓语句而言,"语法分析论"的核心是重视动名关系研究;因此,"语法分析论"是"动词中心说"的方法论。这也就是说,重视动名关系研究,是研究以动词为中心的语言的必然抉择,它适用于一切以动词为中心的语言。

普通语言学认为:"动词中心说"是人类语言的普遍语法现象。世界上任何语言,只要能划分词类,不管它划分的词类是多还是少,都不能没有动词和名词。因此可以说,在人类语言中,动词和名词是普遍存在的词类范畴,它们是组合成为句子的主要词类。在句子中,动词处于中心地位,支配着其他词语的隐现,这一语法普遍现象已为众多学者所接受;"动词中心说"也得到了近期发展起来的新的语言类型学、语言史研究和神经学家对大脑功能的研究等等相关学科的有力支持。[7]

吕叔湘先生是倡导"动词中心说"的,[8]他的"语法分析论"就是在这一普遍语法现象基础上提出的方法论,这在《要略》中已见端倪。《要略》提出"动词是一定要有的",而补词的出现情况则决定于动词的类别和其他种种原因;《要略》用"补词"涵盖了所有与动词有结构关系的名词性词语,毫不掩饰地透露了"动词中心说"的语法观。《分析》则是运用"动词中心说"具体分析汉语的动词谓语句和划分动词小类的示范。《问题》和《开幕词》对"动词中心说"的进一步阐述是这一语法观应用于汉语的理论总结。特别是《开幕词》说:"这次会的总题目是讨论动词和句型。这是语法研究中的第一号重要问题。动词为什么重要,因为在某种意义上,动词是句子的中心、核心、重心,别的成分都跟它挂钩,被它吸住。"又说:"怎样研究动词?可以就动词本身研究动词,但更重要的是研究句子里边的动词和有关成分,主要是名词性成分的关系";"动词之后能不能带'了'、'着'、'过',这个问题也值得研究,除了受上下文限制不能带以外,还有动词本身的性质决定它不能带的例子";"句型问题往往跟动词的性质分不开"。重视句子里动词和名词互相依赖、互相制约的关系,强调从动名关系入手研究动词的再分类、从动词性质入手研究某些句式和动词前后可能出现的种种成分(包括非实体词语充当的),把动词研究和句型层级系统的建立挂起钩来。所有这些真知灼见,既发展和丰富了"动词中心说"这一普遍语法理论,又对其后的汉语语法研究产生了导向性的影响。至于 1987 年的《说"胜"和"败"》,则是通过运用"动词中心说"和"语法分析论"分析一个汉语实例,证明了句子格局的异同,关键在于动词;再从这一实例类推其他动词,并且以之和其他语言的实例进行比较;最后提出结论:就所分析的句子里动名的相互关系及其表现形式看,"很难把汉语推向作格语言的一边"。

在对待"动词中心说"这一语言普遍规律问题上,有人认为汉语的动词没有像英语那样的"定式"和"不定式"的区别,汉语句子里的主语和谓语之间也不像英语那样讲究"一致关系";因此,不赞同"汉语也是以动词为中心的语言",甚至把认同"动词中心说"看做是对西方语法理论的机械照搬。对此,吕先生明确指出:由于"汉语缺少严格意义的形态变化","汉语里语法范畴主要依靠大小语言单位互相结合的次序和层次来表达",这就要求语言研究工作者,"不仅仅满足于找出一些静止的格式,而是要进一步观察这些格式结合和变化的规律"(《问题》,91 页)。据此,可以认为:动词的中心作用在一些语言中,比如英语,是以词形变化来表达的;在另一些语言中,比如汉语,则是以词语互相结合的能力来表达的。结合能力指:除了动词与名词的语义联系之外(因为语义联系决定它们在句子里的活动方式),还指这样的名词同时可以出现几个,各自与动词发生什么样的语义关系,什么关系的名词和什么关系的名词可以同时出现,各自在什么位置上出现,什么关系的名词和什么关系的名词不能同时出现,如此等等。这种以"可能出现的数量、出现的位置、出现的次序、同现的情况"等等方式体现出来的结合能力,就是表达汉语动词的语义和句法的"形态"。有鉴于此,在《要略》的"表达论"中,吕先生为我们详尽地描写和分析了汉语的语义语法范畴及其表达方式,为我们树立了如何利用和控制意义(语义)、把意义和形式密切结合起来的榜样。

从更高的理论层次看,重视结构关系分析是语言本质特征的必然,因为语言本身就是一个关系系统,在这个系统中,所有组成要素(成分)之间是相互联系、相互制约,即相互依存的,孤立的要素不能构成系统,也不成其为语言的单位。正是基于这样的理论,不少语言学家既重视语言单位内部组成成分之间的结构关系分析,又倡导以较大的语言单位为分析框架去确定较小的语言单位的性质和功能的研究方法;并且身体力行,卓有成效。

(二)"动名关系"研究的进展

《问题》出版以来,汉语语法学在重视结构关系分析、重视动名关系分析方法论指导下,突破了一些老大难问题,拓宽了研究领域,收获不小。

在古代汉语研究方面,例如,王克仲的论文《古汉语动宾语义关系的制约因素》[9]和《古汉语动宾语义关系的分类》[10]认为:"动宾结构在未入语境之前是静态的语言,很难断定动宾之间的语义关系;进入语境之后则是动态的语言,由于受语境的约束才有固定的语义。""动宾语义关系是在入句之后才表现出来的,因此对动宾关系的分类就不能不考虑句子的多种制约因素。"论文所说的"语境"指"构成固定语义的语言环境。它的主要内容:1.句子内部各成分间的相互关系;2.句际间有关词语的相互关系;3.说话人与听话人所共同认知的交流信息"。由于明确了"语境"对动宾复杂语义关系的形成起着决定性的作用,论文提出"尽管词典中的某些词汇意义是从语法意义归纳出来的,然而却不能反过来用词汇意义去代替对语言事实的结构分析"。正是在恰当利用和有效控制意义以及牢牢把握结构分析的基础上,论文为古汉语动宾语义关系分析确立了一个合适的分析框架,因而能够比较科学地分析、归纳出两大类十八小类语义关系来。

在现代汉语研究方面,成果更是十分丰硕。20世纪80年代开拓并迅速形成规模的一些研究课题,如动词研究(再分类研究和小类研究)、歧义研究、句型研究、句群研究(篇章研究)、对比研究等等,尽管各家各派都有自己一些独到的见解,但是,无不以重视结构关系,特别是动名关系的研究为其理论和方法论的基础。而在动词研究领域里,动词的"向"(或"配价")迄今仍然是一个吸引众多学者的热门课题,而且,大量信息表明:国内外人工智能开发者大都对配价理论发生了浓厚的兴趣,不少国家的语言工作者已经编制出,或正在编制或准备编制基于配价的电子词典;句群研究的成果则已经广泛地被运用于语言教学。更为可喜的是,在拓宽和深入研究这些新兴课题时,人们进一步认同了如下观点:

1. 语法研究一定要遵循形式和意义密切结合的原则,还要考虑语用因素;特别是要善于把句法分析和语义分析有机结合起来。

2. 词类次范畴,尤其是名词和动词的次范畴的区分和研究很重要。

3. 要关心同句法有密切关系的语义特征分析,尤其是动词、形容词和名词的语义特征分析;语义特征只有进入句法结构以后才能显现出来,并对句法结构有所制约。

4. 要重视语言结构显现的语境(或"上下文语境、狭义语境"),要注意在比它们大的显现语境中去确定它们的性质和功能。

5. 句群是一个极为重要的语言单位,它适合于充当句子以下各级语法单位的分析框架。

6. 语言结构十分复杂,需要对它进行多角度、多侧面、多层次的分析研究。因此,要允许理论和方法的多元化。

值得注意的是,近些年来,以动名关系为核心的"语法分析论"已经影响到语法学之外的其他语言研究领域,它的重要作用也已成为越来越多的学者的共识,不少学者正以自己的成果发展、丰富着它。例如:

沈阳《信息处理中汉语动名语义关系分析的不同层次》[11]写道:"计算机要完成诸如机器翻译之类的信息处理工作,就必须能够分析和理解句子结构中各个组成成分之间搭配组合的语义关系。其中动词和名词之间的语义关系就是最重要的一种实词之间的语义关系。"论文就动名语义关系的六种情况(类型关系、组合关系、焦点关系、特征关系、指向关系、隐含关系)作了简要的举例性分析。在分析种种关系时,论文不满足于仅仅了解一个动词理论上可能联系多少个名词,而要下工夫调查在特定的"动+名"结构中允许"共现"的条件,这正是吕叔湘先生所提醒和期望的。

詹卫东《基于配价的汉语语义词典》[12]写道:"在我们看来,语义信息跟语法信息类似,也是用来描述一个词跟其他词的组合可能性(包括能不能组合,以及以什么样的关系组合等等)。无论是语法理论也好,语义理论也好,直接目标只有一个,即把任意两个词(以及其他更大或更小的语言成分)之间可能存在的区别描述出来。"这是从语法分析和语义分析的共同目标出发,要求进一步把语法分析和语义分析紧密地结合在一起。论文又说:"不同的语义理论实际上应该有共同的追求,即描述任意两个语言成分之间的搭配可能性。"这是认同有共同追求的各种理论可以互补,很难说哪个绝对地是或绝对地非;这一认识为多元化的理论和方法论、方法的借鉴及运用扫清了道路。

詹卫东《论元结构与句式变换》[13]在提到"论元"、"题元"这些概念时说:"就计算机处理自然语言的要求来说,对这些语义概念,要跟对待句法概念一样,研究如何以形式标准来加以定义。"论文提出:"一个主要的办法就是进行句式之间的变换测试,观察动词及其相关名词性成分对不同句式的适应性。"论文在对若干实例进行变换测试之后认为:"动词的论元性质实际上包含两个方面:论元的数量和论元的句法位置","必须同时考虑这两个方面,才能对动词的论元性质有正确的认识";"句式变换特征可以而且应该用来作为像施事、受事、工具、处所等论旨角色概念的形式定义标准",可以通过"句式变换方面的系统的差异性来区分与动词同现的各个 NP 的论旨角色类型,同时也就对动词进行了更精细的小类划分"。论文在结语中强调:"句式变换本身就应该看做是一种广义形式特征","不应该局限在一个格式内部观察,而应该把视野拓宽到多个格式之间的系统的变换关系上,在更大的范围中去寻找形式特征,这样才能挖掘出更多更准确的动词小类以及动名关系类型"。这应该说是"语法分析论"的新进展,相信它的问世可以对当前的一些争论发挥应有的作用。

研究方法论、方法,这是吕叔湘先生和许多语法学老前辈孜孜以求、十分关注的问题,也是我们务必协同钻研、努力解决的问题。

附 注

[1] 吕叔湘 《汉语语法分析问题》，商务印书馆，1979，11页。

[2] 吕叔湘 《中国文法要略》，商务印书馆，1982年"汉语语法丛书"版，28页。

[3][4][5] 吕叔湘 《从主语、宾语的分别谈国语句子的分析》，见《汉语语法论文集》，科学出版社，1955，116页。

[6] 吕叔湘 《句型和动词学术讨论会开幕词》，见中国社会科学院语言研究所现代汉语研究室编《句型和动词》，语文出版社，1987。

[7] [美]W. P. Lehmann 《语言学中的汇合理论》，李逊永译，《国外语言学》1984年第1期。

[8] 吴为章 《"动词中心说"及其深远影响——〈中国文法要略〉学习札记之一》，1991年中国语言学会第六届学术年会论文；见韩国大邱大学校中国文化研究所1993年编辑出版的《中国文化研究》（第二辑）；另见《语言研究》（武汉）1994年第1期。

[9] 王克仲 《古汉语动宾语义关系的制约因素》，《中国语文》1986年第1期。

[10] 王克仲 《古汉语动宾语义关系的分类》，《辽宁大学学报》（哲社版）1989年第5期。

[11] 沈 阳 《信息处理中汉语动名语义关系分析的不同层次》，《语言文字应用》1999年第1期。

[12] 詹卫东 《基于配价的汉语语义词典》，《语言文字应用》2000年第1期。

[13] 詹卫东 《论元结构与句式变换》，《中国语文》2004年第3期。

话题、协同化及话题性

日本明海大学　史有为

〇　引言

话题(/主题,topic)-述题(/说明/评述,comment)对语言尤其是汉语的重要性,大概现在谁都不会反对。自从这对概念引进语言学并由赵元任引进汉语语法学之后,[1]有关话题的认定以及话题和主语的关系即争议纷纷,再也无法平息。科学就是这样被推动前进的:一种新概念解决了一批老问题却又带来了不少新问题。在话题领域,徐烈炯、刘丹青(1998)已将对话题的种种不同看法和争执点概括得很全面了,如果再加上石定栩(1999)和徐杰(2003)的概括和论述,那么整个话题研究的状况大致可以了然。我们不打算在这个问题上花费笔墨,也不准备评价功能学派和形式学派的观点。本文将循着自己选择的起点和路径进行论述,也许论述中会和某个学派的看法共鸣或类似,那可能只是偶然。

在这些不同的话题说法中,有主张话题主语合一的,也有主张话题主语分离的。[2]新近出现的一种处理法乃是把话题作为一种特征因素,可以附加在主语上,也可以不附加在主语上,也颇有启人之处。(徐杰,2003)[3]但这些处理都是不把话题当做语法成分,一般是作为信息结构的单位,置于语用层面,或认为是语义或心理层面的,[4]而且把话题和主语作为一个完整单位,只能作"是/非"选择。这样的"是/非"型模式虽然在作出选择时似乎比较简单,但却可能把复杂的现象简单化、绝对化,从而掩盖甚至舍弃了许多具有理论意义的真实状态。我们认为,话题和话题结构(即"话题-述题"结构)是在一种很朴素的眼光下发现的。中国的陈承泽(1920:14)可能是第一个提出这个观点的人,也是第一个用来观察解释汉语的人。他以"标语"和"说明语"来解释汉语的句子结构,其内涵简直和今天的话题和述题(说明)完全一样,可谓所见如神。其实,公平地看,更早的马建忠在《马氏文通》中也已经孕育了这样的思想。该书中使用"起词"和"止词"而不翻译为与西方语言中subject、object相当的术语(类似今天的"主语"和"目的语/宾语"等),显然已经发现汉语与西方语言这类成分的不同点,因此才创造并使用了这种不体现语法关系而仅仅显示位置的术语。这和Chomsky早期把话题看成是句子的出发点颇有些相似。在西方,首次提出话题概念的学者是霍凯特(1958:251—253),他说道:"主谓结构的最一般的特点可以从它的直接成分的名称'话题'和

'说明'两个术语来认识:说话人先宣布一个话题,然后就它作出说明。"请看,这是一段多么朴素的叙述,甚至连"话题"(原文 topic)和"说明"(原文 comment)这些词都是日常使用的,不大像是术语。正是朴素、原始,才可能对已经成型、程式化和模式化的体系发出挑战或进行彻底改造。本着这样的信念,本文也试图从一种朴素的初始性的角度去切入,跳出原有的考虑模式,改从人初始的信息交际去思考和认识。这实际上是从语言的起点去考虑。在这个思考过程中,我们把它和初始的语言联系起来,去认识信息的类型及其分布,并从形式依据及其表达程度等方面去探讨。这样入手的结果就必然导致提出带根本性和普遍性的全新假说,并进而导致提出"协同化"、"话题化"和具有量化意义的"话题性"等概念。本文将适当论述这种假说可能的解释范围。

一 信息交际和初始语法

跳出传统的模式和思考方式,我们可否提出下面这样的假说或观点:

话题-述题的分化是一种初始的语法化。信息交际是语言的最根本的基础,是语言发展的原动力。语言的最初结构即来自信息交际的需要及其相关制约。信息交际的目的是传达新信息,这也是交际的根本需要。同时这种信息又需要满足受话者的认知需要和可能。最初的语言,是新信息的简单传输和接受。我们从动物的语言即可领悟到,最初的语言可能就是一个简单的新信息,就是一个个单纯的述谓,也可能是话题和述题合一的述谓。例如甲骨文中作为单句/小句的"嘉"(嘉。《甲骨文合集》,郭沫若主编,22397;以下简称《合集》)、"吉"(……王占曰:吉。《合集》24985)、"雨"(……二旬有一日乙亥不酒,雨。《合集》902)、"女"(……不其嘉?女。《合集》4033),如今的"火!""地雷!",以及现在广告上的"可口可乐",还有经常会说的"这浑蛋!"可能就是最初语言的痕迹或继承,或者根本就是信息支配下最简单话语的本相。混沌或简单状态的信息往后的第一步发展可能就是话题和述题的分化。话题最初不过是个至少在意念上有定的指称,述题则是对这个话题的简单说明。而且它们二者都可能无所谓词类的区别。(例如"雨"和"风"在甲骨文中既是名词也是动词,其至"酒"都可能如此)指称/话题和陈述/述题之间的关系是松散的,规则很少。指称通常在前,在句首位置。如果是两个指称构成句子时,一般(绝大多数语言是如此)开头一个是只起指称功能的话题,随后的一个是起陈述功能的述题。例如:"羊,草。"、"草,羊。"在一定条件下前者可理解成"那只羊吃草了",后者可理解成"草被羊吃了"等。这个条件就是适当的语境(包括作为副语言的身势语言)。为了理解方便,同时也是组织信息原则的限定,[5]这时就在使用中逐渐形成约定或习惯,这就是最初的简单语法规则。比如把前面的理解为需要说明的对象(即所谓话题),后面的就是必须配合语境理解的说明(即述题)。当然其位置也可以相反,话题在述题的后面。不同的语境可能对述题作出不同的理解。从语言的起点或初始角度看,这种现在被安排在语用平面的话题-述题结构无疑是第一位的,是最初也是最基础的语法。因此,最早的语法应无所谓句法平面和(句法)语用平面的分化,二者是合一的。而话题-述题的分化乃是一种初始的语法化。据此认识,话题和述题应该是最基础的语法成分,话题-述题结构则应该是语法的基础结构,不应该简单地排除到语用平面中去。

二 话题结构的协同化

2.1 话题结构的协同化乃是第二步语法化

随着信息交际和思维的逐步复杂化,话题和述题之间语义关系的暧昧和摇摆必将凸现,话题结构过分依赖语境和副语言(身势语)的缺点也会凸现,它们将会影响准确和有效率的交际,也必然会激化语言内部的矛盾或冲突,从而推动语言结构的发展,并逐渐导致二者间在形式上出现不同程度不同类型的"协同化"(harmonization)[6]。所谓协同化是指结构成分间在内容和形式上的协调,并进而达致一定程度的内容相关和形式相关。高度协同化的结果就是产生有形式维系和巩固的一致(concord)现象。协同化是语言的一种必然发展。交际和思维复杂化的要求,信息交际确定性和效率化的要求是协同化最重要的动力。语句内部演化最重要的动力则是及物性要求,而具有及物性的行为动作词语则是语句演化的核心。述题部分表示行为动作的词语必然在逻辑上具有及物的倾向或趋向,要求在形式上表现此及物性并完善和适度固定这种表现。协同化就是围绕及物性词语展开的。协同化是任何语言发展都不可避免的。没有适当的协同化,就会过分地依赖语境(包括副语言"身势语"),从而影响精确理解和交际效率,语言的发展和使用也就会受到不利的限制。没有适度的协同化,也就不可能发展出更为复杂的形式或结构,以便承载越来越复杂和精确的思维。

协同化是语言的第二步语法化。它可能朝两个方向发展,一个是弱协同化,一个是强协同化。汉语和西语(尤其是拉丁语、法语、俄语)是两种不同协同化的典型。产生协同化的动因可能有两个:一个是信息复杂化细致化对信息重组的要求;一个是不同类别信息之间相互影响而出现的信息组配有序化的要求。实际上后者又是前者的一个必然结果。因此,根本的动因是人类社会及其交际发展导致的信息复杂化和细致化。但是不同语言之所以会有不同的协同化发展和结果,从目前所知看来至少有两个影响因素:一个是科学观察中广泛存在的选择的"偶然性",另一个可能与语音类型的不同有关。而语音的不同类型也正是偶然性选择的一种表现。正是这两个因素,使汉语和西语朝着相反的方向发展,并使人类的语言变得多种多样、多姿多彩。话题和述题之间的强相互协同或强/特强协同化,其结果就是将前二者转变为现在所称的具有一致关系的主语和谓语。换言之,现在西语中所谓主语和谓语核心间的一致关系,其实只是话题和述题之间强/特强协同化的结果。因此,主语和谓语可能只是在话题和述题上附加了强/特强协同化特征成分,后者可以以前者为基础发展出,也可能共存于同一表面构造中。它们可以被称为"主语化"、"主谓化",或者是附加上某种程度的"主语性"的特征。当这种主语性特征大到或明显到一定的程度,就成为了典型意义上的主语,而相对的项目则是谓语。同时,话题-述题这种基础性语法化架构则并未完全退出,仍然在一定程度和范围内发生作用,或者在弱协同化程度上发展并存在于同一语言中,从而形成话题和主语的交叉、同现和纠葛。也就是说,任何一种语言中都可能存在两种协同化,一种是围绕话题结构的弱协同化,一种是围绕主谓结构的强协同化。这两种趋势正是不同语言内语句发展的内部因素或机制。

协同化在语言深层是一种中心转移,即从以话题-述题为中心转移到以谓语核心词(主要是动词)为中心,从信息安排为主的结构转变为及物性关系为主的结构。这是语言机制的根本性变更,也是后续发展动力的变异。不同语言协同化的不同程度实际上也就是不同程度和不同选择的中心转移的反映,是结构类型的转变。因此,所谓的主语化实际上应当是"谓语核心词为中心的确立过程"的一种反映,主语化只是对这种情况的一种简明说法。在主语化或不同程度协同化的过程之中或之后,就会出现另一些形形色色的不同的后续发展,包括后续的话题化和话题生成,都可能受到该机制性变异的影响。

2.2 话题结构的不同协同化及其统一表述

2.2.1 协同化及其表述。话题结构随着语言在演化中的不同选择,可以分化为强弱两种不同的协同化发展,而且所造成的两种不同协同化结构可以采取某种部分融合方式而共存于同一种语言和语句中,于是就出现了既有话题又有主语这样的局面。它们反映了语言深层两种不同协同化结构及其态势。其中又因为二者相互冲突、融合、消长的不同而存在许多不同的类型。比较为人瞩目的一种是弱协同化的强势发展,导致话题结构成为强势结构的类型。在这种语言中强协同化的主谓结构可能未充分发展或比较弱小,以致主语可以忽视。汉语就是这种类型或接近于这种类型的典型。这种语言由于其发展仍然是以话题-述题结构推动,大大不同于强协同化语言,因此就必然选择另一种适合的发展途径(参见 2.3 节和第 3、第 4 节),以适应交际和思维的需要。另一种则是朝着强协同化方向发展,成为完全的主谓结构,而弱协同化的话题结构成为弱势。俄语可能就是这一类型的典型。第三种类型是两种协同化结构势均力敌。日语似乎就是一种接近典型的例子。这两种共存的结构还可能有更多的程度不同的类型,从而造成了各种语言在此范围内的复杂状况。这些不同的类型并无高下之分,而只有手段和文化蕴涵之别。在充足的语汇和语法自调整的条件下,它们都可以承载最复杂的思想并用以交际。

可以在同一个基础性话题结构模式(用 TC 表示)之上增加两种特征指标以及一个"融合"因子,从而描写所有的语言。一种就是协同特征,是底层性的,它用来区别是话题结构还是主谓结构;一种是态势(momentum)[7]特征,是现实的,用来区别不同结构在不同语言中的发展和地位。在语言表层,这两种结构是融合为一种句子的,只在话题和主语部分突出了其不同。两种底层结构发展并"融合"的结果就是以其中之一为主体融合为一种表层结构(可以使用"融入"一词来表示)。下面我们试着用公式表示:

设:基础话题结构:TC

  特征[协同];[⊥协同]表示弱协同;

     [＋协同]表示强协同;

     [＋＋协同]表示特强协同。

  特征[态势];[⊥态势]表示弱(态)势;

     [＋态势]表示强(态)势;

     [＋＋态势]表示特强(态)势;

     [－态势]表示零态势,也就表示基本上没有该种结构。

话题结构:〖TC+[⊥协同]〗

主谓结构:〖TC+[＋＋协同]〗

融合:以二者之间的"·"表示

则:各种语言的此类结构的机制与现实态势可以描写为:

【〖TC+[⊥协同]〗+[态势]】·【〖TC⊙+[＋/＋＋协同]〗+[态势]】

表 1

代号表示	A	·	B
文字表示	话题结构-现实态势	·	主谓结构-现实态势
元素表示	【〖TC+[⊥协同]〗+[态势]】	·	【〖TC+[＋/＋＋协同]〗+[态势]】
汉语	【〖TC+[⊥协同]〗+[＋＋态势]】	·	【〖TC+[＋协同]〗+[±态势]】
日语	【〖TC+[⊥协同]〗+[＋态势]】	·	【〖TC+[＋协同]〗+[＋态势]】
英语	【〖TC+[⊥协同]〗+[±态势]】	·	【〖TC+[＋协同]〗+[＋＋态势]】
俄语	【〖TC+[⊥协同]〗+[±态势]】	·	【〖TC+[＋＋协同]〗+[＋＋态势]】

  在以上类型之外,理论上还应该存在没有主谓结构的语言(即只有话题结构,而主谓结构为零态势的语言),以及没有话题结构的语言(即只有主谓结构,而话题结构为零态势的语言)。现实中是否存在,还需要调查确认。另外介于以上类型之间还应该存在更多特征为不同程度的类型。

  2.2.2 语句结构的融合。"A·B"仅仅是个简单表达式,进一步的问题是:它们二者如何融合为一体。这里可能存在种种融合方式,而无论哪种语言 A/B 都不可能同时完整出现在同一个句子上。它们之中必然以一个构造为主体,另一个或者是蕴涵,或者是补入,或者是局部重合。我们把这个机制和过程分解为:"主体选择"和"结构融入"。它们可以是 A 的全部或局部融入 B,也可以是 B 的全部和局部融入 A。由于主体选择的不同以及融入的程度和范围的不同,会出现话题优先/突出和主语优先/突出等种种不同表现,形成不同的语言类型。据目前所知,述题和谓语由于其功能类似,范围基本同一,这二者间的融合总是最先发生,因此主语和话题的分别和不同就更为突出。它们看似一个成分,其实却分别来自两种不同的底层结构。比如:日语是以主谓结构为主体的话题和主语并重形式;汉语是以话题结构为主体,主谓结构只是局部的融入;英语则是以主谓结构为主体,话题只是由于信息要求而补入。以某个结构为主体,则另一个结构将不同程度地蕴涵和隐退,那么以后一结构作为分析基础也就无此必要。于是,单句模式的表达式就可以写成:

设:述题(C)和谓语(P)合一表示为:CP

话题/主语和述题/谓语之间的"相关性"(参见本文 3.3 节)表示为:⊙

则:融合后的单句结构模式(以话题/主语前置为代表)为:

$$[\pm Topic]+/\cdot[\pm Subj]\odot〖CP〗$$

2.3 话题化和话题性

在协同化的过程中,还会在新的句子结构上发生"话题化"[8]。所谓话题化就是在协同化之后开始的一种话题变化和话题扩展。话题结构强势的语言可能和主谓结构强势的语言在话题化类型上会有所不同。在主谓结构强势的语言中,话题化主要与所谓话题"移位"相关。而在话题结构强势的语言中,话题化则可能有更丰富的表现。以汉语为例,话题化约有四个方向:

其一是话题的向后延伸,造成话题在表面上的连用现象,一个句子可以有连续几个话题。从层次观点看,这种情况是话题结构的层次叠加所造成的,可以按层次加以分析。如下例(1)、(2)、(5)、(6)、(7)。

其二是话题范围的扩大,非"主语"角色(即本来已有主谓结构下的角色或地位)甚至非名词/非事物类成分也可以担任话题。如下例(3)、(4)、(7)。这种情况是协同化导致形式结构分化后的发展,也可以按话题的不同类型(如论元型、背景型、依凭型)加以分析。

其三则是造成话题性能的变化,在不同位置上话题的性能有强弱的不同[如下例(4)],"把"引导的成分有弱话题性质。这一种是全新的情况,也许可以用具有不同程度的"话题性"(topicality)来指称。

其四乃是使用某些引导词语(如介词等),把话题引导进入主要话题位置,如下例(4)、(5)、(6)、(7)。这一种是否需要使用移位来说明,值得推敲。因为这样的词语不一定是原来的某个句法成分,很难用移位来说明,比如下面的例(5)、(6)的句首成分。例如:

(1)这本书我今天已经看完了。【加底线的分别是:受事话题、施事话题、时点话题】

(2)这本书今天我已经看完了。【加底线的分别是:受事话题、时点话题、施事话题】

(3)其次呢,就是最近的销售情况。【"其次"是一种连接性指称,被认为是指代词[9]】

(4)这个人把他家里的书全都卖了。【加底线的分别是:施事话题、受事弱话题】

(5)关于房子问题,我们打算以后再讨论。【加底线的分别是:受事话题、施事话题】

(6)至于这次海啸,许多国家都派出了救援队。【"海啸"部分很难说原来是什么成分】

(7)说起老张,我今天还真有好多话呢。【"老张"也不是原来的什么句子成分】

对于另一些类型的语言来说,话题的连用可能存在,但可能不大会如汉语这样常见常用,也不会连用这么多话题。比如日语,一般顶多是连用两个带话题标记 wa 的成分。多个话题连用更像是汉语类型的专利。但理论上可具有不同程度的"话题性"依然是一个普遍性的项目。(参看本文第 5 节对汉语话题性的讨论)

2.4 日语类型的语言学意义

一般都认为日语是话题和主语并重的语言。话题的标记是 wa(は,系助词,也称为副助词),主语的标记是 ga(が,被称为格助词)。通常认为,二者的差别是:ga 前面的成分得到更多的关注,也即需要与谓语更多的配合;在句首疑问代名词的后面一定要使用 ga,而疑问代词正是需要关注的部分,不是已定的,很难说是话题,这无疑是 ga 作为主格标记的有力支持。至于 wa 没有得到更多的关注,即和谓语的关系松弛,而且有时可以暂时脱离谓语。[10] 这与汉语的"呢、嘛、吧、啊"等句中语气词的分布很相似,二者作为话题的标记也是许多人都同意的。日语的 wa 显然就是一种弱相互协同关系的标记。但是这样的模式理解却可能使人们非常困扰。最令人感兴趣的一点是 mo(も,也;与 wa 同属系助词或副助词)可以处于 wa 和 ga 相同的位置,而此时 wa 和 ga 则不再出现。根据这个情况又可以判定 ga 和 wa 并非话题标记和主格标记的对立。因此至今有不同的看法,有人认为这两个标记实际上都是话题标记,只是分工不同。为此,我们拟定了几组句子,包括能否后接带 mo(也)小句,对几位日本人(40—65 岁)作了语感调查。其中结果综合如下(标【 】的部分是语感等的说明):

(8) a. bara(玫瑰)wa　ii(好)。【一般,客观。可后接:kiku(菊) mo ii。】

b. bara(玫瑰)ga　ii(好)。【强调,与别的比较,多种类里选择的。不能后接:kiku(菊)mo ii。】

(9) a. inu(犬)wa　neko(猫)o　oikaketeiru(正追着)。【一般,客观。可后接:nezumi(鼠) mo　oikaketeiru。】

b. inu(犬)ga　neko(猫)o　oikaketeiru(正追着)。　【强调:不是别的,就是狗。也认为是描写情况。可后接:nezumi(鼠) mo oikaketeiru。】

(10) a. zou(象)wa　hana(鼻)ga　nagai(长)。【一般,客观。可后接:ashi(足/腿) mo(也) nagai(长)。】

b. zou(象)wa　hana(鼻)wa　nagai(长)。【列出大象的几个特点,这是其中之一,还可能别的也有长的或短的一些特点。可后接:ashi(足/腿) mo(也) nagai(长)。】

c. zou(象)ga　hana(鼻)ga　nagai(长)。【在一定环境下也可以说,含有"对,象的鼻子是长"的意思。不能后接:ashi(足/腿) mo(也) nagai(长)。】

d. hana(鼻)wa　zou(象)ga　nagai(长)。【一般,客观。不能后接:ashi(足/腿) mo(也) nagai(长)。】

e. hana(鼻)ga　zou(象)wa　nagai(长)。【勉强可以,含有不是腿,是鼻子长的意思。不能后接:ashi(足/腿) mo(也) nagai(长)。】

(11)a. kouen(公园)ni wa risu(松鼠)ga iru(有)。【一般,公园作为一个特殊的对象,即乃是公园不是别处,那里别的动物也有。无排斥作用。可后接:inu(犬) mo(也) iru。】
b. kouen(公园)ni wa risu(松鼠)wa iru(有)。【没有别的动物,只是松鼠;或者只知道有松鼠,别的不知道。不能后接:inu(犬) mo(也) iru。】

上述例句均可成立,但意味复杂。从中,我们认为 wa 和 ga 的区别除了可能存在协同程度不同外,还有一种比较重要的意味,可概括为有无"专指"作用。现用下表概括表示:

表 2

序号	格助词	谓语核心	全句意味	接 mo 小句	小结
(8)a	…wa	形容词	一般,当着该事物表态	可后接	…wa 无专指作用
(8)b	…ga	形容词	与别的比较	不能后接	…ga 有专指作用
(9)a	…wa…o	动作动词	一般,客观。	可后接	…wa 无专指作用
(9)b	…ga…o	动作动词	强调:不是别的,是狗在追。	可后接	…ga 有专指作用
(10)a	…wa…ga	形容词	一般,客观。	可后接	ga 中性
(10)b	…wa…wa	形容词	几个特点,这是其中之一。	可后接	wa 无专指作用
(10)c	…ga…ga	形容词	确认语气。	不能后接	…ga 有专指作用
(10)d	…ga…wa	形容词	一般,客观。	不能后接	…wa 无专指作用
(10)e	…ga…wa	形容词	勉强。意为:非腿,乃鼻子。	不能后接	…ga 有专指作用
(11)a	…ni wa…ga	存在动词	不排斥存在别的。	可后接	…ga 有专指作用
(11)b	…ni wa…wa	存在动词	就事论事,不涉及别的。	不能后接	…wa 无专指作用

按理,一个句子不可能存在两个主语或主格成分,而例(10)c 却可以。虽然这不是常用常见的,但实际语言中确实允许。[比(9)e 类要好得多]显示所谓的 ga 也具有话题性,它的存在除了和谓语核心的协同性较强有关之外,还因为具有专指等其他作用,而专指作用似乎并非主语的职责。一个很重要的证据是 mo 可以分别对应于 wa 和 ga,可以替代后面这二者。另外一个现象是:在书面和口语都存在不使用 wa 或 ga 的句子,甚至有的句子还不能加这两个标记。由此,我们认为 ga 并非典型的主格标记,可能只是话题融合有相当主语性而已,而且它也非必不可少的标记。[11]日语中的 ga 所标记的成分和谓语核心之间显然只具有中等程度的协同化。而一个语言中要保持话题和主语势均力敌是相当困难的,其结果可能就是两种解决方向:一种是朝非势均力敌发展,让一个更强势些,另一个更弱势些;另一种则是让二者分别承担不同作用(例如日语 ga 的专指作用),以便区别更大些。日语正在发展中,一般的观察可以看到,似乎人们现在使用话题标记 wa 更多些。[12]因此单纯地将话题和主语作为选择项并不能解释种种复杂现象,而应该另寻他途。这正是日语类型的意义所在。

三 话题的地位与产生

3.1 话题对语句结构的制约作用

话题-述题是初始语法化的概念,也是以后语法发展的基点。在初始句法结构中,由于话题的存在,就势必制约其他成分的位置与作用。为了保持信息传输的清晰准确,通常采取在形式上保持适当对比度的对策。比如,非话题的其他论元,如果其语义与表话题词语接近同质,则很难无区别地占据紧邻话题的位置,而可以采用两种表层形式:一是隔开出现,就是语序手段;二是添加具有标记作用的成分,就是标记手段。前者就是如汉语那样在述题部分的核心词(如动词)之后出现,这就是所谓的后置于句末的"宾语"。后者就是在话题或另一论元上添加身份标记,比如后来出现的介词或语缀。前者比后者有更好的经济性;后者则比前者具有更多的羡余度和更好的确定性。语句结构的发展以及话题结构协同化就是以"语序"和"标记"这两个基本方法展开的。这样我们就不难理解何以不同语言会有如此多样的表现。

汉语是话题结构强势的语言,整个的分析应该围绕话题结构展开。在这种理论架构下,现在汉语中所谓的"宾语"实在是一个不妥当的术语。宾语(object)本是目的、对象的意思,是和主语(一般为施事)相对的受事。这是一个主谓架构下的术语。而汉语的"宾语"不是相对于作为施事的主语设置的,而只是相对于话题而设置的,因此可以容纳包括施事和受事在内的各种语义角色。这个位置所起的作用只是一种对述题在命题上的不足进行的补充或补足,是一种"命题补足性成分"。吕叔湘先生(1979,85 节)早就说过:"既然宾语不跟主语相对,有没有必要还管它叫宾语? 是不是换个名字好些? ……那么,不叫'宾语'叫什么呢? 如果没有更好的名称,似乎不妨叫做'补语'。补语这个名称比宾语好,不但是不跟主语配对,而且可以包括某些不便叫做宾语的成分。"可是,"补语"已经被长期占用了,并形成了很难变更的习惯。我们认为,从话题结构的系统看,将"题"转义为话题结构的通名,命名为"补题"也许更为合适(至于英语,是否可以称作 supplement)。

3.2 话题的产生

许多学者认为话题是处于谓语部分的各种论元(如宾语或介词引导/带格标的其他成分)"移位"于句首生成的。我们认为,这可能在某个方面是一个因果倒置的判断,即把话题的生成当做了结果去认识并解释,于是就出现了移位的说法。从初始性的话题结构来看,话题是初始概念,一般也是始发成分。首先是有了话题,然后才能谈其他成分的安排,而不能是相反。因此这样的顺序/程序才是正的。只是由于发生了话题结构的协同化,才产生了不同的语言结构类型,而这又可能导致不同的话题生成方式。对于现在话题强势的语言来说,从话题出发去安排句子这样的过程可能并没有发生根本性的改变。而所谓移位则是已经确定了一个正顺序或正位置,然后再移位。然而,什么是正顺序、正位置呢? 从印欧语角度看,主谓结构的标准顺序当然是正的,根据动词中心的标准排序也当然是正的,因此就有了"移位"之说。对印欧语来说,"移位"的说法也许是合理的,而对话题强势的汉语却可能在某种程度上或某个方面是颠倒了顺序。在汉语中,话题和述题是基本的初始成分,因此话题结构也就是基础结构。[13] 只有确立了这两个成分,尤其是话题,其后的许多所谓句子成分及其位置才能确定。移位的说法是拿后起的成分去决定初始成分,这可能是先入为主的印欧语观点的反映。吕叔湘先生(1979,83节)认为:"似乎不妨说,主语只是动词的几个宾语之中提出来放在主题位置上的一个。好比一个委员会里几个委员各有职务,开会的时候可以轮流当主席,不过当主席的次数有人多有人少,有人老轮不上罢了。"这个说法虽然很形象,很符合汉语的情况,但却是以后起的成分去解释初始的成分,有点"移位"的影子。"补题"之类是后起的,应该是话题决定补题之类,而不应该由补题之类去决定话题。但即使如此,吕先生的说法也已经在宾语问题上大大地解放了。同样,如果把工具状语作为正顺序,认为工具话题也是工具状语移位生成的话题,是跟宾语移位到话题位置的认识是相同的,也是印欧语眼光的一种解释。例如"这把刀切肉"被当做是"我用这把刀切肉"中"这把刀"移位的结果,这也可能有点本末倒置。因此,当下的急务是以话题作为基点,作为初始定位成分,在普遍性和个性相互参照下,脱胎换骨地去重新审视汉语的其他成分,并达到改造整个汉语语法体系的目的。

3.3 话题和述题的适配性

话题的产生当然是人们在心理上预选择的结果。不同的开头,不同的话题,当然就有不同的与其配合的述题,反之亦然。这是一种"适配性"选择,话题和述题可以互相有适配性选择问题。不过,就汉语来说,话题一般总是先发的,因此话题对述题的作用还是主导性的,有导向作用,首先是话题决定了述题的可能类型。当然也可以从述题这头来看看对话题的适配性选择。结合徐烈炯、刘丹青(1998)所提出的句子:

(12) 这么顽皮的孩子,我找不到愿意收养[ ]的人。

我们认为,即使话题的中心词相同,比如同是"孩子",其述题也会是不同的。请看表3:

表3

述题＼话题	①孩子	②这孩子	③这样的孩子	④顽皮的孩子	⑤这个顽皮的孩子	⑥这么顽皮的孩子
A. 有三个	+	−/+	+	+	−/+	+
B. 跑掉了	+	+	?	?	+	−
C. 很聪明	+	+	+	+	−/?	−
D. 愿意收养的人很多	?	+	+	?	−	−
E. 不愿意收养的人很多	−/?	+	+	+	−/?	+
F. 我找不到愿意收养的人	+	+	+	+	−/?	+
G. 我认识很多愿意收养的人	−	−	−	−	−	−

表3显示:话题①到⑥,随着话题内定语的增加和描写性的增强,话题在语义上对述题

的限制也在增加,选择更加苛刻,而且话题本身的述谓作用也在逐渐增加。话题已并非简单地提出一个表述对象,而更像是先定性一个事物,明显地具有相当的述题性。到了⑥,这个话题短语甚至可以看成一个小句。因此不难理解最后的⑤、⑥两项跟述题会有如此的配合关系,尤其是⑥和述题 E、F 的配合更像是两个小句的组合。

如果从述题一头看,表 3 最后一行述题 G 明显地与其他述题不同,和 6 个话题都不能配合。其中的关键可能就是动词"认识"本身。F 和 G 都可以作为句子,而且都可以成句。但"找(到)"和"认识"却是两种不同的动词。"认识"更强地指向对象(宾语中心词"人"),在有了施动者("我")之后,不大再容纳其他涉及者;而"找"似乎更宽松些,更能容纳其他涉及者。联系到黄正德等提出的句子:

(13)* 张三,我认识很多批评[　]的人。

我们认为可以列出下面的表 4 作进一步观察:

表 4

述题＼话题	⑦那女人	⑧那样的女人	⑨那个假笑的女人	⑩那么虚伪的女人
F. 我找不到愿意收养的人	+	+	+	+
G. 我认识很多愿意收养的人	−	−	−	−
H. 我找不到愿意批评的人	?	?	+	+
I. 我认识很多批评的人	−	−	−	−

从表 4 的对比中可以发现,其中适配能否成功的关键,似乎是主要动词的类型以及与宾语部分动词定语的配合。"认识"前面出现施动者以外的句首相关论元话题的条件大概是:

1)必须是"认识"后面无宾语或宾语是复指该句首论元话题者,该句首论元话题即所缺宾语的词语,如"那女人我认识(她)"。

2)如果该句首相关论元话题并非"认识"的宾语,则宾语内的定语必须有复指该话题的成分,如"那女人,我认识很多批评她的人",或者宾语部分是明确记明与该句首话题有亲属关系的对象,如"那女人,我认识她的丈夫"。因此,"认识"本来就是一个要求更多相关性的动词,而"批评"没有这样的要求。

3)如果再仔细观察的话,我们就会发现,"收养"和"批评"及物指向的语义宽窄也不同。"收养"所要求的及物指向比较确定和清楚,而"批评"所要求的及物指向过于宽泛,难于确定,必须出现及物对象才能增加确定性,从而帮助句子成立,因此这也是句子成立的一个影响因素。因此纯粹就述题短语而言,F、G、H 三个都可以单独成句,而唯有 I 短语在"认识"和"批评"双重限制下较难单独成句。如果 I 要成句,则必须增加"批评"后面的宾语:

(14) a. *⁄? 我认识很多批评的人。

　　　 b. 我认识很多批评张三的人。

4) 另外，如果没有适当的提起性语气词(至少是较大的停顿)，那么这个句子也是不能成立的。请看：

(14) c. *张三嘛，我认识很多批评的人。

d. *张三我认识很多批评他的人。

e. 张三，我认识很多批评他的人。

f. 张三嘛，我认识很多批评他的人。

以上可见话题结构类型成句的复杂性：一个是话题内述题性的强弱以及话题对述题的导向；一个是述题内的动词类型问题；一个是话题的辅助成分(停顿和语气词)。前两个是新问题，也十分复杂，可能是话题句研究或话题-述题配合问题的关键。综合起来看，制约话题和述题之间适配性的因素大致涉及：语义-词汇、结构和语境等。

综上所述，我们也许可以把这些适配性问题归纳为"适配幅度"。简而言之，话题对述题的适配幅度要大于述题对话题的适配幅度。因此，从哪一头研究适配规律是一大选择，而如何归纳话题和述题的类型，使适配规律更容易获得，则又是一大课题。而这些也许正是开创新路的契机。

3.4 相关性容许距离

Xu(徐烈炯)& Langendoen(1985)曾提出下面这两个结构相似的句子，为何一个能成立一个不能成立：

(15) a. 这本书，读过[ ]的人不多。

b. *这本书，读过[ ]的人来了。

黄正德使用"移位"和"孤岛条件"理论来解释，即后一句是由于孤岛被封闭而不能被移出区域，因而不能成立。而 Xu(徐烈炯)& Langendoen 则认为话题结构是在语法的基础部分产生，而不是移位以后派生的。

我们想从几个方面去考察它们。为此本文测试了多个句子，并选出几种组配，与前面的例子一起列入下面的表5和表6来考察：

表 5

	例　句	谓语核心性质	VP 定语	定语 VP 的体貌	定语与话题的关系
I	(16)a.这本书，读过/要读的人没有。 (17)a.这工作，做完/要做的人有吗？	表存在的有无	有	已然/未然	有及物性关系
II	(16)b.这本书，读过/想读的人不多。 (17)b.这工作，做完/想做的人多吗？	表存在的数量	有	已然/未然	有及物性关系
III	(16)c.*这本书，读过/想读的人太胖了。 (17)c.*这工作，做完/想做的人难看吗？	描写性质	有	已然/未然	有及物性关系

	例句	谓语核心性质	定语	定语内VP的体貌	定语与话题的关系
IV	(16)d.*这本书,读过的人来了。 (17)d.*这工作,做完的人感冒了吗？	表动作行为	有	已然	有及物性关系
V	(16)e.?这本书,想读的人来了。 (17)e.?这工作,想做的人都感冒了吗？	表动作行为	有	未然	有及物性关系
VI	(16)f.*/?这本书,人很多。 (17)f.*/?这工作,机器多不多？	表存在的数量	无	——	——
VII	(16)g.*这本书,人没有。 (17)g.*/?这工作,人有吗？	表存在的有无	无	——	——
VIII	(16)h.*/?这本书,人不多。 (17)h.*/?这工作,人很多吗？	表存在的数量	无	——	——

表6

	例句	谓语核心性质	定语	定语内VP的体貌	定语与话题的关系
A	(18)a.*这本书,扎辫子的女孩来了。 (19)a.*这幅画,要饭的乞丐打了谁？	表存在的有无	有	不清	无及物性关系
B	(18)b.这本书,扎辫子的女孩很多。× (19)b.这幅画,要饭的乞丐也有吗？×	表存在的数量	有	不清	无及物性关系
C	(18)c.这本书,扎辫子的女孩很美。 (19)c.这幅画,要饭的乞丐聪明吗？	描写性质	有	不清	无及物性关系
D	(18)d.*这本书,那三个人来了。 (19)d.*这幅画,我的朋友走了/吗？	表动作行为	有	——	无及物性关系
E	(18)e.这本书,那三个人也有。× (19)e.这幅画,我的朋友都有吗？×	表存在的有无	有	——	无及物性关系
F	(18)f.这本书,那三个人有好多。 (19)f.这幅画,我的朋友有很多吗？	表存在的数量	有	——	无及物性关系

从表5和表6中可以看出,表示静态存在的句子可以说,而加了已然义定语之后就不能说。而Ⅵ类和Ⅷ类无定语的简单状态述题颇有话题结构的初始形态,虽然相关性不足,但却存在某些犹豫的空间,停顿长些(或增加语气词),语境清楚些,就有补充其不足的可能,因此有时反倒能说。参照这个情况,我们认为构成成分之间存在着一种与心理和语义有关的"相关性距离",而影响句子成立的一个因素则是这种距离的容许度。主语和谓语之间所能容许的相关性距离很小,也就是比较紧密,或相关性很强。而话题和述题之间可以容许更大的相关性距离,即相关性可以较弱。它们之间的联系或相关性常常需要依靠语境(包括副语言)

来补足,以此拉近相关性距离。[下文4.1节例(21)、(22)、(23)的句子就是这样,可参考]除此之外,谓语核心的动词和宾语之间,补题与述题内动词核心之间,也都存在相关性距离。相对而言,在以动词为中心的结构系统内部各成分之间,包括主宾语和谓语核心词之间,由于格标记之类的形态限制,它们间的相关性距离要小得多,可容许的宽松也更少。而话题、补题与述题的动词核心之间可容许的相关性距离要大得多,宽松得多;但超出了一定的容许度,可容许的最少相关性就无法满足,或不能补足,句子就不能成立。受到该容许度限制的相关性距离可以称为"相关性容许距离"。这种相关性容许距离的不同正是协同化程度不同的一种表现,也是汉语与有形态语言的一大不同之处,而且可能就是汉语学界所谓的"意合法"的一个依凭。适度的相关性距离对任何类型的语言都是需要的。如果这个假说有理,那么这可能就是另一种语法规则,也正是我们今后需要发掘。

参照 Xu & Langendoen(1985)在同一篇论文中举出的孤岛条件理论无法解释的另一对例子:

(20) a. *那个强盗,我想抓到[ ]的人得了奖。
　　　b.那个强盗,我想抓到[ ]的人应该得奖。

以我们的看法来分析,这两句话的不同之处正在于述题中动词的数目不同,动词所在层次不同,语态不同。前一例是现实陈述语态,后一句是评论语态。层次越多,语态越是非现实的,则话题和述题之间的相关性容许距离越大,话题对述题选择就越宽松。

我们还发现,相关性容许距离比较大的句子,其话题总是很简单,比较中性,一般没有描写性修饰语,只有确定性的限制成分,如代词"这、那"和数量成分。话题越是中性,和不同述题配合的可能就越大,选择就越多。因此话题具有对述题导向的功能,选择可以满足相关性容许距离的述题,并引导述题内安排何种成分。话题的描写性修饰成分越多,对述题的要求也就越严,选择的范围越小,对述题内的修饰性成分和及物性成分的要求也就越大。从另一面来看,描写性修饰成分会限制述题,使话题和述题间相关性容许距离收窄,从而可能使话题和述题的组配更容易失败。在这一点上,适配性和相关性容许距离就发生了联系,并有可能统一为一种规律。

从上文来看,影响相关性容许距离的因素很多:话题的类型,述题核心词类型(表示何种状态,是存在,还是性质、动作,及物指向的宽窄),定语的有无以及是否及物性定语,定语内动词的已然或未然,定语内动词与句首话题是否有及物关系,动词的多少或处于什么层次等,就是现在知道的一些因素,使它们造成了成句上的不同表现。目前来看,虽然我们还无法简明地描写出其间的具体规则,但是它们之间在适配性和相关性容许距离方面的规则肯定有相当的柔性。这方面的研究现在几乎是空白,本文这里也只能举例说明一二,需要专文或专著另行研讨。

四 汉语的话题和话题结构

4.1 汉语的话题结构与语境依赖

汉语从原始汉语发展到现在,虽然也一直处于协同化过程中,但强协同并未充分发展,而是始终维持强势的弱协同状态,即话题结构至今仍处于强势状态,因此许多情况下必须特别依赖语境(包括副语言)才能成立,也才能理解。例如:

(21)这个,知道。(当有人向答话人问某事/某物时)

(22)老张,咖啡。(当有人向答话人问另一位一起来的老张需要喝点什么时)

(23)我嘛,很好吃。(当有人询问答话人所吃的东西味道如何时)

这些句子在一定语境(包括副语言)配合下是可以成立的,或者说,也只有在特定语境的配合下才能成立。这些可以被认为是特殊的句子,从话题-述题(所谓的语用)第一性的角度看,它们又是正常的句子,是保留某些初始语言信息的句子。因此,我们只有从话题结构的角度去解释才能充分涵盖汉语的句子。由此可见,我们也完全可能从话题以及话题结构开始来讨论语法,[14]并在话题-述题的基础上再引入弱协同的观点去解释另一些更令人头疼的句子。

4.2 话题基础上的主语性

我们可以用话题-述题的框架来做汉语语法分析的基础。汉语的主语是弱势的强协同化(驱动中心弱势转移/变异)过程中的一种非典型产物,即汉语的主语并不典型。以这样的观点来看汉语,主语就可以不作为一个基本成分,而只是一种新增的性质或特征,仅仅是有某种程度的"主语性"而已。当到达一定程度,主语的性质才凸显出来,而话题也就相对弱化。比如,句首为疑问代词,该成分要求与述题协同化的程度要高,因为此时述题必须针对疑问回答,不容偏离,话题和述题间的协同必然有所加强。请看下面的对比:

(21) a. 这个,知道。　　　　　b. *什么,知道?

(22) a. 老张,咖啡。　　　　　b. *谁,咖啡?

(23) a. 我嘛,很好吃。　　　　b. *谁呀,好吃?

显然,疑问代词处于句首时其主语性得到了加强,并凸显了出来。现在再来看看有无特定介词引导的句子,它们在使用疑问代词替代的情况下的表现是很不相同的。请看:

(24) a. 关于这个问题,我还需要考虑考虑。

(25) a. 说到新建住宅,我还有不同的意见。

(24) b. 关于这个问题,你是否还要考虑考虑?

(25) b. 说到新建住宅,你还有什么意见?

(24) c. *关于什么问题,你还要考虑考虑?

(25) c. */? 说到什么住宅,你还有不同的意见?

(24) d. 什么问题,你还要考虑考虑?

(25) d. ?什么住宅,你还有不同的意见?

带有"关于/说到"的语段是个有标记的话题形式,但是它对疑问形式基本是排斥的,说明其主语性几乎为零(但"关于"是介词,而"说到"仍有动词性,二者仍有程度区别);而无"关于/说到"的形式对疑问形式基本上是容纳的,由此可以证明句首疑问词语的主语性程度较高而话题性较弱。(关于这一点我们将在第6节测试中再次证明)

4.3 非话题的话题化

当强协同化或者主语化过程进行的同时,弱协同化的强势过程依然继续着,并可能发生另一种话题化的过程,即把典型话题的特征或性质不同程度地赋予句中某些一般认为并非话题的单位。这种话题化同样是一种根据该语法地位而产生的不同程度话题性的赋予,依然同该单位原有身份相对,而并非该单位整个地成为话题。例如:

(26) a. 我把杯子打碎了。　　　　　　b. *把杯子,我打碎了。

(27) a. 我对于这件事还有些不同的看法。　b. 对于这件事,我还有些不同的看法。

如果说"把杯子"像某些观点所认为的已经是次话题(理由是具备已知的特点),那么也只是部分话题化,即具有某种程度的话题性。因为它不能出现在施事话题之前的句首,依然保留有较多的述题性,并无典型话题的功能;而去除"把"之后的结构却可以:

(26) b. *把杯子,我打碎了。　　　　　c. 杯子,我打碎了。

(27) b. 对于这件事,我还有些不同的看法。　c. 这件事,我还有些不同的看法。

4.4 话题在被包含的短语中有很大的局限性

在定语中,仅仅含有受事话题的陈述短语很难再成为一个被包含的成分,也就是说它们受到的限制更大。这说明做定语的陈述短语容纳的是主语性更明显的话题成分,而不能仅仅是话题成分。例如下面的"鸡蛋",在定语短语中,处于通常句子话题位置时就有较大的限制,有的不能成立,有的能否成立还有疑问。请看下表:

表 7

A	B	C
(28) a. 鸡蛋我吃。	b. *鸡蛋我吃的时候……	c. 我吃鸡蛋的时候……
(29) a. 鸡蛋我不吃。	b. */?鸡蛋我不吃的时候……	c. 我不吃鸡蛋的时候……
(30) a. 鸡蛋,吃的人很多。	b. *鸡蛋吃的人……	c. 吃鸡蛋的人……
(31) a. 鸡蛋,吃的时候要放盐。	b. *鸡蛋吃的时候……	c. 吃鸡蛋的时候……

上面的 A 栏是句子,受事成分完全可以担任句首话题;B 栏是定中短语,由同 A 栏相同语序的陈述构造充任定语,但基本上都不能成立;C 栏恢复通常"施事-V-受事"的语序,则全部成立。由此可知,话题进入句子之下的短语层面时有相当大的限制,只有带强主语性

（即前置并与谓语有明显协同关系的，如施事）的话题才能进入句子下层的短语。这是又一个待研究的课题。

4.5 单句中可接连出现多个程度和类型不同的话题

典型的主语是由谓语中心语（动词）而来的概念，一个句子（一般指单句）只能有一个主语，当然更不能有多个。话题性则随着位置的后移而变小，同时也随着词语类型的不同以及述题的不同而有变化，不大受谓语核心谓词的制约，也不特别计较协同性，因此可以存在多个不同类型的话题。一般可以分为施受类话题（施事、受事、当事、结果等）、依凭类话题（工具、方式、原因等）、背景类话题（处所、时间）。例如大家熟知的：

(32) a.我自行车明天借给他。 b.我明天自行车借给他。 c.我明天借给他自行车。

(33) a.自行车我明天借给他。 b.自行车明天我借给他。

(34) a.明天我自行车借给他。 b.明天自行车我借给他。 c.明天我借给他自行车。

在谓语动词之前的名词性成分或某些介词（如：关于、至于、对于、把）所引导的成分都具有话题性。连续出现几个话题，则它们的话题性随位置的后移而递减，相反其述题性则递增。它们虽然基本上都可以成立，但是有自然度和使用度高低的区别。第 7 节我们将就"话题性"作一些测试，以便进行量化并证实以上论断。

4.6 话题性与述题性的共存

4.6.1 述题中的话题性问题。述题中有些部分也可能在另一层次担负着话题的功能。例如：

(35) 我明天就去北京。

(36) 关于这部音乐作品，我今天只能讲到这个程度。

例(35)的"明天"处于述题中，具有述题性，但"明天"又可以成为"就去北京"的话题。这样话题性和述题性就共存于"明天"中，只是所处层次不同。例(36)的"我"是述题"我今天只能讲到这程度"中的一部分，因此具有述题性，但对于第二层次的述题"今天只能讲到这个程度"又具有话题性。同此，"今天"具有述题性，对"只能讲到这个程度"又具有话题性。

这也就是"话题相对性"的含义之一。以此观之，所有后续的连用话题都是话题和述题共存一身的。这正是汉语不同于印欧语言之处。

4.6.2 无定话题本身的述题性。史有为(1995,5.3 节)曾论及以"一"之类开头的句首无定名词语的信息类型。对于下面的句子：

(37) 一艘在巴拿马注册的油轮"努力"号，八月十八日上午在巴林岛一百一十英里海面上被导弹击中起火，火势很快就被控制住。

文章指出它是"对于报道人本身也是刚刚收到的信息"；"这种做法一方面消除了有定和无定之间的绝对界限，增加了许多中间形式，另一方面也使有定事物带上了新信息色彩，带上了发话人本身的感受（表达对于发话人也是新信息的一种感受），增加了表述性"。而文章对于下面这样的句子：

(38) 一只乌鸦在暮色里飞过这里。

认为其中的"一只乌鸦"只是一种"前述题","表示先到的未知信息","在暮色里飞过这里"则是"后述题","表示后到的未知信息。前者对于后者也是一种先知信息"。扩大来看,这类成分其实也是初始语言形式的一种留存和发展,即像"一只乌鸦!"那样的只由新信息构成,本身谈不上什么话题。"有一只乌鸦"的形式只是后来发展出的规范。因此,句子可以不需要表层出现的话题,可以由新信息(述题)开头,而接下去这个述题又成为后接另一述题的话题,话题和述题同时存在于一身,只是层次不同,发生关系的所在结构不同。

4.6.3 有定话题中的述题性问题。如果联系到前面(3.3节)的例子去进一步观察:

(12) 这么顽皮的孩子,我找不到愿意收养[ ]的人。

可以看到,带限制性定语的名词短语和带描写性定语的名词性短语很不一样,尤其是带有程度修饰的(如"那么、这么"),前者只有指称功能,后者却含有述谓功能。例如:

"那个/这个孩子"——以此首发并开头一般只能做话题。

"那个/这个调皮的孩子"——以此首发并开头一般也只能做话题,但删掉"个",偶尔也可以单独成句:

(39) 那/这调皮的孩子!

"那么调皮的孩子"——以此首发并开头可以做话题,也可以单独成句:

(40) 那么/这么调皮的孩子我们学校不收。

(41) 那么/这么调皮的孩子!

由此可见,所谓话题和述题是相对的,在某种条件下公认的话题也具有述题性,而这也是话题结构成句的影响因素之一。如果结合 3.2 和 3.3 节对适配性和相关性容许距离的讨论,那么话题性和述题性的共存也必然会影响到句子的成立。

五 话题性的表现及其定量

5.1 话题性的基本设定

1) 话题性量度基础的设定:

设定以陈述语气形式做论述的基础。假定存在多种陈述句变体,以其中人们认为最典型的形式作为标准陈述句。设定该标准陈述句为话题性量度分析的基础。

2) 由于汉语缺乏形态,我们只能从信息特征和语音特征上去考虑。比如,可以大致确定话题部分应该是双方已知的信息,不应该具有句子的语法重音。

3) 话题的典型特征:应该承认现在学术界对话题特征的研究,具有相当的合理性。[15] 下面的设定就是对此的适当承认。总之,一般承认语句的话题具有下列主要特征:

(a) 话题担当者一定是实词或其核心是实词,其内容表示一种指称或可当做指称看待;

(b) 处于句子前部;

(c) 是意识中有定的或已知的；
(d) 可以被提问；
(e) 后面可以停顿，还可以在后面加句中提顿语气词；
(f) 可以在合适的语境下省略话题；
(g) 在一定条件下可以只出现话题；
(h) 是陈述的对象，后面应该有述题，而且可以有至少两个相关联述题；
(i) 没有句法重音，也即不是焦点。

我们在以上的特征中暂时去掉不必怀疑的(a)和(b)两项。其中(a)项作为前提，而由于我们测试的位置涉及句子的中部甚至后部，因此(b)项暂时也就没有必要列入。然后归并(e)、(f)和(g)，并增加一个鉴别是否符合(a)项的标准，即"X＋语气词"必须可以用于提问(至少一个语气词)，如："老张呢？｜他吗？｜吃饭呢？｜从哪儿呢？"这样就可以确保真正具有实词性的成分进入测试范围，从而可以把"所以呢"这样的带语气词组合排除在外，以免干扰测试对象的选择以及结果。这样，我们就可以把这些典型特征综合成下面5个测试方面：

A. 话题信息具有确知性，即有共知性；
B. 话题信息可被提问，即有被陈述/提问的性质；
C. 话题信息与述题信息可暂时脱离，即有一定程度的独立性；
D. 话题信息可受多个述题陈述，即话题管辖的可延伸性；
E. 话题信息无句法重音，也即非语法焦点。

4) 设定典型话题的话题性为1，其述题性则为0；完全没有话题性者则话题性也为0。上述五项特征各配得0.2分。总分即为1。

5.2 话题性量度标准的设定

下列测试量度标准的典型形式均为处于句子前部，即处于与述谓部分相对的前置部的表达实在概念的单位。下列测试项目及其量值具有主观性，是为方便而设定，应可讨论并修改。

A. 为双方已知的信息(以"＋共知"表示)，话题性：0.2。例如：

(42) <u>我们之间的纠纷</u>都已经解决了。
(43) <u>你</u>做得很好。
(44) <u>今天的天气</u>真不错。
(45) <u>这段话</u>很难理解。
(46) <u>老张</u>怎么也来了？

B. 可以被提问和问答的部分(以"＋提问"表示)，话题性：0.2。例如：

(47) <u>他</u>是谁？——<u>他</u>是我们这儿的管理员老张。
(48) <u>今天</u>怎么样？——<u>今天</u>不下雨。

(49) 明天干什么？——明天我们去海洋公园玩儿。

(50) 南京好不好？——南京非常好。

(51) 你是不是卖花儿的？——是,我是卖花儿的。您想买花儿吗？

C.具备上述特点并可以在该成分后面停顿,或增加停顿助词[16]或让该成分暂时省略,以显示被陈述意味者(以"＋暂离"表示),话题性:0.2。例如：

(52) 自行车,我骑走了。

(53) 老张,《红楼梦》准没看过。(必有停顿)

(54) 我呢,其实不认识那个人。

(55) 你去哪儿？——我嘛,去哪儿你管不着。

(56) 我他妈早忘了。(中间由插入语"他妈"暂时分离)

D.其后面可带两个或两个以上说明或陈述该成分的并且彼此被中停顿或大停顿(即逗号或分号和句号)隔开的片段者(以"＋延伸"表示),话题性:0.2。例如：

(57) 这些事真烦人,多得不得了,要我处理好几天才能完。

(58) 你去管管这些孩子,把他们的家长找来,说说他们的事儿。

(59) 我们又照了一张合家欢,又聊了一会儿天儿。

(60) 前面的几个人不知说了些什么混账话,害得我们在人家那儿解释了好半天。

(61) 东京车站的地下可不得了,到处是通道,到处是人,好像进了迷宫。

当然,这里还存在一些纠葛,许多状语也可以有两个或两个以上的中心语,这和陈述-被陈述的关系如何区分的确还存在麻烦,但陈述者可以被提问,副词性状语则不可能。

E.无句子的语法重音(以"＋无重音"表示),话题性:0.2。例如：

(62) 这些事真烦人！(句法重音以双底线表示,下同)

(63) 你去管管这些孩子。

(64) 我们又照了一张合家欢。

(65) 前面的几个人不知说了些什么混账话。

(66) 东京车站的地下可不得了！

这最后一项对于方言区的人来说是比较为难的,而且从书面上也无法确认。但是从焦点角度细心地分辨对照还是可以确定的。而从话题角度看却是必要的一项。

六 话题性测试试行

6.1 测试说明

1)类型和评分。我们提出48种常见的不同类型的句子进行测试。它们并非应该测试的全部类型,仅仅是个试验,而且所有的测试都是根据笔者的语感。因此,所有的结果都可以修正。但我们相信,测试结果应具有相当的可信度,可以反映汉语的大致情况。为了方便,我们对被测试的语词暂时使用传统的"主语"等术语表示,但这并不表明我们同意这样的命名。

测试时,以"+"表示符合,0.2分;"一"表示不符合(包括有时符合有时不符合),0分;"?"表示半符合(即似符合似不符合),0.1分。

2)位置。我们将被测试单位的位置分为三类:前、中、后,分别相当于传统认为的广义主语部分以及主语前的句首状语(前)、谓语的谓词部分/谓语的状语部分/复杂谓语第一小谓语(中)、宾语/状态补语部分/复杂谓语第二小谓语(后),并按各单位在该部分的先后以1、2表示次序。

下列测试均以处于句子主干部,并表达实在概念的单位作为标准。如果不具备此基本条件,则不能进入测试。比如,主语追补成分("去哪儿你?"中的后置"你")由于不符合最基本的条件,所以下表不列。

位置因素是很重要的,句首话题的话题性要大于其他。但为了操作方便,我们并未纳入测试项。如果两个测试点的数值相同,那么位置靠前的测试点其话题性应该大于另一个测试点。

3)话题突出。带有提顿语气词的成分是一种"突出话题"。因此,当一个可能的话题成分带有提顿语气词时,那么其他可能的话题成分就很难再带这样的成分。例如:

(67) a. 我嘛,明天一定把礼物带来。

b. 我明天嘛,一定把礼物带来。

c. *$^{/?}$我嘛,明天嘛,一定把礼物带来。

这说明,在同一语境同一时间中的现实语句,其中的同类型可能话题一般只能有一个担任"突出话题"。下表"暂离"一项就是设想在话题突出的情况下的测试,测试该成分时意味着别处不再有提顿语气词。

6.2 测试结果

为了节省篇幅,我们删除了大量同类型例子以及测试过程,仅仅按照不同角度将该48种单句测试点纳入两种表格,以显示其测试结果。表8是按照构造相关性排列的;表9是按照话题性高低的次序排列的。两相对照,也许可以更好地看出其中的相关问题。

表8 按构造相关性排列的话题性测试情况

受试词语类型	位置	例句	共知 0.2	提问 0.2	暂离 0.2	延伸 0.2	无重音 0.2	总分 1
有定施事	前1	他打人/我去过北京。	0.2	0.2	0.2	0.2	0.2	1
有定当事[17]	前1	他是张三/苹果很红。	0.2	0.2	0.2	0.2	0.2	1
有定关涉性词语	前1	这一带我也派了人。	0.2	0.2	0.2	0.2	0.2	1
疑问代词施事	前1	谁去上海?	0	0	0	0.1	0	0.1

（续表）

疑问代词受事	前1	谁被他打了？	0	0	0.1	0	0.1
有定受事	前1	我让他打败了。	0.2	0.2	0.2	0.2	0.2	1
周遍性施事	前1	什么人都来找我。	0.2	0	0.1	0	0.3
含"也"周遍性施事	前1	谁也不认识他。	0.2	0	0.1	0	0.3
周遍性受事	前1	半个人影都不见。	0.2	0	0.1	0	0.3
周遍性非施受事	前1	哪儿我都不去。	0.2	0	0.1	0	0.3
无定施事	前1	一位诗人来过了。	0	0.1	0.2	0.2	0.1	0.6
时间语	前1	今天我去图书馆。	0.2	0.2	0.2	0.2	0.2	1
处所语	前1	台上坐着主席团。	0.2	0.2	0.2	0.2	0.2	1
关于+有定对象	前1	关于工作我会考虑的。	0.2	0.2	0.2	0.2	0.2	1
对于+有定对象	前1	对于工作我并不挑剔。	0.2	0.2	0.2	0.2	0.2	1
从+有定对象	前1	从这儿你能看到海。	0.2	0.1	0.1	0.2	0.2	0.8
然否句的"这"	前1	这就行了。	0.2	0.1	0.1	0	0.2	0.6
表时间/状态的"这"	前1	这我就去/我就放心了。	0.1	0.1	0	0	0.2	0.4
含"也"[18]相同行为施事	前1	我也去过日本。	0.2	0.2	0.2	0.2	0.1	0.9
含"也"平行行为当事	前1	（风停了，）雨也小了。	0.2	0.2	0.2	0.1	0.2	0.9
无条件结果小句施事	前1	（不管怎么，）我也要去。	0.2	0	0.1	0.2	0.1	0.6
关涉语后施事	前2	这一带我也派了人。	0.2	0.2	0.2	0.2	0.2	1
无定施事后时间语	前2	一位伟人今天永逝了。	0.2	0.2	0.2	0.2	0.8
周遍性词语后施事	前2	什么包子我都喜欢。	0.2	0	0.2	0.2	0.6
处所语后时间语	前2	台上今天不放花瓶。	0.2	0.2	0.2	0.2	0.8
施事后表时间的"这"	前2	我这就去学校。	0.2	0.1	0.2	0	0.2	0.5
处所语后施事	前2	北京我去过几回。	0.2	0.2	0.2	0.2	0.8
时间语后施事	前2	前年我去过北京。	0.2	0.2	0.2	0.2	0.2	1
提起义介宾后施事	前2	关于住房我会研究的。	0.2	0.2	0.2	0.2	0.2	1
连+有定受事	前1	连他名字我都不知道。	0.2	0	0.1	0	0.3
连+周遍性受事	前1	连什么事你都不清楚。	0.2	0	0.1	0	0.3
连+有定施事	前2	这件事连我都不知道。	0.2	0	0.1	0	0.3
连+有定受事	前2	我连他名字都不知道。	0.2	0	0.1	0	0.3
连+周遍性受事	前2	我连什么都不了解。	0.2	0	0.1	0	0.3
句首顺序词	前1	其次，你要多寻找机会。	0.1	0.2	0.2	0.1	0.2	0.8
对于+有定对象	中1	我对于他并没有意见。	0.2	0.2	0.1	0.2	0.2	0.9
对+有定对象	中1	他对我不大友好。	0.2	0.2	0.1	0.1	0.6

(续表)

			共知	提问	暂离	延伸	无重音	总分
在+处所	中1	我在屋里找到一本书。	0.2	0.2	0	0	0.1	0.5
比+有定对象	中1	你比他强多了。	0.2	0.2	0.1	0.2	0.1	0.8
把+有定受事	中1	你把我吓了一大跳。	0.2	0.1	0	0.1	0.1	0.5
状态补语前的"V得"	中1	我打得他哇哇直叫。	0.1	0.2	0	0.1	0	0.4
重复的第一动词	中1	我爬也爬不动了。	0	0	0	0	0	0
被拷贝的动宾结构	中1	他写文章写累了。	0.1	0.1	0.1	0.2	0.2	0.5
兼语句中"兼语"	中2	我叫人/他去上海找。	0.1	0.1	0	0.2	0.1	0.5
"V得"后有定施事	后1	我打得他哇哇直叫。	0.2	0.2	0	0	0.2	0.6
主谓宾语段的"主语"	后1	我相信他会来的。	0.2	0.2	0	0	0	
主谓宾语段的时间语	后1	我知道去年他来过。	0.2	0.2	0.1	0.2	0.2	0.9
主谓宾语段的时间语	后2	我知道他去年来过。	0.2	0.2	0	0.2	0.2	0.8

表9 按话题性排列的话题性测试情况

受试词语类型	位置	例句	共知 0.2	提问 0.2	暂离 0.2	延伸 0.2	无重音 0.2	总分 1
有定施事	前1	他打人/我去过北京。	0.2	0.2	0.2	0.2	0.2	1
有定当事	前1	他是张三/苹果很红。	0.2	0.2	0.2	0.2	0.2	1
有定关涉性词语	前1	这一带我也派了人。	0.2	0.2	0.2	0.2	0.2	1
有定受事	前1	我让他打败了。	0.2	0.2	0.2	0.2	0.2	1
时间语	前1	今天我去图书馆。	0.2	0.2	0.2	0.2	0.2	1
处所语	前1	台上坐着主席团。	0.2	0.2	0.2	0.2	0.2	1
关于+有定对象	前1	关于工作我会考虑的。	0.2	0.2	0.2	0.2	0.2	1
对于+有定对象	前1	对于工作我并不挑剔。	0.2	0.2	0.2	0.2	0.2	1
时间语后施事	前2	前年我去过北京。	0.2	0.2	0.2	0.2	0.2	1
关涉语后施事	前2	这一带我也派了人。	0.2	0.2	0.2	0.2	0.2	1
提起义介宾后施事	前2	关于住房我会研究的。	0.2	0.2	0.2	0.2	0.2	1
含"也"相同行为施事	前1	我也去过日本。	0.2	0.2	0.2	0.2	0.1	0.9
含"也"平行行为当事	前1	（风停了，）雨也小了。	0.2	0.2	0.2	0.2	0.2	0.9
对于+有定对象	中1	我对于他并没有意见。	0.2	0.2	0.1	0.2	0.2	0.9
主谓宾语段的时间语	后1	我知道去年他来过。	0.2	0.2	0.1	0.2	0.2	0.9
从+有定对象	前1	从这儿你能看到海。	0.2	0.1	0.1	0.2	0.2	0.8
句首顺序词	前1	其次，你要多寻找机会。	0.1	0.2	0.2	0.2	0.1	0.8
无定施事后时间语	前2	一位伟人今天永逝了。	0.2	0.2	0	0.2	0.2	0.8

(续表)

处所语后时间语	前2	台上今天不放花瓶。	0.2	0.2	0	0.2	0.2	0.8
主谓宾语段的"主语"	后1	我相信他明天会来的。	0.2	0.2	0	0.2	0.2	0.8
主谓宾语段的时间语	后2	我知道他去年来过。	0.2	0.2	0	0.2	0.2	0.8
处所语后施事	前2	北京我去过几回。	0.2	0.2	0	0.2	0.2	0.8
比＋有定对象	中1	你比他强多了。	0.2	0.2	0.1	0.2	0.1	0.8
然否句的"这"	前1	这就行了。	0.2	0.1	0.1	0	0.2	0.6
无定施事	前1	一位诗人来过了。	0	0.1	0.2	0.2	0.1	0.6
周遍性词语后施事	前2	什么包子我都喜欢。	0.2	0	0.1	0.2	0.2	0.6
无条件结果小句施事	前1	（不管怎么，）我也要去。	0.2	0	0.1	0.2	0.1	0.6
对＋有定对象	中1	他对我不大友好。	0.2	0.2	0	0.1	0.1	0.6
"V得"后有定施事	后1	我打得他哇哇直叫。	0.2	0.2	0	0	0.2	0.6
施事后表时间的"这"	前2	我这就去学校。	0.2	0.1	0	0	0.2	0.5
把＋有定受事	中1	你把我吓了一大跳。	0.2	0.1	0	0.1	0.1	0.5
在＋处所	中1	我在屋里找到一本书。	0.2	0.2	0	0	0.1	0.5
被拷贝的动宾结构	中1	他写文章写累了。	0.1	0.1	0.1	0.2	0.2	0.5
兼语句中"兼语"	中2	我叫人/他去上海找。	0.1	0.1	0	0.2	0.1	0.5
表时间/状态的"这"	前1	这我就去/我就放心了。	0.1	0.1	0	0	0.2	0.4
状态补语前的"V得"	中1	我打得他哇哇直叫。	0.1	0.2	0	0.1	0	0.4
周遍性施事	前1	什么人都来找我。	0.2	0	0	0.1	0	0.3
含"也"周遍性施事	前1	谁也不认识他。	0.2	0	0	0.1	0	0.3
周遍性受事	前1	半个人影都不见。	0.2	0	0	0.1	0	0.3
周遍性非施受事	前1	哪儿我都不去。	0.2	0	0	0.1	0	0.3
连＋有定受事	前1	连他名字我都不知道。	0.2	0	0	0.1	0	0.3
连＋周遍性受事	前1	连什么事你都不清楚。	0.2	0	0	0.1	0	0.3
连＋有定施事	前2	这件事连我都不知道。	0.2	0	0	0.1	0	0.3
连＋有定受事	前2	我连他名字都不知道。	0.2	0	0	0.1	0	0.3
连＋周遍性受事	前2	我连什么都不了解。	0.2	0	0	0.1	0	0.3
疑问代词施事	前1	谁去上海？	0	—	0	0.1	0	0.1
疑问代词受事	前1	谁被他打了？	0	—	0	0.1	0	0.1
重复的第一动词	中1	我爬也爬不动了。	0	0	0	0	0	0

七 结语

7.1 关于汉语的话题问题

1) 根据以上对大多数句子内处于非句末的实词性成分的测试，我们可以清楚地看到话题的相对性并意识到不同话题性的存在。以此观之，可以认为话题性的解释可能优于话题成分或话题特征的解释。话题性观点容许话题性和述题性同存于一个成分之中，因此也就更适合各种信息传输类型。

2) 没有非此即彼的话题，只有具有若干话题性的语言成分；某些传统认为的状语，甚至某些谓语部分也可以带有话题性。而且，话题性一般是随着实词成分后移而衰减的，即使以当句仅可能话题单一突出的情况看也显示了这种衰减的走向。充分的话题性，即相当于通常所说的话题，一般都在句首。按照线性序列，根据前一个名词语的不同可对后一个名词性词语在话题性上起到不同的限制作用。其中对一般认为的时间主语、无定施动主语和句首提起性介系短语的限制作用较之对有定施动主语和处所主语的限制为低。

3) 以上二表，显示了汉语的话题性和传统认识的主语有一定的相关性。强话题与主语并非一定是互补关系。强话题包括大部分与谓语核心动词具有紧密关系的所谓主语，而后者也包括大部分强话题，二者是广域交集关系。

4) 如果将话题性分为三级，0.8—1 为强话题性，0.4—0.7 为弱话题性，0—0.3 可以视为无话题性（即无话题价值），分别视为强话题、弱话题和非话题，这样就可以解决可操作性问题。据此，句首无定施事、"把"字短语可视为弱话题；句首的疑问语、周遍性词语、"连"字短语都不能作为弱话题，它们无疑已经具有很高的主语性，也即可以被当做主语看待。值得注意的是，状态补语前的"V 得"，虽然是个谓词性成分，却有资格做弱话题。非话题而又符合主语对语词类型要求的句首成分则可以被认为是主语性很强的成分。但汉语的主语并不就完全类同于西语中的主语。这些需要另文研讨。

5) 测试显示，话题性受到四个方面的影响：被测试语所处句型；被测试语所在位置（前中后，以及其中的 1 或 2）；被测试语的语义类型；被测试语的形态（有无介词、何种介词）。但一般的基础型句型中实词性成分处于前 1 和前 2 位置对话题性的影响很小，显示各种话题有所分工，但这些都是处于该成分突出情况下的话题性，在实际话语中会因非突出状况而减弱其话题性程度。

6) 根据话题性的论述和测试以及我们对主语的认识，强主语性（即通常认为的主语）应该具有两个特征：名词性/指称性；与述谓部分（谓语/述题）有着强协同关系。在汉语中，相对于在一般情况下话题无形式标记的情况，有鉴别或提起价值的强主语性的成分（相当于主语）则应该是有形式标记的，其他的具有主语性的成分均因为强话题的覆盖而显得没有多大鉴别和提起必要。句首的周遍性成分和疑问代名词已经被否定为话题，它们很可能具有完全主语而非话题的资格,但这还需要作进一步的论证。这也正是我们同传统主语观(参看附注[15])的不同点。

7)追补句中的追补成分既然是前面的各种成分的追补,当然也会带有该成分原来的一些句法职务的性质。因此我们可以把追补句作为特殊情况,也加以变通测试。测试结果发现,原来是句首的实词语追补到句末之后,它们的话题性显然大大减弱。例如:

(68) 你去哪儿<u>你</u>?/去哪儿<u>你</u>?
(69) 开了(,)<u>火车</u>!
【测试】:＋共知,＋提问,－暂离,－延伸,＋无重音。话题性:0.6。
由此可见,所谓倒装和易位的说法都是不符合实际语言表达的。[19]

8)如果我们把眼光扩大到偏正复句中的偏句,那么以上的观点也是同样适合的。复句中的条件小句,也具有很强的话题性。因此,赵元任先生的主谓句可视为起码的偏正复句的论断[20]就具有特别重要的意义。例如:

(70) <u>他再不来上课</u>,我们就取消他的学籍(,请你们也做出相应的措施)。
【测试】:? 共知,＋提问,＋暂离,＋延伸,＋无重音。话题性:0.9。

9)如果我们把测试往前推进一步,所有被包围做修饰语或宾语的"主谓"结构,其中的"主语"拿来进行测试,那么该被包围"主语"的话题性是受包围的紧密程度制约的。由于偏正结构比较紧,因此偏项中的"主谓"结构,其中的"主语"只有很微弱的话题性。[下例(71)(72)的测试结果为0.3]例如:

(71) <u>我</u>买来的书让孩子弄脏了(,×)。
【测试】:＋共知,－提问,－暂离,－延伸,? 无重音。话题性:0.3。
(72) 我很喜欢<u>你</u>买来的这些书(,? 带来的食品)。
【测试】:＋共知,－提问,－暂离,－延伸,? 无重音。话题性:0.3。

至于言语思维动词与主谓短语的宾语之间,就不那么紧密,中间可以停顿,后面的所谓"宾语"可以有多个,因此也常常被认为是分立的小句。而测试的结果显示这种语境中的"主谓"结构的"主语"其话题性比前者强很多。我们已经在上述二表中显示了这样的情况,下面再举三例:

(73)他以为<u>这些人</u>都是好人(,都是来帮助他的)。
【测试】:＋共知,＋提问,－暂离,＋延伸,＋无重音。话题性:0.8。
(74)我们研究确定,<u>这批工人</u>应该安排在第三工区(,还应该有专人辅导)。
(75)我们研究确定,<u>明天</u>你们就应该去上班(,不能迟到,也不能请假)。
【测试】:＋共知,＋提问,? /＋暂离,＋延伸,＋无重音。话题性:0.9/1。

而且,时间词语处于这样的位置时,以及动词谓语后面停顿时,其话题性则更强些,达到0.9,甚至可以到达1,与一般的句子不相上下。

10)话题和话题性的概念首先是用来解释汉语中连续多个"主语"的。主语是句子在以谓语核心词为中心的情况下出现的成分。一个单句或小句照理只能容许一个主语。话题是信息传递映射到语言结构上的概念。话题结构也是句法结构。话题和话题性可以解决句子中多个连续"主语",而且可以解释何以一些非名词性成分(典型的是把字结构和状态补语前的"V得"结构)也被人认为是话题,还可以解释汉语句子结构的许多特点。预计这一概念还将可以解决汉语中许多现在语法理论所无法完满解决的难题。

7.2 关于话题问题的普遍性

话题和话题结构都具有普遍性。话题结构作为基础结构在经历不同协同化及其选择之后产生了不同类型的语言。可以量度的话题性则是协同化发展后的话题结构强势语言所具有的。如果把话题性定在"零浮动"或"微浮动"水平上,那此概念同样可以适用于主谓结构强势的语言,可以描写和解释"是/非"型话题的语言。对于印欧语的观点或眼光,最好不是说摆脱,而应该是超脱,是涵盖,是在更高的层次上观察并概括,从而解释所有语言,包括印欧系的语言及汉语。

7.3 "起点"思考的意义

我们提倡"起点"思考(史有为,2000),即经常回到起点去思考,去怀疑,去重新假设。"起点"思考是否可以作为一种方法呢?有些人可能不以为然,因为它没有提供一种操作方法。但是方法论意义的方法必须只能是这一种类型的吗?朴素的方法或许正是暂时摆脱目前的所围所陷,使我们能在空的状态下重新思考,从而对科学作出推动。

附 注

[1]赵元任(1968:45)是最早引进话题概念并指出汉语具有话题为主的性质的。他说道:"主语和谓语的关系可以是动作者和动作的关系。但在汉语里,这种句子(即使把被动的动作也算进去,把'是'也算进去)的比例是不大的,也许比50%大不了多少。因此,在汉语里,把主语、谓语当做话题和说明来看待,比较合适。主语不一定是动作的作为者;在'是'字句里不一定等于'是'字后边的东西;在形容词谓语前头不一定具有那个形容词所表示的性质。它可以是这种种,但不是必得是这种种。"

[2]参看曹逢甫(1979:4—19)。曹的论著已经很好地总结了此前的许多具有代表性的观点。在话题的问题上他们都是持"是/非"选择型的,没有中间类型。史有为(1982)的论文在这个议题上也是同样的主张,只是依据形式区分了话题的不同表达性质。

[3]徐杰(2003)的论文把有关话题和主语的主张分成四派,他是第四派。按照徐杰这样的排列,本文的观点应当算成第五派,是更新的一种原创。

[4]徐通锵(2001:198)还认为主语-谓语是表层结构,话题-述题是深层的,是句法语义结构。克里斯特尔(1994:363)则说明:"话题有时称作'心理主语'。"显然这也是一种语义学观点。

[5]石毓智、李讷(2001,10.1)介绍 P. J. Hopper 和 E. C. Traugottc *Grammaticalization*. London:Cambridge University Press. 1993,53)关于组织信息的两个原则:一、中心词在前(head-initial)或者中心词在后(head final);二、已知信息和未知信息的前后顺序。

[6]本文所用的"协同"是个新概念,并非现今词典中所界定的概念。它只是借来指称具有协调、协和以及增加相关性的意思。我们至今还没有找到一个合适的词来指称以上的概念。同样我们在英语中也没有找到合适的对应词,可以考虑的有 synergism、harmonize、concord、cohere、coherence,其中 concord 已经用在句法成分间的一致关系的意义上,cohere 和 coherence 也被篇章语言学用来表达连贯性,synergism 则有

太多的协作增效含义,都不便使用;最后觉得 harmonize 虽然本指协和,但也有协调以成为一致的意思,所以暂时使用了该词。我们非常欣赏用 coherence theory(协同学/协调论)命名的一门学问。它所论述的自组织理论虽然主要针对自然科学,但其中关于非平衡系统内部各子系统如何相互作用,以及混沌-有序之间的互相转化的理论,无疑对语言学也具有参考作用。

[7]"态势"也可简称"势",这个词在这里兼有静态的势力和动态的趋势的意思。英语中相当的词大概是 momentum。

[8]克里斯特尔(1994:364):"话题化(topicalization)是指一个组构成分移到句首位置充当话题,例如 The answer I'll give you in a minute 答案我一会儿就给你。"这是将话题作为一个是/否判断的单位的观点,指的是移位问题,可能适合主语突出(prominent)或主谓结构强势的语言。本文的话题化概念不同于上述观点,指的是将某些原非话题性的成分发展为具有不同程度话题性的成分,主要适用于话题突出或话题结构强势的语言。

[9]其实这种情况在日语中也存在。日语有(为求方便,例中以中国汉字代用):"次(tsugi)wa 新大阪 desu"(下一站是新大阪)、"mazuwa 服装 kara"(首先呢,从服装开始),其中 tsugi 被认为是名词,mazu 却被认为是副词。这说明话题的扩展或延伸,并非只在汉语中存在。

[10]也有人认为 wa 不能脱离后面的谓语,但实际语料显示 wa 确实可以脱离谓语,甚至可以成为标题,还能以提问形式出现。据笔者的调查和收集,"…wa"形式在电视上作为新闻标题的比率相当高。例如日本电视画面上出现的提示标题:

日本政府 wa /日中关系 wa /在日美军 no 再编 wa /今后 no 战略 wa /业务提携 wa? /最新 no 危机管理 to wa?

[11]日语 ga wa 这两个标记,在电视新闻标题中经常被省略,而以空格或顿号代替,从而形成另一种 ga/wa 不分。另外,口语中在某种条件下 wa 和 ga 也可以省略,而以省略 wa 为更常见。这也从另一角度证明它们并非完全对立,而且并非屈折语那种必不可少的标记成分。电视新闻标题如(♯表示空格;圆括号表示语法说明;六角号表示语义解释;暂用中国汉字代替日式汉字。以下同此):

成田选手♯(可加 ga)总合优胜〔运动员成田获得综合分第一〕/巨人♯(可加 wa)主力 no(定语标记)调整顺调〔巨人队主力的调整顺利〕/多摩市 monoreeru ♯(wa/ga 均可,而 ga 更好)初黑字 no(定语标记)见通 shi〔多摩市单轨高架铁路(营业)估计初次(出现)黑字〕/美国产牛肉♯(wa/ga 均不可)"输入再开 ni(方向格标记)指导力 o(宾格标记)"〔关于美国产的牛肉,(省略施行类动词)对重新输入的指导力〕

口语中的用例(圆括号表示可增加或省略的成分),如:

私♯(wa)昨日买 i 物(ni)行 ttayo〔我昨天买东西去了〕/私♯(wa)归 ru ne〔我回家了〕/私♯(ga)行 ku yo〔我去〕/私♯(ga)kopii suru yo〔我来复印〕/(suupaa de)卖 keeki♯(ga)tte atta〔(超市里)还在卖蛋糕〕/keeki♯(wa)卖 ri 切 reta〔蛋糕卖完了〕/keeki♯(ga)食 be tai〔蛋糕,想吃〕/keeki♯(wa/ga,ga 只指蛋糕,wa 义涉饮食)食 be takunai〔蛋糕,不想吃〕

日语的 wa/ga 在一定条件下都可以省略,而且句子的语义类相同但恢复使用的标记不同,凡此种种,都说明日语的 wa/ga 不完全像是典型的话题和主语的区别,ga 更像是具有主语性的专指话题。(以上用例中标题由本人搜集,其他由明海大学大学院村田和美提供,所有用例均由村田和美鉴定,谨此致谢。)

[12]徐烈炯、刘丹青(1998:118,注 3)也有类似的观点,他们指出"日语虽然因同时存在主语标记和话题标记而被划入主语话题并重型语言,但在句法上还是话题显得更加优先一些。话题句在意义上显得更常规(unmarked),而主语句却显得更特殊(marked),这显示话题是直接生成的,而不是由主语转化来的,因为很难设想意义上更常规的成分反而是由更特殊的成分转化来的"。

[13]Xu(徐烈炯)& Langendoen(1985)也认为汉语和英语不一样,汉语的话题不是移位以后派生来的,应该是在语法的基础部产生的。但是本文的基础结构显然也并非生成语法所主张的概念。

[14]克里斯特尔(1994:363—364):"然而话题/评述的对立有时很难确定,因为有语调的影响(语调能标示'竞争的'信息),还有不少句型的分析更成问题,如命令句和疑问句。"这显然是针对主语突出语言而

言的,对于汉语这种话题突出语言,问题就完全不是这样了,而是话题性和述题性各有多少的问题。

[15]曹逢甫(1979:37—39)把此前关于主题的特征归纳为:"1.主题总是居主题串首位。2.主题可以有四个停顿语气词'啊(呀),呢,嘛,吧'之一将其与句子其余部分隔开。3.主题总是有定的。4.主题是语段概念,常常可以将其语义范围扩展到一个句子以上。5.主题在主题串中控制同指名词组代名化或删略。6.主题在反身,被动,同等名词组删略,系列动词,祈使化等过程中不起作用,除非它在句中本身也是主语。"徐烈炯、刘丹青(1998:26—34)介绍"话题被提到的语义性质有:一、话题是后面述题部分所涉及的对象,语义要素是所述,即通常所说的'关于'(aboutness)"。"二、话题与句子"后一部分的关系有很多种,如施事、受事、时间、地点。介绍"话题被提到的句法性质有:一、位于句首……二、前置(位于述题之前)……三、可省略……四、话题后可停顿……五、带话题标记……六、话题,至少是被认为由句子中的成分提升而来的话题,可以在句中的原位出现复指成分……七、话题不能是句子自然重音的所在处……八、若干句子,甚至整个段落,可以共用一个话题"。该书并从句法结构上定义话题,认为"话题可以指:一、句法结构中的某个特定位置;二、出现在该位置上的词语"。至于主语,曹逢甫(1979:36)归纳为五个特征:"1)主语总是不带介词的。2)从位置上来说,主语总是动词左边第一个有生命词组,否则就是紧挨动词前面的名词组。3)主语与句子主动词总是有某种选择关系。4)主语一般是有特定所指的。5)主语在下列同指代名化或删略过程中起重要作用:反身,系列动词结构,祈使,同等名词组删略。"由此可见,本文的话题特征承继了许多学者的研究成果。

徐通锵(1991、1997、2001)曾多次说明话题和主语的区别,在他最新的著作(2001:196)中曾概括为三点:"1.主语和谓语之间存在着形式上的一致关系,而话题和说明与这种一致关系无关;2.话题是有定的,是说话人想要强调的对象,一般都置于句首,成为陈述的对象,而主语是无定的,甚至还可以出现如 it(It is hot here)这样的虚位主语,由于有一致关系的制约,它不一定置于句首;3.主语和谓语由于有一致关系的联系,因而相互之间的联系非常紧密,而话题和说明之间的联系却非常松散,简直松散到在别的语言里将成为不合语法的句子,如'你(小松树)要死了找我',删去括号中的字在有的语境中依然可以成立,这在印欧系语言中是不可想像的。"

此外,也有人认为主题的特征只是纯粹形式,比如位置、停顿、介词和语气词这些标记。

[16]但是我们又认为:决定是否能进入测试的基本条件为是否具有实词性。如果准备以能否带语气词来筛选,那还需要加上能否用这种形式提问,才能决定该成分是否具有实词性,从而决定是否能进入测试。例如:

老张呢/嘛/吧,早走了。——Q:老张呢/吗? A:早走了。

你呢,别去了。——Q:你呢? A:我就不去了。

汉语中有些典型连词也可以后接"呢、嘛、啊、吧",例如:

所以嘛/呢/啊,今天我才召集你们来商讨一下对策。

其实呢/嘛/啊,我是不知道的。

但是"所以/其实+语气词"不具备提问功能,因此这些词不是实词性成分(一般认为"所以"是连词,"其实"是副词),不具备进入话题测试的基本条件。而语义同类的"首先"却不同,被认为是副词和连词,但却可以有另外的用法:

首先呢,我们讨论教材问题。/首先呢?怎么只有其次,首先哪儿去了?——忘了忘了,首先是教材问题。

因此我们认为这里的"首先"是具有连接功能的实词性的成分,和"其次"一样,也是指代词,可以进入测试。

[17]为了简便,我们把描写句和判断句中的"主语"都看成当事。

[18]日语在表示"也"的情况下只使用も(mo),而不用が(ga)或は(wa),而且也可以脱离谓语单独出现。这就是说,も(mo)的使用功能很像表示话题的は(wa)。这是很有意思的,很发人深省。也因为这个缘故,我们特地将带"也"的句子单独拿来测试。

[19]史有为(1985)曾论证,"倒装"和"易位"都是维持原来成分的地位,只是把位置变换一下,这和实际的语感是不符合的。这种句子只是一种追补,为了再叮嘱,为了怕遗漏,而追补一下。其证据就是发音特别弱,不可能像处于前面时可以加以特别的重读。而且与前面的句子主干之间没有明显的停顿。近来也有人尝试解释为"延伸句",根据后面的这个特点,这样的解释看来也是很难站得住的。当然史有为(1985)当时受到流行的生成和深层观点的影响,企图把这类句子解释为"双结构追补紧缩句"。现在看来,这个解释是不必要的,也是不完全合适的。因为这类句子并没有稳定的模式,还处于言语阶段,尚未上升为语言。

[20]赵元任:"(复杂句)由主要的和从属的句子组成。一般所谓单句,实际是复杂句(主语谓语各为零句),是起码的复杂句。"(1968,2.11.1)如果从这个更宽泛的角度去看,那么单句的话题和条件分句以及语篇中的话题就都可以统一在一个模式中了。

参考文献

曹逢甫　1979/1995　《主题在汉语中的功能研究——迈向语段分析的第一步》(中文版),谢天蔚译,语文出版社。
陈承泽　1920/1957　《国文法草创》(重印本),商务印书馆。
霍凯特(Charles. F. Hockett)　1958　《现代语言学教程》,叶蜚声、索振羽译,北京大学出版社。
克里斯特尔(Crystal,David)　1994/2002　《现代语言学词典》(中译本),沈家煊译,商务印书馆。
吕叔湘　1979　《汉语语法分析问题》,商务印书馆。
石定栩　1999　《主题句研究》,见徐烈炯主编《共性与个性——汉语语言学中的争议》,北京语言文化大学出版社,1—36。
石毓智、李讷　2001　《汉语语法化的历程——形态句法发展的动因和机制》,北京大学出版社。
史有为　1985　《一种口语句子模式的再探讨——"倒装"、"易位"、"重复"、"追补"合议》,《语文论集》第一辑,外语教学与研究出版社;另见作者《呼唤柔性——汉语语法探异》,海南出版社,1992,161—178。
史有为　1995　《主语后停顿与话题》,《中国语言学报》第五期,97—123;另见作者《汉语如是观》,北京语言文化大学出版社,1997,128—163。
史有为　2000　《起点思考:语言中的人和意义》,日本《明海大学外国语学部论集》第12集,147—162。(该文原题《语言中的人和意义——语言的起点思考》,曾在《语文研究》1999年第2期刊载,因观点有很大的发展,因此增补近一倍,改写后另行发表)
徐杰　2003　《主语成分、话题特征及相应语言类型》,《语言科学》第1期。
徐烈炯、刘丹青　1998　《话题的结构与功能》,上海教育出版社。
徐通锵　1991　《语义句法刍议》,《语言教学与研究》第3期;另见《徐通锵自选集》,大象出版社,1993,244—281。
徐通锵　1997　《语言论》,东北师范大学出版社。
徐通锵　2001　《基础语言学教程》,北京大学出版社。
野田尚史　2003　《日语主题助词"は"与主格助词"が"》(中文版)张麟声译,人民教育出版社。
赵元任　1968/1979　《汉语口语语法》(中译本),吕叔湘译,商务印书馆。
Li Charles & S. A. Thompson　1976/1984　《主语与主题:一种新的语言类型学》,《国外语言学》1984年第2期。
Xu, Liejiong & D. T. Langendoen　1985　Topic structures in Chinese. *Language* 61:1—27.

从 subject 的功能分析看汉语句子的主语概念
——语言学方法散论

中国社会科学院语言研究所　杨成凯

○　缘起

从马建忠 1898 年仿拟西方语法撰写《马氏文通》(以下简称《文通》)以来,汉语句子的主语概念一直没有得到明确的阐释。汉语句子的主语显然是仿自印欧语句子的 subject,但是由于没有像 subject 那样的形式标记,《文通》为主语提出了谈话的起词和行为的施事两个标准。这两个标准并不等价,当句首出现几个 NP 时,后世学者在确定主语时大抵徘徊于二者之间。以"那本书张三卖了"为例,"那本书"或被看做主语,或被看做倒装宾语,意见不一。近年一些学者试图把句首 NP 解释为"话题",但是话题概念本身就有不确定的因素,而主语也始终没有明确的解释。

本文首先利用语法学的一个基本原理,即递归原则,说明句子成分在句子分析中的作用。进而分析 subject 在西方语法中的标记和功能,以此为参照研究汉语句子的主语的各种定义方式。本文的结论是,跟 subject 一样,词典和语法书联合,也应该给汉语句子的主语提供一个明确而实用的定义,特别是主语需要有跟事件角色挂钩的映射法则。只是由于汉语没有印欧语那样明确的主语标记,确定主语就有多种选择,本文分析了种种可能性。

一　句子解释原则:直释和递归

(1) a. 张三卖了那本书。
　　b. 张三把那本书卖了。
　　c. 那本书被张三卖了。
　　d. 那本书张三卖了。

这四个句子都描述可能世界中"张三卖了那本书"这个事态,我们加上方括号,用[张三卖了那本书]表示这个事态的信息,记为命题 P。四个句子的形式不同,表明它们对这个事态的观察方式或叙述方式有所不同,因而实际传达的信息可能跟[张三卖了那本书]有差异。我们用 C1、C2、C3、C4 表示它们对命题 P 的信息差异,或者说表示对命题 P 的信息修正值,用双斜杠//表示句子的信息量,那么这四个句子所表达的信息量就是:

(2) a. /张三卖了那本书/=[张三卖了那本书]+C1
　　b. /张三把那本书卖了/=[张三卖了那本书]+C2
　　c. /那本书被张三卖了/=[张三卖了那本书]+C3
　　d. /那本书张三卖了/=[张三卖了那本书]+C4

认真地讲,(1)中 a、b、c、d 四个句子的信息量各不相同,理解过程和心理感受都不一样。如果看做四个互不相关的单位,就可以各自独立地描述它们所传达的信息。以此为出发点,我们可以说它们依次是"名动名"、"名(把)名动"、"名(被)名动"、"名名动",把它们看成四个不同的字符串,逐一阐释它们描述的事态,而不分析它们跟命题 P 的关系。这样做是由四个不同的形式直接定义四个"卖",直接阐释每个句子的信息,下文称为直释法。

另一种方法是,首先统一定义它们都蕴涵的基本命题 P=[张三卖了那本书],然后给出修正值 C1、C2、C3、C4,通过(2)中的信息等式间接地演绎四个句子的信息。以此为出发点,我们可以把[张三卖了那本书]所对应的事态定义为由两个角色 A 和 B 组成的"卖"事件,命 A="张三",B="那本书",V="卖"。然后根据词语跟角色 A 和 B 的对应,说(1)a、b、c、d 四个句子的结构依次是 AVB、A(把)BV、B(被)AV、BAV,它们就成为一个以"卖"定义的标准事件[AVB]的四个变式,而不是四个无关的事件。命题 P 给出它们的基本信息,用变形过程给出它们的附加信息。这种方法是把四个句子化归同一个命题,下文称为递归法。

递归法可能使我们想起传统语法分析,例如说(1)a 是主动宾,(1)b 是宾语提前,(1)c 和(1)d 都是宾语居首,等等。然而,即使我们不用宾语提前和宾语居首这些有变形意味的说法,只要我们把(1)a、b、c、d 归为同一命题[张三卖了那本书]的四个变体,以此阐释四个句子的意义,就是递归描述。

从阐释(1)中四个句子所描述的事态角度看,如果采用直接描述,把它们作为四个各不相同的事态,逐一解释一番,那么它们实质所表达的共同的核心信息[张三卖了那本书]就要作四次互不相关的描述,显然要出现重复的解释。

采用递归法,把它们化归同一个事件[张三卖了那本书]的变体,只要定义了[张三卖了那本书],描述(1)a、b、c、d 时就只需要阐释 C1、C2、C3、C4,可以不再重复阐释[张三卖了那本书]的定义。

然而,采用递归描述时,命题[张三卖了那本书]的定义值经过各修正值 C 的调整才能得到各个变体的精确值,怎样阐释修正值 C 就是递归法的成败关键。事实上正是修正值 C 给递归描述操作过程带来了一些具体问题,使得语法分析对句子成分有不同的处理方式。

二 印欧语的句子分析

《文通》从朴素的 universal grammar 的思想出发,以泰西的"葛郎玛"为蓝本构拟汉语语法,开篇把句子分为起词和语词两部分,起词对应于 subject。后来学者把句子分为主语和谓语,只是名称有所不同,含义并没有本质差异。既然汉语句子的主语是仿自西方语法中的 subject,我们不妨以英语为例,看看 subject 在西方语法分析中的作用。

2.1 S 不是事件角色名称

在英语中,跟汉语"卖"对应的动词是 sell,而且 sell 同样也有 A、B 两个事件角色。我们用 S 表示 subject,O 表示 object。观察使用 sell 的各个句子,例如.

(3)a. Zhang San sold the book.(AVB,S＝A)

　　b. The book was sold by Zhang San.[B(V)"by"A,S＝B]

　　c. The book Zhang San sold.(BAV,S＝A)

　　d. The book sold well.(BV,S＝B)

S 有时是 A,有时是 B,并不是一个固定的事件角色。

事实上,按照英语传统语法分析,几个句子用同一个动词描述同一个事件时,S 不一定是同一个事件角色。这就是说,英语的 S 不是用事件角色定义的,即不是事件角色名称。

2.2 S 有明确的事件角色

再看前三个句子。英语词典中有一个义项说明 sell 可以表示一个[AVB]事件,这个事件对应的是句(3)a,语法说明它是 SVO,S＝A,O＝B。语法又说明 SVO 被动化可以生成"O(V)'by'S",就是(3)b,成分结构是"S(V)",S＝O＝B;SVO 话题化可以生成"OSV",就是(3)c,成分结构是 OSV,S＝A。语法书也说明 SVO 是中性的普通句子,被动化和话题化的句子有一些特殊的意义和用法。显然,词典只定义了一个[AVB]命题,由语法书把三个句子递归为命题[AVB],然后给出它们对[AVB]的信息修正值 C。于是三个形式不同的句子跟同一个命题联系在一起,变成了它的三个变形。根据语法说明,我们不仅知道哪一个成分是 S,而且知道 S 是哪一个事件角色。

这里特别要注意(3)d,它的语义解释是作为一个独立的命题[BV]由词典定义,而不是像(3)b 和(3)c 那样,由命题[AVB]通过语法规则生成。这就是说,命题[BV]统辖(3)d,命题[AVB]统辖(3)a、b、c。[AVB]归 vt,[BV]归 vi,这是两个并列的基本单位,由词典分别定义,而不是由语法规则从一个单位衍生另一个单位。

这表明,如果把英语词典和语法书合在一起,不难看到,英语句子 S 的角色可以是词典定义的基本命题[AVB]的第一角色 A,即"SVO";也可以是第二角色 B,即"B(V)'by'A"或"BV"。当 S 是第二角色 B 时,"B(V)'by'A"由语法规则说明 S 的身份是 B,而"BV"则由词典说明 S 的身份是 B。英语句子的 S 或者是词典定义的基本命题的第一角色,或者是语法规则定义的基本命题中的其他角色,包括基本句的 O 和旁格宾语 OO。无论是哪一种情况,我们在理解英语句子时,都能够知道 S 是哪一个事件角色。事实上只有这样,句子才能把它所描述的事态正确地传达给听话人。

2.3 S 的句法功能

印欧语句子的谓语动词有形式变化,它在人称和数方面要跟 S 保持一致(agreement)。英语句子的一致关系的内容已经非常贫乏,但是在现在时单数第三人称和个别助动词上还有所保留。

此外,格标记跟 S 和 O 也有关系,英语的人称代词还有格变化,S 用主格,O 用宾格。例如在"I love her"中,主格 I 是 S,宾格 her 是 O。在"Her I love"中,I 不在句首,仍是主格;her 虽在句首,仍是宾格。

除了一致关系和格标记以外,英语句子确实还有一些句法过程跟 S 有关,如疑问句的 S 换位和宾语小句的 S 提升等。

英语中有这样一些句法现象对 S 敏感,在阐述句法规则时,就需要确立 S 这样一个成分,来陈述那些 S 敏感句法现象。这是英语语法确立 S 成分的原因,而这也就是 S 的句法功能。

从逻辑上讲,为了说明 S 敏感句法现象而设立的 S 成分,跟 S 敏感句法现象可以相互定义:哪个成分控制 S 敏感句法现象哪个成分就是 S,反过来,哪个句法现象对 S 敏感哪个句法现象就是 S 敏感句法现象。

可以定义 S 的语法现象可以看做 S 的标记,根据 S 标记可以辨认 S。在英语中,跟谓语动词有一致关系的成分就是 S,所以一致关系就是 S 的句法标记。

2.4 S 的语义和语用功能

在描述一个事件时,S 可以是 A,可以是 B,还可以是 A 和 B 之外的 OO,S 的所在对事件的描述有什么作用,这是 S 的表述功能。句子的最终目的是传达信息,句子成分的表述功能必然跟句子的语义和语用有关。从上文(2)的信息等式看,S 在不同事件角色之间的移动应该影响基本命题的修正值 C。

事实上,描述同一个事件的句子的主语可以选用不同的事件角色,具体使用时应该遵循什么原则,对这一点传统英语语法书已经有诸如视点所在、上下文连贯之类的说明,这些都关乎语义和语用功能。这种情况可以说是对同一个事态有不同的观察方式和表述方式,Fillmore(1977)称之为"透视"(perspective)方式。

根据形式和功能对应的基本原理,英语句子的 S 落在哪一个事件角色身上应该决定于句子的语义和语用功能,这意味着 S 可以由句子的语义和语用功能定义。但是可能世界的客观事态和人们观察及表达的主观需要都有许多复杂微妙的因素,迄今为止,尽管我们可以找到 S 的一些语义和语用功能,但是都还不足以作为 S 的内涵去确定 S 的外延。事实是,英语的 S 由 S 敏感句法现象定义,而不是直接由语义和语用功能定义。关于跟 S 相关的语义和语用功能,可以参看 Keenan(1976)。

印欧语不能单纯凭语义和语用功能定义 S,这是试图把印欧语句子模式推广到其他语言之中时遭遇的巨大困难。这也给 UG 学者提出了难题,因为他们的基本理论是以印欧语为基础的。

2.5 印欧语 S 的本质

通过上文的分析,我们可以得出几个结论。第一,英语句子的 S 本质上是用 S 敏感句法现象定义的,尽管 S 敏感句法现象跟句子的语义和语用功能有关系,甚至说它们本质是为句子的语义和语用功能服务的,但是不能由语义和语用功能确定 S 的外延。第二,S 不是由事件角色定义的,如果一个事件有基本角色 A 和 B,一般地讲,S 可以是 A,也可以是 B 或其他角色。第三,S 由角色映射法则确定角色身份,通过角色映射,形式上不同的句子可以化归词典中定义的同一个基本命题,使 S 对应其中的一个事件角色。

根据这三个结论,我们可以看看汉语句子的主语的定义存在哪些问题。

三 汉语句子的主语概念

汉语句子的主语起源于《文通》的起词。《文通》(24 页)说:"凡以言所为语之事物者,曰起词。"《文通》(144 页)又说动词的行为可以用"施"、"受"二字说明,"凡受其行之所施者,曰止词,言其行之所自发者,曰起词"。吕叔湘、王海棻(1986:15—16)说:"《文通》的起词,相当于现在所说的主语,也跟主语一样,起词有它的两重性……从前一个定义说,起词是对语词而言;从后一个定义说,起词是对止词而言。"

这里特别要注意起词——也就是主语——的两重性,起词和语词之间的关系是主语和表语的关系,起词和止词之间的关系是事件角色的关系,二者不是一回事,正是这个两重性给语法学提出了有方法论意义的问题。

简单地讲,前一个定义说起词是句子叙述的缘起,后一个定义说起词是句子所述动作的起点。后来汉语学者所讲的主语概念大抵源自这两个定义,句子叙述的缘起可以引申为句子开头表示事物的成分,也可以引申为句子的话题;而句子所述动作的起点,《文通》已经说"'施者',起词也",就是动作的施事成分。关于汉语主语的定义方式,吕叔湘(1946)有详细的分析,吕冀平等(1956)有各种观点的讨论,杨成凯(2000)对主语概念的研究作了历史的回顾。下面我们对照印欧语的 S 概念,看看汉语句子的主语的种种可能的定义方式。

3.1 用句首位置定义主语

用位于句首做主语标记,早在吕叔湘(1946)已经有所讨论,目前则是中国内地汉语界较为通行的观点。具体施行中,遇到谓语动词前有好几个 NP 时,需要考虑让它们都当主语,还是只挑一个当主语。

让它们都当主语,将出现不同等级的一连串主语和一连串用作谓语的主谓短语。例如:

(4) 这事儿我现在脑子里一点印象也没有了。

"这事儿"、"我"、"现在"、"脑子里"、"一点印象"一连五个主语,前四个主语后面则是由大到小四个主谓结构做谓语。吕叔湘(1979:71)提出质疑,认为这种主语成了毫无意义的名称。

其实这样处理最严重的问题是,怎样阐述一连串的主语在核心动词所描述的事件之中的角色关系。核心动词是"没有",词典给它的释义是形如命题[AVB]、[AV]乃至[VB]这样的事态。要了解(4)所描述的事态,不外乎递归和直释两种方法。如果语法书只说它有一连串的主语,既没有主语的角色映射法则把它递归为词典给出的基本命题,也不直接说明它描述的是什么事态。学习者不免要问:看了这样的语法书,怎么能知道这些主语在说什么,这句话在说什么呢?

从上世纪50年代主谓谓语句风行以来,几乎动词前的NP都可以叫主语,可是这种主语有什么用处却很少有人给予充分的解释。考虑到在印欧语中,正是因为有S敏感句法现象,才需要有S成分。我们不免要问,除了在句子的核心动词前之外,有哪些句法现象乃至语义或语用功能必须由这种主语来阐释,即汉语句子里有哪些对其敏感的语法现象需要我们定义这样一种主语概念。如果找不到这样的语法现象,这种主语就不是必不可少的东西。

如果只挑一个当主语,那么除了在谓语动词前这个条件外,还需要确定第二个条件在那些NP之中鉴定主语,而且需要其他法则命名其余的NP。例如,如果主语以句首第一个NP为限,那么像下列三个句子:

(5) a. 今天张三不买书。

　　b. 张三今天不买书。

　　c. 书张三今天不买。

主语依次是"今天"、"张三"、"书",这就跟V前的NP一律叫做主语一样,也需要阐述主语的角色映射法则,而且其余的NP是什么句子成分更是棘手的难题。

总之,值得考虑的是,用句首位置定义的主语到底有什么重要的功能。如果它仅仅表示句首NP,别无他用,那么汉语句子成分名称也就变成纯粹的位置代码了,根据位置代码无法讲什么句法和语义规则。

3.2 用话题定义主语的问题

尽管《文通》的起词的第一个定义已经有明显的话题意义,但是从20世纪40年代以来,话题才逐渐成为定义主语的主要条件。印欧语句子的S往往也有话题的意味,但是S并不等同于话题。不过这不妨碍我们用话题定义主语。

用话题定义主语,首先要有辨认话题的方法。有些语言中确实有话题标记,可以据以辨认话题。不幸的是,汉语没有明确的话题标志。尽管Li & Thompson(1976)、Tsao(1979)对汉语的话题进行了详细研究,而且徐烈炯、刘丹青(1998)还有专门论述,但是迄今为止,仍然没有发现任何可信赖的标记或标准,能够据以明确无疑地确定话题。论著中提出的话题的一些性质作为一种倾向或一种可能性讲并无不可,作为定义却难以胜任。

最通行的观点是话题后面有"呢"、"吗"、"吧"等语气词,然而这些语气词的有无仅仅表示说话人有无沉吟或停顿而已。它们表现说话人的心理活动,而且关乎信息的表达,有很大的活动余地,用它来定义主语这样重要的基本句子成分,句子结构将变化无常,也就难以掌握句子的基本结构[参看张伯江、方梅(1996:36 以下)]。在(4)中,谓语动词前的几个 NP,哪一个后面都可以沉吟,如果一沉吟就是一个主语,情况又是一连串的主语。有关的问题,杨成凯(2000)也曾涉及,这里不再赘述。

我们还要看到,"呢"、"吗"等句中语气词不仅在书面语中绝少出现,而且口语中也是时用时不用,可用可不用,没有必用和必不用的标准,这种捉摸不定的现象不能作为定义的根据。还不能不看到,要是说话题就是主语,主语就是话题,那么话题和主语就是一回事,也就没有必要再用两个名称了。

3.3 用事件角色定义主语

为了说明 S 敏感句法现象,英语用 S 的句法标记定义 S,S 就没有固定的角色身份。英语语法就需要 S 的角色映射法则,说明句子的 S 是哪一个角色,以便把句子递归为词典所描述的事件。只要像印欧语传统语法那样,使用词典加语法去阐释句子的形式和意义,语法中就必须有 S 的角色映射法则随时说明 S 的角色身份。

既然如此,那么在汉语中,让主语做一个固定的角色,就无须再用映射法则去说明主语的角色身份,似乎可以省去不少麻烦。既然需要把[AVB]的 A、B 角色分开,那么把主语固定为 A,宾语固定为 B,然后说明怎样组成句子,从理论上讲,并无不可。

然而,即使主张以施事定义主语的学者,也认为受事成分"那本书"在(2)a 中是宾语,在(2)b 中则是主语。例如,《文通》(144 页)虽然说起词是施事、止词是受事,然而《文通》(160 页以下)所讲的受动词,则使原来的止词转为起词。

在英语的被动句中,决定哪一个成分是 S 的仍然是 S 敏感现象,而不是谓语动词的被动式。因此,即使把《文通》的受动词看成被动式,仅凭这一点也不足以证明受动词必须以原止词为起词——何况受动词第六式是以原形转受动,并无其他词语帮衬,情况类似英语的(3)d。

只有在句法、语义或语用方面有重要的主语敏感现象,才有可能否定单纯以角色身份定义主语的观点。从文献中看,已经提出的根据话题意义或句首位置定义主语的观点都有一定的用处,但是都不足以排斥角色身份。汉语学者不肯彻底以事件角色定义主语,其实是希望让主语具有起词的第一个性质,让它成为一句话的主脑。这种愿望不是没有道理,但是在没有形式标记的汉语中,怎样掌握分寸没有一定之规,结果就是主语概念摇摆不定。

3.4 其他定义主语的方式

除了用句首和话题做主语标志以外,朱德熙(1985:33 以下)提出的鉴定方式值得注意,主要论点是用高谓语性的词语作判断。然而汉语的高谓语成分可以从句首逐步下降,基本原则是尽可能位于有主要描述功能的成分之前[参看杨成凯(1995)对高谓语"是"的论述]。

这跟用话题定义主语有相通之处,所以跟用语气词判断差不多,也有不确定的情况。例如在(4)中高谓语可以加在句前 NP 的不同位置,是不是都算主语就是问题。

杨成凯(1997)还讨论了利用伪分裂句(pseudo-cleft sentences)和定语小句变形鉴定主语的问题,它们都没有特异性,不足以定义主语。

总之,迄今为止,还没有发现汉语句子有哪一种必须强调的重要句法现象,可以像主谓一致关系和格标记那样去定义主语。

3.5 汉语主语问题的症结

上述讨论表明,迄今为止,我们没有发现汉语中有任何足以用作定义的天然的主语敏感现象,这就是主语概念历经讨论难以定论的原因。汉语句子中没有像英语那样的 S 敏感句法现象,而像话题之类语义或语用功能自身概念就不明确,而且没有特定的形式标记,也不能用作主语的定义。汉语语法论著都是直接说主语是什么什么,却没有给出足够的理由说明何以必须是此而不是彼,原因就是只有几个可供选择的定义因素,没有压倒一切的标准,可以各取所需,却不足以排他。

四 关于汉语主语的设想

关于怎样建立汉语的主语概念,杨成凯(1996、1997、2000)已经有所讨论,这里根据本文阐述的原则,集中研究句首 NP 的处理方式。

上文说过,传统的主宾语分析模式事实上是用递归方式解释句子,必须有语法规则说明主语的角色身份。这就有两种情况,以基本命题[AVB]为例,如果主语不固定为 A,就需要映射法则赋予它事件角色;如果主语固定为 A,就要处理谓语动词前面被一些学者归为话题的其他 NP。下文把主语标为 S,宾语标为 O,待定成分标为 X。为了方便,把句子分为"句首 NP"和"后继部分"两段。

4.1 "那本书张三卖了"

动词"卖"的基本命题是[AVB],典型的句子是[SVO]句式。如果定"张三"为正式主语,句子就是"XSV",S=A,X=B。S 无需角色映射法则。X 有几种讲法,一是像黎锦熙(1924:40)那样称为 O,X 不需要角色映射;二是另行命名,叫做话题之类名目,需要角色映射。

如果定"那本书"是正式主语,"张三"=X,句子是 SXV。这时 S=B,X=A。S 和 X 都需要经过角色映射,才能递归为基本命题[AVB]——即使把 X 叫做小主语也不说明它就是 A,因为按照位置或话题定义的主语已经跟角色没有关系。加上 S 和 X 的角色映射法则以后,效果等同于说基本命题的 A、B 位置发生了变化。跟黎锦熙(1924:40)说 X 是宾语在句首相比,所差只是 X 的名称一个是宾语,一个是主语而已。而且,管"这本书"叫主语,还要说明 S=B 和 X=A,在找不到确定无疑的主语敏感现象的情况下,就不如像英语处理"Her

I love"那样,还让"张三"当主语。

事实上,只要用递归法解释这个句子,都要说基本命题的宾语居首,所差不过是一个说它是居首的宾语,一个说居首的宾语是主语而已。由于没有印欧语的主谓一致关系和格标记等需要顾及的形式标记,只有语序和难以用作定义的模糊的话题概念,说到底叫不叫主语也没有多大关系,似乎不如说宾语提前有话题一样的表达效果更简捷一些。

4.2 "这棵树叶子大"

这种类型的句子,杨成凯(1997)曾经专门讨论。在"那本书张三卖了"中,"那本书"是B角色,后继部分"张三卖了"可以看成[AV(B)]形式的正常主谓句,"张三"有当主语的资格。在"这棵树叶子大"中,"这棵树"是OO角色,后继部分"叶子大"不是正常的主谓句,"叶子"不够当主语的资格,暂且称为非正常主语。这是两种不同的类型。

这里有两个变数,一是句首成分本身是什么角色,二是它后面是什么结构,这些情况影响句子的信息组织和语意重点,也影响学者对它们的语感和处理方式。例如,对前者,黎锦熙、刘世儒(1957:176 以下)断然分析为"宾在句首",并无异议。对后者,黎锦熙、刘世儒(1957:512—528、103—106)在讨论"这个学堂,校舍很整洁"等类型的句子时,却迟疑地提出三种分析方法:一是把"这个学堂"解释为领位,即定语;二是把"校舍"解释为同位,即跟"校舍"是同位主语;三是把"校舍很整洁"解释为子句做谓语。在 104 页认为第三种方法"较合语意",但是在 516 页跟"那里的舱房空气好,布置得很华丽"比较,又说第二、三两种方法都可,但是解释为同位,图解"比较整洁些"。

词典对"大"的释义是只有一个事件角色 A 的命题[AV],要把"这棵树叶子大"递归为[AV]形式才能利用词典的释义。

如果以"大"为中心,采用事件分析,那么"叶子"和"这棵树"就是两个事件角色,A="这棵树的叶子"。如果定"叶子"为主语,它不是完整的角色名称,需要经过语法规则还原为"这棵树的叶子"才是 A。"这棵树"是 OO 成分,可以另行命名。这样分析的长处是便于概括"这棵树,它的叶子大"这种形式的句子。

如果定"这棵树"为主语,那就需要一些变形过程。例如,由"这棵树的叶子大"衍生主语"这棵树","叶子"则是原始主语失去指称形成的退化主语,语法书需要说明衍生主语有哪些类型,原始主语如何退化——这是取法于 Relational Grammar。

在没有主语标记的汉语中,很难说"这棵树"和"叶子"哪一个该当主语。按照事件角色分析,"叶子"当主语便于作角色映射。但是从下文讨论的主表关系角度看,"这棵树"也不是没有理由当主语。

4.3 主表关系

首先考虑"张三是北京人"。"张三"是主语,"北京人"传统称为表语,主表之间有关系谓词"是"。跟结构严谨的事件关系不同,主表关系可以十分松散。20 世纪 50 年代就讨论过"人家是丰年,我是歉年"这种句子[参看张志公(1953:109 以下)]。主表之间的关系谓词也可以不用,可以说"张三北京人",也可以说"人家丰年,我歉年",这当然还得说是主表关系。再进一步还有"张三(是)哑巴吃黄连,有苦说不出"和"他们(是)周瑜打黄盖,一个愿打,一个愿挨"之类句子,"是"字也不是非用不可。

更进一步,许多句子都可以有主表关系的理解方式。例如"他是吃惯甜头了",去掉"是"说成"他吃惯甜头了"也可以表达同样的意思。如果说有"是"时句首 NP 跟后继部分是主表关系,那么没有"是"时,也可以说它有一种意思是隐含关系谓词的主表结构。事实上主表关系跟话题-述题关系在很大程度上是一回事,话题和述题之间往往可以理解为隐含关系谓词。所以,从主表关系引申,主语跟话题也会是一回事。

4.4 困难的折中

在汉语中,一个句子既可以作事件角色分析,又可以作主表关系分析,这就是主语概念两重性的来源。倾向于前者,就会尽可能把主语定为词典释义给出的事件模型的第一角色,以便进行角色映射,递归为基本命题。倾向于后者,就会完全脱离事件模型,单纯凭语意重点所在决定句法结构。

我们不能不看到,事件角色关系有词典释义作根据,而主表关系没有那么明确的定义。"张三北京人"中没有谓词,"张三哑巴吃黄连"中虽有谓词"吃",表示的却不是"吃"这个事件。谓词"吃"的参与者只有"哑巴"和"黄连","张三"根本不是事件参与者。既然它们或者没有谓词,或者有谓词却不能递归为谓词的基本命题予以解释,那么就必须考虑怎样解释和理解这样的句子。

主表两部分有关系谓词"是"时,词典勉强可以在"是"字条目下对主表关系作一些浮泛的说明。没有"是"时,主表关系只能由语法解释:或者直接解释,或者递归为有关系谓词"是"的句子。

潘海华、胡建华(2002)讨论了 Shi(2000)论述的六种句子,句首的 NP 潘海华、胡建华认为是悬空的话题,Shi 认为是主语。除了个别句子也许需要个别处理以外,其余的句子有两类。

甲类是"他们,我看你,你看我"类型,句首 NP 的后继部分是小句,表示的事态可以看做句子表示的事态,但是小句的主语指称特殊,属于非正常主语。这个句子确实是在描述"看"这个事态,语法需要说明其中的"我"和"你"的所指在"他们"之中,以便把它们递归为"看"的基本命题。

乙类是"他们,大鱼吃小鱼"类型,后继部分表示的事态不是句子表示的事态。"大鱼吃小鱼"是"吃"的基本命题,但是这个句子却不是在描述"吃"这个事件,语法必须说明"他们"和"大鱼吃小鱼"之间的主表关系。

从某种角度讲,这些句子的句首 NP 和后继部分之间都有主表关系。甚至像"他吃惯甜头了"这种一般只看做主动宾的句子,也可以有"他(是)吃惯甜头了"这种主表意义。由于汉语没有主语标记,主表关系的口子一开,几乎句首 NP 都可以当主语,最终主语也就只剩下一点话题意味,进行角色映射很费周折。

考虑到毕竟压倒一切的是一个句子的基本意义的理解和解释,[AVB]分析有词典释义做起点,便于进行递归解释,除乙类句子必须用主表分析以外,为了不使主表关系像话题为主语那样涵盖一切,甲类句子可以考虑按照句子所描述的事态用[AVB]分析,句首NP可以作为句子主体之外的附加成分。

这样处理的原因是,《文通》(390页)说"句读内有同指一名以为主次、为宾次或为偏次者,往往冠其名于句读之上,一若起词者然",并且举出一个典型的例句:

(6)夫颛臾,昔者先王以为东蒙主,且在邦域之中矣,是社稷之臣也,何以伐为!

考虑到句首NP可以控制下面的几个小句,似乎让它游离在句子主结构之外,叫它附加语或外位成分更为合适。汉语句子的基本模式还是SVO,前面可以有附加语,附加语可以引进种种事件角色,可以逐一说明引进B、OO的情况。附加语跟主语是两回事,附加语不能兼主语,也不能剥夺主语的地位。V前的A必定是主语,在有同位A时,例如"昨天来的那个人,他今天又来了","昨天来的那个人"是附加语,"他"是主语,既不是也不兼附加语。

当然我们也不能不看到把"他们,我看你,你看我"看成主表关系也有可取之处,例如说成"他们,我看你,你看我,哑口无言"时,看成一连串三个表语就很自然——若不是情况复杂,黎锦熙、刘世儒(1957)也不会提出三种解释。如果愿意,那么包括"这棵树叶子大"之类的句子,即使可以采用谓词的基本命题角色分析,只要后继部分没有正常的主语,就都可以采用主表关系分析——后继部分有正常的主语最好不要采用主表分析。但是需要进一步递归为谓词的基本命题,仅仅给句首NP安上个主语名称而没有下文是不解决问题的。

这里没有万全之策,一种分析不可能涵盖所有的情况。把句首NP看成附加成分,需要说明它跟后继部分的关系;把句首NP说成主语,也需要把句子递归为谓词的基本命题。把需要说的话都说齐全了,也许我们会发现两种分析原来没有本质差异,不存在此是彼非的问题。怎样处理为好,需要从语法系统整体的和谐和效率考虑,不同的学者可能有不同的观点,本文仅仅是作可行性分析而已。

参考文献

黎锦熙　1924　《新著国语文法》,上海:商务印书馆。
黎锦熙、刘世儒　1957　《汉语语法教材》(第一编),北京:商务印书馆。
吕冀平等　1956　《汉语的主语宾语问题》,北京:中华书局。
吕叔湘　1946　《从主语、宾语的分别谈国语句子的分析》,见《开明书店二十周年纪念文集》,上海:开明书店。
吕叔湘　1979　《汉语语法分析问题》,北京:商务印书馆。
吕叔湘、王海棻　1986　《马氏文通读本》,上海:上海教育出版社。
马建忠　1898/1983　《马氏文通》,北京:商务印书馆。
潘海华、胡建华　2000　《汉语悬空话题的允准》,第十二次现代汉语语法学术讨论会论文。
徐烈炯、刘丹青　1998　《话题的结构与功能》,上海:上海教育出版社。

杨成凯　1995　《高谓语"是"的语序及篇章功能研究》,见《语法研究和探索》(七),北京:商务印书馆。
杨成凯　1996　《汉语语法理论研究》,沈阳:辽宁教育出版社。
杨成凯　1997　《"主主谓"句法范畴和话题概念的逻辑分析》,《中国语文》第4期。
杨成凯　2000　《汉语句子的主语和话题》,见日本《现代中国语研究》创刊第一期。
张伯江、方　梅　1996　《汉语功能语法研究》,南昌:江西教育出版社。
张志公　1953/1956　《汉语语法常识》,上海:新知识出版社。
朱德熙　1985　《语法答问》,北京:商务印书馆。
Fillmore, Charles J.　1977　The case for case reopened. In: P. Cole & J. Sadock(eds.) *Syntax and Semantics. Vol 8: Grammatical Relations*. New York: Academic Press.
Keenan, Eeward L.　1976　Towards a universal definition of subject. In: Charles N. Li(ed.) *Subject and Topic*. New York: Academic Press.
Li, Charles N. & Thompson, Sandra A.　1976　Subject and topic—a new typology of language. In: Charles N. Li(ed.) *Subject and Topic*. New York: Academic Press.
Shi, Dingxu　2000　Topic and topic-comment constructions in Mandarin Chinese. *Language* 76:2.
Tsao, Feng-fu　1979　*A Functional Study of Topic in Chinese: the First Step towards Discourse Analysis*(《主题在国语中的功能研究》). Taipei: Student Book Co., Ltd..

层次和核心问题再探讨[*]

南昌大学中文系 陆丙甫

一 引言

20世纪80年代我国语法学界进行过一场关于句子分析方法的讨论(见《汉语析句方法讨论集》,1984)。这场讨论给人总的印象是:句子成分分析法虽不科学但比较实用,而直接成分分析法(简称"层次分析法"),[1]虽然理论上严密但不实用。这种说法颇耐人寻味。按常理,理论和实用最终应该是统一的。实用的东西,必有其道理,不过我们一时讲不清而已。而理论若不实用,往往也是因为有所偏失,缺少了某些环节。因而吕叔湘先生(1979:60)在讨论句子成分分析法时,比较公允地指出,"这种分析法有提纲挈领的好处,不仅对于语言教学有用,对于科学地理解一种语言也是不可少的"。本文就来谈谈成分分析法的科学性。作为对比,难免要谈到层次分析法的某些理论失误。

二 从理论上看"核心"观念的重要性

2.1 核心概念在两种分析法中的地位差别

层次分析法的根本失误是毫无核心观念,至少是,核心概念在层次分析法中不起任何作用。而核心跟非核心的关系是最基本最初始的语法关系。在当代的语法理论中,无论是形式学派还是功能学派中,核心都是一个最重要的、不可缺少的初始观念。

在形式学派的生成语法中,核心概念主要体现在作为其理论基础部分的X杠杆理论中。根据X杠杆理论,一个短语XP的性质是由核心X决定的,任何短语都有一个核心X。[2]

作为功能学派的当代语言类型学中,研究最多的是语序类型,而研究语序离不开作为定

---

[*] 笔者插队期间自学语言学,受到吕叔湘先生的热情鼓励。1973年,笔者拜访吕先生,先生向笔者详细分析了层次分析法和成分分析法的矛盾,激发了我对这个问题的长期思考。在纪念吕先生百年诞辰之际,为缅怀吕先生的关怀,笔者将这三十多年思考的结果整理出来。本文初稿曾在纪念吕叔湘先生百年诞辰国际学术研讨会上报告,听取了与会者的意见后修改而成此稿,在此致以谢意。

位标准的核心。这首先表现在根据核心以前置还是后置为主把语言分成"核心在前"(head-initial)的语言和"核心在后"(head-final)的语言。这一点后来为形式学派所吸收,把核心位置看做最重要的语言类型参数(parameter)之一。

相比之下,成分分析法是很重视"核心"的,这从其别名"中心词分析法"可以看出。它的缺点是没有在一次分析过程中选择一个核心,而是所谓"主-谓两心相映"的多核心观念。或者说,它的核心观念是不彻底的,因此在运用中有难以严格控制的弊病。但是就实际运用而言,人们实际上还是有某种约定俗成的标准的。因此,其弊病并不如当时讨论时所强调的那么严重。主要问题也就是在句子分析时把"定语"这一属于名词短语内部的成分放了进来。如果在句子分析中拿掉"定语",那么,成分分析法分析的结果基本上还是比较能反映句子基本格局,即"句型"的。当然,在分析名词短语的时候,也应该把各定语内部的切分,例如关系子句的内部分析加以排除。总之,不应该把不同结构模式的切分混在一起。不过,在教学中,强调的是句子分析,因此后一个矛盾显得不那么突出。

2.2 核心是语义关系的集中体现

层次分析法完全不讲层次的缺点,在结构分析时的局限是明显的。陆俭明、沈阳(2004:71)就一针见血地指出,层次分析法的主要局限是"不能揭示句法结构内部隐性的句法关系",即语义结构关系。陆丙甫(1993:31)也认为"直接成分分析法只能反映直接的结构关系,无法反映间接而稳定的隐性语义关系"。

20世纪80年代、90年代我国语言学界大做文章的所谓"向、格、配价"概念,都是语义范畴,可以说都是对层次分析法的突破。三个平面理论中的语义、语用平面,也是如此。事实上,也正是提倡层次分析法最得力的朱德熙先生本人,很早就提出了"隐性语法关系、潜主语、潜宾语"等关系(朱德熙,1978);而所谓"隐性语法关系、潜主语、潜宾语",其实就是"语义关系、施事、受事"(陆丙甫,1979)。

从理论上看,"语义关系"是最不可省略的、最初始的结构关系,而语义关系的本质是"结构内的意义关系",主要也就是核心跟其从属语(dependent)之间的关系。(陆丙甫,1998)可以说,种种引进语义关系的研究,都建立在承认"核心"这个关键概念的基础上,不管是有意识还是无意识。

核心跟其从属语之间的一个特点是多向的,这就是对基本两分或尽量两分的直接成分分析法的形式突破。以动词核心来说,即使是单价的,加上非论元的附加语,如状语等等,也可以成为多向的。就直接成分分析法基本两分的特点来说,"直接成分分析法"(immediate constituent analysis)中的"直接成分",也许翻译成"直连成分"才能更明确地反映其特点。因为其中的immediate主要是指位置上的,而不是语义上的。虽然直接成分分析法没有明确排除多分和"非连续成分",但实际运用中,绝大多数结构都是两分成两个连续成分,因为它的一条原则是尽量少分。忽视或难以表达非连续的多向语义关系,这也就是直接成分分析法的根本缺陷的表现之一。

层次分析法初看之下,其简单性、明确性和理论内部的一致性很有吸引力,但真正运用起来,能进一步揭示的东西并不多,对语言机制的进一步探讨启发也不大。一种分析法,除了本身的简明性、一致性外,还要看应用价值。例如给句子分类,根据词和字的多少分成"单词句、双词句、三词句……N 词句",明确是明确了,简单也够简单的,但这种分类又有多大用处呢?正因为层次分析法可以进一步提供的启示不多,语法学界才开始把注意力转向那些突破层次分析法的语义、语用关系。

层次分析的缺点也就是成分分析的优点:强调核心并反映句型,虽然都不够精确,但总比完全无视好。从这个角度看,成分分析法的科学性至少不比层次分析法差。当年讨论中的几乎一边倒,有时势上的原因:因为成分分析法运用了多年,缺点弊病暴露得比较充分,而层次分析法的简单性初看之下很吸引人。这从某种角度上也可以说是矫枉过正。时间又过去了二十余年,今天我们应该能以更公正、平静的心情来重新审视这一讨论。

三 向心切分和轨层结构

当时我们曾试图将层次分析和成分分析结合起来而提出了一种"每次分析流程只向核心成分深化"的切分方法,即"向心切分法"时,所得到的是一个"向心轨层"式的层次构造。向心轨层结构中的成分是"主干成分"(陆丙甫,1981)。核心之外的主干成分,可称为"直系成分"(陆丙甫,1993:52)。所谓"直系成分",也就是跟核心在语义上有直接联系的成分。这种结构,突出了结构体内部的语义关系。史有为(1984)也强调了语言结构的"向核性"和语义格的多向性,并提出了相关的"层-核分析法"。

上述概念,都是针对汉语语法结构分析所提出的。若要跟国际接轨,不妨将"直系成分"改为"从属语"。笔者以前一直用"附加语"来指称"直系成分"。但"附加语"容易误解成 adjunct,[3] 改用"从属语"可以减少误会,而且,这也是 dependent 的更精确的翻译。就动词短语和句子而言,在从属语中,又可以分成"论元"(argument)成分和非论元的"附加语"(adjunct)。

从理论上看,一个核心所能带的从属语数量非常有限,受到短时记忆限度的限制。如果说短时记忆的限度反映了人类思维运作的限度的话,那么这种限制也反映了语言跟人类思维和认知的密不可分的关系:语言结构既受到人类思维运作限度的严格限制,又最大程度地利用了人类思维运作的限度。由核心及其从属语组成的有限结构模式,反映了语言作为"有限手段的语言运用"的工具本质。在层次分析法中,几乎所有的结构模式都是两项式,完全无法反映出语言结构跟人类思维运作限度的直接联系。

跟任何理论一样,最初始的观念都是在理论中作用最大的概念。核心在语法分析中,有"定界"(成分的边界)、"定义"(成分类别)、"定位"(成分位置)等等的关键作用。(陆丙甫,1993)如根据这样的核心观念,"看了一本有趣的书"中,宾语就是整个"一本有趣的书",而不应该再把它分成两个定语加一个宾语,这就是"定界"作用。并且,宾语身份完全取决于动词,而动词身份却不依靠"宾语"来确定,这就是"定义"作用。[4]最后,所谓成分的前置、后置,汉语的前置名词倾向有定,后置名词倾向不定等描写,以及语义关系的亲疏近远,结构的内外层之分等等,都是以核心词为原点"定位"的。

不过,在这种向心轨层中,层次的色彩仍然太重。其实,每个直系成分都是相对独立的"结构块",是语序变化的基本单位。从这个角度上,各从属语的地位是平等的,好像围绕太阳的各个行星,虽然距离有近远,但并无严格意义上的"层次"关系。下面我们进一步讨论这一点。

四 层次和辖域

跟层次密切相关的一个重要概念是"辖域"(scope)。从理论上看,辖域跟层次应该是相对应的,或者说两者相对应是无标记状态。如下面是关于"词"的定义的向心层次分析。

(1) a.[最小的[能够自由运用的[单位]]]
　　b.[能够自由运用的[最小的[单位]]]
　　c.能够自由运用的｜最小的｜单位

严格地按照辖域去理解,只有(1)a才是正确的。因为"词"是语言中"能够自由运用的单位"中"最小者",而不是"最小的单位"中可以"自由运用者"。它也不能理解成"最小的单位"和"能够自由运用的单位"析取的交集。(当然更不能理解成两者合取的并集)最小的语言单位是"音位",音位中能够独立运用的只有自成音节并且又进一步自成语素、进一步自成词的那些成员,如数词"一"、感叹词"啊"等(还不能把声调看做音位)。

严格地按照层次和辖域,定语"最小的"一定要在定语"自由运用的"的前面。《现代汉语词典》关于"词"的定义"语言中最小的、能够自由运用的单位",是符合这个层次辖域关系的。

但是,实际上一般人对这种跟层次密切相关的辖域关系并不敏感。我们检查了14本现代汉语教科书或类似著作,发现采用(1)a顺序的有7本,采用(1)b顺序的有4本,另外3本没有提"自由运用",只说是"最小造句单位""基本单位"等。[5]由于采用(1)b顺序的是语法著作;这说明即使语法学家,对反映辖域的层次也不是很敏感。

不反映辖域的(1)b中,使用方括号表示的轨层,并无多少实际意义。当然,用底线表示的层次更脱离现实的释义,因为理解过程中并不存在"最小的语言单位"这样一个中间实体单位。不如根据经济原则用更简单的(1)c表示。其中竖线表示直系成分的界限,粗体和底线表示核心成分。这样更能反映两个定语间的并列关系。而实际理解中释义倾向,取决于知识背景等主观因素。

下面的分析也显示,层次和辖域的关系非常不明确、不稳定。

(2) a.三本 厚厚的 书
　　b.厚厚的 三本 书

(2)a 只有"每本书都是厚厚的"这个意思(释义 A),(2)b 则除这个意思外,还多出了"三本书加起来才是厚厚的"这个意思(释义 B)。其中,释义 B 跟辖域或结构层次有关,不妨说"厚厚的"修饰整个"三本书","三本书"可看做一个客观存在的层次和结构实体。释义 A 则跟辖域、结构层次无关,其中"厚厚的"跟"三本"地位相同,语义上都跟"书"发生直接联系。这种情况下,"三本书"是否可作为一个整体、一个结构实体,是很有疑问的。值得注意的是,根据笔者的调查,有些受咨询者认为(2)a 跟(2)b 没有差别,都是有歧义的,或至多是释义的倾向不同而已:(2)a 以释义 A 为首选,而(2)b 以释义 B 为首选。辖域仅是促成优势释义的一个因素。相似差别在(3)中也存在。

(3) a. 三本 同样的 书
　　b. 同样的 三本 书

有些人认为(3)a 只有"三本书互相相同"这个意思,(3)b 则还多了"三本书跟语境中的其他书相同"这个意思。但这种差别不如(2)明显,比起认为(2)a 也是歧义的人,认为(3)a 也是歧义的人数量更多。

不仅名词短语如此,句子层面也如此:

(4) a. 佛罗里达大学 原来 打算 多盖 几间宿舍……
　　b. 原来 佛罗里达大学 打算 多盖 几间宿舍……

(4)a 中的"原来"只有"本来"的意思,但(4)b 中的"原来"还可以有说话者"恍然大悟"的意思。(屈承熹,1998)不过实际上也有不少人认为(4)a 也是歧义的。

在下面的例子中,对于歧义的判断很一致,当然情况跟上面的例子有所不同,第二句的歧义在结构上可以明确分化。

(5) a. [太太的 [一位 [同学]]]
　　b. [一位 [太太的 [同学]]]或[一位太太的 [同学]]

(5)a 无歧义,"一位"只能修饰"同学",而(5)b 有歧义,"一位"还可以修饰"太太"。

看来,不管什么结构,不管各人的语感如何不同,但都有一个倾向是明显的,就是同一个成分,放在前面时产生歧义的可能性比较大。这个现象,是否可以这样解释:例如,在"几本厚厚的书"中,"厚厚的"前移到了"几本"前。"厚厚的"前移后,一方面把原来位置的那个意义带来了,另一方面在新的位置上又获得了一个新的意义。前一个意义跟辖域无关,而后一个意义跟辖域有关。(3)—(4)中的释义差别也能这样解释。这个解释,符合形式语法关于成分只能前移而不能后移的原则。[6]

上述分析使我们看到,辖域对语序的作用很复杂。一方面,确实有作用;另一方面,这种作用不明显、不确定,只是一种隐隐约约的倾向。例如有些人认为,(2)a 跟(2)b、(3)a 跟(3)b,并无可以觉察的差别,都是歧义的。这反映了一种更强烈的把一个个定语看做分别跟核心名词发生关系的倾向。对持有这种语感的人,具体释义的选择,完全取决于知识背景和语境等因素,相当灵活。

其实,大多数共现的定语,相互间跟辖域完全没有关系,而可以理解成并列关系,即下例中各定语分别修饰共同核心"洗衣机"这样的关系。整个名词短语的所指,是这一对对修饰结构的所指所构成的交集。也就是说,"大型白色自动洗衣机"是"大型洗衣机"、"白色洗衣机"和"自动洗衣机"的交集。

(6)［大型［白色［自动［洗衣机］］］］

如果要用方括号表示轨层,这个轨层也仅表示跟核心语义紧密度的差别。其中"自动洗衣机"、"白色自动洗衣机"这样的中间单位并不重要。事实上从理解的自然过程(processing)来看,听者也不会先组成"自动洗衣机",然后再组成"白色自动洗衣机"那样地按层次一步步去理解。实际的过程恐怕是把一个个定语当做一个个记忆板块储存在短时记忆中,等到听到核心名词时再一下子把所有这些成分组成一个大块。像"乱七八糟"这样四个语素构成的结构,内部的局部层次和结构很不明了,虽然不妨分成"乱七＋八糟"两部分,但"乱"和"七"之间属于什么结构关系仍不明确。但是这并不影响我们听完"乱七八糟"后"一起"整个地组成一个结构体。

"自动洗衣机"、"白色自动洗衣机"等中间层次并不构成一个结构实体,正如在太阳系中,虽然水星、金星比起地球,在更靠近太阳的轨层运行,但似乎不必要,也不宜说:水星和太阳构成一个实体,金星、水星和太阳又构成另一个更大的实体,而地球围绕着由太阳、水星、金星构成的这个实体运行。(6)中方括号所代表的轨层,犹如解几何题时做的虚线,作为实体并不存在,只是为了方便理解、认知而人为添加上去的。如果还多少有些意义的话,那不过反映了跟核心语义紧密度的差别。

从表面上看,似乎不妨说"白色"修饰整个"自动洗衣机"。但从本质上看,"自动洗衣机"之所以能受"白色"修饰,完全是因为"洗衣机"存在的缘故。"自动"表面上跟"洗衣机"一起受到"白色"修饰,那可以说是种"狐假虎威"效应而已。

看来,辖域对于定语语序的限制,比我们以前所认识的小得多。至于定语后置的语言中,定语间的顺序更为自由,有人认为各个后置定语分别属于不同的"领域"(domain)(Rijkhoff,2002),那跟辖域就更无缘了。

对辖域最敏感的是"量项"(quantifier)和否定词。某些可以看做量项的成分,如"少数",其位置有时也跟释义关系不大。如"在台湾的 少数 中国人"和"少数 在台湾的 中国人"好像区分也不明显,都有两个意思:"台湾人中的少数",或"作为中国人中少数的(全体)台湾人"。汉语中量项的辖域跟语序还比较一致,许多研究表明,英语辖域跟语序层次的一致性比汉语更少。(如沈家煊,1985)同样,许多研究也证实,否定词的辖域往往跟语序不一致,而对重读等非线性因素很敏感。

至于句子层面的这类辖域关系跟层次的对应关系,可以说比名词短语内部更自由,而英语比汉语更自由,这方面有关论述甚多。层次如果不能反映辖域关系,其存在的价值就大打折扣。

当然,辖域作用极为明显的情况也有,如:

(7) [他[很[[写过]几篇文章]]]

其中,"很"不能跟"写过"有直接的语义关系,只能跟整个"写过几篇文章"发生关系。但这种情况相对来说不多,特别在句法层面。并且(7)这个句子翻译成其他语言很难保持结构对应,具有很大的汉语特性,并不直接反映语言共性。从语义上说,"(很)听话/有钱">"(很)有能力/见解">"(很)见过世面">"(很)写过几篇文章",是一个词汇化、熟语化程度逐渐减少的过程。"写过几篇文章"这里明显有"有学问"的引申义,一定程度上仍然可看做一个熟语性或惯用语性的用法。这种用法往往不能用基本句法规则去分析,在某种程度上类似"乱七八糟"的情况。

我们曾提出对语序影响最大的两个因素:"语义靠近原理"和"可别度领前原理"(陆丙甫,1998)。前者跟轨层有密切的关系,因为轨层主要是语义紧密度差异的形式化。所以,"核心轨层"跟传统的层次有极大不同:不仅仅是"跟切出核心无关的层次不加表达"的问题,即使表达出来的"层次",也是一种类似行星跟太阳、电子跟原子核之间的关系。从某种角度来看,语言结构的这种轨层,比天体的轨层更加虚,因为天体基本上稳定地在自己的轨层内运行,而各从属语之间有更多的可能交换的位置。

在形式语法 X 杠杆理论中,强调的是 X 的最小投射 X^0 和最大投射 X^{Max},即"词"和完全的短语 XP,认为只有这两级单位才是可以作为整体移位的实体单位,介于两者之间的中间层次并没有独立的地位。这也是轨层结构中中间层次不重要的一个旁证。

五 新的"核心"定义

5.1 等同性、规定性定义的失误

"向心轨层结构"是个操作性的定义,它的得出是通过这样的程序:每次切分都向核心部分进行,直到切分出终极核心为止。在"向心切分"和"向心轨层"结构中,"核心"这个概念既然如此重要,就有进一步明确的必要。关于核心的定义,在国际语言学界也是个至今没有解决的复杂问题。(全面的专门讨论见 Corbett,1993,最近较详细的讨论见 Croft,2001)

Bloomfield 当初提出"内向、外向"及相关的"核心"的概念,根据的主要是成分跟整体在分布、功能上的"等同性":跟整体分布相同的那个成分就是核心。但是,"功能等同"是个程度问题。事实上,核心加上一个从属语后,分布和功能多少会有些变化。例如"主语+谓语",从仍然可以加上跟"谓语"发生关系的状语这个角度来看,是个"内向"结构。但是从不能再加一个同类的主语这个角度来看,就是"外向"结构了。这就导致了一个结构究竟是内向还是外向的无穷纠纷。

在近年来有关的讨论中,Croft(2001:258)提出用"主要信息携带单位"(primary information-bearing unit,PIBU)来定义核心。但这跟"等同性"一样,是个程度的问题。

我们曾提出用"规定性"来代替"等同性"作为判断核心的标准(陆丙甫,1985:340)。具体地说,"如果结构体 AB 的功能取决于(不再是等同于)A 或 B,则 A 或 B 就是核心"。陆俭明(2003:388)根据 Hudson(1987),也采用了类似的"决定性"标准,"有一个短语结构 XP,如果其中所含的句法成分 A 的语法特性决定了整个 XP 的语法特性,那么 A 就被看做是 XP 中的中心词"。陆俭明并由此主张"NP＋的＋VP"中的核心是"的"字。

上述改进仍然是不彻底的。注意,"核心"是个组合性的结构概念,而"功能、语法特征"是聚合性的功能概念。其实,内部结构跟整体功能没有必然关系。这可从下面的例子中看出。同样由两个动词性单位组成的并列结构,可能是像"开关"、"思想"、"动静"那样的名词,也可能是像"奔跑"、"观看"那样的动词,以及"生动"、"嚣张"那样的形容词。同样的动宾结构,可能是像"管家"、"知己"那样的名词,也可能是像"吃饭"、"读书"那样的动词性单位,还可能是像"有趣、出色"那样的形容词。

5.2 核心是决定整个结构体结构模式的成分

既然内部结构跟整体功能没有必然关系,那么,在定义结构性的"核心"时,就应该彻底放弃整体的"功能"或"语法特征"。我们现在提出一个更新的"规定性"标准:所规定的不是整体的功能或语法特征,而是结构模式。即:"规定了整体结构模式的成分是核心"。

所谓"结构模式",应该是体现"有限手段无限使用"中的"有限结构模式"。这就意味着首先要排除那些可以无限递归的结构关系(陆丙甫,1983),因为不作如此排除则无法得到有限结构模式。具体地说,就是排除非核心成分中的结构关系,如"……老师的老师的老师"那样定语中(的核心)再带定语的结构关系,或者"张三说李四认为王五主张……"那样宾语(小句)中带宾语的结构关系。

但是,如果仅仅为了得到有限结构模式,那么只要像直接成分分析法那样尽量两分,最后也能得到非常有限的一些两项式,如"主谓"、"动宾"、"定名"、"状动"、"动补"等格式。问题是这些最简模式没有充分反映语言的全部结构模式。例如,当"主谓"模式跟"动宾"、"动状"模式相结合时,这种结合本身也是按照一定模式进行的。结合后产生的复合模式的无标记顺序在汉语中是[主[状[动-宾]]]或[主-状-动-宾]。仅仅排除无限切分的一份两项式清单,无法反映相关两项式组合的规律,即无法反映多项式复合模式的结构规律。

我们曾指出:"像直接成分分析法那样仅仅提供一批彼此孤立的两项式,而不指明各种两项式之间的关系,这对于充分反映语言结构规律是远远不够的"(陆丙甫,1993:26)。而向心切分的本质,是"把那些密切相关的,容易定型化、模式化的连续切分合并在同一流程内,而把偶然在一起的,难以定型化、模式化的连续切分划归到不同的流程中去"(陆丙甫,1993:32)。寻找各种现象之间的相关性,是所有学科的共同方向。有限多项式的根本目的,也是解释相关性,一是各种最基本两项式之间的相关性,二是语言结构跟作为人类认知机制之一的思维运作限度的相关性。

因此,"规定了整体结构模式的成分是核心"中的所谓"结构模式",不仅是体现"有限手段无限使用"中的"有限结构模式",还应该是"所有有限结构模式",包括若干最简两项式互相组合的复合模式。

这样做的实际效果就是,在名词短语中,要排除定语内部的切分,因为定语里带定语,这个过程是可以无限递归的,而同一个核心成分所带的定语类型上是不能重复的,有限的。在动词短语或句子中,要排除主语、宾语等从属语内部的切分,因为主语、宾语可能本身是个句子,于是内部又可以有主语、宾语,这样就导致了无限的递归。

在[主[状[动-宾]]]这个多项式中,决定整个模式的是其中的动词。因为拿掉动词,其他成分就不但完全散了架,而且这些成分本身也都不存在了。相反,拿掉动词之外的任何一个成分,其余的那些成分照样能构成一个结构体。

换一个说法,在非并列结构[XY]中,如果X能带一个以上Y的姐妹成分,X就是核心。如"看-书"的"看"可以带"我(看)"、"认真地(看)",它们都跟"书"一样,语义上直接跟"看"发生关系,所以是"书"的姐妹成分。当然,"书"也可以有自己的附加成分,但它们不可能是"看"的姐妹成分。因此"看-书"中,"看"是核心。

总之,我们所追求的目标,不仅是要得到有限结构模式,还要得到所有有限结构模式。为此目的,不仅要排除导致无限层次的切分,而且是要排除并且仅排除导致无限递归的切分(陆丙甫,1993:27—33)。因为这样才能得到有限的项目不超过短时记忆限度的所有"有限多项式"结构。

综合性的"有限多项式"比起一个个孤立的两项式,除了能反映两项式结合的模式外,还有个好处,那就是多项式能概括两项式。例如"主-状-动-宾-补"这个多项式就概括"主谓"、"动宾"、"定名"、"状动"、"动补"这些两项式;每个两项式不过是同一个多项式中其他从属语为零的特例而已。换言之,我们从这个多项式可以推导出其中包含的那些两项式,但是却无法从那些两项式推导出这个多项式。因为在其他语言中,由同样成分构成的多项式的语序可能跟汉语不同,如在日语中就是"主-状-宾-补-动"。

5.3 所谓"功能核心"

实际运用中,核心判断分歧比较大的是"助动词+动词短语"、"指别词+名词部分"、"旁置词及其对应成分"所构成的结构(包括"前置词+宾语"和"宾语+后置词")等。先来看看"指别词+名词部分"结构。朱德熙先生把其中两部分都看做核心,是"双核心"结构。其原因是指别词也有独立代替整个名词短语的功能。形式语法后来提出的"指别短语"(DP)则进一步把其中的指别词看做唯一的核心,而把后面的名词部分看做是指别词的补足语(complement)。从功能规定性的标准来看,"功能核心"的确往往是更明确标记和规定了整体功能的标记性成分,看做核心也无不可。如指别词往往标记或规定了整个名词短语的指别性,因此对整个名词短语的分布和功能有极大影响。

按照Croft的"主要信息携带单位"的核心定义,"指别词+名词部分"中应该是后面的名词部分是核心。看来,"主要信息携带单位"比较符合传统的或一般人语言直觉中的"核心"观念。Croft(2001:260—268)还从语法化的角度分析了核心问题。他指出"功能核心"意义容易泛化和虚化,最后语法化而成为附加在"主要信息携带单位"上的形态成分,因此不宜看做核心。这个观点,跟近年来形式语法中大行其道的所谓"功能核心"针锋相对。这给我们带来了一个两难的选择。

现在我们彻底放弃了种种功能性标准,而采取结构性标准,问题就可以得到某种简化。如"前置词＋宾语"结构,由于这个宾语内部的结构很难根据这个前置词预测(宾语本身可能是个句子形式及各种短语),或者说宾语内部结构模式跟前置词没有相关性,所以这个结构应该到两分为止。如果宾语要进一步分析,那是抛开了前置词的另一个流程的切分。而切分到两分为止,就要假设全局核心已经获得,核心通常是单个的词,这种情况下就是那个前置词。作为比较,主要动词对于"主-状-动-宾-补"这个序列中的各个从属语具有某种程度的预测性、相关性,因此就需要一直把动词切分出来为止。

在名词短语中,以汉语为例,"指别词＋数量词＋各种定语＋核心名词"这个序列具有相当的稳定性,是高度模式化了的多项式。如果把"指别词＋名词部分"中的指别词看做核心,那么,几乎所有名词都只能两分,无法得出"指别词-数量词-形容词-核心名词"这个多项式模式(就汉语而言,实际上这还只是"领属语＋指别词＋数量词＋形容词＋核心名词"这个更大模式的一部分)。因此,就我们关于核心是"规定了整体结构模式的成分"这一定义来看,名词短语中的核心不能是指别词,而应该是核心名词。

上述便于得出多项式模式的核心定义,至少在语序研究中具有直接的应用价值。在当代语言类型学的语序研究中,所谓"语序",实际上也就是动词短语中以主要动词、名词短语中以核心名词、前置词短语(介词短语)中以前置词为核心所切分出的成分的序列。

5.4 一个个案分析:"NP＋的＋VP"结构中的核心

下面来看"NP＋的＋VP"结构的分析。最近陆俭明先生借鉴形式语法中的"功能核心"的概念,提出,"这本书的不出版"中"的"是核心,具体地说,是功能核心。陆俭明的说法很有创意,启发了我们对重新回顾并审视关于"名物化"的讨论。我们认为,陆文的处理,就本身看没有问题,也能跟"所"字结构的分析统一起来,但是在其他方面会产生很多不谐调。

首先,似乎没有充足的理由把这里的"的"跟其他"的"截然分成两个"的"。这跟朱德熙关于"的"字三分的处理以及近年来许多关于把"的"统一化的主张,都有很大的冲突。在没有解决这些冲突之前,或者说,在没有证明所有"XP＋的＋YP"中的"的"都是核心之前,难以判断这种处理的优越性。语法分析在进行局部分析时不能不考虑跟整个体系的关系,否则就是"头痛医头,脚痛医脚"的所谓权宜性(ad hoc)处理了。关于这种处理跟整个体系的冲突其他方面的分析,见周国光(2004)。

其次,"NP＋的＋VP"其实可以纳入"领属语＋指别词＋数量词＋形容词＋核心名词"这个稳定多项式中。例如"这本书的不出版"就可以看做是"这本书(的)＋那＋三次＋出人意料的＋不出版"的一部分。在许多语言中,领属语跟主语有同样的形式标记。(Greenberg,1966)就一点来看,陆文把"NP+的+VP"中的 NP 看做主语,是很有见地的。不过,跨语言的语料也同时启示我们,这个 NP 未必不能看做名词短语中的领属语。后一种处理跟整个体系冲突要少一些。

当然,我们这种处理跟整个体系也有冲突。主要在于:把整个"不出版"看做核心,不符合核心通常是个词级单位的观念。我们不妨把"不出版"看做一个名词性单位,也就是所谓"名物化"。就其本质来说,"名物化"不过是众多"语言单位的非常规用法"例子之一而已。但是类似矛盾,在原有体系中本来就不少,也不在乎多此一条。其他的例子如:

(8) 他画的 & 线条很流畅。

恐怕不得不承认其中的 & 这个符号已经"当做名词用"了,即"名物化"了。

(9) *Modern Painters* is one of Ruskin's best known books.

（《现代画家们》是 Ruskin 最有名的书之一）

(10) Books is a plural noun.（books 是一个复数名词）

两例中的主语可以说都"单数化"了。

(11) He fought tooth and nail.（他拼命战斗）

tooth and nail 不是"副词化"了吗?

如果这些特殊用法不构成对整个体系的威胁,为什么就特别容忍不了"名物化"呢?

"这本书的不出版"中的"不出版",在这整个名词短语中的分析流程中,虽然是核心,但应该作为一个不加分析的整体。这是因为这个 VP 内部的结构,跟整个名词短语的结构模式没有相关性。所以应该拿出去作为另一个分析过程分析,否则我们就得不到有限结构模式。

这样,我们原来关于向心切分的程序,"每次切分都向核心部分进行,直到切分出终极核心为止",就需要作某种限制。如果按照这个程序,还应该继续对"不出版"进行切分,切出"出版"为止。但是这一次切出的状语"不",跟整个名词短语模式没有相关性,应该排除。这一限制的细节,还需要进一步研究。

附 注

[1]在我国语法学界,"层次分析"中的"层次"有三个意思。一是直接成分分析的简称。二是直接成分加上成分关系,即在层次基础上的成分分析,这似乎是对直接成分分析法的一个补充。但是这种补充对直接成分分析法的根本失误并无纠正,只是两种分析法的表层糅合。第三个意思指广义的层次性;根据这个理解,本文偏重语义性的"轨层分析"也是一种层次分析。本文所谈层次分析,主要是上面的第一种理解。

[2]顺便说一下,有一种广为流行的观点,认为"短语内部的语序跟句子层次的语序基本一致"是汉语的一个特点。其实,X 杠杆理论对各种短语和句子内部语序的统一更加强调,把这种一致性看做一个底层基础。可见,这种一致性其实是语言共性。

[3]感谢徐烈炯先生向笔者强调指出这一点。

[4]像"定(语)-中(心语)"、"状(语)-中(心语)"那样的命名法,从逻辑上说,就有类似于"同语反复、循环论证"这样的"互相定义"的弊病。因为"定语"相对于"中心语"而言,而"中心语"反过来是相对于"定语"而言。根据核心的定义作用,还是传统的"定-名"、"状-动"结构的命名法更合理。并且,"定-中"、"状-中"

的命名,还没有必要地在"六大成分"之外,多出了一个"中心语"来。"述-宾"结构中的"述语",情况虽稍有不同,但也有同样的问题,同样不如以传统的"动宾"结构去命名。

[5]采用(1)a的《现代汉语》有:黄伯荣、廖序东,高等教育出版社,1997年7月增订2版;张斌,复旦大学出版社,2002年10月第1版;濮侃(词汇部分),高等教育自学用书,华东师范大学出版社,1984年12月第1版;北大中文系现代汉语教研室编,商务印书馆,1993年7月第1版;史锡尧、杨庆蕙,北京师范大学出版社,1984年11月第1版;胡裕树,上海教育出版社,1979年9月第2版。此外还有:《语法讲义》,朱德熙,商务印书馆,1982年9月第1版。而采用(1)b的《现代汉语》有:胡裕树,上海教育出版社,1995年6月第5版;黄伯荣、廖序东,甘肃人民出版社,1983年6月第3版;何世达,北京大学出版社,1985年7月第1版;中山大学中文系主编,广西人民出版社,1983年3月第1版。不提"自由运用",或"独立运用"的3本是:《现代汉语》,张志公,人民教育出版社,1982年1月第1版;《新编现代汉语》,张静,上海教育出版社,1980年6月第1版;《现代汉语造词法》,任学良,中国社会科学出版社,1981年2月第1版。感谢王会先生提供以上资料。

[6]其实,更严格、更概括地说,应该是:短语成分只能外移而不能内移。外移包括后移。如作为"易位句"的"如果我能够,我要写下我的悔恨和悲哀,为子君,为自己"(鲁迅《伤逝》)这个句子,其中的向外后移的"为子君,为自己"可以理解为修饰整个"写下……",也有理解为修饰"悔恨和悲哀"的可能。联系前移的情况,也许可以概括为:在外的成分更可能有歧义。这里"内、外"的区别也显示了核心的定位作用。

语言中也有内移的情况,不过看来都是所谓词级单位"核心"移动而构成复合词的情况,如"赶他走"的"走"内移而成"赶走他",这时"赶走"就成为一个复合词。

参考文献

陆丙甫　1979　《读〈"的"字结构和判断句〉》,《中国语文》第4期。
陆丙甫　1981　《主干成分分析法》,《语文研究》第1期。
陆丙甫　1983　《无限递归的条件和有限切分》,《汉语学习》第3期。
陆丙甫　1985　《语言结构的外向、内向分类及核心的定义》,《语法研究和探索》(三),北京大学出版社,338—351。
陆丙甫　1993　《核心推导语法》,上海教育出版社。
陆丙甫　1998　《从语义、语用看语法形式的实质》,《中国语文》第5期。
陆俭明　2003　《对"NP+的+VP"结构的重新认识》,《中国语文》第5期。
陆俭明、沈　阳　2004　《汉语和汉语研究十五讲》,北京大学出版社。
吕叔湘　1979　《汉语语法分析问题》,商务印书馆。
沈家煊　1985　《词序与辖域——英汉比较》,《语言教学与研究》第1期。
史有为　1984　《语言的多重性及层-核分析法》,见《汉语析句方法讨论集》,263—278。
中国语文杂志社编　1984　《汉语析句方法讨论集》,上海教育出版社。
周国光　2004　《关于现代汉语句法系统的理论思考》,第十三次现代汉语语法学术讨论会,福州。
朱德熙　1978　《"的"字结构和判断句》,《中国语文》第1、2期。
Corbett, Greville G. et al.　1993　*Heads in Grammatical Theory*. Cambridge University Press.
Croft, William　2001　*Radical Construction Grammar: Syntactic Theory in Typological Perspective*. New York: Oxford University Press.
Greenberg, J. H.　1966　Some universals of grammar with particular reference to the order of meaningful elements. In: J. H. Greenberg(ed.) *Universal of Language*. 2nd edition. Cambridge, Mass: MIT Press. 73—113. 中译文《某些主要跟语序有关的语法普遍现象》,陆丙甫、陆志极译,《国外语言学》1984年第2期。
Hudson, R. A.　1987　On heads. *Linguistics* 23.
Rijkhoff, Jan　2002　*The Noun Phrase*. Oxford University Press.

存现句里的专有名词宾语

中国社会科学院语言研究所 张伯江

○

本文讨论如下现象：
(1) 昆明<u>有个冠生园</u>，是卖广东饭菜点心的。(汪曾祺《日规》)
(2) 村里<u>有个王三</u>，妈妈生了病没钱医治，心急火爆没有办法。(乔典运《香与香》)
(3) 隔了很多年，<u>出了一个秦少游</u>。(汪曾祺《幽冥钟》)
(4) 我自个儿家里<u>出了个刘秀芬</u>。(电视剧《编辑部的故事·谁是谁非》)
句式均为存现句，宾语位置上的名词都是专有名词。

一

一般认为，汉语存现句的作用是在话语中引出上文未出现过的新的参与者，其宾语成分往往采用无定形式；而专有名词是各种语法理论中身份最无争议的有定名词。这两个语法性质在本文例句中表现出了矛盾。从表面上看，是用无定句法标志"（一）个"加在专有名词的前边，这就留下一个问题："（一）个＋专有名词"这样的组合难以解释。吕叔湘先生早就指出了这个矛盾，他说："原则上，凡是可以加'（一）个'的名词，一定本身是无定性的，即多个之中的一个。……人名和地名是有定性最明显的名词，我们也常常看见它们的前头加用'（一）个'。"(吕叔湘，1944)吕文指出"在初次说起一个人或地方的时候"常常可以看见这种用法，"大率在有字之后"，举的例子是：
(5) 我们同行有个金振声。(《儿女英雄传》)
(6) 江南庐州府合肥县内有个包家村。(《三侠五义》)
吕先生说"这些专名有点无定的性质……在西文里也用无定冠词"。但吕先生并没有讨论这种现象的成因。

我们认为，这种现象必须在现代汉语的语法系统内作出解释，不然，将对"带'（一）个'修饰语的名词短语表示无定的事物"、"专有名词不受数量词修饰"等汉语语法规律造成严重冲击。

专有名词前面的"(一)个",究竟是专有名词自身的需要,还是存现句的句式要求,吕叔湘(1944)的论述事实上已经给出了答案,他说:"因为宾语常是一个无定性的事物,所以动词常常和'(一)个'接触,渐渐的形成了'V(一)个'的范型……好些个不必或不该加'(一)个'的词语到了动词之后也带上了'(一)个'。"

吕先生这里的论述已经明确指出,专有名词前加"(一)个"实际上是句式的要求而不是专有名词的词汇搭配选择,也就是说,词汇搭配选择服从于句式要求。

二

到这里为止,问题并没有完全解决,因为"(一)个+专有名词"仍然是个无法解释的组并方式,而且,即便是从句式的角度,也难以解释为什么一个以引出新角色为功能的句式要选择一个已知信息放在句子的焦点位置。

前边说句式选择了无定名词,也就是从谓语的角度说明了选择的合理性;那么反过来看,专有名词做了"有……"、"出了……"等存现动词的宾语,这是不是符合汉语的语法常规呢?我们知道,从语用角度说,专有名词是最旧的信息,说话人用它的时候总是把它当做最容易激活的信息成分,这种成分一般是不做宾语的;汉语语法系统里,专有名词都在什么情况下做句子的宾语呢?答案只有不多的谓语种类:

(7) 新来的老师叫李志强。

(8) 教数学的老师是李志强。

都可以算作判断句。

也就是说,专有名词只在判断句里做宾语。那么,我们设想:存现句里的专有名词,是不是也隐含着判断谓语呢?我们找到了这样的例子:

(9) 远在宋朝,就<u>有一个人叫邓肃</u>说过:"外国之巧,在文书简,故速;中国之患,在文书繁,故迟。"(吕叔湘《语文常谈》)

(10) 满打满算只有两个人——我爸,还<u>有个帮手是杨妈</u>。(陈建功、赵大年《皇城根》)

(11) 黄宗淮!有意思,<u>我有个同志叫黄宗江</u>,一江一淮很像哥俩。(邓友梅《好您哪,宗江大哥》)

(12) 多久以来,文人只<u>出了个翰林即熊希龄</u>,两个进士,四个拔贡。(沈从文《我上许多课仍然不放下那一本大书》)

(13) 1991年1月,他得知浙江杭州某军队干休所<u>有个老人自称是"毛岸龙"</u>,便萌生了写传记文学的念头……(1993年4月24日《人民日报》)

(14) 五年级<u>有一个学生叫申潜</u>,是现任教育局长的儿子,异常顽劣,上课时常捣乱。(汪曾祺《徙》)

(15) <u>有一个狂生叫耿去病</u>,听说有一个荒废的大宅子闹鬼,堂门自己会开关,有时还有

笑语歌吹声。(吴晗《人和鬼》)

（16）我父亲有一个很怪的朋友,叫张仲陶。(汪曾祺《故乡的食物》)

"有一个狂生叫耿去病"正是过去曾经作为"兼语式"讨论过的形式。这种"存在+命名"的"兼语"方式也一向被认为跟其他"兼语式"没有多少共性。

到这里,我们似乎找到了几种表达式之间的联系：

分析形式：古时候,有一个狂生,他叫耿去病。

半综合形式：古时候有一个狂生叫耿去病。

综合形式：古时候有一个耿去病。

这就是说,"古时候有一个耿去病"这个句子里实际上包含着两个表述,一个是存在表述,一个是判断表述。存在表述(尤其是"出现"表述)是一个连续叙述中的重要环节,有更强的篇章上下文依赖性(参看 Lambrecht,1994,4.4);而判断表述则相对来说独立性较强,对篇章上下文的依赖很弱,所以,整个表述被吞掉了,判断宾语上升为存在句的宾语。

三

判断表述被存在表述吞掉是一种比较极端的现象,相比之下,比较合理的方式是,判断表述以关系化小句的方式融入存在表述里：

（17）唐玄宗时的一次科考,由吏部侍郎苗晋卿任主考官。有一个名叫张奭的考生,其父为御史中丞,掌有监察大权。(阴法鲁、许树安《中国古代文化史》)

（18）我们连里有十来个都是十五六岁的孩子,有一个叫春生的娃娃兵,是江苏人,他老向我打听往北去是不是打仗,我就说是的。(余华《活着》)

（19）那一年我们厂有一个叫窝头的家伙考上了美术学院。(王小波《革命时期的爱情》)

（20）《唐摭言》卷八载,有一个叫公乘亿的人一直滞留在京城参加一次次科举考试,离家十多年没有回去过。(余秋雨《十万进士》)

这样的事实说明,既要表示存在同时又要交代姓名,如果不用"兼语式"的话,单纯的存在表达法就有两种：一种是"有一个狂生叫耿去病",另一种是"有一个叫耿去病的狂生"。

一种形式必有一种功能。那么,这两者的功能差异是什么呢？很显然,处于句子焦点的名词形式不一样。一种是专有名词处于焦点,一种是普通名词处于焦点(专有名词处于被包孕的关系从句中)。哪一点对后续篇章的启后性更强呢？专有名词的个体性(individuality)高于"人"、"考生"等普通名词,在"有一个狂生叫耿去病"这个句子中,两个名词出现的次序是"狂生＞耿去病",听者对其指称的认识是一个由弱到强的过程,专有名词"耿去病"成为最引人注意的焦点,也就具有了更强的启后式的话题连续性；相反,在"有一个叫耿去病的狂生"这个句子中,两个名词出现的次序是"耿去病＞狂生",专有名词引人注意的程度更高,但是句子的焦点位置却被另一个个体性较弱的普通名词占据,句子的常规焦点和注意焦点不相一致,显然不如专有名词处于焦点的句子更有启后性。

大量实际语料也显示,"有一个狂生叫耿去病"引介出来的角色"耿去病",在后文的叙述中大多是作为故事的主角(protagonist)的,就是说,后面总是继续对它进行陈述的;而"有一个叫耿去病的狂生"引介出来的角色,也可能成为主角,但也常常不是主角,而是一种"偶现的"(trivial)新信息成分,如下例中的"智叟"和"余嘉":

(21)从前,<u>有一位年近九十岁的老人,名叫愚公</u>。……一天,<u>有个叫智叟的老头</u>来到山前,讥笑愚公说:……(丁枚等《中国神话》)

(22)朱熹在长沙任内忍辱负重地大兴岳麓书院的举动没有逃过诬陷者们的注意,就在朱熹到长沙的第二年,他向学生们讲授的理学已被朝廷某些人宣判为"伪学";再过一年,朱熹被免职,他的学生也遭逮捕,<u>有一个叫余嘉的人</u>甚至上奏皇帝要求处死朱熹:"枭首朝市,号令开下,庶伪学可绝,伪徒可消,而悖逆有所警。不然,作孽日新,祸且不测,臣恐朝廷之忧方大矣。"又过一年,"伪学"进一步升格为"逆党",并把朱熹的学生和追随者都记入"伪学逆党籍",多方拘捕。(余秋雨《千年庭院》)

在上引两段篇章中,叙述的主角分别是"愚公"和"朱熹",而"智叟"和"余嘉"虽然也是新的信息成分,但不具备主角资格,所以我们看到叙述中处理这两种不同的新信息成分时选用了不同的句式。

参考文献

刘安春 2003 《"一个"的用法研究》,中国社会科学院研究生院语言系博士学位论文。

吕叔湘 1944/1984 《個字的应用范围,附论单位词前一字的脱落》,见《汉语语法论文集》(增订本),商务印书馆。

Chafe, Wallace 1994 *Discourse, Consciousness, and Time: the Flow and Displacement of Conscious Experience in Speaking and Writing.* Chicago: University of Chicago Press.

Lambrecht, Knud 1994 *Information Structure and Sentence Form: Topic, Focus, and the Mental Representations of Discourse Referents.* Cambridge University Press.

北京话里新生的语法手段

中国社会科学院语言研究所 方 梅

太田辰夫《汉语史通考》通过把清代北京话与更早的文献对比,从七个方面对清代北京话的语法特点进行了概括,即:1)第一人称代词的包括式和排除式用"咱们"和"我们"来区别;2)有介词"给";3)用助词"来着";4)不用助词"哩"而用"呢";5)有表示禁止的副词"别";6)程度副词"很"用于状语;7)"多了"用于形容词之后,表示"……得多""……得远"的意思。(318 页)这七个方面仍然能够反映现代北京话的语法面貌。[1]

不过,现在的北京话与那时的北京话相比已经有了新的变化,除了一些虚词功能和意义的变化之外,特别值得注意的是北京话里形态句法(morphosyntax)范畴的萌生。

本文基于现代北京口语材料,讨论北京话里几个正在发生的形态句法变化。包括:

1) 定冠词(definite article)和不定冠词(indefinite article)用法的浮现。

2) 从句标记(subordinator)的浮现。

3) 小称儿化构形功能的浮现。

一 定冠词和不定冠词用法的浮现

1.1 "这"用作定冠词

尽管不是每种语言都有冠词,但是在那些有冠词的语言当中,由指示词演化出定冠词的用法是一种比较常见的现象。(参看 Himmelmann,1996 等)

北京话指示词"这"的基本功能有两个,一是单独用来指称话语中的某个确定的对象,二是在名词前面充当限定成分。前者是所谓"替代",后者是所谓"指别"。无论是指别还是替代,都可以针对其所指对象用"哪个"来提问,指示词自身或者指示词与其后的名词一起,用来指称一个在说话人看来听和说双方确知的对象。上述基本功能在近代汉语中就已经形成了,吕叔湘先生《近代汉语指代词》曾有详尽描述。

此外,现代北京话指示词"这"还有其他用法。

1) 在谓词前面,构成对行为或属性的指称,不仅可以用在主语位置,还可以用在动词甚至介词宾语位置。"这"说成 zhèi。"这"不能换作"这个"。

(1) A:我哭了,实在忍不住了。

B:你这哭太管用了,所有问题都解决了。　　　　（指称行为）

(2) A:你跟他挺熟,你觉得他最大的特点是什么?

B:我就佩服他这吃,他可真能吃!　　　　　　　（指称行为）

(3) A:就听"扑通"。

B:深。

A:就冲这深……

B:跳。　　　　　　　　　　　　　　　　　　　（指称属性）

这类"这＋动词"、"这＋形容词"里的"这"都不能删除,具有句法上的强制性,应是"这＋名词"类推的结果。

2)话题标记。"这"引入的对象是第一次在谈话中出现。可以用在名词或谓词性短语前面。"这"说成 zhèi 或者 zhe。"这"不能换作"这个"。

(4) 这过日子难免不铁勺碰锅沿儿。

指示词作为话题标记是指示词情境用法的延伸。它的作用就在于把一个确指程度不高的成分处理得"像"一个已知名词。

更进一步,北京话里的"这"形态上开始独立表现为,语音上轻声必须说成 zhe,附着于其后的名词。从分布上看有四类:

1)在专有名词前,但是整个名词性短语并不指语境中或谈话双方共有知识中实际存在的某一个体,而是具有这个个体所代表的某些特征的一类对象。"指示词＋专名"构成一个通指性成分。例如:

(5) 你以为呢! 这雷锋可不是那么好当的。

2)在通指名词前,整个名词性短语指一类对象,而不是语境或言谈现场中的特定个体。

(6) 你知道吗,就这外国人哪,他们说话都跟感冒了似的,没四声。

3)只用在光杆名词,或相当于光杆名词的"的"字式(如:男的、拉车的)以及黏合式偏正结构(如:木头房子、高个男孩儿;参看朱德熙,1982)的前面,不用在数量名结构或含有描写性定语的组合式偏正结构之前。

(7) 而且,乌贼,以前在学校念的时候,据老、老师说,这、这鱼啊,一下去喷出来啊,一家伙黑,是不是? 我一想,这人怎么能吃那东西啊,是不是。

(8) A:你说我们这位吧,过去挺好的,任劳任怨……现在倒好,成大爷了。

B:没错。这男的呀,稍微长点本事,就跟着长脾气。

4)在非回指名词前,名词的所指是由于概念关联(frame-based)而确定的对象,而不是上文中已经出现的确定的对象。例如:

(9) 在中国你要做炸酱面,那也是,把这肉搁里面,噼里啪啦一爆,把酱往里一搁,就行了。

上述几种用法中,"这"的功能与指示词的典型功能已经相距很远。那么,如何确定指示

词是否已经虚化为冠词呢,Himmelmann(1996)通过跨语言的考察,提出了下面的尺度:

1)指示词不可用于唯一的所指对象,如:* this/that sun,* this/that queen。但是冠词可以。

2)指示词不用于由于概念关联(frame-based)而确定的对象,比如,如果上文中出现了tree,在下文中如果指称这个树的枝干的时候不能用指示词(* this/that branch),而要用冠词(the branch)。

对照北京话"这"的用法,无论从形态上还是从功能上都可以确定,北京话的指示词"这"已经同于定冠词。

世界上的各种语言几乎都有指示词,但是有冠词的语言并不是很多。很多语言里,用来指称一个确定对象的时候就是用指示词(Payne,1997)。过去我们对汉语的认识正是这样,一般语法书上都说汉语没有冠词。另一个方面的事实是,在一些有冠词的语言当中,冠词来源于虚化以后的指示词。指示词由于经常被用在名词前来指称确定的对象,进而逐渐变成一种黏附性的前加限定成分。北京话的"这"可以说是指示词变为定冠词的一个例子。[2]

北京话里指示词开始出现定冠词用法,这个现象不是孤立的,是系统性变化的反映。因为,在共时材料中,已经出现了"一"做不定冠词的用法。

1.2 "一"用作不定冠词

吕叔湘(1944)曾指出,汉语里的"一个"具有不定冠词的作用,而且"(一)个"的使用范围比不定冠词要广,可以用于不可计数的事物乃至动作与性状,可以用于有定的事物,甚至用于非"一"的场所。"一个"常常省"一"留"个"。这样的"(一)个"在元代以后就已经很普遍了。

王力先生在《汉语史稿》(1980,中册)第三章专有一节讨论"五四以后新兴的句法",其中第一个问题就是"无定冠词的产生及其受到限制"。他指出,在五四以前的白话文里,用"一个"往往是着重指出数量,在新兴的句法中,"一个"只是指出后面跟着的是名词或名词性仂语。他认为,"一个"用作不定冠词,这是受西方语言的影响。但是因为现代汉语的数词和名词结合的时候不能不用单位词,那么原有的单位词就只好用"一个"。同时,"一种"也可以在名词前而不表示什么种类,只执行无定冠词的职务。"一种"管的是抽象名词和近似抽象名词的名词。(465—466)

与吕叔湘先生、王力先生指出的现象一脉相承,北京话里出现了一种省"个"留"一"的用法。例如:

(10) 一亲戚　　一累赘　　一鬼子　　一负担

这类"一",我们认为是"一个"中"个"脱落进而虚化成的不定冠词。因为这种用法下的"一"在以下几方面不同于真正的表数量的"一(个)"。

1)不遵循数词"一"的变调规律,而一概说作第二声。例如,下面的例子中"一"后面的名词分别是四个不同的声调,但"一"一概说作 yí,而不随其后名词的声调变调。

一狮子　　一熟人　　一老外　　一耗子

声调上的一致性说明，这类"一"有可能是从省略第四声的量词"个"而来。

2) 这类"一＋名"重音总是在名词上，"一"不能重读。

3) 这类"一＋名"不能用做跟其他数量成分对比。如果对比，对比项只能是名词的所指对象，而不能与相关的数量形成对比。在收集到的 50 条用例中没有找到反证。例如：

(11) 我就带了一个帮手儿，可是他领了仨。

　　?我就带了一帮手儿，可是他领了仨。

4) 这类"一＋名"中的名词可以是有指抽象名词，甚至还可以是表示方式或结果的无指名词。

(12) 这是<u>一精神负担</u>，我都快落下心病了我。　　　　　（抽象名词，有指）

　　我沿着桌子喝<u>一对角线</u>，你喝<u>一中心线</u>。　　　　（表示方式，无指）

　　这刀可快着呢，你干活小心点儿，别弄<u>一残疾</u>。　　（表示结果，无指）

5) 这类"一＋名"从不做回指形式。与吕先生提出的省"一"留"个"不同，"一＋名"可以用作宾语，也可以用作主语。宾语位置上的"一＋名"可以用"个＋名"替换，而主语位置则只能"一＋名"，不能用"个＋名"。

(13) 宾语位置：您是一大夫是吧？

　　　　　　　我替我姐说吧，你还不能算一坏人。

　　　　　　　对，我就是一没用的人。

　　主语位置：我这货好销，一老外昨天从我这儿买走好几条。

　　　　　　　我一朋友昨天约我喝酒，一喝就喝到半夜了。

使用"一＋名词"，往往是用在根据谈话者的共有知识不能确认名词所指事物的场合。其中的名词的所指事物在前面或未曾提及，或假定听话者还不熟悉。与"一＋名词"形成互指关系的一般为相应的有定形式。汉语里这类有定形式为代词、指示词/代词＋名词、光杆名词和部分偏正短语。下面看一看"一＋名词"连续话语中的情况。

(14) （已经很晚了，来不及了……我一想呢，我就说，画一半儿就够了，我就画了一半儿。我想那一半儿攥我手里，给他看画上的一半儿。）我就来了，还拿<u>一凳子$_1$</u>，还在同学那儿拿<u>一凳子$_2$</u>，因为你拿着<u>凳子$_3$</u>就让人家以为你有电影票呢，哈，要没有电影票，你拿<u>凳子$_4$</u>干什么。

上面的例子引自一个人讲他画假票混进礼堂看电影的故事。这一段叙述中"凳子"第一次出现的时候用了"一＋名"形式，第二次出现的时候因为是套用重复上一句，"凳子$_2$"前面仍然有"一"；而回指性成分"凳子$_3$"、"凳子$_4$"则一概采用光杆名词形式。

"一"用作不定冠词与指示词"这"用作定冠词都是北京话在近几十年当中产生的。相对而言，"这"用作定冠词的用法大概要早于"个"脱落"一"用作不定冠词。我们查阅了 80 年代初北京话调查的资料，老年组的材料中已经有了"这"用作定冠词的用例，但是"一"用作不定冠词仅出现在青年组,也就是60年代前后出生的北京人的谈话当中。

王力先生在《汉语史稿》(中册)讨论"五四以后新兴的句法"的时候指出,无定冠词性的"一个"和"一种"在汉语史的发展上起了很大作用,它不但能凭借造句的力量使动词、形容词在句中的职务(主语、宾语等)更为明确,更重要的是,在很长的修饰语前面放一个"一个""一种",令对话人或读者预先感觉到后面跟着的是一个名词性的仂语,这样就大大增强了语言的明确性。(467页)

通过前贤的描写可以肯定,几十年前,"一个"、"一种"具有无定冠词的用法,但是没有定冠词跟它相配,因而语法上还不需要列"无定冠词"一条。(中册,465页)现在我们看到,在现代北京话里,指示词"这"的定冠词用法和数词"一"的不定冠词用法已经构成了平行相配的格局。这是指称系统发展历史上的新的重要演变。

二 从句标记的浮现

许多语言里,补足语从句(complemental clause,如主语从句、宾语从句)必须有专用的标记,通常称为补足语从句标记(complementizer),如英语的 that。"标句词+从句"的语序在 VO 和 OV 型语言中都可以见到(Dryer,1991)。并非所有的语言都有标句词,但是有标句词的语言中,标句词的来源有不同的类型,其中由"说"虚化为标句词是一种类型。(参看 Hopper & Traugott,1993;Heine 等,1991)

汉语里,小句的从属性语法关系不用显性的标记词表示,这是一个普遍接受的共识。不过,从实际口语材料看,"说"正在从引语标记进一步虚化,已经具备标志从句的功能。

虚化的"说"有下述五种主要类型:

1)在连词或具有小句连接功能的副词之后,如:虽然说、如果说、毕竟说。

2)在表示情态的能愿动词之后,如:应该说、可以说。

3)与"我"或"你"组合,构成话语-语用标记,用作组织言谈。比如:我说,都几点了,你还在床上躺着。/你说,他这么不争气你还理他干吗!

4)在连动式 V_1V_2 中 V_2 的位置,如:觉得说、发现说、理解说。

5)在句首位置,如:说打车进城,也得能见着车啊。没有,根本就没车。

本文的描写和解释主要涉及 4)和 5)两类句法位置上的"说"。

2.1 从言说动词到标句词

2.1.1 引语标记(quotative marker)

在言说动词后,作为连动结构后项动词,被删除以后不影响语句的可接受性。作为连动结构的后项动词,在前项动词不带宾语的情况下,两个言说动词可以删一个,留一个。"说"后面的引述内容,在句法上是可以自足的。

1)直接引语:后接成分无须改变指称。

（15）你先回去告诉你们老爷说，我明儿个打发人，把银子送了去罢。

2) 间接引语：后接成分必须改变指称。

（16）她就告诉说，她姑姑来了。

（17）那些农民工回忆说，他们已经有半年多没有休息日了。

在"说"朝标句词发展的道路上，有一个现象特别值得注意："说"除了可以放在言说动词之后，还可以放在感知义动词后，这类"说"后面的引语都是间接引语。清代的时候就有这样的用例，这种连动组合方式保留至今。如：

（18）我听见说，你这几天给宝元栈说合事情了，说合的怎么样了？（《谈论新编》）

在清代的材料里，"听见说"是个连动短语，有"我也听见说了"这样一类的表达方式。"听见说"和"听说"并存。但是，在现代的口语材料里，"听见说"只用于分离式表达"听见（某人）说"。

引语用法的共同特征是，我们可以把"说"所在的小句与它后面表示的言谈内容的小句互换位置：

（19）他告诉我说，他在别处借着银子了，这个银子他不用了。

→他在别处借着银子了，这个银子他不用了，他告诉我说。

（20）那些农民工回忆说，他们已经有半年多没有休息日了。

→他们已经有半年多没有休息日了，那些农民工回忆说。

从直接引出言谈内容，到作为间接引语标记；从与言说动词搭配到与感知义动词搭配。在清代的时候，"说"作为引语标记的用法开始松动，这种变化是"说"虚化的起点。

2.1.2 准标句词（semi-complementizer）

"说"的进一步虚化表现为，可以与非言说动词搭配使用。"说"一定程度上保留了引语标记用法的痕迹，表现为指称方式没有强制性要求。这类"说"虽然以连动式的后项动词的面貌出现，却变成了附加在前项动词之后的一个附属成分。删掉"说"，不影响语句的可接受性。但是，如果删掉"说"前面的动词，意思就变了。更为重要的是，当"说"后接引语的时候，引语的线性位置可以在"V 说"之前，也可以在"V 说"之后。而准标句词"说"所在的小句与它后面的小句不能互换位置。

1)"说"在认识义动词后

这类用例中，"说"后面的小句是"认识"的内容，保留了"说"作为引语标记的痕迹。

（21）有很多人，他们就认为说，这得政府给我们解决，我们下岗不是我们自己的错儿。（时空连线）

（22）那她就会担心说，这个孩子今后的智力情况会怎么样等等。（时空连线）

但是，"说"所在的小句与它后面表示认识内容的小句不能互换位置，如：

（23）他应该理解说，你对他的这种约束是对他的一种关心一种爱，而不是强制性的措施。

(23′) *你对他的这种约束是对他的一种关心一种爱,而不是强制性的措施,他应该<u>理解说</u>。

2)"说"在静态动词或系词后

这类用例"说"与意义最为抽象的动词连用,"说"虽然失去了言说意义,但是在一定程度上还保留了引语标记用法的痕迹。但是,这些例子也同样不能像引语标记那样,将"说"前后的小句互换位置。

(24) 可是,你总不能弄着弄着就<u>变成了说</u>,老板不干老板该干的事,麻烦来了光让我们下边的人扛雷,是不是?

(25) 在国安<u>属于说</u>,大家各玩各的。

(26) 我觉得人格的魅力不<u>在于说</u>他读过了多少书,在世界上在哪个领域有多辉煌,可能有的时候他有很多作为一个人的最基本的标准是我最欣赏的。

"说"如果与系词连用,其前后的成分在语义上是"同一"关系。例如:

(27) 需要解决的问题<u>是说</u>,城市人口的就业观念要改变。

(28) 乐观主义者最大的区别<u>是说</u>,他拿出一个办法来。

上面的用法属于尚未完全虚化的标句词。一方面,"说"还是以连动结构后项动词的形式出现,"说"后面的小句在句法上仍然是自足的。另一方面,"说"开始脱离"言说"动词所具有的"行为"意义,同时具有标句词的重要属性——引导从句,这个句法属性可以从前后小句位置不能互换这一现象得到证明。

2.1.3 标句词(complementizer)

作为准标句词的"说",从具有独立词汇意义的实义词(content word)向具有语篇衔接功能的功能词(function word)虚化。"说"进一步虚化,可以完全脱离原来的连动结构。如果它具备下述四项基本特征,就可以认定为标句词。而准标句词只具备其中的前两项特征。

A. 表示小句之间的句法关系,不表示行为。

B. 失去了动词的句法属性,不能像谓语动词那样被副词修饰,也不能附加时体成分。

C. "说"附着在小句的句首。

D. "说"所在的小句句法上不自足(dependent),不能独立进入篇章。

第一、宾语从句标记(object clause complementizer)

"说"引导的小句实际上是句子的宾语,可以把"说+小句"替换作"这个/这些"。

(29) 大家想问您的是,<u>说</u>如果他们想去可可西里,他们应该有什么样的准备。

第二、释名从句标记(noun phrase complementizer)

"说"引导的小句是对句内某个名词性成分语义内涵进行解释,"说"后的小句与它前的名词在语义上具有"同一"关系。

1) 言语行为名词

(30) 而且社会上还会传出谣言,<u>说</u>这几个人都跟吴士宏谈过恋爱。

2) 认识义名词

(31) 在你刚下海的时候,有没有一个预期,<u>说</u>我要赚到多少钱。

3) 一般名词

(32) 好容易有个机会,<u>说</u>上电视演戏,结果她还不让去。

上面例子中,"说"所引导的小句在内容上分别说明"谣言""预期"和"机会"的实际内涵。

(33) 你大舅求我给他们家里带一句话,<u>说</u>里头已然有人给铺垫好啦,倒没有多大罪受。(小额)

上述几种用法在不同时期材料中的出现情况如下表。

表 1

	清代	20 世纪上半叶	20 世纪下半叶
引语标记	＋	＋	＋
准标句词		＋	＋
标句词			＋

因此,演变的路径可以概括为:

言说动词＞引语标记＞准标句词＞标句词

2.2 从言说动词到虚拟情态从句标记

2.2.1 关于非现实情态

对于"情态"的描述,最基本的区分是"现实"(realis)情态与"非现实"(irrealis)情态。典型的现实情态表达一个已经发生的特定的具体事件,或称作真实事件。非现实情态的表达不介意事件的真实性,即是否发生或将要发生。因此,现实性情态往往对应于一系列的时、体表现形式,比如肯定式的陈述句。而非现实情态则相反,比如疑问句和祈使句。条件表达和虚拟表达属于非现实情态。

由"说"引导的小句具有共同的句法特征,即句法上不自足。所为"自足"指这个小句可以不依赖其他成分或小句,直接进入语篇;而句法上不自足的小句要依赖其他成分或其他小句才能进入语篇。句法上不自足的小句有可能是内嵌小句(embedded clause),或者是非内嵌的附加小句(adjoined clause)。由"说"引导的小句一般为附加小句。

从我们的材料看,"说"的作用可以分作四类:(一)话题标记;(二)例举标记;(三)条件从句标记;(四)虚拟情态从句标记。

2.2.2 话题标记

"说"后面的成分是话题,用作话题标记的"说"有两类:一是组合式"X 说",这类用法出现得比较早;另一类是"说"单用。

1) 组合式(X说)

组合式用法是"说"附加在一个连词后面,"若说/至于说"引导话题成分。这个话题成分可以是名词性成分,如(34);也可以动词短语,如(35)。这种用法在清代材料中就能见到,一直保留至今,并且"X说"有明显的词汇化倾向(参看董秀芳,2003)。

(34) 那天津地方儿,虽然不算很大,那货物的销路,可是很广,不但天津是北京的一个门户,就连往北去,一直的通到北口外,这是竟说直隶本省,再若说邻省,山西山东河南,全都通着,所有直隶以北,连张家口外,带山西归化城,各地方儿的商人,大半都是到天津办货去,那天津就仿佛是个栈房,是存货卖货的地方儿,北洋三个口岸,销货最多,就数天津是第一了,所以不能说天津不是一个大口岸。(《谈论新编》)

(35) 至于说用多少货,随时都可以供的那一层,他们也都应了,没一点儿推辞不行的话。(《谈论新编》)

2) 单用

"说"引出话题成分,这个成分不是名词,而是动词短语。这些做话题的动词短语具有下面两个特点:

第一、施事从缺,虽然语义上能够理解从缺施事的所指。

(36) 所以呢我也挺喜欢那什么的,挺喜欢旅游的。可我现在还小哇,我上哪儿去呀?我将来就是什么呀,说考大学,如果考不上,我就连考两次。如果考不上了,我出北京市,不在北京待着,有这想法。

这个例子中的"说考大学"不能变成"说我考大学"。

第二、没有施事。甚至整体上受指代词修饰,构成一种弱化的谓词形式。例如:

(37) "大革命"来了,说这打砸抢,这家伙,这更鸡犬不安宁。

无论是哪一种情况,整个动词短语都仅仅指称一类情状,而不表现事件过程。

2.2.3　例举标记

"说"可以与表示例举的助词构成一种组合形式,"说……呀/啊""说……什么的"。

(38) 再一个就是说邻居之间比较团结……没有说纠纷呀,或者怎么着,隔阂。

(39) 等到这,最近这几年哪,就实在是不常出去,特闭塞。有的时候儿,暑假里头,说上哪儿玩儿玩儿去什么的,也就是说,上北戴河呀,什么避暑山庄,啊,也就去这些地方儿。

2.2.4　条件从句标记

1)"说"所引导的成分在句法上不自足。

2)连续事件或情状,具有"非瞬时性"特征。

3)可以用"如果"、"要是"替换。且不论句子里是否含有"就",都可以变换为一个"如果……就"表达。

(40) 你自己得有主意。说你父母什么的家里人都不在你身边儿,你怎么办哪?

(40′) 你自己得有主意。如果/要是你父母什么的家里人都不在你身边儿,你怎么办哪?

(41) 说你当头儿的不带头吃苦,我们小兵卒子傻卖什么劲儿啊。

(41′) 如果/要是你当头儿的不带头吃苦,我们小兵卒子傻卖什么劲儿啊。

(42) 现在,说我想吃我就买去,还不是那么别别扭扭,费劲似的哈,哎。生活条件提高了呢,健康状况必定要好得多。

(42′) 现在,如果/要是我想吃我就买去,还不是那么别别扭扭,费劲似的哈,哎。生活条件提高了呢,健康状况必定要好得多。

2.2.5 虚拟情态从句标记

1)"说"所引导的成分在句法上不自足。

2)"说"所引导的小句为非现实情态。

a. 连续事件或情状,具有"非瞬时性"特征。

b. 事件或情状无所谓是否发生,没有肯定-否定的对应形式。

3)不能用"如果"、"要是"替换。小句之间没有条件倚变关系,不可以变换为一个"如果……就"表达。

4)主语或从缺,或者作虚指理解。

(43) 整天地犯困,开车开车能睡着了,走路走路能睡着了。除了说吃饭,随时都可能睡过去。

(43′) *整天地犯困,开车开车能睡着了,走路走路能睡着了。除了说不/没吃饭,随时都可能睡过去。

(44) 说你渴了累了,人家那儿有带空调的休息室。

(44′) *说你不/没渴了累了,人家那儿有带空调的休息室。

值得注意的是,上面几类用法中无论哪一种,"说"所在的小句都只能居前,不能像"如果"、"只要"小句那样,具有居前和居后两种可能。在这个意义上说,"说"虚化用法还必须完全遵从时间顺序原则,虚化的程度不如"如果"、"只要"等连词。

将上述几种用法在不同时期材料中的出现情况作一个归纳,如下表。

表 2

	清代	20世纪上半叶	20世纪下半叶
组合式	+	+	+
单用		+	+
例举标记		+	+
条件从句标记		+	+
虚拟情态从句标记			+

因此,演变的路径可以概括为:

言说动词＞话题标记＞例举标记＞条件从句标记＞虚拟情态从句标记

北京话的"说"从言说动词向从句标记的虚化是现代口语句法形态的一个重要标志。

北京话的这种演变并不是什么特殊的现象,"说"虚化的现象在南亚语言以及西非语言的研究中都有报道。有的语言里"说"的演变与北京话相似,有的语言除了用"说"当引语标记、条件从句标记之外,还用"说"作比较标记,连接两个名词。(参看 Saxena,1988;Lord, 1976,1982;Hopper & Traugott,1993)

三 小称儿化构形功能的浮现

3.1 词汇意义的弱化与词法形态

关于北京话带儿化韵的词的来源,早期的研究认为有三个(赵元任,1968;董少文,1958等):

(a)里→儿:这儿、那儿、哪儿。

(b)日→儿:今儿、明儿、昨儿、前儿、后儿、几儿。

(c)兒→儿。一般说是指小,但实际上只是一个名词标记。另有几个动词带儿尾。

(a)(b)是由于"里"、"日"的音变而形成的,成员有限。与(c)类源自名词虚化的"-儿",性质不同。[3]

陈治文(1965)对上面三类有所补充,他发现还有一类情形,即 zh-、ch-、sh-、r-声母的字,在一定条件下使前面的一个音节发生儿化现象。

(d)zh-、ch-、sh-、r-声母的字,在一定条件下使前面的一个音节发生儿化现象。如:[4]

顺治门→顺儿门;盘缠钱→盘儿钱;

图书馆→图儿馆;羊肉胡同→羊儿胡同

不过,尽管各家意见存在分歧,但是,从形态学的角度看,其实我们只需要区分作两类:

(一)音变儿化,如上述(a)(b)(d)三类。

(二)小称儿化,如上述(c)类。

音变儿化的成员是相对有限的,而小称儿化则是具有能产性的。本文主要讨论小称儿化。下文提到"儿化"时也仅指小称儿化。

在儿化词发展过程中,含有"儿"尾的词使用在先,多数学者认为是唐代开始出现,宋以后越来越常见。但是儿化则要晚得多。"儿"作为名词最早指"小儿",而后意义逐渐虚化,根据王云路(1998)的研究,"儿"的意义在近代汉语中的意义引申过程可以概括为:

1)小儿→晚辈→女孩子

2)小儿→晚辈→男孩子→男子汉→壮士

早期形式中,含"儿"名词内部结构关系是偏正式,"儿"是核心构词成分。

太田辰夫(1958)说,"儿"作为接尾辞在唐代多用于表示动物的名词,表示小或可爱。如:鱼儿、龟儿、鸭儿、雀儿、猫儿、狗儿,等等。动物以外的事物只有很少几个(如:瓶儿、箱儿、巢儿、衫儿、眉儿、心儿)。宋代以后可以广泛用于一般名词后,但是仍然保留了表小或可爱的意义。在宋代,开始有了"儿"不限于指小意味的例子,到了元代,"儿"的指小性弱化,"儿"单纯作为接尾辞的例子多起来。但是总的说来,"儿"表小或可爱,"子"表示大的或可憎的。

早期含有"儿"尾的词"儿"是独立的音节。汉语北方话中儿化现象产生于明代的中晚期,到明末清初,儿化韵见于文献。(太田辰夫,1958;李思敬,1984)从儿化韵产生,到所有的含"儿"尾的词变为儿化词,这个过程一直延续到上世纪后期。根据上世纪80年代的调查,"儿"变为非独立音节的过程似乎仍然没有完结。新派北京话已经儿化的词在老派(尤其是满族人)北京话里,"儿"自成轻声独立音节的词还有不少。例如"样儿、取灯儿"中的"儿"。(参看林焘,1982;周定一,1984;林焘、沈炯,1995)

如果把上述音-义演变的线索结合起来可以发现,"儿"从构词语素发展为构词形态的过程,同时也是它语音形式逐步弱化的过程。当"名+儿"指称概念意义上"小"的事物的时候,"儿"具有独立音节地位。随着"儿"指称意义的虚化,"儿"逐渐失去了独立音节地位。这个演变过程的中间环节,就是"儿"说成轻声音节。这种形式上世纪80年代仍然活在当时的老北京人口中,但是现在已经没人这么说了。即:

具有字调的独立音节→轻声的独立音节→卷舌韵尾

从开始出现儿化韵到含有"儿"尾的词全部被说成儿化词,这个过程是"儿"作为构词形态逐步确立的过程。

目前关于儿化构词(非音变类)的现象可以归纳为下面几类(参看赵元任,1968;朱德熙,1982;林焘,1982;周定一,1984;毛修敬,1984、1989;李善熙,2003):

1)名词的儿化形式与非儿化形式在指称意义上有差别,儿化形式指称形体小的事物。例如:球儿、绳儿。

2)主观小量标记。名词儿化使语气轻松,如:官儿、弦儿;还可以表示可爱,如:人儿、脸儿、嘴儿,另如副词"慢慢儿、偷偷儿、远远儿"、"月月儿、天天儿、回回儿"里的"-儿"。

3)儿化和非儿化的形式共存,"-儿"的有无与表"小"的意义无关。有学者称为自由儿化。如:字儿、词儿。

4)没有对应的非儿化形式,词汇意义与表"小"的意义无关,只有相应的书面语词汇。如:

名词:味儿(味道)、事儿(事情)、信儿(信息)、人缘儿(人际关系)、坎肩儿(背心)

动词:玩儿、颠儿(离开)

5)转指标记。动词或形容词带"-儿"后缀而变为名词,指称与动作或性质相关的事物。如:盖儿、捆儿、拍儿、摊儿、挑儿、短儿、好儿、淘气儿。

通过儿化可以转指不同的语义格。如:

施事/主事:V-儿(托儿)　　A-儿(淘气儿、可怜儿)　　V_1V_2-儿(倒卧儿)

受事：　　　V-儿(吃儿)　　　V1V2-儿(吃喝儿)
工具：　　　V-儿(拍儿、挑儿、托儿)
结果：　　　V-儿(捆儿、摊儿、唱儿)

"儿"具有转指功能是较早的事情。[5]《红楼梦》里就已经出现了单音节形容词、单音节动词加"儿"变为名词的例子。如：错儿、短儿、尖儿、好儿、坠儿。（周定一，1984）

儿化词具有"可爱"的意味或轻松的语气，虽然"儿"的词汇意义弱化，但是产生了新的语用意义——主观小量。而"儿"具有转指功能，"儿"的词汇意义进一步弱化。"儿"的词汇意义减弱至最低——仅仅表示"事物"，"儿"属于构词形态范畴，用于派生新词。

3.2　自指意义与句法形态

儿化是不是具有自指功能，没有看到相关的报道。但是笔者通过对现代北京话的调查发现，儿化形式也可以自指，尽管数量和类型不如转指的那么多。如：

V-儿：响儿、转儿、滚儿、救儿、跑儿、死儿、蹭儿

A-儿：乐儿、错儿、亮儿、鲜儿、单儿

自指的儿化并没有造成词汇意义的改变，仅仅是改变了词的语法属性。自指的儿化词大都经历过做动宾离合式宾语的过程，动-宾意义上具有同源关系。

(45)　过节放炮就为了听个<u>响儿</u>。

(45′)　大把的钱花出去了，结果连个<u>响儿</u>都没听见。

(46)　你就<u>服个软儿</u>，跟自己的父亲有什么过不去的？

(46′)　这个<u>软儿</u>你就服了吧，跟自己的父亲有什么过不去的？

赵元任(1968)也曾指出这类现象。不过，他认为这些动宾式是不能拆开的，其中的"宾"不能单独运用。

同源动词之后用"打"、"有/没"之类的空泛动词。例如：

(47)　打了个<u>转儿</u>就回去了，根本没下车。

(48)　在锅里打了个<u>滚儿</u>就捞上来了，没煮透。

(49)　合同都捏在手里了，那还能有<u>跑儿</u>吗？

(50)　肚皮都翻上来了，肯定没<u>救儿</u>了。

最后，儿化形式可以脱离特定动词，并且可以受数量成分修饰。

(51)　我不抽烟不喝酒，就喜欢玩玩儿牌。要是连这点儿<u>乐儿</u>你都要给我限制住，还让我活吗？

(52)　是谁的<u>错儿</u>罚谁，别让大家伙儿跟着倒霉。

(53)　在单位挨领导挤兑，在家里挨老婆挤兑。也就这狗让我开心，我生活里就这么点儿<u>亮儿</u>。

(54)　吃了一个月<u>蹭儿</u>了，脸皮够厚的。

这类儿化是纯粹的名词化手段，功能在于改变词类。"转类"的儿化，标志着儿化已经可

以做一种句法屈折的手段了。

从语音特征上看,"儿"经历了从自由到附着的衰减过程:

独立音节＋字调＞独立音节＋轻声＞非独立音节

从意义上看,"儿"经历了从客观量到主观量进而失去附加意义的语义漂白过程:

客观小量＞主观小量＞中性

从语法功能上看,"儿"经历了从自由语素到屈折手段的虚化过程:

复合＞派生＞屈折

词汇意义的衰减伴随句法功能的衍生,同时,"儿"逐渐失去独立的音节地位。

四 余论

汉语是一个较少句法形态的语言,但是我们看到,这一百年来,形态成分在不断产生。

王力先生在《汉语史稿》讨论"五四以后新兴的句法"的时候提出,"五四以后,汉语的句子结构,在严密性这一点上起了很大的变化",基本的要求是主谓分明,脉络清楚,每一个词、每一个仂语、每一个谓语形式、每一个句子形式在句中的职务和作用都经得起分析(479页),还专设一节讨论句法严密化的六种情况。并且预测,今后汉语语法发展的基本趋向主要是两个方面:一是构词法上新词绝大多数将是双音词;而在句法上,将来的句子结构会更加严密化。(485页)

现代北京话一系列形态句法手段的浮现也证实了这种预测。

附 注

[1]"第一人称代词的包括式和排除式用'咱们'和'我们'来区别"在开始变异。在对话语体中,指称对方可以用"咱们",用来拉近言者与听者之间的心理距离。比如:"(成年人对小孩儿)咱们都上学了,哪能跟他们小孩儿争玩具呀。"

[2]黄宣范(Huang,1999)考察台湾"国语"材料后得出结论,台湾"国语"的"那(个)"有变为定冠词的倾向。不过,他的研究没有区分指示词带"个"与不带"个"的情形,所提出的现象与吕叔湘先生《近代汉语指代词》所述现象差别不大。我们认为,在讨论指示词是否虚化为冠词这个问题上,不能与带量词的复音形式"这个、那个"混在一起。

[3]刘英(1990)认为,"里"不是北京话"这儿、那儿、哪儿"的儿化来源。"儿"表示处所的儿化词的"这儿"的来源不是"这里",而是古代像[xa]一类表示处所的语素,在古代文献中记作"下"。马庆株(2004)则认为,从语音上看,表示处所的儿化词的"这儿"的来源不是"这里",而是"这块儿",与刘文看法相近。尽管意见分歧,但各家都认为处所词的儿化是表处所的语素自身的语音变化,与小称来源的"儿"没有多大关系。

[4]笔者个人的考察发现,这类词的"儿"与真正的儿化韵还是有区别的,并没有成为第一个字对应的儿化韵。三字词的第二个字,声母变为零声母,轻声,同时仍然占一个音节长度。

[5]北京话里,数词带儿化音可以指称孩子,如"三儿"、"六儿"指家里的第三个、第六个孩子。这类用法实际是"儿"保留了"孩儿"的词汇义,只是语音上"儿"弱化了,恐怕不能说成是数词的转指。

参考文献

陈　刚　1990　《北京方言词典》,商务印书馆。
陈　平　1987　《释汉语中与名词性成分相关的四组概念》,《中国语文》第2期。
陈治文　1965　《关于北京话里儿化的来源》,《中国语文》第5期。
董少文　1958　《语音常识》,文化教育出版社。
董秀芳　2003　《"X说"的词汇化》,《语言科学》第2期。
方　梅　2002　《"这"和"那"在北京话中的语法化》,《中国语文》第4期。
方　梅　2004/2006　《北京话里"说"的语法化》,国际中国语言学学会第12届年会论文;又见《中国方言学报》,商务印书馆。
傅　民、高艾军　1986　《北京话词语》,北京大学出版社。
高名凯　1986　《汉语语法论》,商务印书馆。
郭作飞　2004　《汉语词缀形成的历史考察——以"老"、"阿"、"子"、"儿"为例》,《内蒙古民族大学学报》(社会科学版)第6期。
贾采珠　1990　《北京话儿化词典》,语文出版社。
贾采珠　1991　《北京口语儿化轻读辨义》,《中国语文》第4期。
李晋霞、刘　云　2003　《从"如果"与"如果说"的差异看"说"的传信义》,《语言科学》第3期。
李　明　2003　《试谈言说动词向认知动词的引申》,见吴福祥、洪波主编《语法化与语法研究》(一),商务印书馆。
李善熙　2003　《汉语"主观量"的表达研究》,中国社会科学院研究生院博士学位论文。
李思敬　1984　《从〈金瓶梅〉考察十六世纪中叶北方话的儿化现象》,《语言学论丛》第十二辑,商务印书馆。
李思敬　1988　《论现代汉语普通话中儿系列字的音值和儿音缀的形态音位》,《中国语言学报》第三期。
林　焘　1982　《北京话儿化韵个人读音差异问题》,《语文研究》第2期。
林　焘、沈　炯　1995　《北京话儿化韵的语音分歧》,《中国语文》第3期。
刘　坚、江蓝生、白维国、曹广顺　1992　《近代汉语虚词研究》,语文出版社。
刘　英　1990　《北京话"这儿、那儿、哪儿"的儿化来源》,见《语言学和汉语教学》,北京语言学院出版社。
刘月华　1986　《对话中"说""想""看"的一种特殊用法》,《中国语文》第3期。
吕叔湘　1944/1984　《個字的应用范围,附论单位词前一字的脱落》,见《汉语语法论文集》(增订本),商务印书馆。
吕叔湘　1982a　《现代汉语八百词》,商务印书馆。
吕叔湘　1982b　《中国文法要略》,商务印书馆。
吕叔湘　1985　《近代汉语指代词》,江蓝生补,学林出版社。
马庆株　2004　《语法化与语音的关系》,见石锋、沈钟伟编《乐在其中——王士元教授七十华诞庆祝文集》,南开大学出版社。
毛修敬　1984　《北京话儿化的表义功能》,《语言学论丛》第十二辑,商务印书馆。
毛修敬　1989　《带"小"的儿化现象》,《中国语文》第4期。
孟　琮　1982　《口语"说"字小集》,《中国语文》第5期。
钱曾怡　1995　《论儿化》,《中国语言学报》第五期。
宋孝才　1987　《北京话词语汇释》,北京语言学院出版社。
宋玉柱　1991　《关于"-儿"的语法性质》,《语文月刊》第2期。
太田辰夫　1958/1987　《中国语历史文法》,蒋绍愚、徐昌华译,北京大学出版社。
太田辰夫　1988/1991　《汉语史通考》,江蓝生、白维国译,重庆出版社。
汪维辉　2003　《汉语"说类词"的历时演变与共时分布》,《中国语义》第4期。

王理嘉　1995　《儿化韵语素音位的讨论》,《中国语言学报》第五期。
王云路　1998　《说"儿"》,《杭州大学学报》第3期。
徐　丹　1988　《浅谈这/那的不对称》,《中国语文》第2期。
赵元任　1968/1979　《汉语口语语法》,吕叔湘译,商务印书馆。
周定一　1984　《红楼梦里的词尾"儿"和"子"》,《中国语言学报》第二期。
朱德熙　1982　《语法讲义》,商务印书馆。
朱德熙　1983　《自指和转指——汉语名词化标记"的、者、所、之"的语法功能和语义功能》,《方言》第1期。
Ariel, Mira 1991 The function of accessibility in a theory of grammar. *Journal of Pragmatics* 16.
Diessel, Holger 1999 *Demonstratives: Form, Function, and Grammaticalization*. John Benjamins.
Du Bois, John W. 1980 Beyond definiteness: the trace of identity in discourse. In: Wallace L. Chafe (ed.) *The Pear Stories: Cognitive, Cultural and Linguistic Aspects of Narrative Production*. Norwood: Ablex Publishing.
Givón, Talmy 1979 *On Understanding Grammar*. London: Academic Press.
Haiman, John 1978 Conditionals are topics. *Languages* 54:54—89.
Heine, Bernd, Ulrike Claudi & Friederike Hunnemeyer 1991 *Grammaticalization: a Conceptual Framework*. The University of Chicago Press.
Himmelmann Nikolaus P. 1996 Demonstratives in narrative discourse: a taxonomy of universal uses. In: Barbara A. Fox (ed.) *Study in Anaphora*. John Benjamins.
Hopper, Paul J. 1987 Emergent grammar. *Berkeley Linguistic Society* 13:139—57.
Hopper, Paul J. & Elizabeth Closs Traugott 1993 *Grammaticalization*. Cambridge University Press.
Huang, Shuan-fan 1999 The emergence of a grammatical category definite article in spoken Chinese. *Journal of Pragmatics*. Vol. 31. No. 1.
Lehmann, Christian 1989 Towards a typology of clause linkage. In: John Haiman & Sandra A. Thompson (eds.) *Clause Combining in Grammar and Discourse*. Amsterdam: Benjamins.
Lord, Carol 1976 Evidence for syntactic reanalysis: from verb to complementizer in Kwa. In: Sanford B. Steever et al. (eds.) *Papers from the Parasession on Diachronic Syntax*. Chicago: Chicago Linguistic Society.
Lord, Carol 1982 The development of object markers in serial verb languages. In: Paul J. Hopper & Sandra A. Thompson (eds.) *Studies in Transitivity (Syntax and Semantics*. Vol. 15). New York: Academic Press.
Payne, Thomas E. 1997 *Describing Morphosyntax: a Guide for Field Linguistics*. Cambridge University Press.
Ransom, Evelyn N. 1988 The grammaticalization of complementizers. *Berkeley Linguistic Society, Proceedings of the 14th Annual Meeting*, Feb. 13—15.
Saxena, Anju 1988 On syntactic convergence: the case of the verb 'say' in Tibeto-Burman. *Berkeley Linguistic Society, Proceedings of the 14th Annual Meeting*, Feb. 13—15.
Shopen, Timothy 1985 *Language Typology and Syntactic Description*. Cambridge University Press.
Tao, Hongyin 1999 The grammar of demonstratives in Mandarin conversational discourse: a case study *Journal of Chinese Linguistics*. Vol. 27.
Teng, Shou-hsin 1981 Deixis, anaphora, and demonstratives in Chinese. : *Cahiers de Linguistique-Asie Oriontal* 10.
Traugott, Elizabeth C. 1991 English speech act verbs: a historical perspective. In: Linda R. Waugh & Stephen Rudy (eds.) *New Vistas in Grammar: Invariance and Variation*. Amsterdam: Benjamins.

说《法伟堂经典释文校记遗稿》

中国社会科学院语言研究所　邵荣芬

一

晚清法伟堂(1843—1907年)[1]对《经典释文》很有研究,有《经典释文》校本遗稿一件。早年唐兰先生处曾藏有其移录本,但知之者甚少。《清史稿·儒林传·郑杲传附法伟堂传》[2]云:

> 法伟堂,字小山,胶州人。光绪十五年进士,官青州府教授。精研音韵之学,考订陆德明《经典释文》,多前人所未发。

这里只提到法氏精研音韵、考订《经典释文》的事,而未及其他。《增修胶志》在法氏治学方面说得稍微详细一点:[3]

> 伟堂博极群书,不立宗旨,其学大抵由涑长入手,而于诸子百家,无所不览。专精于古今音韵,于顾氏亭林、江氏慎修、段氏茂堂诸家外,别有心得。所校勘者有《说文解字》、《经典释文》、《一切经音义》、《列子》等书。

除了也强调法氏精研音韵,校勘过《释文》之外,还指出法氏的治学范围、治学途径和治学态度,以及在《释文》之外,还校勘过《说文》、《一切经音义》和《列子》等书。让我们对法氏的治学情况有了更多的了解。所可惜的是,虽然两书都提到了法氏校勘过《释文》的事,但都没有指明他用的是什么著作形式,比如说,是自成卷册,还是写于书眉之上?直到1936年罗常培先生发表了《法伟堂校本经典释文跋》一文[4],大家才知道法氏有《经典释文》校本流传。既然罗先生称之为校本,可知校文是写在《释文》书本上的,而不是单行的校勘记。罗先生说,他的所据是从唐先生所藏重移而来。罗先生去世之后,他的移录本不知流落何处。上世纪80年代初,我打算对《经典释文》音切进行研究,很想参考法氏校记。那时唐先生也已辞世,因托友人从唐先生哲嗣复年先生处借得法氏校本,始得一睹法氏校本的真面目。原来校语都是写在《释文》书眉上的。这大概就是法氏校记的原式吧。

不过唐本也是个移录本,并不是法氏原稿。这从校记中时有错字、脱字以及条目屡屡倒次等现象可以看出。下面先看错字、脱字的例子。为了节省篇幅,例子中无关论题的内容予以删除,后面括弧内的数字依次是中华书局1983年影印通志堂本《释文》的卷、页、行数。

(1)朋,如字,京作崩。(2,9下,10)法云:崩未详。卢云:字书无崩。

(2)憩。(5,7上,9)法云:憩卢改憇。

(3)柅,徐乃履反,又女纪反。(2,17上,7—8)法云:纪盖几之讹,徐必不以柅、纪同部。依《广韵》例,则钮是也。

(4)丰,芳忠反,《字林》匹忠反。(2,21上,10)法云:芳忠与忠同,易之者,改类隔为音和也。

前两例为错字之例。例(1)"崩"当为"萠"之误。例(2)"憇"当为"憩"之误。后两例为脱字之例。例(3)"则"下脱"娘"字。例(4)"与"下脱"匹"字。

其次再看条目倒次之例。如《易·屯》"阇"条当在"厄"条之前,而唐本却误倒在"厄"条之后。(2,3上,8)《诗·载驱》"薄薄"条当在"簟、鞗"两条之前,而唐本却误倒在"簟、鞗"两条之后。(5,28下,7—8)

以上两类误例很多,不必枚举。如果说法氏本人也可有偶疏之处,但错、倒之例,如此层出,则必不可能。因而可以断言唐本定是个移录本,错伪之处,乃抄手所为。至于唐本所据是法氏原稿,还是移录本,则一时难以确定。

法氏这部校记有可能是个未定稿,有少数校文透露了这一迹象,请看例子:

(1)跙,缺氏反。(6,22上,11)法云:毛居正云:"缺氏反误,当作抉蘂反。"伟案毛意因跙合口,氏开口也。当通校再核。

(2)委,于鬼反。(21,8上,3)法云:于鬼二字殆并误,再考。当依《释草音义》於诡反。《庄二十八年》音於鬼反,於字尚不误。

(3)懦,乃乱反,又奴卧反。(12,20上,3)法云:乃乱、奴卧二音,字当作愞。案此详段氏《说文注》心部,当据录入。

(4)说,刘诗悦反。(12,20上,3)法云:悦疑锐误。非误也,详《士昏礼》。

(5)殺,徐所列反。(26,14下,10)法云:列当作例,卢本亦误。又案作列是也,如櫼字亦读所八、所列二切。

例(1)"通校再核",是说通校全书之后,再作核定。例(2)"再考"后面的话是再考之后的结论,"再考"二字当删,但未删,是文字未加整合的表现。例(3)"字当作愞"是据段说,但未指明,之后空一格加按语,说明当直引段说,但并未即做,是有待来日补做之意。(4)、(5)两例认为先前做的结论错了,但不加删除,而续做新的结论,对先前的结论加以更正。以上这些例子似乎都表明法氏校记并非最后的定稿,至少有少数地方还有待于重校或文字上的修整。《增修胶志》所谓法氏"一生撰述皆未就"的说法[5]与《释文》校记的上述情况正好可以相印证。

校记原写于《释文》书眉之上,所以每条校语之前都没有引述《释文》被校文字。今既另纸录出,为了便于阅读,于每条校文之前,均加录《释文》被校文字,并注明通志堂本《释文》卷、页、行数,以便检核。唐本时有误字,为谨慎计,暂时不加改动,但在误字后括注校语。书名姑定为《法伟堂经典释文校记遗稿》。本文所据就是这个编校本。

二

法氏校勘《释文》的贡献最突出地表现在对字音的校订方面。罗常培先生的《法伟堂校本经典释文跋》一文已经指出了这一点,并用全文对之作了较详细的论述。本文作为罗文的后续、补充和修正,重点当然也是在阐明法氏在校音方面的成就,只是在末了才稍稍涉及其他方面。

《清史稿》说法氏"精研音韵之学",《增修胶志》也说他"专精古今音韵"。从法氏对《释文》的校勘来看,这绝非虚言。法氏校勘《释文》所以能在校音上超越前人,关键就在于他通晓音韵,可以说是一个很出色的音韵学家。他校音的贡献很多,概括起来主要有下列几项。

1. 校正字音

法氏深通《广韵》音系,他校订字音基本上以《广韵》为依据。试略举数例。

(1) 抚,方武反。(3,7上,1)法云:方乃芳之误。

(2) 㲃臼,初亮反,下其九反。(30,10上,9—10)法云:初疑刱之讹。

(3) 巽,孙问反。(2,22下,1)法云:问乃冈之讹。

(4) 攫,华化反,徐户覆反。(4,14下,4)法云:《周礼·兽人释文》攫,华霸反。然则此覆乃霸之讹。《集韵》收徐读于屋部,则讹已久矣。

(5) 穉,音雉。(7,32上,1)法云:《广韵》穉去声,雉上声,当作稚。以稚音释(引者按释误,当作穉),前已屡见。

(6) 纣,直又反。(2,29下,10)法云:又盖久之误。《广韵》纣不读去声。

例(1)、(2)是校正声母,例(3)、(4)是校正韵母,例(5)、(6)是校正声调。虽然明白征引《广韵》的只有例(5)、(6)两个例子,实际上其他各例也都是依据《广韵》定音的。除了《广韵》的依据之外,还有字形相近也是旁证。至于例(2)有北京图书馆所藏宋本[6]为证,例(4)、(5)有《释文》本身的证据,其正确性就更毋庸置疑了。例(4)的"覆",段玉裁校作"覈",虽也形近,但《释文》、《广韵》甚至《集韵》均无其音,而且"户"与"覆"都是匣母字,上下字同声亦属罕见,其可信度就远不及法说了。

2. 辨明音类

法氏不仅注意校正《释文》的单音字,而且还留意陆氏音系的音类特点。在与《广韵》音系比较的基础上,他揭示了陆氏音系与《广韵》音系的一些异同情况。

先说法氏对陆氏声母与《广韵》声母的一些相同特点的认定。我们不妨从唇音声母说起。《广韵》轻重唇音声母不分,这是大家都知道的。法氏深谙《广韵》音系,在对比之下,他认为陆氏音系的轻重唇音也没有分化。请看下面的例证。

(1) 被,皮寄反,徐扶义反。(3,3上,1)法云:皮寄与扶义同,易徐者,改类隔为音和也。

(2) 薄,蒲各反,徐又扶各反。(4,6下,4)法云:扶各即蒲各,又字衍文也。此亦改类隔为音和也。

(3) 摈,必刃反,刘方刃反。(10,1下,5)法云:方刃与必刃同。

(4) 貔,音毗,一音房私反。(8,14上,2)法云:房私即音毗,不得为异读。

从这些例子可以看出,法氏所强调的重点是在类隔切与音和切的等同上,第(4)例则最为明显。这也就是说,法氏认为类隔和音和只是用字上的不同,所切之音并没有什么两样。可见法氏认为陆氏音系中轻重唇音仍然合为一体,并没有发生分化。法氏的这一看法跟我的研究结论正好相合。[7]不过罗先生对此持不同的观点。他举了上列的例(1),认为法氏指出了陆氏把类隔切改成音和切,是法氏看出了轻重唇音徐氏时仍然合一,到陆氏时发生了分化的证明。不用说这是一个误解。一是忽略了法氏这类校例中的第一句话的含义,二是没有注意到上列第(4)例那样的例子。当然,在法氏说到陆氏改类隔为音和时,不免含有音和切在用字上优于类隔切之意。这就有点自相矛盾了。既然陆氏轻重唇不分,何来音和在用字上优于类隔的问题。法氏所以那样说,显然是把后来的音变因素掺入所致,是他对类隔跟音和的实质没有理解透彻的缘故。

唇音还有一个问题,就是它与开合口的关系问题。唇音不分开合差不多是中古反切的普遍现象,陆氏反切当然也不例外。但早期音韵学者认识到这一点的并不多。陈澧,甚至高本汉往往因为不了解唇音的这一特点而弄乱了开合的界限。法氏却注意到了这一问题,这是十分值得称赞的。请看例子:

(1)铉,玄典反,徐又古玄反,又古冥反,一音古萤反。马云:"铉,杠鼎而举之也。"(2,19下,10—11)法云:古萤与古冥同。《广韵》作古萤,盖嫌古冥为不切,故以萤易之,实则唇音不分开合也。

(2)苡,履二反,又律祕反。(2,14上,10)法云:履二反开口也,律祕反合口也,即他处所谓音利又音类也。

例(1)认为唇音"冥"字切出的是合口字,例(2)认为唇音"祕"字切出的也是合口字,从而作出了正确的判断,认为"古冥"等于"古萤反","律祕反"等于"音类"。虽然批评《广韵》有点儿多余。

跟唇音问题类似的还有舌音,即端类和知类的关系问题。在这个问题上,法氏的看法也是正确的。他看出陆氏反切端、知两组声母也存在着音和切和类隔切,并肯定了两者的同一性。请看例子:

(1) 窒,珍栗反,徐得悉反。(2,16上,6)法云:珍栗与得悉同,易徐者,改类隔为音和也。

(2)绨,丁里反。刘本作希,张里反。(10,21上,10)法云:丁、张同纽。

(3)䙌,音牒,一特猎反。(10,26下,11—27上,1)法云:一盖又之讹,否则下脱音字。特猎类隔也,即《广韵》直葉。

(4)挚,张执反,又丁立反。(15,26上,6)法云:丁立即张执之类隔,并非异读,疑有误字。

(5)脱,勒括反。(18,2下,8)法云:勒括卢改吐括。伟案,此类隔也,本书甚多,何独改此?

与前文唇音一样,虽然各例所用的词句不同,但所强调的都是类隔切与音和切没有区别。这也就是说,在法氏的心目中,陆氏端、知两组声母并没有分化。这也跟我们对陆氏音切研究的结论完全一致。[8]

法氏的认识也有一点不太准确的地方,这就是他判定陆氏日母也与泥娘混一。请看例子:

(1)女于,上而据反。(3,4上,3)法云:《广韵》尼据切,此作而,殆类隔也。

(2)呐,如悦反,徐奴劣反。(11,22下,8)法云:奴劣与如悦同。据此可知日、泥本同纽。

例(1)以日、娘为类隔,例(2)以日母与泥母同音。这是法氏提出的陆氏泥、娘不分的证据。上文已经指出陆氏端、知不分,所以他的泥、娘合一,当无问题。但日与泥混同的未见其例。例(2)的"如悦反"与"奴劣反"虽然一日,一泥,但它们一是陆氏反切,一是徐氏反切,不能把它们作为陆氏一字两切的证明。日、娘相混的例子除上列例(1)外,尚有几例:

(1)襦,女俱反。(9,5下,3)

(2)挠,音扰,(12,25上,6)而小反。(13,2下,3;27,2下,1;10上,4;12下,2)

(3)纴(或作䋟),女今反;(5,6下,7;7,22上,11;8,10下,3;12,19上,3;17,8上,5)女今反。(11,29下,5)

前文例(1)"而据反"的"而"字是泥母"恧"字之误,有众多版本为证,见黄焯《经典释文汇校》[9],法氏失校。此处例(1)"女俱反"的女字,据法校是"汝"字之讹。法云:"女盖汝之误,俱部无女纽也。十虞'襦,汝朱切,一曰细密网'。是其所据本尚未误。《群经音辨》亦无异读。"按"一曰细密网"是《集韵》"繻"字的注解,法氏误引。不过其说似可信。只是襦字陆氏有作"如朱反"(10,11上,9)的,则"女"字也有可能是"如"字之误。不论是"汝"还是"如",都是日母字,都不是日、娘混同的证据。例(2),"音扰"的"扰",法氏认为是错字。不过"挠"仍有四次作"而小反",可见它确有日母音,"扰"未必就是错字了。这样日、娘混切只集中在"挠、纴"二字上。"挠"另有乃卯反(17,12下,7)、"乃教反"(9,23下,3—4)、"乃孝反"(28,10下,1)等泥母(就陆氏说,也就是娘母)音,它的日母大概是又读,只有纴(或䋟)只读日母,不读娘母。这显然都是个别字的音变,与声母混并无关。可见法氏认为陆氏日与泥、娘无别的看法是不可信的。

《广韵》匣和喻三(于),一般都归为一个声母。法氏看出陆氏音系也是这样。例如:

(1) 鸮,户骄反。(6,2上,7)法云:户骄卢改于骄,不必,因匣、于同纽也。

(2) 熊,乎弓反。(11,33上,8)法云:乎卢依《斯干》音改于,是也。然本书乎、于亦互用。

中古匣于合一,今人确知甚晚。法氏能揭其秘实属难得之至。此外,法氏还指出喻四也与匣、于有牵连。例如:

(1) 唯,于癸反。应辞也,注同。徐于比反,沈以水反。(11,3上,8)法云:唯字《广韵》同沈音。此匣、喻之变。

(2) 䳒,户橘反,阮孝绪于密反,顾野王馀橘反。(7,30上,2)法云:户橘、于密分两类也。旧读匣纽,顾读喻纽,此匣喻之混。据此知馀纽即匣纽之讹。荣,永兵切,即此之于密也。营,馀倾切,即此之户橘、馀橘也。

例(1)确是陆氏混匣入喻之例,例(2)是顾氏相混,与陆氏无关。陆氏只有少数匣喻混例不足证匣喻之合。[10]法说不够准确。

其次,再说法氏对陆氏音系与《广韵》音系在韵母方面的一些共同特点的辨认。在这方面最值得称许的要算是对重纽的揭示了。这一点罗文已经论及。这里想补充两点。第一,陆氏所揭示的重纽不仅是《广韵》里所收有的,而且也包括《广韵》里未收,但见于《集韵》的。比如:

(1) 繘,音橘,徐又居密反。(2,18下,8)法云:音橘与居密反喉音分二类,徐氏已然。今《广韵》质、术二部均居密一切。

(2) 佶,其乙反,又其吉反。(6,14下,9)法云:佶音质部分二部。

例(1)"繘"《广韵》只有四等"居聿切",三等无字。而《集韵》三等则收有"厥律切",与四等"橘,决律切"形成一对重纽,正与法氏之说法相合。例(2)"佶"的"其乙反"等于《广韵》的"巨乙切",是三等。《广韵》四等无音,而《集韵》则有"佶,其吉切",是四等,与三等"极乙切"形成一对重纽,也与法氏之说相合。这说明了法氏在揭示重纽方面所达到的广度。

第二,陈澧用系联法区分出不少《广韵》的重纽,但他对重纽的整体特征却并无明确的认识。法氏不仅揭示了重纽的对立,而且认识到重纽的某些整体的规律性特征,也就是它与某些声母的特定关系。在上列的例(1)里,他指出了重纽与喉音声母的关系。他所谓的喉音显然是包括牙音在内,所以实际上也就是指出重纽与牙喉音声母的联系。请再看下面的例子:

(1) 芘,必利反,又悲备反。(2,9下,9)法云:必利、悲备至部重唇分两类,与《广韵》合。后仿此。

(2) 庀,必寐反,又音秘。(7,15下,10)法云:庀二音至部唇音分两类也。

这里又指出了重纽与唇音的关系,肯定它是在唇音范围内出现的小韵对立。例(1)并指出是在重唇韵里出现的小韵对立。从而又把后来变轻唇的一些韵也排除了出去。由此可见,法氏对重纽的整体特征,也就是重纽出现的声母和韵母条件已有了一个初步认识,较之陈澧迈出了很大一步。

罗先生认为法氏把重纽"误为依声而分"。这实在也是一个误解。从上文所举的"佶、芘、庀"三个例子来看,法氏都依次指明是质部和至部各分两类。法氏这里的所谓部,就是韵。所谓质部、至部各分两类就是指质韵、至韵各分两类的意思。至于"芘、庀"二例所提到的唇音或重唇音分两类,我们上文已经说明,那是指质、至两韵中的唇音字各分为两类说的,其中绝不包含单纯的依声分类的意思。有了这个了解之后,再遇到那些只提声母,省提韵母,或未明言韵母,如上列"缡"字那类的例子,就不会产生误解了。

也有个别不是重纽而法氏误认为重纽的,例如:

罶,眉谨反,徐亡巾反,一音闵。(4,10上,4—15)法云:《广韵》罶,闵收轸,谨收隐。隐部无唇音,若陆收谨于轸,则不得云一音闵矣。殆轸部唇音分二类欤? 以徐亡巾反证之,知轸部唇音分二类,故陆收谨于轸也。

陆德明真殷(包括上、去、入)混一。这里法氏认为隐韵的谨陆氏收轸是不错的。但认为谨字入轸后,眉谨反与一音闵就构成了一对重纽,就缺乏根据了。罶与闵《广韵》同音,都是重纽三等字。"谨"作为纯三等韵字,并入轸韵之后,其所切之字也都不是四等。[11]因而罶与闵不可能形成三四等对立的一对重纽。法氏仅以同音不能重出为理由,断定两音为重纽,实际上是站不住的。[12]只是这类误认的例子不多,并不足以影响他在重纽问题上的贡献。

除了重纽之外,法氏对陆氏其他一些韵类的分立,也作了很多辨析,特别是对那些早期分立、后来混并的韵类,如重韵、三四等韵之类的辨析尤多。例如:

(1) 阖,胡腊反,又音合。(12,28上,2)法云:阖二音盍,合分部。
(2) 紫,仕佳、巢谐二反。(24,13上,4)法云:仕佳、巢谐,此佳、谐分部。
(3) 栈,士板反,刘才产反。(8,18上,2)法云:栈二音潸、产分部。
(4) 卷,九转反,刘居远反。(10,12上,8)法云:卷二音狝、阮分部。
(5) 捄,音虬,又其牛反。(6,26上,4)法云:捄音幽、尤分部。
(6) 燎,力召反,又力吊反。(8,11上,4)法云:燎二音笑、啸分部。
(7) 菁,音精,又子形反。(5,16上,11)法云:菁音清、青分部。
(8) 稍,所教反,旧疏诏反。(9,20下,2)法云:稍二音效、笑分部。
(9) 盉,音咨,刘祖稽反。(8,11上,8)法云:盉二音脂、齐分部。

例(1)是一等重韵分立。例(2)、(3)是二等重韵分立。例(4)、(5)是三等重韵分立。例(6)、(7)是三、四等韵分立。例(8)是二、三等韵分立。例(9)是跨摄三、四等韵分立。后两例只偶见,不如其他各例频出。根据我们对陆氏韵系分并情况的研究,以上各例法氏的辨析都是正确的。不过法氏辨析所依据的只是他所认定的《释文》注音的一个条例,这就是一字之下的反切不会同音重出。前文已经说过这一条例与事实并不十分相符,因而他的辨析有时就难免有不正确之处。例如:

(1) 鸧,初衡反,刘初耕反。(8,30 上,8)法云:鸧二音庚、耕分部。

(2) 儳,徐仕鉴反,又苍鉴反,又苍陷反。(11,4 上,2)法云:苍鉴、苍陷,鑑、陷分部。

不论是庚、耕,还是鑑、陷,陆氏都已混并,法说显然非是。当然《释文》中同音重出现象,究属少数,所以法氏辨析正确之处,仍占主要地位。

以上说的是法氏在辨明陆氏音系和《广韵》音系共同特点的贡献,下面再说他在辨明陆氏音系和《广韵》音系不同特点方面的贡献。

法氏很注意陆氏在音系上与《广韵》的一些相异之处。在声母方面他发现陆氏从、邪混一,禅、船不分。在韵母方面他发现陆氏之、脂合并,臻、真不分。这些罗先生都已作了论述,这里无须再赘述。我们想补充几点:

第一,法氏所揭示的只是陆氏混并例证比较多,比较容易肯定其混并的那些音类,对混例相对较少,觉得没有把握的,他只就具体混例指出其与《广韵》的差别,而不概括为两个韵类的混并。如脂、之与支,真之与殷,耕之与庚二等,清之与庚三等,咸之与衔等,陆氏也都已经混并,而法氏均未予以指出。例如:

(1) 脂,音支。(6,24 下,8)法云:脂、支不同部。

(2) 祁,巨移反。(6,30 上,11)法云:祁、移不同部。

(3) 慭,於巾反,樊光於谨反。(7,16 上,5—6)法云:慭、巾《广韵》不同韵。此读平声於巾,上声於谨,知陆以巾、谨、靳为同类矣。

(4) 芹,其巾反。(7,30 下,10)法云:芹、巾不同部。

(5) 鲭,色耿反。(12,22 上,6)法云:《广韵》鲭、耿不同部。

(6) 核,幸格反。(26,14 下,7)法云:《广韵》核收麦,格收陌。

(7) 省,色领反。(5,29 下,8)法云:《广韵》省、领不同部。

(8) 炳,兵领反。(2,19 上,11)法云:《广韵》炳收梗,领收静。

(9) 监,工陷反。(4,6 下,3)法云:《广韵》监、陷不同部。

(10) 夹,音甲。(9,5 下,1)法云:《广韵》夹、甲不同音。

例(1)、(2)是支与脂相混,例(3)、(4)是真与殷相混,例(5)、(6)是耕与庚二等相混,例(7)、(8)是清与庚三等相混,例(9)、(10)是咸与衔相混。在法氏没有掌握上列各相关之韵互混的全面资料的情况下,只指出具体例子的相混,而不归结为韵类的不同,虽欠确切,但也显示了法氏态度的谨慎。

法氏只偶有把反映陆氏音变的混切误认为错切的现象。例如:

(1) 牧音木。(11,23 下,5)法云:木当作目。

(2) 缪音木。(12,27 上,3)法云:木当作穆或目,见《春官·女巫》及《檀弓》。

"牧"和"穆"都是东三等入声字,"木"是东一等入声字,两者互音,法氏都误认为是错音。其实陆氏东三等明母字已经并入了一等,因而一、三等之间屡有互切,法氏把它们都看成是错切,当然是不妥当的。[13]不过东三明母字变入一等是一个比较细微的变化,法氏没有看出来,也是情有可原的。

第二,法氏有关音义方面的知识面比较广,有时还旁及《释文》以外的一些音义体系,用来论证陆氏音注与《广韵》音类分合的长短。例如:

蓁,侧巾反。(5,4上,11)法云:《广韵》蓁、巾不同部,此与质并入栉同。《广韵》分臻、栉,音义家多不从。

这里不仅指出陆氏臻、真(质、栉)不分,与《广韵》有别,而且还指出音义家在这一点上大多都与《广韵》不同,也就是指明臻、真不分是一个比较普遍的现象。法氏的这一说法与音义界的事实基本相合,请参看拙著《切韵研究》[14]。

第三,法氏不仅揭示陆氏的音韵特点,有时还察及陆氏以前的吕忱、徐邈、沈重等人的一些音韵特点。例如:

(1) 剡,以冉反,《字林》才冉反。(10,19上,2)法云:剡《字林》音才冉,是吕氏亦从邪不分也。

(2) 讼,如字,徐取韵音才容反。(5,7下,5—6)法云:讼徐读从纽,与《易·讼卦》同,从、邪不分也。

(3) 榛,侧巾反,木名。《字林》云:"仕巾反,木丛生(引者按"生"原脱,据王筠校补)也。"古本又作亲,(引者按亲误,当据卢校改亲),音庄巾反,云似梓,实如小栗也。(11,11上,9)法云:榛、巾不同部,《字林》盖亦并臻于真也。

(4) 殷,於巾反,沈於文反。(5,14上,4)法云:巾疑斤之讹。《广韵》殷、文各部,故易沈,沈盖不分二部也。

前两例指出吕忱、徐邈声母从、邪的混并,后两例指出吕忱韵母臻与真,沈重韵母殷与文的混并。这说明法氏对《释文》中陆氏以外各家音注的声韵类别也给予了同样的关注。可惜的是这类混并的例证较少,有的甚至只有孤例,法氏的结论不一定都很准确。

第四,前文我们已经指出,法氏校勘音切是以《广韵》为依据的,校勘音类当然也不例外。因此当他在指出陆氏或其前各家反切音系与《广韵》的差别时,往往对差异持批评态度。例如:

(1) 瘁,似醉反。(5,22下,2)法云:似误。此从、邪之混。

(2) 鲋,才吕反。(5,28下,5—6)法云,鲋《采绿篇》音叙,是也。吕氏于从、邪二纽多混。

(3) 讼,才用反。(2,4上,4)法云:讼音才用,误,《广韵》似用切。

例(1)、(3)直言陆氏之误,例(2)以肯定读邪母为是,反证从母为非。这说明法氏以《广韵》音系为标准音系的观点。

3. 以等韵正切

法氏对等韵也很熟习,对韵等在反切上下字配搭方面的影响也很清楚。尤其是在洪与细,也就是一、二、四等对三等的配搭方面,更加注意。他往往对《释文》中配搭不太理想的反切提出批评。例如：

(1) 车，王肃刚除反，蜀才作舆。(2,6下,1)法云：刚除反以三等字而用一等字双声，亦音例之疏。

(2) 写，戚如字，刘伤故反。(8,20下,10)法云：伤故不成音。此亦音律当(引者按当字误，应作尚)疏时之切也。

例(1)"刚除反"上字一等，下字三等，例(2)"伤故反"上字三等，下字一等，都不符合中古反切三等多切三等、一二四等多切一二四等的一般倾向，法氏的批评无疑是正确的。有时他也根据反切的这一倾向，对《释文》反切进行校勘。例如：

(1) 赫，虚格反。(5,13下,5)法云：虚疑虎。

(2) 浑，音魂，又胡困、胡昆二反。(3,10上,3—4)法云：困乃困之误，胡困不能成切。

例(1)切上字"虚"三等，切下字"格"二等，两字洪细不同类，法氏以为不合常例，怀疑"虚"是"虎"字之误。"虎"是一等，与"格"同属洪音。由于"虚"与"虎"字形也相似，所以法氏的怀疑是有道理的。再加《释文》他处"赫"有作"虎格反"(7,6上,1)的例子，"虎"错成"虚"就更有可能了。不过"赫"他处还有作"许百反"(6,19上,5;14,8上,7;18上,8)和"许白反"(7,17上,1)的，显然不能说4个"许"字都错了。由于反切的习惯性或倾向性并不等于严格的规律，不能单纯地根据它来下结论。法氏用疑字，还是很恰当的。例(2)"胡"是一等，"困"是三等，也是洪细不同类。法氏这里下了断语，认定"困"字错了，当作"困"。除了洪细不相协调，以及"困"字与"困"字形相似之外，还有一个重要理由，那就是"浑"字根本没有三等的读音。他所谓的"不成切"，大概含有这个意思。再有《释文》他处"浑"的去声又音确实都是以"困"为切下字的，如"户门反，一音胡困反"(16,2下,8)，"户昏反，又户困反"(19,1下,1;22,19上,9)。这都证明法说的正确性。利用反切洪细协调的倾向性来对《释文》反切进行校勘，不能不说这是法氏的精细处。

不过有时法氏把反切上下字洪细协调的倾向扩大了，认为反切上下字的等次都应该相同，并认为陆氏也有此认识。例如：

(1) 莽，莫荡反。王肃冥党反。(2,6上,7)法云：冥党与莫荡同者出，莽一等字，不当以四等之冥为双声也。此音例后密于前处。

(2) 虢，寡白反，徐公伯反。(4,9上,1)法云：叠出者，嫌公与虢不同等也。

这里法氏认为陆德明所以采用"莫荡"和"寡白"两切为主音，不采用"冥党"和"公伯"两切为主音，是因为考虑到前两者切上下字同等，而后两者切上下字不同等的缘故。法氏把上下字同等视为最理想的反切，否则就都是粗疏不够精密的反切，作为个人的学说，那倒是没有什么不可以的。只是他认为陆德明也持这种观点，那就缺乏根据了。我们不妨根据拙著《经典释文音系》56—61页中的反切上字表的数据，统计一下陆氏反切上下字在等次方面的配搭关系，看看实际情况究竟如何。下面是统计表，表中横列的第一行数字指切下字的等，竖列的第一列数字指切上字的等。

	一	二	三	四
1	<u>7215</u>	1767	613	1796
2	21	<u>729</u>	9	7
3	1567	1477	<u>22158</u>	817
4	427	22	612	<u>1208</u>

下加横线的是本等字互切的次数。它们各占本等切上字的百分数依次是64%、95%、85%、53%。可见虽然以本等字切的比例为大,但都有不少非本等字互切的例子,多的竟达到47%,连倾向性都不明显了。面对这样的事实,说陆德明会有意识地挑选或制造各等自切的反切,就很难令人置信了。

4. 以规避规则正切

反切上下字除上述的求协和倾向以外,还有一些习惯上的规避因素。比如切上字与切下字不宜同纽,不宜同韵,切上字与被切字不宜同音;切上下字均不宜用多音字等。法氏有时也利用这些因素校正《释文》反切。例如:

（1）霏,芳菲反。（6,11下,7）法云:菲乃非之误,芳、菲同纽不成切也。

（2）簿,步故反。（8,10上,4）法云:故乃古之讹。《序官》音步古反,云后簿书皆同。此亦簿书也,不当独异。故字去声,若簿读去声,则与步同音,不得以步故作反语也。

例（1）切上下字同纽,且菲与非又形近,例（2）切上下字同音,又有《释文》的本证,法氏对它们的校正应该说是可信的。须要注意的是,这类回避规则虽较上述求协和倾向要严格得多,但由于违背它们的反切,并不违反反切上字取声、下字取韵和调的基本规则,造反切的人偶有逾越,造出这样的反切还是有可能的。因而如无其他证据,单凭这类违规现象,就确定其为误切,说服力就不够强了。法氏在这方面有时也有考虑不周之处。例如:

（1）朊,火吴反,依注音况甫反,刘呼孤反。（10,37下,11）法云:呼、孤同部,不可为切纽,二字必有一讹。

（2）巾,如字,刘居近反。（10,4上,9）法云:近有上去二读,且与巾不同部,疑觐之误,见《考工记·春官·序官》及《大射仪》。

两例的违规在于例（1）切上下字同韵,例（2）切下字为多音字。由于陆氏殷、真两系混一,例（2）所谓"近、巾"不同部的理由不能成立。这样,法氏认定两例都有错字,依据就只有违规这一项理由了,结论的可靠性自然要让人怀疑。就以例（2）来说吧,《王三》隐韵脪小韵作"兴近反",切下字就用了"近"字。《释文·公羊·僖二十二年》"陈,直近反"（21,17上,8）[15]、《穀梁·襄公二十四年》"馑,音近"也都用"近"字作音。从道理讲,反切用多音字,读者容易拼错,是不理想,但造反切的人偶未顾及,显然也不能完全予以排除。

5. 以古音论切

法氏还颇知古音,有时从古今音变的角度评论或校正反切。例如:

(1) 剡，以冉反。《字林》云："锐也，因冉反。"(2,28下,3)法云：此与《玉藻音义》因冉反并囚冉之讹。《聘礼》引徐邈才冉反，古从、邪二纽互通，故《字林》囚冉也。喻、邪最近，影则远矣。况他处亦无用因字为纽者。

(2) 牝，频忍反，徐邈扶忍反，又扶死反。(2,2上,8)法云：扶忍与频忍同，一类隔，一音和也。此改类隔为音和之例，后仿此。扶死反与古韵合。

(3) 勖，凶玉反，徐又况目反。(5,10下,7—8)法云：勖，徐音合古韵。

例(1)以从、邪二母古多相通，喻、邪最近证"囚冉"之是，"因冉"之非。法氏的这个看法，大致是正确的。例(2)、(3)是从韵部的角度，指明古今的异同。从谐声看，法氏的看法也是有道理的。即"牝"古韵当在脂部，"勖"古韵当在沃部。不过法氏的有些判断，由于没有说明理由，说服力似乎不强。例如：

(1) 驿，息营反，《字林》许营反。(6,29上,7)法云：驿《字林》音是也。读心纽乃心（引者按心误，当作音）之变。

(2) 车，音居。《释名》云："古者声如居，所以居人也。今曰车，声近舍，车，舍也。"韦昭《辩〈释名〉》云："古皆尺遮反，从汉始有音居。"(2,4上,2)法云：案韦说非也。车古只读如居，其尺遮反者乃舆之音变，非车之古音也。

例(1)驿字的古音归部历来有两种意见，一说归耕部，一说归真部。依前者驿是会意字，依后者驿是形声字。若归耕部，因《广韵》宕、曾、梗三摄舌齿音没有合口字，说不规则的"息营反"是后起的，还有一定的道理。若归真部，心母应该说就是驿字原来的声母，说它比晓母读后起就难以服人了。例(2)车字的两读都属于古鱼部，孰古孰今，一时难作决断，法氏之说，只能作为一家之言而已。

三

除了校音，在校正字形、字义、衍文、脱文等方面，法氏也做出了不少成绩。现各举一两个例子：

(1) 濈，本又作㰷(6,18下,6)法云：卢云："宋本㰷作湒。"阮云："小字本亦作湒，《集韵》二十六缉载濈、湒二形可证。"伟案，《集韵》出濈、湒二文云："《说文》和也，或省。"下出㰷、䶒二文云："角多貌，或从戢。"此㰷字正本此诗《释文》。阮氏见彼而未见此，何也？

(2) 短罷，皮买反，字或作矲，音同。桂林之间谓人短为矲矮，矮音古买反。(8,30上,9)法云：阮云："叶本、余本、十行本皆作矲雉，雉音苦买反。当据以订正。《集韵》十三骇雉字注云，桂林云矮，所据《释文》未误也。"伟案，陆此语本于《方言》。《方言》云："桂林之中谓短矲。"郭注"矲（引者按矲前脱言字，当补）䨋也"。《广韵》亦云："矲䨋，短也。"字从皆声，读苦买反。毫无疑义，自《释文》讹䨋为雉，《集韵》遂因之，阮氏反谓未误。抑何失考？且《集韵》雉下明有䨋字，阮亦不引，何也？至段氏遂谓此雉从佳声，与从矢佳声之字不同。扪烛揣籥，更无足辨。

(3) 腆,马云"至也。"(4,4下,10)法云:案《疏》引王肃腆训主,是也。此至字疑即主之讹。

(4) 诘,马云:"实也。"(4,10上,9)法云:案,诘无实训,实疑责之误。阮刻《注疏》本作宾更误。

(5) 威,《说文》云:"从火戌声,火死于戌,阳气至戌而尽。"(6,20下,5—6)法云:据"火死于戌"云云,则戌下声字衍也。

(6) 涅,乃结反,《说文》云,谓黑土在木(引者按木误,当作水)中者也。(24,19上,10)法云:谓字疑衍。

(7) 秣,《说文》云:"食马谷也。"(5,5上,6)法云:《说文》作秣不作秣。此当依《左僖三十三年音义》下补"作秣"二字。

(8) 狙,七馀反。司马云:"狙一名猵犿。"(26,9下,4)法云:司马注不单解猵字,则以猵狙为一物,与崔向同。"司马云"下盖脱猵字。

例(1)、(2)校正字误,例(3)、(4)校正字义,例(5)、(6)校正衍文,例(7)、(8)校正脱字。这些校正基本上都正确。纵或不然,也不失为一家之言。不过与校音切之例相比,校文字之例数目要少得多。这是法氏发挥其音韵特长的自然结果,倒是不足为奇的。

据上所述,可知不论是校正字音,还是校正文字,法氏都作出了重要贡献,而校音方面的贡献则更为突出。这主要表现在两个方面,一是补前人的漏校,二是正前人的误校。至于他对陆氏音系辨析上的卓见对我们今天研究陆氏音系还具有很好的启发作用,这就更为难得了。可以说,法氏的校记不仅可以补清人的不足,也可以匡今人的不逮。

由于法氏的这部校记一直没有被刊出,虽然半个世纪以前罗常培先生就撰文作了推介,但至今世人知之者仍然甚少。今为此文,进一步着重表其佳处,希望能引起学术界的重视。

附 注

[1]生卒年据"中国家谱网"。
[2]中华书局,1977,13305页。
[3]《清代人物·文苑》,1931,卷二十四《人物志》第四。
[4]《图书季刊》第四期,1936。下引罗说同此。
[5]法氏有《山左访碑录》一书行世,是其友罗正均于法氏逝世后两年,即宣统元年(1909)付石印行的。(见罗氏《山左访碑录跋》)《胶志》谓其撰述"皆未就",似欠准确。
[6]上海古籍出版社影印,1984。
[7]详邵荣芬《经典释文音系》(以下简称《音系》),学海出版社,1995,67—83。
[8]详《音系》,91—101。
[9]中华书局,1980。下引黄说同此。
[10]详《音系》,114—117。
[11]详《音系》,128、174—180。

[12] 详《音系》,19—50。

[13] 详《音系》,136—143。

[14] 中国社会科学出版社,1982,82—83。

[15] 黄焯《经典释文汇校》认为㶞、震不同部,近当依余仁仲本作靓。(190页)今按陆氏㶞已并入震,又北图藏宋本也作近,不作靓,黄说未必是。

近代汉语和晚唐五代官话

美国康奈尔大学　梅祖麟

一　前言

吕叔湘先生在《近代汉语读本》的序(1983)里先肯定了"把五四时期定为现代汉语开始的时期是合理的"。然后把五四时期以前的语言分成古代汉语和近代汉语两个时期。他说：

> 尽管从汉魏到隋唐都有夹杂一些口语成分的文字，但是用当时口语做基础，而或多或少搀杂些文言成分的作品是直到晚唐五代才开始出现的（如禅宗语录和敦煌俗文学作品），因此我们建议把近代汉语的开始定在晚唐五代即第九世纪。

他还指出：

> 尽管我们说古代汉语、近代汉语、现代汉语，我们却不认为把汉语史这样平分为三段是适当的。我们的看法是，现代汉语只是近代汉语的一个阶段，它的语法是近代汉语的语法，它的常用词汇是近代汉语的常用词汇，只是在这个基础上加以发展而已。

本文的目的是从历史方言学的观点来支持并引申吕先生的看法。下面打算说明三点。
第一，有两个现代官话方言充分而必要的条件[1]：
（甲）第三人称用"他"。
（乙）全浊上变去，次浊上不变去。
第二，晚唐五代以洛阳话、长安话为标准的北方话符合（甲）、（乙）这两个条件；敦煌变文、禅宗语录、慧琳《一切经音义》等晚唐五代文献反映的就是这种北方话。因此，近代汉语的开始就是官话方言的开始。
第三，这样，我们就可以把吕先生给汉语作的分期跟历史方言学的分期联系起来：

近代汉语＝第九世纪到现在的官话一系的方言
近代汉语的上限＝晚唐五代的北方话＝晚唐五代官话
现代汉语＝普通话＝以北京官话为标准的共同语

二 第三人称是"他"

2.1 第三人称用"他"是现代官话方言充分而必要的条件。参看本文附录中抄录的《汉语方言词汇》549页,可见北京、济南、西安、太原、武汉、合肥、扬州等官话方言第三人称一律用"他",而且非官话方言都不用"他"。温州、南昌、梅县、广州、阳江、建瓯用"渠",福州、厦门、潮州用"伊",苏州用"俚[倱]"、"唔倱"。至于长沙、双峰的"他"字,乍一看像是例外,其实不然。第三人称湘语城步用 ^{c}tɕi,祁阳用 ^{c}hi,常宁 ^{c}ki,桂东 ^{c}kɯ,凤凰 ki $_\supset$,都还保留湘语原来的特点。(罗杰瑞,1995:183;杨时逢,1974:1395—1397)长沙、双峰用"他"是受了官话的影响。

2.2 第三人称用"他"也是汉语史分期的标准之一。吕叔湘先生 *The Third Person Pronouns* (1940)和《近代汉语指代词》(1985)说明:(1)上古汉语的"之"、"其"、"彼"都不是人称代词,上古根本没有第三人称代词。(2)魏晋南北朝有"伊"和"渠":

羊邓是世婚,江家我顾伊,庾家伊顾我。(世说 3.8)

我就伊无所求……我实亦无可与伊者。(又 6.13)

女婿昨来,必是渠所窃。(吴志 18,赵达)

无奈人心复有忆,今暝将渠共不眠。(庾子山集 6.4)

但这两个第三人称代词都不是近代汉语"他"字的来源。(3)"他"字在初唐开始从别称转为第三人称,于是近代汉语(以及现代汉语)就有了新兴的第三人称代词。

据郭锡良(1980)、吴福祥(1996:22)的研究,"他"字从别称转为第三人称这个演变始于初唐,完成于晚唐。这也就是吕先生把近代汉语的上限设在晚唐五代的原因之一。

2.3 刘知几(661—721年)《史通》卷十七"北齐书"条云:"渠们底箇,江左彼此之辞;乃若君卿,中朝汝我之义。"据吕叔湘先生(1985:102)的考证,"渠们"乃"渠伊"之误。这句应该读作:

渠、伊、底、箇,江左彼此之辞;乃若君卿,中朝汝我之义。

由此可见唐朝的北方人也知道第三人称中朝用"他",江左用"渠"、"伊"。换句话说,现代汉语方言中第三人称[官话"他"/非官话"渠"、"伊"]的对立导源于晚唐五代[中朝"他"/江左"渠"、"伊"]的对立。

三 全浊上归去,次浊上不归去

3.1 北京、济南、西安、太原、武汉、成都、合肥、扬州等官话方言都是"舅_{其九切}"、"旧_{巨救切}"同音,"买"、"卖"不同音,而且"米、瓦、两、卵、老、五、软、马、尾、冷、暖、买"等中古的次浊上声字现在仍旧说上声(《汉语方言字汇》第二版重排本,2003,218、144 页)。很明显的,"全浊上归去,次浊上不归去"是官话方言的必要条件。根据何大安(1988)的研究,"全浊上归去,次浊上不归去"也是官话方言的充分条件。

3.2 下面是官话方言声调系统的比较表。

次方言	方言点	平			上			去			入		
		清	次浊	浊	清	次浊	浊	浊	次浊	清	清	次浊	浊
北京方言	北京	阴平	阳平		上声			去声			阴平 阳平 上声 去声	去声	阳平
北方官话	济南	阴平	阳平		上声			去声			阴平	去声	阳平
胶辽官话	青岛	阴平	阳平		上声			去声			上声	去声	阳平
中原官话	西安	阴平	阳平		上声			去声			阴平		阳平
兰银官话	兰州	阴平	阳平		上声			去声			上声		阳平
兰银官话	银川	平声			上声			去声					
西南官话	成都	阴平	阳平		上声			去声			阳平		
江淮官话	扬州	阴平	阳平		上声			去声			入声		
江淮官话	南京	阴平	阳平		上声			去声			入声		
晋语	太原	平声			上声			去声			阴入		阳入
晋语	大同	阴平	阳平		上声			去声			入声		
共同官话		阴平	阳平		上声			去声			入声		

拟构出来的共同官话的声调系统是个五调制。它的特点是:

(甲)平分阴阳,而且次浊跟着全浊走,变为阳平。

(乙)全浊上变去,次浊上不变去。

(丙)去声不分阴阳。

(丁)入声不分阴阳。[2]

日本僧人安然《悉昙藏》作于日本元庆四年(公元 880 年),相当唐代僖宗广明元年。《悉昙藏》卷五(《大正藏》卷八十四,四一四页)"表则平声直低"以下描写的就是五调制。

> 我日本元传二音:表则平声直低,有轻有重,上声直昂,有轻无重,去声稍引,无轻无重,入声径止,无内无外。平中怒声与重无别,上中重音与去不分。
>
> 金则声势低昂与表不殊,但以上声之重稍似相合平声轻重,始重终轻,呼之为异。唇舌之间亦有差升。

> 承和之末,正法师来,初习洛阳,中听太原,终学长安,声势大奇。四声之中,各有轻重。平有轻重,轻亦轻重,轻之重者,金怒声也。上有轻重,轻似相合金声平轻、上轻,始平终上呼之,重似金声上重,不突呼之。去有轻重,重长轻短。入有轻重,重低轻昂。
>
> 元庆之初,聪法师来,久住长安,委搜进士,亦游南北,熟知风音。四轻皆有轻重……

上面这段记录了三个类型的声调系统:(1)五调制,(2)六调制,(3)八调制。对目前的论题来说,最重要的是安然对"五调制"的描写。

"表则平声直低"那段说:平分阴阳;"怒声"指次浊,"平中怒声与重无别"是说平分阴阳时次浊跟着全浊走。浊上变去,去声不分阴阳。至于入声,虽然文中没有明说不分阴阳,但是别处屡言"有轻有重"、"上有轻重"、"去有轻重"、"入有轻重",而此处不说,我们猜想表所传的汉音是入声不分阴阳的。

表是表信公,可能是袁晋卿之误。据饭田利行(1955)的考证,袁是位音博士,公元735年他19岁东渡日本。

据上所述,五调制的声调系统至迟在第九世纪《悉昙藏》(880年)写成时已经在北方流行。如果相信表信公即袁晋卿之说,五调制的最早形成年代还可以推到第八世纪。

3.3 跟《悉昙藏》同时代的是李涪《刊误》(895年以前)中对《切韵》浊上、浊去字所作分别的批评:

> 然吴音乖舛,不亦甚乎?上声为去,去声为上。又有字同一声,分为两韵……又恨怨之恨,则在去声,很庚之很,则在上声;又言辩之辩,则在上声,冠弁之弁,则在去声;又舅甥之舅,则在上声,故旧之旧,则在去声;又皓白之皓,则在上声,号令之号,则在去声。又以恐字恨字俱去声。今士君子於上声呼恨,去声呼恐,得不为有知之所笑乎?

何大安(1988:116)对《刊误》作了精辟的分析:

> 李涪在《刊误》中以《切韵》为"吴音乖舛",并以为"东部"(洛阳)之音最正,主要依据之一就是"浊上归去"。可见《切韵》固然分别浊上和浊去,李涪当时的"吴音"也仍然分别浊上和浊去。这也就是说,盛唐以后北方已经开始浊上归去,但是同时南方的吴音没有这种变化。

南方没有经历浊上归去的"吴音",它是什么样的声调系统?下面利用袁家骅(1960:321)记录的温州话和潮州话的声调系统来拟构一个八调制的声调系统。

方言	方言点	平		上		去		入	
		清	次浊|浊	清	次浊|浊	浊|次浊	清	清	次浊|浊
吴语	温州	阴平	阳平	阴上	阳上	阳去	阴去	阴入	阳入
闽语	潮州	阴平	阳平	阴上	阳上	阳去	阴去	阴入	阳入
江东方言		阴平	阳平	阴上	阳上	阳去	阴去	阴入	阳入

众所周知,《切韵》音系有平上去入四声,同时声母又有清、次浊、浊之别。南方八调制的形成是由于:

(甲)平上去入四声,每个声调都按清浊之别一分为二。

(乙)每个声调按清浊之别分化时,次浊都是跟全浊同步。

此外,温州话的八调制跟潮州话的八调制有个重要的区别。吴语现在还保存着全浊声母,闽语则是浊音早已清化。因此,温州话的阴平和阳平是平等的两个调位变体(allotone);它们的调值分别由清音声母和浊音声母来决定,一般是清平调值较高,浊平调值较低。同样地,阴上和阳上也是上声的两个调位异体;去声也有阴去、阳去两个调位异体;入声也有阴入、阳入两个调位异体。相反地,潮州话阴平、阳平是两个不同的调位,阴平、阳平调值之别是区别性的(distinctive),其他三声的阴阳之别也是区别性的(distinctive)——因为潮州话现在没有清浊之别可以用来做分化为阴阳的条件。

李涪时代的吴音当然是温州型的八调制。第一,《悉昙藏》记录了五调制、六调制、八调制,可见当时有不少方言已经有几个声调由于清浊之别分化为阴阳两调。第二,当时的"吴音"和"闽音",浊音还没有清化。温州型的声调系统也许可以叫做《切韵》型的"准八调制"。也就是说,它四声俱全,清浊声母俱全,在这个基础上发展下去,如果不受全浊变去的影响,就会自然而然地变成吴语、闽语的八调制。

总起来说,李涪时代"东都正音"和"吴音"的声调系统的区别是:

	平		上		去		入		
	清	次浊|浊	清	次浊|浊	浊|次浊	清	清	次浊|浊	
吴语	阴平	阳平	阴上	阳上	阳去	阴去	阴入	阳入	八调制
官话	阴平	阳平	上声		去声		入声		五调制

很清楚地,"全浊上变去,次浊上不变去"跟调类的数目有密切的关系。凡是八调制的方言,它一定没有经历浊上变去。而且,一个平分阴阳而上声不分阴阳的方言,它很可能是官话。

四 "近代汉语"这个观念的永久价值

4.1 现在从历史方言学的观点来把吕叔湘先生的话重说一遍。普通话只是官话方言的一个阶段,它的语法是晚唐五代官话的语法。比方说,晚唐五代说"昨来底后生"(祖堂集

1.152),"背后底是什摩"(祖1.171),现在说"昨天来的年轻人","背后的是什么"。晚唐五代说"见了师兄便入来"(变文集,396),现在说"见了师兄就进来"。

它的声调系统是晚唐五代官话的声调系统。比方说,李涪《刊误》和慧琳《一切经音义》(810年)说明9世纪的长安、洛阳音"舅"、"旧"同音(因为全浊上变去),"买"、"卖"不同音(因为次浊上不变去)。现代的官话方言也一律全浊上变去,次浊上不变去。晚唐五代官话据安然《悉昙藏》的记载是五调制:平分阴阳,浊上变去,去、入两声不分阴阳。现代的扬州、南京、大同等比较保守的官话方言仍是晚唐五代传下来的五调型。北京地区的官话方言在入派三声以前也是那种五调制。

它的常用词汇是晚唐五代官话的常用词汇。比方说,晚唐五代的近代汉语说"我、你、他、这、那、什麽",普通话仍然是说"我、你、他、这、那、什么"。

4.2 吕叔湘先生把五四时期以前的语言分为古代汉语和近代汉语两个时期,而且把近代汉语的开始定在晚唐五代即第九世纪。综合刘坚等(1992:1—4)、蒋绍愚(1994:1—7)、蒋冀骋(1998:182—185)的报道,语言学界跟吕叔湘先生看法不同的意见大致可以分成以下几种。

(一)吕叔湘主要是从文言和白话的消长,综合了语法和词汇标准,来划分近代汉语这一历史时期的。但是不少学者认为分期标准应该包括音韵、词汇、语法三方面。

(二)关于近代汉语的上下限,有以下种种不同的说法:(甲)从公元13世纪到19世纪为近代,(乙)近代汉语的上限不晚于隋末,下限不晚于《红楼梦》,(丙)从晚唐五代到明末清初,(丁)近代汉语的上限定在唐初,下限定在清初。

下面说一说我们对吕叔湘先生两分论的看法。

第一,如上所述,近代汉语的开始就是官话方言的开始。隋唐统一中国后,以长安、洛阳为标准的晚唐五代官话,至晚在晚唐变成全国的共同语。以后宋元明清首都[汴梁、大都、北京(京师)]都在北方,还是用宋元明清的官话来做共同语。

第二,吕先生的"近代"、"古代"之别让我们看到一种空间和时间相互对应的关系。

对应关系:官话(北)/非官话(南):近代/古代

例证一:官话(他)/非官话(伊、渠):晚唐/南北朝

例证二:官话(五调制)/非官话(《切韵》型的八调制):晚唐/南北朝

第三,最重要的是,当我们读敦煌变文或禅宗语录时,总会有个似曾相识的感觉:《庐山远公话》、《六祖坛经》里面的语言,怎么会这样像我们现在说的普通话?!"近代汉语"用个历史语言学的名词,抓住了似曾相识的那种时代感,应该是个有永久价值的概念。

附 注

[1]罗杰瑞《汉语概说》(1995),160—161页提出了十个方言区分的标准,其中有三个可以区分官话方言和非官话方言:(1)第三人称是"他"或"他"的同源词。(2)领属助词是"的"或"的"的同源词。(5)只有平

声才分阴阳。本文限于篇幅,只论证了罗氏(1)(5)这两个条件。(附录里的"他的"项跟罗氏第(2)个条件有关)罗杰瑞这种看法最初在他1969年的博士论文里提出(*The Kienyang Dialect of Fukien*. University of California,Berkeley. 11—12)。我是1967—1968年在普林斯顿大学听他说的。

[2]现代的官话方言,有些入声分阴阳(如太原),有些入派三声(如济南、青岛),有些只有一个入声(如扬州、大同)。这种官话方言的内部分歧可能是由于五调制和浊音清化交叉散播而造成的。清化早的次方言,如南京、扬州的祖语,当完成清化时,入声如果还没有分化为阴阳两调,以后就没有机会了。像太原、济南等清化比较晚的方言的祖语,当清化发生时,入声已经两分或三分,于是清化后仍然是两分或三分。换句话说,上面拟构的共同官话是个清浊声母俱全的、五调制的音系。因此它的入声仍有可能两分或三分,它的去声也仍有可能再两分。

参考文献

北京大学　　1995　《汉语方言词汇》(第二版)。
北京大学　　2003　《汉语方音字汇》(第二版重排本)。
郭锡良　　1980　《汉语第三人称代词的起源和发展》,《语言学论丛》第六辑,64—93。
何大安　　1988　《"浊上归去"与现代方言》,中研院语言历史研究所集刊,59.1:115—140。
蒋冀骋　　1998　《二十世纪的近代汉语研究》,见刘坚主编《二十世纪的中国语言学》,182—184。
蒋绍愚　　1994　《近代汉语研究概况》。
刘　坚等　　1992　《近代汉语虚词研究》。
吕叔湘　　1940/1984　*The Third Person Pronouns and Related Matters in Classical and Modern Chinese*,《华西协合大学中国文化研究所集刊》一卷二期;另见《汉语语法论文集》(增订本),38—57。
吕叔湘　　1983　《〈近代汉语读本〉序》。
吕叔湘　　1985　《近代汉语指代词》。
罗杰瑞　　1995　《汉语概说》,张惠英译。
吴福祥　　1996　《敦煌变文语法研究》。
杨时逢　　1974　《湖南方言调查报告》,见中研院历史语言研究所专刊之六十六。
袁家骅等　　1960　《汉语方言概要》。
周祖谟　　1966　《关于唐代方言中四声读法的一些资料》,见《问学集》(上册),494—500。
周祖谟　　1988　《唐五代的北方语音》,见《周祖谟语言文史论集》,207—224。
饭田利行　　1955　《日本に残存せる中国近世音の研究》(第二版),东京。

附录:《汉语方言词汇》(第二版)549、554 页

词目 方言点	他 t'a˥	他的 t'a˥ tə·
北京	①他 t'a˥ ②您 t'an˥	①他的 t'a˥ tə· ②您的 t'an˥ tə·
济南	他 t'a˥	他的 t'a˥ ti·
西安	他 t'a˩	他的 t'a˩ ti·
太原	他 t'a˩	他的 t'a˩ təʔ·
武汉	①他 t'a˥ ②他家 t'a˥ tɕia·, t'a˥ ȵia·	①他的 t'a˥ ti· ②他家的 t'a˥ tɕia· ti·, t'a˥ ȵia· ti· ③他里 t'a˥ ni·

(续表)

成都	他 tʻaˉ	他的 tʻaˉ niˉ
合肥	他 tʻa˩	他的 tʻɐ˧(tʻa˩) tə˧
扬州	他 tʻa˩	他的 tʻa˩ ti˩
苏州	①俚[徠]li˧〔nɛ˩〕 ②唔佲ŋ˧ nɛ˩	①俚[徠]格ˑli˧〔nɛ˩〕kɤʔ˩ ②唔佲格ˑŋ˧ nɛ˩ kɤʔ˩
温州	佢gei˩	佢嘅gei˩ geˑ
长沙	他 tʻaˉ	他的 tʻaˉ ti˩
双峰	他 tʻoˉ	他口tʻoˉ kɤ˩
南昌	佢tɕie˩	佢个tɕie˩ kɔˑ
梅县	佢ki˩	佢个ˑki˩ kɛ˩, kie˧ kɛ˩
广州	佢kʻøy˧	佢嘅kʻøy˧ kɛ˩
阳江	其kʻei˧	其个kʻei˧ kɔ˩
厦门	伊iˉ	伊口iˉ eə
潮州	伊i˧	伊个i˧ kaiˑ
福州	伊i˧	伊其ˑi˧ iˑ(k-)
建瓯	佢ky˩	佢个ky˩ kɛ˧

关于连动式的历史及发展的几点考虑

法国国家科学院东亚语言研究所　贝罗贝
巴黎高等社会科学院　熊慧如

本文主要探讨连动式的历史及发展,除了重新检验连动式旧有的定义之外,还借由汉语史上几个重要句法结构等的演变来印证,例如处置式、被动式、处所介词、比较式、与格、动态助词、趋向补语、副词的演变等等。我们认为这些句法结构的产生都源于连动式,在整个漫长的汉语史中经历不同时期的语法化过程而形成了今日汉语的面貌。

一　定义

近年来有关连动式的讨论非常多,但并没有一致的结论,这有可能是因为各家对连动式的定义不相同,而导致了研究上的分歧,因此我们认为应该从这个基本问题开始谈起。首先,我们将回顾几位语言学家对连动式所下的定义,再重新审视这些定义的合理性,并提出我们的看法。

1.1　回顾

(A)朱德熙(1982)

朱德熙在《语法讲义》(1982:160—173)中指出:"连谓结构是谓词或谓词结构连用的格式。"前一个直接成分可以是动词或动词结构;后一个直接成分可以是动词或动词结构,也可以是形容词。例如:

去看病
站着说
想办法通知他
怪你自己粗心

他认为汉语的介词大都带有动词的性质,所以"介词＋宾语＋谓词性成分"的格式也可以算是连谓结构的一种,例如:

把这首诗抄下来
跟你开玩笑
被人家发现了

作者还特别指出连谓结构和并列的动词结构以及包孕的动词结构之间应该有所区别。根据他的定义,"不停地抽烟喝茶"并不是连谓结构,因为这个句子是由两个述宾结构组成的联合结构。同样地,"喜欢看电视"也不能视为连谓结构,它是由述宾结构套述宾结构所组成的句子。

(B) Li & Thompson(1981)

Li & Thompson 在 *Mandarin Chinese:a Functional Reference Grammar*(1981:594—622)一书中指出:"我们使用连动式一词指的是包含两个或两个以上动词词组或分句的句子,这些成分之间没有任何标记标明彼此间的语法关系",可用结构式(NP)V(NP)(NP)V(NP)来表示。以下列举几个书中的例句:

我买票进去

学蒙古语很不容易

我盼望你快一点毕业

我求他代表我

他有一个妹妹很喜欢看电影

我们种那种菜吃

(C) Aikhenvald(1999、2003)

Aikhenvald 对北阿拉瓦克(North Arawak)印第安人的语言 Tariana 进行考察,进一步为连动式提出了更详细的定义。她认为"连动式是两个或两个以上的动词做一个单独的谓语",包含三项特征:(i)只有一个主语,(ii)谓语只表示单一事件(one single event),(iii)动词的宾语通常指涉同一对象或事物(co-referential)。如下面 Tariana 语的例子:

[nhuta nu-thaketa]-ka di-ka-pidana

[第一人称单数+拿 第一人称单数-横越+使动]-从属句 第三人称单数阳性-看-从远方+介词

"他看到我拿东西横越过去。"[字面义:"他看我拿(某物)横越"]

1.2 重新定义

在回顾连动式的定义之后,可以发现这些定义并不能充分说明连动式的内涵及特征,也无法彻底解决汉语连动式的问题,以下就针对几点考虑提出讨论。

首先,我们认为应当对连动式与递系式作一区分。毫无异议的,连动式包含两个或两个以上的动词,递系式也具有相同的特征。但是连动式中第一个动词和第二个动词的主语是相同的,而递系式中第二个动词的主语是由第一个动词的宾语来充当,因此这两种句子的结构是不一样的。(赵元任,1968)例如上一节提到的 Li & Thompson 的例句"我求他代表我",这是递系结构,不能与连动式混为一谈。

其次需要厘清的问题是:谓语是否只表示单一事件或动作。我们认为并不一定。举例来说,"跟我走"只表示单一事件;"背书包上学"很难说是一个事件或是两个;但是"换衣服上街"则很明显包含两个事件。所以,谓语可以表示一个或一个以上的事件或动作。

最后,动词的宾语是否指涉同一对象或事物这一特征也需要再商榷。例如"拿书看",句中两个动词"拿"和"看"的宾语指涉的都是"书",但是"拿笔写",两个动词"拿"和"写"的宾语则非指涉同一事物。

基于这几点考量,我们为连动式提出新的定义:"连动式是两个或两个以上的动词做一个谓语,动词之间没有连接成分,而且这些动词指涉的动作皆由同一施事主语所发出。"因此连动式应具有下列三项特征:

(i) 递系结构不是连动式;
(ii) 谓语不一定只表示一个动作或事件;
(iii) 动词的宾语不一定指涉同一对象或事物(non co-referential)。

二　分类

现今所讨论的连动式有几种不同的类别,这些类别都是按照连动式的语义来作为划分的依据,例如表达方式或方法、原因、目的、伴随、方向等等。下面我们将为连动式提出新的类别,分类标准也有别于之前的方法。我们根据动词在连动式里所担任的角色与特性,同时考虑第一个动词和第二个动词发生语法化的能力与倾向,因此这个分类方法是从历时演变的角度出发的。

构成连动式的动词,有可能属于开放或限制较小的类别,也有可能属于语义及语法上都相对较为封闭的类别。依据连动式内部动词成分的属性,大致可以分为三大类:

(一)对称性的连动式(symmetrical serial verb constructions)
(二)不对称性的连动式(asymmetrical serial verb constructions)
(三)外围的连动式(ambient serial verb constructions)

前两项由 Aikhenvald(1999)根据 Durie(1997)的理论所提出,第三项由 Crowley(1987)提出,兹分别于下面的章节说明。

2.1　对称性的连动式

此类连动式的两个动词皆为大的开放类,两者之中没有任何一个为中心成分(head)(Nichols,1986),但成分序列具有象似性(iconicity)。例如:

买了碗面吃

拿书看

对称性连动式包含两个事件(two separate events),彼此之间常具有连续性的伴随关系、因果关系或目的关系。句子只有一个主语,而且宾语指涉同一对象或事物。

2.2　不对称性的连动式

不对称性连动式为一典型的连动式。两个动词之中有一个是大的开放类,在语义与语法上都表现得较为主要,可视为中心成分;另外一个则属于封闭类,且经常发生语法化。这两个动词的序列关系不一定具有象似性。例如:

拿书来

吃饭去(相当于"去吃饭")

这两个例句皆为趋向结构,句子中的次要动词"来"与"去"都经历了语法化的过程。

此类连动式只包含一个事件,且只有一个主语,宾语很难判断是否指涉同一对象或事物。

Aikhenvald(2003)指出,对称性连动式与不对称性连动式最大的差别在于是否经历语法化或词汇化。前者倾向于发生词汇化,并进而组合成惯用的表达;相反地,后者则倾向于发生语法化,尤其是次要动词经常演变为语法标记。

2.3 外围的连动式

在这一类连动式中,一个动词用来修饰另一个动词,而且成分序列通常具有象似关系。例如:

笑着说

开着门睡觉

躺着看书

此类连动式只包含一个事件以及一个主语,宾语很难判断是否指涉同一对象或事物,两个动词当中有一个为中心成分。

三 历史与发展

3.1 对称性的连动式

对称性的连动式在先秦时期已经出现,到汉代用例开始增多。例如:

(1) 卒买鱼烹食。(《史记·陈涉世家》)

(2) 引河水灌民田。(《史记·滑稽列传》)

(3) 使骑将灌婴追杀项羽东城。(《史记·高祖本纪》)

(4) 尽斩杀降下之。(《史记·匈奴列传》)

在这四个例句中,不论是第一个动词(以下简称动词1)或第二个动词(以下简称动词2)都没有经过语法化的过程。有些"V1+V2"结构中的 V2 也有可能成为动补结构中的补语,如例句(3)和(4),在这种情形下,V2 的改变和语法化过程是没有关系的。

本文匿名审稿者提供了在《尚书》中出现的两个连动式例句:1.予誓告汝:有扈氏威侮五行,怠弃三正,天用剿绝其命。(夏书·甘誓);2.若火之燎于原,不可向迩,其犹可扑灭?(《商书·盘庚上》)。谨在此对审稿者的建议与指正致以谢意。

3.2 不对称性的连动式

一般而言，封闭类的动词都会经过语法化，有时发生在动词1，有时发生在动词2上。以下分别就这两种情形作一说明。

第一，第一动词经过语法化之后成为介词

不对称性连动式里的动词1经常历经语法化的过程而成为介词，我们可由处置式、被动式、处所介词"在"的形成及比较式得到印证。

A. 处置式

汉语的处置式结构为：NPO＋BA＋NP1＋VP，其中 NPO 表示主语，BA 表示引出宾语 (NP1)的介词，可以是"取"、"将"、"把"。根据 Peyraube(1991)的研究，BA 在中古前期应为 "V1＋O＋V2"结构中动词1的功能，从六朝时期开始，出现了两种连动式的用法：(1)S＋V1＋O1＋V2(＋O2)，(2)S＋V1＋O＋V2。很显然，V2 在连动式里表达主要的动作，不管是语义或语法都比 V1 显得更为中心。经过语法化的过程后，第一种结构的 V1 变成工具格，而第二种结构则为处置式的来源。

取[＋V]＞介词

(5) 或啄其头取脑食之。(《增壹阿含经》)

(6) 又取我父母杀之。(《增壹阿含经》)

例句(5)的"取"仍为"S＋V1＋O＋V2"连动结构中动词1的用法，经过语法化之后变成 "取＋O＋V＋之"的结构，因此例句(6)的"取"已经从动词演变成了处置介词(参考 Cao & Yu, 2000)。

将[＋V]＞介词

(7) 于是即将雌剑往见楚王。(《搜神记》)

(8) 轻将玉杖敲抛花片。(张祜《公子行》)

(9) 汝将此人安徐杀之勿损皮肉。(《佛说长阿含经》)

(10) 即将梁元纬等罪人于真墓前斩之讫。(敦煌变文)

(11) 世界似将红锦展。(敦煌变文)

例句(7)的"将"为连动式"S＋V1＋O1＋V2(＋O2)"里的动词1，这种结构的"将"经过语法化之后经常发展为介引工具的介词，如例句(8)。例句(9)和例句(10)的"将"仍为连动式里的动词1，经过语法化之后变成"NPO＋BA＋NP1＋V2＋NP2"的结构，由于 NP2 等于 NP1，因此 NP2 消失，继而发展成"NPO＋BA＋NP1＋V2"的结构，例如例句(11)。

把[＋V]＞介词

(12) 醉把茱萸仔细看。(《九日蓝田崔氏庄》)

(13) 阿郎把数都计算。(敦煌变文)

很多文章探讨过"把"字句的形成，例如贝罗贝(1989)、Cao & Yu(2000)等，并且也已证实了介词"把"的来源的确和连动式有关。在例句(12)中，"把"位于连动结构中动词1的位置,两个动词的宾语相同,经过语法化过程之后变成处置介词,如例句(13)。

B. 被动式:被[＋V]＞介词

汉语被动式也是从连动式发展而来的,位于动词 1 位置的"被"经过语法化过程演变成表示被动的介词。Peyraube(1989)统计"被"在《史记》出现的频率,发现"被"一共出现了 149 次,其中 56 次为名词,88 次为动词,如例句(14):

(14) 人皆以斯极忠而被五刑死。(《史记·李斯列传》)

值得注意的是,从"被"开始出现到广为使用,"被"与动词 2 之间很少插入主事者(agent)。以《世说新语》及《百喻经》为例,"被[V1]＋V2"分别出现 27 次和 6 次,而"被[V1]＋agent＋V2"只分别出现两次和 1 次。动词 1 与动词 2 之间出现主事者的这种结构,一直到中古晚期才成为主流,如例句(15)和(16)。

(15) 亮子被苏峻害。(《世说新语·方正》)

(16) 子胥被夫人认识。(敦煌变文)

"被"作为动词 1 的用法一直持续到大约公元 8 世纪,演变为介词的过程为:"被[V1]＋NP1＋V2＋NP2"经过删除相同宾语 NP2(deletion of identical NPs)的共时变化后变为"被[V1]＋NP＋V2",再经过历时的语法变化而成为"被[Prep]＋NP＋V",例如(17)中的"被"已经从动词演变为表示被动的介词。

(17) 早被妻儿送坟墓。(敦煌变文)

C. 处所介词:在[＋V]＞介词

"在"的介词用法存在已久,上古早期(11th—6th c. B. C.)即已出现用例,但是一直到中古早期(3rd—6th c. A. D.)这种用法仍不广泛。以《诗经》和《史记》为例,《诗经》里"在"共出现 130 次,其中只有 5 例具有介词的功能;《史记》共出现 875 次,只有 39 例符合介词的功能(Peyraube,1994),如以下例句所示:

(18) 王在新邑烝。(《尚书·周书·洛诰》)

(19) 在船中弹琴。(《世说新语·任诞》)

由于篇幅的关系,详细的演变过程请参考 Peyraube(1989)、Cao & Yu(2000),在此不另作赘述。

然而,这两个句子也同样可以诠释为连动式的结构,这种情况下,"在"就担任连动式里动词 1 的角色。从中古后期(7th—13th c. A. D.)开始,"在"历经语法化过程,逐渐由处所动词演变为处所介词,佛经里可以找到许多用例[参考例句(20)及(21)]。但这个演变过程极为漫长,"在"维持处所动词的用法仍一直持续了好几个世纪,敦煌变文里还可发现作为动词的用例,如例句(22)。

(20) 弟子只在西边村居住。(敦煌变文)

(21) 今夜在此宿,还得摩?(《祖堂集》卷五)

(22) 君子是何处之人?姓名是甚?在此而坐。(敦煌变文)

D. 比较式：比［＋V］＞介词

从上古时期一直到汉代，"比"用在比较句中仍只是单纯及物动词的功能，直到中古早期（2nd—6th c. A. D.）才开始出现连动式中动词 1 的用法，形成"比［V1］＋O1＋VP2"的结构，例如：

（23）阿奴比丞相但有都长。（《世说新语·品藻》）

到了公元 8 世纪中唐时期，"比"的动词用法逐渐泛化，最终产生介词用法，形成"比［Prep］＋O＋VP"的结构，如例句（24）。

（24）官职比君虽较小。（白居易诗）

第二，第二动词经过语法化之后成为介词或助词

不对称性连动式里的动词 2 就如同动词 1 一样，也历经语法化的过程而成为了介词或助词等功能词。以下我们就从与格、完成貌助词以及趋向补语来探讨连动式的这一发展与变化。

A. 与格：与［＋V］＞介词

"与"用作与格的功能出现在中古汉语晚期，并且一直持续到近代汉语（modern Chinese，公元 18 世纪为止）。它一开始出现在语法结构"V1＋V2＋IO＋DO"中动词 2 的位置（IO 为间接宾语，DO 为直接宾语）。这种结构在汉代末期广为使用，可以在佛经找到许多用例，如以下的例句：

（25）而厚分与其女财。（《史记·司马相如列传》）

（26）分与文君僮百人。（《汉书·司马相如传》）

（27）比丘即以蜜饼授与之。（《阿阇世王经·大正藏》626 号，15 本）

到了六朝时期，"与"作为与格的用法更为普遍，并且在这一时期出现了新的语法形式："V1＋DO＋V2＋IO"，"与"仍然占据 V2 的位置，例如：

（28）时跋跋提国送狮子儿两头与乾陀罗王。（《洛阳伽蓝记·城北》）

（29）留二万钱与潜。（《宋书·陶潜传》）

到公元 8、9 世纪的时候，又有新的与格结构出现："与＋IO＋V＋DO"。值得注意的是，"与＋IO"已移到动词前，根据同时期汉语介宾词组位于动词前的现象来类推，此种结构的"与"不再具有动词的功能。因此可以推断"与"的实词用法在这个时期之前已逐渐泛化，约于公元 8 世纪唐代时期完成语法化的过程，由动词变成介词，如下列的句子：

（30）遂度与天使弓箭。（敦煌变文）

（31）此说某不欲说与人。（《朱子语类》卷一百一十四）

B. 动态助词：了［＋V］＞助词

"了"于唐代开始用于"V1＋O＋V2"连动式结构中动词 2 的位置，表示一个动作或事件的完成，例如：

（32）作此语了遂即南行（敦煌变文）

及至唐代中期，"V1＋O＋了［V2］"的使用频率高于其他表示同样语义的动词"毕"、

"讫"、"已"、"竟",而成为主要的动词。后来经过词汇统一(lexical unification)的过程,原有的结构发生变化,动词宾语移到动词2的后面,形成了一个新的语序结构:"V1＋了[V2]＋O"。受到语序结构改变的影响,"了"的实词用法也发生变化:"了"的动词功能演变成表示完成貌的助词功能,亦即:了[＋V]＞动态助词,例如:

　　(33) 见了师兄便入来。(敦煌变文)

　　C. 趋向补语:去/来[＋directional V]＞去/来[＋directional complement]

　　汉语趋向述补结构由一个运动动词(movement verb)加趋向补语"去"或"来"所构成,其发展历程起源于"NP-subject＋V＋Directional Verb"的连动式结构。"去"与"来"作为趋向动词(directional verb,以 Vd 表示)用在连动式中动词2的位置,最早可追溯至上古早期(11th—6th c.B.C.),到了上古晚期(5th—2nd c.B.C.)逐渐广泛使用,例如:

　　(34) 牛羊下来。(《诗经·王风·君子于役》)

　　到了东汉末期,新的结构"V＋Vd＋NP-subject"第一次出现,做主语的名词词组从动词前移到动词后,这种结构在六朝之后变得广泛,例如:

　　(35) 飞来双白鹄。(古辞)

　　此外,东汉末年也有不少处所短语(locative phrase,以 LP 表示)出现在句子里的用例,形成"V＋去/来＋LP"或"V＋LP＋去/来"的结构。起初 LP 位于"去"/"来"的后面,到了六朝时期,LP 大都中插于 V 和"去"/"来"之间,因此"V＋Vd＋LP"演变成"V＋LP＋Vd"。这种结构中的 V 和 Vd 仍为两个独立的动词,也就是说,"去"/"来"尚未变成趋向补语,如下面的例子:

　　(36) 便出宫去。(《生经》)

　　(37) 弘于是便下床去。(《杂鬼神志怪》)

　　随着语法结构的演变,"去"/"来"也可以接在及物动词(Vt)之后,因此 Vt 与"去"/"来"之间出现 NP,形成 NP1＋Vt＋NP2＋"去"/"来"的结构。后来 NP2 移位提前,遂又形成 NP2＋NP1＋Vt＋"去"/"来"的新结构,这也促使了 V1＋V2 连动式的重新分析以及 V2 的语法化(参考 Peyraube、Wu ＆ Liang,2004)。"去"/"来"经历语法化之后,词类没有改变,但是语义上成为较虚的动词,失去了原有的独立性,从此演变为现代汉语里常见的趋向补语标记,例如:

　　(38) 又拽一叶舟来。(《搜神记》)

　　(39) 移他处去。(《佛本行集经》)

　　3.3　外围的连动式

　　第一个动词(非中心语的修饰成分)也经常发生语法化,有不少副词就是从外围连动式的第一个动词演变而来的,例如:

　　A. 总括副词:

　　悉＜动词

皆＜形容词

都＜动词

"悉"当动词时表示"全部"、"详尽"之意；"皆"的形容词语义表示"普遍"、"一般"；"都"的动词用法则表示"总括"、"聚集"之义，三者皆演变成副词，表示"总括"的概念。以"都"为例，第(40)句仍为动词用法，第(41)句则已演变成副词用法：

(40) 都为一集。(《与吴质书》)

(41) 都已晓。(《世说新语·文学》)

B. 限制副词：

唯＜动词

独＜形容词

"唯"有可能是在上古汉语早期由系词"隹"演变而来的，例如：

(42) 汝隹小子(《尚书·周书·康诰》)

(43) 父母唯其疾之忧。(《论语·为政》)

例句(42)的"隹"作为系词，但(43)的"唯"已变成副词的用法。

四 结论

从上面的讨论可以确定汉语为一具有连动式的语言，而且连动式存在的历史已经非常久，三类连动式(对称性、不对称性以及外围的连动式)皆在古代汉语就已经出现。

在汉语语法结构的历时演变与发展过程中，连动式和功能词的形成有密不可分的关系。很大一部分的功能词——包括介词、助词、副词等等，皆是经由语法化的过程从连动结构中的第一个动词或第二个动词演变而来的。

我们也在本文证实了，由动词向功能词发展的过程当中，早期阶段的结构变化几乎全部都是从不对称性的连动式演变而来的，只有极少数的例子从外围的连动式产生，但没有一个是从对称性的连动式发展而来的。

参考文献

贝罗贝 1989 《早期"把"字句的几个问题》，《语文研究》第1期。

朱德熙 1982 《语法讲义》，北京：商务印书馆。

Aikhenvald, Alexandra Y. 1999 Serial constructions and verb compounding: evidence from Tariana (North Arawak). *Studies in Language* 23-3:479—508.

Aikhenvald, Alexandra Y. 2003 *Serial verb constructions*. Paper presented at the International Workshop on Serial Verb Constructions. 9—14 June, 2003, RCLT, La Trobe University. (http://www.latrobe.edu.au/rclt/workshops/2003/position%20 paper.pdf)

Cao, Guangshun & Hsiao-jung Yu 2000 The influence of translated Later Han Buddhist Sutras on the development of the Chinese disposal construction. *Cahiers de Linguistique Asie Orientale* 29-2, 151—177.

Chao, Yuan Ren 1968 *A Grammar of Spoken Chinese*. Berkeley: University of California Press.
Collins, C. 1997 Argument sharing in serial verb constructions. *Linguistic Inquiry* 28-3:461—497.
Crowley, Terry 1987 Serial verbs in Paamese. *Studies in Language* 11:35—84.
Durie, M. 1997 Grammatical structures in verb serialization. In: Alsina, Bresnan & Sells (eds.)*Complex Predicates*. Stanford: CSLI. 289—354.
Li, Charles N. & Sandra A. Thompson 1981 *Mandarin Chinese: a Functional Reference Grammar*. Berkeley: University of California Press.
Nichols, Johanna 1986 Head-marking and dependent-marking grammar. *Language* 62:56—119.
Peyraube, Alain 1989 History of the passive construction until the 10th century. *Journal of Chinese Linguistics* 17-2:335—371.
Peyraube, Alain 1991 Syntactic change in Chinese: on grammaticalization. *Bulletin of the Institute of History and Philology*. Vol. 59-3:617—652.
Peyraube, Alain 1994 On the history of Chinese locative prepositions. *Language and Linguistics* 2:361—387.
Peyraube, Alain et al. (ferthcoming) *Hanyu quxiang buyu jiegoushi de chansheng yu yanbian*.

古代汉语中的"日中"和"中日"*

加拿大不列颠哥伦比亚大学　高嶋谦一

一　引论

《左传·昭公五年》有这样一段话:"日之数十,故有十时,亦当十位;自王已下,其二为公,其三为卿,日上其中,食日为二,旦日为三……"其意概为:"日"之数有十,故一天亦有十个时段,而表示身份等级的十种爵位也正好与此相当;譬如爵位从王开始,王为第一位,公乃第二位,卿是第三位,依次类推;而一天之中的十个时段,太阳最高,日当中天的"日中"为第一,吃饭时,亦即"食时"乃第二,日出时,亦即"旦日"是第三,依次类推。

值得注意的是,在此段文字中,作者将"食日"、"旦日"和"时"联系起来。此处"日"字和"时"字关系究竟如何? 本文将对此展开讨论。19 世纪英国人 James Legge 在其译本中将"食日"译为"meal time",意为"吃饭的时候",将"旦日"译为"early dawn",意为"凌晨"。我觉得他对"食日"的翻译很准确,但对"旦日",我却认为应当译为"time of the sunrise",意为"日出的时候"。Legge 既然把"食日"译为"吃饭的时候",那么相应地,他就应该把"旦日"译为"日出的时候"。如此,"日"字所表达的,正是"时"这个词。[1]我曾在《商代甲骨文和周代金文的语言》一文中提出此观点,同时,在其他古汉语文献中也找到了一些类似的用例。

当然不妨推想,在上古文献流传中,"食日"、"旦日"意思的传达,主要是诉诸字形,亦即所谓"施于目治",而不是诉诸字音,亦即所谓"施于耳治"。但是这种解释并不能令我满意。基于我在以上所提及的论文中的分析,我认为:"食日"应读为"食时",而非"食日"(毋庸置疑,是读它们上古的音值)。乍看起来,此推论似乎不能适用于本文开头所引《左传》那段文字:将"时"字替换为"日","日之数十,故有十时"就变成"日之数十,故有十日",导致同义重复。但这个问题其实是可以解释的。从《说文解字》的表述可以看出,许慎可能知道"日"字除了读为"ri"之外,还可读为"shi"。如果这个推测不错的话,汉代以前的写经者也应当知道这一点。在"日"字有两读的情况下,《左传》的那段话当然是可以"施于耳治"的。本文将考查"日"字在上古汉语和中古汉语中的一些用法,着重比较"日中"和"中时"。依照《左传》"食

---

* 本文原稿用英文写成,初由复旦大学苏杰教授译成中文,梁晓虹、吴可颖审校,在此深表谢意。

日"、"旦日"之例,"中时"是可以写作"中日"的,但实际上却罕见其例,其中原因,我们将在文末作出推论。

二 上古、中古汉语中的"日中"和"中日"(中时)

《左传》中"日中"共见十七例,"中日"或"中时"未见一例。《周易》和《尚书》的情况与此相似。"日中"在《周易》中共见四例,《尚书》中一例,两书中均未出现"中日"或"中时"。事实上,在现今所断定为时代在汉代以前的传世文献中,我们发现多例"日中",但却无一例"中日"或"中时"。只有在汉代以降相当晚的文献中,我们才开始看到"中时"的用例。我检索了《四部丛刊》(文渊阁电子版),共得数百例,以下为其中几例:[2]

(1) 刑期于无刑,民协于中时,乃功懋哉。(唐·魏征《群书治要》)

(即使是皋陶,有时候也要使用刑罚,)刑罚的目的是预防犯罪,从而不再使用刑罚,人民百姓都协同皇极中正,功劳很大呀。[3]

(2) 儒者或以旦暮日出入为近,日中为远;或以日中为近,日出入为远……见日出入时大,日中时小也。(东汉·王充《论衡》)

有的儒生认为日出日落时太阳离我们近,正午时离我们远;有的认为太阳正午时离我们近,日出日落时远……根据目测,日出日落时太阳显得大,正午时显得小。

(3) 一儿曰我以日始出去人近,日中时,去人远。一儿云日初出远,日中时近。一儿曰日初出大如车轮,及日中才如盘盂。岂不为近则大,远则小者乎……(唐·马总编《意林》)

一个小孩说:"我认为太阳初升时,离人近,正午时,离人远。"另一个小孩说:"太阳初升时远,正午时近。"前一个小孩说:"太阳初升时像车轮那么大,到正午时才像盘盂那么大,难道不是近的时候显得很大,远的时候显得很小吗?"

(4) 若其日有长短,分在中时前后。(唐·姚思廉《陈书·沈洙传》)

如果说有昼夜长短变化,分界点为太阳在子午线前后。

如前文已言及,"中日"亦即《左传》"日上其中",意为太阳上至中天,作者将其与最高爵位——"王"相联系:"日之数十,故有十时,亦当十位;自王已下……";上举例(1),《群书治要》"民协于中时",意为人民依则、协同于中天之日(统治者),显然是一种隐喻,"中时"用的是"中日"的引申义。在例(2)中我们看到了"日中时"的用法,意为"当太阳升至中天的时候",用的则是其字面义。例(3)也有"日中时",不过这句话有典故。值得注意的是:在例(2)和例(3)中也有"日中"后面不跟"时"字的情形,在此我将其分析为名词性短语 NP,理由观其语境自明:"或以日中为近","及日中才如盘盂"。例(4)用的也是字面义,不过"中时"不是指正午时分,而是指一年中的春分和秋分。

"日中"有三种意思相关却又有所不同的用法,如以下数例所示:

(5) 日中星鸟,以殷仲春。(《尚书·尧典》)

白昼长短居中(即昼夜平分),太阳躔次鹑火,由此确定仲春。

(6) 日中为市,致天下之民,聚天下之货,交易而退,各各得其所。(《易经·系辞下》)

(神农)在白昼兴作市场,招致天下的人民,汇聚天下的商品,交易之后,各自都满足了需求。

(7) 其君之戎,分为二广,广有一卒,卒偏之两。右广初驾,数及日中,左则受之,以至于昏。(《左传·宣公十二年》)

其国君的戎士,分为两部分,称右广、左广,每广十五卒,每卒100人,另外再加25人,成为一卒。右广先发,值勤至正午,左广接防,值勤至天黑。

以上例文中的"日中"有三种不同意思:昼夜平分;白日里;正午。三者的共同点在于,它们都与太阳在子午线及其附近的活动相关,都可以分析为"名词"加"静态动词"即:N+Vstative。(参见后文的分析)

上文已提及,在汉代以前的传世文献中迄未见到"中日"的用例。然而常玉芝(1998:137)却举《易经·系辞下》[同本文例(6)]、《国语·鲁语》、《礼记·檀弓》三例"日中",并提出"日中""中日"无别:

> "'中日'又称'日中',顾名思义,当为一日(即白天)的中午时。《易·系辞》曰:'日中为市',《国语·鲁语》下曰:'日中考政',[4]《礼记·檀弓上》曰:'殷人尚白,大事敛用日中',这不但证明'中日'也称'日中',而且说明殷人惯于在日中进行政治、经济活动。"

她引用《易经》、《国语》、《礼记》等文献,意在借此证明商代文献中的"中日"也可以表述为"日中",但这不过是臆说。因其所举例证没有一例"中日",所谓"日中""中日"的比较,实乃托于虚空。事实上,常玉芝是在把传世文献中的"日中"与甲骨文中的"日中"相比较,但这在方法论上是不能接受的(Takashima,2005),因为这实际上是企图从后世文献的归纳类比中推断出存于前代甲骨文中的某一特定语词的含义。下文我将用另外一种方法得出与"日中"相对比的"中日"的含义。

三 甲金文中的"日中"和"中日"(中时)

常玉芝(1998:136—137)称,以下例(8)a、b中的"中日"和(9)a、b中的"日中"意思完全相同。

(8) a. 中日其雨。(合集 29790)

　　　正午时分可能会下雨。

　　b. 中日不雨。(合集 28569)

　　　　　正午时分不会下雨。

(9) a. 壹日中又大雨。（合集 29789）

　　　　　一天（白天）之内应该有大雨。

　　　b. 暮于日中乃往，不雨。（合集 29788）

　　　　　如果我们在傍晚以及在白天[5]离开前往，（届时）不会下雨。

　　之所以说常玉芝的观点没有根据，是由于以下几点：第一，从词组结构的角度看，"中日"和"日中"正好相反。"中日"可分析为定语加中心词名词性短语，而"日中"却是由一个名词"日"和一个动词"中"构成的主谓结构式。它与"中日"是完全不同性质的名词短语。"日中"的字面含义应该为"太阳在中间"，"中日"则应译为"正午时分"。因为，正如 Takashima(2003a，2003b)所论，"日"字指称的是"时"这个词。[6] "日中"译为"一天之内"，意味着其时间范围比"中日"(＝时)（正午时分）长。[7] 以上翻译完全符合现代汉语语法、古代汉语语法的原则，甚至与最新汉语语法研究所得出的结论亦不相悖。[8] 既然"中日"和"日中"的区别主要是时间范围的问题，就让我们从这里开始说起。因为(8)a、b 和(9)a、b 都不涉及"中日"和"日中"的时间范围，我们不妨先从"中日"和"昃"的卜辞看起：

(10) a. 中日其雨。（合集 29910）

　　　　正午时分大概下雨。

　　b. 王其省田昃不雨。（合集 29910）

　　　　王将视察农田，日昃时分不会下雨。

　　c. 昃其雨。吉。（合集 29910）

　　　　日昃时分将会下雨。吉。

　　不难看出，(10)a 中的"中日"和(10)b、c 中的"昃"正形成对比。因而，如果"昃"字指称的是一特定的时间段，那么"中日"也应与之类似，指称另外一个时间段。在此，所有的证据都指向这样一种可能性，即：在殷人看来，"中日"和"昃"是同一类时间概念，易言之，殷人将一天时间划分成了包括"中日"、"昃"在内的几个时间段。而如上所举合集 29910 的一组卜辞，卜问从"中日"（正午）至"昃"（日昃）这一段时间内有没有雨，值得注意的是，王其省田时是不希望下雨的。此乃笔者所要说明的第一点。

　　第二，定中结构短语"中日"究竟指称的是怎样一个时间段？虽然"中日"读为"中时"（字面意义，"middle time"＝noon，正午），但这里的"正午"不可能是指"正午十二点钟"；因为在(10)a 中，"中时"与雨相联系，而雨是一个时间段上的事件，不是时间点上的事件；这样，殷人所说的"中日"（时）一定是指称大致相当的时间段。正因为如此，我将(10)a 中的"中日"译为"正午前后时分"。注[6]所列的类似卜辞 b、b′和 c、c′，让我们看到了"中日"和"食日"(＝时)(即，朝食时)以及"郭兮"(黄昏前)[9]相对照的情况，这些词组也是指称特定的时间段。我们还不能确定这样的时间段有多长，但是从注[6]a 和 a′的情况来看，从日出（旦）至朝食（食日）的长度一定可以符合持续性动词"雨"（降雨）的功能要求。需要强调的是：这些时间词所指称的,均为大约的时间段。

第三,"日中"从不出现在"自 X 至 Y"格式中,这一点十分重要。[10]因为出现在此格式中的时间词"X"或"Y",必须代表的是所指明确的时间点。当然,这个时间点也有可能是涵盖了一个特定的时间段,比如"中日"(＝时)指的就是正午前后,而不是正午十二点整,[11]但它至少可以相对精确到一个具体的时间。与"日中"形成鲜明对照的是,"中日"可以出现在"自 X 至 Y"中,例如:

(11) a. 自旦至食日(＝时)不雨。(屯南 42)

从日出至朝食时不会下雨。

b. 食日(＝时)至中日(＝时)不雨。(屯南 42)

(从)朝食时至正午前后不会下雨。

c. 中日(＝时)至昃不雨。(屯南 42)

(从)正午前后至日昃不会下雨。

(11)a 中尽管没有我们所讨论的"中日",但却给出了日出时到朝食时的历时分段。(11)b 是朝食时至正午时,而(11)c 则是从正午时至日昃时,综合以上,可以得出一天完整的历时分段。这些时间词如"旦"、"食日"、"中日"以及"昃"等,都有以下共同点:一是相对明确具体;二是从语用的角度看,都是指特定的时间段。[12]至于在"自 X 至 Y"的结构中何以不曾出现"日中"? 我认为这是因为"日中"所指的时间段比以上所列的时间词都要长。鉴于此,我将"日中"译为"白天"(daytime),指称太阳东升西落的整个过程的时间。另外值得注意的是,"日中"不能像其他时间词那样确指一天中的某个时间点,而且这里"日"字也不能读为"时",因为它指的是"太阳"。

四 结论

时间词"日中"(白天,一日之内)最早见于殷墟卜辞,在传世文献中沿用不衰。同样见于甲骨文的"中日"(读作"中时",指正午前后时分),在汉代以前的传世文献中却罕见其例。这种现象如何解释?

前文已言及,在汉代以前的传世文献中没有"中日"或"中时"的用例,但在汉代以后的文献中却能看到数以千计的"中时"用例。为节省篇幅,我们仅列举四个典型用例。这里我们结合前文所举之例对以上问题作出回答,借以完成本文。

1. 为什么《群书治要》"刑期于无刑,民协于中时,乃功懋哉"中的"中时"没有写作"中日"?

2. 为什么《论衡》"见日出入时大,日中时小也"中的"日中时"没有写作"日中日"?

3. 为什么《意林》"一儿曰我以日始出去人近,日中时,去人远。一儿云日初出远,日中时近"中的"日中时"没有写作"日中日"?

4. 为什么《陈书》"分在中时前后"中的"中时"没有写作"中日"？

答案也许很简单：因为在这些文献最后写定时，"日"字已不再读为"时"。

其次，在"N+Vstative+时"结构中，"日中日"很难被正确地读为"日中时"；而如果读为"日中日"，在语法上却又是错误的，因为"日"字的基本含义是"太阳"、"白天"。至于《左传》中的"食日"（读为"食时"）、"旦日"（读为"旦时"），则应当看做是前代写法的孑遗。[13]"中时"一词，在甲骨文中写作"中日"[例见(8)a、(8)b、(10)a、(11)b、(11)c，以及注[6]b、b′、c、c′]，在汉代以后的文献中写作"中时"[例见(1)、(2)、(3)、(4)]。《意林》"一儿曰日初出大如车轮，及日中才如盘盂。岂不为近则大，远则小者乎"中的"日中"，显然也与殷墟卜辞中的"日中"有所不同，两者相比较，前者所指范围要窄得多。之所以有这种变化，我认为语境是一个不容忽视的因素，《意林》的"日中"出现在动词"及"之后，而"及"正相当于殷墟卜辞中的"至"。对此，我们将作进一步的研究。

附 注

[1]杨伯峻《春秋左传注》(1981:4.1264)没有解释"食日"、"旦日"的具体含义，只是解说道："盖日上其中者，日由地中上，鸡初鸣也；食日者，昧爽也；旦日者，日初出也。如此始得其序。"杜预《春秋经传集解》曾对《左传》的这段话提出质疑："日中为主，食日为公，旦日为卿，岂不先后倒次？"杨氏为了解决这个矛盾，只好把"食日"曲解为"昧爽"，即拂晓的意思。这样的解释其实是没有根据的。陈梦家把甲骨文中频繁出现的"食日"解释为"吃早饭的时候"，他的观点已经得到学界的普遍认同。关于这一点，请参看 Takashima (2003)。

[2]我们利用电脑快速检索《四库全书》(文渊阁电子版)，共得"中日"(或"中时")5000 余例，分见于4500 卷。需要说明的是，并不是检索所得的所有文例都与我们讨论的问题相关。另外，电子文献的准确性问题也值得注意，我已发现不少《四部丛刊》和《四库全书》电子版的输入错误(特别是《四库全书》电子版)。

[3]我的翻译是根据孔颖达等人《尚书正义》的有关伪《大禹谟》的讨论："虽或行刑以杀止杀，终无犯者，刑期于无所刑，民皆合于大中之道，是汝之功，勉之也。"

[4]有意思的是，《国语·楚语》有一段正切中"日中昃"的分析。请看：《周书》曰，文王至于日中昃，不皇暇食，惠于小民，唯政之恭。"似可译为："《周书》(即《尚书·无逸》篇)说，一直到了一天里太阳西斜，文王都还来不及吃饭，全心全意恭勤政事，造福人民。"关于"至于日中昃"的结构，或认为可分析为"V(至)+助词(于)+NP(日中)+N(昃)"，而其中"NP+N"这一部分可进一步分析为"NP 的 N"(即，白日里的太阳西斜的时候)。我们将这种读法纳入以上的译文，目的只是提出问题以便进一步地验证分析。Karlgren (1950:58)将"自朝至于日中昃，不皇暇食"译为"从早晨到中午、到太阳西斜，他都没闲暇吃饭"。也是可以接受的。事实上，我更倾向于如此翻译。或以为将"日中昃"看做一个 NP，比将其处理为一个名词化了的 VP(谓：太阳经过中天和西斜的位置)更为明快。循其分析，例(2)、例(3)的"日中时"也可译为"正午时分"。作为译文，这似乎并无大碍。但从结构分析的角度来看，却有重要不同。

[5]"暮于日中"最初被释为"傍晚以及一天之内"。或解为"一天之内的傍晚时分"，等于说，商代"暮"的时间段指太阳仍在天上(属于白天)。我排除了这种可能性，因为对于"N1+于+NP"结构来说，不存在 N1 属于 NP 的例子。譬如，我们发现在合集 13036 有卜辞曰："贞日中于(昃)雨。"试译为："在这一天之内以及(包括/至于)下午太阳西斜将会有雨。"(对照注[10])这将意味着"日中"一语所指涉的是太阳行经天空这一段时间。但是在商代"昃"这个时间段是与"日中"相区别相补充的。(9)b 也是同样的情况，尽管"日中"的词序在那里被颠倒过来了。也许有人会认为(9)b 的词序应该是"日中于暮"，意思是"在这一天之内以及(包括/至于)傍晚"，但是相关拓片明确显示正如(9)b。这里我只能推测贞人将"于日中"写于"暮"字

之后是颠倒了次序。尽管这个推论并不能令我十分满意,但这毕竟是对连接助词"于"专题研究得出的结论。"于"字有"包括"、"至于"的意思,与"又"和"众"有所不同。详见 Takashima(1984—1985;Takashima & Itō 1996:1.247—251)。面对"暮于日中"这样的语序,要么我得承认自己对"于"字含义为"包括"、"至于"的界定是错误的,要么只能推测这是商代贞人搞错了语序,我当然选择后者。

[6]这里我仅引数例以支持这种考释:
  a. 辛亥卜,翌日壬,旦至食日(=时)不[雨]。大吉。(屯南 624)
    辛亥日贞测:次日壬子,从日出到食时,将不会下雨。(其兆)大吉。
  a'. 壬,旦至食日(=时)其雨。吉。(屯南 624)
    壬日,日出到食时,将会有雨。吉。
  b. 食日(=时)至中日(=时)不雨。吉。(屯南 624)
    食时至正午不会下雨。吉。
  b'. 食日(=时)至中日(=时)其雨。(屯南 624)
    食时至正午可能有雨。
  c. 中日(=时)至郭兮不雨。吉。(屯南 624)
    正午至黄昏不会下雨。吉。
  c'. 中日(=时)至郭兮[其雨]。(屯南 624)
    正午至黄昏将会下雨。

从以上一组卜辞我们可以看出,贞人就一天之内从日出到日落,有没有雨的天气情况进行对贞,即从正反两方面占问。"食日"、"中日"和"郭兮"构成一个序列。陈梦家(1956:232)指出,"大食"、"小食"相当于朝食和夕食,可总称为"食日",又可进一步简称为"食"。陈梦家举出数例(并非穷尽性的)卜辞(231 页)支持其说。在他身后出土的小屯南地甲骨文进一步验证了他的结论,所以为学界所普遍接受。陈氏将"食日"当做一个语言单位,但并没有提出这里"日"字应读为"时",这在分析上来讲还不够精细。同样的评价也适用于常玉芝(1998:13)和李学勤(1997、1999:20)。李氏对"食日"的处理与陈氏无别。我们作了进一步的严格分析,结论是,在殷墟卜辞中,"食日"和"大食日"分别应读为"食时"和"大食时"。详见 Takashima(2003)。

[7]文末将作详论。

[8]之所以要强调这一点,是因为中国历史学界甚至古文字学界的一些同行至今还不肯接受这种分析。

[9]时间词"郭兮"确切含义已不可考。但是我们可以确定的是,其所指称的时间段是在"昃"之后,"昏"之前。合集 29793 曰:"昃至郭不雨。"合集 29801 的第一条卜辞曰:"昃至[郭]兮其雨。"紧随其后的是:"郭兮至昏不雨"和"郭兮至昏其雨"。这里试译为"黄昏前"(或者说,日落前后)。

[10]常玉芝(1998:159)引合集 1306 为:"贞日中[至]于昃雨",并将其中的"日中"等同于"中日",她对该句的理解是:"贞问:从正午到昃时将会有雨?"但查验拓片我们发现,原句根本没有给她所说的"至"字留下空间,而且合集的编者隶定为:"贞日中……于……雨。"也没有"至"字。在注[5]中,我将这条卜辞隶定为"贞日中于(昃)雨",译为:"贞验:一天之内以及(包括/至于)日昃将会有雨。"之所以可将"昃"字补出,是因为在原拓中我们还可以看到"昃"字的上半部分。

[11]当然,也不能排除这种情况,在口语中由于超语段韵律的因素,"中日"也可理解为正午十二点。

[12]除了(11)a—c,我们还在《屯南》624 中发现另外一个时间词"郭兮"。详见注[9]。

[13]可以设想,对于当时知道"日"字可以读为"时"字的人来说,他们将"食日"、"旦日"读为"食时"、"旦时",而其他人则读为"食日"、"旦日",但也不会引起误解。

参考文献

常玉芝 1998 《殷商历法研究》,吉林文史哲出版社。

陈梦家　1956　《殷虚卜辞综述》,科学出版社。

李学勤　1997　《"三焰食日"卜辞辨误》,《传统文化与现代化》第3期;另见李学勤《夏商周年代学札记》,17—21。

李学勤　1999　《夏商周年代学札记》,辽宁大学出版社。

杨伯峻　1981　《春秋左传注》,中华书局。

Karlgren, Bernhard　1950　The book of odes. Reprinted from the *Bulletin of the Museum of Far Eastern Antiquities*. No. 22.

Legge, James. (Transl.)　1872/1966　*The Ch'un Ts'ew with the Tso Chuen*. *The Chinese Classics*, Volume 5. Original Published in London. Reprinted in Taipei: Wenxing Shudian. (文星书店).

Takashima, Ken-ichi　1984—1985　Noun phrases in the oracle-bone inscriptions. *Monumenta Serica* Vol. XXXVI: 229—302.

Takashima, Ken-ichi(高嶋谦一)　2003a　Time in the Shang inscriptions. Paper presented to the International Conference on the Computer Processing of Chinese Characters and Their Research, 12—14 December 2003, Shanghai: East China Normal University.

Takashima, Ken-ichi(高嶋谦一)　2003b　Time in the Zhou brone inscriptions. Paper presented to the International Conference on the Transmission of Chinese Characters and the Cultural Exchange between China and Vietnam. 19—21 December 2003. Shenzhen: Qinghua University Graduate Division.

Takashima, Ken-ich　2005　On the methodology of deciphering the Shang oracle-bone inscriptions: The state of the art. Paper presented to the Workshop in Early Chinese Civilization, 9—13. 2005, Vancouver: University of British Columbia.

Takashima, Ken-ichi(高嶋谦一) & Itō Michiharu(伊藤道治)　1996　*Studies in Early Chinese Civilization: Religion, Society, Language and Palaeography*. 2 Vols. Hirakata: Kansai Gaidai University Press.。

动词"吃(噢)"的来源

东京大学文学部　平山久雄

一

1.1　古代汉语"食"、"饮"两个动词所代表的行为,现代汉语各用"吃"、"喝"来表示。中间还有唐、宋、元、明时期"吃(噢)"一个动词兼表"食"、"饮"两种行为。

"噢"字已见于《世说新语》,在唐代用得比较普遍,参看蒋绍愚(1994:283)。"噢"在《广韵》见于入声锡韵"苦击切"$k^h\varepsilon k^{\wedge}$小韵,注云"噢,食",《唐韵》亦同,《王三》注云"啗";《切三》、《王一》、《王二》则均未收,可知是后来的增加字。《篆隶万象名义》也不收"噢"字,原本《玉篇》亦当如此。在《说文解字》中"噢"系宋代的新附字。

"吃"一词的来源还不甚明了。王力(1958:579,注①)批评郑珍《说文新附考》中"啮,嗜也,即'噢'本字"云:

按'啮'是疑母字,是以齿断物的意思;'噢'是溪母字。郑珍的说法是错误的。

本文对"吃"的来源问题提出一个看法,虽然只是一种假说而已。

1.2　《广韵》有"毃"字,与"噢"同属锡韵"苦击切"小韵,字下的训义是:

攻也,《汉书》云:攻苦毃淡。

《切三》、《王一》、《王二》、《王三》、《唐韵》训义均同,除了偶有误字和虚字的不同以外。[1]这一训解很可能在原本《切韵》中已经如此。

"攻苦毃淡"见于《汉书》卷四十三《郦陆朱刘叔孙传》,不过今本作"攻苦食啖":

高帝欲以赵王如意易太子。(叔孙)通谏曰:昔者晋献公以骊姬故废太子,立奚齐,晋国乱者数十年,为天下笑……今太子仁孝,天下皆闻之。吕后与陛下攻苦食啖,其可背哉!

颜师古注云：

> 如淳曰：食无菜茹为啖。师古曰：啖当作淡，淡谓无味之食也。言共攻击勤苦之事，而食无味之食也。

《史记》卷九十九《刘敬叔孙通列传》亦作"攻苦食啖"，《集解》释云：

> 徐广曰：攻，犹今人言击也。啖，一作淡。骃案，如淳曰：食无菜茹为啖。

《索隐》云：

> 案，孔文祥云：与帝共攻冒苦难，俱食淡也。案，说文云：淡，薄味也，音唐敢反。

《艺文类聚》卷二十四、《太平御览》卷四百五十一、《资治通鉴》卷十二等所引亦皆作"攻苦食啖（淡）"。

不过，既然《切三》以下各种切韵系韵书所引均作"攻苦㩻淡"，就不能否定曾有一种《汉书》本子"食"作"㩻"。即使不然，当时也应该有"攻苦㩻淡"这一成语，《切韵》编者（或增订者）凭记忆以为《汉书》也是如此。那么"攻苦㩻淡"仍然也可做"攻苦食淡"的异文看待。

至于"食"和"㩻"哪一个是《史记》、《汉书》原来的用字，我以为那当是"㩻"字，它因鄙俗之故，被后人拿同义的"食"字代替了。

1.3 "攻"，《说文》："击也"。"㩻"，《说文》："相击中也"；《广韵》在同一个小韵（锡韵"苦击切"）里有"擎"字，注云："旁击"，《说文》亦云："旁击也"；可见"㩻"、"擎"也都带"击"义。我以为，"攻苦㩻淡"里"攻"、"㩻"二字都表示饮食的行为，是由"击打"义衍生的一种代动用法。"攻"字有各种引申义，如"治理"、"加工"、"研习"、"驯服"等等，这些用法所共通的因素可归纳为"对某种难以对付的对象施加特定功力，使之顺服"。那么，"攻苦"就有可能解作"把苦涩难吃的东西（如野草等）勉强吃下"。与此同样，"㩻淡"也可解作"把淡薄（即没有咸味或非常稀薄）无味的东西勉强吃（喝）下"吧？"攻"、"㩻"是互文，二字都用作"饮食"义可算是相关语词的类同引申[2]。

"攻苦㩻淡"自然就是借以表示熬过艰苦的日子，该是成语，但未必失去它本来的具体形象，所以叔孙通能用来提醒高祖。用"攻"、"㩻"来代表饮食的行为，由于它包含"用力"的因素，比用"食"、"饮"更形象、生动，足以让高祖想起过去和吕后携手克服的诸多困难。

如此，我所推测的结论就是："吃"本来是由"㩻"、"擎"引申来的用法，由于它给人的印象比"食"、"饮"更鲜明生动，所以在口语里逐渐用得多起来，终于取代了"食"、"饮"二词；与此同时，"吃"原有的粗鲁鄙俗、但富于形象的语感逐渐冲淡了，它终于变成了表示"食"、"饮"行为的一般平淡的说法。一个常用词被另一个形象更鲜明的词来替代,是词汇演变中的一个重要类型,例如"目"被"眼","口"被"嘴","行"被"走"取代,参看王力(1958:574—587)。"吃"的"饮"义后来被"喝(欱)"取代了(蒋绍愚,1994:283—284),也是同类的例子,因为"欱"原来是"啜"、"饮取"之义,比"吃"形象应该更鲜明。明人焦竑《俗书刊误》卷五"㱃"下云:《汉书》"攻苦㱃淡",俗作"喫"。杜诗"楼头喫酒楼上卧"……,皆当作"㱃"。可见焦氏已认为"㱃"即"喫"。

我们将"吃"字锡韵开口溪母的语音形式 $k^h \varepsilon k^{\wedge}$ 称为"甲音"。

"㱃"能表示"饮食",这个设想可以拿"打"在唐宋时代用作"饮食"义来印证。《寒山诗》"个是谁家子?为人大被憎。……唯知打大脔,除此百无能",项楚(2000:352)将"打大脔"释为"大块吃肉",并列举唐宋文献中"打"表示"食"义、"饮"义的例子。现代徐州方言管"吃"叫"剋",《徐州方言词典》"剋"$k^h e^{阴平}$ 条义项⑥说:"吃(一般不用于庄重场合)"。[3] 这也算是类似的现象。

二

2.1 从"喫"这个字形来看,"吃"除了"㱃"以外好像还有一个来源。"喫"字从"契"声,"契"声字在中古入声韵中大多见于屑韵。据《广韵声系》统计,凡是以"㓞"、"契"得声的字在中古入声韵里分布的情况如下表:

韵	屑	鎋	薛	迄	黠	陌	锡
字数	28	4	2	1	1	1	1

"喫"是唯一在锡韵出现的。[4] 从这一情况来看,"喫"应该本初代表相当于中古屑韵开口溪母 *$k^h \varepsilon t^{\wedge}$。我们将这一语音形式称为"乙音"。以"喫"表示甲音 $k^h \varepsilon k^{\wedge}$,是字形的借用。

《集韵》屑韵"诘结切"$k^h \varepsilon t^{\wedge}$ 小韵最末有"齧",注云"噬也",与乙音"吃"相合。"喫"字在越南除了与甲音对应的 khich 之外还有与乙音对应的 khiêt 音(三根谷彻,1972:34)。湖北(赣语区)嘉鱼、广西桂林平话"吃"字都念 $tc^h i e^{\wedge}$(《湖北方言调查报告》,1165 页;《广西通志·汉语方言志》,811 页),也与乙音对应。这些形式保证我们拟测乙音并非虚设。

2.2 "吃(喫)"字在唐代有一个俗音 $k^h j i e t^{\wedge}$。刘肃《大唐新语》卷十三有这么一个故事:

> 侯思止出自皂隶,言音不正,以告变授御史。时属断屠,思止谓同列曰:"今断屠宰,鸡云圭猪云诛鱼云虞驴云平绎,俱云居不得喫云诘,空喫云诘米云弭麵云泥去,如云儒何得不饥!"侍御崔献可笑之。思止以闻,则天怒,谓献可曰:"我知思止不识字,我已用之,卿何笑也!"献可具以鸡猪之事对,则天大笑,释献可。

上文中"噢云诘"两见,可知侯思止将"噢"读为"诘"。"诘",《广韵》"去吉切",质韵开口重纽四等溪母 $k^hjiet^\wedge$ [5]。下文将"吃(噢)"字这一语音形式称为"丙音"。

黄笑山(1995:5—6)介绍上引一段,并解释说:"侯思止是醴泉人,所操当为'秦音',然而毕竟出于奴仆,言音不雅。"《大唐新语》有元和丁亥(807年)自序。《新唐书》卷二○九《酷吏传》说:"思止音吐鄙而讹,人效以为笑,侍御史霍献可数嘲靳之"云云,这该是概括《大唐新语》那一段而写的。

2.3 就《汉语方音字汇》"吃吃饭"(65页)下所载20方言"吃"字的语音形式(5个方言记文、白等两种音,因此实有25个形式)来看,与甲音 $k^h\varepsilon k^\wedge$ 对应的有5处:

<u>长沙</u>白 $tc^hia^\wedge$、<u>双峰</u>白 $tc^hio^{阳平}$、<u>南昌</u> $tc^hiak^{阴入}$、<u>广州</u>文 $h\varepsilon k^{上阴入}$、<u>厦门</u> $k^h\textrm{I}k^{阴入}$

地名下的底线表示该音又见于《汉语方言词汇》(第二版)(335页)"吃"下,可知"吃"在该方言是口语词,下文皆仿此。在20个方言中没有与乙音对应的语音形式。

与丙音 $k^hjiet^\wedge$ 对应的有1处:<u>阳江</u> $h\textrm{œ}t^{上阴入}$。

丙音见于阳江一处似乎是很个别的,其实其他方言偶尔亦有之,如信宜、云浮、廉江 $h\textrm{œ}t^{上阴入}$(《广东粤方言概要》,381页"广东粤方言代表地点字音对照表"),惠州(市区)客家话 $hit^{阴入}$(《珠江三角洲方言字音对照》354页)。日本字音"噢"读 kitsu 看来也反映丙音(如果反映甲音则应读 * keki,反映乙音则应读 * ketsu)。此音在日本字音资料中最早见于《温故知新书》(1484年成书)[6],它可能属于"唐音",即宋朝以后借入的读音。

此外有9处的语音形式既与甲音对应又与丙音对应,不能分辨来自哪一音:

<u>武汉</u> $tc^hi^{阳平}$、<u>合肥</u> $tc^hie\textrm{?}^\wedge$、<u>扬州</u> $tc^hie\textrm{?}^\wedge$、<u>苏州</u> $tc^hi\textrm{ɿ?}^{阴入}$、温州$_2$ $tc^hiai^{阴入}$、长沙$_文$ $tc^hi^\wedge$、双峰$_文$ $tc^hi^{阳平}$、福州$_2$ $k^hei\textrm{?}^\wedge$、建瓯 $k^hi^\wedge$

甲、乙、丙三音的声母都是溪母,不过此外有6处的语音形式与中古昌母对应:[7]

<u>北京</u> $ts\textrm{ʂ}^{h阴平}$、济南 $ts\textrm{ʂ}^{h阴平}$、<u>西安</u> $ts\textrm{ʂ}^{h阴平}$、<u>太原</u> $ts\textrm{ʂ}^h\textrm{ə?}^{阴入}$、<u>成都</u> $ts\textrm{ʂ}^h\textrm{ɿ}^{阳平}$、梅县 $ts\textrm{ʂ}^h\textrm{ə}t^{阴入}$

在中古音系中锡韵是所谓"纯四等韵",不能与昌母结合,因此我们可以拟定"吃"字昌母一音应该是从质韵开口来的。梅县 $ts\textrm{ʂ}^h\textrm{ə}t^{阴入}$ 支持这个拟测。应该说,中古时期的汉语中"吃"字除了甲音、乙音、丙音之外还有相当于质韵开口昌母 $tc^hiet^\wedge$ 的语音形式,我们将之称为"丁音"。丁音已见于《中原音韵》,那里"噢"字和"尺"、"赤"等字同音。

下面4处的语音形式不能从甲、乙、丙、丁四音作出解释:

温州$_1$ $ts^h\textrm{ɿ}^{阴入}$、广州$_白$ $jak^{上阴入}$、潮州 $\textrm{ŋɯ}k^{阴入}$、福州$_1$ $\textrm{ŋ}ei\textrm{?}^{阴入}$

这些形式的来源本文不做分析对象,以待专家指教。

三

3.1 综上所述,"吃(噢)"字曾经存在四个语音形式,即

甲音:$k^h\varepsilon k^\wedge$,中古锡韵开口溪母。

乙音:*kʰɛt^,相当于中古屑韵开口溪母。

丙音:kʰjiet^,相当于中古质韵开口四等溪母。

丁音:*tɕʰiet^,相当于中古质韵开口昌母。

从历时论的角度来看,四音相互之间的关系如何,是个亟待探讨的问题。

3.2 甲、乙二音声母、主要元音都相同,只是韵尾有-k 和-t 的不同。从上古一直到中古,这两种入声韵尾界限分明,因此我们不能把这二音随意混为一谈,应该将甲音"吃"与乙音"吃"认作两个不同来源的词,不过音、义都偶然相近罢了。

如在§1.3 里所论,甲音"吃"该是由"㱿"的代动用法而来的,因此能兼表"食"、"饮"两种行为。乙音"吃"则本有"齧"即"啃、咬"义(同音字有"㓞,刻也",该是同源),那么它应该只能表示"食"义,不能表示"饮"义。我以为甲音和乙音之间由于音、义相近而发生了相互的感染,甲音"吃"从乙音"吃"把字形"噢"借过来,乙音"吃"则发生了词义的扩大,向甲音"吃"看齐,也能表示"饮"义。

如上所述,乙音"吃"可与《集韵》屑韵溪母的"齾"等同起来,但"齾"在《广韵》只见于屑韵"五结切"ŋɛt^小韵(亦训"齧也"),声母是疑母,现代读 niè 也与此相合。"齾"字的疑母、溪母二音应该本是同一词的两种语音形式,虽然声母分作 ŋ-和 kʰ-的原因一时难以推断。如此想来,"吃"的来源与"齾(啮)"有关的看法也并非没有根据了。乙音"吃"应该是"啮"的同源词。贾谊《新书》卷七《耳痹》有"噢"字,即:"越王之穷,至乎噢草木,饮腑水,易于而食。"[8] 这"噢"字还可以当"啮"、"齧"来解释。

甲音"吃"则应该是"击"的同源词,"击"《广韵》锡韵开口见母 kɛk^,虽然声母分作 k-和 kʰ-的原因也难以捉摸。

3.3 丙音当是由乙音通过 ɛ->jie-的音变产生的。据《大唐新语》"米云弭"的记载可知,当时庶民中间有一些人把"米"mɛi^上(荠韵明母)说成"弭"mjie^上(纸韵重纽四等明母),这恰与"吃"从乙音到丙音的变化平行。就是说,如果我们假定"吃"的乙音曾经存在,那么就可以把《大唐新语》的"噢云诘"解作实与"米云弭"属于同一类型的讹变。

这一种音变是只在部分庶民的语言中发生的,所以由此而产生的语音形式逐渐为雅音所淘汰,丙音"吃"可能是唯一留存的例子。至于"米",我们无从知道它的现代读法是否为mjie^上 音的后代,因为大多数现代方言不分齐部唇音和支部唇音,例如北京都念-i。

3.4 丁音*tɕʰiet^ 当是由丙音 kʰjiet^ 通过声母的舌面化音变而产生的。可以推测,在经过 ɛ->jie-音变的那些阶级方言音系中,又有部分方言音系后来发生了腭化牙喉音(相当于中古的重纽四等)kji-等变为舌面音 tɕi-等的音变,丁音"吃"就是那一次音变留下的形式。

"吃"丙、丁二音的差异与"祁"字二音的差异正好相同。"祁"在《广韵》见于脂韵开口重纽四等群母 gji^平"鬐,渠脂切"小韵[9];《切二》、《切三》、《王二》、《王三》亦同,但这些本子除《广韵》以外都在训解之末注有"又市支反"。"市"是常母字,"支"反映支、脂二韵的混乱。虽然《广韵》支韵、脂韵均未收录常母"祁"字，但这种读法在中古时期的各种音义中经常出现：例如颜师古《汉书音义》音"祁"为"十夷"、"上夷"、"上尸"[10]，反切上字"十"、"上"都表示常母。"祁"的常母一音 dʑi^平[11] 当是由重纽四等群母一音 gji^平 经过和"吃"丁音同样的舌面化音变而来的。

上面所述关于丁音来源的看法是受河野六郎(1950)启发的。该文拟测，在上古与中古之间，牙喉音重纽四等声母通过腭化音变而变入了正齿音三等（疑母重纽四等则变入了日母）。这一音变只发生在作为中古汉语白话音来源的音系里，在作为文言音来源的音系里则未曾发生。根据主要有二：(1)牙喉音重纽四等字比三等字少，小韵的分布往往不很齐全。(2)牙喉音四等字在谐声上常与正齿音三等字（包括半齿音）相通，当中正齿音字似乎多是口语里常用的，如"支"、"只"、"舌"、"热"；另外，《广韵》清韵开口常母有"颋"字，训"颈也"，这当是与"颈"（清韵开口四等群母）相配合的白话形式。

这个看法还有待提炼之处，例如不包含重纽的一些韵里也有与正齿音三等相通的牙喉音字，如虞韵"区"（与"枢"等相谐）、尤韵"纠"（与"收"相谐），这些将如何解释？不过从多数情况来看，这一看法的说明能力比较强，我想可以沿着这一线索来思考问题。

不过，我们不能把"吃"丁音归属于河野氏所谓中古汉语的白话音层次，因为经过 ɛ-> jie- 音变的语词形式在中古音系中是绝无仅有的。丁音还是要算是来自叠置在中古汉语下面的俗音音系，只是这一音系和中古汉语主层中的白话音系一样经过了上述的舌面化音变。

河野六郎(1950)分析"儿(兒)"音变迁的一节(229—230)很有意思，即(介绍大意)："兒"《广韵》："汝移切"ȵie^平，支韵开口日母；"兒"声字大多见于齐韵，见于支韵者只有"儿"一字；汉代有"婴婗"一词，就是"婴儿"，"婗"《广韵》"五稽切"ŋei^平，齐韵开口疑母；由此看来"儿"的中古音 ȵie^平 当是由 ŋei^平 经过声母的舌面化演变过来的。

根据这一看法，"儿"应该也先经过 ɛ->jie- 音变，而后经过声母变化而形成了 ȵie^平 音，那么"儿"的中古音 ȵie^平 历时上属于和丁音"吃"同一种俗音层次了。只是丁音"吃"在中古时期还是民间俗音，"儿"的 ȵie^平 音则在中古汉语中已经升格为正规而唯一的语音形式了。

3.5 综合上面的讨论，"吃(噢)"四音的关系可以概括如下：

```
        "击"系                          "喾"系
                    字形借用
                   ←————————
  "吃(噢)"甲音 kʰɛk^ ("殻")      "吃(噢)"乙音 *kʰet^ ("齧溪母")      雅音音系
                    字义扩大
                   ————————→
                                        ↓  ɛ->jie-
                                  "吃(噢)"丙音 kʰjiet^              俗音音系 A
                                        ↓  kʰji->tɕʰi-
                                  "吃(噢)"丁音 *tɕʰiet^             俗音音系 B
```

雅音音系后来成为中古汉语的标准音系,两种俗音音系则都成为叠置在中古汉语音系下面的阶级方言乃至底层(substratum)了。

我们在现代汉语的常用词里常能遇到与中古音系的对应规律的例外。其中相当多数可以假定为"感染(同化、异化)"、"类推"、"轻读"等原因。不过还有一些例外难以采取如此的做法,例如"打",《广韵》梗韵开口端母"德冷切"taŋ^{上},按对应规律它现代应该念 děng,事实却 dǎ[12]。对此我们需要假定,中古时期的俗音音系中"打"有 *ta^{上}(相当于马韵开口二等端母)这么一种形式,它后来逐渐渗进雅音中,终于在现代汉语里占了优势。如此看来,"吃"的丙音、丁音都并不是特殊的孤例,而是由上、下两层(各层又可分成不同的层次)音系的叠置和相互渗透带来的结果之一。

附 注

[1]《王二》、《王三》、《唐韵》作"毃"。"毃"是"㲉"的异体字。

[2]参看江蓝生(2000)。

[3]有一位曾在武汉住过的中国友人相告,武汉口语也把"剋"用作"吃"义。

[4]陌韵一例是"鲵",《广韵》:"五陌切,鰗鲵,鱼名。"

[5]j 表示声母腭化成素;重纽在音位层次上可视为声母腭化(四等)和非腭化(三等)的对立。

[6]《温故知新书》:按日语五十音排列的字典,汉字旁边注其音读或训读。"噢"字见于《キ·态艺门》(68 页)。这是承沼本克明教授指教的,在§2.1 介绍的越南字音 khiêt 亦系沼本教授提醒。

[7]纯粹从音韵对应的规律来看,6 处的语音形式也与彻母、初母对应。这里只说与昌母对应,是因为我认为这些形式是从丙音演变而来的。参看本文§3.4。

[8]伍巍(2000:395)引载《新书》这一句。

[9]《韵镜》把该小韵放在三等,但反切下字"脂"表示它实为四等,因为正齿音三等字作为重纽韵的反切下字多数表示四等。该小韵字在唐代各种音义中也有同样情况,特别值得重视的是《慧琳音义》、敦煌《毛诗音》残卷对该小韵字采用重纽四等的反切上字,如"眵,佶伊"(慧琳)、"翘夷"(敦煌 P.3383 页残卷),因为这两种资料的反切上字照例选择得和被切字属于同等。在中古时期的材料中,该小韵字反映三等读法的只有朝鲜音"祁"kɯi 而已。参看平山久雄(1997:1293—1296)。

[10]据大岛正二(1981:200)。

[11]常母一般拟为 ʑ,但我赞同有些学者把它改拟为 dʑ 的看法。

[12]"打"字 ta^{上} 音在宋代文献里已有记载,参看周祖谟(1966:658—659)。

参考文献

黄笑山 1995 《〈切韵〉和中唐五代音位系统》,文津出版社,台北。
江蓝生 2000 《相关语词的类同引申》,见江蓝生《近代汉语探源》,商务印书馆,北京,309—319。
蒋绍愚 1994 《近代汉语研究概况》,北京大学出版社。
王 力   1958 《汉语史稿》上册,科学出版社,北京。
伍 巍   2000 《粤语动词"食"、"吃"研究》,见单周尧、陆镜光主编《第七届国际粤方言研讨会论文集》(《方言》增刊),商务印书馆,北京,394—396。
项 楚   2000 《寒山诗注》,中华书局,北京。
周祖谟 1966 《问学集》下册,中华书局,北京。

大岛正二　1981　《唐代字音の研究》,汲古书院,东京。

河野六郎　1950/1979　《中国语音韵史研究の一方向——第一口盖音化に关レて》,见《河野六郎著作集 2 中国音韵史论文集》,平凡社,东京,227—232。

平山久雄　1997　《万叶假名のイ列音甲・乙と中古汉语の重纽》,见《东方学会创立五十周年记念　东方学论集》,东方学会,东京,1289—1300。

三根谷彻　1972　《越南汉字音の研究》,东洋文库,东京;另见三根谷彻《中古汉语と越南汉字音》,汲古书院,东京,211—536。

《大唐新语》:刘肃撰,许德南、李鼎霞点校,中华书局,北京,1984。

《广东粤方言概要》:詹伯慧主编,暨南大学出版社,广州,2007。

《广西通志・汉语方言志》:广西壮族自治区地方志编纂委员会编,广西人民出版社,1998。

《广韵声系》:沈兼士主编,中华书局影印,北京,1985。

《汉语方言词汇》第二版:北京大学中国语言文学系语言学教研室编,语文出版社,北京,1995。

《汉语方言字汇》第二版重排本:北京大学中国语言文学系语言学教研室编,语文出版社,北京,2003。

《湖北方言调查报告》:赵元任、丁声树、杨时逢、吴宗济、董同龢著,中研院历史语言研究所专刊,商务印书馆,上海,1948。

《俗书刊误》:焦竑撰,见《四库全书珍本初集》,商务印书馆,上海,1934—1935。

《温故知新书》:《尊经阁善本影印集成》25-1,八木书店,东京,2000。

《新书》:《贾谊新书逐字索引》,商务印书馆,香港,1994。

《徐州方言词典》:李荣主编,苏晓青、吕永卫编纂,江苏教育出版社,南京,1996。

《珠江三角洲方言字音对照》:詹伯慧、张日升主编,新世纪出版社,香港,1987。

从助动词"解"、"会"、"识"的形成看语义的演变

北京大学中文系　蒋绍愚

语义演变的规律是当前语言学研究的一个热点。本文打算通过对助动词"解"、"会"、"识"形成过程的考察,来对这个问题作一点探讨。

从魏晋南北朝到唐宋,先后出现了两个助动词"解"和"会",它们都是由义为"知晓"的动词发展来的,其词义演变的途径基本上是一样的。在现代粤语中,有一个正在形成的助动词"识",它也是由义为"知晓"的动词发展来的,也经历了大致相同的词义演变的途径。为了叙述的方便,本文按照"会"、"解"、"识"的顺序分别加以描写和讨论。

一　会

《朱子语类》以前的"会"

在敦煌变文、《祖堂集》和《三朝北盟会编》中,"会"主要用作动词,义为"知晓",可以带体词宾语,也可以带谓词宾语。

(一)动词,知

(1) 低眉而便会人情,动目而早知心事。(《维摩诘经讲经文》五)

(2) 争知于(如)是一场梦,未会人为四毒蛇。(《维摩诘经讲经文》二)

(3) 未会到头要已老,岂知终被死于(相)隳。(《维摩诘经讲经文》二)

(4) 年才长大,稍会东西,不然遭学经营,或即令习文笔。(《维摩诘经讲经文》一)

(5) 纵年成长,识会东西,抛却耶娘,向南向北。(《父母恩重经讲经文》)

(6) 奴身虽居下贱,佛法薄会些些。(《庐山远公话》)

(7) 锄禾刈麦,薄会些些。买卖交关,尽知去处。(《庐山远公话》)

(8) 又问:"山人更会何业?"山人曰:"更有,实不敢对。"师曰:"纵汝总解,亦不足贵。"师却谓代宗曰:"问山不识山,问地不识地,问字不识字,问算不解算,何处引得这个朦汉来?"(《祖堂集》卷三)

(9) 阿骨打一日集众酋豪出荒漠打围射猎,粘罕与某并辔,令译者相谓曰:"我闻南朝人止会文章,不会武艺,果如何?"某答以"南朝大国,文武常分两阶。然而武有兼深文墨,文有精晓兵务者,初不一概言也。"粘罕云:"闻教谕兵书及第,莫煞会弓马否?"(《三朝北盟会编·

茅斋自叙》)

(10) 万户笑云:"大金没恁公事。待教一个会汉语翻译人去做通事,且好坐马。"(《三朝北盟会编·甲寅通和录》)

由带谓词宾语的动词发展为助动词,但只有很少几例。

(二) 助动词

(11) 筹应也会求财路,那个门中利最多?(《双恩记》)

(12) "有何所解也?"答曰:"会织绢。"(《孝子传》)

[按:可对比《搜神记》卷一"汉董永"条:"主曰:'妇人何能?'永曰:'能织。'"句道兴《搜神记》:"昔刘向孝子图曰:……主人问曰:'女有何伎能?'女曰:'我解织。'"]

(13) 林牙又云:"君为使人,何得与刘宗吉结约?"仆云:"贵朝诸公深会理论,顾仆乃招纳使耳!"(《三朝北盟会编·茅斋自叙》)

(14) 译者云:"向时第一番到汴京,皇帝同张邦昌来军前为质,我曾亲自说与皇帝:国家不要听贼臣言语。我道有一喻:一似人家盖一房子,使椽柱瓦木盖得是好,却须是住房子底人做主,防水火盗贼,若不会照管,便倒塌了。"(《三朝北盟会编·甲寅通和录》)

《朱子语类》中的"会"

在《朱子语类》中,还有动词"会",但助动词"会"已占绝大多数。

(一)"会 v":动词

(15) 小人之心,只晓会得那利害;君子之心,只晓会得那义理。(27/701)[1]

(16) 圣人事事从手头更历过来,所以都晓得。而今人事事都不会。(36/959)

(17) 如今看来,终不成才会得让底道理,便与曾点气象相似!(40/1039)

(18) 魂便是气之神,魄便是精之神;会思量讨度底便是魂,会记当去底便是魄。(3/41)

(19) 是徒见其忠之理,而不知其恕之理也。曾子一日三省,则随事用力,而一贯之说,必待夫子告之而后知。是先于恕上得之,而忠之理则其初盖未能会也。(40/1036)

(20) 先生问寿昌:"子见疏山,有何所得?"对曰:"那个且拈归一壁去。"曰:"是会了拈归一壁?是不会了拈归一壁?"寿昌欲对云:"总在里许。"然当时不曾敢应。会先生为寿昌题手中扇云:"长忆江南三月里,鹧鸪啼处百花香。"执笔视寿昌曰:"会么?会也不会?"寿昌对曰:"总在里许。"(118/2859)

动词"会"有一些语法上的表现:可以和动词"晓"组合[例(15)],可以在后面跟动态助词"得"和"了"[例(17)、(20)],可以受助动词"能"修饰[例(19)],可以单独用表疑问或用肯定否定形式构成反复问[例(20)]。

(二) 助动词

《朱子语类》中的助动词"会"可分为以下几类。

Ⅰ. 会1

具有发出某类动作的能力。S=人或生物,V=人或生物生来就能发出或学习后能做的某类动作,V 是类指性的(generic)。

"会1"显然是由带谓词宾语的动词"会 v"发展而来。两者的区别是:动词"会 v"表示"懂得",跟在后面的可以是体词也可以是谓词,助动词"会1"表示"能够",跟在后面的只能是谓词。动词"会 v"表示具有"知"的能力,助动词"会1"表示具有"行"的能力。有的例子究竟属于何者很难确定,但这正是词义演变中的常见现象。

"会1"在现代汉语中仍然说"会"。

(21) 而今人会说话行动,凡百皆是天之明命。(16/317)

(22) 至于猕猴,形状类人,便最灵于他物,只不会说话而已。(4/58)

(23) 且如狗子,会咬人底,便是禀得那健底性;不咬人底,是禀得那顺底性。(17/375)

(24) 今自道己会读书,看义理,做文章,便道别人不会;自以为说得行,便谓强得人,此便是小人儒。(32/805)

(25) 然而今未论人会学,吃紧自无人会教。(43/1103)

(26) 侯景反时,士大夫无人会骑,此时御法尚存。今射亦有法,一学时,便要合其法度。若只是胡乱射将来,又学其法不得。某旧学琴,且乱弹,谓待会了,却依法。(55/1315)

如果 S=非生物,V=非生物自然能发生的过程,也是类指性的,那么,这种"会1"的助动词的性质就更强一些。

(27) 如乌喙是杀人之药,须向他道是杀人,不得说道有毒。如火,须向他道会焚灼人,不得说道只是热。(21/484)

在《朱子语类》中,"会1"可与"能"替换使用,这时的"能"也表示具有发出某类动作的能力。如:

(28) 且如乾施物,坤不应,则不能生物。既会生物,便是动。若不是他健后,如何配乾,只是健得来顺。(69/1734)

(29) 如口会说话,说话底是谁?目能视,视底是谁?耳能听,听底是谁?便是这个。(126/3022)

Ⅱ.会2:善于

在《朱子语类》中可以找到对"会2"的训释。"'虽有善者',善,如而今说'会'底"(16/367)就是朱熹对"会2"的解释。"人须会向始得"朱熹的另一个学生录作"学须善问始得"(41/1054),这也说明当时"会2"和"善"同义。

"会2"是由"会1"发展来的。"会1"是具有某种能力,"会2"是充分具有某种能力(=善于),"充分"体现在语境中。有时"会"前面有程度副词"极"、"甚"等,进一步加强了"充分"的语义。

"会2"在现代汉语中仍然说"会"。

和"会 v"相比,"会1"和"会2"的动词性都已弱化,它们后面不能跟体词,只能跟谓词,这说明"会 v"可以单独充当句子的谓语核心,而"会1"和"会2"只能和后面的谓词一起构成句子的谓语核心。但和"会3"相比,它们都主要表示事物的客观属性,而不包含说话者的主观判断,从"主观性"(subjectivity)的角度看,似乎难以归为助动词的范畴。或许可以说,它们是处于"动词——助动词"的过渡状态。

(30) 便是说话难。只是这一样说话,只经一人口说,便自不同。有说得感动人者,有说得不爱听者。近世所见会说话,说得响,令人感动者,无如陆子静。可惜如伯恭都不会说话,更不可晓,只通寒暄也听不得。(95/2458)

(31) 邵康节,看这人须极会处置事,被他神闲气定,不动声气,须处置得精明。(100/2543)

(32) 陆宣公奏议极好看。这人极会议论,事理委曲说尽,更无渗漏。(138/3284)

(33) 曾司直大故会做文字,大故驰骋有法度。裘父大不及他。裘父文字涩,说不去。(139/3316)

(34) 又曰:"看来古人大故淳朴。人君出命不甚会说话,所以着人代他说话。"(38/1000)

(35) 看他会做事底人便别,如韩信邓禹诸葛孔明辈,无不有一定之规模,渐渐做将去,所以所为皆卓然有成。这样人方是有定力,会做事。(58/1373)

Ⅲ. 会3:能够做某件事

S=人或生物,V=人或生物发出的某种具体动作,是非类指性的。

"类指性"和"非类指性"是"会1"和"会3"的主要区别。什么是"类指性"和"非类指性"?我们可以用现代汉语的例子来加以说明。在现代汉语的一般语境中,"开车"是类指性的,通常不是指开某一辆车,而是指开所有的车,所以是表示一种能力。"会开车"表示具有这种能力。"开门"是非类指性的,通常是指开某一扇门,所以不表示一种能力,而是表示某种具体的动作。现代汉语中"会"一般只表示具有某种能力,不表示能够进行某种动作,所以不能说"他会开门";但在《朱子语类》中,"会"后面也可以是非类指性的动作。如果"会"后面的动词表示类指性的动作,"会"着重表达动作主体客观具有的能力;如果"会"后面的动词表示非类指性的动作,"会"就含有说话者的主观判断。如"人会说话","说话"是类指性的,"会说话"表示"人"具有说话的能力,这是客观的判断。"周室人会怎地说","怎地说"是非类指性的,当某人讲"周室人会怎地说"这句话时,明显含有自己的主观判断。当"会"后面的动词由类指性的扩展为非类指性的时候,"会1"就演变为"会3"。由于包含了主观性,"会3"无疑已属于助动词的范畴,但和"会5"相比,"会3"还不是助动词范畴中的典型成员。

上面说过,"会3"在现代汉语中一般不用。所以,《朱子语类》中下列句子中的"会",在现代汉语中就要换成说"能"或"能够"。如例(36)"惟是周室人会怎地说",是褒义的,"会"表示说话者认为周室人能够把话说得好。在现代汉语中,要表达同样的意思,就要说"只有周室人能这样说";如果说成"只有周室人会这样说",在一般场合下是有贬义的,而且,这时的"会"不表示"能够",而表示可能,是我们所说的"会5"了。(可比较现代汉语中的两种表述:

"只有文明的人才能说得这样文雅","只有粗野的人才会说得这样粗鲁"。在通常的语境中,两个句子中的"能"和"会"是不能互换的。)同样,否定性的"不会3"也和现代汉语中的"不会"不同。如例(41)"不会鞭策得马行",用现代汉语表达应是"不能够鞭打得马跑",表示没有能力做这件事;如果说成"不会鞭打得马跑",则表示不可能出现这件事,"会"同样是我们所说的"会5"。

(36) 左传国语惟是周室一种士大夫说得道理大故细密。这便是文武周召在王国立学校,教得人恁地。惟是周室人会恁地说。(83/2151)

(37) 人若读得左传熟,直是会趋利避害。然世间利害,如何被人趋避了!(83/2150)

(38) 赵武灵王也是有英气,所以做得恁地。也缘是他肚里事,会恁地做得,但他不合只倚这些子。如后来立后一乖,也是心不正后,感召得这般事来。(134/3212)

(39) 古人有取于"登高能赋",这也须是敏,须是会说得通畅。(139/3298)

(40) 尝与后生说:"若会将汉书及韩柳文熟读,不到不会做文章。"(139/3321)

(41) 说大学首章不当意。先生说:"公读书如骑马,不会鞭策得马行;撑船,不会使得船动。"(114/2794)

(42) 孔子告颜子以"克己复礼",语虽切,看见不似告樊迟"居处恭,执事敬,与人忠",更详细。盖为樊迟未会见得个己是甚,礼是甚,只分晓说教恁地做去。(41/1055)

(43) 今日恁地,明日不恁地,到要节用,今日俭,明日奢,便不是节用。不会节用,便急征重敛,如何得爱民!既无爱民之心,如何自会"使民以时"!这是相因之说。又一说:虽则敬,又须着信于民,只恁地守个敬不得。虽是信,又须着务节俭。虽会节俭,又须着有爱民之心,终不成自俭啬而爱不及民,如隋文帝之所为。虽则是爱民,又须着课农业,不夺其时。(21/496)

"会3"也可以和"能"换用,这种"能"表示能够做某件事。如:

(44) 学者只此两端,既能博文,又会约礼。(33/835)

(45) 是谁人会恁地?非古人"聪明睿知、神武而不杀者"不能如此。(75/1927)

(46) 其所以不说破者,只是吝惜,欲我独会而他人不能,其病在此。大概是不肯蹈袭前人议论,而务为新奇。惟其好为新奇,而又恐人皆知之也,所以吝惜。(35/938)

Ⅳ. "会4"和"会5"在现代汉语中通常归为一类:表示可能

但是,仔细分析,这两类还是有一些区别;而且,从语义演变的角度看,把两类分开也有利于看清楚语义演变的过程。所以我们还是把它们分开。

会4:表示条件和结果的逻辑联系。S=非动物,或泛指人们,或某种事情。V/A=出现某种情况,或发生某种变化。S具备了某种条件,就会出现 V/A 这种结果。

从"会3"到"会4"是一种由隐喻引起的推理(inference)。这可以用例(47)来说明:说"某人会走到临安府",这表达的是某人有能力实现"到临安府"这种动作,"会"是"会3";说"适临安府,路头一正,着起草鞋,便会到",这表达的是某种条件能够导致"到临安府"这种结果,"会"就是"会4"。在这里,人们的推理是:既然有能力实现V用"会",那么有条件实现V也可以用"会",这只是把较具体的能力换成了较抽象的条件。这种推理使得"会3"演变成"会4"。"会3"和"会4"都包含说话者的主观判断,但"会3"判断的是某种现实关系(主体能够做某事),"会4"判断的是某种逻辑联系(主体能够出现某种情况),所以"会4"比"会3"虚化的程度更深。

在现代汉语中,如果V是人们希望的,会4也可以说成"能",如果V是人们不希望的,仍然说"会"。

(47) 譬如适临安府,路头一正,着起草鞋,便会到。未须问所过州县那个在前,那个在后,那个是繁盛,那个是荒索。(15/304)

(48) 大凡读书,须要先识认本文是说个甚么。须全做不曾识他相似,虚心认他字字分明。复看数过,自然会熟,见得分明。(16/354)

(49) 故圣人示以此理,教他恁地做,便会吉;如此做,便会凶。必恁地,则吉而可为;如此,则凶而不可为。(67/1657)

(50) 如草木之生,亦是有个生意了,便会生出芽蘖;芽蘖出来,便有皮包裹着。(16/317)

(51) 如鸡伏卵,只管日日伏,自会成。(19/439)

(52) 法堂上一木球,才施主来做功德,便会热。(3/54)

(53) 又如大黄吃着便会泻,附子吃着便会热。只是他知觉只从这一路去。(60/1430)

(54) 且如气,不成夜间方会清,日间都不会清。(59/1395)

"会4"也可以和"能"换用,这个"能"表示具备某种条件就能够出现某种结果。如:

(55) 动容貌,便会远暴慢;正颜色,便会近信;出辞气,便会远鄙倍。(35/915)

(56) 动容貌,则能远暴慢;正颜色,则能近信;出辞气,则能远鄙倍。(35/918)

(57) 道之所以可贵者,惟是动容貌,自然便会远暴慢;正颜色,自然便会近信;出辞气,自然便会远鄙倍,此所以贵乎道者此也。(35/919)

V. 会5:可能

S和会4相同,S后面也可以是V/A,V或A前面通常有否定词"不"或表反问的"如何"。

"会4"和"会5"的区别在于:"会4"表示在某种条件下,通常发生某种情况或变化,近乎必然性;"会5"表示在某种条件下,可能发生某种情况,带有或然性。"会5"可以换成"可能","会4"不能换成"可能"。由"会4"到"会5"的演变,或者是在"会"前面加了"不/如何",把"发生某种情况或变化"的概率予以根本否定,不但不近乎必然性,而且连可能性都不存在,因此"不/如何+会"就表示"不可能";或者是语境提示了这不是必然性,而是表示或然性[如例(62)的"或",例(63)、(64)的"又"等]。"会5"完全是说话者的主观判断,主观性最强,所以,"会5"是典型的助动词。

(58) 问:"自开辟以来,至今未万年,不知已前如何?"曰:"已前亦须如此一番明白来。"又问:"天地会坏否?"曰:"不会坏。"(1/7)

(59) 水经云,昆仑取嵩高五万里,看来不会如此远。(86/2211)

(60) 若以赵之才,恐也当未得那杌上肉,他亦未会被你杀得,只是胡说。(131/3142)

(61) 一学者患记文字不起。先生曰:"只是不熟,不曾玩味入心,但守得册子上言语,所以见册子时记得,才放下便忘了。若使自家实得他那意思,如何会忘!"(121/2917)

(62) 伊川曰:"学者须是学颜子。"孟子说得粗,不甚子细;只是他才高,自至那地位。若学者学他,或会错认了他意思。若颜子说话,便可下手做;孟子底,更须解说方得。(95/2446)

(63) 若留心太守,又会教他去攀些弓,射些弩,教他做许多模样,也只是不忍将许多钱粮白与他。(123/2962)

(64) 它说是人生有一块物事包裹在里,及其既死,此个物事又会去做张三,做了张三,又会做王二。便如人做官,做了这官任满,又去做别官,只是无这道理。(126/3032)

(65) 兑巽卦爻辞皆不端的,可以移上移下。如剥卦之类,皆确定移不得,不知是如何。如"和兑"、"商兑"之类,皆不甚亲切。为复是解书到末梢,会懒了看不子细;为复圣人别有意义?但先儒解亦皆如此无理会。(73/1863)

这五个"会"的关系可以列成下图:

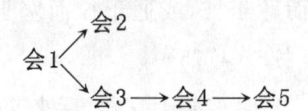

```
        会2
   会1
        会3 ⟶ 会4 ⟶ 会5
```

二 解

助动词"会"在《朱子语类》前很少,到《朱子语类》中大量出现,对于几个不同的助动词"会"之间的发展关系,只能从词义发展的一般规律来分析,但缺乏历史的证据。"解"的发展历史较长,正好能弥补这一缺陷。助动词"解"也可以分为五类,和"会"的五类相同。

动词"解"的"知晓"义最早出现在东汉的汉译佛典中:

(66) 当从是因缘阿难解知,为识因缘名字。(安世高译《佛说人本欲生经》)[2]

(67) 佛言:"诸菩萨,汝曹宁信有是无?"诸菩萨言:"信有是,终不疑,但不解。"(安世高译《明度五十校计经》卷下)

(68) 佛告拘怜:"尔时忍辱道人者,我身是也,恶生王者,拘怜是也。解未?拘怜。"拘怜退席白佛:"甚解,世尊。"(昙果共康孟祥译《中本起经》卷上)

在中土文献中最早见于《三国志》:

(69) 太祖与韩遂、马超战渭南,问计于诩,对曰:"离之而已。"太祖曰:"解。"(《三国志·

魏书·贾诩传》)

在魏晋南北朝有了助动词"解",较早为"解1",稍后有"解3"。

(70) 酒能祛百虑,菊解制颓龄。(陶潜《九日闲居》)

(71) 往昔之世有富愚人痴无所知,到余富家,见三重楼,高广严丽轩敞疏朗,心生渴仰,即作是念:"我有财钱不减于彼,云何顷来而不造作如是之楼?"即唤木匠而问言曰:"解作彼家端正舍不?"木匠答言:"是我所作。"即便语言:"今可为我造楼如彼。"(《百喻经·三重楼喻》)

但直到晚唐五代,"解"用作动词表"知晓"义还很多。如:

(72) 代宗又引一大白山人来见和尚,曰:"此山人甚有见知。"师问:"解何艺业?"代宗曰:"识山、识地、识字、解筹[算]。"和尚:"借问山人所住是雌山?是雄山?"山人久而不答。又问:"识地不?"山人曰:"识。"又问:"识字不?"对曰:"识。"……又问:"解筹[算]不?"对曰:"解。"……又问:"山人更会何业?"山人曰:"更有,实不敢对。"师曰:"纵汝总解,亦不足贵。"师却谓代宗曰:"问山不识山,问地不识地,问字不识字,问算不解算,何处引得这个朦汉来?"(《祖堂集》卷三)

《朱子语类》中的"解"用作助动词的就很多了。和"会"一样,也可以分为五类,但各类的多寡和"会"不同。

Ⅰ. 解1

仅3例。

(73) 气禀所拘,只通得一路,极多样:或厚于此而薄于彼,或通于彼而塞于此。有人能尽通天下利害而不识义理,或工于百工技艺而不解读书。(4/75)

(74) 因论尹稽不着胸中不好时,却尚解理会事。当时多并了官司,后来又复了。(112/2730)

(75) 如言吃酒解醉,吃饭解饱,毒药解杀人。须是吃酒,方见得解醉人;吃饭,方见得解饱人。不曾吃底,见人说道是解醉解饱,他也道是解醉解饱,只是见得不亲切。见得亲切时,须是如伊川所谓曾经虎伤者一般。(16/391)

此例中的"吃酒"、"吃饭"是作为一个整体来说的,在句子中充当主语,其地位和"毒药"一样。"解"表示"吃酒"、"吃饭"和"毒药"具有的功能。

Ⅱ. 解2

仅1例。而且也可以理解为"解1"。

(76) 顷年于吕季克处见一画卷,画房𦬕与一胡女并辔而语。季克苦求诗,某勉为之赋,末两句云:"却是燕姬解迎敌,不教行到杀胡林。"(135/3226)

Ⅲ. 解3

(77) 颜子似创业之君,仲弓似守成之君。仲弓不解做得那前一截,只据见在底道理持守将去。(42/1078)

(78) 使圣人作经,有今人巧曲意思,圣人亦不解作得。(83/2174)

(79) 东坡天资高明,其议论文词自有人不到处。如论语说亦煞有好处,但中间须有些漏绽出来。如作欧公文集序,先说得许多天来底大,恁地好了,到结末处却只如此,盖不止龙头蛇尾矣!当时若使他解虚心屈己,锻炼得成甚次第来!(130/3113)

(80) 渊明诗平淡出于自然。后人学他平淡,便相去远矣。某后生见人做得诗好,锐意要学。遂将渊明诗平侧用字,一一依他做。到一月后便解自做,不要他本子,方得作诗之法。(140/3324)

Ⅳ. 解 4

(81) 且如有五件好底物事,有五件不好底物事,将来拣择,方解理会得好底。不择,如何解明?(5/86)

(82) 既是"失其本心",则便解滥淫。(26/642)

(83) 此数段,皆是紧要处,须是把做个题目,只管去寻始得。寻来寻去,将久自解有悟。(26/653)

(84) 若是就他地位说时,理会得一件,便是一件,庶几渐渐长进,一日强似一日,一年强似一年。不知不觉,便也解到高远处。(32/815)

(85) 若这句已通,次第到那句自解通。(120/2911)

Ⅴ. 解 5

(86) 然也只在史记汉书上,自是人不去考。司马迁班固刘向父子杜佑说都一同,不解都不是。(1/27)

(87) 阳生时,逐旋生,生到十一月冬至,方生得就一画阳。这一画是卦中六分之一,全在地下;二画又较在上面则个;至三阳,则全在地上矣。四阳、五阳、六阳,则又层层在上面去。不解到冬至时便顿然生得一画。(71/1788)

(88) 昔李初平欲读书,濂溪曰:"公老无及矣,只待某说与公,二年方觉悟。"他既读不得书,濂溪说与他,何故必待二年之久觉悟?二年中说多少事,想见事事说与他。不解今日一说,明日便悟,顿成个别一等人,无此理也。(120/2882)

(89) 且如天运流行,本无一息间断,岂解一月无阳!(71/1788)

(90) (会)翟公逊说鬼星渡河,最乱道。鬼星是经星,如何解渡河!(138/3286)

(91) 但恐己私未克时,此心亦有时解错认了。(41/1043)

(92) 今人应事,此心不熟,便解忘了。(36/963)

"不解"比"不会"虚化的程度更深,"不解/岂解"可以用在句子前面[例(88)、(89)],这说明"不解/岂解"的辖域已不限于谓语部分,而是整个句子。所以,"解 5"是典型的助动词。而且,《朱子语类》中有两例"不解会","解"比"会"处在更高的位置上,说明"解"的虚化程度比"会"更深。

(93) 理是个公共底物事,不解会不善。(93/2360)

(94) 蔡季通因浙中主张史记,常说道邵康节所推世数,自古以降,去后是不解会甚好,

只得就后世做规模。(108/2687)

现代闽语中仍用助动词"解"表可能。(梅祖麟,2002)

三 识

"识"在先秦时就有"知道"义,如:

(95) 不识有诸?(《孟子·梁惠王上》)

在唐宋时"知晓"义的"识"常和"解"、"会"一起使用。我们不必多引例句,前面引过的例句中就有这样的例证。如:

(5) 纵年成长,识会东西,抛却耶娘,向南向北。(《父母恩重经讲经文》)

(72) 代宗又引一大白山人来见和尚,曰:"此山人甚有见知。"师问:"解何艺业?"代宗曰:"识山、识地、识字、解筭[算]。"和尚:"借问山人所住是雌山?是雄山?"山人久而不答。又问:"识地不?"山人曰:"识。"又问:"识字不?"对曰:"识。"……又问:"解筭[算]不?"对曰:"解。"……又问:"山人更会何业?"山人曰:"更有,实不敢对。"师曰:"纵汝总解,亦不足贵。"师却谓代宗曰:"问山不识山,问地不识地,问字不识字,问算不解算,何处引得这个朦汉来?"(《祖堂集》卷三)

又如《朱子语类》中的例句,前面说"识",后面说"会":

(96) 他只怕人都识了,却没诧异,所以吝惜在此。独有自家会,别人都不会,自家便骄得他,便欺得他。如货财也是公共底物事,合使便着使。(35/938)

但在古代文献中,"识"没有助动词的用法。

现代粤语中"识"为"知晓"义,但也可以用作助动词,如:

我识游泳。

狗识咬人。

呢只表识郁。(这块表会走)

呢只表识拍照。(这块表能拍照)

但"识"后面的动词限于类指性的,所以还只停留在第1阶段上。但这说明在汉语中由"知晓"义的动词发展为表"能够"义的助动词是带有规律性的。

至于粤语中的"识"今后会不会沿着"解"、"会"的轨迹继续虚化,现在还不得而知。语义的演变是受多种因素制约的。由于普通话的影响十分强大,也许"会2"、"会4"、"会5"会在粤语中普遍使用,从而阻遏了助动词"识"的进一步虚化。

四 小结

(1) 在"解"、"会"由动词发展为助动词,以及助动词的虚化程度逐渐加深的过程中,有多种因素在起作用:语法位置的改变,后面的动词由类指性的扩展为非类指性的,推理和隐喻,以及否定表达和语境都起了重要的作用。"识"在粤语中也由动词发展为助动词,但只走了第一步。

(2) 从语义范围(semantic domain)来看,动词"解"、"会"、"识"的"知晓"义属于"知域","助动词"解"、"会"、"识"的"能够做……"义属于"行域",其语义演变是从"知域"到"行域",似乎和一般认知理论所说的相反。但从语法功能来看,是从动词到助动词,无疑是语法化。

(3) "解"和"会"由动词虚化为助动词的起点相同:都是"知晓"义的动词。但"解"和"会"形成"知晓"义的途径却不相同:"解"的原义是"解开",解开疑团就是"知晓";"会"的原义是"会合",认识与事理相会就是"知晓"。两者不同源,但交会到"知晓"义以后,其虚化的途径就一样了。但它们之间也有差别,如"会"的"善于"义很常见,而"解"表示"善于"的不多见,没有形成一个固定的义位。这说明影响语义演变的有多种因素,不能简单地用一两条规则来概括。"能"和"解"、"会"的区别是由于其语源的不同。

(4) 在"解"、"会"出现以前,"能够"和"可能"义是由"能"、"得"表示的。"得"从动词发展为助动词的途径和"解"、"会"的途径相差较远,这里不讨论。"能"发展的途径是:"能力"(名词)——"有能力做某事"(动词)——"能够"(助动词)——"可能"(助动词)。这和"解"、"会"的发展大致相同,但也有区别。比如,"力能扛鼎",只能用"能",不能用"解"和"会"。反之,"解错"、"会错"、"解忘"、"会忘"也不能换成"能"。这和它们的来源不同有关。这说明语法化理论所说的"滞留性"(persistence)是存在的。

但是,如果把"滞留性"看成任何一种语法化过程中自始至终都存在的规律,那又不符合语言事实。前面说过,"解"和"会"的"知晓"义的来源并不相同,但是在它们从动词发展为助动词的过程中却看不到这种"滞留性";"会"有"善于"义,而"解"表"善于"义的很少见,这种差别也不能归结为"滞留性"。这又一次说明语言演变的复杂性,在作理论概括和理论阐释时应切忌简单化。

(5) 用西方的一些理论来研究汉语语法、语义的演变能促使我们的研究深入,但更重要的是从汉语的深入研究中来检验、发展这些理论。

附 注

[1] 27/701:27 表示《朱子语类》的卷数,701 表示中华书局 1986 年版的页数。
[2] 例(66)和例(92)、(93)杨秀芳(2001)已引用。

参考文献

梅祖麟 2002 《几个闽语虚词在文献上和方言中出现的时代》,见《南北是非:汉语方言的差异与变化》,台湾中研院语言学研究所筹备处。
杨秀芳 2001 《从汉语史观点看"解"的音义和语法性质》,《语言暨语言学》第 2 卷第 2 期。

再谈中古汉语处置式

中国社会科学院语言所　曹广顺
中国人民大学文学院　龙国富

中古汉语是汉语处置式产生的初期,对这个时期的处置式,学界已经进行了长期的讨论,取得了不少可喜的成果。[1]我们再谈中古汉语处置式,目的在于对中古汉语常见的处置式,如"以"、"取"、"持"、"将"、"捉"、"把"字句等,进行一番整理,以期全面了解该时期处置式的使用情况,同时也希望对处置式的来源作进一步的考察。

一　中古汉语中的几种处置式

从来源看,中古汉语处置式都与双宾语连动式 $V_1O_1V_2O_2$ 有关,连动式中 O_1 与 O_2 同指与否的关系,决定每一种处置式演变的最终结果。"以"、"取"、"持"、"将"、"捉"、"把"这几个词语,由于它们出现的 $V_1O_1V_2O_2$ 格式不同,发展过程与结果也就不同。

1.1　"以"字句

中古之前,"以"字是动词,表示"率领",由"率领"再发展到具有抽象意义的"拿",然后虚化为介词。其虚化过程是从"以＋O_1＋V＋O_2"连动式开始的。在"以＋O_1＋V＋O_2"格式中,早期 O_1 与 O_2 不同指,晚期有疑似之间的情况,其中的 O_2 有些由"之"充当。根据 O_2 的不同,"以"字句可以分为"以＋O_1＋V＋O_2"和"以＋O＋V＋之"两类,以下我们分别考察。

1.1.1　以＋O_1＋V＋O_2

从先秦的四种文献看,[2]"以"字已经可以引进工具和受事,而表示受事的例子通常就被称为广义处置式。引进工具的,有工具、手段、依据和凭借四类,引进受事的有"给/告/作"三类。总体上看"以"字引进工具比引进受事要多。如《论语》中,"以"做介词共 52 例,其中"以＋工具"42 例,约占总数的 80％,"以＋受事"4 例,约占总数的 8％,介于工具与受事之间两例,约占总数的 4％,表示原因等用法 4 例,约占总数的 8％。《韩非子》中"以"做介词共 656 例,其中"以＋工具"594 例,约占总数的 90％,"以＋受事"48 例,约占总数的 8％,介于工具与受事之间 6 例,约占总数的 1％,表示原因等用法 8 例,约占总数的 1％。"以"介引工具和受事的用例,如:

(1) 以杖叩其胫。(《论语·卫灵公》)

(2) a. 齐侯以许让公。(《左传·隐公十一年》)

　　b. 故以桓母之丧告于诸侯。(《公羊传·隐公元年》)

　　c. 尧以不得舜为己忧。(《孟子·滕文公上》)

通过对《史记》的考察,我们发现西汉时期"以"字出现了两个新的特点:第一,"到"类受事结构产生;第二,"以+工具"与"以+受事"用例的差距缩小了。《史记》中"以"做介词的共1847例。其中"以+工具"1421例,约占总数的77%,"以+受事"241例,约占总数的13%;"以"做其他介词的用法185例,约占总数的10%。《史记》中"以"引进工具与引进受事的差距为64个百分点,与《论语》(该差距为72个百分点)相比,减少了8个百分点。新产生的"以"表"到"类意义的用例如:

(3) 高渐离乃以铅置筑中,复进得近,举筑朴秦皇帝,不中。(《史记·刺客列传》)

东汉时期,我们选了《论衡》和七种译经进行考察。[3]《论衡》中,"以"做介词的共808例,其中"以+工具"698例,约占总数的86%,"以+受事"61例,约占总数的8%;"以"做其他介词的用法49例,约占总数的6%。七种译经中,"以"做介词的共65例,其中"以+工具"约占78%,"以+受事"约占11%;"以"做其他介词的用法约占11%。可以看出七种译经中"以+受事"结构的上升比例虽不及《史记》高,但比先秦时期要高。

魏晋南北朝时期,我们调查了两种译经和四种本土文献。[4]此期"以"字表现出以下特点:

第一,"以"字的组合形式固定化,同时"以"字的位置上产生了"取"、"持"和"将"。

第二,"给/告"类动词大量复合词化,"到"类动词与两汉时期相比用例大幅度增加,处所词组前开始出现介词。

第三,工具与受事用例频率的差距大大缩小。两种译经中"以+工具"301例,为总数的64%,"以+受事"145例,达到了总数的31%;"以"做其他介词用法约占5%。东汉七种译经中工具与受事的用例频率差距为67个百分点,而魏晋南北朝时期两种译经中工具与受事的用例频率的差距只有33个百分点,与东汉时期相比减少了34个百分点。四种本土文献中,"以+工具"387例,占总数的73%,"以+受事"123例,占总数的20%;"以"做其他介词用法占7%。《论语》中"以"介引工具与受事的用例频率差距是73个百分点,到四种本土文献中"以"介引工具与受事用例频率的差距只有43%,减少了30个百分点。

1.1.2　以+O+V+之

先秦时期"以 OV 之"格式不多见。《论语》中,"以+工具"10例,"以+受事"4例;《韩非子》中,"以+工具"8例,"以+受事"1例。介引工具与受事的"以 OV 之"格式的用例如:

(4) a. 以戈杀之。(《左传·成公十七年》)

　　b. 陈人使妇人饮之酒,而以犀革裹之。(《左传·庄公十二年》)

(5) a. 吾特以三城送之。(《韩非子·内储说上》)

　　b. 公以晋君语之。(《左传·成公十八年》)

西汉时期"以 OV 之"格式用例仍较少。《史记》中,"以+工具"38 例,"以+受事"2 例。东汉时期的情况与西汉一样。《论衡》中,"以+工具"21 例,"以+受事"1 例。七种译经中,"以+工具"7 例,"以+受事"1 例。

魏晋南北朝时期的十种材料中,[5]"以"字出现了工具、受事和疑似狭义处置三类用法。"以+工具"261 例,"以+受事"48 例,疑似狭义处置式的例子仅见于译经,有 17 例。

"以 OV 之"格式中出现最多的动词 V 是"说",疑似狭义处置式的例子也基本上出现在"说"字句里。如:

(6) a. 时世尊知而故问阿难:众鸟何故鸣唤?阿难具以上因缘说之,是故众鸟鸣唤。(《四分律》卷十)

b. 时比房比丘闻之,即问言:汝等何故高声大唤?时十七群比丘具以此事说之。(《四分律》卷十二)

c. 时梵德王复问优波伽摩那婆:摩那婆,汝于今者经营何事,而于是处炽热大地而行于路?尔时优波伽即以上事向顶德王分别说之。(《佛本行集经》卷五十四)

d. 其人担金,至僧伽蓝,付僧维那,具以上事向僧说之。(《贤愚经》卷三)

e. 时婆罗门即问其妇,妇即以此因缘具向夫婿说之。(《增壹阿含经》卷二十九)

如果简单地从字面上分析,以上例子中的"之"似乎都是复指"以"字的宾语,如例(6)a 中"之"复指"因缘","以"引出处置的对象。但我们注意到,"说"在魏晋南北朝时期除了有"言说"的意义以外,还有"解释/告诉"的意思。而如果我们把句子的上下文联系起来看,例(6)a、b、c 三句前面都有"何故/何事"等构成的疑问句,"以 OV 之"用于回答问话,"之"指代"说"的对象,而不是复指"以"引导的原因。所以,这类句子还不是"O_1"与"O_2"同指的"以+O_1+V+O_2"格式。例(6)d、e 是陈述句,"之"复指前面的介词宾语。但动词"说"前面出现了两个介宾结构,一个是"以"引导出受事(上事、因缘),一个是"向"引导出对象(僧、夫婿)。如果"之"复指受事,意思是"把这件事情向僧说";如果"之"复指对象,意思是"把这件事情告诉僧"。而应该指出的是,如魏培泉(1997)所说,在狭义处置式的句子里,动词是两价的,只出现施事、受事两个论元,广义处置式则是可以出现三个论元。例(6)d、e 的情况显然是后者。

这个时期疑似狭义处置式"以 OV 之"结构中的动词除"说"以外,还有"卖"(1 例)。如:

(7) 彼即往王子所,白言:佛已出世,天今知不?已受我请,于舍卫国安居,可以此园卖之,我当与百千金钱。彼言:不卖。(《四分律》卷五十)

比较起来这个例子更接近狭义处置式,但实际上还是广义处置式。理由有二:一、"卖"为"出售"义,是三价动词;二、"以此园卖之"中的"之"指代第一人称"我","之"做第一人称在译经和本土文献里都有用例,本土文献如"王夷甫与裴景声志好不同,景声恶欲取之,卒不能回"(《世说新语·雅量》)。"取之"中的"之"指裴景声自己。况且《四分律》的汉译颇为艰涩,有些句子难以解释顺畅,姑且置此备考。

从调查的材料来看,此期的"以"字狭义处置式即使把疑似的例子计算在内,数量仍然很少,并且出现的动词受到很大的限制,所以这个时期是否真的有"以"字狭义处置式仍须存疑。

从上古到中古,"以"基本上只用于 O_1 与 O_2 不同指的"$V_1O_1V_2O_2$"连动式,只出现了表示受事式(广义处置式)的用法。即使在魏晋南北朝"取"、"将"等狭义处置式已经产生以后,"以"字仍然没有出现狭义处置式。

1.2 "取"字组

"取"字组有"$X+O_1+V+O_2$"和"$X+O+V+$之"两种格式,X 位置上有"取"、"持"、"将"、"捉"等,"把"只见于"$X+O_1+V+O_2$"。

1.2.1 $X+O_1+V+O_2$

A. 取$+O_1+V+O_2$

"取"字是从"获得"义发展为"拿"义、从动词演变到介词的,它最早用作介词的时间是两晋时期,《正法华经》有正在向处置"到"发展的用例。

(8) 设取十方地举着于爪上。(《正法华经》卷五)

"取"字同时出现介引工具和受事的用例,《增壹阿含经》中,"取"介引工具 3 例,受事 5 例。介引工具的如:

(9) 若有众生兴起此念,当拔济饶益此人,取四大海水,高四十肘,浇灌其身。(《增壹阿含经》卷四十八)

"取"在语法位置、结构关系和语义方面和"以"字一致。比较下面两例:

(10) a. 若有人来,以四大海水浇彼人身,欲令无为,终不可果。(《增壹阿含经》卷四十八)

b. 设有众生愍念斯人,取一大海水浇灌其身,然彼海水寻时消尽,火终不灭。(《增壹阿含经》卷四十八)

例(10)b 中的"取"和例(10)a 中的"以"一样,也用作工具介词。"取"介引受事的用例如:

(11) a. 狱卒复取罪人着刀山上。(《增壹阿含经》卷二十四)

b. 又取人指以为华鬘。(《增壹阿含经》卷三十一)

南北朝时期的十种材料里,五种本土文献中的"取"都是动词;五种汉译佛经中的"取"介引工具和受事的用例都很少,前者 5 例,后者 7 例。在动词与表示工具和受事的介词之间,存在疑似的例子。如:

(12) a. 应取尼师檀着肩。(《摩诃僧祇律》卷三十四)

b. 尊者瞿沙即取众泪置右掌中。(《大庄严论经》卷八)

B. 持$+O_1+V+O_2$

"持"字做介词是从表示"用手拿"的动作行为发展而来的。在连动式中"持"由具体的

"持拿"演变为抽象的"把持",再产生工具和受事的用法,"持"表工具和受事的最早用例见于东汉译经。(朱冠明,2002)如:

(13) a. 汝持吾声问讯瞿昙。(《中本起经》卷下)

b. 正使余道人信佛,信佛已,反持小道入佛道中。(《道行般若经》卷下)

(14) a. 譬如万川四流皆归于海,合为一味,菩萨如是,持若干种行合会功德。(《佛说遗日摩尼宝经》)

b. 譬如树荫却雨,菩萨如是持极大慈雨于经道。(《佛说遗日摩尼宝经》)

东汉时期的《论衡》和七种佛经材料里,"持"介引工具与受事的用例基本持平,"七种译经"中"持"做介词共38例,其中"持+工具"20例,占53%,"持+受事"18例,占47%。《论衡》中"持+工具"2例,"持+受事"则没有。魏培泉(1997:568)认为"持"在东汉末的洛阳方言中可能已取代了"以"的地位。但我们的调查显示,安世高译的《大安般守意经》、《阴持入经》,共计4万字,用"以"310例,用"持"只有42例;"持"只相当于"以"的13%。同时,"持"字中有相当一部分是佛教词(如"持戒"等),并且大多是连动式。安氏原是安息国人,公元148年到洛阳,在此译经二十余年,有研究认为他的译经使用的语言基本上是洛阳方言。(许理和,1987)康居僧人康孟详译的《中本起经》和《修行本起经》里,"以"和"持"的次数分别是160和58,"持"只大约相当于"以"的三分之一。同是来自月氏的东汉译者支娄迦谶与三国译者支谦又截然相反,支娄氏译的《道行般若经》和《般舟三昧经》里,"持"和"以"的次数分别是587和475,"持"比"以"多15个百分点。而支谦译的《大明度经》里,却是"以"比"持"多30个百分点。由此看来,东汉至三国时期,"持"取代"以"还只是个别现象,"持"也不代表洛阳方言,"持"字句的使用应该与译者本人的语言习惯和语言修养有关。

该时期,有一些"持"字句可以作两种理解,"持"字所引进的成分用于表示动作行为的工具或者受事均成立。如:

(15) a. 是菩萨持经布施。(《道行般若经》卷六)

b. 持是功德施与。(《道行般若经》卷六)

上举例(15)a中的"持经"既可以理解为动作"布施"的工具或方式,也可以理解为"布施"的内容。

在魏晋南北朝时期的两种译经和四种本土文献中,"持"介引工具与受事的用例仍然大体持平。两种译经中,工具和受事的用例次数分别是17和21,四种本土材料中,工具和受事的使用次数都是两例。

C. 将+O_1+V+O_2

"将"字由动词"率领"发展为"携带",再产生"拿"的意义。魏晋前后,"将"主要在连动式中做动词,有些用例似乎在向介词虚化。如:

(16) a. 将一大牛,肥盛有力,卖与此城中人。(《生经》卷四)

b. 我便命终,即将愚人付一大臣。(《摩诃僧祇律》卷三)

从东晋到六朝,"将"字的特点是发展迅速但不普遍。我们所调查的魏晋南北朝十种材料里,表示工具共 29 例,其中《佛本行集经》占了 27 例,其他九种材料才两例。表示受事共 60 例,其中《佛本行集经》50 例,其他九种材料才 10 例。下面是"将"表工具和受事的例子。

(17) a. 我今所问现世之报,乃将生死来相答。(《增壹阿含经》卷三十九)

　　　b. 我今乃可将臭肉身于此泥上作大桥梁。(《佛本行集经》卷二)

(18) a. 我今可将此与彼沙门。(《增壹阿含经》卷四十一)

　　　b. (贤者)密将七茎优钵罗华内于瓶中。(《佛本行集经》卷二)

个别句子介于工具与受事之间。如:

(19) a. 时忍提婆将其数种兵戎器仗,欲教太子。(《佛本行集经》卷十一)

　　　b. 彼无量无边人众,将无价衣悉皆覆地。(《佛本行集经》卷二)

D. 捉+O_1+V+O_2

魏晋南北朝前后,"捉"字主要还是做动词。在所调查的十种语料里,"捉"字有 6 例开始向表示工具演变。如:

(20) a. 时诸捕鱼人捉网捕鱼。(《摩诃僧祇律》卷十四)

　　　b. 捉手牵之。(《摩诃僧祇律》卷二十二)

"捉网捕鱼",可以理解为"将网捕鱼","捉网"表示"捕鱼"的工具,也可理解为"抓住网捕鱼"。这样的例子只能说"捉"具有表示工具的功能,很难认定它有介词的性质。

"捉"字有 8 例开始向表示受事演变,如:

(21) a. 世尊复更捉一髑髅授与梵志。(《增壹阿含经》卷二十)

　　　b. 目揵连有大神力,知我不可,或能捉我掷他方世界。(《摩诃僧祇律》卷十四)

"捉一髑髅",可以理解为"抓一髑髅"给予梵志,也可理解为"将一髑髅"给予梵志。从整个语境来看,"捉"似乎带有一定的动作性,当是正处于向受事演变的边缘。在此基础上,唐初"捉"出现了介引工具和受事的用法。(蒋冀骋,2003)

E. 把+O_1+V+O_2

从魏晋南北朝的十种语料看,"把"字与"捉"字一样,也主要做动词,个别的"把"字似乎可以看做是引进受事。如:

(22) 汝今把我心中所爱如意圣夫,将何处置?(《佛本行集经》卷十九)

魏培泉(1997)认为此例有异文,不可靠。"把"字是从动词向介引工具与受事的介词演变的,有一些例子正处于虚化的边缘阶段。向工具和受事演变的例子如:

(23) a. 时健骂婆罗豆婆遮婆罗门遥见世尊,作粗恶不善语,瞋骂呵责,把土坌佛。(《杂阿含经》卷四十二)

　　　b. 谢公道豫章:若遇七贤,必自把臂入林。(《世说新语·赏誉》)

(24) 如人把草塞恒河,尊者我谓不为难。(《大方等大集经菩萨念佛三昧分》卷四)

和"以"字的情况一样,进入 X+O_1+V+O_2 格式的"取"字组,它们都发展出了表示受事的广义处置式用法(有些还只是出现了向表示受事演变的趋势,如"捉"和"把",它们到唐五代以后,才发展出表示受事的用法)。$X+O_1+V+O_2$ 格式中相关动词在中古汉语中的发展变化表明,这个格式是中古汉语受事介词出现的基本句法形式。

1.2.2 X+O+V+之

在"X+O+V+之"格式中,O_1 与 O_2 同指,O_2 由"之"充当,"之"复指 O_1。这种格式在三国前后已经出现,六朝"取"、"将"相继出现狭义处置式的用法,"持"、"捉"和"把"处于演变的不同阶段上。

A. 取+O+V+之

据曹广顺、遇笑容(2000)研究,六朝时期"取"字已虚化为处置介词,用作狭义处置式。通过我们的考察,三国时期有个别的"取"字句可以看做萌芽中的狭义处置式。如:

(25) a.(道士)默然受拷,杖楚千数,不怨王,不仇彼,弘慈誓曰:令吾得佛,度众生诸苦矣。王曰:取道士埋之,唯出其头,明日戮焉。(《六度集经》卷五)

b.小女即承教,数数往来沙门所,令众人知女如是,便取女杀,埋着树间。(《佛说义足经》)

上面用例中"取"的对象虽然仍可"拿取",但"拿取"却不一定是后面动作进行所必须的条件,"取"字已经开始虚化。

在魏晋南北朝时期的十种材料中,我们共发现"取 OV 之"结构 122 例,其中"取"做动词 93 例,做狭义处置介词 29 例。狭义处置式有下面四种格式:

a. 取+O+V+之

(26) a.时长生太子以见王眠,便作是念,此王于我极是大怨,又取我父母杀之,加住我国界,今不报怨者何时当报怨。(《增壹阿含经》卷十六)

b.是时流离王,实时拔剑,取守门人杀之。(《增壹阿含经》卷二十六)

"取"字的词义由"获得"发展为"拿",是其做处置介词的语义前提。我们注意到:

(一)"取"的此类格式来源于连动式,连动式产生的时间相当早,它有足够的时间完成语法化过程。西汉时期"取"字普遍地用于连动式中,《史记》中"取"用于连动有 9 例。如:

(27) 简狄取吞之,因孕生契。(《史记·殷本纪》)

(二)两汉以后,连动式大量发展,"取"字的使用频率较高。《撰集百缘经》、《三国志》、《摩诃僧祇律》、《增壹阿含经》,其用例分别是 3、3、5、38。大量的使用为"取"语法化为处置介词准备了量的积累。

b. 取+V+之

(28) a.父王无咎而取害之,当生阿鼻地狱中,经历一劫。(《增壹阿含经》卷三十二)

b.光音天子来下世间,见地上有此地肥,便以指尝着口中而取食之。(《增壹阿含经》卷四十二)

c. 取+O+V

(29) a. 若审尔者,大子就位,就位已取父王弑。(《鼻奈耶》卷五)

b. 是时目连即前捉手将至门外,还取门闭,前白佛言:不净比丘,已将在外。(《增壹阿含经》卷四十四)

c. 母报儿言:宁取我杀,不忍见汝为他所害。(《出曜经》卷一)

例(29)c 中处置式和被动句同时出现。此类情况现代汉语中很多,例(29)c 可能是较早的例子。

d. 取 +O(+X)+V(+Y)("X"表示动词前的修饰成分,"Y"表示动词后的补充成分)

(30) a. 正使大王取彼六人碎身如尘者,终不兴恶如毛发。(《出曜经》卷十)

b. 诸人民取吾抂杀,然父王自与我愿。(《增壹阿含经》卷三十一)

c. 禁官见已,合捉比丘送与断事官所,作是言:此沙门私度王臣。断事官言:取和上打三肋折,取戒师挽舌。(《摩诃僧祇律》卷二十四)

B. 持+O+V+之

"持 OV 之"结构与"取"字结构出现的时间相同,都是两汉时期。魏晋南北朝时期"持"字在连动式中广泛使用。如:

(31) a. (仙人)于彼小儿便生爱心,裹以皮衣持归养之。(《摩诃僧祇律》卷一)

b. 当器中盛水,持来养之。(《摩诃僧祇律》卷八)

例(31)a 中的"持"表示动作行为"归"的伴随,例(31)b 中的"持"表示动作行为"养"的前提,两例中的"持"都在连动式中做动词。和"以"一样,"持"也出现了疑似狭义处置式的用例。如:

(32) a. 当持是经典为诸沙门一切说之。(《太子须大拏经》)

b. 持中正法为解说之。(《摩诃般若钞经》卷二)

c. 持般若波罗蜜为说之。(《摩诃般若钞经》卷三)

d. 持般若波罗蜜为正之。(《摩诃般若钞经》卷三)

e. 当持般若波罗蜜为解之。(《摩诃般若钞经》卷一)

这些例子中的动词主要是"说","持"后面的对象都是"经典/般若波罗蜜"等,意为"用什么经典解释什么","之"与 O_1 还不同指,所以它们还不是狭义处置式。

与"取"字相比,"持"字句子结构单一,使用范围狭窄,只在姚秦时期的长安译场里有少量使用。同时它的动词性较强,是一个专职动词,没有其他诸如副词等用法,虚化的难度很大,所以,它最终也没有出现典型的狭义处置式。

C. 将+O+V+之

魏晋南北朝时期两种译经和四种本土文献里,"将 OV 之"格式中的"将"字大多数做动词,有 3 例做狭义处置式,两例处在狭义处置式的边缘,1 例做受事式。该时期"将"字主要有以下四种类型:

a. 将＋O＋V＋之

(33) a. 帝谓虑曰："郗公,天下宁有是邪!"遂将后杀之。(《三国志·魏书》裴注引《曹瞒传》)

b. 丁常言："将我儿杀之,都不复念!"(《三国志·魏书》裴注引《魏略》)[6]

b. 将＋O＋X＋V＋之

(34) a. 我敕左右,将此人以秤称之。(《长阿含经》卷七)

b. 汝将此人安徐杀之。(《长阿含经》卷七)

c. 将＋O＋X＋V

(35) 汝今将我恶辞毁辱非法之事向眷属说。(《佛本行集经》卷十八)

d. 将＋V＋Y

(36) 此是恶人,可将杀去。(《大庄严论经》卷十)

中古汉语中介词"将"的使用还不普遍,许多例子还带有一定的动词性,处于向介词虚化的过程中。"将"介于动词与工具和受事介词之间的例子如:

(37) a. 阇维佛身,复将无量供养之具,于阇维所而设供养。(《佛本行集经》卷一)

b. 汝见是人将于银花供养我不?(《佛本行集经》卷一)

D. 捉＋O＋V＋之

魏晋南北朝时期,"捉 OV 之"中的"捉"都做动词。有些句子里的"捉"似乎有所虚化。例如:

(38) 梵志闻已,复捉髑髅击之。(《增壹阿含经》卷二十)

"捉"的对象已经在施事者的控制之下,如果分析为先"捉髑髅"后"击髑髅"的连动,较为勉强,从文意来看,这里显然主要不是强调"捉"这一动作,其语义已经弱化。

我们调查了南北朝时期十种材料,发现"捉 OV 之"结构有 9 例,主要有下面三种格式:

a. 捉＋O＋V＋之

(39) 若使有人捉彼火扪摸鸣之,即烧其皮肉筋骨消尽。(《四分律》卷五十九)

b. 捉＋V＋之

(40) 梵志复手捉击之。(《增壹阿含经》卷二十)

c. 捉＋O＋V

(41) 童子即前取带,带腰已,便捉比丘痛打,手脚令熟。(《摩诃僧祇律》卷十七)

南北朝时期,"把"字还没有出现"把 OV 之"结构。

从上面"取"字组几种处置式的使用来看,O_1 与 O_2 同指的"X＋O＋V＋之"与 O_1 与 O_2 不同指的 $X+O_1+V+O_2$ 在中古汉语中呈现不同的发展途径。如我们在前面所展示的,后者只发展出介引受事的介词用法;虽然在狭义处置式出现之后,O_2 有复指 O_1 的倾向,但最终还是没有出现狭义处置式。前者"取/将"从动词演变为处置介词,从连动式直接发展到了狭义处置式。

二 处置式的来源

从以上我们对中古汉语处置式的历史描写中,可以看出处置式的来源有两个系统:从 O_1 与 O_2 不同指的"$V_1O_1V_2O_2$"连动式到广义处置式、受事式和从 O_1 与 O_2 同指的"$V_1O_1V_2O_2$"连动式到狭义处置式。为讨论方便,我们仍然分"取"字和"以"字两组来考察,这里先谈"取"字组。

2.1 "取"字等处置式的来源

"取"字等表受事的广义处置式和狭义处置式的来源经历了两个平行的结构形式,从连动式 O_1 与 O_2 不同指的"$V_1O_1V_2O_2$"到工具式或受事式,从连动式 O_1 与 O_2 同指的"V_1OV_2 之"(O_2 由"之"充当)到狭义处置式。

2.1.1 从连动式到工具式和受事式

秦汉之际,"取"仍是个动词,由"获得"义发展为"拿"义,用于"取 O_1VO_2"连动结构。如:

(42) a. 长男即自入室取金持去,独自欢幸。(《史记·越王勾践世家》)
　　　b. 益广沙丘苑台,多取野兽蜚鸟置其中。(《史记·殷本记》)

东汉译经"取"做连动式用例增加,下面例子中的"取"仍然具有动词"拿"义:

(43) a. 萨陀波伦菩萨即取刀自刺两臂。(《道行般若经》卷九)
　　　b. 大海中有故坏船,不补治之,便推着水中取财物置其中。(《道行般若经》卷三)

到了东晋六朝时期,"取"同时产生介引典型的工具和受事的用法。在"十种材料"中的五种译经里,"取"做工具介词 5 例,受事介词 7 例。与"取"字变化情况类似的"持"、"将"、"捉"也是从连动式开始,再语法化为工具式和受事式。"把"字两汉前后出现在连动式中,魏晋南北朝时期用例有所增加,宾语的范围有所扩大,出现工具式和受事式两种用法。

综观其演变过程,我们看到"取"字组的工具式和受事式都是从连动式发展起来的,并且工具式和受事式出现的时间基本相同,它们实际上是同一个范畴里不同的小类。从这一点上说,通常所说的广义处置式不属于严格意义上的处置式。

工具式和广义处置式(受事式)产生的过程可以用图表示为:

$$V+O_1+V+O_2 \rightarrow P+O_1+V+O_2$$

2.1.2 从连动式到狭义处置式

狭义处置式的产生与演变,也是从"$V_1O_1V_2O_2$"连动式开始的。

两汉以降,"V_1O_1,V_2O_2"演变为"$V_1O_1V_2O_2$"连动式。格式中的 O_2 常常是由代词"之"充当,但 O_2 与 O_1 还不同指。

(44) a. 轲既取图奉之。(《战国策·燕策》)
　　　b. 以魏之强,而持三万乘之国辅之,魏必安矣。(《战国策·魏策》)

c. 太尉周亚夫将兵诛之。(《史记·孝景本纪》)

汉魏六朝时期,出现了 O_1 与 O_2 同指的连动式。如:

(45) a. 伯奇就衣中取蜂杀之。(《后汉书》卷六十一)

b. 既行久之,高祖持御史大夫印弄之,曰:"谁可以为御史大夫者?"(《史记·张丞相列传》)

c.(王奋赫天威)寻敕傍臣,速将此人诣市杀之。(《出曜经》卷十)

最后 V_1 的动词义消失,演变为狭义处置介词。如:

(46) a. 小女即承教,数数往来沙门所,令众人知女如是,便取女杀,埋着树间。(《佛说义足经》)

b. 汝将此人安徐杀之。(《长阿含经》卷七)

在"取"字组由连动式到狭义处置式的演变过程中,演变的条件是出现 O_1 与 O_2 同指的连动式。O_1 与 O_2 不同指演变为 O_1 与 O_2 同指,V_1 与 V_2 并列演变为 V_1 从属于 V_2,V_1 表示 V_2 进行的条件,并虚化为介词。当 O_1 只是 V_2 的对象时,整个格式就变成了狭义处置式。这个变化是从进入特定结构开始并伴随着词义演变而最终完成的。中古汉语连动式处于变化的过程中,这时 O_1 与 O_2 同指的连动式里 O 出现了一个冗余,这就有了省略的可能性。我们看到的是完整的 POVO 和两种省略形式 PVO_2、POV。如曹广顺、遇笑容(2000)指出的,按照中古汉语连动式省略的原则,PVO_2 是正常的,POV 则不符合规则。最后汉语选择了后者,这其中有外力推动的可能。

正是通过上面这种途径,在魏晋南北朝译经里,产生了少量"取"字和"将"字狭义处置式。由连动式发展为狭义处置式的过程可图示如下:

$V_1 O_1 V_2 O_2 \rightarrow V_1 O V_2 O (O_1 = O_2) \rightarrow POVO$

2.2 "以"字处置式的来源

"以"字的语法化过程也是从连动式 $V_1 O_1 V_2 O_2$ 开始的,以后产生出工具式和受事式,但和"取"字组不同的是,"以"字最终没有进入 O_1 与 O_2 同指的连动式,没有发展出典型的狭义处置式。

2.2.1 从动词到介引工具的介词

"以"字在甲骨文中表示"提携"义,卜辞里作抽象的"携带"、"带领"义,用在连动式中,如"以众伐邛"(《合集》26)。"以众"即带领众人,与后面的动词构成连动结构。

西周金文里,"以"字使用功能扩大,使用频率提高。"以"做介词,可以引进动作行为的工具或凭借。如"汝以我车宕伐猃狁于高陵"(《不其簋盖》)。

2.2.2 从介引工具到介引受事

春秋战国时期,"以"字主要做介词和连词,做介词可以引进工具和受事。受事主要有"给"、"告"和"作"三类。有一些用例处于工具与受事之间。《论语》和《韩非子》中"以"介引工具的用例约90%,介引受事的用例约10%。

汉代以后,"以"字介宾词组运用灵活,受事成分大量发展。《史记》中"以"字表受事达到13%,东汉"七种译经"中"以"表受事的使用频率明显上升。

现有的研究把这种介引受事的"给"、"告"、"作"和"到"类结构称作广义处置式。我们注意到,这些广义处置式源于"以"字式,尽管这种结构以现代汉语"把"字处置式的面貌出现,但从历史的角度看,"给"、"告"、"作"和"到"这四类结构可能只是"以"字介宾结构的一种,是"以"字介词用法的一个小类。

2.2.3 广义处置式与狭义处置式

要了解"以"字是否可以由广义处置式发展出狭义处置式,首先要观察二者之间的区别。如前所述,"以"在介引受事时,论元有施事、受事和工具三个,动词是三价,语义范围在三价之内。(Dowty,1991)而狭义处置式中,论元只有两个,动词是二价。因此,从广义处置式到狭义处置式的转变,是配价关系的转变,只有当动词语义所搭配的宾语和"以"字后面的宾语同指的时候,论元削去一个,才可以转变为狭义处置式。从"取/将"字狭义处置式产生的过程可以清楚地显示出,是 O_1 与 O_2 同指的条件引发了连动式 $V_1O_1V_2O_2$ 的变化。"以"字结构的连动式出现较早,当时 O_1 与 O_2 同指的连动式还没有广泛使用。在 O_1 与 O_2 不同指的连动式里,"以"介引的是三个配价成分中的一个,它只能发展出广义处置式。究其原因,前期由于还没有出现 O_1 与 O_2 同指的连动式,后期虽然出现了 O_1 与 O_2 同指的连动式,但当时除了"取/将"以外,已经有了众多可能完成同样变化的动词加入,"以"又没有了变化的外部条件。所以,"以"字从受事式到狭义处置式的转变最终没有实现。

如果把"以"字的演变情况用图表示,则为:

$$
\text{携带}_{\text{动词}} \rightarrow \text{以}_{\text{介词}}+\text{工具} \rightarrow \text{以}_{\text{介词}}+\text{受事} \begin{cases} \nearrow \text{"给/作"类(春秋战国)} \\ \rightarrow \text{"告"类(先秦)} \\ \searrow \text{"到"类(西汉)} \end{cases}
$$

（甲骨文）　　　（西周）　　　（春秋）

2.3 处置式的来源

如果我们把广义处置式和狭义处置式统称为处置式,再来讨论其来源,那应该有两个不同的系统。

$$
\begin{aligned}
&\text{广义处置式:动词("以"/"取"等)} \longrightarrow \text{介词} \begin{cases} \nearrow \text{工具式} \\ \searrow \text{广义处置式(受事式)} \end{cases} \\
&\qquad\qquad\qquad\qquad\qquad (V_1O_1V_2O_2) \\
&\text{狭义处置式:连动式(取/将)} \longrightarrow \text{狭义处置式} \\
&\qquad\qquad\qquad\qquad\qquad (V_1OV_2\text{之},O=\text{之})
\end{aligned}
$$

对"以"字来说,一个来源,也只引出一个结果,动词演变为介词;对"取/将"等来说,都是从动词开始的,但是由于进入的语法结构不同,产生了不同的变化和不同的结果,在 O_1 与

O_2 不同指的"$V_1O_1V_2O_2$"格式中产生了广义处置式(受事式),在 O_1 与 O_2 同指的"V_1OV_2 之"格式中产生了狭义处置式。

三　余论

3.1　语法化链与历时演变过程

现有的研究一般把汉语处置式演变排列为一个语法化链:连动式＞工具式＞广义处置式＞狭义处置式＞致使义处置式。就其虚化程度而言,这个排列应该没有错误,就其历史发展而言,就不一定是正确的了。

首先,如果我们说广义处置式是从工具式虚化而来的,那就意味着在历史上有一个时期,"以"字用作工具的动词不与用作所谓广义处置的"给"、"告"、"作"和"到"四类动词搭配出现。如我们在以上所证明的,在工具式和广义处置式之间,基本上没有一个出现时间的差异,所以,如果按发展顺序排列,应该是从动词到介词,介词中包括工具、受事以及对象、材料等各种内容,其中并没有介词到广义处置的环节。

其次,我们无法回答从广义处置式到狭义处置式的转变是如何完成的。以上的研究证明,广义处置式和狭义处置式是在两个不同的连动式格式中完成变化的,O_1 与 O_2 不同指的连动式发展为广义处置式,O_1 与 O_2 同指的连动式发展为狭义处置式。"以"只出现于 O_1 与 O_2 不同指的连动式,没有发展出狭义处置式,而"取"等出现于 O_1 与 O_2 同指的连动式,发展出了狭义处置式。最后的结论只能是狭义处置式和广义处置式是从两种不同类型的连动式各自发展的结果,广义处置式与狭义处置式之间并没有历史发展上的联系。在历时平面上,有许多表面上似有关联而实际上是各自发展结果的东西,它们虽然似乎可以系联到一条线上,但那只是几个发展过程结果的叠加,而不是一个连续的演变过程。汉语处置式的历史发展可见一斑。

3.2　发展变化与演变机制

广义处置式和狭义处置式的出现是语法化的结果,它们在不同的条件下,经过不同的路径,完成了不同的演变,也取得了不同的结果。同时,我们也看到在这个复杂的演变过程中,起作用的演变机制不是单一的,在不同的时期,几个机制交替地起着作用。语法化、类推和外借,被认为是语法变化的三个基本机制。处置式出现的过程首先是一个语法化过程,它以结构关系为基础,伴随着动词义的消失,发展为表示工具/受事和狭义处置。在演变进行中,类推的力量不断显现。中古汉语中"取"字组进入"$V_1O_1V_2O_2$"连动式开始语法化过程之后,在动词到工具和受事介词的演变中,变化的速度、小类出现的时间都很快而且集中,其中应该有"以"字类推作用的影响。如曹广顺、遇笑容(2000)指出的,根据中古汉语连动式的省略原则,"V_1OV_2O"应该省略为"V_1V_2O"。但在只见于译经的狭义处置式里,除了"$P(V_1)V_2O$"之外,还出现了"$P(V_1)OV_2$",在这种特殊变化里,流露出译经原文的痕迹,应该是一种在外借机制影响下产生的变化。对语法发展变化的机制,我们可以归纳出各种各样独立的机制来,但在实际变化过程里,它们可能经常是交错在一起,共同决定着变化的方式和进程。

3.3 发展过程的一致性与复杂性

处置式的发展过程呈现出很强的一致性,如所有的虚化过程都是从 $V_1O_1V_2O_2$ 格式开始的;没有出现 O_1 与 O_2 同指的 $V_1O_1V_2O_2$ 格式,就不会产生狭义处置式,等等。同时,这个发展过程也呈现出很强的复杂性。"以"开始虚化时,汉语连动式还不发达,$V_1O_1V_2O_2$ 格式中 O_1 与 O_2 同指的条件还不具备,这决定了它只能演变为介词,引介工具和受事。"取"字处置式是句法类型和使用数量最多、语法化最彻底的,但它使用的时间基本上限于六朝。表示处置时,"取"后面动词使用的范围窄。这种局限使得"将"字处置式出现之后,很快就取代了"取"字式。"捉"和"把"虽然都出现在 O_1 与 O_2 同指的 $V_1O_1V_2O_2$ 格式中,但在中古已经有"取/将"等在使用,必然会限制它们的发展。目前我们仍然不清楚这一组众多的表示处置的词替换的原因是什么,但通过考察我们发现,对"持"等来说方言不是一个很合理的解释,从文献所反映的情况来看,没有发现明显的方言区别。词义、词性、词语在词汇系统中的地位、进入特定格式的时间,甚至于方言差别以及个人的语言修养和使用习惯,都会对其发展过程产生影响,都会决定它们的最终的结局。对于复杂的背景来说,目前还无法轻易地断定某一因素是其变化的原因。

附 注

[1]对中古汉语处置式进行研究的,主要有祝敏彻(1957)、陈初生(1983)、贝罗贝(1989)、魏培泉(1997)、曹广顺、遇笑容(2000)、马贝加(2002)、朱冠明(2002)、吴福祥(2003)、蒋冀骋(2003)等。

[2]先秦四种文献指《左传》《论语》《孟子》《韩非子》,下同此。

[3]东汉七种佛经指《道行般若经》(支娄迦谶译)、《中本起经》(昙果共康孟详译)、《修行本起经》(康孟详共竺大力译)、《阿含口解十二因缘经》(安玄共严佛调译)、《人本欲生经》(安世高译)、《长阿含十报法经》(安世高译)、《内藏百宝经》(支娄迦谶译),下同此。

[4]魏晋南北朝两种译经和四种本土文献指《贤愚经》、《杂宝藏经》(北魏吉迦夜共昙曜译)、《世说新语》、《颜氏家训》、《洛阳伽蓝记》、《搜神记》,下同此。

[5]魏晋南北朝十种材料指5种译经和5种本土文献:《摩诃僧祇律》(东晋佛陀跋陀罗共法显译)、《增壹阿含经》(东晋僧伽提婆译)、《四分律》(佛陀耶舍共竺佛念译)、《贤愚经》(北魏慧觉译)、《佛本行集经》(隋阇那崛多译)、《世说新语》、《后汉书》、《齐民要术》、《洛阳伽蓝记》、《颜氏家训》,下同此。

[6]《三国志》两例中的"将"字可能还是"拿"义动词,只作参考。第一例,从意义上看,要对"后"实施"杀"的动作必须以"后"的位移为先决条件,即先有"将后离宫"然后才有"杀"。第二例,从意义上同样可以看出,要对"我儿"施行"杀"的动作,也必须以"我儿"的位移为前提,否则这一动作不能实施。

参考文献

贝罗贝　1989　《早期"把"字句的几个问题》,《语文研究》第1期。
曹广顺、遇笑容　2000　《中古译经中的处置式》,《中国语文》第6期。

陈初生　　1983　《早期处置式略论》,《中国语文》第 3 期。
郭锡良　　1998　《介词"以"的起源和发展》,《古汉语研究》第 1 期。
蒋冀骋　　2003　《论明代吴方言的介词"捉"》,《古汉语研究》第 3 期。
马贝加　　2002　《近代汉语介词》,中华书局。
梅祖麟　　1990　《唐宋处置式的来源》,《中国语文》第 3 期。
魏培泉　　1997　《论古代汉语中几种处置式在发展中的分与合》,《中国境内语言暨语言学》第四辑。
吴福祥　　2003　《再论处置式的来源》,《语言研究》第 3 期。
许理和(E. Zürcher)　1987　《最早的佛经译文中的东汉口语成分》,蒋绍愚译,《语言学论丛》第十四辑,商务印书馆。
张　赪　　2002　《汉语介词词组词序的历史演变》,北京语言大学出版社。
朱冠明　　2002　《中古译经中的"持"字处置式》,《汉语史学报》第二辑,上海教育出版社。
祝敏彻　　1957　《论初期处置式》,《语言学论丛》第一辑,新知识出版社。
Dowty, D.　1991　Thematic proto-roles and argument selection. *Language*. Vol. 67. No. 1: 547—619.
Hopper, Paul J. & Elizabeth Closs Traugott 1993 *Grammaticalization*. Cambridge: Cambridge University Press.
Sweetser, Eve E.　1988　Grammaticalization and semantic bleaching. In: Axmaker et al. (eds.) 389—405.
Trask R. L.　1996　*Historcal Linguistics*. London: Arnold.

从反复问句的使用情况
看《元曲选》宾白的明代语言成分

华中科技大学 李崇兴

一 引言

《元曲选》宾白语言的时代问题,是一个困扰汉语史学者的困难问题。吕叔湘先生1940年说:"'元剧宾白,演剧时伶人自为之,'斯语也可信而亦未可尽信。宾白不同曲文,无须协律,伶人自有较大之自由;但既有剧情为之限制,临场道说亦须纯熟自然,故伶人底本必有成词,非如坊本尽从刊削。臧书宾白,虽未必全系元人面目,亦必有所依承,且剧曲用语,率趋守旧,取为元末明初白话资料,或不致大谬。"(《释您,俺,咱,喒,附论们字》,《汉语语法论文集》(增订本),商务印书馆,1984)晚年的看法似有改变:"《元曲选》里的宾白基本上是明朝的产物,元朝的成分是不多的。"(《未晚斋语文漫谈》(十六),《中国语文》1990年第3期)但无论如何,吕先生这样一个思想是始终一贯的,即《元曲选》宾白既有元代的东西,又有明代的东西。笔者想从一些具体问题入手,探讨哪些东西是元代的,哪些东西是明代的。反复问句的使用情况,是考察的具体问题之一。

二 《元曲选》宾白反复问句考察

《元曲选》宾白中的反复问有三种类型:VP 不 VP;VP-neg;可 VP。"可 VP"到底是反复问还是是非问,学者们意见不一。本文按朱德熙(1985)的意见暂归反复问。

2.1 VP 不 VP

《元曲选》宾白中的"VP 不 VP"型反复问有68句。这种问句常有语词间于正反两项之间,最常用的是"也",还有"也是"和"与"。

(1) a. 这骨殖全也不全?(《昊天塔》835·17[1])

 b. 你认我也不认?(《渔樵记》879·13)

 c. 饶的也饶不的?(《度柳翠》1144·5)

 d. 你认的这个阵势是那胡乱阵也不是?(《马陵道》738·5)

(2) a. 兀那妇人,你招也是不招?(《神奴儿》570·18)

　　b. 知他有也是无?(《合同文字》428·16)

(3) 未知飞卿允与不允?(《金钱记》21·20)

还有一例,正项用"还是"领起,形式上跟选择问一模一样:

(4) 这杀人贼还是王小二不是王小二?(《勘头巾》684·18)

不间语词的相对少一些。如:

(5) a. 端的他是亲不是亲?(《合同文字》433·2)

　　b. 看他认得认不得?(《风光好》539·3)

　　c. 寻得俺那浑家着寻不着?(《城南柳》1195·15)

古本《老乞大》里面的"VP 不 VP"全部在正反两项之间间入"那"字。如:

(6) a. 省的那省不的?

　　b. 耐繁教那不耐繁教?

　　c. 客人每,恁打火那不打火?

　　d. 吃得饱那不饱?

元刊杂剧是在正反两项之间间入"那"、"也"、"也那",极少例外。如:

(7) a. 知他俺那主婚人是见也那不见?(《拜月亭》4折)

　　b. 你这老爷娘恨也那不恨?(《老生儿》4折)

　　c. 题起那丽姬怕那不怕!(《介子推》3折)

　　d. 斥銮驾却是应也不应?布衣人却是惊也不惊?(《七里滩》3折)

在正反两项之间插进一个语词,或许是元代北方方言"VP 不 VP"型反复问的一个特点。《元曲选》宾白在这一点上跟元代北方方言的情形一致。

当 VP 含有宾语的时候,反项的宾语可省,正项的宾语一律不省。也就是说,《元曲选》宾白中只有"VO 不 VO"和"VO 不 V",没有"V 不 VO"。上举(4)、(5)a 是"VO 不 VO",(1)b、(1)d、(5)c 是"VO 不 V"。朱德熙(1991)考察了"VO-neg-V"和"V-neg-VO"在现代方言里的分布情况,指出,大部分北方官话采取前一种词序,西南官话、粤语、吴语、闽语、客家话,以及一部分北方官话(山东话、东北话)采用后一种词序。《元曲选》宾白中不用"V 不 VO",跟今天大部分北方官话的情形一致。[2]

2.2　VP-neg

《元曲选》宾白中的"VP-neg"型反复问有 49 句。最常用的否定词是"不曾",还有"未"、"未曾"和"否"。

(8) 不知老相公曾差甚麽能事官员陈州去也不曾?(《陈州粜米》43·10)

　　你丸药来不曾?(《张天师》183·3)

　　将那家中金银贯钞奇珍异宝都搬运在大船上不曾?(《来生债》307·17)

(9) 兀那老提控到来也未?(《虎头牌》413·6)

你看成灰也未?(《盆儿鬼》1395·14)

(10) 小的,筵席完备未曾?(《虎头牌》406·8)

兄弟,你吃饭未曾?(《合汗衫》124·4)

(11) a. 未知汉帝肯寻盟约否?(《大汉宫秋》1·8)

b. 不知也曾相忆否?(《梧桐雨》352·9)

c. 你莫不是子夏否?(《马陵道》748·20)

用"不曾"、"未"、"未曾"的句子都是询问动作或状态是否已经发生。用"否"的句子有的是,如(11)b;有的不是,如(11)a、(11)c。用"否"的句子都比较文气,或许是一种服务于修辞的仿古。把"否"字句除开,可以说《元曲选》宾白中"VP-neg"是专用于动作或状态是否已经发生的问句,与"VP 不 VP"互补。

《元曲选》宾白中没有用"没有"构成的反复问句。[3]

2.3 可 VP

《元曲选》宾白中的"可 VP"问题,是一个十分复杂的问题。问题之所以复杂,是因为"可"字用法复杂,哪些句子里的"可"是构成"可 VP"型反复问句的形式标记,哪些句子里的"可"只是一般的语气副词,界限不容易划清。我们现在只能根据现代方言的情况,先把最典型的"可 VP"找出来,然后对其他材料加以甄别。

从我们掌握的情况看,凡用"可 VP"的方言,包括吴语的"阿 VP",江淮官话的"克 VP",西南官话的"格 VP",都不能在"可 VP"之后安上一个用于是非问的疑问语气词。[4]苏州话的"阿 VP"后面可以加"啊",但苏州话的"啊"可以用在各种疑问句后,不是专用于是非问的疑问语气词,不能算是例外。(汪平,1984)因此,以下句子合于今天方言里面的"可 VP"句式,应该算典型的"可 VP"型问句。

(12) 小的,你可见来?(《救风尘》201·9)

哥哥,你兄弟心中烦恼,你可知道也?(《神奴儿》558,11)

你看我手里的"忍"字,与这手巾上的可一般儿?(《忍字记》1078,9)

与你些宝贝金珠可好?(《生金阁》1720·15)

只要问你那因奸药杀马均卿,可是你来?(《灰阑记》1128·14)

不知刘晨别后,可曾得再会来?(《张天师》176·17)

这样的句子有 9 句。大量出现的是"可 VP 麽",有 37 句。例如:

(13) 后门口是谁杀了一个人,你可知麽?(《杀狗劝夫》116·5)

你担着担,口里可叫麽?(《东堂老》223·15)

师父,这般将着可好麽?(《岳阳楼》618·4)

你有一个故人,你可要见麽?(《冤家债主》1144·18)

可是僧奴那妮子麽?(《忍字记》1078·3)

三年之中,可曾祭这冤妇麽?(《窦娥冤》1515·6)

现代没有"可 VP"和"VP 麽"并存的方言,想来历史上也不会有这样的方言。我们认为"可 VP 麽"不是反映单一方言,而是两种方言成分混合的产物。[5]还有在"可 VP"的后头安上一个"哩"的,只有4例:

(14) 不知可有这福分哩?(《薛仁贵》328·20)

他弟兄每可都有哩?(《昊天塔》839·6)

你问俺公公,可要他活哩?(《桃花女》1035·18)

叔叔,城外那几所庄儿可还有哩?(《东堂老》227·10)

"哩"在《元曲选》宾白中绝大多数用于非问句,用于问句以特指问为主要,极少用于是非问。考虑到"可"在"可 VP 哩"里确有传疑功能,把它算作"可 VP"型反复问句应该不算大错。至于这种问句究竟反映哪一种方言,抑或根本就没有这样的方言,只是编者援"可 VP 麽"的例,在"可 VP"的后头安上一个"哩",由于材料匮缺,无从断定。

句中有疑问代词,而且这个疑问代词用以实指而非虚指,这样的句子不能算"可 VP"。如:

(15) [丑笑云]舅舅,你不提这烧饼,我想不起来,你才说这烧饼,我就想起来了。[正末云]你可想起甚麽来?(《勘头巾》680·18)

句中的"可"分明是一个"语气加紧时用之"(张相先生语)的语气副词。如果疑问代词用以虚指而非实指,就可以算"可 VP":

(16) [正末云]孩儿也,你那时可曾有人问你什么来?你则从实的说。[丑云]我不曾说甚麽,也不曾有人问我。(《勘头巾》680·12)

以下一些句子在疑似之间:

(17) [包待制云]张千,你近前来。可是恁的。[张千云]可是中也不中?[包待制云]贼禽兽,我的言语可是中也不中!(《蝴蝶梦》640·20)("可是恁的"是打耳语完了以后说的话,意思是"就这么着")

请问大人,不知可曾祭过神道不曾?(《潇湘雨》246.12)

你打听你兄弟的音信,可是有也是无?(《冻苏秦》450·12)

我放了你去呵,你可是肯来也不肯来?(《赵礼让肥》992·11)

这几例像是把"可 VP"和"VP 不 VP"糅合在一起的混合形式,但"可"也未尝不可以看成一个"语气加紧时用之"的语气副词。

三 评议

本文第二节讨论的三种反复问句,"VP 不 VP"、"VP-neg"的使用情况跟元代北方方言基本一致,可以看出《元曲选》宾白"有所依承"的一面。最值得注意的是"可 VP"。作为这种句式的形式标记的"可"到底是怎么来的,还没有一个一致认同的结论。我们现在只能说,

"可 VP"这种问句句型的发育成熟应当不晚于 16 世纪,理由是《西游记》确实是反映一种用"可 VP"的方言,作者吴承恩生活的年代在公元 1500—1582 年之间。《西游记》大致代表江淮方言。至于吴语里的"可 VP",游汝杰(1993)推测产生于明代,"阿 VP"最早见于冯梦龙所辑苏州方言民歌集《山歌》,冯氏所辑《警世通言》里,发问词只用"可",不用"阿"。冯梦龙(1574—1646)是长洲(今江苏吴县)人。

我们考察了现存反映元代北方方言的文献:古本《老乞大》、《元典章》、《孝经直解》、《元刊杂剧三十种》,前三种都不见"可 VP"。元刊杂剧有两例:

(18) 你使一个小鬼,去望乡台上看他尸首可在?(《铁拐李》楔子)

　　我恰待自饮芳醑,是谁唱叫喧呼?则听得絮叨叨不住的骂寒儒,不住地推来抢去,则管扯拽揪摔。可知道李太白留剑饮,典琴沽?(《遇上皇》2 折【感皇恩】)

后一例可疑,因为"可"未尝不可以当"岂"讲。《遇上皇》的作者高文秀,《录鬼簿》说他是"东平府学生员","都下人号小汉卿"。从现代方言的情况看,东平、大都都不是用"可 VP"的地方,这就更增加了可疑度。这样,三十种元刊杂剧中可靠的"可 VP"就只有一例了。[6] 或许有人会说,元刊杂剧里面的"可 VP"例不多见,是因为它的宾白不全。可是,"可 VP"进入曲文绝对没有曲律的限制,何以曲文中不见踪影?《元曲选》的曲文里面是有"可 VP"的,虽然只有两例:

(19) 则这攒典哥哥休强挺,你可敢叫我亲自秤?(《陈州粜米》36·18)

　　你可认的那旧家计郑元和?(《曲江池》[7]》274·7)

比较合理的解释是,元杂剧以北方方言为基础方言,北方方言没有"可 VP"这样一种句式,杂剧中无从得到反映。

元人杂剧除了《元曲选》(以下称"臧选")以外,还有脉望馆藏本(以下称"脉本"),剧名与臧选相同的有将近 50 种(明初贾仲名等人的作品未计在内),这些本子都是宾白完整的,拿这些本子同臧选比对,能够说明一些问题。比对的结果是,臧选中的"可 VP"全为脉本所无,臧选中的"可 VP 麽"绝大多数为脉本所无,臧选中的"可 VP 哩"全为脉本所无。举例如下:

(20) 臧选:[周舍云]我那里曾见你来。我在客火里,你弹着一架筝,我不与了你个褐色䌷段儿?[正旦云]小的,你可见来?[小闲云]不曾见他有甚麽褐色䌷段儿。(《救风尘》,3 折)

　　脉本:[周]我那里曾见你来。我在客火里,你弹着一架筝,我不与了你个褐袖段儿?[旦]小的不知道。

(21) 臧选:你看我手里的"忍"字,与这手巾上的可一般儿?(《忍字记》4 折)

　　脉本:怕你不信呵,你看我手里的这个"忍"字,和这手巾上的一般般的。

(22) 臧选:与你些宝贝金珠可好?(《生金阁》1 折)

　　脉本:与你些宝贝金珠也。

(23) 臧选：后门口是谁杀了一个人，你可知麼？（《杀狗劝夫》4折）

脉本：不知是谁杀了一个人，你知麼？

(24) 臧选：师父，这般将着可好麼？（《岳阳楼》1折）

脉本：师父，这般将着可好了。

(25) 臧选：可是那佛留麼？（《忍字记》4折）

脉本：可是那佛留那小厮麼？

(26) 臧选：三年之中，可曾祭这冤妇麼？（《窦娥冤》4折）

脉本：无此句

(27) 臧选：叔叔，城外那几所庄儿可还有哩？（《东堂老》4折）

脉本：叔叔，城外那几所庄儿还在麼？

脉望馆主人赵琦美（1563—1624）是常熟人。据游汝杰（1993），常熟也是用"可VP"的地方，按理，他对"可VP"的可接受度不会低于臧懋循。如果他见到的元剧本子里面有"可VP"，绝不会妄加刊削，实际情形是，赵氏所做的工作只是校，而不是改。

"可VP"问句在书面上大量出现，始于明代中叶以后。以明代情形而论，好像除了《西游记》的作者吴承恩以外，其余几种作品的编者都是吴语区的人。《金瓶梅》第53—56回里面集中出现了12例"可VP"（朱德熙，1985），从沈德符说这几回"时作吴语"的话看来，补作这几回的恐怕也是一位吴语区的人。《元曲选》宾白里面也能找出一些吴语成分（笔者拟另作专文，此不详论），因而我们疑心那里面为数不算很少的"可VP"就是臧懋循的改笔。

附 注

[1] 本文引《元曲选》例文据中华书局排印本（1958年第1版，1979年第3次印刷），并取明雕虫馆刻本校对。例文后注杂剧名，中华书局排印本页数和行数（第1个数字是页数，第2个数字是行数）。

[2] 元代有关的材料太少，无从比对。古本《老乞大》、元刊杂剧里面，"VP不VP"的VP极少含有宾语。

[3] "没有"在《元曲选》宾白中有副词用法，但不用以构成反复问句。构成反复问句的例子大约以见于《金瓶梅》的为最早。

[4] 袁毓林（1993）说："基于广泛的类型比较的考虑，'VP+Neg+VP?''VP+Part?'和'K+VP?'可以统称为广义正反问句。广义正反问句是个重要的类型学参项（typologic parameter），它的三个变量（variables）(a) 'VP+Neg+VP?' (b) 'VP+Part?' (c) 'K+VP?'在方言分布上有类型比较价值。一般地说，有(a)(b)两个变量的方言没有变量(c)，如北京话、上海话、广州话等；有变量(c)的方言没有变量(a)和(b)，如苏州话、昆明话、合肥话等。"袁先生用K代表苏州话的"阿"一类疑问副词，Part代表北京话"吗"一类从否定词变来的疑问语气词，Neg代表"不、勿"一类否定词。

[5] 朱德熙（1985）提出，"在我们考察过的方言里，'可VP'和'VP不VP'两类反复问句互相排斥，不在同一种方言里共存。"在列举历史材料的时候，举了《儒林外史》。《儒林外史》的作者吴敬梓（1701—1754）是全椒人，三十来岁的时候移居南京，这两个地方都用"可VP"。可是在《儒林外史》里面却可以找到"VP不VP"：

姓毛的在家不在家？陈家的银子到底还不还？（52回）

我们不能据此认为朱先生的说法不符合事实，只能说吴敬梓并不纯粹用全椒话写作，只是在他的笔下时不时露出他的方言底子而已。我们同样有理由认为,《儒林外史》里面的"VP 麽"(如第 1 回:"只位王相公,可就是会画没骨花的麽?")并不反映全椒话的真相,而是因为受到当时强势方言的影响,在"可 VP"的后头安上了一个"麽"。今天的全椒话根本没有"VP 不 VP"的说法,也没有"麽/吗"这一个语气词。滁州学院的曹小云先生专程去全椒帮我作了调查,在此向他表示衷心的谢意。

    [6]《铁拐李》的作者为岳伯川。《录鬼簿》(曹楝亭本)说他是济南人,"或云镇江人"。如果"或云"为真,在岳伯川笔下出现"可 VP"是完全有可能的。

    [7]《曲江池》的作者石君宝是平阳人,今属山西。

参考文献

贺　巍　1991　《获嘉方言的疑问句》,《中国语文》第 5 期。
江蓝生　1992/2000　《疑问副词"颇、可、还"》,见《近代汉语虚词研究》,语文出版社;另见《近代汉语探源》,商务印书馆。
李思明　1983　《从变文、元杂剧、〈水浒〉、〈红楼梦〉看选择问句的发展》,《语言研究》第 2 期。
刘丹青　1991　《苏州方言的发问词与"可 VP"句式》,《中国语文》第 1 期。
梅祖麟　1978　《现代汉语选择问句法的来源》,《历史语言所集刊》第 49 本第 1 分册。
梅祖麟　1984　《从语言史看几本元杂剧宾白的写作时期》,《语言学论丛》第十三辑。
施其生　1990　《汕头方言的反复问句》,《中国语文》第 3 期。
汪　平　1984　《苏州话里表疑问的"阿、嚜、啊"》,《中国语文》第 5 期。
王世华　1985　《扬州话里两种反复问句共存》,《中国语文》第 6 期。
杨荣祥　1999　《近代汉语否定副词及相关语法现象略论》,《语言研究》第 1 期。
游汝杰　1993　《吴语里的反复问句》,《中国语文》第 2 期。
袁毓林　1993　《正反问句及相关的类型学参项》,《中国语文》第 2 期。
张美兰　2003　《〈祖堂集〉语法研究》,商务印书馆。
赵　新　1994　《论"V-neg"式反复问句的分化演变》,《湖北教育学院学报》(哲社版)第 1 期。
朱德熙　1985　《汉语方言里的两种反复问句》,《中国语文》第 1 期。
朱德熙　1991　《"V-neg-VO"与"VO-neg-V"两种反复问句在汉语方言里的分布》,《中国语文》第 5 期。
祝敏彻　1995　《汉语选择问、正反问的历史发展》,《语言研究》第 2 期。

马王堆汉墓帛书祝由方中的"由"

北京大学中文系　李家浩

马王堆汉墓帛书里有一种记治疗五十二种疾病的医方,整理小组把它定名为《五十二病方》。[1]据学者统计,《五十二病方》现存医方总数是283方,[2]其中有一些属于巫术方面的祝由方。在祝由方中,有如下"治癫"、"治□烂"二方是以所谓的"古"进行的:

(1) 以辛巳日古曰:"贲(喷),辛巳日。"三。曰:"天神下干疾,神女倚序听神吾(语),某狐叉非其处所,已;不已,斧斩若。"即操布巾之二七。[3](204—205行)

(2) 热者,古曰:"胅胅诎诎,[4]从灶出毋延,黄神且与言。"即三唾(唾)之。(308行)

"古"是一种什么巫术呢? 马王堆汉墓帛书整理小组注说:

> 古,读为辜、䄈,《汉书·地理志》云阳有"越巫䄈䣝祠",注:"孟康曰:䄈,音辜磔之辜,越人祠。"䄈禳是巫人禳灾的祭祀。[5]

这一意见得到许多人的赞同,如周一谋、萧佐桃主编《马王堆医书考注》,[6]魏启鹏、胡翔骅《马王堆汉墓医书校释》(壹)等。[7]

其实把"古"读为"辜"是有问题的。《周礼·春官·大宗伯》"以血祭祭社稷、五祀、五岳,以貍沈祭山、林、川、泽,以疈辜祭四方百物",郑玄注:"故书……'疈'为罢。郑司农云:'……罢辜,披磔牲以祭,若今时磔狗祭以止风。'玄谓……疈,疈牲胸也。疈而磔之,谓磔禳及蜡祭。"又《夏官·小子》"凡沈辜侯禳,饰其牲",郑玄注引郑司农云:"辜,谓磔牲以祭也。"据二郑所说,"辜"跟"貍"、"沈"等一样,是祭祀时用牲的一种方法。(1)、(2)的文字没有讲到用牲,显然不能把所谓的"古"读为辜磔之"辜"。

(1)、(2)文字中的所谓的"古",其特点是位于"曰"字之前。在《五十二病方》里,处在同样语法位置上的字或作"祝"。例如:

(3) 伤者血出,祝曰:"男子竭,女子截。"五画地□之。(13行)

(4) 以月晦日之丘井有水者,以敝帚骚(扫)尤(疣)二七,祝曰:"今日月晦,骚(扫)尤(疣)北。"入帚井中。(104行)

(5) 以日出时,令穨(癫)者屋霤下东乡(向),令人操筑西乡(向),祝曰:"今日□,某穨(癫)九,今日已。某穨(癫)已□。而父与母皆尽柏筑之颠,父而冲,子胡不已之有?"以筑冲

穨(癩)二七。已备,即曰:"某起。"穨(癩)〔已〕。(206—207行)

(6) 祝曰:"啻(帝)右(有)五兵,至(尔)亡。不亡,泻刀为装。"即唾之,男子七,女子二七。(381行)

此外,还有在"祝曰"之间加虚词"之"的:

(7) 婴儿瘛者……取屋荣蔡、薪燔之而□匕焉。为湮汲三浑,盛以杯。因唾匕,祝之曰:"噴者豦(剧)喷,上如椽(彗)星,下如脴(蚘)血,取若门左,斩若门右,为若不已,磔薄(膊)若市。"(51—53行)

马王堆汉墓帛书整理小组对(3)的"祝"注说:

> 祝,即呪、咒。本条是迷信的祝由方法……[8]

按"祝由"见于后面将要引到的《素问·移精变气论》等。据此,所谓的"古"当与"祝"义同或义近。

王辉先生曾写过一篇《"祝由"新解》的文章,[9]讨论了(1)、(2)中所谓的"古"的问题。王氏也看出(1)、(2)中所谓的"古"与"祝"义近,[10]他大概受到马王堆汉墓帛书整理小组对"祝"的注的影响,认为"祝由"之"由"即"古"字的讹误。王氏在引用了《五十二病方》中有关"古"、"祝"的资料之后说:

> 从上引诸例可以看出,祝、古(辜)二词意义接近,辜是磔,祝亦言磔,如"婴儿瘛"方所说,磔脴就是斩杀,而所要斩杀的,乃是病魔。从以上诸例还可以看出,古人以符咒治病,不管是祝,还是辜,只是诅咒病魔,而绝无述说致病缘由之事,在《五十二病方》等早期医学著作中,并无"祝由"一词出现。我们推测,在《素问》成书时(《素问》的成书年代约在战国秦汉之间,而《五十二病方》的成书则在战国,前者显然晚于后者),可能由祝、古(辜)这两个近义词合成为"祝古"这个词组,用以表示符咒治病这种迷信方法,而古、由两字因为字形接近,于是在历代传抄过程中发生了讹误。

王氏所说的"婴儿瘛"方,见上引(7)。王氏又说:

> 从古文字材料看,秦汉以前由字很少作独体字用,其时多借繇、繇为由……早期医学著作中,即使有"祝由"一词,也应写作"祝繇"。而今作"祝由",不作"祝繇"者,不是后人改繇作由,就是后人讹古为由,而上文说的理由,我们认为最大的可能性还是讹古为由。

从表面上看,王氏的说法似乎有一定的道理,但仔细分析,却存在一些问题。一,不能因为

"婴儿瘛"方"祝"词中言及"磔",就说训为"磔"的"辜"与"祝"意义接近。训为"磔"的"辜"是祭祀时用牲的一种方法,而"祝"词所说的"磔"是对被诅咒对象的一种惩罚,二者的对象、性质都不相同,不能混为一谈。二,"祝由"之"由",《说文》作"褕"、"䌷",《玉篇》作"袖"(详见下文)。虽然"由"与"古"的字形相近,但是"褕"、"䌷"、"袖"与"古"的字形并不相近,"祝由"之"由"绝不可能是"古"字的讹误。三,秦汉以前古文字资料中的"由"很少做独体字用,多借"繇"或"䌛"为之,并不能证明"祝由"之"由"不作"繇"或"䌛",就一定是"古"字之讹。

尽管王氏的说法存在一些问题,但是他把(1)、(2)的"古"与"祝由"之"由"联系起来,是很有见地的。不过"祝由"之"由"不是"古"字之讹,而是马王堆汉墓帛书整理小组把"由"误释为"古"。秦汉简帛文字往往把"由"写作"古"字形,例如:

大车辕不胜任,折轴上。

车空失,大车轴螯。

自宵臧(藏)乙复绅衣一乙房内中。

见此长如车轴,死者盈千。

梢(柚)一笥。

上引文字分别见于《睡虎地秦墓竹简·秦律十八种》125号、127号、《封诊式》73号、[11]马王堆三号汉墓帛书《天文气象杂占》6·6和一号汉墓遣策135号,[12]"轴"、"绅"、"梢"等所从的"由",旧皆误释为"古"。[13]朱德熙先生和裘锡圭先生在考释马王堆一号汉墓遣策135号简第一字时说:

135号简第一字……与三号墓遣策中"介胄"的"胄"字十分相似,似可隶定为"梢",释作"柚"。[14]

李学勤先生在一篇文章里谈到"秦简某些字的写法,对读释古书中一些罕见字提供了新的线索"时说:

《墨子·经说下》及《杂守》有轊字,是车的部件。《玉篇》虽有此字,但说释有脱字……秦简《秦律十八种》云:"及车大辕不胜任,斩轊上。"有同志指出,马王堆三号墓遣策的胄字上半形同古字,从而轊很可能本为軸字。同理,秦简《封诊式·穴盗》的"复结衣"应该读为"复绅衣"。[15]

李学勤先生在另一篇文章里,也发表了跟上面相同的意见,同时还特别指出:

这一时期从"古"、从"由"的字颇易混淆,需加注意。[16]

这些意见都是非常正确的,张家山二四七号汉墓竹简《二年律令》7号"舳"字所从的"由"旁原文作"古"字形,[17]也可以证明这一点。据马王堆汉墓帛书《战国纵横家书》324行"若由是观之"之"由"的写法,[18]"由"与"古"的字形十分相似,区别仅仅在于"由"字的横画比"古"字短,所以秦汉简帛文字"由"多讹误作"古"字形。上引(1)、(2)中所谓的"古",显然是"由"字的讹体,应该改释为"由"。看来秦汉时期,"由"不仅作为合体字的偏旁与"古"混淆,就是作为独体字也与"古"混淆。

在传世古文献中,"祝由"一词最早见于《黄帝内经素问·移精变气论》:

> 黄帝问曰:"余闻古之治病,惟其移精变气,可祝由而已。今世治病,毒药治其内,针石治其外,或愈或不愈,何也?"岐伯对曰:"往古人居禽兽之间,动作以避寒,阴居以避暑,内无眷慕之累,外无伸宦之形,此恬憺之世,邪不能深入也。故毒药不能治其内,针石不能治其外,故可移精祝由而已……"

这段文字亦见于《黄帝内经太素·知祝由》。历史上对"祝由"的意思有不同说法:

> 全元起说:祝由,南方神。
> 王冰说:古者巢居穴处……是以移精变气,无假毒药,祝说病由,不劳针石而已。[19]
> 杨上善说:上古之时有疾,但以祝为去病所由,其病即已。[20]

按全、王、杨三氏的说法,可以归纳为两种。一是王、杨二氏以"祝"为"祝说","由"为"病由";一是全氏以"祝由"为"南方神"。所谓的"南方神",当指"祝融"。[21]"由"、"融"二字古通。例如《左传》昭公五年所记吴王夷末之弟"蹶由",《韩非子·说林》作"蹶融"。所以全氏认为"祝由"即南方神祝融。其实这两种说法都不可信,正如俞樾在《读书余录》中所批评的那样:王、杨二氏的说法是"望文生训",全氏的说法亦非,把"祝由"解释为南方神"祝融","然'祝融而已',文不成义。若然,则以本草治病,即谓之神农乎?"[22]

《说文》示部:"䄋,祝䄋也。从示,留声。"《万象名义》示部:"䄋,禄留反,祝䄋也。袖,古文。"《玉篇》示部:"袖,古文䄋。"按上古音"留"属来母幽部,"由"属余母幽部,二字韵部相同,声母相近,都是舌头音,音近可通。例如《说文》手部正篆"搯"从"留"声,籀文从"由"声作"抽"。故从"留"声的"䄋"可以写作从"由"声的"袖"。清人惠士奇、惠栋、段玉裁、桂馥、王筠、朱骏声、钱坫和孙诒让等都认为"祝䄋"即《素问》的"祝由",[23]此说已成定论。因祝由是用语言说的,所以祝由之"由"或从言作"䛦"。《原本玉篇》言部:"《说文》:'䛦,祝也。'或为'䄋'字,在示部。"[24]大小徐本《说文》皆作"䛦,䚯也",[25]与《原本玉篇》所引文字异。按《原本玉篇》所引《说文》"䛦,祝也"之"祝",应该读为"呪"或"咒",同"䚯"。《文选》卷二张平子《西京赋》"东海黄公,赤刀粤祝",李善注引薛综曰:"(祝)音呪。"玄应《一切经音义》卷六:"祝诅,(祝)《说文》作䛜,之授反。䛜,诅也。今皆作呪。"慧琳《一切经音义》卷二四:"䛜诅,(䛜)亦作祷、祝,诅亦作禶、谐,今经本作咒咀,俗用字也。"可见"䛜,祝也"之"祝"与"䛜,诅也"之"䛜",实际上是同一个词的不同写法而已。"祝䌛(由)"之"䌛(由)"为什么会有"祝(咒)"的意思呢？张舜徽先生曾回答过这个问题,他说:"䌛之言籀也,谓口诵不绝,有似读书也。古之祝由,不以药方,而以符祝治病,盖无殊诵经也。"[26] 于此可见,"祝由"是同义复词,这两个字既可以连言,又可以单说。所以上引马王堆汉墓帛书《五十二病方》中用"祝"的地方,又可以用"由"。旧或认为"缓言之则为祝䌛,急言之则为䛜"[27],似不可信。

在传世古籍中,祝由之"由"似乎也有跟《五十二病方》一样单用的情况。《礼记·郊特牲》:

> 祭,有祈焉,有报焉,有由辟焉。

郑玄注:

> 祈,犹求也,谓祈福祥,求永贞也。报,谓若获禾报社。由,用也。辟,读为弭,谓弭灾兵,远罪疾也。

颜师古不同意郑玄把"辟"读为"弭",他在《匡谬正俗》卷三中说:

> 按"辟"当读为辟邪恶之"辟"。直云"辟灾兵",义自可晓,无烦假借。

刘晓东又不同意颜师古把"辟"读为"辟邪恶"之"辟(避)",他说:

> 凡祈福报功之祭,皆祈报也。是所谓祈也,报也,俱行祭目的之类别耳。而辟与祈报连言以述祭,明为祭意之一端也。康成融贯经记,综会礼说,故读"辟"为"弭",是不仅以释词解字为职志也。若单释"辟"字,师古之说容或可通,然解此文,则不与祈报相连类矣。是师古之说,能通于单文之训而不能贯乎全句之解,能辨于字义之分而不能察乎礼意之类也。[28]

据古文献,除了上引《礼记》中的"辟"字外,似未见有"辟"与"弭"通用的例子,颜氏不同意郑氏的说法是有一定的道理的。刘氏从文义出发,对颜氏说法的批评也是有一定道理的。"辟"在这里到底如何解释,我想只有把它与"由"联系起来考虑才能解决。

郑玄注只说"由"是"用也",至于为什么前两句祭名之前都没有言"由",而最后一句"辟"字之前要言"由",郑玄没有交代。不过清人方憼对这个问题作过解释。方氏是同意把"辟"

读为"辟邪恶"之"辟",他说:

> 于"辟"又言"由"者,以非祭之常礼,或有所以而用之故也。[29]

方氏的解释显然很勉强,难以成立。我认为"由辟"应该跟上文"祈"、"报"同类,是两种祭名。"由"即是"祝由"之"由","辟"当从郑注读为"弭"。由于"由"、"弭"都是除灾去殃,故可并举。"祭,有祈焉,有报焉,有由、辟(弭)焉"的意思是说:祭祀,有祈福的"祈",有报功的"报",有诅咒去殃的"由"和消除灾害的"弭"。

总之,上引马王堆汉墓帛书《五十二病方》(1)、(2)中所谓的"古",应该释为祝由之"由";(1)、(2)跟(3)至(7)等一样,也应该属于祝由方,它们是目前见到的最早记有"祝"、"由"字样的祝由方。

附 注

[1] 马王堆汉墓帛书整理小组《马王堆汉墓帛书五十二病方》,25—130,文物出版社,1979;《马王堆汉墓帛书》(肆)图版,13—41,释文注释25—82页,文物出版社,1985。本文所引《五十二病方》文字皆出自这两本书,仅在引文末尾注出帛书行数,不再注出出处。

[2] 马继兴、李学勤《我国现已发现的最古医方——帛书〈五十二病方〉》,见《马王堆汉墓帛书五十二病方》,182页。此文原以钟益研、凌襄笔名发表于《文物》1975年第9期。

[3] "即操布戉之二七"之"布",据前文"斧斩若"之语,疑应该读为"斧"。"斧"、"布"二字皆从"父"声,故可通用。

[4] 《左传》襄公三十年有"或叫于宋大庙,曰'谵谵出出'"之语。裘锡圭先生说"'肸肸诎诎'与'谵谵出出'为一声之转"。裘先生说法见《古文字论集》,532页,中华书局,1992。

[5] 《马王堆汉墓帛书五十二病方》,78页,《马王堆汉墓帛书》(肆),释文注释50页。

[6] 周一谋、萧佐桃主编《马王堆医书考注》,140、177页,天津科学技术出版社,1988。

[7] 魏启鹏、胡翔骅《马王堆汉墓医书校释》(壹),97、122页,成都出版社,1992。

[8] 《马王堆汉墓帛书五十二病方》,30页,《马王堆汉墓帛书》(肆),释文注释27页。

[9] 王辉《"祝由"新解》,《文史》第四十四辑,271—273,中华书局,1998。

[10] 在王辉先生之前,马继兴先生也看出(1)、(2)中所谓的"古"与"祝"义近,他把它读为"祝"或"呼"。详见马先生《马王堆古医书考释》,479—480、550页,湖南科学技术出版社,1992。

[11] 睡虎地秦墓竹简整理小组《睡虎地秦墓竹简》,图版25、75页,释文注释49、160页,文物出版社,1990。

[12] 国家文物局古文献研究室《西汉帛书〈天义气象杂占〉释义》,《中国文物》第1期,文物出版社,1979。傅举有、陈松长《马王堆汉墓文物》,图版159页,湖南出版社,1992。顾铁符《夕阳刍稿》,223页,紫禁城出版社,1998。湖南省博物馆、中国社会科学院考古研究所《长沙马王堆一号汉墓》下册,图版二七九,文物出版社,1973。

[13] 旧或释"椯"为"楠",见《长沙马王堆一号汉墓》上册,141页。

[14] 朱德熙、裘锡圭《马王堆一号汉墓遣策考释补正》,《文史》第十辑,中华书局,1980;另见《朱德熙古文字论集》,128页,中华书局,1995。

[15] 李学勤《秦简的古文字学考察》,见《云梦秦简研究》,340页,中华书局,1981。《睡虎地秦墓竹简》的"后记"也指出《盗律》的"结"字一说……应释为绌"。

[16] 李学勤《秦简与〈墨子〉城守各篇》,见《云梦秦简研究》,333页,中华书局,1981;另见《李学勤集》,307页,黑龙江教育出版社,1989;另见《简帛佚籍与学术史》,131页,江西教育出版社,2001。
[17] 张家山二四七号汉墓竹简整理小组《张家山汉墓竹简号》(二四七),图版7页,文物出版社,2001。
[18] 马王堆汉墓帛书整理小组《马王堆汉墓帛书》(叁),图版24页,文物出版社,1983。
[19] 全、王二氏说,见《黄帝内经素问》,83页注①,人民卫生出版社,1979。
[20] 杨上善《黄帝内经太素》,554页,科学技术文献出版社,2000。
[21] 陈寿祺辑校《尚书大传》卷二:"南方之极……神祝融司之。"《丛书集成》本,78—79,中华书局,1985。
[22] 俞樾《九九销夏录》,282页,中华书局,1995。"袖"字原文误为"袖"。
[23] 见丁福保《说文解字诂林》第二册1115—1116页所录惠栋《惠氏读说文记》、段玉裁《说文解字注》、桂馥《说文解字义证》、朱骏声《说文解字通训定声》和钱坫《说文解字斠诠》,中华书局,1988。孙诒让《札迻(移)》,368页,中华书局,1989。吕思勉也有相同的说法,见《先秦史》,462页,上海古籍出版社,1982。
[24]《原本玉篇残卷》,15、216页,中华书局,1985。
[25] 见丁福保《说文解字诂林》第四册,3045页,中华书局,1988。
[26] 张舜徽《说文解字约注》上册第1卷,14页下,中州书画社,1983。
[27] 张舜徽:《说文解字约注》上册第1卷,44页下;《旧学辑存》中册,529页,齐鲁书社,1988。
[28] 刘晓东《匡谬正俗评议》,79—80,山东大学出版社,1999。
[29] 孙希旦《礼记集解》中册,723页,中华书局,1989。

从"善"等谈上古的句法与词义分析

北京广播学院出版社 李佐丰

在上古汉语的研究工作中,语法和词义是两个不同的研究方向,但它们又是紧密相关的,对语法和词义任何一个方面的深入研究,都要求我们把这二者沟通起来。以下本文从"句法与词义分析"和"'善'与它的近义词"这样两个方面来谈谈与此有关的问题。

一 句法与词义分析

在这一节,我们先讨论句法关系,然后再来说明词义和句法关系。

1.1 句法关系

为了深化语法研究,并把语法研究跟词义分析结合起来,我们在这里引用一个新的术语:同现。同现是指具有某种语法关系的词语,能在句子中同时出现的用法。

为了说明"同现",我们先来看下面这样一种现象:符合已有的语法规则的词语,有时能组合成句,有时并不能组合成句。比如下面这两组例句:

A.

(1) 善政得民财,善教得民心。(《孟子·尽心上》)

(2) 越人饰美女八人纳之太宰嚭。(《国语·越语上》)

(3) 良马难乘,然可以任重致远。(《墨子·亲士》)

B.

(4) 良政得民财,善教得民心。

(5) 越人饰善女八人纳之太宰嚭。

(6) 美马难乘,然可以任重致远。

A组例句可以成句,在一般的语法研究中,也主要是研究A组这种可以成句的例句,并根据句中加"□"词的使用,得出"形容词可以给名词做定语"这样的结论。这种结论中的"形容词"、"名词",实际只存在于语法的抽象之中。在现实的话语中,并不存在某个抽象的形容词或名词,而只有一个个具体的形容词、名词,如"善、良","政、马",等等。所以,由抽象的形容词和抽象的名词所构成的"定中短语",也只是一种抽象的句法结构;实际的话语中并没有这样一个结构,而只有一个个符合这个结构的具体的实例,如 A 组例句中的三个定中短语:"善政、美女、良马"。B 组例句是我们比照 A 组例句仿造的,并不能成句,这主要是由于"良"、"善"、"美"这三个形容词不能给其后的名词做定语。从 B 组可以看出,"形容词可以给名词做定语"这个结论虽然成立,但并不是任何一个形容词都可以给任何名词做定语,而只是给某些名词做定语。既然一个个具体的形容词实际只给某些名词做定语,而不是给所有的名词做定语,那么,"形容词可以给名词做定语"这句话也就可以再补充些内容:形容词可以给名词做定语,但对于某个具体的形容词来说,其后出现哪些名词是确定的、有限制的。这样一来,如果要切实地研究语言的实际使用情况,我们的语法工作除了要把形容词、名词都看做一个整体来肯定"形容词可以给名词做定语"这样的结论之外,还应进一步研究:每个形容词到底给哪些名词做定语,也就是说形容词给名词做定语时的实现性表现在哪里。概括地说则是,当某种语法规则在话语中实现,从而构成具体的句子时,其中所使用的词语要合乎某些具体的条件。以上我们所举出的只是形容词给名词做定语的例子,其实,在其他各种不同的句法结构中都存在类似的情形,比如述宾、主谓等等结构也存在类似的情况。根据上述事实,我们认为,在合于某种语法规则的情况下,能够组合在一起并构成具体句子的词语,它们应能在句子中同时出现。这种情况,我们称之为"同现",或说这些词语之间有同现关系。比如前面例句中的"善",在定中结构中可以跟"政"同现,而"善"跟"女"则不同现。

我们在介绍"同现"这个术语时,举的是"善"、"美"、"良"和"政"、"女"、"马"这样的单个实词,它们构成定中结构。其实,同现既然是语法规则在话语中的实现,那么各种类型的短语、句子中都存在同现这种关系。这样一来,不仅两个单个的实词可以有同现关系,两个以上的实词也存在同现关系;不但实词之间有同现关系,短语也可以有同现关系,虚词的使用也可以有同现关系。如:

(7) 楚王 赐晏子酒 。(《晏子·内篇杂下》)

(8) 王者之制禄爵, 公侯伯子男 ,凡五等。(《礼记·王制》)

(9) 穆叔 如周聘 。(《左传·襄公二十四年》)

(10) 人主乐美 宫室台池 。(《韩非子·八奸》)

(11) 子犯曰:" 可矣 。"(《国语·晋语四》)

(12) 目无 所见 。(《庄子·在宥》)

(13) 文子曰:"我王者 也乎哉 ?"(《国语·晋语六》)

例(7)中同现的是三个实词:"赐、晏子、酒",例(8)中是五个实词:"公、侯、伯、子、男";例(9)、(10)的同现中都含有短语:例(9)中短语"如周"跟"聘"同现,例(10)中同现的是两个短语"宫室"和"台池";例(11)、(12)、(13)的同现中都含有虚词:例(11)是"可"跟虚词"矣"同现,例

(12)是虚词"所"跟"见"同现,例(13)是三个虚词同现。

在语法研究中,我们把一个个在用法和语义上有某种共性的词归纳为词类(包括词的次类),并以词类为单位来讨论短语、句子的构造。这种研究对于我们从宏观上来把握上古汉语整体的语法特点很有用,但同时它又时常解释不了很多具体的句子。为了解决话语中具体的句子中的语法问题,我们就还要从同现的角度对短语、句子进行研究。同现主要是对一个个属于某一类的词作一种个别的研究,是以具体的词语为单位来讨论短语、句子的构成的。

语法研究跟同现研究是相辅相成的,语法研究是一种从个别到一般的研究,在这种研究中,我们舍弃很多个别词语的个性,归纳出它们的共性,也就是归纳出抽象的结论性的规律,这种规律表现出更多的概括性。同现研究则是一种从一般到个别的研究,是在语法中已有的抽象结论的基础上,来研究个别词语的语法特点,这些特点表现出更多的个体性。语法的研究可以概括、规范同现的研究,反之,同现的研究则能具体、深化对语法的研究。语法研究中包含抽象的结构、句子等,同现研究中包含各种具体的词语关系。为便于称说,我们把以上两种研究中所包含的抽象的结构、句子和各种具体的词语关系,统称为"实句句法",在不会误解的情况下,简称为"句法"。

实句句法研究能使我们对句子的构成有更加全面、深入的认识,这种研究工作还把语法研究和词义研究沟通了起来。

1.2 词义分析和句法关系

词义是个系统(或说我们是在用系统的方法来思考和研究词义),历史词义系统反映了某个历史时期的人们对世界的认识和切分,这种认识和切分只存在于这个历史时期的语言之中。不同时代的词义系统既有联系,同时又有差异。在这种情况下,现代的词义系统或今人头脑中已有的词义系统,只能是我们分析历史词义系统的借鉴,而不能以它来类推历史上某个时代的词义系统。王力先生说,翻译不是语法。[1]其实翻译不但不是语法,也不是词义分析。对于上古汉语的某个词,我们常用现代汉语的某个词来作一种翻译式的解释,这对于人们阅读和理解上古文献自然是十分必要的,对于工具书的编写也是必要的。但这种翻译式的解释,对于古今词义来说,它们之间时常只能是大体相同,或部分相同,很难完全对等,所以我们不能把这种翻译的方法作为基础的方法来研究历史词义。在研究历史词义时,我们应该使用语言学的方法,通过某个历史时期的语言资料本身来研究词义,也就是说通过该历史时期的一个个具体的句子来认识词义。对于上古汉语来说,主要是通过上古汉语的文献资料来研究和认识词义。在语言中,处于系统中的词义不是孤立存在的,它跟其他词的词义构成了种种联系。我们不可能孤立地研究词义,只有在词义的联系中来研究词义。这种联系主要表现为组合关系和聚合关系。

词的组合关系主要是指句法中的两种关系,一种是抽象的语法关系,另一种则是具体的同现关系。这两种关系都有相应的形式,同时也表现为一定的语义关系。各种不同的语法关系和同现关系,包含各种不同的意义关系。这种种比较确定的意义关系,就构成了不同的语义框架。这个语义框架对于出现在其中的词,在意义上有一定的要求;于是根据这个语义框架,我们就可以来研究个别词的词义及该词在词义系统中的特点。根据语法结构所归结出的语义框架,一般比较抽象,在分析词义时,也表现出了更多的概括性。跟语法结构相比,由同现关系构成的语义框架更为具体,在分析词义时的作用也更为细致和直接。聚合关系是在组合关系的基础上形成的。对于相同的语义框架来说,可以出现在同样位置上的词,它们在语义上便会具有共性,这种共性就构成这些词的词义之间的聚合关系。词义之间的区别性特征则存在于这种聚合关系之中。组合关系是横向的,聚合关系则是纵向的。我们正是通过组合、聚合这两种不同的纵横关系,在语法和同现这样两种不同层次的语义框架中来分析词义的。分析的具体情况,请见下面对"善"的讨论。[2]

古人在上古汉语的词义研究上积累了大量的成果,古代的典籍、工具书、注释等都给我们认识词义提供了大量的宝贵资料。没有古代这些训释词义的资料,我们对上古词义的研究,可说是寸步难行。可是这些资料对词义解释的主流是语文学的,也就是说主要目的在于读古书,即以能读懂古籍为主要目的。能读懂古籍并不等于认识了词义系统。时代发展了,科学发展了,我们应该对古人已有的成果有所发展和补充,力求确定词义系统。在词义系统中,包含同义(近义)、反义等多种关系,在认识词义系统的基础上,我们可以更准确地认识词义。

根据上述情况,我们可以得出以下结论:实句句法分析中的语义框架,反映了词语之间的语义关系,它是分析词的语义特点的重要基础;在古今词义训释资料的基础上,通过对表现在语义上的组合关系和聚合关系的分析,我们可以逐渐认识词义系统,进而深入地分析词义;而在充分认识词义的基础上,我们又能反过来更进一步理解句法关系,首先是同现关系,然后是一般的语法规则。此外,上古汉语中的同一个字常充当几种不同的词类,没有对词义的准确把握,很难把一个字所表示的不同的词类区分开来。从这点来说,语法研究的深化也一定要尽可能准确地分析词义。

以下我们就以"善"及它的几个近义词为例,来谈谈句法研究与词的语义特点分析的联系。

二 "善"与它的近义词

上古汉语形容词"善"的基本意思是好、美好、良好或是合于理想、合于心意等(在下边的讨论中,我们将用"美好"来代表"善"上述的基本意义)。"善"的近义词常用的是:"美"、"良",此外还有"令"、"好"、"吉"等。概括地说,这几个词在意义上的基本特点是:"善"表示思虑性的美好,"美"表示感觉性的美好,"良"表示使用性的美好,"令"表示概括性的美好,"好"表示喜爱性的美好,"吉"表示美好的结果。

如果不是从句法分析出发来考虑近义词,人们最易于根据现代汉语的语感,认为"善"的近义词是"良",而较少考虑"美"。可是如果从上古汉语的句子出发来考察"善"的近义词,我们就会发现:在上古汉语中,跟"善"有较多共性的近义词首先是"美",其次才是"良",而古代的训诂资料也同样支持这个结论。另外,古人对"令"的认识主要是基于它跟"善"的意义关系,而不大考虑句法特点。但是如果考虑句法关系,我们或许会对"令"跟"善"的关系作出一个更合理的认识。下边从词义和句法两个方面逐次讨论"善"及其跟"美"、"良"、"令"、"好"、"吉"等词的关系。

2.1 善

善(1999)[3]是个常用形容词(1828),也是个动词(171)。形容词"善"表示思虑性的美好,这种美好最常用来说明人的言和行。"善"在意义上有两个特点:其一,这种美好通常是内在的,比较抽象的,要通过一定的思维活动才能认识;其二,这种美好既可以是一种客观上的事实,也可以只是一种主观上的认识。跟"善"的语义特点相应,它在句法上表现出以下六个特点。

1)定语

形容词经常用作定语,其后同现的中心语所表示的事体,具有形容词所表示的性质、特征,这些事体的语义特点常可以作为判定形容词词义特征的重要依据。

"善"常给抽象名词和有生名词做定语(175)。[4]最常跟"善"同现的中心语是抽象名词,这些抽象名词最常表示跟人的言语、行为等有关的事物,"善"主要表示这些言语、行为在内容方面的美好,这种美好常是认识的结果。常用的中心语有:"言(26)、行(19)、政(18)",此外还有:"辞(4)、名(4)、心(3)、事(5)、物(3)"等。如:

(14) 子路,人告之以有过,则喜。禹闻 善 言,则拜。(《孟子·公孙丑上》)

(15) 修身践言,谓之 善 行。(《礼记·曲礼上一》)

(16) 五帝之中无传政,非无 善 政也,久故也。(《荀子·非相》)

以上三例"善言"、"善行"、"善政"中的"善",都是认识的结果。

"善"后同现的有生名词主要有两个,都比较常用,它们是:"人(60)、士(11)"。如:

(17) 国君得 善 人而赏之,得暴人而罚之。(《墨子·尚同下》)

(18) 子谓薛居州, 善 士也,使之居于王所。(《孟子·滕文公下》)

以上两个例句中的"善",都主要是指通过言、行表现出来的品行上的良好。

具体事物一般不包含什么抽象的内容,所以"善"极少修饰具体名词,在这点上,它跟下面介绍的"美"表现出明显的不同。

2)状语

除了做定语,"善"还常用作状语(402),主要表示由于施事者有一定的能力、技术,所以相关的行为能取得美好的结果。"善"常修饰行为动词,同现的主要有:"为(46)、用(31)、射(22)、战(13)、事(11)、救(11)、养(11)、治(11)"等。如:

(19) 臣闻 善 为国者,顺民之意,而料兵之能,然后从于天下。(《战国策·齐五》)

(20) 楚有养由基者, 善 射。(《战国策·西周》)

(21) 匠人曰:"我 善 治木。"(《庄子·马蹄》)

"善为国"的意思是治理国家能取得良好的成果,"善射"、"善治木"与此类似。

3) 谓语

"善"用作谓语时,可以用来说明事实,更常用来说明自己的主观看法,常见的有以下三种形式。

A. "善"单独充当谓语,它的主语常是抽象名词,也可以是其他词语,这种形式最常用来说明事实。如:

(22) 孟子曰:"<u>人之性</u> 善 。"(《荀子·性恶》)

(23) 鸟之将死,其鸣也哀;人之将死,<u>其言也</u> 善 。(《论语·泰伯》)

(24)（人）曰:"<u>吾御者</u> 善 。"(《战国策·魏四》)

以上三例都主要用来说明事实,前两例用抽象名词性词语做主语,例(24)的主语是表示人的词语。

B. 在后面加"哉"(51)、"矣"(24)时,用作谓语的"善",常用来表示个人的看法或评价。这种看法或评价,最常针对的是抽象事物。如:

(25) 孔子愀然变容,曰:" 善哉 ,回之意!"(《庄子·让王》)

(26) 文惠君曰:"嘻, 善哉 !技盖至此乎?"(《庄子·养生主》)

(27) 楚王不听,曰:"吾事 善矣 !子其弭口无言,以待吾事。"(《战国策·秦二》)——陈轸劝谏,楚王不听。"吾事善矣"是楚王自己的看法。

(28) 晋乐王鲋曰:"《小旻》之卒章 善矣 ,吾从之。"(《左传·昭公元年》)

以上诸例的"善",都主要是表示说话人针对抽象事物谈自己的主观看法或评价。

C. 在对话时,"善"还可以单独成句,用来对别人的言语内容,表示一种认识性的肯定的态度。如:

(29) 桓子欲还,曰:"无及于郑而勦民,焉用之?楚归而动,不后。"随武子曰:" 善 。会闻用师,观衅而动。"(《左传·宣公十二年》)

(30) 子西曰:"子常唯思旧怨以败,君何效焉?"王曰:" 善 。使复其所,吾以志前恶。"(《左传·定公五年》)

以上两例的"善"都是在对话中单独成句,用来表示自己认识上的肯定性态度。

4) 述语

"善"既用来说明事实,也用来表示主观看法,在构成述宾时,也表现出了这个特点。"善"经常构成意动(41)和使动(19),意动重在表示主观的看法,而使动则主要用来叙述事实。如:

(31) 殷练而祔,周卒哭而祔。孔子善殷。(礼记·檀弓下)——善殷:认为殷的做法好。

(32) 惠子为魏惠王为法。为法已成,以示诸民人,民人皆善之。(《吕氏春秋·淫辞》)

(33) 穷则独善其身,达则兼善天下。(《孟子·尽心上》)

(34) 工欲善其事,必先利其器。(《论语·卫灵公》)

以上四例,前两例是意动,后两例是使动。

5) 联合短语

联合短语时常是两个功能和意义都具有某些共性的近义词或反义词的同现。"善"的反义词是"恶",它常与"恶"同现,构成联合短语。如:

(35) 景公问于晏子曰:"为政何患?"晏子对曰:"患善恶之不分。"(《晏子春秋·内篇问上》)

(36) 信名,则群臣守职,善恶不逾,百事不怠。(《韩非子·外储说左上》)

6) 动词"善"

形容词"善"所表示的这种思虑性的美好,是讲主语单方的特性,它引申为动词后,用来表示主语和宾语双方所具有的美好关系,这种关系自然也属于一种抽象的意义。具有此种用法的"善"是个不及物动词,其后的宾语是间接宾语,表示对象;这种对象也可以用"于"字补语来表示。如:

(37) 甘茂善魏,公孙郝善韩。(《战国策·楚三》)

(38) 宋华元善于令尹子重,又善于栾武子。(《左传·成公十一年》)

前一例"善"后用间接宾语,后一例用"于"字补语,都是表示关系好的另一方。

2.2 "美"与"善"

在现代汉语中,人们较少把"美"和"善"视为近义词,但在上古汉语中,"美"(588)与"善"却是共性较多的近义词。前边我们曾指出"善"表示思虑性的美好,"美"则是表示感觉性的美好,后一种美好最常说明可以用感官感受到的事物。"善"和"美"这两种美好,一里一表,关系密切。古代这两个词可以互训。例如《吕氏春秋·古乐》:"汤乃命伊尹作为大护,歌晨露,修九招、六列,以见其善。"高诱注:"善,美。"这是用"美"来释"善",以下是用"善"释"美"。《国语·晋语》:"夫人美于中,必播于外,而越于民,民实戴之。"韦昭注:"美,善也。"《说文·

羊部》"美"字后说:"美与善同意。"除了相同之处以外,这两个词也有不同之处。《说文》说,"美"的本义是"甘",即味道甘美。由口中的感觉而引申出各种感官所能感受到的感觉性美好,这种美好通常是比较具体的、外在的。而《说文》则说"善"的本义是"吉",即吉祥的言辞,由此引申出在认识的基础上所产生的思虑性美好,这种美好通常是比较抽象的、内在的。"善"、"美"所表示的这两种不同的美好,大致构成了一种表里互补的局面,个别时候在意义上可以重叠。《荀子集解·哀公》:"虽不能遍美善,必有处也。"郝懿行注曰:"美、善义同,而有浅深。"《论语·八佾》:"尽美矣,未尽善也。"朱熹注曰:"美者,声容之盛;善者,美之实也。"以上这两个注释都说明"善"、"美"之间在意义上存在的密切联系及其表里之不同。

"美"跟"善"在意义上的异同,在句法上也能反映出来。词义上的共性,使它们在句法中也表现出较多的一致性。"美"和"善"都常用作定语、述语,在用作谓语时,可以单独使用,也可以后加"矣"、"哉"等;由于它们语义上又有不同,在用作各种成分时,也会表现出一些差异。以下从六个方面来加以介绍。

1)定语

表示感觉性的美好的"美",常用具体名词做中心语,这是它跟"善"明显的不同。"美"后同现的名词主要表示跟饮食、衣物等相关的事物,人们常可以用味觉、视觉等感官直接感受到它们的美好,主要有:"食(4)、酒(2)、锦(2)、裘(2)、服(2)、珠(2)、珥(2)"等。如:

(39)若孝子之见慈亲也,若饥者之见美食也。(《吕氏春秋·荡兵》)

(40)蔡昭公朝乎楚,有美裘焉,囊瓦求之,昭公不与。(《公羊传·定公四年》)

(41)疾臣向魋,纳美珠焉,与之城鉏。(《左传·哀公十一年》)

"善"通常不修饰"美"所修饰的这些具体名词。

"美"后的中心语还常是有生名词,这种用法的美,主要说明人的相貌,是视觉的美好,常用的是:"人(24)、女(13)"等,如:

(42)魏王遗楚王美人,楚王说之。(《战国策·楚四》)

(43)越人饰美女八人纳之太宰嚭。(《国语·越语上》)

同样是修饰"人","美"重在表示人外在的美好,而"善"则重在表示人内在品质的美好。

最后,"美"所修饰的中心语还可以是几个抽象名词,它们在"美"后同现的数量都不多,主要有:"名(7)、言(3)、德(3)、物(2)"等。这四个名词中,"名"、"言"、"物"三个词是"美"和"善"都修饰的。由于在表示美好时,"美"和"善"有不同之处,所以它们在修饰同一个词时,在意义上往往会表现出一些不同;又由于它们还有相同之处,所以它们修饰同一个词时,这种意义上的差异有时又可能会很小,或在意义上有所交叉。如:

(44)三牲之俎,八簋之实,美物备矣。(《礼记·祭统》)

(45)将求于人,则先下之,礼之善物也。(《左传·昭公二十五年》)

（46）信言不美，[美]言不信。(《老子》八十一章)

（47）仁人之于民也，爱之以心，事之以[善]言。(《战国策·楚三》)

（48）夫耳内和声，而口出[美]言，以为宪令，而布诸民。(《国语·周语下》)——耳中听到和谐的声音，口中说出美好的言语，根据这些言语制定出法令，而后在百姓中发布。

（49）聚敛天下之[美]名而加之焉，曰："此仁也，义也，爱人、利人，顺天之意，得天之赏者也。"(《墨子·天志中》)

（50）故凡从事此者，圣知也，仁义也，忠惠也，慈孝也，是故聚敛天下之[善]名而加之。(《墨子·天志下》)

例(44)中的"美物"是指具体的美好的食物，而例(45)中的"善物"则是指抽象的美好的事；例(46)的"美言"主要是指听起来动听的言语，例(47)的"善言"则主要是指内容好的言语；以上四例都表现出"美"跟"善"意义的不同。例(48)的"美言"，跟例(47)的"善言"意思接近，都重在说明言语的内容好；例(49)的"美名"和例(50)的"善名"区别很小；以上四例都表明"美"跟"善"的意义很接近，或者意义已经有所交叉。到下边我们可以看到，"善"跟"良"的意义就不会这样接近。

在"美"所修饰的抽象名词中，"德"比较特殊，所出现的三例都在《荀子·尧问》的同一个地方：

（51）伯禽将归于鲁，周公谓伯禽之傅曰："汝将行，盍志而子[美]德乎?"对曰："其为人宽，好自用，以慎。此三者其[美]德已。"周公曰："呜呼！以人恶为[美]德乎！"

除了这一处之外，我们在其他地方见不到用"美"来修饰"德"的例句。这里所以用"美"，不知道是否为了跟"以人恶为美德"中的"恶"相对比。在表示"德"的美好时，通常不用"善"、"美"，而是用下面要讨论的"令"。

2)"美"、"善"的另一个突出不同是："善"常用作状语，"美"一般不用作状语。

3)谓语

在用作谓语时，"美"跟"善"一样，都是既可以用来说明事实，也常用来说明自己的主观看法。与语义特点相应，以下的两种用法，"美"、"善"在大体相同之中，包含一些不同之处。

A. 单独用作谓语的"美"常用来说明事实。由于"美"表示感觉性的美好，所以它的主语常用有生名词、具体名词做主语，有时也可以使用某些抽象名词。如：

（52）齐崔杼之妻[美]。(《战国策·楚四》)

（53）人有福，则富贵至；富贵至，则衣食[美]。(《韩非子·解老》)

（54）功大而名[美]，上可以王，下可以霸。(《荀子·王霸》)

以上三例"美"的主语中的"妻"、"衣"、"食"和"名"分别是有生名词、无生名词和抽象名词。

B. 在其后加"哉"(22)、"矣"(15)时,"美"跟"善"一样,常用来表示一种主观看法或评价;跟"善"不同的是,"美"所表示的这种看法主要是针对人或具体事物。如:

(55) 叔孙穆子曰:"楚公子 美 矣,君哉!"(《左传·昭公元年》)

(56) 景公坐于路寝,曰:"美 哉,其室!将谁有此乎?"(《晏子春秋·外篇》)

(57) (叔孙穆子)使工为之歌《周南》、《召南》,曰:"美 哉!始基之矣,犹未也,然勤而不怨矣。"(《左传·襄公二十九年》)——之:指吴公子札。

例(55)的"美"针对的是人,后两例针对的是具体的事物。

C. "美"极少用来评价别人的言语内容,所以它不像"善"那样在对话中单独成句。

4) 述语

"美"跟"善"一样,经常构成意动(33)和使动(25)。如:

(58) 当是时也,民结绳而用之,甘其食,美 其服,乐其俗,安其居。(《庄子·胠箧》)

(59) 楚王 美 秦之语,怒韩、梁之不救己,必入于秦。(《战国策·赵一》)

(60) 儒者在本朝则 美 政,在下位则美俗。(《荀子·儒效》)

(61) 君子之学也,以 美 其身。(《荀子·劝学》)

前两例是意动,后两例是使动。

5) 联合短语

"美"跟"善"有相同的反义词"恶",它也常与"恶"同现后构成联合短语。如:

(62) 目辨白黑 美恶,耳辨声音清浊。(《荀子·荣辱》)

(63) 通货财,相 美恶,辨贵贱,君子不如贾人。(《荀子·儒效》)

"美"、"善"是近义词,它们也可以同现后构成联合短语。如:

(64) 孔子对曰:"所谓士者,虽不能尽道术,必有率也;虽不能遍 美善,必有处也。"(《荀子·哀公》)

(65) 若有 美善,则归之上,是以美善在上,而所怨谤在下。(《墨子·尚贤中》)

6) 表示感觉性美好的"美"没有像"善"那样引申为动词。

2.3 "良"与"善"

自古及今,"良"(433)跟"善"始终是近义词。在上古时,人们最常用"善"来解释"良"。比如《说文》说"良"的本义是"善"。又如《诗经·日月》:"德音无良"的"良",毛传:"善也"。《诗经·卫风·氓》:"子无良媒"的"良",郑笺:"善也"。虽然人们常用"善"来训"良",但在上古时,"良"、"善"之间的关系,似乎不及"美"、"善"那样密切。在上古文献中,我们未见有反过来用"良"释"善"的,只是到了《广韵·狝韵》中,释"善"时才说:"良也"。在古代的训释材料中,我们也未见有人像"善"、"美"那样,把"善"、"良"放在一起比较讨论的。当代人们在辨析古代的近义词时,则常把"良"、"善"放在一起作比较。有的学者认为:"作为形容词:'良'侧重于事物的作用、功能和技术、性质的好;'善'虽然也表示性质的好,但侧重于心地、德行的好。"(王凤阳《古辞辨》,874页)也有的学者说:"'善'、'良'"都有好的意思。善多用于心地、品德、态度等","良多用于事物的性状、功能,做事时机和方法、策略等"(曹先擢、苏培成主编《汉字形义分析字典》,468页)。

  我们认为,"良"、"善"都表示美好,它们的差别主要表现在以下两个方面。其一,"良"主要表示一种使用性的美好,这种美好最常用来说明可供他人使用的人及事物,而"善"则主要表示思虑性的美好。其二,使用性的美好常是事体本身所固有的,它通常不用来表示主观看法,而"善"所表示的思虑性的美好则除了表示事体本身固有的特性之外,还常表示主观看法。由于有以上两方面的不同,所以从语义看,"良"跟"善"并不构成全面的对应。与此相应,在句法关系上,"良"跟"善"也并不构成全面的对应,而只是有一部分对应。以下从五个方面来介绍它们。

  1)定语

  跟"善"、"美"一样,"良"也经常用作定语,由于它表示使用性的美好,所以同现的中心语主要表示可供他人使用的人或物。跟"善"、"美"明显不同的是,"良"最常给有生名词做定语,或者说"良"最常表示人在使用上的美好。"良"所修饰的这些有生名词,很少与"善"、"美"同现,其后的有生名词可以分为四种。其一表示臣仆,常用的是"臣(20)",此外还有:"仆(3)、将(3)、民(3)"等。如:

  (66) 今之所谓[良]臣,古之所谓民贼也。(《孟子·告子下》)

  (67) 桀听谗而诛其[良]将,纣闻谗而杀其忠臣,至身死国亡。(《战国策·秦五》)

  其二表示有某种技艺的人,常用的是"医(14)、工(11)",此外还有:"农(5)、宰(4)、士(4)、史(2)等"。如:

  (68) [良]医知病人之死生,圣主明于成败之事。(《战国策·秦三》)

  (69) 有一衣裳之财不能制,必索[良]工。(《墨子·尚贤下》)

  (70) 楚大胜齐,其[良]士选卒必殪。(《战国策·齐一》)——良士:精良的将士。

  "善"也修饰"士",主要表示品行美好;而这里的"良"修饰"士",则表示训练有素,即使用性的美好。

  其三表示关系较密切的人,常修饰的是"人(12)",此外还有:"友(2)、邻(2)、子(2)"等,这种用法的"良"除了可以表示使用性美好之外,还常表示相处美好等。如:

  (71) 彼苍者天,歼我[良]人。(《诗经·秦风·黄鸟》)——良人:指子车奄息等人,他们是治理国家的杰出人才。

  (72) 今夕何夕?见此[良]人。(《诗经·唐风·绸缪》)——良人:夫称其妻。

(73) 齐人有一妻一妾而处室者,其 良 人出,则必餍酒肉而后反。(《孟子·离娄下》)——良人:丈夫。

(74) 得 良 友而友之,则所见者忠信敬让之行也。(《荀子·性恶》)

例(71)的"良"是指使用性的美好,跟"善"、"美"修饰"人"后所表示的意义都有所不同;之下三例的"良"都是指相处美好。

最后,经常跟"良"同现的有生名词,除了表示人之外,还常用"马(21)",另外还有"狗(3)","马"、"狗"都是供人驱使的。如:

(75) 良 马期乎千里,不期乎骥骜。(《吕氏春秋·察今》)

(76) 疾耕则家富,家富则有以求 良 狗,狗良则数得兽矣。(《吕氏春秋·贵当》)

"良"后同现的第二种中心语是具体名词,这些具体名词所表示的事物通常是供人们使用的,有:"剑(6)、宝(5)、弓(3)、车(3)、药(3)、材(2)、田(2)、玉(2)、书(2)"等。如:

(77) 得十 良 剑,不若得一欧冶。(《吕氏春秋·赞能》)

(78) 殷汤 良 车七十乘,必死六千人,以戊子战于郼。(《吕氏春秋·简选》)

(79) 夫上所以陈 良 田大宅,设爵禄,所以易民死命也。(《韩非子·显学》)

前面讨论过的"美"也常修饰具体名词,那主要是表示供吃、穿的饮食、衣物等,与这里"良"的中心语不同。

"良"所修饰的抽象名词数量不多,主要是"道(4)、法(2)",另外还有"日(2)"。如:

(80) 隐匿 良 道,而不相教诲也。(《墨子·尚贤下》)

(81) 故有 良 法而乱者,有之矣,有君子而乱者,自古及今,未尝闻也。(《荀子·王制》)

(82) 及 良 日,夫人缫,三盆手。(《礼记·祭义》)

以上例句中的"道"、"法"、"日"受"良"修饰后,也重在说明它们是为人所用。

2) 状语

跟"美"一样,形容词"良"也很少做状语,可以见到少数给"图(3)"做状语的例句,其他的例句极罕见。如:

(83) 子常曰:"是瓦之罪,敢不 良 图!"(《左传·昭公二十七年》)

3) 谓语

"良"可以单独用作谓语,主语常是有生名词,也可以是无生名词。如:

(84) 父慈、子孝、兄 良 、弟弟。(《礼记·礼运》)

(85) 善弋者,下鸟乎百仞之上,弓 良 也。(《吕氏春秋·功名》)

以上两例中的"兄"、"弓"分别是有生名词和无生名词。

跟"善"、"美"比,"良"所表示的使用性的美好,更多地是一种经验性的认识,而且常是事体本身所固有的,客观性比较强,易为大家所公认。《周礼·天官·宰夫》:"书其能者与其良者",孙诒让正义释"良"说:"谓有善行,次于有德行之贤。"《周礼·春官·巾车》:"凡良车。"贾公彦疏:"精作为功则曰良。"《论衡·别通》说:"医能治一病谓之巧,能治百病谓之良。"《孟子·尽心上》:"人之所不学而能者,良能也。"朱熹给"良"作注说:"本然之善也。"(本来固有的善)以上的解释都说明"良"时常是有一定客观标准的,是事物本身所固有的,常是一种在事实上可加以印证的"善"。正因为"良"的客观性强,所以它极少像"善"那样后加"哉"、"矣"来说明自己的主观看法。

4) 述语

同样是由于"良"的客观性强,它构成意动和使动类的述宾比"善"、"美"就少得太多了,意动有两例,使动有一例:

(86) 司城子罕以堵女父、尉翩、司齐与之 良 司臣而逸之。(《左传·襄公十五年》)

(87) 齐人立敬仲之曾孙酀, 良 敬仲也。(《左传·襄公二十九年》)

(88) 精气之来也,因轻而扬之,因走而行之,因美而 良 之。(《吕氏春秋·尽数》)

例(86)、(87)是意动,例(88)是使动。

5) 联合短语

除了"善"之外,"良"还跟"贤"有近义关系。"贤"表示多才能、德才兼备,"贤"的这个意义跟"良"使用性美好这个意义关系密切。因为在使用上美好的人,通常要有美好的才能、品德。"贤"、"良"常同现并构成联合短语。如:

(89) 贤良 之士寡,则国家之治薄。(《墨子·尚贤上》)

(90) 古之圣王,举孝子而劝之事亲,尊 贤良 而劝之为善。(《墨子·非命中》)

由于"良"跟"善"在意义上并不构成整体的对应,所以它们通常并不构成联合短语。在我们所用的语料中,只有一例:

(91) 发虑宪,求 善良 ,足以謏闻,不足以动众。(《礼记·学记》)

有的时候,"良"可以跟"恶"构成反义词,但"良"跟"恶"的关系似乎不及"善"跟"恶"的关系那样密切,所以"良"跟"恶"只是在一句话中可以呼应着使用,但未见它们构成联合短语。如:

(92) 若用药者然,得 良 药则活人,得 恶 药则杀人。(《吕氏春秋·荡兵》)

2.4 "令"与"善"

"令"(1677)最常用作动词、名词,它还可以是形容词(约73)。《尔雅·释诂一》训"令"为"善",这个"令"是指形容词,它表示概括性的美好。在表示美好的形容词中,"令"主要是用作定语(67,占总数的92%),其后同现的中心语最常用的词有三个:"德(24)、闻(名声、声望)(18)、名(名誉、名望)(17)",此外还有:"王、主、兄弟、图"等。如:

(93) 子为晋国,四邻诸侯不闻⟦令⟧德,而闻重币,侨也惑之。(《左传·襄公二十四年》)

(94) 古之明王不失此三德者,故能光有天下,而和宁百姓,⟦令⟧闻不忘。(《国语·周语中》)

(95) 侨闻君子非无贿之难,立而无⟦令⟧名之患。(《左传·昭公十六年》)

(96) 三代之⟦令⟧王皆数百年保天之禄。夫岂无辟王?(《左传·成公八年》)

我们知道,在"善"、"美"、"良"这三个词中,"善"所表示的美好最为抽象,它常说明人们的言、行,而"令"在表示美好时,它常涉及的事物"德"、"闻"、"名",则是比言、行更为抽象、概括的事物。我们虽然把"令"归入形容词,但其实它更接近区别词(区别词是通常只做定语的虚词),也就是说它十分接近虚词。与此相应,"令"所表示的意义比一般的形容词也更为概括、抽象。除了做定语之外,"令"做其他句法成分的次数很少,在我们所用的语料中共有六例:

(97) 诗曰:"周道挺挺,我心扃扃。讲事不⟦令⟧,集人来定。"(《左传·襄公五年》)

(98) 哀名之不⟦令⟧,不哀年之不登。(《国语·晋语九》)

(99) 君子曰:"忠为⟦令⟧德,非其人犹不可,况不⟦令⟧乎?"(《左传·成公十年》)

(100) 子曰:"巧言⟦令⟧色,鲜矣仁。"(《论语·学而》)

(101) 子曰:"巧言⟦令⟧色,鲜矣仁。"(《论语·阳货》)

(102) 子曰:"巧言、⟦令⟧色、足恭,左丘明耻之,丘亦耻之。"(《论语·公冶长》)

例(97)的例句是轶诗,"不令"在韵文中做谓语,例(98)的"不令"用在之字短语中,例(99)的"不令"可以看做是做谓语,但用法似乎也很特殊,它是承前而用。从以上三例看,"令"做谓语十分罕见。例(100)、(101)、(102)的"令色",只见于《论语》一书,其他典籍中未见同样的组合。

《说文》解释"令"的本义是"发号也"(发出号令)。我们试着来探讨一下它的这个本义如何会跟"善"的意义联系了起来,这对于了解"令"的词义和用法或许会有些帮助。关于"令"跟"善"的关系,常见的说法有三种。

1)郝懿行《尔雅义疏》说:"令者,灵之假音也。"这是说,"令"通"灵"。当我们说两个字有通假关系时,实际是在说这两个字在表示某个意义时是同一个词。也就是说"令"和"灵"在表示"善"时,应该是同一个词。可是从实际语言材料来看,这个结论很难成立。

为了说明"令"通"灵",郝氏举出的四个例证分别出自《尚书》和《诗经》。从《尚书》中,郝氏举了三个例证:"吊由灵","丕灵承帝事","不克灵承于旅",也就是以下三个例句:

(103) 肆予冲人,非废厥谋,吊由⟦灵⟧。(《尚书·盘庚下》)

(104) 尔殷多士!今惟我周王,丕⟦灵⟧承帝事。(《尚书·多士》)

（105）不克 灵 承于旅，罔丕惟进之恭，洪舒于民。（《尚书·多方》）

《尚书》中"灵"的意义为"善"的例句，除了以上三个之外，还有另外两个：

（106）苗民弗用 灵 ，制以刑。（《尚书·吕刑》）

（107）惟我周王， 灵 承于旅，克堪用德，惟典神天。（《尚书·多方》）

以上五个例句，例(103)、(106)的"灵"用作宾语，例(104)、(105)、(107)用作状语，没有用作定语的例句。而在我们前面的讨论中已知，"令"既不用作状语，也不用作宾语，而是主要用作定语。从这个事实来看，尽管它们都可以表示"善"，"灵"的意义跟"令"的意义也接近，但由于"令"、"灵"这两个词在句法上的差异太大，我们无法把它们看做是同一个词，也就很难认为它们有通假关系。郝氏所举出的《诗经》中的例句是"灵雨既零"，即：

（108） 灵 雨既零，命彼倌人。（《诗经·鄘风·定之方中》）

在《诗经》中，意义为"善"的"灵"只有上面这一个例句，这个例句中的"灵"是给"雨"做定语。尽管同样是做定语，但是从它所修饰的中心语来看，这个"灵"跟表示概括性美好的"令"，在用法上仍有较大的距离。如果这个"灵"跟《尚书》中的"灵"是同一个词，那么我们仍然认为，它跟"令"不会是同一个词的通假。

2) 朱骏声《说文通训定声》说："令""为灵，实为良，令、灵、良皆双声。"根据双声关系，朱氏认为"令"、"灵"实际都是"良"。从我们前边的讨论可以知道，"良"主要表示使用性的美好，无论是语义特点，还是句法特点，它跟"令"的差异都很大。说"令"是"良"，同样难于成立。

3) 光绪年间的王树枏在《尔雅说诗》中提出另一个说法。令，"说文云：'发号也。'谓号令之善也。引申之为凡令善之称"。王氏的意思是说："令"本来表示发出号令，也可以表示"号令的善"，引申为一般的"善"。王氏认为"令"有"善"这个意思，并不是通假，而是由"令"的本义引申出来的。王氏的这个看法，有些迂回，但这是可以接受的一种说法。

我们知道，"令"可以是动词，也可以是名词。不管用作动词，还是用作名词，"令"都可以训为"教"。如：

（109）据九鼎，按图籍，挟天子以 令 天下，天下莫敢不听，此王业也。（《战国策·秦一》）

（110）义渠君曰："谨闻 令 。"（《战国策·秦二》）

以上两例中的"令"，前一个是动词，后一个是名词，高诱都注为"教"。《盐铁论·刑德》对"令"和"法"作比较时说："令者，所以教民也。法者，所以督奸也。"《盐铁论·诏圣》中更进一步说："春夏生长，圣人象而为令；秋冬杀藏，圣人则而为法。故令者，教也，所以导民人。法者，刑罚也，所以禁强暴也。"以上材料说明，"令"有教、教导之类的意思，以此引导人们向善。名词"令"的这个意思更为明显，它常跟"法"、"政"等同现。如：

（111）夫立法 令 者，以废私也。法令行而私道废矣。（《韩非子·诡使》）

(112) 起于上所以道于下，政令是也。(《荀子·非相》)

"令"所具有的这种教、教导的意思，引申为对人们有教导、引导作用的内容，那就是"善"。"令"所表示的这种与教导、引导相关的"善"，最常表现为人们的品德，可以说"令"跟"德"密切相关，所以"令"常修饰"德"。而有"令德"的人，也就常有好的声望、名声，所以"令"也常修饰"闻"、"名"。以上看法推测性的成分较大，也可能同样不成立，但比其他两种说法似乎要可信些。

2.5 "好"与"善"

上古汉语中的"好"(987)最常用作动词，用作形容词的数量并不多(约50)。形容词"好"跟"美"的关系密切，《说文》说"好"的本义是"美"。段注说：美"本谓女子，引申为凡美之称"。"好"所表示的美好，时常是具体的、外在的，有时也可以是内在的。它跟"善"、"美"的区别在于，它更侧重于表示为人们所喜爱、赏玩的美好。所以《方言》说："好，巧也。如巧者之造物，无不皆善，人好之也。"以下从四个方面说明"好"的特点。

1) 定语

一般地说，美好的事物，总是人们所喜爱的，由于已经有以上几个表示美好的形容词时常用作定语，所以"好"用作定语的必要性似乎并不大。在这里我们所讨论的几个形容词中，"好"做定语的次数最少，给它充当中心语的词也很少，主要有："色(3)、女(1)、歌(1)、辞(1)"等。这几个中心语所表示的事物是人们所赏玩、喜爱的。如：

(113) 夫天下之所尊者，富贵寿善也；所乐者，身安厚味美服好色音声也。(《庄子·至乐》)

(114) 诸侯不料兵之弱，食之寡，而听从人之甘言好辞，比周以相饰也。(《战国策·韩一》)

例(113)中的"好色"，为人们所乐，即为人们赏玩、喜爱，例(114)中的"好辞"，为人们乐于听从，也是为人们所喜爱的。

2) 谓语

"好"用作谓语时，它的主语常是代词"自"，也可以是表示人的词语。如：

(115) 豪士之自好者，其不可漫以污也，亦犹此也。(《吕氏春秋·诚廉》)

(116) 语曰："其母好者其子抱。"(《韩非子·备内》)

(117) 君子能亦好，不能亦好；小人能亦丑，不能亦丑。(《荀子·不苟》)

例(115)"好"的主语是"自"，以下两例是表示人的词语。

3) 联合短语

作为近义词，"好"跟"美"一样，也可以表示感觉性的美好，它们最常构成联合短语(11)，如：

(118) 生而长大,美好无双,少长贵贱见而皆说之,此上德也。(《庄子·盗跖》)

(119) 是故古之圣王之治天下也,其所富,其所贵,未必王公大人骨肉之亲、无故富贵、面目美好者也。(《墨子·尚贤下》)

"好"跟"美"、"善"有共同的反义词"恶",它也可以跟"恶"构成联合短语(3)。如:

(120) 鸣而当律,言而当法,利义陈乎前,而好恶是非直服人之口而已矣。(《庄子·寓言》)

"好"不跟"善"构成联合短语。

4) 由于"好"含有喜爱的意思,所以引申为动词后,主要表示喜爱,是个及物动词。它可以带体词性宾语,也可以带谓词性宾语。"好"带宾语后,除了表示喜爱之外,还常表示希望得到,或乐于施行。如:

(121) 孟尝君好士。(《吕氏春秋·不侵》)

(122) 先君好酒,王亦好酒。(《战国策·齐四》)

(123) 子好直言,必及于难。(《左传·成公十五年》)

(124) 敏而好学,不耻下问。(《论语·公冶长》)

前两例"好"带体词性宾语,表示喜爱并希望得到;后两例带谓词性宾语,表示喜爱并乐于施行。

"好"还可以用作名词,表示为人们所喜爱、赏玩的事物,它常跟"玩"构成联合短语,如:

(125) 衣服玩好,择其所欲为之。(《韩非子·内储说下六微》)

(126) 且夫玩好在耳目之前,而患在一国之后。(《穀梁传·僖公二年》)

2.6 "吉"与"善"

在《说文》中"吉"、"善"互训:吉,善也;善,吉也。这种互训说明"善"跟"吉"在本义上有密切的联系,但在古代其他的训释材料中,虽然用"善"来释"吉"比较常见,却很少见用"吉"释"善"。比如《诗经·摽有梅》:"求我庶士,迨其吉兮!"毛传释"吉":善也。《广雅·释诂一》:吉,善也。虽然古人常用"善"训"吉",但是跟"美"、"良"相比,"吉"与"善"的共性最少。这主要是因为,"吉"并不是个形容词,而是个比较特殊的真自动状态动词。一般地说,形容词常表示性质、特征,而"吉"这个动词则主要表示将会出现的变化,即表示会出现美好的结果,而造成这种美好结果的原因,时常是超凡的,同时又常可预知。《释名·释言语》训"吉"说:"实也,有善实也。""有善实"是"吉"的常用意义,应该就是"有了美好的结果"。以下从四个方面介绍"吉"的特点。

1) 谓语

跟形容词"善"等相比,"吉"(229)突出的特点是,它常单独用作谓语,而"善"等单独用作谓语的次数一般都不多。比如"善"单独做谓语只有 48 例(占总数的 2%),而"吉"单独做谓语则有 41 例(占总数的 18%)。在古人看来,未来是否会出现美好的结果常是可以预知的,而预知的主要方法是卜筮,"吉"最常跟"卜、筮、占"这样的动词配合起来使用。在"吉"做谓语时,它的主语经常不出现,卜筮的内容时常是"吉"所要陈述的事实。如:

(127) 鄋瞒侵齐,遂伐我。公卜使叔孙得臣追之, 吉 。(《左传·文公十一年》)

(128) 苗贲皇言于晋侯曰:"楚之良,在其中军王族而已。请分良以击其左右,而三军萃于王卒,必大败之。"公筮之。史曰:" 吉 。"(《左传·成公十六年》)

(129) 初,懿氏卜妻敬仲。其妻占之,曰:" 吉 。"(《左传·庄公二十二年》)

例(127)卜的"是使叔孙得臣追之",即有下划线的部分,以下两例与此类似。三个例句中跟"吉"呼应的动词分别是卜、筮、占。

有时做谓语的"吉"出现在卜辞中,这是根据卜辞来预示结果。如:

(130)《易》曰:"复自道,何其咎, 吉 。"(《吕氏春秋·务本》)

(131) (《周易》)其坤曰"见群龙无首, 吉 "。(《左传·昭公二十九年》)

以上两例的"吉"都是用在《周易》的卜辞中。

在对话中,陈述卜筮的结果时,"吉"常单用,在"吉"的后面极少加用"哉"、"矣"等。这种用法表明,在古人看来,通过占卜,"吉"所说的美好的结果就是一种可预知的、将实现的事实,而不是一种主观的看法。如:

(132) 辛廖占之,曰:" 吉 。屯固、比入,吉孰大焉?"(《左传·闵公元年》)

(133) 武子筮之,遇困之大过。史皆曰:" 吉 。"(《左传·襄公二十五年》)

2)定语

作为不及物动词,"吉"做定语的次数比它做谓语的次数要少(31,14%),而它在做定语时,又时常会有两种不同的意思。一个意思跟它做动词时的意义基本相同,即出现美好的结果,另一个意思则是美好的结果已经出现。它所修饰的中心语常跟超凡的、美好的结果有关。"吉"后较常用的中心语有:"日(6)、事(6)、祭(5)、人(4)"等。在"吉"所修饰的这几个词中,"日"、"事"、"人"是"良"、"善"、"美"等也可以修饰的。"祭"则是表示美好的形容词所不修饰的。"吉"跟"良"都可以修饰"日",从意义上看,"吉日"、"良日"看不出有明显区别,也就是说在修饰"日"时,"吉"、"良"的意义大体相当。如:

(134) 是月之末,择 吉 日,大合乐,天子乃率三公、九卿、诸侯、大夫亲往视之。(《礼记·月令》)

(135) 及 良 日,夫人缫,三盆手。(《礼记·祭义》)

以上两例中的"吉日"和"良日",在意义上看不出明显的区别。从这点来看,"吉"跟"良"的意义很近。

"吉"跟"善"都可以修饰"事",修饰后的意义有所不同。"吉事"的含义相对固定,指吉祥的事,或者表示祭祀,或者表示冠礼、婚嫁等。《礼记·曲礼上》:"吉事先近日。"郑玄注:"吉事,祭祀、冠、取之属也。"而"善事"则指一般的好事。如:

(136) 丧事先远日,吉事先近日。(《礼记·曲礼上二》)

(137) 吉事尚左,凶事尚右。(《老子》三十一章)

(138) 中国有善事,则并焉;无善事,则异之存之也。(《榖梁传·襄公十年》)

(139) 夫亏楚而益魏,攻楚而适秦,嫁祸安国,此善事也。(《战国策·魏一》)

前两例中的"吉事",指祭祀、冠礼、婚嫁之类的事,后两例中的"善事"指一般的好事。

"吉"跟"善"、"美"、"良"一样都可以修饰人,意思也不一样。"吉人"主要表示可以带来美好结果的人。如:

(140) 姞,吉人也,后稷之元妃也。(《左传·宣公三年》)

(141) 观布衣也,其友皆孝悌纯谨畏令,如此者,其家必日益,身必日荣矣,所谓吉人也。(《吕氏春秋·贵当》)

在古人的心目中,祭祀这样的行为时常会跟美好的结果有某种关系,所以它可以用"吉"修饰。如:

(142) 是日也,以吉祭易丧祭。(《礼记·檀弓下》)

(143) 丧事未毕而举吉祭,故非之也。(《榖梁传·闵公二年》)

以上两例的"吉"都表示已有的美好结果,即某种吉祥之事。

3)"吉"很少用作状语,不做述语。

4)联合短语

由于"吉"是个状态动词,不是形容词,所以它并不跟"善"、"良"、"美"、"好"等构成联合短语,而是跟反义词"凶"、近义词"祥"构成联合短语,而"凶"、"祥"也是动词。如:

(144) 是月也,命大史衅龟、筴,占兆,审卦吉凶。(《礼记·月令》)

(145) 凡望气,有大将气,有小将气,有往气,有来气,有败气,能得明此者可知成败、吉凶。(《墨子·迎敌祠》)

(146) 瞻彼阕者,虚室生白,吉祥止止。(《庄子·人间世》)

附 注

[1] 请参看王力《中国语法理论》上册,2 页,中华书局,1954。

[2] 相关的讨论和分析,还可以参看李佐丰《试谈汉语历史词义的系统分析法》《语言学论丛》第二十

八辑,商务印书馆,2003)

　　[3]本文使用的语料是以下16部书:《左传》、《公羊传》、《穀梁传》、《国语》、《战国策》、《论语》、《老子》、《墨子》、《孟子》、《庄子》、《荀子》、《孙子》、《韩非子》、《晏子春秋》、《吕氏春秋》、《礼记》,括号内的数字是该字或该例在以上16部书中出现的次数,下同此。

　　[4]本文中涉及的有生名词、无生名词、行为动词等术语,请参看李佐丰《文言实词》(语文出版社,1994)

参考文献

曹先擢、苏培成主编　1999　《汉字形义分析字典》,北京大学出版社。
段玉裁　1981　《说文解字注》,上海古籍出版社。
桂　馥　1987　《说文解字义证》,上海古籍出版社。
阮　元等　1982　《经籍籑诂》,中华书局。
王凤阳　1993　《古辞辨》,吉林文史出版社。
王　力　1954　《中国语法理论》,中华书局。
王念孙　1983　《广雅疏证》,中华书局。
朱祖延主编　1996　《尔雅诂林》,湖北教育出版社。

清代三种漳州十五音韵书比较研究
——《汇集雅俗通十五音》、《增补汇音》和《渡江书十五音》三种韵书比较研究

福建师范大学闽台区域研究中心、语言研究所　马重奇

一　三种闽南《十五音》的作者、成书年代及其版本

《汇集雅俗通十五音》发表于清嘉庆二十三年(1818),比黄谦《汇音妙悟》(1800)晚18年。作者是东苑谢秀岚。据黄典诚《漳州〈十五音〉述评》说,编者谢秀岚生平事迹目前尚无可考。"东苑"到底是谢秀岚的别号或住处,我们一时还无法判断。如果是住处,那漳州必称为东坂[˻taŋ ˪puā],据闻东乡恰有名此的村庄,而城里又有东坂后这样的地名。谢秀岚可能家住东坂后。(见《漳州文史资料》1982年第1期)《汇集雅俗通十五音》主要版本有:嘉庆二十三年(1818)文林堂刻本,五十韵,书名《汇集雅俗通十五音》;漳州颜锦华木刻本,书名《增注雅俗通十五音》,书面上有"东苑谢秀岚编辑"字样;林文堂木刻本(见薛澄清《十五音与漳泉读书音》);厦门会文堂本刻板,八卷64开本,书名《增注砵十五音》(封面)、《汇集雅俗通十五音》(卷首)、《增注十五音》(页脊);台湾高雄庆芳书局影印本;上海萃英书局石印本,四十韵。《增补汇音》的著者不详,书首有嘉庆庚辰年(1820)"壶麓主人"序,三十韵。此书版本甚多,主要有:漳州素位堂木刻本;1928年上海大一统书局石印本64开6卷本;1937年嘉义捷发汉书局手抄影印本;1961年台湾林梵手抄本;1981年台湾瑞成书局再版影印本。《渡江书十五音》的著者、著作年代皆不详,手抄本,四十三韵。1958年李熙泰先生在厦门旧书摊购得,1987年东京外国语大学亚非言语文化研究所影印发行,有李荣序。黄典诚在《〈渡江书十五音〉的本腔是什么》说,《渡江书十五音》的作者确系漳州市长泰县籍无疑。(见《厦门民俗方言》1991年第5期)

二　三种闽南《十五音》声韵调系统的比较考察

《汇集雅俗通十五音》、《增补汇音》和《渡江书十五音》是反映闽南漳州一带的方言韵书。通过对它们编撰体例的比较考察,我们发现它们均属《汇集雅俗通十五音》一系的韵书。下

面从三个角度来考察：

（一）关于十五音（即 15 个声母字）的对照比较

《汇集雅俗通十五音》（以下简称《雅俗》）次列"切音十五字字头起连音呼"：

柳、边、求、去、地、颇、他、曾、入、时、英、门、语、出、喜；

更次列"呼十五音法，馀皆仿此"：

| 柳理 | 边比 | 求己 | 去起 | 地底 | 颇鄙 | 他耻 | 曾止 |
| 入耳 | 时始 | 英以 | 门美 | 语御 | 出取 | 喜喜 | |

《增补汇音》（下简称《增补》）"切音共十五字呼起"：

柳、边、求、去、地、颇、他、曾、入、时、莺、门、语、出、喜字头起连音呼。

《渡江书十五音》（下简称《渡江》）"顺口十五音歌己字为首"：

| 柳里 | 边比 | 求己 | 去起 | 治底 | 波鄙 | 他耻 | 曾只 |
| 入耳 | 时始 | 英以 | 门米 | 语拟 | 出齿 | 喜熹 | |

三种韵书均为十五个字母音，其呼法与"漳州 ma-sa 式秘密语"的拼读方法相类似。"漳州 ma-sa 式秘密语"的拼读方法：即把本字音作为秘密语的声母字，再将本字韵母配以附加声 s，作为秘密语的韵母字，并各从原有四声，连而言之。（见马重奇《闽南漳州方言 la-mi 式和 ma-sa 式音的秘密语研究》，《中国语言学报》第九期，商务印书馆，1999）如：柳 liu^{53}→柳 liu^{44}＋守 siu^{53}//时 si^{12}→时 si^{22}＋时 si^{12}。而《雅俗》和《渡江》的呼音法是 ma-mi 式：ma 是本字，表示声母字，mi 表示本字的声母配-i（声调基本上为上上声）。

通过与现代漳州 10 个县市方言的历史比较和考证，漳州三种十五音的声母字及其拟音是相同的。请看下表：

《雅俗》柳 l/n 边 p 求 k 去 k' 地 t 颇 p' 他 t' 曾 ts 入 dz 时 s 英 ∅ 门 b/m 语 g/ŋ 出 ts' 喜 h
《增补》柳 l/n 边 p 求 k 去 k' 地 t 颇 p' 他 t' 曾 ts 入 dz 时 s 莺 ∅ 门 b/m 语 g/ŋ 出 ts' 喜 h
《渡江》柳 l/n 边 p 求 k 去 k' 治 t 波 p' 他 t' 曾 ts 入 dz 时 s 英 ∅ 门 b/m 语 g/ŋ 出 ts' 喜 h

上表可见，《增补》"莺"母与《雅俗》、《渡江》"英"母字面上不同，《渡江》"治"、"波"二母与《雅俗》、《增补》"地"、"颇"二母字面上不同，其余均同。"柳、门、语"三个字母在非鼻化韵与鼻化韵前分别读作[l/n]、[b/m]、[g/ŋ]。这里要提出来讨论的是"入"母，在漳州 10 个县市的方言里均读作[dz]，这是漳州方言声母与厦门方言声母最大区别之处。厦门话"离来"、"如仁"的声母均读作[l]，而漳州话则分别读作[l]和[dz]。

（二）关于卷数、韵目、韵序的对照排比

《雅俗》共分八卷，共五十韵。书首列"字母共五十字"：卷一"君坚金规嘉"；卷二"干公乖经观"；卷三"沽娇稽恭高"；卷四"皆巾姜甘瓜"；卷五"江兼交迦桧"；卷六"监艍胶居丩"；卷七"更裈茄梔薑惊官钢伽闲"；卷八"姑姆光闩糜嘄箴爻扛牛"。

《增补》是在《雅俗》的基础上删除白读音、保留文读音编撰而成，共六卷，"字祖八音共三十字"：卷一"君坚金归家"；卷二"干光乖京官"；卷三"姑娇稽宫高"；卷四"皆根姜甘瓜"；卷五

"江兼交伽蘸";卷六"葩龟箴玑趄"。

《渡江》虽不分卷,但按"渡江书字祖三十字",应该也有七卷:"君坚今归嘉 干公乖经官 姑娇鸡恭高 皆根姜甘瓜 江兼交加谈 他朱枪几鸠"。"又附音十三字":"箴寡尼侬茅乃猫且雅五姆么缸"共四十三字字母。现将三种韵书韵目之间比较如下表:

卷 数	《雅俗》	《增补》	《渡江》
第一卷	君坚金规嘉	君坚金归家	君坚今归嘉
第二卷	干公乖经观	干光乖京官	干公乖经官
第三卷	沽娇稽恭高	姑娇稽宫高	姑娇鸡恭高
第四卷	皆巾姜甘瓜	皆根姜甘瓜	皆根姜甘瓜
第五卷	江兼交迦桧	江兼交伽蘸	江兼交加谈
第六卷	监艍胶居丩	葩龟箴玑趄	他朱枪几鸠
第七卷	更裈茄栀薑惊官钢伽闲		箴寡尼侬茅乃猫且雅五姆么缸
第八卷	姑姆光闩糜噪箴爻扛牛		

可见,此三种韵书的前三十个韵部基本上相同,《汇集雅俗通十五音》和《渡江书十五音》三十部以后基本上是白读音,也是大同小异的。

(三)关于调类的对照排比考察

《雅俗》漳州音无下上声(即阳上),《雅俗》作者为了补足"八音",以"下上"来配"上上",所有"下上声"都是"空音",卷内注明"全韵与上上同",意思是说漳州音实际上只有七调,根本就没有下上声。《增补》分声调为上平声、上上声、上去声、上入声、下平声、下上声、下入声;上去声与下去声同,所谓下上声即《雅俗》的下去声,实际上只有七调。《渡江》有七调,即上平声、上上声、上去声、上入声、下平声、下去声、下入声,而没有下上声。通过对三种韵书体例的考察,我们认为,《增补》和《渡江》在体例上是模拟《雅俗》的。至于这三种十五音各自音系性质如何,反映了漳州地区何县、市的方言音系,下面有专门的研讨。

三 三种闽南《十五音》的音系性质研究

(一)《雅俗》音系性质

考证《雅俗》的音系性质,我们采用"寻找内部证据"、"寻找文献资料证据"、"特殊韵部考证"等进行。

1.从《雅俗》的内部寻找证据。闽南话有泉腔、厦腔、漳腔、潮腔之分。《雅俗》也有一些地方提到长泰腔、漳腔、海腔(似乎指海澄腔)、厦腔:(1)出现长泰腔的只有一处,如书首"字母共五十字"中"扛我,长泰",指的就是长泰腔;(2)出现漳腔的只有一处,如江字韵英母下有"汪,漳腔,姓也",指的就是漳州腔;(3)出现海腔的共有七处,如久字韵柳母下有"汝,海上腔",久字韵入母下有"乳,海腔",久字韵语母下有"语,海腔",句字韵求母下有"去,海腔",旧字韵他母下有"箸,海腔",旧字韵语母下有"遇,海腔,相~",茄字韵求母下有"茄,海腔",似乎指海澄腔;(4)出现厦腔的只有一处,如闲字韵求母"闲,厦腔",指的就是厦门腔。根据李荣的说法(《渡江书十五音·序》),《雅俗》的音系性质是不属于长泰腔、漳腔、海腔(似乎指海澄腔)、厦腔的。

2. 从文献资料里寻找证据。英国语言学家麦都思(Walter Henry Medhurst,1796—1857年)著的《福建方言字典》是目前所见最早的一本用罗马字注音的闽南语字典。此书完成于1831年,比《雅俗》晚了13年。《福建方言字典》所代表的方言,麦都思在序言中已清楚地说明是漳州方言,这一点从他的音系和《雅俗》的对照中就可以证明。杜嘉德《厦英大辞典》序言说麦都思这部字典"记的是漳州音(更精确地说,是漳浦音)"。倘若仔细地考察现代漳州方言,杜嘉德的说法是可信的。麦都思在字典中以罗马字来给《雅俗》记音,对《雅俗》的切法及音类、音值有非常详细的描写和叙述。由于麦都思与谢秀岚是同时代的人,因此这部字典的记录就成为研究《雅俗》,即19世纪初期的漳浦音的最宝贵的资料。本文参考台湾学者洪惟仁的《麦都思〈福建方言字典〉的价值》,并结合福建闽南方言的研究成果,构拟出了《雅俗》音系的音值。

3. 对《雅俗》特殊韵部"稽"和"伽"进行的考证。"稽"和"伽"是最能反映《雅俗》音系性质的特殊韵部。该韵书存在着"稽"和"伽"二部的语音对立。这二部在漳州10个县市的读音不一:漳州、龙海、长泰、华安、南靖、东山等方言均读作[e/eʔ],平和部分读[e/eʔ](安厚话读[iei]),漳浦方言读作[iei]或[ei]和[e/eʔ],云霄读作[ei]和[e/eʔ],诏安方言有[ei]和[e/eʔ]几种读法。《雅俗》稽韵今依《福建方言字典》拟音为[ei],伽韵拟音为[e/eʔ],反映了漳州市漳浦县方言音系特点。而《增补》稽韵韵字则包括《雅俗》稽韵和伽韵字,拟音为[e/eʔ]。《渡江》鸡韵韵字也包括《雅俗》稽韵和伽韵字,均读作[e/eʔ]。这说明《雅俗》有别于《增补》、《渡江》两部韵书。请看下表:

韵书	声调							
	上平	上上	上去	上入	下平	下上	下去	下入
《雅俗》/稽	街溪推胎	短姐这矮买	计帝退脆	——	黎螺题迷	——	袋递代坐卖系艺会	——
《雅俗》/伽	推胎遮	短姐这若惹矮	退块处脆	八荚㔶箧啄节雪摄歇	螺瘸个		袋递代坐卖系	笠拔夺提截绝狭峡
《增补》/稽	街溪推胎锅	短姐这矮假扯买	计帝世块	八荚㔶箧啄节雪歇	黎螺题迷爬钯皮	袋递坐卖系艺能		笠拔夺截绝狭月
《渡江》/鸡	街溪推胎渣沙砂差	短姐这矮假扯把	计帝世价嫁制	八荚㔶箧啄节雪歇伯百骼客	黎螺题迷爬钯茶牙		袋递坐卖系艺能会	笠拔夺绝狭白

以上是对《雅俗》音系性质的考证,说明该韵书反映的是漳浦县方言音系。

为了更清楚地窥探《雅俗》、麦都思《福建方言字典》里所拟之音以及现代漳州方言的异同点,我们特将《雅俗》的 50 个韵部 85 个韵母拟音如下:1.君韵[un/ut];2.坚韵[ian/iat];3.金韵[im/ip];4.规韵[ui];5.嘉韵[ɛ/ɛʔ];6.干韵[an/at];7.公韵[ɔŋ/ɔk];8.乖韵[uai/uaiʔ];9.经韵[ɛŋ/ɛk];10.观韵[uan/uat];11.沽韵[ɔu];12.娇韵[iau/iauʔ];13.稽韵[ei];14.恭韵[iɔŋ/iɔk];15.高韵[o/oʔ];16.皆韵[ai];17.巾韵[in/it];18.姜韵[iaŋ/iak];19.甘韵[am/ap];20.瓜韵[ua/uaʔ];21.江韵[aŋ/ak];22.兼韵[iam/iap];23.交韵[au/auʔ];24.迦韵[ia/iaʔ];25.桧韵[uei/ueiʔ];26.监韵[ā/āʔ];27.艍韵[u/uʔ];28.胶韵[a/aʔ];29.居韵[i/iʔ];30.丩韵[iu];31.更韵[ɛ̄/ɛ̄ʔ];32.裈韵[uī];33.茄韵[io/ioʔ];34.栀韵[ī/īʔ];35.薑韵[iō];36.惊韵[iā];37.官韵[uā];38.钢韵[ŋ];39.伽韵[e/eʔ];40.闲韵[āi];41.姑韵[ōu];42.姆韵[m];43.光韵[uaŋ/uak];44.閂韵[uāi/uāiʔ];45.糜韵[uēi/uēiʔ];46.嘄韵[iāu/iāuʔ];47.箴韵[ɔm/ɔp];48.爻韵[āu];49.扛韵[ō/ōʔ];50.牛韵[īu]。

(二)《增补》音系性质讨论

关于《增补》所代表的音系,台湾洪惟仁先生在《三种漳州十五音的音读》(1989)一文中认为《增补》所代表的方言,当在漳浦以东,而《雅俗》则在漳浦或以西。还有人认为《增补》是按漳州腔编成的,是《雅俗》的多种版本之一。究竟代表漳州地区何地的音系呢?笔者拟对《增补》作一番探讨。漳州市共辖漳州、龙海等 10 个县市。漳州方言音系,广义地说,是指整个漳州地区的音系;狭义地说,应该指漳州市芗城区旧城的方言,即指漳州腔。分析《增补》音系,必然要涉及漳州市 10 个县市的方言,也不可不考察厦门的方言以作比较研究。考证《增补》音系性质,我们主要从"从《增补》的内部寻找证据"、"《增补》家韵[ɛ]、葩韵[a]、稽韵[e]三韵对立"和"《增补》不同韵部字互见现象"等三个方面进行:

1.从《增补》的内部寻找证据。从《增补》的内部证据可以说明该韵书所反映的并非漳腔和泉腔。《增补》有四个地方提到漳腔:简字韵去母"肯,许也,漳腔";兰字韵曾母"前,前后,漳腔";兰字韵莺母"闲,暇也,漳腔";粿字韵下入注"粿,走音,以漳腔呼之,与上粿字方不相混"。有一处提到泉腔:韭字韵入母"乳,泉腔,乳"。根据李荣的说法,《增补》内部所提供的证据可以证明其音系不是漳腔,也不是泉腔。

2.《增补》家韵[ɛ]、葩韵[a]、稽韵[e]三韵对立。《增补》有家[ɛ]、葩[a]、稽[e]三韵的存在和对立。这是判断该部韵书音系性质的关键所在。泉州、厦门、漳州均有葩[a]、稽[e]二韵;唯独漳州有家[ɛ]韵,泉州和厦门均无。这可排除该韵书反映泉州或厦门方言的可能性。至于漳州地区 10 个县市的方言也不是整齐划一的,它们三韵的读法也不尽相同。现分别讨论如下:

(1)家韵[ɛ]。《增补》家韵与《雅俗》嘉韵[ɛ]大致相同。此韵大多数韵字在漳州、龙海、南靖、平和、漳浦、云霄、诏安读作[ɛ/ɛʔ],但此韵在厦门、长泰、华安、东山等地的方言中则读作[e/eʔ]。因厦门、长泰、华安、东山等地无[ɛ/ɛʔ],故《增补》自然也不可能是反映厦门、长泰、华安、东山等地的方言了。

(2)葩韵[a]。《增补》葩韵与《雅俗》胶韵[a]大致相同。葩韵字有78个韵字来源于《雅俗》中胶韵[a/aʔ]字(165个韵字),占其总数47.27%。此韵大多数韵字在漳州10个县市读作[a/aʔ]。但葩韵还有少数韵字,如"佳哑牙芽夏厦百"在漳州10个县市的读音则不尽相同,漳州、龙海、南靖、平和、漳浦、云霄、诏安等方言读作[ε/εʔ],长泰、华安等方言则读作[a/aʔ],东山方言读作[e/eʔ]。这说明韵书夹杂着长泰、华安等地方音特点。

(3)稽韵[e]。《增补》稽韵韵字大多来源于《雅俗》稽韵[ei]和伽韵[e]。也就是说,《雅俗》稽、伽韵二韵对立的现象在《增补》里已经不存在了。《雅俗》稽韵[ei]、伽韵[e]分韵,反映漳浦一带的方音特点。《增补》把此二韵合为稽,而且又配有入声。这说明《增补》所反映的音系绝不可能是平和、漳浦、云霄和诏安方言音系。

由以上三韵的方言材料可见,漳州地区家[ε]、葩[a]、稽[e]三韵的对立,《增补》所反映的音系,既可排除了泉州、厦门、长泰、华安、东山等地的方言,又可排除平和、云霄、漳浦、诏安等地的方言,最有可能的就属漳州和龙海方言了。

3.《增补》不同韵部字互见现象。

(1)家[ε]、稽[e]中部分字的互见现象。《增补》家韵[ε]和稽韵[e]是对立的,但是,有一种情况值得我们去思考:即"家韵"[ε]里有部分韵字如"渣假客鹊箧簪绩褐钯爬鞋虾父耙陛稗笠宅"同时又出现在"稽韵"[e]里。这些韵字读作[ε/εʔ],反映了漳州、龙海、南靖、平和、漳浦、云霄、诏安等7个县市方音特点;而读作[e/eʔ],则是长泰、华安、东山等县市的方音特点。这说明《增补》夹杂着长泰、华安、东山等县市的方音特点。

(2)蘸[ue]、稽[e]中少数韵字的互见现象。《增补》蘸韵[ue]和稽韵[e]是对立的,但有少数韵字同时出现在这两个韵部之中。《增补》蘸韵绝大多数韵字在漳州地区方言里均读作[ue]。但是,《增补》也有少数韵字如"锅皮月"同时出现在蘸韵[ue]和稽韵[e]里,反映了漳州方言夹杂着厦门方言的个别韵字。还有少数韵字如"矮买箧铁拔"等字同时出现在"蘸韵"[ue]和"稽韵"[e]里,漳州地区多数方言读作[e],长泰方言则读作[ue]。

(3)龟[u]、玑[i]中部分韵字的互见现象。《增补》出现相互对立的两个韵部,即龟韵[u]与玑韵[i]的对立现象。龟韵韵字在漳州地区方言中均读作[u],这是我们将该韵拟作[u]的主要依据。此韵的上入声和下入声韵字均读偏僻字,现代漳州方言无法一一与之对应。今依韵书拟为[uʔ]。玑韵韵字在漳州地区方言中均读作[i/iʔ],这是我们将该韵拟作[i/iʔ]的主要依据。但以下韵字"拘猪蛆雌旅屡举贮伫煮楮暑宇雨羽与禹圄鼠取处许锯据著庶恕絮驴衢渠锄如洳儒孺茹俞予徐余虞愚吕侣具俱箸聚字裕署绪序誉预豫寓御"、"抵死"、"语去遇"则又同时出现在玑韵[i]和龟韵[u]里。这是不同于《雅俗》的特殊情况。以上例字在《雅俗》仅出现在居韵[i]中,艍韵[u]则不见;"抵死"二字在《雅俗》居韵[i]和艍韵[u]互见,"语去遇"三字在《雅俗》艍韵[u]中则均注明"海腔"。对于这种情况,笔者认为,这些韵字在《增补》玑韵里读作[i]者,反映的是漳州地区方言;在龟韵读作[u]者,所反映的则是厦门、龙海

角美一带的方言。请看下表:

韵字	漳州	厦门	龙海	角美	长泰	华安	南靖	平和	漳浦	云霄	东山	诏安
猪	ti^1	tu^1	ti^1	tu^1	ti^1	ti^1	ti^1	ti^1	ti^1	ti^1	ti^1	ti^1
雌	ts'i^1	ts'u^1	ts'i^1	ts'u^1	ts'i^1	ts'i^1	ts'i^1	ts'i^1	ts'i^1	ts'i^1	ts'i^1	ts'i^1
旅	li^2	lu^2	li^2	lu^2	li^2	li^2	li^2	li^2	li^2	li^2	li^2	li^2
煮	tsi^2	tsu^2	tsi^2	tsu^2	tsi^2	tsi^2	tsi^2	tsi^2	tsi^2	tsi^2	tsi^2	tsi^2
愈	dzi^2	lu^2	dzi^2	lu^2	dzi^2	dzi^2	dzi^2	dzi^2	dzi^2	dzi^2	dzi^2	dzi^2
宇	i^2	u^2	i^2	u^2	i^2	i^2	i^2	i^2	i^2	i^2	i^2	i^2
许	hi^2	hu^2	hi^2	hu^2	hi^2	hi^2	hi^2	hi^2	hi^2	hi^2	hi^2	hi^2
恕	si^3	su^3	si^3	su^3	si^3	si^3	si^3	si^3	si^3	si^3	si^3	si^3
具	ki^7	ku^7	ki^7	ku^7	ki^7	ki^7	ki^7	ki^7	ki^7	ki^7	ki^7	ki^7

《增补》部分韵字同时出现在玑[i]、龟[u]二韵之中,反映了韵书夹杂着厦门、龙海角美一带的方音特点。这是我们认为该韵书反映龙海音系的重要依据之一。

此外,玑韵[i]里还有一部分韵字,漳州地区方言读作[i],而厦门、龙海角美一带的方言则读作[u],但这些韵字并没有出现在龟韵[u]里。例如:

韵字	漳州	厦门	龙海	角美	长泰	华安	南靖	平和	漳浦	云霄	东山	诏安
居	ki^1	ku^1	ki^1	ku^1	ki^1	ki^1	ki^1	ki^1	ki^1	ki^1	ki^1	ki^1
躯	k'i^1	k'u^1	k'i^1	k'u^1	k'i^1	k'i^1	k'i^1	k'i^1	k'i^1	k'i^1	k'i^1	k'i^1
储	t'i^2	t'u^2	t'i^2	t'u^2	t'i^2	t'i^2	t'i^2	t'i^2	t'i^2	t'i^2	t'i^2	t'i^2
输	si^1	su^1	si^1	su^1	si^1	si^1	si^1	si^1	si^1	si^1	si^1	si^1
虚	hi^1	hu^1	hi^1	hu^1	hi^1	hi^1	hi^1	hi^1	hi^1	hi^1	hi^1	hi^1
缕	li^2	lu^2	li^2	lu^2	li^2	li^2	li^2	li^2	li^2	li^2	li^2	li^2
于	i^5	u^5	i^5	u^5	i^5	i^5	i^5	i^5	i^5	i^5	i^5	i^5

但是,玑韵[i]中的促声韵,不管在漳州地区方言里还是在厦门、龙海角美一带的方言中均读作[iʔ]。

(4)金[im]与箴[ɔm]两韵字的互见现象。《增补》金韵有163个韵字来源于《雅俗》的金韵(251个韵字),占其总数的64.94%;箴韵有6个韵字来源于《雅俗》的金韵(13个韵字),占其总数的46.15%。这说明《增补》金韵[im]与箴韵[ɔm]是对立的,反映了漳州地区的方言特点。这里还要说明一件事,就是《增补》箴韵实际上共收有韵字246个,其中有133个与金韵相同,并且释义也基本上相同。这些韵字在漳州方言里均读作[im],并不读作[ɔm],把它们列入箴韵是不妥的。鉴于以上情况,笔者认为,《增补》箴韵中所列韵字所列入的133个金韵字是不妥的,因为这些韵字在漳州10个县市中不读作[ɔm]而读作[im]。

(5)根[in]与君[un]两韵字的互见现象。《增补》根韵[in]与君韵[un]是对立的。根韵韵字在漳州地区方言里多数读作[in/it]，这是我们将该韵拟作[in/it]的主要依据。君韵韵字在漳州地区方言里多数读作[un/ut]，这是我们将该韵拟作[un/ut]的主要依据。根韵韵字在漳州地区的方言里均读作[in]，但是，《增补》少数"根韵"[in]字，如"勤芹勻恨"等字又同时出现在"君韵"[un]里，说明这里夹杂着厦门、龙海角美方言的个别韵字。

(6)宫[iɔŋ]与姜[iaŋ]两韵字的互见现象。《增补》宫韵[iɔŋ]和姜韵[iaŋ]两韵是对立的。宫韵韵字在漳州地区方言里多数读作[iɔŋ/iɔk]，这是我们将该韵拟作[iɔŋ/iɔk]的主要依据。姜韵韵字在漳州地区方言里多数读作[iaŋ/k]，这是我们将该韵拟作[iaŋ/k]的主要依据。然而，有部分韵字如"羌章彰璋湘相箱商厢乡两长想赏仰响将相唱倡向约长祥详常墙杨亮谅量上像像匠"等，则同时出现在《增补》宫韵[iɔŋ]和姜韵[iaŋ]里。这也是与《雅俗》不同之处。以上例字只出现在《雅俗》姜韵[iaŋ]，恭韵[iɔŋ]则不见。因此，我们认为，这些例字读作[iɔŋ]，反映的是厦门、龙海角美方言；读作[iaŋ]，则是反映漳州地区方言。

以上例子中可见，家[ɛ]和稽[e]，蓝[ue]和稽[e]，龟[u]和玑[i]，根[in]和君[un]，宫[iɔŋ]和姜[iaŋ]中均存在着韵字互见现象，说明《增补》所反映的方言音系是较为复杂的，主要反映漳州、龙海音系，又夹杂着厦门、龙海角美的某些音类。我们判断《增补》的音系性质时，既考虑漳州、龙海音系特点，又考虑到厦门、龙海角美的某些读音，因此才初步推测该韵书反映的是漳州龙海方言音系。

现根据现代龙海方言特点，将《增补》30个韵部59个韵母的音值拟测如下：1.君韵[un/ut]；2.坚韵[ian/iat]；3.金韵[im/ip]；4.归韵[ui]；5.家韵[ɛ/ɛʔ]；6.干韵[an/at]；7.光韵[ɔŋ/ɔk]；8.乖韵[uai/uaiʔ]；9.京韵[iŋ/ik]；10.官韵[uan/uat]；11.姑韵[ɔ/ɔʔ]；12.娇韵[iau/iauʔ]；13.稽韵[e/eʔ]；14.宫韵[iɔŋ/iɔk]；15.高韵[o/oʔ]；16.皆韵[ai/aiʔ]；17.根韵[in/it]；18.姜韵[iaŋ/iak]；19.甘韵[am/ap]；20.瓜韵[ua/uaʔ]；21.江韵[aŋ/ak]；22.兼韵[iam/iap]；23.交韵[au/auʔ]；24.伽韵[ia/iaʔ]；25.蓝韵[ue/ueʔ]；26.葩韵[a/aʔ]；27.龟韵[u/uʔ]；28.箴韵[ɔm/ɔp]；29.玑韵[i/iʔ]；30.赳韵[iu/iuʔ]。

(三)《渡江》音系性质

《雅俗》是一部反映19世纪初闽南漳州方言音系的韵书，确切地说是反映漳州市漳浦方言音系。而《渡江》究竟代表何地方言音系则是众说纷纭。李荣(1987)认为，《渡江》的音韵系统介于厦门与漳州之间，但更接近厦门音；姚荣松(1989)认为，《渡江》音韵系统更接近漳州音；洪惟仁(1990)认为《渡江》很明显地是漳州音韵书；黄典诚(1991)说《渡江》的作者确系漳州市长泰县籍无疑，但和厦门一地有着较深厚的关系；李熙泰(1991)推测是介于海澄至厦门之间的读音；野间晃(1995)指出，《渡江》的音系虽有虚构的部分，但似乎比较忠实地反映了所根据的音系的实际情况；林宝卿(1995)认为其音系是以厦门音为主，又补充了不少长泰音；王顺隆(1996)认为，《渡江》与长泰音有更密切的关系；等等。

笔者通过《渡江》与《雅俗》的全面比较，并与现代漳州地区方言的对照考察，更进一步了解了《渡江》与《雅俗》之间的源流关系，同时弄清楚了《渡江》的音系性质。

考证《渡江》的音系性质,我们采用"寻找内部证据"、"从长泰地理位置分析"以及"特殊韵部考证"等三种方法进行。

1. 从《渡江》的内部寻找证据。李荣在《渡江书十五音·序》中说:"平常都说闽南话有泉州腔,厦门腔,漳州腔,潮州腔之分。"《渡江》书中有四处提到"泉腔",如拱韵喜母:"享,泉唴。"阁韵门母:"卜,泉唴。"近韵喜母:"恨,恨心也,泉唴。"提韵语母:"雅,泉唴。"韵书中还有一处提到"潮腔",如暴韵治母:"说,说话,潮唴。"这里的"唴"字就是"腔"。李荣把以上例证"拿来跟本书卷首'以本腔呼之'对比",认为"似乎本唴指本书依据的方言,泉唴潮唴并非本书依据的方言。参考《汇音妙悟》明说'悉用泉音',管部注'漳腔,有音无字。'本书还有一处糖字注'本唴'(按:傩韵他母:"糖,本腔。")"。最后,李荣得出这样的结论:"就今天的方言来说,在厦门漳州之间,本书的音韵系统更接近于厦门。"李荣的结论有其片面的地方。

笔者认为,首先应该弄清楚,书中的"本腔"指的是什么地方的腔调。据统计,《渡江》"傩韵"有32字与《雅俗》第49部"扛韵"[ɔ̃](47字)相对应,占其总数的68.10%;傩韵还与《渡江》缸韵[ŋ]对立,因此这里的"糖"字,绝不可能读作[t·ŋ⁵],而应读作[t·ɔ̃⁵]。"糖"字读作[t·ɔ̃⁵],在漳州与厦门之间的地方只有长泰县了。不仅如此,包括整个傩韵的韵字在长泰方言中均读作[ɔ̃]。关于这个问题,后文有专门的论述。因此,我们可断定"本腔"即指长泰腔。

2. 从长泰的地理位置分析。《渡江》书名与长泰的地理位置的关系,也是笔者考证的证据之一。《渡江》的"渡江"究竟渡什么江呢?因笔者曾于1969年到长泰县珠坂大队五里亭农场插队劳动,对漳州芗城→九龙江→龙海郭坑镇→长泰珠坂五里亭→龙津江→长泰县城的地理位置十分熟悉。按笔者推测,以前由于交通不方便,漳州到长泰县城必须渡过两条江:一是先从漳州朝东北方向渡过九龙江到达郭坑镇(按:郭坑镇属龙海县辖区,"糖"字读作[t·ŋ]),再朝北经过长泰珠坂村五里亭(按:珠坂村属长泰县辖区,"糖"字则读作[t·ɔ̃]),再径直渡过龙津江,经过京元村才到达长泰县城。本书书名《渡江》可能与此有关。黄典诚在《关于〈渡江书十五音〉的"本腔"》一文中指出:"《渡江书十五音》的作者既承认[thɔ̃]为本腔,则其作者确系今漳州市长泰县籍无疑。而书中[iɔŋ]、[iaŋ]两韵,证作者虽籍隶长泰,但和厦门一地有着较深厚的关系。"(《黄典诚语言学论文集》,273页)黄先生的考证是正确的。《渡江》的"本腔"是漳州长泰方音,书中也夹杂着厦门某些音类。至于《渡江》的编撰年代,李荣在《渡江书十五音·序》中考证说:"《渡江书十五音》编撰年代待考,可以确定的是在《康熙字典》之后。"

3. 对《渡江》特殊韵部"傩"、"缸"进行的考证。

"傩韵"[ɔ̃/ɔ̃ʔ]是最能反映《渡江》音系性质的特殊韵部。据考证,此韵有两个来源:一是有32个韵字来源于《雅俗》扛韵(共收47个韵字),占其总数的68.09%;二是有55个韵字来源于《雅俗》的钢韵(共收64个韵字),占其总数的85.94%。此韵韵字如"扛慷康汤装霜丧秧芒沧方钢荡长肠糖床撞杖"和"麽膜"在漳州地区方言除了长泰方言读作[ɔ̃]和[ɔ̃ʔ]以外,其余方言如漳州、龙海、华安、南靖、平和、漳浦、云霄、东山、诏安和厦门方言均读作[ŋ]和

[ŋʔ]。此韵的上入声和下入声韵字均读偏僻字,现代漳州方言无法一一与之对应。今依韵书和长泰方言将㾾韵拟为[ɔ̃/ɔ̃ʔ]。

缸部也是反映《渡江》音系性质的特殊韵部。据考证,此韵韵字有两个来源:一是有56个韵字来源于《雅俗》钢韵(64个韵字),占其总数的87.50%;二是有68个韵字来源于《雅俗》裈韵[uĩ](79个韵字),占其总数的86.08%。《渡江》缸韵韵字如"方风光砖黄酸穿川园昏荒软管转"等,在漳州地区方言里有不同读音:漳州、龙海、华安、南靖、平和、漳浦、云霄、东山、诏安均读作[uĩ];长泰以及厦门方言均读作[ŋ],今依长泰方言将该韵拟作[ŋ]。此韵的上入声和下入声韵字均读偏僻字,现代漳州方言无法一一与之对应。今依韵书和长泰方言将缸韵拟为[ŋ/ŋʔ]。通过对特殊韵部"㾾"、"缸"进行考证,我们认为,《渡江》所反映的是长泰县方言音系。

现根据现代长泰方言特点,将《渡江》43个韵部86个韵母的音值拟测如下:1.君韵[un/ut];2.坚韵[ian/iat];3.今韵[im/ip];4.归韵[ui/uiʔ];5.嘉韵[a/aʔ];6.干韵[an/at];7.公韵[ɔŋ/ɔk];8.乖韵[uai/uaiʔ];9.经韵[eŋ/ek];10.官韵[uan/uat];11.姑韵[eu/euʔ];12.娇韵[iau/iauʔ];13.鸡韵[e/eʔ];14.恭韵[iɔŋ/iɔk];15.高韵[ɔ/ʔ];16.皆韵[ai/aiʔ];7.根韵[in/it];18.姜韵[iaŋ/iak];19.甘韵[am/ap];20.瓜韵[ua/uaʔ];21.江韵[aŋ/ak];22.兼韵[iam/iap];23.交韵[au/auʔ];24.加韵[ia/iaʔ];25.䚯韵[ue/ueʔ];26.他韵[ã/ãŋ];27.朱韵[u/uʔ];28.枪韵[iɔ̃/iɔ̃ʔ];29.几韵[i/iʔ];30.鸠韵[iu/iuʔ];31.箴韵[ɔm/ɔp];32.寡韵[uã/uãʔ];33.尼韵[ĩ/ĩʔ];34.㾾韵[ɔ̃/ɔ̃ʔ];35.茅韵[aũ/aũʔ];36.乃韵[aĩ/aĩʔ];37.猫韵[iaũ/iaũʔ];38.且韵[iã/iã];39.雅韵[ẽ/ẽʔ];40.五韵[eũ/eũʔ];41.姆韵[m/mʔ];42.么韵[iɔ/iɔʔ];43.缸韵[ŋ/ŋʔ]。

四 三种闽南《十五音》韵部的一致性和差异性

《雅俗》共50字母85个韵母,《增补》30个字母59个韵母,《渡江》43个字母86个韵母。其中坚韵/坚韵/坚韵、金韵/金韵/今韵、规韵/归韵/归韵、干韵/干韵/干韵、公韵/光韵/公韵、乖韵/乖韵/乖韵、观韵/官韵/官韵、娇韵/娇韵/娇韵、皆韵/皆韵/皆韵、甘韵/甘韵/甘韵、瓜韵/瓜韵/瓜韵、江韵/江韵/江韵、兼韵/兼韵/兼韵、交韵/交韵/交韵、迦韵/伽韵/加韵、丩韵/赹韵/鸠韵、监韵/〇/他韵、惊韵/〇/且韵、官韵/〇/寡韵、闲韵/〇/乃韵、姆韵/〇/姆韵、噪韵/〇/猫韵、箴韵/箴韵/箴韵、爻韵/〇/茅韵等24组字母的读音基本上一致。《增补》没有的韵部以"〇"示之。

《雅俗》、《增补》和《渡江》三种韵书都有一些反映各自音系性质的特殊韵部。现将它们的差异之处排列、分析如下:

1)君韵[un/ut]/君韵[un/ut]/君韵[un/ut]与巾韵[in/it]/根韵[in/it]/根韵[in/it]:《增补》"君""根"二韵里重见"芹尹勤芹耘芸恨",《渡江》"君""根"二韵里重见"殷勤云耘芸恨",这些韵字在《雅俗》则只见于"巾"韵,而"君"韵不收。

2) 嘉韵[ɛ/ɛʔ]/家韵[ɛ/ɛʔ]/嘉韵[a/aʔ]与胶韵[a/aʔ]/葩韵[a/aʔ]/嘉韵[a/aʔ]:《渡江》嘉韵中有两组字:一组是"加笳袈佳查渣楂纱叉差把靶哑嫁驾架百爬琶牙虾夏厦下"诸字,在《雅俗》嘉韵和《增补》家韵里读作[ɛ/ɛʔ];一组"胶铰尻绞教钾甲胛猫柴齩咬猎蜡"诸字,在《雅俗》胶韵和《增补》葩韵里读作[a/aʔ]。

3) 经韵[ɛŋ/ɛk]/京韵[iŋ/ik]/经韵[eŋ/ek]:《雅俗》经韵拟 [ɛŋ/ɛk],反映漳浦方言的特点;《增补》京韵拟为[iŋ/ik],反映龙海方言的特点;《渡江》经韵拟为[eŋ/ek],反映长泰方言的特点。

4) 沽韵[ou]/姑韵[ɔ/ɔʔ]/姑韵[eu/euʔ]:《雅俗》沽韵拟为[ou],反映漳浦方言的特点;《增补》姑韵拟为[ɔ/ɔʔ],反映龙海方言的特点;《渡江》拟为姑韵[eu/euʔ],反映长泰方言的特点。

5) 稽韵[ei]/伽韵[e/eʔ]/稽韵[e/eʔ]/鸡韵[e/eʔ]:《雅俗》稽韵今依《福建方言字典》拟音为[ei],伽韵拟音为[e/eʔ]。《增补》稽韵韵字包括《雅俗》稽韵和伽韵字,拟音为[e/eʔ],反映龙海方言的特点。《渡江》鸡韵韵字也包括《雅俗》稽韵和伽韵字,读作[e/eʔ],反映了长泰方言的特点。

6) 恭韵[ioŋ/iok]/宫韵[ioŋ/iok]/恭韵[ioŋ/iok]与姜韵[iaŋ/iak]/姜韵[iaŋ/iak]/姜韵[iaŋ/iak]:《雅俗》恭韵与姜韵是对立的,前者在漳州方言里读作[ioŋ/iok],后者读作[iaŋ/iak],两者的韵字是不混的。《增补》和《渡江》虽然也有[ioŋ/iok]和[iaŋ/iak]的对立,但它们有一个共同点,就是有些韵字则同时出现在相对立的两个韵中。

7) 高韵[o/oʔ]/高韵[o/oʔ]/高韵[ɔ/ɔʔ]:《雅俗》"高韵"依漳浦方言而拟音为[o/oʔ],《增补》"高韵"依龙海方言而拟音为[o/oʔ],而《渡江》"高韵"则依长泰方言拟音为[ɔ/ɔʔ]。

8) 桧韵[uei/ueiʔ]/苽韵[ue/ueʔ]/诶韵[ue/ueʔ]与稽[ei]/伽[e/eʔ]/稽[e/eʔ]/鸡[e/eʔ]:《雅俗》桧韵和稽、伽二韵是对立的。《增补》苽韵和稽韵也是对立的。《渡江》诶韵和鸡韵也是对立的。但《增补》苽韵和《渡江》苽韵有个别韵字,同时出现在稽韵[e]和鸡韵[e]里。

9) 艍韵[u/uʔ]/龟韵[u/uʔ]/朱韵[u/uʔ]与居韵[i/iʔ]/玑韵[i/iʔ]/几韵[i/iʔ]:《雅俗》艍韵[u/uʔ]与居韵[i/iʔ]是对立的。《增补》龟韵[u]与玑韵[i]虽然也是相互对立的。《渡江》朱韵[u/uʔ]与几韵[i/iʔ]也是对立的。但《增补》龟韵[u]与玑韵[i],《渡江》朱韵[u/uʔ]与几韵[i/iʔ],均有部分韵字混读。

10) 更韵[ɛ̄/ɛ̄ʔ]/〇/雅韵[ē/ēʔ]与栀韵[ī/īʔ]/〇/尼韵[ī/īʔ]:《雅俗》更韵[ɛ̄/ɛ̄ʔ]与栀韵[ī/īʔ]、《渡江》雅韵[ē/ēʔ]与[ī/īʔ]都是对立的,只是它们所反映的音系不同。

11) 裈韵[uĩ]/〇/缸韵[ŋ/ŋʔ]与钢韵[ŋ]/〇/缸韵[ŋ/ŋʔ]:《雅俗》裈韵与钢韵是对立的。前者拟音为[uĩ],后者拟音为[ŋ],它们之间是不混的。《增补》无以上二韵。《渡江》只有[ŋ]韵而没有[uĩ]韵,缸韵韵字可分为两类:一类来源于《雅俗》裈韵;另一类来源于《雅俗》钢韵。

12) 姑[õu]/〇/五[ēū/ēūʔ]与《雅俗》姑韵在漳州地区有不同读音:漳州、龙海、华安、南靖等方言读作[ɔ̄],长泰方言读作[ēū],平和、漳浦、东山等地方言读作[ōu],云霄方言读作[ōu]。今依《福建方言字典》读作[ōu]。《增补》无此韵。《渡江》五韵依长泰方言读作[ēū/ēū?]。

13) 钢韵[ŋ]/○/㑚韵[ɔ̄/ɔ̄?]与扛韵[ō/ō?]/○/㑚韵[ɔ̄/ɔ̄?]:《雅俗》钢韵与扛韵是对立的。前者拟音为[ŋ],后者拟音为[ō/ō?],两者是不混的。这两韵的收字在《渡江》中合二为一并为㑚韵,读作[ɔ̄/ɔ̄?]。《增补》无以上诸韵。

14) 茄韵[io/io?]/○/么[cɔ̌/cɔ̌?]:《雅俗》茄韵依漳浦方言拟音为[io/io?]。《增补》无此韵。《渡江》么韵依长泰方言把此韵拟作[cɔ̌/cɔ̌?]。

15) 薑韵[iō]/牛[iū]/○/枪韵[iɔ̄/iɔ̄?]:《雅俗》薑韵在漳州地区方言里有不同读音:漳州、龙海、长泰、华安、东山、诏安读作[cɔ̄],南靖、平和、漳浦、云霄均读作[iū],今依《字典》拟音为[iō]。《渡江》今依长泰方言将枪韵拟音为[iɔ̄]。《增补》无此韵。

笔者通过对清代三种漳州十五音韵书进行全面、深入地历时和共时、时间与空间的比较研究,分析和探讨了《雅俗》、《增补》和《渡江》语音的共同特点及差异,从中窥知清代三种漳州十五音音系性质。徐通锵在《历史语言学》中指出:"语言的空间差异反映语言的时间发展,说明语言的发展同时表现在空间和时间两个方面。语言发展中的时间是无形的,一发即逝,难以捕捉,而语言的空间差异则是有形的,是听得见、看得清(把实际的音值记下来)的,是时间留在语言中的痕迹,可以成为观察已经消失的时间的窗口。所以,从语言的空间差异探索语言的时间发展就成为历史比较法的一条重要原则。"徐氏又说:"语言,特别是语音,它的发展是很有规律的,而这种规律的作用又受到一定的时间、地域、条件的限制,使同一个要素在不同的方言或亲属语言里表现出不同的发展速度、不同的发展方向,因而在不同的地区表现出差异。语言中的差异是语言史研究的基础。没有差异就不会有比较,没有比较也就看不出语言的发展。对历史比较语言学来说,差异的比较是它取得成功的最主要的原因。"通过历史比较,《雅俗》、《增补》和《渡江》韵书的声韵调系统基本上是相同的,其所存在的差异,主要是不同韵书成书时间的迟早、所反映方言区域的不同以及文读系统与白读系统的差别等原因造成的。总之,我们通过这些韵书窥探了闽南漳州方言自19世纪初叶迄21世纪初漳州方言区的方言音系及其差异概况。

参考文献

(编者不详)   1987 《渡江书十五音》,东京外国语大学亚非言语文化研究所影印本。
洪惟仁   1990 《麦都思〈福建方言字典〉的价值》,《台湾文献》第42卷第2期。
洪惟仁   1995 《〈汇音妙悟〉与古代泉州音》,台湾。
黄典诚主编   1998 《福建省志·方言志》,方志出版社。
黄　谦   1894 《增补汇音妙悟》,文德堂梓行。
廖纶玑   《拍掌知音》,梅轩书屋藏。
马重奇   1998a 《〈汇集雅俗通十五音〉声母系统研究》,《古汉语研究》1998年12月。

马重奇　1998b　《〈汇集雅俗通十五音〉韵部系统研究》,《语言研究》1998年8月增刊。
马重奇　2000　《〈增补汇音〉音系研究》,见《中国音韵学研究会第十次学术讨论会暨汉语音韵学第六届国际学术研讨会论文集》,香港文化教育出版社有限公司。
马重奇　2001　《〈渡江书十五音〉音系性质研究》,《中国语言学报》第十期,商务印书馆。
马重奇　2004　《清代三种漳州十五音韵书研究》,福建人民出版社。
谢秀岚　《汇集雅俗通十五音》,会文堂版。
徐通锵　1996　《历史语言学》,商务印书馆。
(著者不详)　1928　《增补汇音》,上海大一统书局石印本。

谈 "破"*
——汉语某些动词的类型转变

法国巴黎东方语言文化学院/法国科学院东亚语言研究所　徐　丹

一　引言

研究现代汉语不能脱离历时研究,研究语言演变的规律有助于我们更深刻地认识现代汉语所表现出的纷杂的语义及语法制约。本文力图通过"破"的个案研究证明汉语发生了类型上的变化,即由一个字(单音节动词)表达动作及结果变为由两个字(述补结构或动补结构[1])表达动作及结果。我们已经指出:"可以通过'破'字的演变观察汉语里动补结构上字与下字搭配的情况"(徐丹,2000:117)我们看到现代汉语表达动作有果时,"光杆儿动词"不足以表述"达成某一结果"或"达到某种状况",必须附加另一成分(补语、体助词、某些准介词等[2])来表达"有果"、"达成"等概念。

"破"在古汉语(此处特指先秦时期的汉语)里是个比较典型的动词,但在现代汉语里(此处特指北京话)发展成了非典型的动词,其功能更接近形容词。现代汉语里"破"仍能带宾语,如"破相"、"破整钱"等,但这种用法趋于固定并开始萎缩,而"破"在动补结构里做下字则是发展并且能产的结构。

汉语里有一些动词发生了这类变化。这种词类的变化实质上反映出汉语语言在类型上的变化。汉语类型上的变化导致了汉语某些词类的演化及句法上的语序调整。

二　先秦汉初时期

从目前发表的文章来看,人们对"破"的句法功能认识不一致。请看几个例子:蒋绍愚先生(1999:10)认为:"'破'虽然没有破读,但它的发展也和'折'一样,最初是他动词(在《史记》、《论衡》中仍然如此)。"吴福祥(1999:329)认为:"在'破碎'这个义位上,'破'是表状态的自动词。"我们(徐丹 2001:10)曾在文章里说过"破"是典型的他动词。这些说法都还需要统

---

* 本文曾在纪念吕叔湘先生百年诞辰之际(2004年6月)报告过。李佐丰先生曾不吝赐教,特此感谢。

计数字支持。[3]本文通过不同时期的不全面的统计证明,不同时期的"破"带宾语的能力不同。"破"由先秦时期以"及物"性用法为主发展到后来以"不及物"性用法为主。"破"逐渐由表动作过程发展到表动作的终结点,最终由典型的动词变成了非典型的动词,介于动词和形容词之间。请看几个先秦汉初时期的例子:

(1) 秦王有病召医。破痈溃痤者得车一乘,舐痔者得车五乘,所治愈下,得车愈多。(《庄子·列御寇》)

(2) 武王将素甲三千,战一日,而破纣之国,禽其身,据其地而有其民,天下莫伤。(《韩非子·初见秦第一》)

(3) 钟子期死,伯牙破琴绝弦,终身不复鼓琴,以为世无足复为鼓琴者。(《吕氏春秋·本味》)

(4) 秦破韩宜阳,而韩犹复事秦者,以先王墓在平阳……(《史记·楚世家》)

(5) 秦攻赵于长平,大破之,引兵而归。(《战国策·赵三》)

以上几个例子都是"破"带宾语,是先秦汉初时期常见的用法。这时"破"常表达破坏某物、攻破某国或军队等义。若"破"做不及物动词用时,"破"的主语一般是被"破"的对象,但这种用法居少数:

(6) 知伯身死军破,国分为三,为天下笑。(《韩非子·十过第十》)

(7) 将失一令。而军破身死。主过一言,而国残名辱,为后世笑。(《吕氏春秋·慎小》)

(8) 燕破则赵不敢不听,是王破燕而服赵也。(《战国策·燕二》)

例(6)、(7)里,"破"字前面的"军"是被"破"的对象。例(8)很说明问题,"燕破"是指燕国"被破","破燕"是说"把燕国攻破"。"名词词组(NP)+破"这类例子比起"破+名词词组(NP)"数量少,即表达动作过程义的"破 NP"比表达动作结果义的"NP 破"要多。换句话说,"破"在古汉语里以带宾语的用法为常,以表达动作过程为主。我们观察了 9 部作品,其中 6 部是先秦时期的作品,3 部是西汉初期或中期的作品。结果如下表所示:[4]

表 1　先秦及西汉初、中期部分作品中的"破"

作品	破 NP	NP 破	破 pò+V2	V1+破 pò	附注
《墨子》公元前 5 世纪	3	0	2[5]	0	
《左传》公元前 5 世纪	1	0	0	0	
《荀子》公元前 4—前 3 世纪	1	1	1	0	
《庄子》公元前 4—前 3 世纪	3	0	1	0	
《韩非子》公元前 3 世纪	24	8	1	1	
《吕氏春秋》公元前 3 世纪	7	2[6]	1	0	
《淮南子》公元前 2 世纪	29	8	4	0	两例为形容词[7]
《史记》公元前 1 世纪	139	38	9	30	1 例为形容词[8]
《战国策》公元前 1 世纪	82[9]	26[10]	3	4	5 例为形容词

表1虽然不是全面的统计数字,但已经能够说明问题。我们看到,在任何一部作品里,"破 NP"都比"NP 破"的用法占优势,"破"带宾语表达动作过程意义是"破"在先秦汉初用法的特点。表1还显示出,"破"在连动结构里也开始发展,这与当时动补结构的兴起和发展密不可分。在两个动词并用时,"破"在几个先秦文献里本占据 V1 位置,但在《史记》和《战国策》里,已由以 V1 位置为主转到以 V2 位置为主了。"破"在传世文献中的这种分布在出土文献里也有相同的反映:

表2 部分出土文献中的"破"

作品[11]	破 NP	NP 破	破 pò+V2	V1+破 pò
《老子甲本卷后》	4	0	1	0
《古佚书》				
《老子乙本卷前》	1	4[12]	2	0
《古佚书》				
《战国纵横家书》	9	5	0	1[13]
《五十二病方》	2	0	0	0
《孙子兵法》	3	0	0	0

根据学者们的考订,马王堆帛书和银雀山竹简的抄写年代都约是西汉初年,由于出土文献字数较少,材料有限,还不能有什么结论,但是"破"的句法分布与传世文献吻合,这一点是没有疑问的。即"破"以带宾语、表达动作过程为主,在连动结构里,"破"不但出现在 V1 位置,也开始出现在 V2 位置了。

三 中古汉语时期

从先秦汉初时期和现代汉语"破"的句法分布,我们可以推想"破"在中古汉语时期应该有个过渡阶段。即当由先秦汉初时期以表达动作过程为主逐渐发展到以表达动作结果或过程终点为主。结果与我们料想的相同,在中古汉语这一过渡时期,也是动补结构成熟期,"破"既可以是上字(V1),也可以是下字(V2):

(9) 时有一人,以梨打头,乃至二三,悉皆伤破。(《百喻经·以梨打破头喻》)

(10) ……所有瓮、缸亦破作二分,钱亦破作二分。(《百喻经·二子分财喻》)

(11) 破视其腹中,肠皆寸寸断。(《世说新语·黜免》)

(12) 瞋甚,复于地取内口中,啮破即吐之。(《世说新语·忿狷》)

(13) 以脚蹉令破作两段。(《齐民要术·种胡荽》)

(14) 三七日麹成,打破,看饼内干燥五色衣成,便出曝之……(《齐民要术·笨麹饼酒》)

从我们统计的3部作品来看,这个时期的"破"主要做动词用,形容词的用法还不多见。

"破 NP"保持着优势,但在连动结构里,"破"明显开始占据 V2 位置,以表达动作过程有果或到达终点。《百喻经》和《世说新语》是公元 5 世纪左右的作品,而《齐民要术》大约是公元 6 世纪的作品。我们可以看到"破"的位置明显有变化:

表 3 中古时期"破"的用法

作品	破(NP)	NP 破	破 pò+V2	V1+破 pò	形容词
《百喻经》	18[14]	2	5[15]	6	0
《世说新语》	10	1	1	2	0
《齐民要术》	37	5	6	37	5

很显然,《齐民要术》里的"V 破"是一个成熟而且能产的动补结构,而"破 V"数量较少,且下字多为"作、为"。孙朝奋(1999)也对中古时期的"破"字作过统计。在他统计的 202 个句子里,55%的"破"单用(带宾语否不详),"破 V"占 20%而"V 破"占 23%。在他的统计里,"破"在下字略占优势。这反映出"破"在动补结构里开始选择自己的位置。其他一些动词如"坏、伤、断、灭"等也有类似状况,这些词一度既可以做动补结构里的上字,又可以做下字。从不同的统计材料和不同的数字,我们可以看到,中古汉语时期,"破"字的用法发生了变化,在动补结构形成并发展的情况下,"破"开始摇摆不定,而《齐民要术》反映出了"破"发展、变化的趋势。但无论如何,"破"做动词仍是主要用法,形容词用法还未占上风。

四 "破"做形容词

我们所查阅的先秦文献里未见到"破"做形容词的用法,但从汉初开始,文献里的"破"开始做形容词用。形容词与动词最根本的区别是动词表达动作过程而形容词表达状态、性质。这意味着动词可以含动作起点及过程,但不一定含动作或事件的自然终结点。(有的动词在语义上有自然终结点,有的没有)形容词则不同,它们侧重表达动作过程的终结点或终结后的状态(动态形容词),有的可以表达某物体的性质(性质形容词)。古汉语的"使动"词常由"形容词"或以不带宾语为常的动词担任,即"使动作达到某一状态或结果"。那么"破"是如何由以表达动作过程为主要用法发展到以表达动作达成、有果为主要用法的呢?我们认为,"破"通过在句法结构上的"重新分析"获得了形容词的用法。"重新分析"这个术语在近十年的论文中被频繁使用,而许多作者所赋予的内涵却不尽相同。本文采取的是A. C. Harris & L. Campbell(1995:50)书中被大多数学者采用的定义:"重新分析是一种机制,这种机制使某一句法模式的深层结构发生变化,但并不引起表层结构的变化。"根据这一定义,如果某一语言的表层结构允许两种或更多的诠释的话,那么在该语言已经发生了重新分析。我们很容易看到,句法位置及语义环境提供了"破"在功能上转变的可能性。请看几个例子:

(15) 燕昭王收破燕后即位,卑身厚币,以招贤者,欲将以报仇。故往见郭隗先生曰:"齐

因孤国之乱,而袭破燕。……"(《战国策·燕策一》)

这个例子里有两个"V 破 NP",它们之间的关系是"[V 破]$_{VP}$＋NP"呢还是"V＋[破 N]$_{NP}$"呢?从上下文及不同的历时材料看,"收破燕"是"燕昭王收拾、收复残破的燕国"的意思,即句法关系是"V＋[破 N]$_{NP}$",而"袭破燕"只能是"袭而破燕"的意思,即句法关系是"[V 破]$_{VP}$＋NP"。这表明,如果"破"与 V1 没有"动作过程＋动作结果"的关系的话,"破"可以"和后面的名词词组组合成一个名词短语"。这段历史在《史记》里写为:

(16) 燕昭王于破燕之后即位。(《史记·燕召公世家》)

这句虽然与上面一句用词略有不同,但主语都是燕国君主,理论上讲,本国君主不能破本国;而已经残破的国家用不上"袭击"。所以语义的作用在这里非常重要。(16)里的"破"仍为动词,只是"破燕"的施动者被省略了。由于"破"既可以和后面的 NP 呈"VO"关系,又可以与其组合成名词词组的这种特性,"破"经历了重新分析,产生了形容词的功能。即"破＋NP"的词序无任何变化,而"破"和"NP"之间的句法关系却发生了变化,有了两种解释的可能性。汉代以降,在没有上下文时,"破 NP"本身已有两种分析的可能。如"破国"、"破军"等。

(17) 未当出而出,当入而不入,[天]下起兵,有破国。(《史记·天官书》)

(18) 今君破鲁以广齐,战胜以骄主,破国以尊臣……(《史记·仲尼弟子列传》)

(19) 使曹子计不顾后,足不旋踵,刎颈于陈中,则终身为破军擒将矣。[16](《淮南子·氾论训》)

(20) 今君相楚而攻魏,破军杀将,功莫大焉,冠之上不可以加矣。(《史记·楚世家》)

例(17)、(19)里的"破"前有"有"、"为","破"在这里是形容词;例(18)、(20)里的"破"则是一般的带宾语的用法。

五 现代汉语

现在让我们检查一下现代汉语里"破"的用法。我们选用了老舍的部分作品作为统计的依据,因为老舍的作品口语化,比较能代表北京话。我们选了 280 个含有"破"的句子。与先秦汉语和中古汉语相比,"破"发生了明显的变化:"破"在现代汉语里主要是用作形容词,其次是做动补结构里的下字(补语)。这表明"破"已由典型的动词变成了非典型的动词。在 280 个例子里,有 120 例"破"为形容词,其中单音节"破"修饰名词占 92 例,双音节含"破"的形容词有 28 例。此处只举几个单音节"破"修饰名词的例子:"破桥、破留声机、破像片本子、破茶馆、破地方、破车、破小褂、破画、破砖头、破马掌、破棉袄、破皮袍"等等。在双音节含"破"的形容词里,"破"在上字的情况比在下字多。常见的有"破烂、破旧"。"破烂"有时做形容词如"破烂的城楼、破烂的洞房",有时做名词如"收买破烂"等。"破"在双音节形容词里做下字的有 9 次,都是"残破",如"残破的琉璃瓦、况且还是这么残破、残破无力"等。

"破"带宾语的用法锐减。在老舍的作品里,"破 NP"和"NP 破"的词序多见于一些固定的用法,如:"乘风破浪、破涕为笑、破口大骂、国破家亡、家破人亡、头破血流、牢不可破"等。很明显,"破 NP"和"NP 破"的词序很多都保留在四字成语里。尤其是"破+NP"已经是不再产的结构,即"破"和"NP"的关系不再是动词、宾语的组合关系,而是形容词修饰名词的关系。换句话说,"破 NP"经过重新分析,已与古汉语的"破 NP"同形不同构了:以前是动词词组[[破]$_V$+NP]$_{VP}$,而现在是名词词组[[破]$_{ADJ}$(形容词)+N]$_{NP}$了。请看老舍部分著作里"破"字的使用情况:

表 4 老舍部分著作里"破"字用法的统计

抽样 280 句	破=形容词 破 NP		破=动词 破 NP	破=V NP 破	V 破	破 V	附注
	单音	双音			+NP46	+NP22	
		破 X	X 破			+Ø(省略宾语)3	+(省略宾语)9	统计未包括 固定词组[18]、 专有名词等。
	92	19	9[17]	10	6	把 7	把 1	
						被/教/给 5	被 2	
							其中"破坏+NP" 占 20 例	

除了"破 NP"由动词短语变成名词短语这点引人注目外,"破"在动补结构里的分布也值得注意。我们发现,"V 破"能产性高,"破"前的动词变化丰富,如"弄破、冲破、抓破、煮破、打破、击破、撕破、咬破、挤破、突破、碰破、震破、磨破、攻破、洗破、踢破、跑破、捏破、炸破、划破、挂破、扎破、看破、说破、揭破、猜破"等等。现代汉语的"把字句"能反映出动词的高及物性[19],"V 破"也常见于"把字句"。相比之下,"破 V"呈现出不能产或固定化倾向,在 22 例"破 V"里,20 例是"破坏",由此可见,"破坏"可以被划为双音节动词(词汇平面),而不再是动补结构(句法平面)。仅有的几例"破+(其他)动词"是"破裂、破出、破获、破除"。

六 现代汉语里"破"在动补结构中分布的句法及语义限制

我们已经说过,在汉语动补结构形成初期,"破"既可以出现在上字,也可以出现在下字,但后来的发展表明,"破"在下字为常,且能产力强,"破"在上字时,与下字常组成固定词组,能产力非常弱。下面我们对比一下"破 V"和"V 破",其句法语义区别就能一目了然。

6.1 句法区别:"破 V"和"V 破"带宾语的能力

首先,两个句型带宾语的能力不同,从老舍部分作品的统计我们已经看到,动补结构"V 破"基本都能带宾语。不能带宾语的个别"V 破",都不是动补结构,如"爆破、残破"。我们可以说"进行爆破",但不能说"*爆破炸药包";我们可以说"屋子残破、残破的屋子",但不能说

"*残破屋子"。很明显,"爆破"是双音节动词或名词,"残破"是双音节形容词,可以做谓语。现在再看"破V",我们已经说过,这类形式基本不能产,又可以细分为三类:

(a)双音节动词,可以带宾语。像"破坏、破费、破读、破获、破译"等。这些双音节动词也可以做名词用[20]。汉语动词做名词用的条件是双音节化。(例子略去)

(b)或是双音节形容词如"破旧、破烂[21]、破败"等。这些双音节形容词一般不带宾语。(例子略去)

(c)动补结构的"破V",如"破裂[22]、破灭、破损、破碎"等。这些组合也很难带宾语,这点很像第二类的双音节形容词;它们也可以做名词用,这点又像第一类的双音节动词。这类"破V"做谓语时,句子常常是受事主语句。

(a)类和(b)类比较清楚,但是(c)类就有不少问题值得研究:(c)类与前两类都有所重合。我们检查了90年代报刊杂志中的60多个含"破裂"的句子,没有一个"破裂"带宾语的情况。这样看来,我们可以认为现代汉语里的"破裂"基本不能带宾语了。"破灭"也表现出同样的倾向,在我们找到的80个例子里,仅有两例带宾语如"破灭闯王、破灭残余势力"。这两例给人一种"仿古"的味道,是古汉语的"破而灭"。其余78例均不带宾语,受事主语常是"梦、幻想、理想、希望、理念、泡沫、神话"等。我们见到的十几例"破损",无一例带宾语。"破碎"也是绝大多数的例子不带宾语,只有个别的例子(似乎是作者刻意追求不同于他人的风格)里见到"破碎人生观、破碎了共产主义理念"。现在我们看几个动补型的"破V"的例子,从下面的例子我们很容易看到,动补型的"破V"很难带宾语,与"V破"在句法上形成对立:

(21) a. 他们的感情破裂了。
　　　b. *他们破裂了感情。
(22) a. 他上大学的梦想破灭了。
　　　b. *他破灭了上大学的梦想。
(23) a. 封皮完全破损。
　　　b. *完全破损了封皮。
(24) a. 一个好端端的家庭破碎了。
　　　b. *?破碎了一个好端端的家庭。

总之,句法上,"破V"是一个封闭型的类,不能创新,组合基本固定,这些组合介于句法层面和词汇层面之间,但有词汇化倾向:

(a)类:[破V]$_{VP}$如"破除迷信"/[破V]$_{NP}$如"迷信的破除"

(b)类:[破V]$_{ADJ}$如"房屋破败"/*?[破V]$_{NP}$如"*?房屋的破败"

(c)类:[破[V]$_V$]$_{VP}$如"幻想破灭"/[破V]$_{NP}$如"幻想的破灭"

从上述三类"破V"看,由于历时变化,其层次不同,(a)类最具有名词化的条件,(b)类不具备名词化的条件,而(c)类还在演变当中,前两类特点兼而有之,其名词化倾向像(a)类,其非及物性倾向又像(b)类。

"V破"则是一个开放型的类,能产力强,这些组合是句法上的组合,即"V破"只能是动词词组,不能是名词词组:

[[V]破]$_{VP}$如"打破框框"/＊[[V]破]$_{NP}$如"＊框框的打破"

6.2 语义区别:"破V"和"V破"的语义特点

我们已经说过,"破V"是一个封闭的类,组合有限,有词汇化倾向。从"破V"(a)、(b)、(c)三类结构的分析,我们已经看到,这三类大部分都可以作为一个双音节词而不是短语,只有(c)类的一部分可以用在受事主语句里。因此,这部分不是典型的动补结构,是历时变化的遗留,即动补结构形成时留下的痕迹。造成这种遗留的原因,是"破"已由典型的动词变成了更接近形容词的非典型动词。而"V破"则不同,是现代汉语典型的动补结构。动补结构的下字绝大多数都由形容词承担。[23]能在动补结构里做下字的动词数量极少。我们已经谈过(徐丹,2000),此处无须赘言。"破"像其他形容词一样,具有表"结果、终点"的语义内涵。汉语动补结构下字都具有这个语义特征。动补结构上字都是表示"动作处于起点并进入过程",不表示"有果"、"完成"意义。

七 余论:"破"类动词演变的动因及机制

汉语动词"破"的词类变化(从动词向形容词的转变)不是孤立的现象,其他一些先秦时期的动词如"烂、坏、怒"等也有这样的发展。汉语由于在类型上发生了变化,即由一个字表达动作及结果发展为用两个字分别表达动作和结果。这种类型上的转变,使得一些动词产生了分化,表"完成"、"结果"意义的动词向 V2 位置靠拢。在这种大的环境下,"破"开始发生变化,经过重新分析,"破"获得了新的功能,终于由以表达动作为主变为以表达结果为主了。汉语动补结构下字的挖掘,使动作获得终点意义,使动作和结果可以进行切分,汉语体标记词才得以产生。

附 注

[1]对于"述补结构"或"动补结构"这些术语,学者们的意见并不一致。本文暂且仍袭用这些术语以便讨论。

[2]如"在"、"的"等。这些词除能引出地点词的功能外,还有标记"动词体"的功用。请参见徐丹(1994)。

[3]李佐丰先生(1994)作过非常详细的统计,但没有谈到"破"。

[4]《史记》里有 682 个含"破"的句子,我们只抽查了 217 个含"破"的句子。

[5]《墨子》里,"破"两次处于另一动词之前,如"破灭"、"破碎"。

[6]1 例"NP＋可破"也包括在内。

[7]请见第四节的例子。有 1 例不合任何标准("申为破,主衡"),未算在内。

[8]我们的抽查不是穷尽性的,这个数字只能反映一个大概的比例。

[9]有些例子未算在内,如"破于＋NP"。

[10]有的"NP+破"之间有副词的也包括在内。有两例"NP"省略的未算。有 1 例"NP 得无破"、"NP 可破"也算在内。

[11]前四个作品为湖南长沙马王堆出土文献,《孙子兵法》为山东银雀山出土文献。

[12]这几例为"在中/小/强国破"。

[13]这 1 例为"待破",根据上下文及《史记》、《战国策》,这里表"被动"意义。

[14]不含两例"O 破"、1 例"破于 O"。

[15]其中 3 例为"破作"。

[16]这个句子在《战国策·齐六》里为"使曹子之足不离陈,计不顾后,出必死而不生,则不免为败军禽将"。

[17]"残破"有时做谓语。

[18]如四字成语、V 得破、"破破烂烂"等等。

[19]请参见 Hopper, P. & Sandra A. Thompson(1980)。

[20]"破获"做名词比动词少见,但仍见得到:"这一案件的破获,彻底摧毁了'新义安'在汕尾市发展黑社会组织的图谋。"(《华夏文摘》2002 年 7 月 19 日)

[21]"破烂"儿化后可以做名词。

[22]但在老舍的作品里,有一例"破裂"带宾语:"小谭才十八岁。……不在左就在右,嘴角上老破裂着一小块……"(《无名高地有了名》)

[23]请参考马真、陆俭明(1997),徐丹(2000)。

参考文献

蒋绍愚　1999　《汉语动结式产生的时代》,《国学研究》第六辑,北京大学出版社。

李佐丰　1994　《先秦的不及物动词和及物动词》,《中国语文》第 4 期,287—296。

吕叔湘　1987　《说"胜"和"败"》,《中国语文》第 1 期,1—5。

马　真、陆俭明　1997　《形容词作结果补语情况考察》,见余霭芹、远藤光晓《桥本万太郎纪念——中国语学论集》,内山书店,155—172。

木村英树　1997　《"变化"和"动作"》,见余霭芹、远藤光晓《桥本万太郎纪念——中国语学论集》,内山书店,185—197。

魏培泉　2000　《说中古汉语的使成结构》,中研院历史语言研究所集刊 71,807—856。

吴福祥　1999　《试论现代汉语动补结构的来源》,见江蓝生、侯精一主编《汉语现状与历史的研究——首届汉语语言学国际研讨会论文集》,中国社会科学出版社。

徐　丹　1994　《关于汉语里"动词+X+地点词"的句型》,《中国语文》第 3 期,180—185。

徐　丹　2000　《动补结构中的上字与下字》,《语法研究和探索》(十),商务印书馆,112—120。

徐　丹　2001　《从动补结构的形成看语义对句法结构的影响》,《语文研究》第 2 期,5—12。

徐通锵　1998　《自动和使动——汉语语义句法的两种基本句式及其历史演变》,《世界汉语教学》第 1 期,11—21。

张国宪　1995　《现代汉语的动态形容词》,《中国语文》第 3 期,221—229。

Harris, Alice C. & Lyle Campbell　1995　*Historical Syntax in Cross-Linguistic Perspective*. Cambridge University Press.

Hopper, P. & Sandra A. Thompson　1980　Transitivity in grammar and discourse. *Language* 56:251—299.

Sun, Chaofen(孙朝奋)　1999　The origin of the Chinese verbal suffixes. In: *In Honor of Mei Tsu-Lin*. Paris: EHESS, CRLAO. 183—202.

蒙古时期的一道白话碑

中国社会科学院语言研究所　杨耐思

　　元朝保护学校、寺院的皇帝圣旨和皇太子令旨颁发后,往往由受旨的学校、寺院泐于石,以便昭示于大庭广众并永久保存。这种石刻所用的文字,一种是用汉语的文言文,一种是用蒙古语的直译(又称硬译)。所谓直译,就是在把蒙古语译成汉语的时候,往往保留较多的蒙古语的语法,用汉字表示其语法成分,词汇方面也保留一些蒙古语的词语,用汉字音译。这就造成了蒙汉两种语言杂糅的一种新的语体,这种语体叫做元代白话。

　　元代的白话碑,20世纪冯承钧、蔡美彪先后辑录成册问世,为研究者提供了这方面的全面的原始资料。往后这种碑刻续有新的发现,引起了众多的研究者瞩目。

　　下面我们介绍《析津志·学校》[1]所载的蒙古时期的一道圣旨碑,碑文的语言类似元代白话,是元代白话的早期形式,对于元代白话的形成无疑地有重大的参考价值。我们将该碑文全部摘录,并加上简略的注释,供读者参考。

　　据《析津志·学校》记述,蒙古汗国开国以来,于太宗(窝阔台皇帝)五年,公元1233年,在原金国的中都大兴府(燕京)开始设立儒学,以儒家诗书礼乐四术教育蒙古子弟学习汉人语言文字,称为"四教读"。利用建于燕京南城章宗养鱼池南的夫子庙(文庙)为儒学校址。看管夫子庙产业兼儒学教习(蒙古必阇赤四牌子总)的是道士冯志亨。定宗(贵由皇帝)四年,皇帝给这所儒学颁发了一道诏书,由庙产管理人道士冯志亨立石。这个石刻诏全文如下:

　　皇帝圣旨:道与[2]朵罗歹、咸得不、绵思哥、胡土花小通事、合住、迷速门,并十役下管匠人、官人,这必阇赤一十个孩儿,教汉儿田地里学言语文书去也。[3]不选,但是,可以学底公事呵也。教学者,宣谕文字。[4]但是你每官人底孩儿每,去底十八个蒙古孩儿门根底,[5]你每孩儿每内,更拣选二十二个作牌子,一同参学文书弓箭者。[6]若这二十个孩儿内,却与歹底孩儿,好的孩儿隐藏下底,并断案打奚罪戾。[7]这孩儿每学得汉儿每言语文书会也,你们那孩儿亦学底蒙古言语弓箭也会也。[8]粘哥千僧奴底孩儿亦一同学者,若学底会呵,不是一件立身大公事那甚么[9]!教陈时可提领选拣好秀才二名管勾,并见看守夫子庙道人冯志亨,及约量拣好秀才二,通儒道人二名,分作四牌子教者。[10]虽已先禁治弓箭,军器去来,据这上项孩儿每底弓箭不在此限。[11]你每各自斗教者,看谁管者教底先会了也。据住定房舍者。那孩儿每教的文书,不拣历日辰,起盖夫子庙廊房,并去底孩儿每住底房舍者。那孩儿每教的文书,不拣是何文书,教都学者。[12]教学施行的文书,疾识字底文书者,教底时分,孩儿每根底休教阑当者。若识字呵,背识背写者。教参学底时分呵,自是不蒙古言语去底孩儿每,只教汉儿言语说话者,[13]会汉儿言语呵。若不汉时言语里说话,却蒙古言语里说话,一番一简子打者,第二番打两简子者,第三番打第三简子者,第四番打四简子者,这言语我亲省会与来也者。[14]必阇赤每,比至会汉儿言语呵,说话仰胡土花小通事与两个熟会言语的通事转言语者,这必阇赤内有不服教训难道[15]底人呵,具写姓名,我根底奏将来者,[16]我这里更不省会那甚么。仍道与朵罗歹,仰于新拜降户内,每人[17]拨与使唤底小孩儿一个者,各人并教读人等,每人日支米面各一斤,肉一斤,本处官人每底孩儿不在此限外,[18]据家粮每人日支米一升,这必阇赤孩儿每,晚后与解渴酒四并。如有爱愿就学书人等,仰本路课程所官验人数,每人日支米一升,不得因而夹带不是读书儒人冒领官粮,不得违错[19]。准此!蛇儿年六月初九日。[20]

附 注

[1]《析津志辑佚》本,北京古籍出版社,1983年9月第1版,197—200。《析津志》,元末熊梦祥(名自得,江西人)著,是记述元大都史地的一部专门志书。

[2]"道与",蒙古时期诏敕惯用套语。意思是该书晓谕某某人,接着为某某人的名姓。这一格式后来改用中古蒙古语(以下简称蒙古语)位格附加成分-da的汉译"根底"放在被晓谕对象之后来表示。到了元朝,一律用新的格式。蒙古时期还用过"宣谕倚付"的词语,多用于该诏书付给某人。

[3]"必阇赤",蒙古语的译音,指管理文书和学习文书的人。"教",使动态。蒙古语动词后加使动附加成分表示使动,这是使动附加成分的直译。"汉儿田地里","田地"即地方,"里"蒙古语格变词尾dur的直译,一般在句末加"也"。

[4]"不拣",意思是"任何"。"学底"的"底"是蒙古语在动词后加词尾变静动词的那个词尾的直译。"呵"为蒙古语动词条件式所加附加成分-esu的直译。动词条件式一种是表示假设,意思是"如果"、"倘若";一种是表示一个动作引出另一个动作。这里用的是第一种。"者",蒙古语命令祈使式附加成分零形式的直译。蒙古语命令祈使式往往在动词之后加附加成分,一般命令式可以不加,所以说是零形式,译成汉语必加"者"。

[5]"每",蒙古语表复数词尾的直译,有时写作"门"。"去底"的"底"为蒙古语变动词为静动词所加词尾的直译。"根底"为蒙古语位格附加成分-da的直译,"根底"表示对象有关人或事、地、时,有"向、从、在、对、同"等多种意思,已经进入元曲。

[6]"更",蒙古语basa的直译,意思是"又,也"。"作牌子"疑为"发给许可证"。

[7]"案打奚",蒙古语音译。"断案打奚罪戾",冯承钧释为"犹言治罪也"(《元代白话碑》,21页),蔡美彪认为"案打奚"有被杀伤之意,犹言处死(《元代白话碑集录》,6页)。"断"即"定",全句的意思是"定为有罪处置"。

[8]"这孩儿"指上学的蒙古小孩儿,"那孩儿"指参学的汉族小孩儿。"学底"的"底"是蒙古语变动词为静动词词尾的直译。

[9]"那甚么"是蒙古语动词üiu·u的直译。八思巴蒙古语学者波普(N. Poppe)认为üiu·u的·u是疑问语气助词,照那斯图教授则认为是形动词将来时附加成分。üiu属于动词。这一语言形式给予句子的

语气是表示肯定语气的反问,他译为"岂不"(《南华寺藏元代八思巴字蒙古语圣旨的复原与考释》,《中国语言学报》第一期,1983年,221—229)。

[10]"秀才"指儒者。"见",现在。"四牌子教者",即把上学的小孩儿分作四个队列(小组)施教。"者"是蒙古语命令祈使式附加成分的直译。"教"为蒙古语的使动态。

[11]"去来",蒙古语动词过去式的直译。

[12]"不拣",即"不选",任何。

[13]"阑当"疑为逃学。《元典章》有"阑遗",指逃散的无籍人口、驱口,以及无主的牲口和财物。

[14]"不",不会。"不汉时言语里说话",即不用汉语讲话。"却蒙古言语里说话",即而用蒙古语讲话。"亲省会与来也者"中"亲省会",亲自了解;"也者",蒙古语一种小词的直译,表示一种不肯定的语气,意思是"恐怕"、"大概"。

[15]"难道",按蒙古语语法置于动词之后,按汉语应该在动词前面。这句话应该是"这必阇赤内难道有不服教训底人呵"。"呵"是蒙古语动词条件式附加成分的直译,参前。

[16]"我根底奏将来者",这里的"根底"是实词,是"跟前、面前"的意思。"奏将来者",即"向……启奏"。"者"为蒙古语命令祈使式附加成分的直译,参前。

[17]"每人",每一个人,指上学的小孩儿或称必阇赤。

[18]"不在此限外"指本处官人们的小孩儿不享受此种待遇。

[19]"违错",违反。

[20]"蛇儿年",蒙古习惯用属相纪年。据《析津志》记载,此诏书是蒙古定宗四年,公元1249年颁发下的,道士立石是当年10月15日。这一年干支是己酉,酉的生肖为鸡,不应是蛇儿年,此处记述的年代疑有误。

参考文献

蔡美彪　1995　《元代白话碑集录》,科学出版社。

道　布　1983　《蒙古语简志》,民族出版社。

吉川幸次郎:《〈元典章〉所见汉文吏牍的文体》,见《校定本元典章·刑部》第一册(1964)附《〈元典章〉的文体》,1—45。

田中谦二　1964　《〈元典章〉中的蒙文直译体文章》,见《校定本元典章·刑部》第一册(1964)附《〈元典章〉的文体》,47—161。

亦邻真(林辰)　1982　《元代硬译公牍文体》,《元史论丛》第一辑。

照那斯图　1983　《南华寺藏元代八思巴字蒙古语圣旨的复原与考释》,《中国语言学报》第一期。

照那斯图、道　布　1984　《天宝宫八思巴字蒙古语圣旨碑》,《民族语文》第6期。

祖生利、李崇兴点校　2004　《大元圣政国朝典章·刑部》,山西古籍出版社。

N. Poppe　1957　*The Mongolian Monuments in hP'ags-pa Script*. English tr. and ed. by J. R. Krueger. Wiesbaden.

论语气助词"啊"的历史渊源*

中国社会科学院语言研究所　钟兆华

语气助词"啊",是现代汉语普通话里使用频率较高的一个词。但这个词在汉语史上的来龙去脉仍不甚清楚。日本学者太田辰夫曾于1958年提出如下说法:

"啊"的来源大概未必是单一的。唐宋时期作假设助词用的"後",到宋代也写作"呵"。但是,大概"呵"不是由"後"变化才产生出来的,而是"後"被"呵"同化吸收了。到元代,还可以见到"阿"这个助词。这个"阿"和声母变弱了的"呵"成了同一个东西,大概就是现代汉语的"啊"。"啊"这个字被使用是在清代。[1]

我国当代的一些学者,如蒋绍愚《近代汉语研究概况》[2]、孙锡信《近代汉语语气词》[3],都支持或接受这一说法。

按照太田的说法,给他编个公式则是:"呵"吸收"後"＋阿──→啊。太田的观点,我们可以从语音和形体方面,提出若干质疑:1."呵"和"阿"从何而来？2."後"是怎样被写作"呵"的呢？3."啊"字是"呵"和"阿"糅合一起的产物吗？我们认为,太田观点的关键弱点在于:违背了汉语语气助词形体的构成原则,忽视了汉语语气助词与汉语历史语音变化的密切关系。他的基本观点和考证方法都存在着根本性的缺陷。

本文打算就汉语语气助词"啊"的来源,作历史的探讨。

一

在研究人类社会历史发展的过程中,考古有着特殊的重要作用,它往往能给研究者提供具有关键性价值的实物资料。在考古发掘中出土的文献资料,往往可以为汉语历史研究提供一些重要的线索或例证。1973年12月,从马王堆三号汉墓中出土了大批帛书,其中有《老子》的两种写本。文物出版社于1976年出版了马王堆汉墓帛书《老子》。编辑者在"出版说明"中说,两种写本,分别称为甲本和乙本,"甲本字体介于篆书和隶书之间,抄写年代可能

---

*　本文曾请陈治文、杨耐思两位先生审阅,他们都提供了宝贵意见,值此一并致谢。

在高帝时期。乙本字体是隶书,抄写年代可能在文帝时期"。我们有幸看到,帛书《老子》之"道经"部分,甲本能见到 23 个语气助词"呵",乙本共使用了 32 个语气助词"呵",这无疑是我们迄今所见到的该语气助词最古老的用例。

为了全面展示帛书《老子》中语气助词"呵"的使用情况,我们根据文物出版社马王堆汉墓帛书《老子》一书所附的"老子甲本乙本傅奕本对照表",按照"呵"出现次序先后,摘录有关语句,予以编号,整理出一个简表。帛书《老子》乙本文字比较完整,本表以乙本文字为依据,以王弼注本(据《诸子集成》本)和傅奕本(据帛书《老子》附对照表)加以对照,编列于后,并在傅奕本用例末了注明该句所在的章节,以期使读者能一目了然。

序号	帛书乙本	王弼注本	傅奕本
[1]	渊呵佁万物之宗	渊兮似万物之宗	渊兮似万物之宗(四章)
[2]	湛呵佁或存	湛兮似或存	湛兮似或存(四章)
[3]	緜緜呵亓若存	緜緜若存	绵绵若存(六章)
[4]	寻寻呵不可命也	绳绳不可名	绳绳兮不可名(十四章)
[5]	与呵亓若冬涉水	豫焉若冬涉川	豫兮若冬涉川(十五章)
[6]	猷呵亓若畏四叟	犹兮若畏四邻	犹兮若畏四邻(十五章)
[7]	严呵亓若客	俨兮其若容	俨若客(十五章)
[8]	涣呵亓若凌泽	涣兮若冰之将释	涣若冰将释(十五章)
[9]	沌呵亓若朴	敦兮其若朴	敦兮其若朴(十五章)
[10]	湷呵亓若浊	混兮其若浊	混兮其若浊[4](十五章)
[11]	莊呵亓若浴	旷兮其若谷	旷兮其若谷(十五章)
[12]	猷呵亓贵言也	悠兮其贵言	犹兮其贵言哉(十七章)
[13]	望呵亓未央才	荒兮其未央哉	荒兮其未央(二十章)
[14]	累呵佁无所归	儽儽兮若无所归	儡儡兮其不足以无所归(二十章)
[15]	湷湷呵	沌沌兮	沌沌兮(二十章)
[16]	我独若闒呵	我独昏昏	我独若昏(二十章)
[17]	我独闽闽呵	我独闷闷	我独若闵闵(二十章)
[18]	沕呵亓若海	澹兮其若海	淡兮其若海(二十章)
[19]	望呵若无所止	飂兮若无止	飘兮似无所止(二十章)
[20][21]	沕沕呵望呵	惚兮恍兮	芴兮芒兮(二十一章)
[22]	中又象呵	其中有象	其中有象(二十一章)
[23][24]	望呵沕呵	恍兮惚兮	芒兮芴兮(二十一章)
[25]	中有物呵	其中有物	其中有物(二十一章)
[26][27]	幼呵冥呵	窈兮冥兮	幽兮冥兮(二十一章)

(续表)

[28]	亓中有请呵	其中有精	其中有精(二十一章)
[29][30]	萧呵缪呵[5]	寂兮寥兮	寂兮寥兮(二十五章)
[31]	[大]道㳞呵	大道氾兮	大道汎汎兮(三十四章)
[32]	淡呵亓无味也	淡乎其无味	淡兮其无味(三十五章)

从表中可以看到,除[3][16][17][22][25][28]王本、傅本均脱语气助词,[4]王本、[7][8]傅本,分别脱语气助词外,其余各句的"呵",王本、傅本都有相对应的语气助词,其中[5]王本是"焉"、[32]王本是"乎",此外王本、傅本都是"兮"。这些"呵",在句中的职能是表示提顿语气的。不同的版本之间,以"兮"、"乎"、"焉"为互文。据此,"呵"的语气助词性质是无可怀疑的。

这里还有些疑问,尚未得到解答:

第一,帛书《老子》甲、乙本在"道经"里使用了那么些语气助词"呵",可是先秦两汉以至其后长时期的各类文献中怎么会没有留下一些踪迹呢?确实令人费解。这是历史文献留给我们的一种状况,是问题的其中一面;但即使是这种状况,也不足以反过来怀疑帛书本《老子》中语气助词"呵"的历史存在之真实,这是问题的另一面。

第二,在帛书本《老子》之后,"呵"这个音读的语气是以什么方式存在于人们的口头上呢?语言的历史流传,多以口耳授受为其主要形式。人们口头上说的,不大可能在长时间内留下空缺。文献上存在的空当,未必就在口头上也同样存在。

第三,帛书《老子》的"呵",它的音读是什么。

这些问题,现在都还难以解答,只好暂时存疑。

二

如前所述,汉语语气助词"呵"的使用并不晚,就以帛书《老子》的抄写年代推算,是在汉高帝、文帝时期,是西汉初年。在这么长的历史时期里,"呵"作为语气助词的音读到底是怎么样的呢?

日本学者太田辰夫是对现代汉语"啊"的来源述说较多的人。他说,看样子"阿"是"啊"的来源。"呵"和现代汉语的"啊"一样,可以叫做广义的感叹语气。照他这样说来,"呵"、"阿"都应读同"啊",音[a]。

我国学者孙锡信有专论语气词的书。[6]他认为"呵"来自"虎何切",见《广韵》"歌"韵,"责也,怒也"。这样,孙氏主张"呵"来自实词,音 xa,声母与"好"同,与"後"近;韵母则保留了"好"的主要元音,由于充当语气词,韵母弱读而脱落韵尾 u。"好",音 xau,保留其主要元音,演变结果音[a]。

据个人理解,除了加入了"好"的因素外,孙氏的说法似乎是对太田"也写作呵"的解说。实际上,孙氏的说法显然是受到太田观点的启发或影响,或者说是太田观点的另一种说法,本质上是一致的。他们的观点,可以统称为弱化说。

然而,我们从历史的考察看,并不见得如此。我们这里以语气助词"呵"为主要对象,以实际的用例来考察一下它在宋、元、明间的实际音读究竟是什么。要考察历史语音,一是资料根据,一是考察方法。太田、孙氏的是一种方法。我不敢苟同他们的方法,我打算从语音入手。在资料根据方面,彼此都用了诗词,但由于方法不同,观察的角度不同,使用也不一样。

对于历史语音的考察,除了反切之外,最直观而且非常可靠的,无疑就是韵语了。我们的工作就从这方面着手。

(1) 商土本硗瘠,商民久劳瘅。霜旱固不支,水潦复无奈。居人且艰食,行商不通货。郡小数千家,今夕惟愁呵。(王禹偁《七夕·商州作》诗)

《七夕》诗共39韵,引例仅截取其中4韵。前27韵用字先后为:坐、琐、过、朵、我、卧、么、惰、和、破、播、课、惰、果、夥、娑、祸、饿、跛、脞、挫、轲、左、拖、磨、火、娜;后8韵用字先后为:颗、舸、颇、妥、佐、簸、贺、可。据此可知,有宋初年的这个"呵",与今天"啊"的音读相去甚远,完全是两个音读。

(2) 更问假如,事还成后,乱了云鬟,被娘猜破。我且归家,你而今休呵。更为娘行,有些针线,消未曾收啰。却待更阑,庭花影下,重来则个。(欧阳修《醉蓬莱》词)

引例为下阕,上阕用韵字为:娜、过、么、坐。

(3) 如今多病,寂寞章台左。黄昏风弄雪,门深锁。兰房密爱,万种思量过。也须知有我。着甚情悰,你但忘了人呵。(周邦彦《满路花·思情》词)

引例为下阕,上阕用韵字为:破、火、裹、卧。《汉语大词典》"呵⁵"语助词(1)引用周词最后一句为例,注音为 a,显然与这首词的用韵不协调。周邦彦《浣溪沙慢》词,下阕为:

怎生那。被间阻时多。奈愁肠数叠,幽恨万端,好梦还惊破。可怪近来,传语也无个。莫是瞒人呵? 真个若瞒人,却因何、逢人问我。

此词的用韵与《满路花》词相同。呵,也不能读作 a。

(4) 正消黯、无言自感,凭高远意,空寄烟波。从来美事,因甚天教,两处多磨? 开怀强笑,向新来、宽却衣罗。似恁他、人怪憔悴,甘心总为伊呵!(谭意哥《长相思令》)

引例为下阕。上阕用韵字为:和、歌、多、蛾。

(5) 念年来、青云失志,举头羞见嫦娥。且高歌、细敲檀板,拼痛饮、频倒金荷。断约他年,重挥大手,桂枝须斫最高柯。恁时节、清光比似,今夕更应多。功名事,到头须在,休用忙呵。(杨无咎《多丽·中秋》词)

引例为下阕。上阕用韵字为:罗、波、磨、哦、他、河。

(6) 少日春风满眼,而今秋叶辞柯。便好消磨心下事,莫忆寻常醉后歌。可怜白发多。

明日扶头颠倒,倩谁伴舞婆娑。我定思君拼瘦损,君不思兮可奈何。天寒将息呵。(辛弃疾《破阵子·赠行》词)

(7) 碧云风月无多。莫被名缰利锁。白玉为车,黄金作印,不恋休呵。 争如对酒当歌。人是人非恁么。年少甘罗,老成吕望,必竟如何。(张孝祥《柳梢青》词)

(8) 翻思少年,走马铜驼左。归来敲镫月,留关锁。年华老矣,事逐浮云过。今吾非故我,那日尊前,祇今问有谁呵。(方千里《满路花》词)
引例为下阕。上阕用韵字为:破、火、裹、座、卧。

(9) 一片冰轮皎洁,十分桂魄婆娑。不施方便是何如。莫是嫦娥妒我。 虽则清光可爱,奈缘好事多磨。仗谁传与片云呵。遮取霎时则个。(郑云娘《西江月·寄张生》词)

(10) 君今勉强起,试听呵:独自怎生经过此,成灾祸。(生)我怎知初托大,两查一击浑身破。今宵大雪寒杀我。(合)命蹇时乖撞着它,冤家要鲜如何鲜。(《张协状元》九出【油核桃】)

以上10例,是宋人诗、词、曲中用于韵脚之"呵"的用例。我们选择韵语,目的在于凭借押韵来判断"呵"应有的音读。这是了解历史音读的有效途径。如果把上举宋人用例综合一下的话,全部韵脚用字如下:

波、播、跛、簸

多、朵、癉、躲、觯、惰、堕

娥

歌、个、果、裹、过

何、河、荷、和、贺、火、夥、货、祸

柯、轲、可、课

罗、啰

么、磨

奈、娜

呵

颇、破

娑、琐、锁

他、拖、妥

我、卧

左、佐、坐、座

如果我们以《中原音韵》的音韵系统看,这些字都属"歌戈"韵字,它们在宋元时期的主要元音可看做是[o]。从汉语语音历史加以考索,这个"呵"只能是《切韵》或《广韵》音系果摄的字。我们也似乎可以推断,马王堆帛书本《老子》的语气助词"呵",应当与这个韵系有渊源上的关系。也就是说,果摄音读的"呵",在汉语史上从秦汉到宋元,经过由[ɑ]到[o]的变化。一直到元、明、清时期还能看到它的用例。例如：

(11) 每日家笑呵呵,陶渊明不似我。跳出天罗,占断烟波。竹坞松坡,到处婆娑。到大来清闲快活。看时节醉了呵。(张养浩《新水令·辞官》套数)

(12) 柳绿花红,名园里风景多。杏开如锦绣,夭桃如喷火。王孙仕女,笑嬉嬉同宴乐。寻芳拾翠,挤倾杯沉醉呵。(《小孙屠》三出【水底鱼儿】)

(13) 五更梦瞥眼醒南柯。把荣华抛却罪殃多。怕形消骨化旧情魔。重转驿坡,又早怯懦。归林暮雀乱军呵。(《长生殿》二七出【北收江南】)

我们把音读为[o],看做是语气助词"呵"历史发展的一个时期,约至宋元时期。为方便起见,这个时期的"呵"可称为"呵₁"。在这个时期有两个疑点:1. 帛书《老子》的"呵"究竟读什么?如果在"歌"部,按王力先生《汉语语音史》的构拟,先秦为[ai],汉至唐代是[a],宋元读[o]。我们认为,宋元大体应当是一致的,以[o]统而示之,为的是方便叙述,也便于与元代以后相衔接。2. 从帛书《老子》以后至唐五代,怎么会见不着它的用例呢?这都是值得探讨的问题,此处未能全部解决。

我们从例(1)至(10)的宋代用例看,"呵"既可以表示感叹语气,也可以表示请求或祈使语气,也可以表示疑问语气。太田氏的"广义的感叹语气"说法,并不能包含"呵"的全部词汇意义。

三

考察现代汉语语气助词"啊"的来源,形、音、义都必须在考虑之列;但三者之中,音读是首要的。太田辰夫所举出自宋词的七个"呵"的用例中,欧阳修《醉蓬莱》词、杨无咎《多丽·中秋》词、辛弃疾《破阵子·赠行》词、方千里《满路花》词、周邦彦《满路花·思情》词等,如我们已经指出的,这五例中的"呵",与[a]音无关,应读[o]。其余两例,秦观《鼓笛慢》词、李之仪《满庭芳》词,"呵"不在韵脚上,其真正音读无从判定。当我们在需要确定音读时,不能采用这种用例。

我们认为,语气助词"呵"[a]或"啊"的真正来源,都要从汉语语音历史演变上去查考,才能得到较为可信的解释。我们下面通过用例探讨这个问题。

(14) 鬓绿颜酡。对花醉、把花歌。熙宁安乐好行窝。佳辰虽异,翁此兴、不输他。更如何、欢喜也呵。(彭子翔《声声慢·寿六十一》词)

(15) 懒散家风,清虚活计,与君说破。淡酒三杯,浓茶一碗,静处乾坤大。倚藤临水,步屦登山,白日只随缘过。自归来,曲肱隐几,但祇恁和衣卧。(葛长庚《永遇乐》词)

(16) 旁人嘲我。甚鬓毛都秃,齿牙频堕。不记是、何代何年,尽元祐熙宁,侬常喑么。退下驴儿,今老矣、岂堪推磨。要挂冠神武,几番说了,这回真简。(刘克庄《解连环·戊午生日》词)

上面三支宋人的词,押韵用字都隶属《广韵》果摄。我们将它们在《中原音韵》中的音韵地位之分布,与现代汉语的音读相对照,略加整理,其结果形成下面的格局:

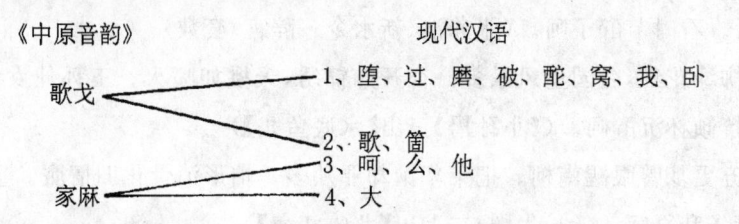

```
   《中原音韵》              现代汉语
                         ┌─ 1、堕、过、磨、破、酡、窝、我、卧
      歌戈 ─────────────┤
                         ├─ 2、歌、箇
                         ├─ 3、呵、么、他
      家麻 ────────────── 4、大
```

这个表,总体上反映了《广韵》果摄到《中原音韵》的基本变化,以及在现代汉语普通话中的音读格局。其中来自《广韵》箇韵"唐佐切"的"大",已读入"家麻"韵,最为突出。《中原音韵》是据曲韵而编写的,未必能全面反映口语语音的变化,"呵"、"么"、"他"仍置之于"歌戈"韵,便是明证。"么"、"他"读如《中原音韵》的"家麻"韵,宋代的韵语中已不难得到例证。例如:

(17) 风炉煮茶。霜刀剖瓜。暗香微透窗纱。是池中藕花。 高梳髻鸦。浓妆脸霞。玉尖弹动琵琶。问香醪饮么。(米芾《醉太平》词)

(18) 华、法、画。○怕、嫁、咱。○不曾旧相识,不曾共说话。何须更买卦,已见十分掉不下。兀的般标格精神,管相思人去也妈妈。[尾]你道是可憎么?被你直羞落庭前无数花。(《董解元西厢记》卷一【墙头花】)

这是"么"在宋金时期的用例,它们都应读作[ma]。

(19) 肠断送韶华。为惜杨花。雪球摇曳逐风斜。容易著人容易去,飞过谁家。 聚散苦咨嗟。无计留他。行人洒泪滴流霞。今日画堂歌舞地,明日天涯。(张先《浪淘沙》词)

(20) 雨后天涯。微云送晚,过尽归鸦。何处开尊,海棠亭小,飞燕风斜。 有人粲玉娇花。更翳凤、曾游帝家。长远身心,温柔情态,不枉多他。(张镃《柳梢青》词)

这是"他"在宋代的用例。"他"的这个音读,在宋代并非仅见。虽然如此,周德清《中原音韵》还是把"么"、"他"归入"歌戈"韵。周德清也曾提醒他人"毋讥其不备"。尽管如此,《中原音韵》所显示的《广韵》果摄字在宋、元间的音读演变走向仍然是历史的真实记录。我们认为,语气助词"呵"[a]就是在这种演变过程中出现的。我们再来看看这方面的历史事实。

(21) 赤壁矶头,临皋亭下,扁舟两度经过。江山如画,风月奈愁何。三国英雄安在,而今但、一目烟波。风流处,竹楼无恙,相对有东坡。 登临,还自笑,狂游四海,一向忘家。算天寒路远,早早归呵。明日片帆东下,沧洲上、千里芦花。真堪爱,买鱼沽酒,到处听吴歌。(戴复古《满庭芳》词)

例(21)下阕末句与上阕用韵通押。"呵"如果在"家"、"花"两韵之后,则有与"歌"相押为韵之嫌;现在"呵"置于"家"、"花"两韵之间,与"歌"相押的疑问就不复存在了。"家"、"呵"、"花"相押为韵,说明这个"呵"的音读已经脱离了《广韵》果摄的音韵地位,音[a]。音读为[a]的"呵",我们称之为"呵$_2$",以区别于音[o]的"呵$_1$"。戴复古生于宋孝宗乾道三年(公元1167年),约生活于南宋中期。

(22) 奴本世豪奢,爹娘怜妾多。年幼两俱亡,是奴贫苦多。织紫与缉麻,春来采茶。怎知一跌了那臂,有谁人管呵。(《张协状元》四五出【太子游四门】)

例(22),"呵"与"茶"相押为韵。两个"多"字另为韵。

(23) 谢得我尊神也,被张协直恁底误呵。一似哑子,吃了苦瓜。到如今,教我吞吐不下。(《张协状元》三九出【望梅花】)

根据上面的用例判断,"呵₂"于南宋或宋金时期已见于书面。

《董解元西厢记》是金代的作品,元人已有定论。[7] 我们查看一下"呵₁"、"呵₂"在其中的使用情况,不无启示。

(24) 百媚莺莺正惊讶,道:"这妮子荒忙则甚那? 管是妈妈使来吵"。红娘低报,"教姐姐睡来呵。"○加、家。(《董解元西厢记》卷一【赏花时】)

(25) 他、么。○"相国夫人教邀足下,是必休教推避咱。多谢解元呵。"张生道:"依命,我有分见那冤家。"(《董解元西厢记》卷一【赏花时】)

(26) 下、骂。○夫人可来夹衩,刚强与张生说话。道:"礼数不周休怪呵。教我女儿见哥哥咱!"(《董解元西厢记》卷三【乐神令】)

(27) 咫尺抵天涯,病成也都为他。几时到今晚见伊呵? 业相的日头儿不转角,敢把愁人刁雪杀。○察、么、花。(《董解元西厢记》卷四【出队子】)

(28) 价、察、洒。○君瑞、莺莺越假的紧,红娘道:"起来么,娘呵?"戴了冠儿把玉簪斜插。欲别张生临去也,偎人懒兜罗袜。"我而今且去,明夜来呵。"(《董解元西厢记》卷六【恋香衾】)

全部共五支曲子,用了六个"呵₂",都在韵脚上。再附上每支曲子的或前半或后半部分韵脚用字,足以确定其音读[a]之无误。

然而,《董解元西厢记》也同时使用了相当数量的"呵₁"。例如:呵、我(卷二【甘草子传令】);多、何、呵、么(卷三【赏花时】);么、卧、唾、可、呵(卷五【牧羊关】);呵、可、婆、合、呵(卷五【应天长】);呵、和、何、摩(卷六【沁园春】);等等。《董解元西厢记》呈现了个"呵₁"、"呵₂"并立使用的局面,正是宋元音变过程中"呵"音读变化的真实反映。下面再举两个元人散曲用韵中"呵₂"的用例。

(29) 【幺】莫将愁字儿眉尖上挂,得一笑处笑一时半霎。百钱长向杖头挑,没拘束到处行踏。饥时节选着那六局全食店里添些个气,渴时节拣那百尺楼上咽数盏儿巴。更那碗清茶罢,听俺几回儿把戏也不村呵。(杨立斋《哨遍》套数)

(30) 【短拍】芳草渡口,芳草渡口,白苹岸侧,曲弯弯水绕人家。还自赴京华,说不尽许多潇洒。异日图将此景,俺只待归去凤城夸。【尾声】烟光淡,斜阳下,渐觉荒村暮也。借旅邸今宵一睡呵。(无名氏《小醋大·情》套数)

"呵"作为一个语气助词,这个形体是用来体现[a]这个语气的。从"可"得声的"呵",从汉代至元代,音韵学家们构拟的基本思路是[ɑ]──→[o]的变化。宋元时期"歌戈"韵的主要元音是[o]，应当是比较切合历史语音实际的。"呵"这一形体是用来体现[o]这一语气的；宋元间，《切韵》或《广韵》果摄字音读发生分化，部分字音读入《中原音韵》的"家麻"韵，如"大"、"他"、"么"、"呵₂"就是在这一历史语音变化背景下出现的。当"呵"[a]语气出现之后，人们也同时以"呵"这一习用形体来体现这个音。其结果是，"呵"这一语气助词在宋元间就出现[o]、[a]两个音读。这一现象，犹同当时的语气助词"么"。这个"呵"应是与帛书《老子》一脉相承的形体，也是现代汉语语气助词"啊"前期形体。

我们前面提到《中原音韵》前后"歌戈"韵的变化，"呵₂"的出现不是偶然现象，是宋元整体音变中"歌戈"韵的一个音变。如同"么"[ma]之所以出现一样，只有把它们置于汉语历史语音的发展变化中去，才能真正说明问题的实质。太田说法的根本缺陷就在这里。事实证明，离开历史语音去考察汉语的语气助词，将很难得到理想的结论。

四

前面我们就"呵₂"的音读来源作了些探讨。我们接着要讨论的就是"啊"这个形体。太田推断，"阿"和宋元以来的"呵"合成一个词就是"啊"。然而，两个形体合并而成为第三个形体，看似有理。殊不知，这并非汉字构成的基本原则，当然也不是语气助词形体构成的基本原则。

按照汉语语气助词形体的构成原则，通常是以"表音符号＋'口'旁"构成的。无疑，"啊"的构成，完全符合这一规则：表音符号"阿"＋"口"旁→啊。但根据《广韵》，阿，乌何切，不读[a]。我们现在要知道的是，乌何切的"阿"，应该音[o]，怎么会音[a]呢？因此，这一问题的解决，极关重要。

阿，古时常表示山陵等的端点，其音读即"乌何切"，唐宋时大体如此。例如，张九龄《登襄阳岘山》诗，末句"同心不同赏，留叹此岩阿"，前押：过、何、磨、跎、波、多、和。韩愈《石鼓歌》"从臣才艺咸第一，拣选撰刻留山阿"句，前押：歌、何、戈、磨、罗、峨；后押：呵、讹、科、鼍、柯、梭，等等。黄庭坚《定交诗二首》之二"成道在礼乐，成山在丘阿"句，前后分别押：歌、峨、何、波、河、和、多、科；磨、鼍、诃。然而，问题并不止此，我们也看到"阿"读同《广韵》麻韵系的实例。我们在唐人的诗歌中就发现了这样的用例。例如：

(31) 我马烦兮释我车，神之庙兮山之阿。予一拜而一祝，祝予心之无涯。涕汍澜而零落，神寂默而无哗……歌曰：今耶，古耶；有耶，无耶；福不自神耶，神不福人耶；巫尔惑耶，稔而诛耶；谒不得耶，终不可谒耶。返吾驾而遵吾道，庙之木兮山之花。（元稹《庙之神》诗）

例中删去了另押一韵的两句。诗中的"阿"通押"涯"、"哗"、"耶"、"花"，都是《广韵》麻韵系字。

(32) 虞之阳兮漓之浒，皇降集兮巫屡舞。桂酒兮瑶觞，皇之归兮何所。听驾兮天门，羽毛兮缤纷。俯故宫兮一慨，越宇宙兮无邻。无邻兮奈何，七政协兮群生嘉。信玄功兮不宰，犹仿佛兮山阿。（张载《虞帝庙乐歌辞》之二）

例(32)乐歌辞,共押三韵:舞、所;纷、邻;嘉、阿。在宋代,"嘉"、"阿"相押,当然不应超出《广韵》"麻"韵范围。"嘉",《广韵》、《集韵》均在"麻"韵,分别为古牙切、居牙切。那么,跟"嘉"相押的"阿",音[a]无疑。

我们在有了上述用例的认识之后,面对下面用例就好理解了。

(33)【油核桃】今忽逢老者,下山呵。宅居那里周全歇,宿一夜……怜伊现身说些介话。(《张协状元》九出)

例(33)引自钱南扬《永乐大典戏文三种校注》[8]。这支曲子中的"呵",不是语气助词。"山呵",即山阿,与下一支【油核桃】的"家"、"瓦"、"挂"相协韵。如果校注者没有错会是语气助词而改动的话,那么显然是因为音读相同,以"呵"用同"阿"。这说明,在唐宋时期,"阿"跟"呵"一样,都有[o]、[a]两读。"阿"既然有[a]音读,那么,"阿"+"口"旁而构成"啊"这一形体,充当感叹词和语气助词,就不是很难理解的事情了。

就"啊"这一形体,我们现在能见到的最早记载,一是宋代《集韵》简韵,"安贺切";一是辽代释行均撰《龙龛手鉴》,"俗乌可、乌下二反"。《龙龛手鉴》未曾释义,《集韵》的"安贺切",注云"爱恶声也",似乎是感叹语气。《龙龛手鉴》的"乌下反",是迄今为止所见到的"啊"字音读的最早记载。但是,这个音读,当时也可能是个感叹词。现代汉语仍用作感叹词,显然由来有自。我们所见到的语气助词"啊"之较早用例在元代。[9]例如:

(34)作个烟霞逸客,翠竹斋,薜荔阶,强似五侯宅。这一条青穗绦,傲然你黄金带。再不著父母忧,再不还儿孙债。险也啊拜将台。(乔吉《失题》小令)

此例"也啊"连用,表达一种感叹语气。到明代,多见到以"啊呀"形式出现的感叹用法。[10]

我们上面说明"山阿"的"阿"有[a]音,那么"啊"这个形体中的"阿",到了宋、辽时期,无论是"山阿"的"阿",还是"阿堵"的"阿",似乎都变得无关紧要了。在"啊"这个形体内,"阿"的功用就是表示音读的。到了宋、元期间,当"阿"在用来表示感叹或语气时,就只有[a]一个音读。因此,"阿"+"口"旁所构成的"啊",不会使人产生有异读的错觉,在表音、表义方面都有很强的确定性,特别是音读的确定性。"呵"则不同,如前面的叙述,它在宋元时期有[o]、[a]两读。而且,由"可"得声的"呵",容易使人误读为[o]。在排除表义因素之后,表音方面具有的确定性,使"啊"在应用上显然优于"呵"。虽然"啊"有笔画较多的缺点,交际功能所需之选择,它还是历史地替代了"呵",而且至今沿用不衰,道理恐怕就在这里。

"阿"在获得[a]音之后,除了构成语气助词"啊"之外,可能受到类化的影响,它本身首先获得的,应当是感叹词的职能。例如:

(35)阿耶耶!新罗国里打铁,火星烧著我指头。(《古尊宿语录》卷十七"云门匡真广录")

(36)举生法师云:"敲空作响,击木无声。"师以挂杖空中敲云:"阿耶耶!"又敲板头云:"作声么?"(《云门匡真禅师广录》卷中)

按,此例出《禅宗语录辑要》[11]。

(37) 阿耶,惭愧杀人,这双我还穿不着!(《荡寇志》七七回)

这几例中的"阿耶"、"阿耶耶",应当与明清时期出现的感叹词"啊呀"是一个音,只是形体不同而已。阿耶,即是"啊呀"的前期形体。因此,其中"阿",当音[a],而非[o]。匡真禅师生活于晚唐五代,于南汉乾和七年顺寂。《广录》"阿"的音读,可与例(31)元稹《庙之神》诗"阿"的音读相为印证。

在《五灯会元》里,常见到表示感叹的"阿呵呵"一词:"阿呵呵!风流不在着衣多。"(卷二十"道场明辩禅师")其中的"阿"与"呵",应分别是[a]与[o]。如果是一个音读的话,就用不着两个形体来表示了。元、明、清间,还有"阿"单用为感叹词的。例如:

(38) 阿,我付能把这残春捱彻。嗨,划地是俺愁人瘦色□□。(《拜月亭》三折【倘秀才】)

例出《元曲选外编》本。《元刊杂剧三十种》本作"呵"。例中"阿"、"嗨",都表示感叹。

(39) 阿,天阴了,可盖酱缸。(《来生债》一折)

(40) 阿,我这把刀那里去了?(《儿女英雄传》十九回)

"阿"作为语气助词使用,始见于宋、元间。例如:

(41) 举头三尺有神明,两两分飞阿好闷。(《张协状元》二十出【尾声】)

(42) 王蘜招讨,比个胜负阿!(《秦并六国平话》卷上)

(43) 你这店里草料都有阿没?(《老乞大》)

明、清时期亦有其例:

(44) 花阿!我一生爱护,从不曾损坏一瓣一叶,那知今日遭此大难!(《醒世恒言》卷四)

(45) 儿阿,你一些好事不做!(《醒世姻缘传》二十回)

(46) 妙阿,这仙药下去,真是甘露沁心,虚火痰涎都挫下去也。(《荡寇志》一一六回)

(47) 翠环回过头来眼泪汪汪的说:"儜别忘了阿!"(《老残游记》十六回)

清朝初年,即逐渐可以见到"啊"的语气助词用例了。如:

(48) 马啊,你有心再驮我几步便好,怎么抛我在这里就去了?(《说岳全传》二十回)

(49) 苦命的儿啊!(《红楼梦》三三回)

(50) 阿哥,你怎么望他一般一配的争啊?(《清文指要》卷下)

元、明、清时期,是语气助词"呵"、"阿"、"啊"三个形体在汉语历史演变中交替的时代,几个形体同时存在,是个很正常的现象。作为语气助词,它们形体不同,都是用以体现[a]这个语气。因此,当我们在考察近代汉语语气助词的时候,音读是最主要的。我们的原则是,以音概形,形、音、义综合考察。这样,就能摆脱一形一体的束缚,使视野更宽阔些,把问题看得更深透些。这一原则的根本特点,在于符合汉语历史语音实际与汉字形体的构造特性。我们以这一原则考察近代汉语的语气助词,也收到了较好的效果,说明这一原则符合汉语的实际,具有较强的科学性。

五

我们对语气助词"啊"的历史来源,从形、音、义三个方面,进行了综合的考察,可以得到如下几个认识:

1)"呵"是汉语古老的语气助词,已见于汉代的《老子·道经》写本中。

2)[a]作为一个语气,它的形成是汉语语音分化的结果。"呵$_2$"、"阿"都是从中古"歌"、"戈"韵系分化出来的。

3)"啊"的音读与形体,最早见于辽代《龙龛手鉴》的记载,音"乌下反"。其感叹语气的用例,已见于元代。

4)"啊"字是由"阿"[a]+"口"旁构成的。这才符合汉语语气助词形体的构成规则。

5)现代汉语语气助词"啊"的最终确立,经历了"呵$_1$"——→"呵$_2$"、"阿"——→"啊"这样三个演变阶段。

附 注

[1]《中国语历史文法》,北京大学出版社,1987。

[2] 北京大学出版社,1994。

[3] 语文出版社,1999。

[4] 根据乙本文字,王本、傅本[10]与[11]原倒置,今正。

[5] 缪,原作"谬",形误。从甲本正。

[6] 同[3]。

[7]《辍耕录》卷二七"杂剧曲名"云:"金章宗时董解元所编《西厢记》,世代未远,尚罕有人解之者。"钟嗣成《录鬼簿》卷上"前辈已死名公有乐府行于世者"即以董解元为冠首,称之为"大金章宗时人"。

[8] 中华书局,1979。

[9] 俞光中、植田均《近代汉语语法研究》(学林出版社,1999)说"'啊'是清代以后才出现的",并举了《红楼梦》十五回一例。这显然是从太田辰夫那里接受过来的。

[10] 人民文学出版社"中国古典文学读本丛书"1980年版《西游记》中的诸多语气助词"啊",据杨闽斋梓行《全像西游记》(中华书局"古本小说丛刊"影印本)查核,分别是"呵"或"阿",以"呵"居多,未见"啊"的用例。

[11] 上海古籍出版社,1992。

《汉语语法分析问题》
解决了汉语语音韵律分析的难题

中国社会科学院语言研究所　吴宗济

一　汉语(普通话)语音韵律的变化

汉语普通话语音的韵律,广义地说,除韵律(超音段)三特征的音高、音强、音长(声调、重音、节奏)的变化外,还可以包括音段在连续语流中协同发音的变化。它们都是构成连续语音的基本单元,其变化规律和口语语音的自然度有密切关系。分析语音韵律,就不能只分析其表层的现象,而必须把其底层的一切单元的特性及其变化规律搞清楚。

二　汉语语音韵律分析的现状

汉语语音韵律的分析手段,在 20 世纪的 50 年代以后,就从传统的、为教学和方言调查服务的普通语音学知识,发展到了为电声和通信等工程以及其他学科服务的声学、生理和心理的语音学知识。到了 20 世纪后期,计算机技术的发展,带动了一切学科,特别是在言语工程的语言合成与识别系统中,对于多项语音特征,已大都能处理到一般满意的程度;但是,目前要提高合成的自然度和识别的适应度,以往的语音静态规则就不够应付了,而必须把韵律的一切变化现象编成足够的软件规则。这样,韵律变化规则的研究就成了当务之急。

上文说过,动态语音的表面现象是由各种不同的基本单元组合而成的。在自然流动的语音中,三个韵律特征相互搭配的比例变动很大。有时此重彼轻,有时此有彼无,这种现象在句子的表层是难于分清的。而要分析出底层的规则,首先要弄清几点:1.底层的原始状态是什么?2.表层为什么会变成这样?3.它是怎样变来的?(也就是物理分析的三部曲:What? Why? How?)这个工作看似简单,实际上非常复杂。就好比分析一件未知的矿物,没有化学元素的知识和分析的手段,是无从着手的。而化学元素表却是经历了一百多年才达到今天的这种程度的。因此今日的情况,用一位专家的话来说,是"遇到了瓶颈"了。

三 《汉语语法分析问题》对语音韵律分析的启发和贡献

吕叔湘先生的《汉语语法分析问题》是 1979 年出版的。在此之前我未见此书,当时为了配合推广普通话和语言声学研究的需要,我们曾对汉语普通话的声调作了一些实验分析,作为韵律研究的前奏。那时利用发音人用平叙语气说出的、不同声调组合的两字"词",做了许多调型图,再把这些"词"嵌在句子中间说出来做图。二者比较,得出的结果是,这些两字"词"的调型在不同的平叙句中没有什么变化。于是根据统计得出 15 种不同的变调模式。以后又做了些三字"词"的组合变调,在句中也有这样的结果,不过模式就复杂多了。于是初步认为这种两字、三字的"词"在平叙句中的调型是恒定的。我在 1980 年写了文章准备发表,审稿先生退回说:例子中有的是词,有的是短语,有的只是组合,不能都叫做"词"。我这才明白原来语法上有这些分别,于是都改称为"字组"。(吴宗济《普通话语句中的声调变化》,1982;又《普通话三字组变调规律》,1984)。这个用词的笼统问题说明了我当时对语法的无知。但是为什么在语音上,这些组合的变调在不同句子中又没有分别,我却一直在纳闷。

就在这时,吕先生把这本《汉语语法分析问题》送给了我,我起初认为是个小册子,没有认真去读。有一天为了要弄清"词"的定义,就打算从头读一读。一开始的"序言"就让我感到惊讶,原来这不是一般的"坐而论道"的板面孔教材……

吕先生说:为什么要谈"汉语语法分析问题",主要是为了说明汉语语法体系中存在的问题何以成为问题,说明问题的来龙去脉,借以活泼思想,减少执著。同时也可以安抚一下要求有一个说一不二的语法体系的同志们的不耐烦情绪。(5 页)

于是我有了兴趣,带着问题来读,首先要解决的问题是:不同语法的组合为什么语音的变调是相同的。于是把书中与我的问题有关的说法和我的问题一一对照,看看能不能解决我的问题。以下就扼要地摘引书中的几段,和我的问题对照后所得的结果是:

1. "有问题就得求解决。解决的途径首先在于对实际用例多做调查。""一个是摆事实为主,一个是讲道理为主。事实摆得不够,道理也就难于说清。"(6 页)

2. "一方面要广泛地调查实际用例,一方面也要不断地把问题拿出来理一理,看看这个问题是不是有可能或者有必要从一个新的角度或者更深入一层去考察,看看一个问题的探讨是不是牵动另一个问题。这样可以开拓思路,有利于寻求解决问题的途径……可是问题提得对路,解决起来就比较容易……"(7 页)

[对照]:我们的语音实验就是作调查、摆事实,路子是走对了。可是"新的角度",尚待去找。(这点直到最近才作了比较广泛的探索)"深入一层",我们已深入到最小的基本单元。

3. [单位]"对语言进行语法分析,就是分析各种语言片段的结构。要分析一个语言片段的结构,必须先把它分解成多个较小的片段,这些小片段又可以分解成更小的片段。结构就是由较小的片段组合成较大的片段的方式。所以,要做语法结构的分析,首先得确定一些大、中、小的单位,例如'句子'、'短语'、'词'。"(8节)

[对照]:我们已深入到最小的单位:词或字组,然后再看大一些的单位:句子。

4."第三个问题是短语和句子是不是一个单纯上下级关系的问题。从一个角度看,短语比句子小,句子里边常常包含短语,短语里难得包含'句子',显然句子是比短语高一级的单位。可是从另一个角度看,句子跟词和短语又有一个重要的分别:词,短语,包括主谓短语,都是语言的静态单位,备用单位;而句子则是语言的动态单位,使用单位。"(31节)

[对照]:这段话给我的启发最大! 什么是静态单位、动态单位? 我曾把最小单元的恒定变调调型叫做"必然变调",这应该就是"静态单位";把多变的语调叫做"或然变调",这应该就是"动态单位"。文章认为短语是静态而句子是动态,句子和短语作了动、静的区别。这种明确而大胆的分类恐怕在一般语法书中是少见的。我在七八年前曾把必然变调的稳定性用在语音合成系统里。(吴宗济《试论人-机对话中的汉语语音学》,1997)由于短语的变调是静态的,就能作为备用的(说话人不假思索就自然会变调),这就有可能把普通话的一切短语的变调现象,都作为"备用"而编成固定(静态)的程序而即时调用,再无须一一去计算了! 这样就在工程上节约了大量的人力、物力。现在有了吕先生在语法中的限定和定义,就更为我们建立合成程序打下了坚实的理论基础。语调既然是动态的,是随"使用"而变的,就得另立规则,这正是目前的主攻科目。

5. [结构]"结构层次。任何一个语言片段都是由若干语素构成的,但不是一次组成,而是,比如说,先有两个语素的组合,然后跟第三个语素组合,或者跟别的语素组合相结合,这样一层一层组织起来的。因此,拿一个现成的片段来分析,总是先一分为二,然后一层一层分下去,分到全部都是单个语素为止。这种分析法叫做'直接成分分析法'(非正式的名称叫做"二分法",其实也不一定是二分,比如遇到并列的三项,就只能三分了)。"(64节)

[对照]:这又是一个很大的启发! 再复杂的语调只要搞清楚它的"来龙去脉",对它"顺藤摸瓜",就能理清每个语调的"直接成分"。现在就言语工程的要求而言,干脆以"直接成分"为句子的最小处理单位,就不再被是"词"或是"字组"的语法争论所纠缠了,这就给语音

的最小单位找到了简明而实用的理想位置,给予了语音处理极大的便利。前些年为了工程上的需要,我曾作过关于四字短语连读变调的分析,首先认为四字以上短语的表层变调是个混合体,绝不是所谓的"语调模型"。分析时就先以最底层的短语变调模型为基本单元,是第一次变调;其前面最近的音节首先被逆同化而变调,这是第二次变调;再前面的音节又被逆同化而变调,为第三次变调……这依次递进的变调在口语中都是不假思索、必然产生的,然后最终成为表层语调。这种逐级变调的程序是连锁式的,而不是并列式的。我们比照了"多米诺"骨牌的性质,把这种连锁式的分析法命名为"多米诺规则"。(吴宗济《普通话四字组韵律变量的处理规则》,1984;又《普通话语调规则》,1988)这类连锁变调在除上声外的一般声调组合中都不明显,但遇到短语为四字以上的组合,而又全为上声时,则由于上声在连读时有三种不同的变体(1.两上连读时,前上变阳平;2.上连非上时,前上变半上;3.上声字重读时,保持全上);因而不同的语法结构就有不同的表层调型。以前的语法著作对普通话的这种变化好像从未说清楚过。(也许已有人提过,恕我见得不多)如不用"多米诺规则"是无法分析清楚的。用"多米诺规则"处理变调正是吕先生的"直接成分分析法"的"回归处理"。西方的"直接成分"(immediate constituent,IC)理论引进到汉语声调分析中,按照汉语的规律加以修改,无论在语法或语音的分析中都是重要的。这在言语工程中的应用上已起了不小的作用。(注:本文为纪念性文章,并非学术报告,为节省篇幅不能详细举例。本文所引个人文献,均载本人语言学论文集,商务印书馆,2004。)

6."分析结构层次,对于词语的理解有帮助。比如有些个有歧义的片段就可以通过层次分析来说明。"(65节)

[对照]:汉语中字同而义异的单字或短语也有不少,由于声调不同而意义不同。这些也都属于静态的短语,是必然的调型。

7."一系列语素在语音上形成一定的段落。结构层次跟语素排列不一致,往往使得它跟语音段落也不一致,而词和短语的划分又往往偏重语音段落,因此会产生层次跨越词的界限的情况。"(66节)

[对照]:这里说得很清楚了,结构层次跟语素排列和语音段落都不一定一致。不过一般情况还是一致的多。这里要问一个为什么。语素的单位在句中是不能再行分解的,它在思维中是一个不假思索的整体(板块)。同样,句子中语音的"直接成分"也是一个思维的板块,因此,"偏重语音段落"的现象应该就是思维活动的结果。

吕先生书中还有很多有价值的章节,本文仅举了两个概念,但确是关键性的。一是静态的单位,确定了短语为语调基本单元的处理方案;另一是动态的单位,提出了句子的分层分解,一直到最小的"直接成分",从而为语调的分层分析("多米诺规则")提供了理论根据,为处理复杂多变的"多字组"变调的难题,铺出了事半而功倍的坦途。此两概念被今日言语工程界直接或间接应用而受益者,已不止一家,或多不知其来源有自、理论有归。润物春雨,向来无声。际此为吕先生庆祝百年之机会,我在旅途中匆匆草寄此篇,仅以一隅之见略申敬祝和感激之忱,不足表达先生百川之学于万一也。

2005年1月5日　吴宗济于沪滨之浦东菊苑,时年九十有六

从语音合成看汉语的重音结构

中国社会科学院语言研究所 曹剑芬

一 引言

重音是语言的一个重要的韵律特征。无论从语言学理论探索的角度看,还是从各种应用的角度看,重音问题向来都是备受关注的。关于汉语的重音,研究的历史虽然很长,但是纷争不已,许多问题至今尚无定说。

关于汉语重音的主要争议可以概括为两个大的方面:第一,汉语有没有词重音?如果有,有几种类型?第二,汉语的语句重音有几类?语流中的重音到底有多少级别?怎样分布?

就汉语的词重音而言,基本的看法有两种:一种看法认为汉语没有词重音。这是早期的看法,现在已经很少有人坚持这种观点了。一种认为汉语有词重音,例如,汉语普通话里具有重音与轻音的对立,轻声就是一种与正常重音相对的弱重音。但是,对于轻声以外的一般所谓正常重音是否还有重与中的对立,则存在不同的看法。例如,殷作炎(1982)认为,重与中的对比同样可以区别意义。而林茂灿等(1990)根据听辨实验结果,认为重与中的对比并不真的具有区别意义的功能。

就汉语的语句重音而言,一是分类上的分歧,有的分类多达四五类,有的只概括为两大类。不同的分类系统标准不一,彼此之间还存在一些交叉,令人无所适从。同时,关于语流中的重音级别及其分布也没有一致的看法,应用方面无法据以操作。

如果说上述种种对于汉语重音认识上的不足,对于一般人的语言交际还没有什么大碍的话,那么,对于外国人学习汉语或者对于方言区的人学习普通话来说,重音问题就不是一件小事了。尤其是近些年来,人机对话系统的飞速发展,更是迫切需要加深对汉语重音的认识。如今,计算机语音合成、语音识别以及自然语言理解等,都已经进入处理连续的自然话语的阶段,人们发现,重音问题原来如此重要,而我们现有的认识却又如此不敷需要。他们迫切希望语言学界能够提供一套比较一致的、便于操作的重音规则来。此外,在近来的应用实践中发现,还有个词重音跟语句重音的关系问题必须搞清楚。可是,这方面的探索几乎还是个空白。

面对言语工程、对外汉语教学等应用方面的急切需要,语言学工作者常常感到我们的理论武库"库中羞涩",非常尴尬。因此,必须加强这方面的研究与探索,才能适应理论发展和社会应用的需要。

在同言语工程学界合作的过程当中,尤其是参与一些语音合成系统的研制过程中,我们对汉语的重音及其分布规律积累了一些新的认识。在这里,我们试图根据对普通话自然语音的实验分析,结合语音合成实验[1],对上述几个关键问题发表一点自己的看法。重点讨论以下两个问题:第一,进一步论证轻声以外的一般词重音还要不要再分类? 第二,揭示自然连续话语中亚音的等级结构及分布规律。

二　词重音

汉语里存在词重音,这已经是个不争的事实。无论是对自然话语的分析,还是语音合成实验,都已经证明了这个事实。首先,轻声与非轻声的对立自不必说;其次,就是非轻声的普通型,即通常所谓的正常重音型,虽然是中重还是重中似乎不那么固定,但内部各个音节也存在着重度的差异。合成实验表明,如果只是简单地采用并重的两个或三个音节来合成韵律词,合成效果多半不好,往往是其中的某个音节不是听起来音高很不适当地突出,就是觉得它们的长短分布不合适,有的音节好像赶着发出来似的。假如通过音高和时长修正,适当地调节它们的轻重地位,就会马上变得自然了。这说明,普通型词内的音节之间也有轻重之别,只不过还没有真正认识这种轻重差异的实质,不清楚它究竟是发生在词层面上的还是语句层面上的,也没有找到这种差异出现的规律。因此,很有必要加以认真研究。

2.1　对自然话语词重音的观察分析

2.1.1　单念的词重音

许多人的观察发现,在单念的情况下,同一个词是念中重还是重中,存在个体差异。有的话者多半念中重,而有的话者多半念重中,没有一定的规律,也并不影响理解。从声学特性分析来看(曹剑芬,1995),中重与重中之间也不存在系统一致的本质区别。此外,相关的听辨实验也表明(林茂灿等,1990),重与中的对比并不真的具有区别意义的功能。

2.1.2　语句中的词重音

在语流中,一个词究竟念中重还是重中,更是随着具体环境变化。我们近来的研究发现,由于节奏边界上存在着韵律加强的效应,同一个词处于边界前和边界后以及中间位置上时,其内部的音节重度分配存在显著的差异。大致倾向是,念重中的多半出现在界后,少数出现在界前,中间位置上的也以重中的为主;而念中重的既有出现在界前的,也有出现在界后的,而且,界前的中重常常与并重分不清楚。总之,自然话语中实际情况比较复杂,我们正在作进一步的实验分析,具体结果将另文讨论。上述语流中的这些差异说明,这类词重音并不像重音语言中的那么稳定,它们并不构成严格的对立,这种所谓重与中的差异实际上只是语境中的随机变体,而且可以相互转换,本质上已经属于语句层面的重音了。

2.1.3 自然话语中重音的声学表现

各种语言的研究表明,一般情况下,重音音节的音阶会相对抬高,而非重音音节的音阶会相对压低。普通话里的轻声词就表现出这样的特点,其中轻声音节的音阶就比重读音节的音阶明显低。照理,如果普通型词内的中重与重中也是真正的严格对立的话,那么,就应该可以找到有规律的音阶差异模式,譬如说,中重型的应该是前者音阶略低而后者音阶略高,而重中型的就应该是前者音阶略高而后者音阶略低。可是,从这里对普通话自然语音的初步分析结果来看,尚未发现普通型词内音节之间存在与听感上的重度差异完全一致的音阶差异模式。当然,由于重音还涉及音节的时长效应,情况比较复杂,尚待进一步探讨。

2.2 词重音的计算机语音合成实验

从合成语音的效果来看,单念的双音节词的重度分配多半以重中为宜,语流中的更是如此,只有少数的以并重为宜,例如,"吃完"、"盛满"无论读哪种类型似乎都可以。可是,有的只能读并重或前重,如果过分后重,听起来就别扭了。譬如"攻击"和"公鸡",虽然这两个词的结构类型不同,但是词重音类型并不对立。合成实验表明,单念的"攻击"和"公鸡"采用重中型和并重型都可以,没有区别,但是,都不能采用太明显的后重型。

此外,在语流中,究竟读中重还是重中,还要视环境而定。例如,在"挑起公鸡斗争"中的"公鸡"用重中型比较合适,而在"调整攻击目标"中的"攻击"则用并重型更为合适。表面上看来,这似乎是"公鸡"和"攻击"在词重音上的不同。实际上,进一步的实验[2]发现,在这里,是因为"公鸡"和"攻击"分别作为韵律词[3],它们在两个语句中的、整词的相对重度不同。根据句法结构特点,在"挑起公鸡斗争"中,常规的句重音落在"斗争"上,而不是在"公鸡"上;而在"调整攻击目标"中,句重音则落在"攻击"上。因此,这里的"公鸡"和"攻击"之间表现出的重中与并重的差异,并不是真正词重音类型的绝对对立,而是因为语句重音的要求而出现的相对轻重变化,是属于语句层面的、随语流环境变化的轻重对比现象。

三 语句重音

3.1 对自然语句重音的观察分析

在自然话语里,作为重音的主要声学实现手段,一般表现为相关词或音节的音阶突显。因此,短语内词间的重度差异一般表现为相关词间的音阶差异。但是,从对自然语句重音的观察分析发现,跟语音轻重相关的音阶实现是非常复杂的。例如,根据对某个话者所说的"罗尔斯的恢弘巨著《正义论》也是从所谓无知之幕出发的"这一句话中"罗尔斯的恢弘巨著《正义论》"这个韵律短语的测量,其中各个韵律词的音阶(自然音高水平)如图1下部的相关数据所示。

初看起来,这些数据之间的差异似乎跟听感上的轻重差异不太一致。因为在听感上,这

```
         罗尔斯的              恢弘    巨著     正义论
          256                268    247      252
```

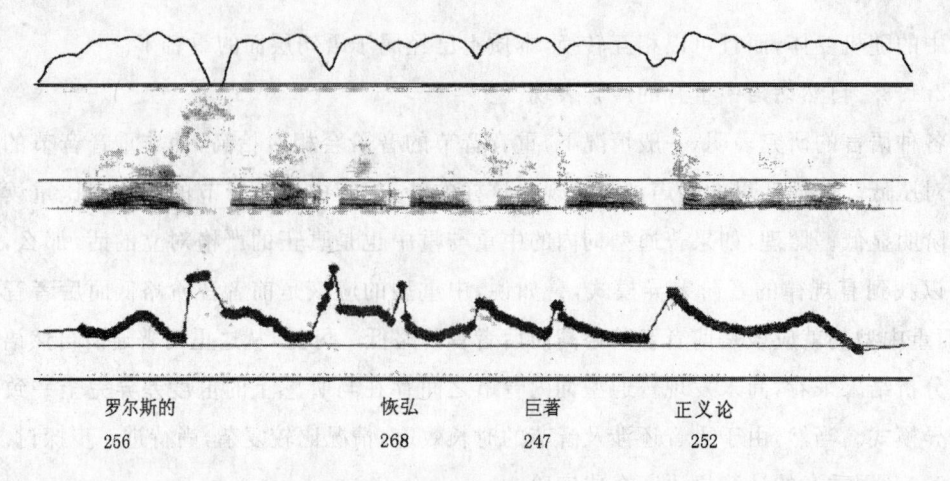

图 1　语句中韵律词的音阶实现举例

段话中的"恢弘"和"正义论"是最重的。可是"正义论"的音阶却不如"恢弘"的高,甚至不如相对较轻的"罗尔斯的"高。而且,四个话者表现出同样的分布规律。从表 1 的数据可以看出,这段话里各个韵律词四个话者的音阶平均值分别为 183.2、195.3、164.1 和 178.0,与图 1 下部的音阶分布趋势一致,可见图 1 里这个话者所表现的并不是个别的偶然现象。

表 1　不同话者所说的"罗尔斯的恢弘巨著《正义论》"中各个韵律词的音阶实现

话者\音阶 韵律词	罗尔斯的	恢弘	巨著	正义论
F1	259.575	276.375	253.725	256.83
F2	188.7125	194.4	173.475	197.97
M1	166.925	177.875	132.85	146.417
M2	117.5125	132.5	96.25	110.95
Av.	183.18125	195.2875	164.075	178.04175
Sd.	59.22141	60.12678	67.57888	64.2331

仔细分析表明,这是由两个因素决定的:首先,作为韵律短语的语调,其内部要求一定程度的音阶下倾,由于"罗尔斯的"处于韵律节奏短语的开头,尽管听起来不那么重,其音阶总是相对地高一些;而"正义论"处于韵律节奏短语的末尾,所以它的音阶必定会被相对压低。其次,由于这是一个待续短语,也就是赵元任先生所说的悬念子句,它要求一个"不低性"边界调作为话语待续的标志,所以它的音阶又略高于"巨著"的,从而在听感上造成略微上挑、话语待续的印象。由此可见,语句中的重音实现必定要受语调和节奏的制约。同时,还跟它在韵律单元中的位置前后具有一定关系,相对说来,音阶突显作为重音的主要声学实现手段,它在语句首尾(也就是韵律边界前后)位置上的变化不如在内部中间位置上的来得自由。

再如,在"探讨一下权力制约的制度问题"一句中,"探"、"权"、"制"分别处于三个韵律短语的开头,从听感上讲,"探"与"权"差不多重,而"制"显得更重一些。可是,从声学表现上看,"探"的音阶最高,"权"的音阶略低于"制"的,如图2所示。而且不同话者的语音表现一致,如表2的数据所示,说明图2表现的也不是个别的偶然现象。

探讨一下　　权力　　制约的　　制度问题
302.7　　　221.8　　　　　　　269.1

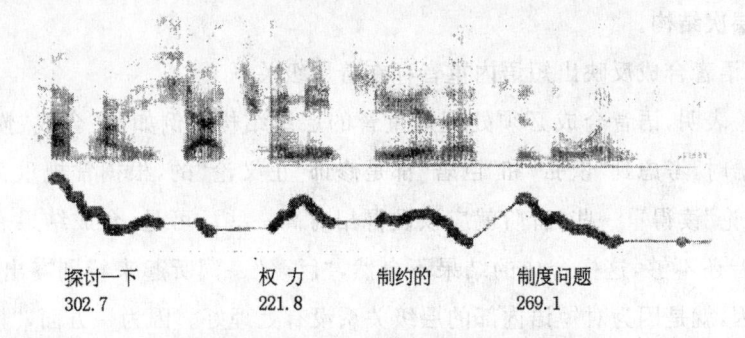

图 2　语句中音节的音阶实现举例

表 2　不同话者所说的"探讨一下权力制约的制度问题"中"探"、"权"、"制"的音阶实现

话者＼音节音阶	探	权	制
F1	302.65	221.8	269.05
F2	228.05	153.7	192.3
M1	175.5	166.5	167.95
M2	148.4	117.75	121.6
Av.	213.65	164.9375	187.725
Sd.	67.92482	43.16143	61.63942

表面上看来,图1和表2所反映的这种分布现象,似乎既不符合语调的下倾走势规律,也不符合重音突显的音高突出规律:若论下倾走势,"权"的音高应该略高于,而不是略低于"制"的音高;若论重音突显,也是"权"的音高应该是最高的,然而,它却低于"探"的音高。实际上,如果再深究一下,就会发现,这是由于语调和重音突显共同作用的结果:第一,由于语调下倾走势的需要,所以"探"的自然音高高于"权"和"制"的,以满足整句总体音阶自前向后逐渐下落的要求;第二,此句是由三个韵律短语构成的,根据由句法制约决定的常规重音分布规律(Zheng,2000),整句的句重音应该落在句子宾语部分的定语"制度"上,由于"制度"的"度"通常念轻声,因此实际重音就落在"制"上,它的音高应当突显于周围的音节,所以,它的音高略高于"权"的也就顺理成章了。由此可见,"制"的音高实现实际上是语调的下倾走势跟重音突显两种制约并存叠加的结果。

上述例子还进一步说明,语句中的重音分布跟句法上的层次关系是十分密切的。事实上,句法上的层次是底层语义结构的外部表现,所以,从这个意义上来说,语句中的重音分布最终是受语义结构制约的。

3.2 语句重音合成实验结果

合成试验同样表明,语句重音跟其他韵律特征具有密切的关系,它在词重音的基础上受节奏和语调的制约和调节,既要符合节奏上的层次结构,又要受语调下倾走势的制约,从而形成一定的层次结构。

3.2.1 语音合成反映出短语内重音存在着层级关系

合成实验表明,语音合成必须处理好重音的层级结构。例如,在合成"恢弘巨著《正义论》"这个短语时,考虑到"恢弘"和"巨著"都是修饰"正义论"的,根据常规重音规律,它们都应该比"正义论"读得重一些,音阶就应该设得相对高一些。可是,合成结果表明,仅仅这样设置语句重音还不够,这样合成的结果不自然,"巨著"一词听起来特别突出,显得太重、太高。究其原因,就是因为对短语内部的层级关系没有处理好。因为一方面,"恢弘巨著"是上一级短语"恢弘巨著《正义论》"中的一个下位短语,它除了修饰另一个与它并行的下位短语"正义论"以外,本身也应该有它独立的短语语调模式,也就是应该有它独立的音高下倾走势。因此,"巨著"不应该与"恢弘"并重,它的总体音高应该低于"恢弘"的。另一方面,在这个层级上,"恢弘"跟"巨著"之间还存在着一层修饰关系,"巨著"受"恢弘"的修饰,它们之间本来就必须分出相对的轻重。根据基于语法信息的韵律结构预测方法(曹剑芬,2003),整个短语的重音等级应该是"罗尔斯的 1.0 恢弘 2.5 巨著 2.0《正义论》1.0"(具体预测方法如末页附图所示)。根据这个预测,我们对"巨著"的重音等级作了适当降低,结果,合成话语的轻重效果就很好。因为这样的处理既符合节奏上的层次分别,又满足了语调上的音高下倾的需要。这个事实进一步证实了我们在 3.1 节中观察到的自然语句重音的分布规律和结构特点。

又如,在合成"逐步引入多个变量"时,假如只是把相关的韵律词简单地并重排列,合成的语音听起来就别扭,其中的"引入"和"变量"显得特别突出,究其原因,也还是因为没有处理好重音的层级关系。首先,从节奏层级上看,这个短语是由"逐步引入"和"多个变量"两个下位短语构成的,因此,短语重音设置起码要分两个不同的层级:根据常规重音分布规律,从整个短语看,"多个变量"充当宾语,应该比"逐步引入"更重一些;从各个下位短语看,"逐步"是状语,应该比"引入"重,"多个"为定语,应该比"变量"重。同时,从语调结构来看,也应该是整个短语有一个短语调,两个下位短语又应该有各自独立的短语调,而且,彼此之间应该存在音高重置。根据这些韵律结构特点进行处理以后,整个短语的重音层次就分别出来了,结果合成的话语就相当自然。

为了进一步深化上述认识,我们对同一句话的自然话音跟合成话音的音阶运动作了一个对比分析,这个合成话音是未经上述重音调节的,听起来不太自然。具体的对比情况可以用图 3 和表 3 来概括。首先,从图 3 中可以观察到,自然语句的每个韵律短语都以节奏强音开始,起始音阶较高,接着逐步下倾,等到下一个韵律短语开始,又重复出现这样的过程,而且,较大的韵律短语之间的这种重置比较小的韵律短语之间的更为显著,形成了明显的层次结构；而合成语音虽然也有类似的结构，但层次不够分明。同时，还可以通过下表中韵律词的音阶差异来说明。表 3 所列的数据是自然朗读的和合成的"世间的问题原来极复杂的，可以用极简单的事例加以说明"的音阶比较。首先，从韵律词之间的音阶差异来看，在句首的"世间的问题"和句尾的"加以说明"两个韵律短语中，"世间的"跟"问题"之间和"加以"跟"说明"之间的音阶差异，显然都是自然语音的明显高于合成语音的；至于在句子中部的"原来极复杂的"和"可以用极简单的事例"两个韵律短语中，各个韵律词之间的音阶差异虽然都相对缩小，但总体上看，仍然是自然语音的大于合成语音的。至于韵律短语内部或句子内部最高和最低音阶差异，也都是自然语音的绝对地高于合成语音的。

上述实例再次说明，适当的重音结构设置是提高合成话语自然度的一个关键。

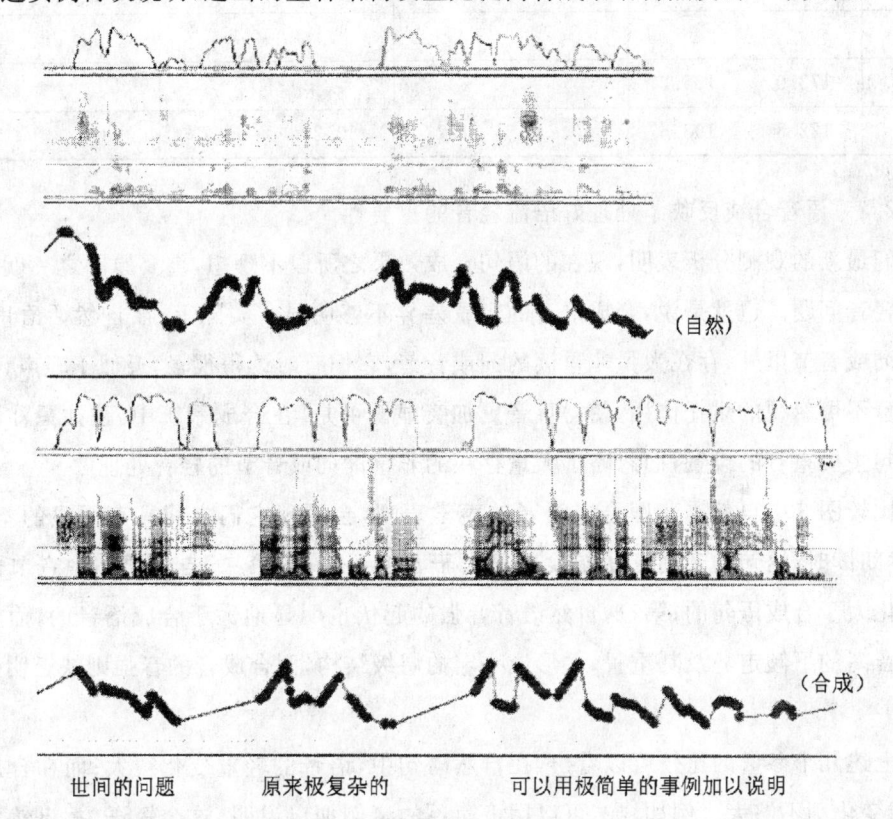

图 3 "世间的问题原来极复杂的，可以用极简单的事例加以说明"自然音和合成音之比较

表 3 自然和合成语音的音阶比较

韵律词语	音阶		韵律词间的音阶差		韵律短语内部最高/最低音阶差		话语内部最高/最低音阶差	
	自然	合成	自然	合成	自然	合成	自然	合成
世间的	238.6	123.5						
问题	157.9	100.7	80.7	22.8	80.7	22.8		

(续表)

原来	209.8	126.0						
极	159.4	129.8	14.4	−3.2				
复杂的	150.0	85.6	45.4	44.2	59.8	40.4		
可以用	221.4	132.9						
极	236.6	145.2	−15.2	−12.3				
简单的	212.7	94.7	23.9	50.5				
事例	163.7	100.8	49.5	−5.2	73.4	50.5		
加以	173.0	105.2						
说明	122.8	103.5	50.2	1.7	50.2	1.7	98.6	59.6

3.2.2 语音合成反映了处理好语流轻音的重要性

我们最新的观测分析表明,现在的语句合成效果之所以不理想,重要原因之一就是忽视了语流轻音问题。也就是说,合成语音的轻重差异不够明显。实际上,在自然话语里,除了重读的词或音节以外,存在大量非重读的词或音节,它们有时读得很轻,近似于轻声,但却对重音起着不可忽视的烘托作用,使得重音更加突显。可是,在合成系统中,往往只注意词重音和语句主要重音的设置,而忽略了大量存在的非重读词或音节的轻音处理。

试比较图3中自然语音跟合成语音的声学表现,会发现它们之间具有明显的不同:第一,自然朗读时,语句的音高起伏幅度明显大于合成语音的;第二,自然语句中音节的时长伸缩变化大于合成语句的;第三,自然语音音强的起伏也明显地大于合成语音的,而且具有类似于音高的下倾走势及其重置,并形成一定的层级结构,而合成音的音强则缺乏明显的层级。

从上述几个参量的比较可以看出,在自然语句中,语音的轻重变化很大;而在合成语句中,轻重变化则不够大。例如,在"可以用极简单的事例加以说明"这个短语中,自然发出的语音符合常规重音分布规律:"极"和"简单的"携带短语重音,而其余的韵律词则相对轻读,尤其是"可以用"中的"以"和"用",以及"事例"中的"例"都是语流轻音。然而,在合成语音中,相比之下,"简单的"(尤其是"单")不够重,而"可以用"中的"以"(注意:"以"作为上声,其音高越低,听起来就越重)和"用",以及"事例"中的"例"又都不够轻。因而听起来总是不那么自然。

3.2.3 语音合成说明了处理好四声固有音区差异的必要性

此外,尽管音节的声调音阶在语流中的变化看起来非常随意,但是,还是需要注意汉语的四声之间固有的音区差异问题。例如,在合成"探讨一下权力制约的制度问题"时,虽然

"权力"的音阶应该比"制约"的略高一些,但是,"制约"的"制"的高音点一定要设得略高于"权"的,否则合成语音听起来就别扭。同样,"制"又要略高于"约"。这是因为,普通话的去声和阴平都具有高音区特征,而且,上声又比阴平略高。

又如,在合成"内在关系"时,不管是简单的并重排列还是简单的音高下倾,合成结果都不自然。后来经过适当的修改,既考虑了音高下倾,又考虑了层次关系,合成结果就自然了。因为在这个例子里,虽然有三个去声和一个阴平,但是它们的高音点不能简单地随意下倾,而需要考虑这个短语的层次结构:首先,在"内在"一词内部,要遵守两去相连的变调规则,第一去不全降,第二去高点比第一去低点略高;其次,要考虑"关系"一词内部"系"的高点要略高于"关"的;再次,也是最重要的一点,既要设置两词之间的下倾走势,以构成短语调,又要考虑两者之间的音高重置,一定要把"关"的高音点定得略高于或接近于"在"的,但必须低于"内"的才行。由此可见,音高下倾既要遵守一定的层次结构,又要处理好四声之间固有的音区差异,合成音听起来才会有适当的轻重缓急。

四　结语

(1)汉语里不但有词重音,而且是必不可少的,它还是构成语句重音的基础。

(2)汉语的词重音类型除了普通(正常)重音型(即它的常规 default 形式)跟轻声型(即弱重音,weak stress)的对立以外,并不存在所谓"中重"与"重中"绝对的区别性对立。至于那些普通重音型音节,在连续话语中的确也存在着重度上的差异,不仅可以分为重与中,甚至还可以分出次轻和轻等更多的层次。但是,这些差异只不过是普通型词重音的语境变体,本质上属于语句层面上的相对对比性重音差异,而不是词层面上的对立性重音区别。

(3)自然语句中的各个韵律词,虽然表面上看似线性的排列,但并不意味着各个词都是并重的,也不是简单的轻重相间,而是受节奏层次和语调结构的制约,也具有一定的层次和等级结构。这充分说明,轻重跟语调看似相互独立,实质上密切相关。它们既彼此关联,又相互制约;没有轻重层次的下倾,合成的语调不自然;没有语调下倾的合成,也不会产生自然的轻重音。

(4)语句重音的层级结构跟句法结构具有一定的相关关系:首先,常规的重音等级取决于它所处的句法层次的高低;其次,在同一韵律单元内部,重音的分布又主要取决于该单元的语法结构特点,同时,还跟它在韵律单元中的位置前后具有一定关系。事实上,句法上的层次是底层语义结构的外部表现,所以,从这个意义上来说,语句中的重音分布本质上是受语义结构制约的。

附　注

[1]本文相关的合成实验是在 IBM 中国研究中心语音部的一个规则合成系统 TTSSPY 平台上进行

的,特此致谢!

[2]在这两句中,如果"公鸡"和"攻击"都采用前重型,但是分别相对加重"斗争"和"目标",合成效果大致相当。

[3]本文所说的词都是指韵律词,或者叫语音词,而不是严格的句法意义上的词。

参考文献

曹剑芬　1995　《连读变调与轻重对立》,《中国语文》第4期。
曹剑芬　2003　《基于语法和语音信息的汉语韵律结构预测》,《中文信息学报》第十七卷第三期。
林茂灿、颜景助　1990　《普通话轻声与轻重音》,《语言教学与研究》第3期。
殷作炎　1982　《关于普通话双音常用词轻重音的初步考察》,《中国语文》第3期。
Zheng, Bo et al.　2000　The regular accent in Chinese sentences. *The Proceedings of ICSLP 2000*. Beijing.

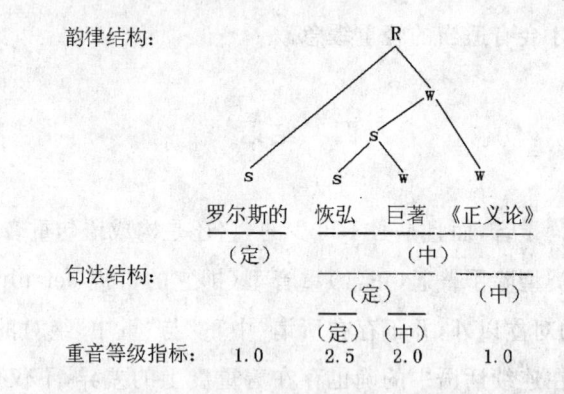

附图　基于语法结构的语句重音结构预测图示

论量词的功能与演变
——汉语、景颇语量词比较

中央民族大学 戴庆厦 蒋 颖

一 引言

  量词是汉藏语系语言语法上的重要特征之一。认识量词的形成和发展，对语言系统的构造及演变，以及从宏观上认识语系的语法特点都有重要的价值。但是，量词的研究不能只停留在对一个个语言的孤立研究上，只看一个语言的量词往往很难看准这个语言的量词的真面目。通过不同语言的比较，能看到单一语言研究所看不到的现象，这对语言的历史研究、类型学研究乃至语言描写研究都是不可缺少的。景颇语属汉藏语系藏缅语族景颇语支，与汉语是亲属语言，即都是由原始汉藏语分化发展而来的，因而本文选择景颇语的量词与汉语进行比较。

  汉语、景颇语的量词既有共同点，又存在较大的差异。其共同点主要有：1.量词的发展趋势都是由少到多、由不丰富到丰富。2.量词内部的分类大致相当。汉语量词具有的小类，景颇语大都也有。3.量词都主要来源于名词与动词，量词理据的选择及认知基础基本一致。4.没有反响型量词（但古汉语里有）。其不同点主要有：1.发展程度不同。汉语属于量词发达型语言，而景颇语量词仍处于萌芽期。2.汉语量词总数多，语义丰富，个体量词发达；景颇语量词总数相对较少，语义不够丰富，特别是个体量词不发达。3.由量词组成的短语语序不同：汉语是"数＋量＋名"、"动＋数＋量"，景颇语是"名＋量＋数"、"数＋量＋动"。4.汉语量词语法化程度总体上比景颇语高，但不同小类的情况有些不同。5.音节数量不同。汉语量词绝大多数都是单音节词。虽然也有少量复合量词，但使用频率很低。景颇语量词由单纯量词和合成量词构成，合成量词比例高于单纯量词。

  量词在汉语、景颇语里都是后起的词类，因而，二者的某些共性只是类型学上的相似，而非共同原始母语带来的发生学上的共性。本文在系统分析比较汉语、景颇语量词的基础上，提出量词来源、量词功能、量词语法化等问题，分析论述汉语、景颇语量词的异同，希望能对汉藏语系量词的起源、演变以及类型学特征的认识有所帮助。

二 量词的来源

从量词的来源上看,有的来自其他语言,是借用量词;有的是由本语已有的其他词类转用而来的,是转用量词。两种来源的量词在汉语、景颇语两种语言里都有,但具体情况有所不同。分述如下:

(一)借用量词

汉语的量词绝大多数都是原生的,只有极少数量词而且主要是度量衡量词是借自其他语言的。例如:磅(借自英语 pound)、盎司(借自英语 ounce)、吨(借自英语 ton)、卡路里(借自法语 calorie)。

景颇语的借用量词较多,在 200 个量词中,借用量词共计 68 个,占量词总数的 31.7%。其中,名量词共 195 个,借词有 67 个,占名量词总数的 34.3%。名量词下面又分个体量词和非个体量词两大类,非个体量词又分集合量词、度量衡量词、时间量词三类。各小类的借词比例如下:

	总数	原生	借用
个体量词	57	41	16
非个体量词	138	87	51
集合量词	75	62	13
度量衡量词	56	19	37
标准度量衡量词	25	0	25
非标准度量衡量词	31	19	12
时间量词	7	6	1

从上表可以看到,景颇语的度量衡量词中,非标准度量衡量词有 31 个,其中 19 个是原生的,起源较早,有的在亲属语言中可以找到同源词。标准度量衡量词有 25 个,全是近代借词,是后起的,是计量精确化与对外交流增多的产物。

景颇语借用量词主要来自傣语、缅语、汉语,还有少量英语借词,大多是 16 世纪以来景颇族南迁云南德宏地区后与上述语言接触中借入的。例如:

傣语借词:tʃok^{31} 坨、粒;　　kup^{31} 对;　　lok^{31} 丘;　　khan^{55} 等于十两

　　　　　tʃo^{55} 十箩;　　khjiŋ^{33} 角;　　　　　　hkau^{31} liŋ^{31} 谷铺

缅语借词:taŋ^{31} 箩;　　mju^{55} 种、类;　lak^{31} 支(枪);　pje^{33} 相当于一升半

　　　　　pjek^{31} 分(钱);　e^{33}ka^{ʔ55} 亩;　teŋ^{33} 公里;　　kaŋ^{33} 绞(线)

汉语借词:tau^{33} 道(一道门);　to^{33} 驮(一驮盐);　tʃaŋ^{33} 丈;　　tu^{31} 斗;

　　　　　fun^{33} 分;　　tun^{33} 顿(饭);　　kjoʔ^{31} 角(钱);　phun^{31} 分(金子)

英语借词：puk³¹ 本（一本书）； poŋ³³ 磅； sek⁵⁵ kan³³ 秒

有的借用量词进入景颇语以后，还能成为构词词根，与景颇语原有的词缀或词根构成合成量词。例如：

  a³¹ tʃen³³ 小块；半   tă³¹ tʃok³¹ 小块
 （前缀） 半 （缅语）   （前缀） 坨 （傣语）

  lă³¹ tʃok³¹ 撮   phuŋ³¹ kup³¹ 双
  手 坨 （傣语）   组 双

景颇语量词来源的外来性强，这是与汉语量词来源上的最大差异，也反映了景颇语量词处于萌芽期的特点。

（二）转用量词

汉语和景颇语都有转用量词。但汉语的名量词和动量词都有转用量词，而景颇语转用量词只出现在名量词上，动量词则找不到来源。汉语和景颇语的转用量词都主要来自名词和动词，这种转用有其选择理据和认知心理上的共同基础。因为某些名词和动词本身具有量的隐含意义或与被限定词的某个鲜明特征有关，如名词"瓶子"含有容量的意义，动词"包"含有能容纳一定数量的意义，因而它们能够转而用来计量。又如名词"头"能够突出动物的特点，因而也能当量词使用。这是一种自然的认知上的概念关联，可以形成较稳定的类推，构成丰富的转用量词。来自名词的如：

汉语 一瓶酒 一斗米 一袋黄豆 一头牛
景颇语 tʃă⁵⁵ ʒu⁵¹ pă⁵⁵ lin⁵⁵ mi³³   n³³ ku³³ tu³¹ mi³³
    酒 瓶 一   米 斗 一

   lă⁵⁵ si⁵¹ tiŋ³³ san³³ mi³³   ŋa³³ khum³¹ mi³³
   黄豆 袋 一   牛 头（身体） 一

来自动词的如：

汉语 一卷纸 一把米 一包盐 一滴水
景颇语 mai³¹ sau³¹ mă³¹ jon³³ mi³³   n³³ ku³³ lă³¹ tup⁵⁵ mi³³
    纸 卷 一   米 把 一

   tʃum³¹ mă³¹ kai³¹ mi³³   n³¹ tsin³³ kă³¹ theʔ³¹ mi³³
    盐 包 一   水   滴 一

但两种语言的转用量词发展程度不同。汉语能转用的范围比较广，即有较多的名词、量词能够转用为量词，而且能根据名词的特点引申出不同类别的量词义项，表示不同角度的形状、类别、性质等。例如来自名词的量词"盘"，可以与名词"棋"、"香"、"磨"等搭配，分别表示被修饰名词的不同特点。又如"条"，本义是"较细的树枝"，虚化为量词后，经历了一个由具体到抽象的发展过程，由细枝条的单位发展到细长的物体、人体单位（一条扁担、一条好汉），再引申为细长空间的单位（一条走廊），然后引申为抽象的能分条目的单位（一条规则）。景颇语转用量词没有出现类似于汉语量词的这种持续引申、表义多样化的发展过程。量词的使用始终保持着来源名词或动词的基本意义，未能向多样化进一步引申发展，因而搭配范围是有限的,始终受到名词、动词本义的制约。例如:同汉语一样,景颇语的量词 pan³¹ "盘"也是来自名词的"盘子",但转用后并没有得到进一步的发展,语义始终停留在"盘子"的容器意义上,如"一盘菜、一盘饭"等,不能围绕"盘子"的其他特征如"圆形、整体"等引申出新义项。所以,汉语的"(一盘)棋、香、磨"等名词,景颇语都无法用"盘"来称量,也就无法借助量词来突出名词的性状。

由上面的语料可以看到,景颇语转用量词始终不能摆脱名词、动词本义的制约,而汉语很早就突破了来源词的限制,量词语义不断引申丰富,最终形成现代汉语发达的量词体系和量词语义特征。为什么同样是量词的转用,景颇语和汉语有这么大的发展上的区别?我们认为,这可能与二者的个体量词地位上的差别有关。前面已经说过,个体量词是汉藏语系量词的典型,汉语个体量词很发达,作为名词的可数化语法标记,个体量词句法地位稳固,使用上是强制性的。频繁使用是语义发展的前提,较高的句法地位使得汉语个体量词有了广阔的语义发展空间。而景颇语一般情况下个体量词可用可不用。这使得个体量词在使用上是有条件的,句法地位很不稳固。在这种语言环境下,量词难以进入语义大幅度发展的阶段。由此可见,当结构完备以后,才开始进一步发展语义,语义的发展、功能的丰富与句法的稳定是相辅相成的。

除了从借用和转用来观察量词的构成来源之外,还可以从语言的亲属关系中来看量词的词源,区分哪些是由原始共同语传承下来的同源词,哪些是后来产生的。从与亲属语言的比较中可以看到,除个别表示非标准的度量衡量词(早期量词)外,景颇语量词大多与亲属语言无同源关系(包括最常用的个体量词)。例如:[1]

	个(人)	只(鸟)	根(草)
景颇	mǎ³¹ ʒai³³	khum³¹	tsiŋ³¹ khat⁵⁵
嘉戎	rgi	rgi	phʃi
独龙	jɔʔ⁵⁵	guŋ⁵⁵	kɔʔ⁵⁵
格曼僜	nau⁵⁵	nau⁵⁵	ɕu³¹ na⁵⁵
缅文	jɔk	kɔŋ	paŋ
载瓦	juʔ²¹	tu²¹	khat⁵⁵
彝	ma³³	ma³³	tɕi³³
哈尼	ɣa³¹	dzi⁵⁵	khɔ³³

这个现象说明,景颇语的量词大多是后起的,是在原始藏缅语分化为不同的语支后,通过新创、转用、借用等方式逐步发展起来的。

三 量词的功能

量词起源时期,其主要功用是增强句子的表音清晰度、凑足音节和谐韵律,表义功能并不突出。随着量词的发展、演变,量词的功能发生了较大的转变,语音功能逐步淡化,表义作用逐步增强,句法地位也得到了强化。就量词的现状来看,汉语与景颇语量词的功能有较大的差异。我们从量词数量的多少、表义能力的大小两个方面来分析论述它们的异同。

从数量上看,汉语量词数量多,而景颇语量词数量少。《现代汉语量词用法词典》收常用量词 600 多条[2],《汉语量词词典》收汉语量词 892 个[3]。这两个数字表明,汉语的常用量词至少有 600 个。相比之下,景颇语量词总数较少。据我们对《景汉词典》[4]的穷尽性统计,在词典所收的 15245 个词条中,量词有 200 个,占词条总数的 1.3%。量词中有名量词 195 个,占量词总数的 97.5%,动量词有 5 个,仅占量词总数的 2.5%。数量的多少,能够反映一个语言量词的功能大小。

在使用频率上,汉语的各类量词在名词、动词计量时都必须使用,不可或缺;景颇语则不同,名量词中除度量衡量词、集合量词不可或缺外,个体量词大多可以不用。景颇语个体量词是名量词中使用频率最低、最不稳定的一类。虽然从数量上看,在 195 个名量词中个体量词只有 57 个,仅占名量词总数的 29.2%。但从实际使用上看,景颇语有的名词计量时,可用量词也可不用,有的名词则根本没有与之搭配的个体量词。可用可不用量词的如(括号内的量词可用可不用):

汉语	景颇语
一个人	mă^{31} ʃa^{31} (mă^{31} ʒai^{33}) lă^{55} ŋai^{51}
	人　　　个　　　一
两匹马	kum^{31} ʒa^{31} (khum^{31}) lă^{55} khoŋ^{51}
	马　　　匹　　　两
五张纸	mai^{31} sau^{31} (pa^{33}) mă^{31} ŋa^{33}
	纸　　　张　　　五

个体量词只有在需要强调数量或者名词的性状特征时才使用。例如:u^{31}(鸟)khum^{31}(只)mă^{31} sum^{33}(三)"三只鸟"中加了量词 khum^{31}(只),是为了突出、明晰名词的"量",在其他语境下都不加。n^{33} ku^{33}(米)tum^{33}(粒)lă^{55} ŋai^{51} mi^{33}(一)"一粒米",也是如此。

汉语必须使用量词而景颇语不用量词(在任何情况下也无法补出量词)的如:

六所学校	tʃoŋ^{31} kʒu^{255}
	学校　　　六
一只眼睛	mji^{31} lă^{55} ŋai^{51} mi^{33}
	眼睛　　　一
两张桌子	să^{31} poi^{55} lă^{55} khoŋ^{51}
	桌子　　　两

由于景颇语的名词表个体数量时一般不加量词,所以"名+数"在景颇语里是一个比较稳固、常见的计量模式。现代汉语虽然也有不用量词的情况,如"一人做事一人当"、"爱护一草一木"等,但都含有文言的意味,而且已发生转义,不表示实在的数量。至于汉语的成语,则能见到更多不起计量作用的"数+名"结构,如"三姑六婆"、"三皇五帝"、"五颜六色"、"一

马当先"等。但汉语这些特殊结构不是基本的、常用的,与景颇语的"名+数"模式性质不同。

景颇语表个体数量时一般使用的"名+数"模式,与古代汉语有相近之处。汉语量词由古至今经历了由萌芽到发达的一系列计量模式的调整和转变。早期汉语个体计量也是不用量词占优势,常见的模式是"数+名"与"名+数"。例如:"易有两极,是生两仪。"(《易·系辞上》)"一言以蔽之。"(《论语·为政》);"人皆有七窍,以视、听、食、息。"(《庄子·应帝王》)"一鸾刀,二鼎,一钩"、"鼎八"、"金戈八"、"弩二"(战国竹简)[5]。从这个角度看,景颇语量词的现状与汉语量词萌芽时期的特点接近。

景颇语的动量词数量很少,只有 5 个。其中有 3 个是带 $laŋ^{31}$ 词根的同族词,分别是 $laŋ^{31}$ "次、回", $kă^{31}laŋ^{31}$ "(一)次"、"(一)回", $laŋ^{31}taʔ^{55}$ "一次、一下子",其语义涵盖范围较广,表示"次、回、下"等意义。汉语有多个意义区别细微的动量词,比如"趟、番、通、顿、道、场"等,在景颇语里都用 $laŋ^{31}$ 与之对应。这说明景颇语动量词还未发展到精细分工的阶段。另外的两个动量词,一个是近代傣语借词 lau^{55} "(一)枪",是非原生的;另一个是原生量词 pat^{31} "(走一)圈、(一)周",也可以当时间量词用,不是典型的动量词。

从表义功能上看,现代汉语量词的表义功能较强,使得汉语量词在表数量的短语结构中不可或缺;而景颇语量词的意义则较单一,表义功能也不甚发达。汉语的量词通常具有多义项的特点,语义内容丰富,一个量词可以与较多的名词搭配。例如:量词"只",既可以用于人体(两只手),又可以用于动物(两只青蛙),还可用于器具、船只(两只皮箱、三只小船)。而且,同一个名词通常又有多个量词可供选择,能够分别体现名词不同角度的特征。例如:名词"老师"可用"个、位、名"等量词修饰;"水果糖"可用"颗、块、粒、个"等量词修饰。同一个名词使用不同的量词,体现出的显性特征也不同,也就是说,量词能使名词的多个隐性特征得以选择和凸显。而景颇语的量词从总体上看,义项较少,语义引申能力弱,能适用于同类名词的量词较少。特别是复合量词,能与之相配的量词就更少,有些只能与一个名词(复合量词词根来自该名词)结合。例如: $ʃan^{31}$ (猎物) po^{33} (头)"头",只能用来计量猎物; $wă^{33}$ (玉米) $ʒo^{33}$ (苞)"苞(玉米)",只能用来计量玉米。这样,名词固有的或可赋予的性质、状态、等级、种类等特点,就无法通过量词来表达。如汉语的"一牙新月、一轮明月、一弯新月"等,景颇语都不能用量词来表达。景颇语量词中也有少量语义能够繁衍的量词,但其引申度、泛化度都不及汉语。如:量词 $khum^{31}$ 由名词转用而来,原名词义为"身体",做量词用时表示"个、头、只"等意义,使用范围比较广,可用于动物、瓜果以及部分事物的称量,类似于汉语的泛化量词"个",但泛化程度没有汉语深,而且在句中可用可不用。例如: $ŋa^{33}$ (牛) $khum^{31}$ (头) $lă^{55}khoŋ^{51}$ (两); $n^{33}kjin^{33}$ (黄瓜) $khum^{31}$ (根) $lă^{55}khoŋ^{51}$ (两); $u^{31}ti^{31}$ (鸡蛋) $khum^{31}$ (个) $lă^{55}khoŋ^{51}$ (两)。上面几个例子中的 $khum^{31}$ 都可以不用,只在强调量时使用。其中用于动物名词时,只是在计算要食用或已被食用的动物的数量时,才必须使用。这说明 $khum^{31}$ 的语义和使用范围虽有一定程度的泛化,但仍未摆脱来源于名词"身体"的意义。

汉语有很多名词可以临时借用为量词,由此产生了大量具有量词功能同时保留名词语义的临时量词。临时借用为名量词的如"脸（一脸汗）、身（一身泥）、肚子（一肚子主意）、头（一头雾水）、手（一手墨汁）、桌子（一桌子菜）、屋子（一屋子人）、山（一山树木）"等；临时借用为动量词的如"刀（砍一刀）、脚（踢一脚）、枪（打一枪）、鞭子（抽一鞭子）、眼（看一眼）、口（咬一口）"等。这类临时量词与那些典型的量词相比是有区别的。主要是二者的发展程度不同，临时量词的语法功能不全面，如不能重叠，一般只与数词"一"搭配等。景颇语这类临时量词很少，只有个别容器名词可以临时用作量词。因为景颇语量词的体系至今仍不成熟，个体量词的使用频率很低，通常情况下可以不用量词，在这种连常用量词都不需要使用的语言环境下，临时量词更没有产生的基础。因而，汉语里使用临时量词构成的名词短语，景颇语大多用别的句法手段表达。如："一身泥"，景颇语说成 khum^{31}（身体）tiŋ^{31}（全）khum^{55} pup^{55}（泥）kap^{55}（粘）ai^{33}（助词）"全身是泥"，不用"身"当量词；"看一眼"，景颇语说成 laŋ^{31}（次）mi^{33}（一）ju^{33}（看）"看一次"，不用"眼"当量词。由此可见，汉语临时量词是一种比较后起的现象，是量词发展到成熟阶段的产物，也是汉语量词发展丰富的一条有特色的途径。

　　汉语和景颇语都有复合量词，但二者的数量、构词特点、使用频率和产生动因都不同。汉语复合量词都是由两个独立的单纯量词合成的，表示复合单位的量，如"架次、班次、秒立方米"等，这样的量词总数很少，使用频率也很低，一般只在特定的场所或书面语中使用。景颇语量词由单纯量词和合成量词构成，合成量词有 105 个，单纯量词有 95 个，合成量词比例高于单纯量词，使用频率与单纯量词一样。合成量词有附加式和复合式两种，其中双音节词有 96 个，占绝大多数。三音节词有 5 个，四音节词有 1 个。在构词上，汉语复合量词都是由两个量词构成的并列式结构，没有附加式结构；景颇语合成量词大多是由两个名词性词根构成的偏正式结构，还有部分由名词与动词、状态词、量词或者形容词构成的偏正式或支配式结构，以及由词头与词根构成的附加式结构。例如：

wǎ^{31} phoŋ^{33} 群（牛）　　　　　　num^{33} po^{33} 个（妻子）
　牛　群　　　　　　　　　　　　　妻子　头

thiŋ^{31} nep^{55} 块（楼板）　　　　　　sin^{31} taʔ^{31} ka^{31} 半庹
　房子　垫　　　　　　　　　　　　　胸　　分开

phuŋ^{31} kup^{31} 双、对（鱼）　　　　wǎ^{55} khjep^{55} 粒（玉米）
　水　　双　　　　　　　　　　　　玉米　粒

mǎ^{31}　kun^{55} 背（柴）　　　　　　sum^{31} poʔ^{31} 串（果实）
（词头）背（用脊背驮）　　　　　　（词头）　累累状

　　为了简洁、清晰地表达事物的量，汉语产生了复合量词。这就是说，汉语复合量词的产生没有句法结构的动因，而主要是由表达需要所决定的。如"一吨货物运输一公里"用复合量词表达，就是"一吨公里"。景颇语则不同，复合量词的产生主要来自于双音化韵律的需要。景颇语句法中存在双音化韵律的要求，每个结构都力求保持音节成双成对的特点。

四 量词的语法化

语法化有狭义和广义两个解释。狭义的语法化仅指实词虚化为语法标记的过程,广义的理解现在一般公认的是 Jerzy Kwylowicz 于 1965 年所作的界定:"语法化就是一个语素的使用范围逐步增加较虚的成分和演变成一个较虚的语素。或者是从一个不太虚的语素变成一个更虚的语素,如一个派生语素变成一个屈折语素。"[6]

从广义的角度来看,汉语和景颇语的量词都有不同程度的语法化现象,这是由语言的共性决定的。因为量词大都是用来修饰名词或动词的,处于非中心的附属地位,因而容易虚化或语法化。量词语法化的主要表现之一是,量词在来源名(动)词的语义基础上,减少原有的实词语义,逐渐虚化,适用范围逐步扩大,作为名词或动词可数化语法标志的功能更为突出。如汉语的"个",最初只能计量竹子,后已泛化成能够普遍运用于个体名词称量,现又进一步语法化,在一些方言中能直接充当指示代词或者结构助词(玩个痛快)。景颇语也有一个类似的泛化量词 khum^{31} "个",它来自名词 khum^{31} "身体",最初用于计量人,现已泛化,使用范围很广,能用在动物、瓜果、用具以及圆形事物等名词上,如"鸡、牛、黄瓜、鸡蛋、果子、钟表"等。显然,khum^{31} "个"已经在语义和句法上脱离了名词"身体"的特点,成为名词称量的一个语法标志和语义单位。

我们认为,名量词在使用过程中不断泛化是符合语言自足发展要求的。选择个别量词成为泛化程度最深的"代表性量词"(即通用量词)以填补量词系统可能出现的空白(有的名词没有专用量词)是语言系统自足性的表现。

但是除了共性之外,汉语和景颇语量词的语法化更多的是差异。在数量上,汉语大多数量词都有一定程度的泛化,适用范围扩大。只有个别量词泛化程度较低,如量词"服"只能用于中药类(一服汤药);而景颇语只有少数几个量词(如上述的 khum^{31})泛化程度较高,多数泛化程度很低,甚至有的量词根本没有泛化,适用范围很窄,只能专用于某一个名词上。如:复合量词 sǎ^{31}lan^{31} "堆(棉花)"用 sǎ^{31} "棉花"的词根构成,本身就含有"棉花"义,所以只用于"棉花"称量,说成 pǎ^{33}si^{33}(棉花)sǎ^{31}lan^{31}(堆)mi^{33}(一)"一堆棉花";tsiŋ^{31}khat^{55} 根(杂草)含有 tsiŋ^{31} "杂草"的构词成分,只能用于称量"杂草",说成 tsiŋ^{31}(杂草)tsiŋ^{31}khat^{55}(根)mi^{33}(一)"一根杂草"。[7] 在程度上,汉语名量词语法化程度比景颇语高,二者不在一个发展阶段上。汉语名量词已经经历了多个发展阶段,由反响型量词发展为真正的量词,由"名+数+量"发展到"数+量+名"语序,由黏附性很强的黏着词发展到可以脱离数词和指示代词直接与名词或动词结合,如"买本书、帮个忙、整理个材料、演场戏"等,甚至有的虚化为相当于虚词的成分,如"吃个痛快、笑个不停"等。而景颇语名量词在句子中,除重叠形式之外都不能脱离数词使用。

在语音上,汉语量词语法化主要是语义虚化和语法标记作用增强,语音形式不变。而景颇语语法化的量词,有的会出现语音形式的变化。如上例名词 pă³³si³³ "棉花" 构成复合量词 să³¹lan³¹ "堆(棉花)" 时,其中的 si³³ 元音弱化为 să³¹,声调也发生了变化;又如量词 wă³³ʒoŋ³³ "个(牛群)" 中的 wă³³ 来自名词 ŋa³³ "牛",声韵母都发生了变化;再如量词 n⁵⁵khjep⁵⁵ "粒(谷子)" 中的 "n⁵⁵" 来自名词 mam³³ "谷子",语音缩减很大,只保留了鼻音的特点。对于景颇语为母语的人而言,语音变化小的还能意识到它的来源,语音变化大的就与来源词联系不上,会把这样的合成式复合量词看成是单纯量词。照理,语音的变化应该能够促使语义更快地脱离来源词的制约,加速语法化的进程,但是我们看到的是,景颇语量词的语法化进展缓慢,作为汉藏语系量词发展标志的个体量词的地位始终没有真正确立(可用可不用)。这说明了两方面的问题:一是语音变化在量词语法化上的推动作用仍不够强大,或者语音变化的推动作用仍处在酝酿阶段,还未发展到与汉语量词泛化机制作用相当的地步。二是在语音推动的同时,可能有另一个反作用的力量在牵制景颇语量词的语法化,而且这个牵制力大于语音上的推动力。二者一起作用的结果是,景颇语量词的确一直在语法化,但语法化进度很慢,远远比不上汉语的发展。我们认为,这个反方向的作用力是景颇语量词一直在向词汇化方向发展。这是景颇语量词发展与汉语的一大不同之处。[8]

动量词的语法化情况与名量词不同。汉语景颇语动量词都产生较晚,而且都没有名量词丰富。汉语动量词有专用和借用动量词两大类。专用动量词如"下、趟、次、回、番"等,主要来自动词,语义上有一定程度的泛化,搭配范围不断扩大,而且有的动量词能够脱离数词使用,如"看下书、听次歌"等。借用动量词主要借自名词、动词和离合词的后一语素,如"打一巴掌、吓一跳、见一面"等,在特定语境下才有量词义,语法化程度不高。景颇语动量词是封闭性的,既没有临时动量词(即上述汉语的借用动量词,如"看一眼"),也不善于向其他语言借用。5个动量词中只有1个 lau⁵⁵ "响"来自傣语,还不常使用。其余4个都是由 laŋ³¹ 构成的。景颇语动量词尽管数量少、封闭性强,但由动量词构成的动词性短语在景颇语中却很稳固,动量词的使用是强制性的,除重叠式外,都不能脱离数词而存在。laŋ³¹ 的语义无限泛化,凡表示动作次数的大都可用 laŋ³¹ 表示。由于 laŋ³¹ 的用法过于宽泛,使得动量词在表义的生动性、细腻性上受到限制。如汉语的"吓一跳",景颇语只能用 laŋ³¹(次)mi³³(一)tʃă³¹khʒit³¹(使怕)"吓一下"表示,"见一面"只能用 laŋ³¹(次)mi³³(一)khʒum⁵⁵"见一次"表示。

动量词虽然数量很少,但在景颇语里已经形成比较稳定的"数+量+动"的结构模式,不能省略。这一点不同于名量词。为什么景颇语的动量结构不能省略动量词?这大概与动量词在动量结构中的句法地位有关。"数词+动量词"构成的数量短语,在句中充当谓词的状语,形成"数+量+动"的状中结构。如果省略了动量词,状中结构就会变成述宾结构,使原来的句法关系和语义关系发生变化,改变句义。这就是说,动量词在景颇语中对"状中"的句法结构起了控制作用,是一种强制性的语法标志。名量词则不同。在结构上,"名+量+数"结构省略了量词后仍然是偏正结构,没有改变原有的句法结构关系。在意义上,名量词中的典型个体量词即使省略,也不会改变句义。但其他名量词省略后则会造成意义表达上的差

别。相比之下,动量词的句法地位高于名量词,而名量词中的典型个体量词句法地位最低。例如:

lă^{55} khoŋ^{51} laŋ^{31} kă^{31} jat^{31} 打两次　　　　　lă^{55} khoŋ^{51} kă^{31} jat^{31} 打两个(果子等)
　　两　　次　　打　　　　　　　　　　　　两　　打

ŋa^{33} khum^{31} lă^{55} khoŋ^{51} 两头牛　　　　　　ŋa^{33} lă^{55} khoŋ^{51} 两头牛
牛　头　　两　　　　　　　　　　　　　　牛　　两

由此可见,景颇语动量词相对名量词而言,句法地位和语法化程度较高。

五　结语

通过以上的比较,我们可以得出以下几个结论:

1)量词是后起词类,今日汉语和景颇语在量词上出现的异同主要属于类型学性质的问题。汉语和景颇语虽然是亲属语言,但从量词的词源以及其他特征上,看不出量词有共同来源。也就是说,在原始汉藏语时期可能没有量词,或者量词刚刚萌芽。

2)量词的发展存在不同的层次。汉语和景颇语虽然都有量词词类,但汉语属于发达型,量词发展比较充分,表义功能较强,语法化程度较高;景颇语属于萌芽型,量词发展比较缓慢,表义功能较弱,语法化程度不高。这代表了汉藏语量词发展的两种不同类型。

3)语序与量词的产生、演变有很密切的关联。汉语和景颇语量词短语的语序不同,名量词在汉语里是"数+量+名"语序,在景颇语里是"名+量+数"语序;动量词在汉语里是"动+数+量"语序,构成动补结构,在景颇语里是"数+量+动"语序,构成状中结构。[9]量词的语序状态对量词的发展有很大的制约或促进作用,也就是类型学上所说的蕴涵关系。

附　注

[1]本文非景颇语用例都引自黄布凡主编《藏缅语族语言词汇》,中央民族学院出版社,1992。
[2]郭先珍《现代汉语量词用法词典》,语文出版社,2002。
[3]刘子平《汉语量词词典》,内蒙古教育出版社,1996。
[4]徐悉艰、肖家成、岳相昆、戴庆厦主编《景汉词典》,云南民族出版社,1983。
[5]战国竹简的用例取自王贵元《战国竹简遣策的物量表示法与量词》一文,见《古汉语研究》2002年第3期。
[6]孙朝奋《〈虚化论〉评介》,《国外语言学》1994年第4期。
[7]名词tsiŋ^{31}(杂草)构成量词 tsiŋ^{31} khat^{55} "根(杂草)"时,紧元音变成松元音。
[8]语法化是由实到虚,词汇化则由虚到实。量词的词汇化,指量词概念意义的逐步添加和丰富。从整个过程来看,藏缅语个体量词都经历了或正在经历词汇化(由虚到实,增添概念意义)的同时逐步语法化(扩大适用范围,语义泛化)的发展道路,而且,景颇语量词目前词汇化的力量大于语法化。
[9]景颇语的数词"1"有两个,一个是 mi^{33},一个是 lă^{55} ŋai^{51}。在动量短语中,如果数词"1"用的是 mi^{33},则语序为"量+数+动";如果用的是 lă^{55} ŋai^{51},则语序为"数+量+动"。

参考文献

戴庆厦 1997 《藏缅语个体量词研究》,见《彝缅语研究》,四川民族出版社。
戴庆厦、徐悉艰 1992 《景颇语语法》,中央民族学院出版社。
郭先珍 2002 《现代汉语量词用法词典》,语文出版社。
何 杰 2001 《现代汉语量词研究》,民族出版社。
黄盛璋 1961 《两汉时代的量词》,《中国语文》第8期。
黄载君 1964 《从甲文、金文量词的应用考察量词的起源与发展》,《中国语文》第6期。
李宇明 2000 《汉语量范畴研究》,华中师范大学出版社。
刘 坚等 1995 《论诱发汉语词汇语法化的若干因素》,《中国语文》第3期。
刘世儒 1959 《魏晋南北朝个体量词研究》,《中国语文》11月号。
沈家煊 1998 《实词虚化的机制——〈演化而来的语法〉评介》,《当代语言学》第3期。
石毓智、李讷 2001 《汉语语法化的历程》,北京大学出版社。
孙朝奋 1994 《〈虚化论〉评介》,《国外语言学》第4期。
王 力 2001 《汉语史稿》,中华书局。
邢福义 2000 《汉语语法学》,东北师范大学出版社。
张玉金 2001 《甲骨文语法学》,学林出版社。
周法高 1959 《中国古代语法·称代篇》,台北中研院史语所。

辞书编写的借鉴和提高
——纪念吕叔湘先生百年诞辰

中国社会科学院语言研究所 刘庆隆

编写字典、词典要推陈出新、后来居上、超过前人。这是应该做到的,不然就是简单重复,用处不大。

一 要借鉴前人的成果

新编字典、词典能不能做到后来居上呢?回答是肯定的,一定能够。有前人的字典、词典和各种相关书籍以及讨论辞书编写的文章供参考,在现在字典、词典水平的基础上,吸收新的科研成果,依据丰富的语料,认真编写,我们一定能提高一步,做到推陈出新、后来居上。《新华字典》、《汉语大字典》、《现代汉语词典》、《汉语大词典》等就是现成的例子。

为了编写好我们的字典、词典,一定要借鉴前人的书,包括古今中外,凡对编写工作有用的都要参考。讨论字典、词典编写的文章和书籍,可以给编写工作理论上的指导。前人的有关辞书,可以丰富我们的编写方法。新的科研成果可以给我们的字典、词典增加新的科学内容。这样做,才能在现有的水平上提高。不然,前人抛弃的方法,我们仍然使用,已经解决的问题,我们依旧弄错。比如:有条件地使用互训;注释要跟词性一致;书证要早的和恰当的,例句要能衬托词义、体现词义,而且是典型的规范的用法等等。这些前人已经做到,而且积累了不少经验。如果我们仍滥用互训,笼而统之地注释,包含这个字、词的就算书证、例句,这样不但不能提高,就连前人做到的,我们也做不到,当然更谈不到后来居上了。近几年出版的一些字典、词典确实存在着这些情况,是很不应该的。至于东拼西凑、抄袭成书,那就更等而下之了。

再举两个例子,说说吸收新的研究成果。"䃎"字;现在有些字典、词典仍然照《康熙字典》等的乌感切注 ǎn,这是不妥的。20 世纪 60 年代初已有文章谈到"䃎"读 ǎn 是错误的。[1] 乌感切见于《洪武正韵》、《康熙字典》等,是后起的音。早的文献读 kē(折合成现在的音),在唐代诗文中屡见"䃎䃎、䃎嵒"等叠韵联绵词,"䃎䃎"也写作"磕䃎"。山西省有个地名叫䃎河,当地音折合成普通话是 Kē Hé。宋代文献上有这个地名,其读音折合成普通话也是 Kē Hé。文章引了不少确凿证据,是很有说服力的。

又如《纲鉴日知录》"硇洲"的"硇"音"冈"(gāng)。有的字典、词典已注明读 Gāng Zhōu 是误读。这个岛的名字现在写作硇洲,读 Náo Zhōu,因为产硇砂而得名。硇砂的"硇"字有多种写法,"硇(砂)"也是其中的一种,所以"硇洲"是"硇洲"的另一种写法,应读 Náo Zhōu,字典、词典注 Gāng Zhōu 是值得斟酌的。[2]

前人已经弄清楚的问题,我们应该把正确的结论反映到字典、词典里。读者也有这样的要求。[3]

二 怎样借鉴前人的成果

借鉴前人的书籍有个怎么借鉴的问题,应该是领会它的精神和找出它的长处而加以提高,绝不能依样画葫芦,采取拿来主义,更不要以"趋同"作为理论根据,照抄一通。不经过自己消化提高、努力创造,照抄照搬是编不出好的字典、词典的,而且还会笑话百出,成为谬误大全。这样的例子就摆在我们眼前,不必再举了。

那么怎样做才比较合适呢?我认为:

第一,要抓住自己所编字典、词典的宗旨,为哪些人服务,解决什么问题,而且如何去解决这些问题,满足读者需要。编写时一定要牢牢把握住这个中心,围绕着这个中心取材,进行编写,借鉴前人的成果。

第二,根据编写工作的需要,选择参考的书和文章。对选取的书籍文章等进行认真分析研究,弄清楚人家编写的宗旨,解决了哪些问题,是怎样解决的。他们采用的方法,达到了他们的要求没有。长处在哪里,不足在哪里。我们的字典、词典能从这些书里学些什么。这些问题弄清了,才能较好地借鉴前人的成果。

还要弄清这些书编写的年代,当时的语言情况、学术水平、编写条件,等等,可以更清楚地知道他们能解决的问题和存在的问题。

时代不同了,情况和条件也都发生了变化。通过跟现有辞书的比较,可以确定我们需要解决的问题,能解决的问题和能更好地解决的问题。

《现代汉语词典》编写之前,我们研究了一些性质相近的有代表性的词典,包括国外的和国内的。研究他们是怎样编写本民族语的规范词典的,如何断代,如何取材,如何进行编写工作,他们取得的成就是什么,还存在哪些问题,等等。

《国语辞典》是五四运动以后为推行国语编写的一部辞书,性质跟《现代汉语词典》是相近的。我们当然要借鉴这部书,但这部书的编写时代跟《现代汉语词典》的编写时代不同,很多方面有很大的差异。如语言的使用情况发生了很大的变化,《国语辞典》编写时,提倡人们说国语,但书面语浅文言占很大的优势。《现代汉语词典》编写时,口语和书面语都使用普通话了,文言基本上不用,只有少数文言词语偶然使用。这就决定了《现代汉语词典》跟《国语辞典》有了很大的差异。分四点简述如下:

a）在收词方面，《国语辞典》以文言词汇为主，《现代汉语词典》以普通话词汇为主，并增加了许多反映新时代的新词语。

b）在注音方面，《国语辞典》用了语读两个系统，而以读音为主，并照顾了许多又音。《现代汉语词典》以普通话语音为主，没有分语读两个系统，收的又音极少。

c）在注释方面，《国语辞典》用浅文言作注，比较简单。《现代汉语词典》用普通话作注，比较详细，而且本词典用的需要解释的词汇，本词典基本上都收了。

d）在举例方面，《国语辞典》例较少，普通话词汇基本上不举例，古汉语和近代汉语词汇需要举例的，引书证。《现代汉语词典》为了帮助读者理解和正确使用，普通话词汇举例较多，而古汉语和近代汉语原则上不举书证。

由于以上的种种差异，《现代汉语词典》借鉴《国语辞典》的地方不多，只有每个词条都注音、词儿连书等形式，这两部词典是相同的。

第三，《现代汉语词典》在编写方法和词典体例等方面也参考了一些有影响的词典的做法，根据当时的情况和《现代汉语词典》的宗旨，确定了编写方法和体例。

如确定了要从收集语料入手，在占有语料的基础上编写《现代汉语词典》。我们收集了第一手资料百余万张，得词目近二十万条，选了五万多条来编写。选词、释义、举例都依据第一手资料，避免个人的主观。

由于缺少编写现代词典的经验，采取了自己编稿、广泛征求意见的做法。全部稿子打印过两遍，铅印过两遍，部分稿子铅印过四次，打印的次数就更多了。前后广泛征求意见不下十次。1958年开始编写时，就编写了部分样稿，刊登在《中国语文》上，向全国征求意见。

初稿定稿后，由专人分项检查，统一内容和体例，并进行全书平衡。我们后来认识到，编好初稿和进行全书检查，是编好词典的关键。

《现代汉语词典》完稿后，我们感到还没有达到它应有的水平。这是由于语料无论从质量上和数量上还不能满足工作的需要，研究工作也没有跟上。因此，我们的语料收集一直没有停止，继续补充。对词典中没有解决或没有处理好的问题进行研究。经过修改，进一步提高《现代汉语词典》的质量。

由此可见，我们只能借鉴前人的方法，语料收集和编写工作必须由我们努力做好，才能编出好的词典。

三　具体工作中的借鉴问题

前边谈的主要是在一些大的方面怎样借鉴前人的成果，下面说说具体工作中怎么借鉴的问题。

一、编写规范字典、词典，首先要把有关的语言文字规范的文件学习好，吃透精神，指导编写工作和对具体问题的处理。对文件要全面理解，把精神和具体规定贯彻到工作中去。

这虽是老生常谈,但确是很重要的。因为文件规定得比较原则,工作中碰到的问题是多种多样的,不吃透精神,就可能违背文件精神或拘泥难通。现行的几个文件,一般的字典、词典都是照办的,但处理得不同的地方不少。比如一本词典作"榖颡",另一本词典作"穀颡"。(两本词典都是全部用简化字的)编写字典、词典的同志都遇到了不少问题,不必多举例了。

二、紧紧把握本字典、词典的编写宗旨。把这个问题提出来谈,可能会觉着好笑。其实不然,从目前出版的一些有影响的字典、词典来看,都存在着这个问题,只是程度不同而已。造成这种情况的原因大概有两个方面。一是没有把握住编写宗旨,像现在的字典、词典,有的就存在着这种情况。有的字典的凡例写着:"本字典编写的目的主要是想让读者利用这本字典,对祖国语文的词汇能得到正确理解,并且知道词汇现代化和规范化的用法,在书面上和口头上都能正确地运用。"后来向备查型靠拢,文言字、词、义、例增加得比较多。《辞源》(修订本)在这方面做得很好。《辞源》原来是综合性大型辞书,收古汉语词汇也收现代百科条目。修订时遵照上级指示,专收古代语词,成为"一部思想性、科学性统一的,内容充实的古汉语词典","用来解决阅读古籍时关于语词典故和有关古代文物、典章、制度等知识性疑难问题",是一部学习古汉语的很有用的工具书。二是有不同的看法。不同的看法不应反映在集体工作中,尤其是国家有明文规定的字典、词典。但这种情况是存在的,以致影响了字典、词典的质量。这应作为我们的前车之鉴。

三、编写时参考别的辞书要有选择,要对它们有个了解,它们的宗旨是什么,有哪些方面可供参考,不能没有选择地吸收,乱了自己的宗旨。

比如我们编写现代汉语规范字典、词典,关于字形、字音、字义,有时也可以翻检一下《说文解字》、《康熙字典》、《中华大字典》等,了解一下字词的形、音、义的情形,但不能用这些书来规范我们字典、词典中的字形、字音和收义。要用现在的文件和语料确定字形、字音和收义。像"盗、蚤"等,过去的字书用"盜、蚤",现在用"盗、蚤"为规范字形。就是《汉语大字典》、《汉语大词典》等,它们包括古今,且是描写性的,在形、音、义方面有它们的做法,跟现代汉语规范字典、词典也有所不同。我们应借鉴它们的有用的处理方法,参考它们提供的资料,使我们对义项分析、注释和例句处理得更好。

参考现有的辞书,应像吃东西一样,嚼碎了咽下去,经过消化,变成营养成分,滋补我们的身体。不能把它们当做肉,一片一片地割下来,贴到自己身上,这样做我们是强壮不了的。

四、参考别的书,是为了修正和补充我们对分析义项、注释和例句的设想。编写时先把要编的词条的语料(包括个人对这词的理解和使用习惯)进行细致的排比分析,确定好义项、义序、注释和例,再参考其他书来比较我们的设想,修正补充,使它更完善。程序也可以反过来,先参考别的书,得到启示。然后排比语料进行比较、修正、补充和完善。

后来编写的字典、词典,有些比以前的字典、词典有所提高。比如《汉语大字典》比过去的《康熙字典》、《中华大字典》等有了很大的提高,不论是注音、释义、书证都大大进步了。他们参考了以前的字典、词典,而跳出了前人的圈子,在现有的水平上利用已有的资料,重新组织材料编写,因此有了很大的提高。《汉语大词典》也是这样,所以才取得了现在的成绩。其他一些字词典也都是如此,照前边的原则编写的,都超过了前人,受到了人们的称赞。反之,就难以取得较好的成绩。

当然,现在较好的字典、词典,也还存在着这样那样的不足,甚至有错误。这正是在它们之后编写的字典、词典应该加以改进和提高的。后来经过修订或新编写的字典、词典有些就改进了以前字典、词典的注释。比如:

【未婚夫】已经订婚尚未结婚的丈夫。

【未婚夫】已经订婚但尚未结婚的男子是女子的未婚夫。

【未婚夫】已与某女子订婚尚未结婚的男子,是该女子的未婚夫。

【未婚妻】已经订婚尚未结婚的妻子。

【未婚妻】已经订婚但尚未结婚的女子是男子的未婚妻。

【未婚妻】已与某男子订婚尚未结婚的女子,是该男子的未婚妻。

【围绕】围着转动:月亮~地球旋转。

【围绕】围在周围:月亮~地球旋转|孩子们~在老奶奶身边。

【呜咽】形容凄切的水声或丝竹声:山泉~。

【呜咽】(流水、丝竹等)发出凄切的声音:山泉~。

【伪善】冒充好人:~者|~的面孔。

【伪善】伪装的善良;虚假的慈善:~者|~的面孔。

【阳刚】指男子在风度、气概、体魄等方面表现出来的刚强气质:~之气。

【阳刚】①(男子的风度、气概、体魄)刚强:~之气。②(文学作品的风格)强劲有力:他的书法作品表现出~之美。

【惟有】只有:大家都愿意,~他不愿意。

【惟有】①连词。只有:~努力,才能进步。②副词。惟独;仅仅:大家都愿去,~他不愿意。

【无妨】没有妨碍;不妨:提意见~直率一点儿。

【无妨】①没有妨碍;没有关系:有些问题谈谈也~。②副词。不妨:有意见~直说。

以上的例子改得不一定很好,但编者注意到了以前字典、词典的注释有欠缺,而想有所改进,而且也确有提高。

五、参考前人的著作,切忌抄袭。有的为了避免抄袭,就强作改动。这样的改动往往是文字游戏,实在不可取。不但不能提高质量,反而会降低水平。

常见的是不必要地改动个别字或调动次序。这样提并不是说不能改动个别字或调动次序,如果改动个别字或调动一下次序,更妥当,当然要改。像前边举的例子"围绕"就是改动了个别字,"呜咽"就是调动了次序。这样的改动是必要的,纠正了原注释的纰漏。但有些改动不是这样,原注释里使用了通常用的字、词,就用较生较文的字、词来代替。再不就在"的"字上做文章,原有"的"的去"的",没有"的"的加个"的"字,或者改双音词为单音词,改单音词为复音词,等等。这样改动的注释,使人看着别扭、不自然。有的连例句也采取改个别字的办法,你词典里的例句是"……十层大厦……",我改个"……三十层大楼……"。这样做不但超不过前人,而且必定是等而下之。

掉换词、句次序也是这样,已有的字典、词典的词、句组织不好的,我们编写字典、词典当然要组织好。但不应为了抄袭,乱颠倒词、句的次序。

四 "趋同说"是正确借鉴前人成果的大敌

抄袭不是借鉴,抄袭也不能提高辞书的质量,这是辞书编写、出版中的歪风邪气,只会败坏辞书事业。近几年关心辞书事业的人对这种歪风邪气感到担忧,也感到愤慨。忠诚辞书事业的辞书工作者也都反对和抵制这种歪风邪气,使辞书的编写出版走上正确的轨道。正在这个时候却出现了辞书抄袭的理论根据——"趋同说"。它的大意就是:辞书是典范的,典范的东西要正确,有的辞书的注释是正确的,别的辞书的注释也要正确,都正确,自然就一样了。这种说法初看起来似乎有道理,但结合实际来看看,根本就不是这么一回事了。

就拿现代汉语字典、词典来说,我们起步晚,除个别的外,现有的字典、词典水平不高,好的品种不多。急需提高现有字典、词典的水平,并增加能解决现代汉语某方面问题的实用的字典、词典。现在编一本现代汉语字典、词典,不是提高同类字典、词典的水平,就是编写一本解决某方面问题的新字典、词典,这到哪里去"趋同"呢?更何况语言时时在发展,字典、词典也不能一成不变,每本新的字典、词典都应有新的内容,有超过前人的地方,这又怎么能"趋同"呢?我们现有的下工夫编写的字典、词典虽然各有自己的长处,也取得了一定的成绩,但都不是十全十美的,仅就分析意义、注释和举例来说,可以说几乎每条都应该提高,也可以提高。这就是新编字典、词典的人应该努力的地方。这是无法"趋同"的。从上边的情况可以清楚地看出,现在提出"趋同",无非是给抄袭制造理论根据,给抄袭打掩护。

吕叔湘先生在为一本字典写的序言里说:"要编一部新的词典,就要有高的质量,有不同于已有的词典的鲜明特色。如果达不到这样的要求,东拼西凑去搞一本词典,就毫无用处,只能是劳民伤财。"[4]

希望编写新的字典、词典的同行,都能正确地借鉴前人的成果,编写出超过前人的字典、词典来。

附 注

[1]《说"叵"字音》,《中国语文》1962年第4期。
[2]《略说"碥"的读音》,《语文月刊》1994年第6期。
[3]《苏秦张仪何曾斗智》,《北京晚报》1996年5月7日11版。
[4]《早日把规范词典编出来》,《辞书研究》1996年第1期。

词语翻译与语言规范化
——几个用例的分析

中国社会科学院文献信息中心 黄长著

语言总是处于不断变化之中。

世界诸语言中,除了像冰岛语那样极少数几种语言,由于所处地理环境等原因,从古到今没有发生太大变化外,其他语言几乎无一例外都发生了很大变化。而在语言的各个组成部分中,又数词汇的变化最快。这是因为,语言作为人类最主要的传递信息的工具,必须及时反映社会生活中方方面面的变化。各种新事物、新概念的出现,都会引起表述上的变化。在这个过程中,词汇首先受到影响,自然会发生相应的变化。若是要反映国际间发生的这类变化,则需要通过翻译来进行。因此,语言工作者,特别是他们中的双语词典编纂者和外语工作者就承担着光荣而艰巨的任务。

近年来,我国在外来语引进和一些中国特有概念翻译介绍到国外,以及双语词典编纂方面都做了许多工作,取得了可喜的成绩,但也确实存在一定程度的混乱。

下面让我们通过几个具体的例子来看看这方面的问题:

第一个例子是"信息化"一词的翻译问题。汉语词"信息化"大概是目前中国内地各种媒体中使用频率最高的词语之一,几乎每天都能见到、听到,不仅广播、电视中用,各类报刊、书籍也广泛使用。但是让人难以理解的是,近年来我国各种各样的汉语词典倒是出版了不少,我们的词典编纂在涉及"信息化"一词时却明显滞后。翻遍近年出版的汉英语文类词典,极少有收入该词的。即使是像上海交大出版社1999年11月出版的《汉英大辞典》(收条目总计40余万条,1500余万字)、商务印书馆2000年出版的《新时代汉英大词典》(收词12余万条,复合词词条未计算在内)、中国中医药出版社2001年底出版的收词达60万条的《汉英大辞海》(上下册)等均未收录"信息化"一词。有意思的是,在陈原先生为《新时代汉英大词典》写的"前言"中,还提到了"信息化"一词,但词典内却难觅踪影。更有意思的是:在上面提到的《汉英大辞海》中,收录了"信息化社会"(information society),却反而没有收"信息化"。

这只是近年出版的三部最新的大型辞书对"信息化"一词的收录情况。这一时期出版的其他一些中小型辞书的情况与此大同小异。总的趋势似乎是回避。没有回避的,其翻译大多欠推敲,或失之随意。如大连理工大学出版社1997年出版的《最新汉英词语词典》,将"信息化"译为"informationize",此处显系动词,尚可理解,可接下去的词条"信息化社会"却译作"informationizationed society",则是匪夷所思了,此处的 informationizationed 显然是一个不成功的自造词。从英语的构词规则看,也是没有根据的。

2002年由机械工业出版社出版的《英汉信息技术词典》收录了 informatization 一词,这个词并非"土生土长"的英语词,英语词典中也查不到,很可能是从法语中照搬过来的。很有意思的是,虽然英语中没有一个现成的表示"信息化"一义的词,法语却是早就有了,如在 Jean Dubois 主持下编写的由 Larousse 出版的《Lexis 法语词典》(1975)中就收录了 informatisation 一词。这种借用是否妥当尚且不论,但该词典中的"信息化社会"却又用的是 informationized society,似乎与 informatization 没什么关系。外语教学与研究出版社和牛津大学出版社合作出版的《20世纪新词语词典》(*20th Century Words*)收录了5000个20世纪的新词,但未收"信息化"一词;新世界出版社2000年8月出版的《英文详解汉语新词语词典》收录了1949—1999年,特别是改革开放以来出现的新词语7400余条,仍然没有"信息化"一词;中国对外翻译出版公司2001年编译出版的澳大利亚学者编纂的《21世纪英语新词词典》,也未收录"信息化"一词。在2002年增补本的《现代汉语词典》(含汉英双语本)中,收录了使用频率低得多的"信息论"等词语以及出现时间晚于"信息化"的一些词语,但却未收"信息化"。此外,外语教学与研究出版社2002年出版的《汉英新词语词典》收录了与"信息"有关的15个词语,可是也未收比这15个词中的绝大多数都更常用的"信息化"。

在中国日报网站编的《汉英最新特色词汇》(上海社会科学院出版社,2002)中,收录了"信息化"一词,译为 informatize,这个英语词在近几年国内外的正式出版物中,笔者还是第一次看见,显然是编者在借用法语词 informatisation 的基础上,又进一步加以改造,自造了一个动词,使汉语词"信息化"已经足够多的英语表达方式中又增添了一个新词。

而在商务印书馆2003年出版的《新华新词语词典》中,编者干脆把"信息化"译作了"informationalize the national economy and society",[1] 意思是"使国民经济和社会信息化",显然是按编者对"信息化"一词的引申理解翻译的。即便是 informationalize 这个自造词是可以接受的,作为词条词的翻译,这样处理似乎也欠妥。否则,按这个模式,现在常见诸报端的"医疗信息化"、"人才市场信息化"等该怎么译,就成了问题了。

这种情况在2003年12月外研社出版的《新世纪汉语大词典》中和2004年1月大连理工大学出版社出版的三大卷《汉英综合大辞典》中有了好转。两部词典都收了"信息化"一词,但只标注动词,译为 informationize,无名词。后一部词典中,除了 informationize 外,还译为 information-centred 和 information-based,可是紧接下去的"信息化社会"又译为 informative society 则多少有点让人感到奇怪。顺便说一句,几年来我国汉英双语词典和报刊上关于"信息化社会"的译法也是五花八门。其实在英美近年出版的英语词典中一直有一个简单明了的现成用法,那就是 information society,不知为何不用?

平心而论,出现这样的问题,原因可能是多方面的,主要应该不是由于编者们的疏忽或不负责任,而多少反映出辞书编纂工作中的无奈。笔者以为,最根本的原因,恐怕是由于英文原文中没有一个现成的、完全对等于汉语"信息化"的词所造成的。自己造,把握不大,于是采取回避态度或变通译法。从这个角度看,这种态度多少还算是严肃的。但是如果想当然地生硬造出一些以英语为母语的人们所不能接受或认同的词语来,这种态度就不能认为是严肃的科学态度了,因此是不能提倡的。

为了弄清信息产业界如何译这个词,笔者曾专门慕名前去参观在北京国际展览中心举办的一个大型信息化展览,结果失望而归。展览会上散发的材料和大会专门印发的宣传品,通通把"信息化"译作"information infrastructure"。这种译法在一定的上下文中也许还说得过去,但实在难于完全把它等同于我们平时所说的"信息化"。笔者查阅过能查到的近年来英美出版的至少 10 本英语词典,包括一些国际公认的比较权威的英语词典,均未查到大致可表达汉语中"信息化"一义的词。在 2000 年末访美期间,笔者曾与几位美国的语言学家和信息科学家讨论这个问题,他们众口一词的意见是,英文中确实没有一个现成的词可表达"信息化"的含义,如果要解决这个问题,可考虑根据英语的构词习惯造一个,但是要慎重,要经过认真讨论。当然也可考虑采用其他变通做法,有人甚至建议可否用 popularizing information technologies 来表达。

我国的一些涉外报刊在涉及"信息化"一词的翻译时,也多少反映出了某种无奈和犹豫不决的态度,仅以中国发行量最大的英文报纸《中国日报》(*China Daily*)为例,据笔者的不完全统计,在翻译"信息化"一词时,至少用过以下五种译法:

1. informationalization
2. informationization
3. informatization
4. information technology 或 the use (or application) of information technology
5. computerization

其中 informatization 一词如前所述,显然是借自法语,而 informationization 和 informationalization 则都是自造词,但前者似乎与英语的构词习惯更接近一点。从语言使用的经济原则(law of economy)出发,可能也更容易流行一点。但是在两种语言的接触过程中,如果这两种语言对要表述的某一概念没有现成的完全的对等词,而其他有影响的语言刚好有,且从构词特点等衡量尚可接受,那么借用也不失为一种可供选择的策略,因此借自法语的 informatization 也可与 informationization 一起流通,将来依照"适者生存"的原则决定取舍。北京市办了一个刊物叫《首都信息化》,封面附英语译文,用的就是 *Capital Informatization*。先不论这样译是否是最佳选择,至少可以说人们已开始把目光投向 informatization 这个法语词了。

但是可能是受前几年出版的一些词典的影响,除了《中国日报》外,自造词 informationalization 也有一定市场,例如近年来出版的一些论及信息化的书籍,封面附有中文书名的英译,就采用了 informationalization。

在一定的上下文中,把"信息化"一词译作 information technology application 或 using IT 当然也是一种选择。在我国对外宣传的正式出版物或对外广播中,特别是在"十六大"宣传文件中,没有采用那些尚未得到广泛承认的自造词或借词,而是采用了比较谨慎的变通译法。"大力推进信息化"就译为 energetically apply IT;[2]另一句"坚持用信息化带动工业化"译为"It is necessary to persist in using IT to propel industrialization..."。[3]

同理,在 2004 年 3 月全国人大的政府工作报告的对外正式译本中,"要推进国民经济和社会信息化",也采用了比较谨慎的译法,被译为"We must base the national economy and society on IT",[4]字面意思是"我们要把国民经济和社会建立在信息技术的基础上"或"我们要使国民经济和社会立足于信息技术"。这里,由于没有现成的英语词可以表示"信息化"的含义,译者又不愿贸然使用那些尚不成熟的自造词,只好采用比较复杂的变通办法来译"信息化"。这种情况多见于我国一些对外宣传的重要文件的正式译文中。

但是不管怎么说,像"信息化"这种使用频率极高,且语义单一,又不大可能引起歧义的词,一下子冒出 10 多种,甚至更多的译法,至今未有一种广为接受的统一译名,使人们无所适从,不能不说是中国翻译界和英语界的一大憾事。有时甚至在同一篇文章中,同一个"信息化",能冒出来两三种不同的译法,而根据上下文看,它们之间并无区别,这至少反映了译者在翻译时的犹豫不决和无奈。这种情况,恐怕不能看做是表达手段的丰富多彩,而是影响到词典编纂工作和语言使用规范化的混乱状况。

事实上,汉语中的许多词或词组,在英语和其他许多外语中都没有完全对等的说法,这是文化差异带来的一种正常现象。把这类词或词组翻译成英语,第一需要有严肃认真的科学态度,切忌想当然;第二要有相关领域的学者的参与,对其中有些影响较大、使用频繁的词语的翻译,还应有中外学者的共同参与,听取各方意见。用新造词的办法来表述某一文化背景中的概念并非不可,但更应慎之又慎,我们毕竟不是某种外语的本族使用者,替人家创造新词,总得听取一下本族语使用者的意见才好。我们似乎喜欢用"-化"这个后缀,往某个名词或形容词后面一加,就构成了一个新词,但我们最好别把这种办法不加区分地套用到英语中,随意在某个名词后加一个"-ization"来构成"XX 化"的新词。如以 network 为基础造出一个 networkization 来表达汉语中的常用词"网络化"就显得比较生硬,为什么不用 networking 或另一个现成的英语词 cyberize 呢?又如把汉语中常说的"误区"译作 wrong region,容易让人不知所云,为什么不译作 long-standing mistaken idea 或干脆译作 misunderstanding 呢?

英译汉中值得研究的问题也不少。先不说整段原文的理解和翻译,就是词语翻译中也有许多问题值得讨论,此处仅举一例:现在人家广为使用的 Internet,许多人译为"国际互联网"或干脆简称"互联网"。这本来很好,但有关部门出来干预,建议推广"因特网"的译法(即音译+意译),但不仅效果并不理想,还增加了混乱。现在各种媒体上常使用的,除了"因特网"的译法外,至少还有"国际互联网"、"互联网"、"网际网"等,或者干脆不翻译,直接用

Intenet,基本上是各行其是。在最近制订的国家中长期科技发展规划中,使用的是"互联网"的说法;甚至在信息产业部近日发布的正式文件中,使用的也是"互联网"一词,如《中国互联网行业自律公约》。造成这个问题的原因,可能还是听取意见不够广泛。英语中首字母大写的 Internet(首字母大写时前面应加定冠词 the,即 the Internet)和首字母小写的 internet 是有区别的。建议用"因特网"来译 the Internet 的学者们,其初衷肯定是好的,他们无非是想用"因特网"来表示采用传输控制协议或网络协议的全球性的、最大的通信网络。该网络把世界上许多大小不等的计算机网络连接在一起,但是这种译法实际上并未减少这两个词在翻译中的混乱,而是适得其反,造成了多种译法并存的状况。无论是 Internet 还是 internet,其中的前缀"inter-"都含有"相互……"的意思,因此按实际含义把 the Internet 译为"国际互联网",而把首字母小写的 internet 译作"互联网"就完全可以对它们加以区分了。考虑到首字母小写的 internet 实际上很少使用,因此用简称"互联网"来指称首字母大写的 Internet 也并无不可,事实上大家也是这样用的。这里还得提到一个与 Internet 和 internet 相对应的 intranet[intra(在……内的)+net],指的是采用互联网技术,在某一机构的私人服务器上建立的内部网站,显然,这个词译为"内联网"就行了,刚好与"互联网"对应。

这里就引出一个问题:一些使用频率很高的外来词语或术语,在定名的时候,应当十分谨慎,特别是在向社会公开推荐某种译名之前,应该充分听取各方意见,尽量考虑周全,否则就可能造成词语使用的混乱。

有些译法或名称虽已沿用多年,但如果确实不妥,则应用正确的眼光重新加以审视。如:pidgin (English)的译法。过去一看见 pidgin 一词,不分青红皂白就译为"洋泾浜语言",把 pidgin English 译作"洋泾浜英语"。在许多辞书和学者的文章中都可以见到类似的情况。这是不妥的。可否建议区别对待?如"洋泾浜英语"只限于特指 20 世纪 20、30 年代半殖民地的上海滩和东南沿海一带某些人与西方人交流时所使用的英语夹杂汉语的语言形式。但在一般情况下应音译为"皮钦英语"或"比京英语"。这是因为"洋泾浜"一词系蔑称,具有明显的贬义。但今天的情况已大异于过去。从纯粹语言学的观点看,pidgin 语只不过代表了语言发展的一个阶段,指的是在没有共同语言而又急于进行交谈的人群中发展起来的一种信息传递系统。更重要的是,它今天是世界上许多地区数百万人传递信息的主要工具,在巴布亚新几内亚等海岛国家或沿海国家,它甚至具有官方语言或半官方语言的地位。我们有什么权力把人家的官方语言或半官方语言称为"洋泾浜英语"。近世语言学家,特别是社会语言学家,包括许多知名学者,已经为它正了名,号召人们彻底抛弃长期以来存在的有关皮钦语的种种陈腐观念。我国著名学者许国璋先生生前曾撰文指出:"侮辱性的'洋泾浜'这一术语已遭人厌恶,而无意中还在使用它的人则被视为冬烘……"[5]可惜这一问题并未引起足够的重视,至今仍有媒体不加区分地把 pidgin 一律称作"洋泾浜",很容易造成国际社会对我们的不良看法。

另一个例子是"爱斯基摩人",它是英语 Eskimo 的音译。虽然就 Eskimo 一词是否是蔑称,尚存有争议,但学界普遍认为,这个名称用来指称一个民族并不合适,况且这个民族自己一直对用 Eskimo 称呼他们抱有反感。他们希望外界用 In(n)uit(因纽特人)或 Yupik(尤皮克人)来称呼他们。我们为什么还要坚持用人家自己都不喜欢的名称去称呼他们?多年前,我国就有学者对此提出异议,可惜也未引起重视。现在,西方的许多民族学家、人类学家和社会学家等都在逐渐改变原有的使用习惯。2001 年国际社会科学理事会秘书长、知名社会科学家科辛斯基来中国社会科学院访问,在座谈时谈到这个问题,他毫不犹豫地表示:"应该用 In(n)uit 一词来取代 Eskimo 这个称呼,应该尊重人家的民族感情。"最早把 Eskimo 这个称呼推向世界的西方学者们都在反思这个词的用法,我们就更没有理由坚持不改。建议我国学者和有关部门在著作和宣传媒体中用"因纽特人"、"因纽特语"来逐渐取代"爱斯基摩人"、"爱斯基摩语"。开始时可以两者并用,最终用前者取代后者。

还有的概念,同时用两个或多个词语来表达,都比较流行,但如果其中一个更好一些,可否建议在一定的范围内由学者们经过比较和讨论,达成共识,逐步用一个更好的名称取代其他名称?如可否用"原住民"逐步取代"土著"?

最后一个问题是汉语中夹用外语(特别是英语)字母词的问题。

随着我国改革开放的步伐加快、力度加大,以及"走出去,请进来"的情况日渐增多,加上科学技术的飞速发展,汉语中的外来语会越来越多,汉语中夹用外语(特别是英语)和外语字母词的发展趋势会越来越明显。要想完全避免这种现象恐怕是不可能的,但如果听任这种现象无序地、随心所欲地发展,则有可能危及祖国语言的纯洁性。就让我们从下面随便摘录的报纸上的两小段文章来看看这种现象是否应引起我们足够的注意:

第一段摘自 2003 年 6 月 3 日北京某报 C13 版:

"……厦新作为率先把 DVD 概念引入 AV 领域的引导者,更是成功将其在 DVD 机及传统音响上的成熟技术,运用到 Ps-18 产品上。从而实现只要接上一台支持 Dolby Digital AC-3/DTS 解码功能的 DVD 机,便能享受数码环绕影院的效果。并具有三路音、视频输入接口和一路视频输出接口,以供配接家中的 DVD、MD、CD 等器材。DSP 声场有 HALL、DISCO、POPs 等 8 种不同模式可供选择。"

第二段摘自 2004 年 6 月 14 日某晚报 53 版:

"CSA 协会近日表示,部署 GSM/3G 服务是全球移动通信行业的重点所在。包括图片传输和视频流在内的增强型多媒体服务已经在向 EDGE 和 WCDMA 演进的 GSM 网络中和 EDGE/WCDMA 结合的系统上得到商用。"

不知有多少读者可以不费力气地读懂这样的文章。如果这两段文字仅仅出现在只供少数专业人员阅读的专业刊物上,那是可以理解的,问题是,刊登它们的都是面对广大一般读者的报纸。而且,这并非孤证,相信很多人都会比较容易地从近年的报刊中发现许多类似的例子。

笔者作过粗略调查,我国近年来报刊中常出现的英语字母词有近百个。它们中的不少词经常未经翻译就出现在广播、电视、报刊等各种媒体中。它们的情况千差万别、十分复杂,这里不打算对它们进行详细比较分析,也不主张不分青红皂白地一概加以排斥,只是希望不要无限制地随意在汉语中夹用。

是否可以掌握如下原则:

(一)能翻译的尽量翻译

即使是像 WTO、APEC、DVD 等这类大家比较熟悉的字母词,在书面语言中也应尽量翻译后使用。要考虑到尽可能多的读者的阅读习惯和理解程度。在这一点上,吕叔湘先生为我们做出了榜样。20 世纪 80 年代初,吕先生对社会上地名、人名翻译中出现的许多混乱表示不满,曾约见笔者谈到这一问题,举例说台湾、香港和内地在人名、地名的翻译中不一致的现象很多,内地内部也有很多不一致的,容易造成误解。

比如 Tahiti——塔希提——大溪地

Michigan——密歇根——密执安

Illinois——伊利诺伊——伊利诺斯

吕先生说,大地名还好一点,小地名译得五花八门,有的音译,有的意译,很不统一。加之不注国名,闹出了许多误解,询问笔者是否愿意写一篇文章,建议除比较著名者外,凡地名、人名均照写外文,不必翻译。笔者答应回去考虑几天后再动笔。回去后笔者发现具体操作起来问题也不少,假如一篇文章中列举多个地名、人名怎么办?写下来外文一大片,假如中间又有几个知名的,再加上几个汉字进去,不怎么好看。我向一位同事谈了自己的难处,但又不知该怎么办。正犹豫时,吕先生来了电话,一开始就说如果文章写了就送给他看看,如果未写,就不要写了。还说他又仔细考虑过,觉得文章还是不要写为好。理由是,如果一篇文章中只出现一两个人名、地名还好一点,如果多了就麻烦了,假如再加上几个冗长的人名或地名,读音再别扭一点,不仅工农群众读报都读不下去,就是播音员怕也难以应付。即使能读出来,恐怕听众听起来也费劲。吕先生把笔者考虑和没有考虑到的问题都说出来了,使笔者甚为感动。总之,这件事情给笔者留下了很深的印象。我们今天在思考如何限制汉语中夹用英语字母词时,是否也应该学习吕先生"读者第一"的思想呢?

(二)翻译后汉字过长且不易记住的,似可不译

这类字母词不算少,如 2004 年出现的 CEPA,译文为"内地与香港关于建立更紧密经济关系的安排",既长且难记,可考虑音译或照写;另外如 IBM,人家已熟知,都知道是一家有名的电脑公司,但其全称"国际商用机器公司"却反而被淡忘了;还有如 NBA(美国全国职业篮球协会)、DNA(脱氧核糖核酸)、PPA(苯丙醇胺)、GRE(美国等国家研究生入学资格考

试)等,或过于专业,或难记,可否不译,特别是在口语中?但这些词在开始时应将汉译文附在后面,供读者参考。

(三)无法翻译或难于翻译的字母词可不译

这类字母词不太多,如 MP3(指一种常用的数字音频压缩格式),公司名称如 LG 等。

(四)在业内或群体内部大家已熟知的字母词,为了语言使用的简略,可以不翻译,但仅限内部使用,特别是用于交谈中,但用于书面语时仍应谨慎

如企业内部使用 CEO(首席执行官)、B2B(企业间电子商务),媒体从业人员内部用 CNN(美国有线电视新闻网)、NHK(日本广播协会),医生之间用 ICU(重症监护病房),科技人员之间用 GPS(全球卫星定位系统)、IT(信息技术)等。为了使交流更方便,如果业内人士在口语中使用,应该是可以的。

除此以外的英语字母词均应尽最大努力翻译成汉语,以便让更多的人能够理解,这也是纯洁祖国语言的需要。对一些影响比较广泛的术语,应该有专门的机构定期召开座谈会或论坛来听取意见。美国有一本有名的词典叫做 *Harper Dictionary of Contemporary Usage*,它有一个 100 多人的咨询班子,由各方面人士组成。哪个词怎么用,并不由主编一人说了算,交由班子讨论,还要听取读者意见,赞成的有多少,反对的有多少,在词典中均有交代。这种做法值得我们借鉴。比如前一段大家讨论最多的"非典型肺炎"(简称"非典"),到底如何定名,应尽早确定。这个词恐怕应该算是土生土长的中国词,但有意思的是,国际社会似乎不大认同我们自己逐词翻译的 atypical pneumonia,而用了一个 severe acute respiratory syndrome(缩写为 SARS),逐词翻译为"严重急性呼吸道综合征"。由于语言的"经济原则"起作用,所以现在这两个中文全称(一为 5 个字,一为 10 个字)都用得不多,倒是中文的简称"非典"和英文缩写 SARS 随处可见,还有把 SARS 音译为"沙斯"或"萨斯"的。孰优孰劣,暂且不论。现在这个词的英文名称 SARS 许多国家都采用了,或照写,或转写。而我们自己从语言的规范化考虑,将来恐怕也需要确定一种用法,比如"非典",至少不要总在汉语中夹用 SARS 才好。

这里只是从词语翻译存在的大量问题中选择了很有限的几个例子,试图透过它们来看看翻译的难处。其实,作为学术工作者,我们几乎每天都能碰到大量的这类问题。勤思考、多请教,忌随意、戒浮躁,也许是我们解决这类问题的正确途径。我们应该把吕先生倡导的优良学风和文风发扬光大,为纯洁祖国的语言而不懈努力。

附 注

[1]《新华新词语词典》,商务印书馆,2003,367 页。

[2] *Beijing Review*,Dec.5,2002 附件:1—2 和 *China Daily*,Nov.9:3。

[3] *China Daily*,Nov.9,2002:3.

[4] *Beijing Review*,No.13,April 1,2004:10.

[5] 许国璋《许国璋论语言》,外语教学与研究出版社,1991,206 页。

参考文献

2002—2004 5月的全部 *Beijing Review*。
2001—2004 5月的全部 *China Daily*。
惠 宇主编 2003 《新世纪汉英大词典》,外语教学与研究出版社。
吕叔湘 1980 《语文常谈》,三联书店。
商务印书馆辞书研究中心编 2003 《新华新词语词典》,商务印书馆。
吴光华主编 2004 《汉英综合大辞典》(上中下),大连理工大学出版社。
吴景荣、程镇球主编 2000 《新时代汉英大词典》,商务印书馆。
许国璋 1991 《许国璋论语言》,外语教学与研究出版社。
中国日报网站编 《汉语最新特色词汇》,上海社会科学院出版社。
中国社会科学院语言研究所词典编辑室编 2002 《现代汉语词典》汉英双语版,外语教学与研究出版社,增补本。
Abate,Frank et al. 1998 *Oxford Dictionary*. DK Publishing,Inc. and Oxford University Press,Inc..
Morris,William 1975 *Harper Dictionary of Contemporary Usage*.
Neufeldt,Victoria 1994 *Webster's New World Dictionary*. Prentice Hall.
Schwarz, Catherine et al. 1993 *The Chambers Dictionary*. Chambers Harrap Publishers Ltd..

后 记

2004年6月,中国社会科学院语言研究所在北京主办召开了纪念吕叔湘先生百年诞辰国际学术研讨会,来自国内外的两百多名专家学者参加了会议。与会学者提交、宣读了百余篇论文,内容涉及汉语句法、语义、词汇、音韵、方言、历史语言学、社会语言学、语言教学、辞书编纂等方面。论文大多是研究者最新的成果,尤其是从吕先生的论著中得到启发所作出的新的研究;也有一些是侧重吕先生学术思想和治学理念的研究。

会后语言研究所成立了论文集编辑小组,由沈家煊、蔡文兰、曹广顺、张伯江和张骅组成,从会议论文中选出46篇文章,编成了这个文集。文集的出版得到了商务印书馆的大力支持。

编　者

2008年12月